Einführung in die Exportfinanzierung

Grundlagen der internationalen Zahlungs-, Finanzierungs- und Sicherungsinstrumente

Von
Professor Dr. Siegfried Georg Häberle

Zweite, aktualisierte und erweiterte Auflage

R. Oldenbourg Verlag München Wien

Die Deutsche Bibliothek - CIP-Einheitsaufnahme

Häberle, Siegfried Georg:
Einführung in die Exportfinanzierung : Grundlagen der internationalen Zahlungs-, Finanzierungs- und Sicherungsinstrumente / von Siegfried Georg Häberle. – 2., aktualisierte und erw. Aufl.. – München ; Wien : Oldenbourg, 2002
ISBN 3-486-25866-4

Rosenheimer Straße 145, D-81671 München
Telefon: (089) 45051-0
www.oldenbourg-verlag.de

Gedruckt auf säure- und chlorfreiem Papier
Druck: R. Oldenbourg Graphische Betriebe Druckerei GmbH

ISBN 3-486-25866-4

Vorwort zur zweiten Auflage

Leserkreis

Diese „Einführung in die Exportfinanzierung“ habe ich insbesondere

- für **Studenten** der Wirtschaftswissenschaften mit der Ausrichtung auf das „International Business“ sowie
- für **junge Praktiker** im betrieblichen Außenhandel und in den Banken

geschrieben.

Das vorliegende Buch ist somit auf einen Leserkreis zugeschnitten, der sich erstmals in den schwierigen Erkenntnisbereich der internationalen Zahlungs-, Sicherungs- und Finanzierungsinstrumente einarbeiten will. Dazu ist anzumerken, dass der hier behandelte Erkenntnisgegenstand zwar traditionell mit dem Ausdruck „Exportfinanzierung“ bzw. „Außenhandelsfinanzierung“ belegt wird, darunter jedoch nicht nur die internationalen Finanzierungsinstrumente verstanden werden, sondern auch die internationalen Zahlungs- und Sicherungsinstrumente. Die „Einführung in die Exportfinanzierung“ trägt diesem erweiterten Vorstellungsinhalt Rechnung.

Aktualisierungen

Die erste Auflage der „Einführung in die Exportfinanzierung“ ist seit einiger Zeit vergriffen. Ein unveränderter Nachdruck wäre in Verantwortung gegenüber dem Leser nicht tragfähig gewesen, weil der Erkenntnisbereich „Exportfinanzierung“ einem fortlaufenden Wandel unterworfen ist.

Im vorliegenden Band haben insbesondere folgende Aktualisierungen Berücksichtigung gefunden:

- Die Umstellung von DM auf **Euro** sowie die Einführung der **Mengennotierung** von Devisenkursen,
- der Wegfall des Rediskonts bei der Deutschen Bundesbank und die Auswirkungen auf **Auslandswechsel**,
- die Weiterentwicklung von **UN/EDIFACT**
- sowie viele weitere Aktualisierungen im Detail.

Erweiterungen

Erweitert habe ich dieses Buch im Vergleich zur ersten Auflage insbesondere um die folgenden Bereiche:

- **Mittel- und langfristige Exportfinanzierungen** der Geschäftsbanken sowie in Umrissen der AKA Ausfuhrkredit-Gesellschaft mbH sowie der KfW Kreditanstalt für Wiederaufbau,

- **Exportleasing**,
- **Negoziierungskredite (Negoziationskredite)**
- sowie Erweiterungen in den einzelnen Kapiteln.

Um den Rahmen einer „Einführung" nicht zu sprengen, habe ich **Kürzungen** im Bereich der Akkreditive und der Dokumenteninkassi vorgenommen, ohne jedoch aus den Augen zu verlieren, welche grundlegenden Erkenntnisse gleichwohl von einer „Einführung" erwartet werden dürfen.

Weitere Publikationen

Mein **„Handbuch der Außenhandelsfinanzierung"** (R. Oldenbourg Verlag München und Wien) trägt nicht den grundlegenden und nicht den vereinfachenden Charakter dieser „Einführung in die Exportfinanzierung". Das „Handbuch der Außenhandelsfinanzierung" ist vielmehr über die Grundlagen des vorliegenden Erkenntnisgegenstandes hinaus auf den umfassenden und problemorientierten Wissensbedarf von Führungskräften und Mitarbeitern in den Auslandsabteilungen, Marketingabteilungen und Finanzabteilungen der Industrie-, Handels- und Bankbetriebe ausgerichtet. Ebenso wende ich mich mit dem genannten Handbuch (im Gegensatz zu der vorliegenden „Einführung") an die Professoren der wirtschafts- und rechtswissenschaftlichen Fakultäten der Hochschulen im deutschsprachigen Raum sowie an die Lehrenden der schulischen und der betrieblichen Aus- und Fortbildung.

Dies gilt auch für die weiteren von mir im R. Oldenbourg Verlag herausgegebenen und mitverfassten Werke: **„Handbuch der Akkreditive, Inkassi, Exportdokumente und Bankgarantien"** sowie **„Handbuch für Kaufrecht, Rechtsdurchsetzung und Zahlungssicherung im Außenhandel"**.

Erfahrungen

Auch mit dieser „Einführung in die Exportfinanzierung" ist ein Brückenschlag zwischen Theorie und Praxis vollzogen worden. Dieser Anspruch gründet sich zunächst auf meine langjährigen Erfahrungen in der **betrieblichen Praxis**. Dieser Anspruch einer „anwendungsbezogenen Theorie" und die Konzeption dieses Buches beruhen darüber hinaus auf einer Vielzahl von **Seminaren, Vorträgen und Vorlesungen**, die ich vor in- und ausländischen Führungskräften und Studenten gehalten habe, so insbesondere

- am Fachbereich International Business der Hochschule für Technik und Wirtschaft in Reutlingen,
- an der Export-Akademie Baden-Württemberg,
- an der Wirtschaftswissenschaftlichen Fakultät der Universität Tübingen,
- an weiteren in- und ausländischen Hochschulen, an Managementakademien, bei Wirtschaftsverbänden usw.

Dank

Erneut und zuvorderst habe ich **meiner Frau Ruth und unseren Kindern** dafür zu danken, dass sie mir die Umwidmung erstrebenswerter Kollektivziele (im Sinne gemeinschaftsfördernder Freizeitaktivitäten) in egoistische Individualziele (nämlich das Schreiben von Büchern und Fachbeiträgen) zugestanden haben.

Bei vielen **Damen und Herren der betrieblichen Praxis** habe ich Informationen über die aktuellen Entwicklungen der Exportfinanzierung und der Auslandsgeschäfte eingeholt. Ihnen allen danke ich für die Ergiebigkeit der Gespräche.

Hervorzuheben ist die außergewöhnliche Leistung von Herrn Diplom-Betriebswirt **Richard Staiger**, der mit großer Sachkunde meine handschriftlichen Entwürfe in übersichtliche Abbildungen umgesetzt hat und der darüber hinaus äußerst konstruktiv und kooperativ die Druckvorlagen zu diesem Buch gestaltet hat.

Herrn Dipl.-Volkswirt **Martin M. Weigert**, Cheflektor WiSo-Steuern-Recht und seinen Mitarbeitern danke ich für die bereitwillige und fundierte Betreuung sowie für die Umsetzung meiner anspruchsvollen Gestaltungswünsche.

Laichingen (Schwäbische Alb)

Siegfried Georg Häberle

Inhaltsverzeichnis – Grobgliederung –

Hinweis: Das Inhaltsverzeichnis mit Feingliederung findet sich auf den folgenden Seiten

Inhaltsverzeichnis – Feingliederung –

Abkürzungsverzeichnis

a.a.O.	-	am angegebenen Ort
Abb.	-	Abbildung
AGB	-	Allgemeine Geschäftsbedingungen
AHK	-	Auslandshandelskammer
AKA	-	Ausfuhrkredit-Gesellschaft mbH
APG	-	Ausfuhr-Pauschal-Gewährleistungen
AWG	-	Außenwirtschaftsgesetz
AWV	-	Außenwirtschaftsverordnung
BfAI	-	Bundesstelle für Außenhandelsinformation
BGB	-	Bürgerliches Gesetzbuch
B/L	-	Bill of Lading
ca.	-	circa, zirka
CAD	-	Kanadischer Dollar
CHF	-	Schweizer Franken
c.p.	-	ceteris paribus (unter sonst gleichen Umständen)
CIM	-	Convention Internationale concernant le transport des Marchandises par chemin de fer
CIRR	-	Commercial Interest Reference Rate
CLC	-	Commercial Letter of Credit
d/a	-	documents against acceptance
d/p	-	documents against payment
DIN	-	Deutsches Institut für Normung e.V.
DIS	-	Deutsche Institution für Schiedsgerichtsbarkeit e.V.
ECE	-	Economic Commission for Europe
EDI	-	Electronic Data Interchange
EDIFACT	-	Electronic Data Interchange for Administration, Commerce and Transport
EFTA	-	European Free Trade Association
EG	-	Europäische Gemeinschaft(en)

EGBGB	-	Einführungsgesetz zum Bürgerlichen Gesetzbuch
ERA	-	Einheitliche Richtlinien und Gebräuche für Dokumenten-Akkreditive
ERI	-	Einheitliche Richtlinien für Inkassi
ERP	-	European Recovery Program
ESZB	-	Europäisches System der Zentralbanken
EU	-	Europäische Union
EUR	-	Euro
EURIBOR	-	Euro Interbank Offered Rate
EWG	-	Europäische Wirtschaftsgemeinschaft
EWS	-	Europäisches Währungssystem
EZB	-	Europäische Zentralbank
f.	-	folgende Seite
FAZ	-	Frankfurter Allgemeine Zeitung
FBL	-	FIATA Combined Transport Bill of Lading
FCR	-	Forwarders Certificate of Receipt
FCT	-	Forwarders Certificate of Transport
ff.	-	folgende Seiten
FIATA	-	Fédération International des Associations des Transporteurs et Assimilés
FIBOR	-	Frankfurt Interbank Offered Rate
Fn.	-	Fußnote
GBP	-	Britisches Pfund / Pfund Sterling
Hermes	-	Hermes Kreditversicherungs-AG, Hamburg; häufig Gleichsetzung mit den staatlichen Ausfuhrgewährleistungen (sog. Hermes-Deckungen)
HGB	-	Handelsgesetzbuch
i.V.m.	-	in Verbindung mit
IATA	-	International Air Transport Association
ICC	-	International Chamber of Commerce
IHK	-	Industrie- und Handelskammer
INCOTERMS	-	International Commercial Terms
JPY	-	Japanischer Yen
KfW	-	Kreditanstalt für Wiederaufbau
K/T	-	Konvertierungs-/Transfer-(Verbote, Beschränkungen usw.)

L/C	-	Letter of Credit
LIBOR	-	London Interbank Offered Rate
o.J.	-	ohne Jahr
o.O.	-	ohne Ort
o.V.	-	ohne Verfasser(angabe)
ODETTE	-	Organisation de Données Echangées par Télétransmission en Europe
OECD	-	Organization for Economic Cooperation and Development
p.a.	-	pro anno
ScheckG	-	ScheckG
SEDAS	-	Standardregeln Einheitlicher Datenaustausch-Systeme
SWIFT	-	Society for Worldwide Interbank Financial Telecommunication
UCP	-	Uniform Customs and Practice for Documentary Credits
UN/ECE	-	United Nations/Economic Commission for Europe
UN/EDIFACT	-	United Nations/Electronic Data Interchange for Administration, Commerce and Transport
UNCITRAL	-	United Nations Commission on International Trade Law
URC	-	Uniform Rules for Collections
URDG	-	Uniform Rules for Demand Guarantees
USD	-	US-amerikanischer Dollar
Verf.	-	Verfasser
vgl.	-	vergleiche
WechselG	-	Wechselgesetz

1 Zahlungsrisiken und Informationsquellen im Außenhandel

1.1 Einführung und Übersicht

Risiken

Mit Außenhandelsgeschäften, insbesondere mit Exportgeschäften, sind schwerwiegende (Zahlungs-)Risiken verbunden:

- **Wirtschaftliches Risiko** des Exporteurs: Darunter werden im Allgemeinen diejenigen Risiken verstanden, die im Subjekt des Importeurs begründet liegen, insbesondere in dessen Zahlungsverzug, Zahlungsunfähigkeit oder Zahlungsunwilligkeit sowie in weiteren Risiken, die beispielsweise durch eine mangelhafte Seriosität des Importeurs verursacht sind.
- **Garantendelkredererisiko:** Weil viele Außenhandelsgeschäfte durch Garantien, Akkreditive oder sonstige Zahlungsversprechen (sog. Avale) der Banken bzw. anderer Garanten abgesichert sind, stellt sich auch die Frage nach deren Zahlungsfähigkeit. Das Garantendelkredererisiko umfasst folglich die Gefahr, dass der Garant nicht willens oder nicht mehr in der Lage ist, die übernommene Verpflichtung (termingerecht) zu erfüllen.
- **Politisches Risiko:** Die politischen Risiken des Exporteurs sind durch Maßnahmen von Regierungen und Behörden, aber auch durch Revolution, Aufruhr, Krieg u.Ä. verursacht. In der Regel liegen die Ursachen politischer Risiken im Ausland (im Importland). Im Einzelfall kann der Exporteur aber auch von inländischen staatlichen Maßnahmen betroffen sein, z.B. wenn nach Abschluss des Kaufvertrags von der inländischen Regierung ein Embargo verhängt wird.
- **Wechselkursrisiko:** Betriebswirtschaftlich entsteht dem Exporteur ein Wechselkursrisiko, wenn diejenige Fremdwährung, in der er die Rechnung ausgestellt hat, während der Laufzeit seiner Fremdwährungsforderung gegenüber seiner heimischen Währung abgewertet wird.

  Politisch verursacht sind Wechselkursrisiken des Exporteurs darüber hinaus, wenn das Importland die Devisenzuteilung bzw. den Devisentransfer behindert. Das derart verursachte Wechselkursrisiko tritt beispielsweise ein, wenn der zahlungswillige Importeur den Rechnungsbetrag ersatzweise in seiner heimischen (Weich-)Währung bei seiner Zentralbank hinterlegen muss und diese Währung gegenüber der im Kaufvertrag vereinbarten (Hart-)Währung während der Hinterlegung abgewertet wird.

Risikoanalyse

Wegen dieser vielfältigen und gewichtigen Risiken sollten die Exporteure ein beabsichtigtes Außenhandelsgeschäft einer umfassenden Risikoanalyse unterziehen. Das Ergebnis dieser Analyse definiert und begrenzt nicht nur die in den Kaufvertrag aufzunehmenden Zahlungs- und Sicherungsbedingungen, sondern bestimmt für den Exporteur eventuell auch die Notwendigkeit, verbleibende Risiken auf den Bund (durch eine sog. Hermes-Deckung), auf eine Warenkreditversicherung, auf einen Forfaiteur oder auf eine andere risikotragende Institution zu überwälzen.

Informationsquellen

Zur Risikoanalyse benötigt der Exporteur Informationen und somit Informationsquellen, die beispielsweise umfassen:

- Für das **wirtschaftliche Risiko** insbesondere die Auskünfte der Banken und der Auskunfteien.
- Für das **Garantendelkredererisiko** die Einstufungen der Rating-Agenturen sowie die Listen über die möglichen Garanten (Garantiebanken pro Land) des Bundes.
- Für das **politische Risiko** die sog. Länderindizes bzw. Länderrisikokonzepte, die Deckungsbedingungen und die Ländereinstufungen des Bundes, die länderbezogenen Unterschiede der Risikoprämien der Forfaiteure usw.

Übersicht

Abbildung 1.1-01 vermittelt eine Übersicht über die zahlungsbezogenen Risiken des Exporteurs sowie über die Informationsquellen zur Risikoanalyse.

1.2 Wirtschaftliche – im Importeur begründete – Risiken des Exporteurs

1.2.1 Wirtschaftliches Fabrikationsrisiko und Warenabnahmerisiko des Exporteurs

Fabrikationsrisiko

Die zunächst in Erscheinung tretende Schadensmöglichkeit des Exporteurs umfasst die Gefahr, dass während des Zeitraums zwischen dem Abschluss des Kaufvertrags und dem Zeitpunkt der Bereitstellung bzw. des Versands der Ware (Fabrikationsphase) gefahrerhöhende Ereignisse eintreten, die es notwendig machen, die Fertigung der Ware abzubrechen bzw. den Versand der Ware zu unterlassen (Fabrikationsrisiko).

Solche gefahrerhöhenden Ereignisse sind beispielsweise

- endgültige **Lossagung** des Importeurs vom Kaufvertrag;
- schwerwiegende **Verstöße** des Importeurs gegen seine Vertragspflichten, sodass mit einer Durchführung des Vertrags nicht mehr gerechnet werden kann;

Abbildung 1.1-01

- Eintritt der **Zahlungsunfähigkeit** (Konkurs, Vergleich) des Importeurs;
- Zahlungseinstellung in Gänze oder in wesentlichem Umfang wegen **Verschlechterung** der wirtschaftlichen Verhältnisse des Importeurs.

Wegen dieser, vom Importeur verursachten Ereignisse wird im vorliegenden Zusammenhang von wirtschaftlichem Fabrikationsrisiko gesprochen (im Gegensatz zum politisch verursachten Fabrikationsrisiko).

Liefer-/Versandrisiko, insbesondere Warenabnahmerisiko

Die im Zeitraum nach der Bereitstellung bzw. nach dem Versand der Ware bis zum Übergang in die Verfügungsgewalt des Importeurs eintretenden Schadensmöglichkeiten des Exporteurs entstehen grundsätzlich aus denselben Risikoursachen, wie sie auch während der Fabrikationsphase bestehen; siehe vorangehenden Abschnitt). Hinzu tritt jedoch ein besonderes Risiko am Ende der Liefer- bzw. Versandphase, nämlich das Warenabnahmerisiko, das in der Gefahr besteht, dass der Importeur die bestellte und bereitgestellte bzw. versandte Ware – unter Verstoß gegen den Kaufvertrag – nicht abnimmt.

Die Gründe für die Nichtabnahme der Ware durch den Importeur sind beispielsweise

- die **Zahlungsunfähigkeit** des Importeurs;
- eine inzwischen anderweitig eröffnete, **günstigere Einkaufsmöglichkeit** des Importeurs;
- die Absicht des Importeurs, die bestellte Ware bei einem evtl. **Notverkauf** des Exporteurs billiger erwerben (ersteigern) zu können.

Risikofolgen

Die Folgen des Eintritts des Fabrikationsrisikos bzw. des Warenabnahmerisikos sind für den Exporteur erheblich. In beiden Fällen hat der Exporteur nach **Verwertungsmöglichkeiten** für die eingekauften oder (teil-)fabrizierten bzw. versandten Waren zu suchen. Bei Eintritt des Warenabnahmerisikos steht der Exporteur außerdem vor der Entscheidung, ob er die gelieferte Ware zurücktransportieren oder im Importland (durch Notverkauf) verwerten lassen soll. In der Regel muss davon ausgegangen werden, dass der Verwertungserlös den mit dem Importeur vereinbarten Kaufpreis nicht erreicht.

Besonders ausgeprägt sind die Risikofolgen bei **Spezialerzeugnissen**, die der Exporteur nach den Plänen des Importeurs fertigt, weil sich für solche Erzeugnisse ein anderer Abnehmer nicht findet. Ebenso hoch sind die Risikofolgen bei leicht verderblichen und bei modischen Erzeugnissen.

Ansprüche des Exporteurs

Zwar verbleibt dem Exporteur nach Eintritt des Fabrikationsrisikos bzw. des Warenabnahmerisikos grundsätzlich weiterhin der Anspruch auf **Erfüllung** des Kaufvertrags bzw. auf **Schadensersatz**. Inwieweit solche Ansprüche jedoch realisierbar sind, hängt zum einen von den Gegebenheiten des Einzelfalls ab (bei Zahlungsunfähigkeit des Importeurs bestehen im Allgemeinen geringe Chancen auch nur einen Teil der Ansprüche erfüllt zu bekommen). Zum anderen hängt dies von der (schnellen) rechtlichen Durchsetzbarkeit der Ansprüche im Importland ab.

1.2.2 Delkredererisiko (Forderungsausfallrisiko) des Exporteurs

Charakterisierung

Das (wirtschaftliche) Delkredererisiko (Forderungsausfallrisiko) des Exporteurs besteht grundsätzlich in der Gefahr, dass der Importeur den im Kaufvertrag begründeten **Zahlungsanspruch** des Exporteurs (ganz oder teilweise) nicht bzw. nicht fristgerecht erfüllt. Neben der Hauptforderung bezieht sich das Delkredererisiko des Exporteurs auch auf eventuelle Schadensersatzforderungen und sonstige Nebenforderungen, die beispielsweise Verzugszinsen, Vertragsstrafen u.Ä. umfassen können.

Andere Bezeichnungen

Für den oben charakterisierten Inhalt des Delkredererisikos werden zum Teil andere Ausdrücke verwendet wie z.B. „Kreditrisiko", „Debitorenrisiko", „Bonitätsrisiko", „Zahlungsrisiko", „Ausfallrisiko", „kommerzielles Risiko", „Inkassorisiko" u.a. Anzumerken ist, dass sich manche dieser Ausdrücke nicht vollständig mit dem hier vertretenen Vorstellungsinhalt des Delkredererisikos decken.

Im Folgenden wird der Ausdruck „Delkredererisiko" beibehalten, weil diese Bezeichnung in Literatur und Praxis überwiegend Anwendung findet.

Erscheinungsformen

Das Delkredererisiko des Exporteurs entsteht durch:

- **Zahlungsunfähigkeit**,
- **Zahlungsverzug** bzw. Nichtzahlung („protracted default") oder
- **Zahlungsunwilligkeit**

des Importeurs.

Zahlungsunfähigkeit

In betriebswirtschaftlicher Sicht drückt sich die Zahlungsunfähigkeit (Insolvenz) des Importeurs im **voraussichtlich dauernden Unvermögen** aus, **fällige Verbindlichkeiten zu erfüllen**. Anhaltspunkte für drohende Zahlungsunfähigkeit des Importeurs können beispielsweise Scheck- oder Wechselproteste sein. Verläuft darüber hinaus eine Zwangsvollstreckung in das Vermögen des Importeurs fruchtlos, dann ist der Schritt zur Zahlungseinstellung bis hin zur Eröffnung des Konkurs- oder amtlichen Vergleichsverfahrens, d.h. zur amtlich festgestellten Zahlungsunfähigkeit des Importeurs erfahrungsgemäß nicht mehr weit.

Die Folgen der Zahlungsunfähigkeit des Importeurs sind für den Exporteur erheblich: Uneinbringlichkeit und Abschreibung der Forderung, falls sich im Zuge der Verwertung von eventuell bestellten Sicherheiten bzw. der Verwertung des Vermögens des Importeurs Erlöse nicht erzielen lassen.

Zahlungsverzug

Zahlungsverzug des Importeurs liegt grundsätzlich bei jeder **Überschreitung des eingeräumten Zahlungsziels** bzw. eines vereinbarten Zahlungstermins vor. Indessen bedarf eine Zielüberschreitung der individuellen Beurteilung des Verhaltens und der Situation des Importeurs durch den Exporteur: Eine Überschreitung kann in einem (vorübergehenden) Mangel an liquiden Mitteln begründet liegen und deswegen mit Zahlungsschwierigkeiten gleichzusetzen sein, die nicht selten in die Zahlungsunfähigkeit des Importeurs einmünden.

Eine Überziehung des Zahlungsziels kann aber auch auf der Nachlässigkeit des Importeurs oder auf dessen gezielter Strategie beruhen, von den Lieferanten (im Interesse der Erhaltung künftiger Absatzchancen von den Exporteuren häufig tolerierte) zinslose Überziehungen von Zahlungszielen zu erlangen.

Nichtzahlung (Nichtzahlungsfall, „protracted default")

In den Bedingungen von Kreditversicherungsunternehmen wird manchmal statt von Zahlungsverzug oder Zahlungsunwilligkeit verallgemeinernd von Nichtzahlung gesprochen. Im Mittelpunkt dieser Risikodefinitionen steht die Nichtzahlung einer Forderung **innerhalb einer bestimmten Frist nach Fälligkeit** der Forderung als Tatsachenfeststellung, ohne dass auf die tiefere Ursache der Nichtzahlung wie z.B. (vorübergehende) Zahlungsschwierigkeiten oder Zahlungsunwilligkeit des Importeurs definitorisch eingegangen wird.

Zahlungsunwilligkeit

Wenn ein solventer Importeur die Zahlung trotz Fälligkeit verweigert und dieses Verhalten nicht mit berechtigten Einreden begründen kann, dann wird von Zahlungsunwilligkeit gesprochen.

In der betrieblichen Praxis macht der Importeur nicht selten **Mängel** geltend, die sich bei näherem Hinsehen als unbegründet und somit als ein vorgeschobenes Argument zur Hinauszögerung der Zahlung erweisen. Es liegt auf der Hand, dass eine derart begründete Zahlungsunwilligkeit eng mit der Frage der Vertrauenswürdigkeit (Seriosität) des Importeurs verbunden ist.

Zahlungsunwilligkeit kann sowohl bei privaten Käufern als auch bei staatlichen Stellen des Importlandes auftreten. Im ersten Fall ist die Abgrenzung zum Zahlungsverzug bzw. zur Zahlungsunfähigkeit manchmal schwierig, im zweiten Fall ist letztlich ein politisches Risiko (Länderrisiko) zu erblicken.

Definitionsprobleme und Abgrenzungsfragen

Beabsichtigt der Exporteur die Absicherung (Versicherung) eines Exportgeschäfts, z.B. durch eine staatliche Ausfuhrgewährleistung (Hermes), durch eine (privatrechtliche) Warenkreditversicherung oder durch Forderungsverkauf, dann hat der Exporteur die jeweiligen Definitionen des (Delkredere-) Risikos dieser Einrichtungen heranzuziehen. Das versicherbare bzw. auf Dritte überwälzbare (Delkredere-)Risiko kann von den im vorangehenden Abschnitt vorgestellten Risikodefinitionen erheblich abweichen.

Übersicht

Abbildung 1.2-02 vermittelt eine Übersicht über die wirtschaftlichen Risiken des Exporteurs.

Prof. Dr. Siegfried G. Häberle

1.2.4 Zusammenfassende Darstellung wirtschaftlicher Risiken des Exporteurs

Erscheinungsform	Charakterisierung	Anmerkungen
• Fabrikationsrisiko	Schadensmöglichkeit des Exporteurs wegen der Notwendigkeit zum Abbruch der Fertigung oder zur Unterlassung des Warenversands, z.B. wegen Zahlungsunfähigkeit des Importeurs, wegen Lossagung des Importeurs vom Vertrag oder wegen schwerwiegender Vertragsverstöße des Importeurs. Folgen: Anderweitige Verwertung der (teilweise) fertiggestellten Waren mit u.U. erheblichen Verlusten. Anspruch auf Schadensersatz an den Importeur. Problem: Durchsetzbarkeit	Das Fabrikationsrisiko ist besonders ausgeprägt bei Spezialerzeugnissen, die nach Plänen des Auftraggebers (Importeurs) gefertigt werden.
• Warenabnahmerisiko	Schadensmöglichkeit des Exporteurs wegen vertragswidriger Nichtabnahme bereitgestellter bzw. versandter Waren durch den Importeur. Folgen: Rücktransport der Waren bzw. Verwertung im Importland mit u.U. erheblichen Aufwendungen bzw. Verlusten. Anspruch auf Schadensersatz an den Importeur. Problem: Durchsetzbarkeit	Das Warenabnahmerisiko ist besonders ausgeprägt bei leicht verderblichen oder modischen Exportgütern bzw. bei Spezialgütern. Die Frage der Vertrauenswürdigkeit (Seriosität) des Importeurs stellt sich darüber hinaus auch bezüglich der möglichen Nichterfüllung aller übrigen Bedingungen des Kaufvertrags.
• Delkredererisiko		
- Zahlungsunfähigkeit des Importeurs	Voraussichtlich dauerndes Unvermögen zur Erfüllung fälliger Verbindlichkeiten. Amtlich festgestellte Zahlungsunfähigkeit: Konkurs u. amtl. Vergleichsverfahren	Mögliche Anzeichen: Scheck- oder Wechselproteste, fruchtlose Zwangsvollstreckung u.ä.
- Zahlungsverzug des Importeurs	Überschreitung vereinbarter Zahlungstermine bzw. eingeräumter Zahlungsziele	Individuelle Beurteilung erforderlich: z.B. Nachlässigkeit, Strategie oder Zahlungsschwierigkeiten des Importeurs
- Zahlungsunwilligkeit des Importeurs	Ungerechtfertigte Zahlungsverweigerung trotz Fälligkeit und trotz Solvenz des Importeurs	Importeur begründet Zahlungsverweigerung häufig mit unberechtigten Mängelrügen. In Wirklichkeit liegt Zahlungsverzug vor, evtl. auch Zahlungsschwierigkeiten

Abbildung 1.2-02

1.3 Informationsquellen zur Beurteilung wirtschaftlicher Risiken

1.3.1 Auskünfte der Banken

Internationale Verkehrssitte

Es entspricht einer internationalen Übung, dass Lieferanten ihre Hausbank beauftragen, bei der Bank des Importeurs eine Auskunft einzuholen. Weil den Beteiligten diese Übung bekannt ist und seit vielen Jahrzehnten praktiziert wird und weil auch der anfragende Exporteur damit rechnen muss, dass seine Lieferanten bei seinen Bankverbindungen über ihn anfragen, gilt das Bankauskunftsverfahren als Verkehrssitte und wird **nicht als Durchbrechung des Bankgeheimnisses** gewertet.

Ist der Importeur jedoch ein sog. **Privatkunde** der Bank, dann werden – zumindest von deutschen Banken, in der Regel aber auch von ausländischen Banken – Bankauskünfte nur mit der ausdrücklichen Zustimmung des Bankkunden erteilt. Es ist im Einzelfall zu prüfen, welcher Personenkreis im Zusammenhang mit Bankauskünften unter die Definition „Privatkunden" fällt. In Deutschland ist dieser Personenkreis sehr weit gefasst, wobei die Tatsache, dass ein Bankkunde nicht in das Handelsregister eingetragen ist, das maßgebliche Abgrenzungskriterium darstellt.

Widerspruch des Bankkunden

In den Auskunftsformularen der Banken finden sich zwar regelmäßig Formulierungen wie z.B.: „Der Angefragte hat der Erteilung von Auskünften widersprochen." In der Praxis kommt dieser Widerspruch jedoch selten vor, weil die Auskunftsempfänger im Allgemeinen davon ausgehen, dass sich hinter dem Widerspruch des Angefragten eine angespannte Liquiditätslage oder ein ähnlicher negativer Sachverhalt verbirgt.

Anfrageweg

Direkte Anfragen der Lieferanten (Exporteure) bei den Banken der Abnehmer (Importeure) sind unüblich und werden im Allgemeinen nicht beantwortet.

Der Weg des anfragenden Exporteurs führt vielmehr zu seiner **Hausbank**. In der Regel kann der anfragende Exporteur seiner Bank die Bankverbindung(en) des Importeurs angeben, z.B. auf Grundlage des Briefbogens des Importeurs oder einer bereits vorliegenden Auskunft einer gewerblichen Auskunftei, die regelmäßig auch die Bankverbindungen des sog. Angefragten enthält. Falls diese Bankverbindungen nicht bekannt sind, schaltet die Exporteurbank eine Korrespondenzbank bzw. eine Bank ihres Sektors am Firmensitz des Importeurs ein, mit der Maßgabe zur Weiterleitung der Auskunftsanfrage an die Hausbank des Importeurs. Allerdings führt dieser Weg nicht immer zum Erfolg.

Ländererfahrungen

Grundsätzlich ist festzustellen, dass die **Banken der Industrieländern** erfahrungsgemäß zur Auskunftserteilung eher bereit sind als Banken in den Schwellenländern bzw. in den osteuropäischen Ländern.

In einigen Ländern erteilen die Banken Auskünfte im Allgemeinen nur noch, wenn die Zustimmung des dortigen Bankkunden vorgelegt wird.

In manchen Ländern werden Auskunftsanfragen von den Banken nicht mehr direkt beantwortet. Die Auskünfte werden vielmehr von eigenständigen Gesellschaften erteilt, die jedoch mit ihren Informationen relativ „banknah" sind.

Abwicklungsdauer

Ein Problem liegt in der oft langen Abwicklungsdauer, die bei schriftlichen Anfragen in Europa mehrere Wochen, außerhalb Europas mehrere Monate umfassen kann und durchaus auch Mahnungen erfordert. Eilbedürftige Auskunftsanfragen werden deswegen über das Telekommunikationssystem der Banken **SWIFT**, über Telefax oder über andere schnelle Kommunikationssysteme abgewickelt.

Zur Beschleunigung der Bearbeitung schalten die anfragenden Banken manchmal ihre Korrespondenzbank im betreffenden Ausland ein.

Anfrageumfang

Die Anfrage des Exporteurs an seine Hausbank umfasst zunächst den Anfragegrund und darüber hinaus einen bestimmten **Kreditbetrag** (die sog. Warenverbindlichkeiten o.Ä.), gegebenenfalls mit Angabe der Stückelung dieses Betrags. Die Angabe der gegebenenfalls dem Importeur gewährten Stückelung nach Teilbeträgen und des Zeitraumes, in dem diese Teilzahlungen zu leisten sind, ist zweckmäßig, weil die Beurteilung der Kreditwürdigkeit des Importeurs durch die auskunfterteilende Bank davon maßgeblich beeinflusst ist.

In vielen Fällen berichten die Banken von sich aus auch stichwortartig über die sog. allgemeinen Verhältnisse des Importeurs (z.B. über die Unternehmenstätigkeit, die Unternehmensgröße, die Marktstellung usw.) und sie nennen häufig auch die Geschäftsführer und manchmal die Gesellschafter.

Keine Nachtragsauskünfte

Im Gegensatz zu gewerblichen Auskunfteien erteilen die Banken grundsätzlich keine sog. Nachtragsauskünfte, d.h. sie berichten von sich aus dem Exporteur auch dann nicht erneut, wenn sich die Verhältnisse beim Importeur rapide verschlechtern oder verbessern. Über Importeure, die eine ungünstige Entwicklung in der Zukunft erwarten lassen, sollte der Exporteur deswegen von Zeit zu Zeit erneut Auskünfte einholen, um die aktuelle Situation besser beurteilen zu können.

Im Übrigen berichtet die Hausbank des Importeurs in der Regel nur auf Grundlage ihres eigenen Kenntnisstandes, d.h. sie stellt keine weiter reichenden Recherchen wegen einer Auskunftsanfrage an.

Ausnahmsweise: Rückfrage beim Importeur

Die auskunfterteilende Bank informiert den Importeur im Allgemeinen nicht vom Vorliegen einer Auskunftsanfrage. In Ausnahmefällen ist aber eine Rückfrage beim Importeur durchaus möglich, insbesondere wenn es sich mit Blick auf die Vermögens- und Ertragslage des Importeurs um einen ausnehmend hohen Anfragebetrag handelt oder wenn mit der Bank beispielsweise ein Investitionsstopp (zur Rückführung des bestehenden Kreditengagements) vereinbart wurde.

Vorbehalte

Die Hausbank des Exporteurs gibt den Inhalt der eingegangenen Auskunft regelmäßig **unverändert** an den Exporteur weiter, allerdings ohne Nennung der Bank, die die Auskunft erteilt hat.

Die Auskunft erteilende Bank macht Vorbehalte, wie beispielsweise: „Unsere Aufkünfte erteilen wir **streng vertraulich**. Sie beruhen ausschließlich auf Erkenntnissen, die der Auskunft erteilenden Stelle vorliegen. Veränderungen, die erst kurz vor Erteilung dieser Auskunft eingetreten sind, konnten nicht berücksichtigt werden. Über Veränderungen, die nach Erteilung einer Auskunft eintreten und die eine andere Beurteilung zur Folge haben würden, berichten wir nicht ohne neue Anfrage, auch wenn dies ausnahmsweise einmal unaufgefordert geschehen sollte. Die Auskunft erteilen wir nach bestem Wissen."

Haftungsausschluss

Die Banken schließen die Haftung für die Auskünfte weitestgehend aus, z.B. mit den Formulierungen: „Banküblichen Usancen zufolge erteilen wir diese Auskunft **ohne unser Obligo**", „In Vertraulichkeit und ohne Gewähr", „This information is given without any engagement or guarantee on the part of the bank or it's officers" oder „... bearing no responsibilities on our part ...".

Im Übrigen weisen die Banken den Auskunftsempfänger regelmäßig darauf hin, dass er die Auskunft nicht an Dritte weitergeben darf.

Kosten

Die Banken betrachten das Auskunftsverfahren nicht als Erwerbsquelle; grundsätzlich streben sie lediglich Kostendeckung an. Je nach Eilbedürftigkeit, Auskunftsweg und Land reichen die dem Anfragenden in Rechnung gestellten Kosten von ca. 10 Euro bis ca. 50 Euro.

1.3.2 Auskünfte gewerblicher Auskunfteien

Auskunftsweg

Eine häufig genutzte Möglichkeit zur Informationsgewinnung über die Bonität, die Seriosität sowie über die sog. allgemeinen Verhältnisse von Importeuren bzw. Geschäftspartnern, liegt im Einholen sog. Wirtschaftsauskünfte bei den gewerblichen Auskunfteien.

Der Exporteur wendet sich in der Regel an eine **inländische Auskunftei**, die selbst eine Niederlassung im Importland unterhält oder die eine kooperierende Auskunftei im Importland mit der Beantwortung der Anfrage betraut. In Deutschland kann sich der Exporteur an die Auskunfteien Bürgel, Creditreform sowie Dun & Bradstreet wenden.

Der direkte Weg zu einer Auskunftei im Importland ist unüblich, zumal der Exporteur regelmäßig mit einer inländischen Auskunftei einen Abnahmevertrag geschlossen hat bzw. Mitglied einer inländischen Auskunftei ist. Nur in den Fällen, in denen der Exporteur eine Vielzahl von Exportgeschäften in ein bestimmtes Importland vollzieht, kann es lohnend sein, einen Abnahmevertrag mit einer Auskunftei in diesem Land abzuschließen.

Auskunftsinhalte

Die Wirtschaftsauskünfte der Auskunfteien umfassen regelmäßig die nachstehenden Informationsbereiche. Die Auskünfte sind nach einem bestimmten Schema aufgebaut, das beispielsweise bei Creditreform folgende Informationsstruktur aufweist:

- **Bonität** (z.B. Bonitätsindex, Zahlungsindex, Krediturteil, Höchstkredit),
- **Struktur** (z.B. Branche, Rechtsform, Beteiligte),
- **Finanzen** (z.B. Kapital, Jahresumsatz, Aktiva/Passiva),
- **Sonstiges** (z.B. Auftragslage, Unternehmensentwicklung, Mitarbeiter, Bankverbindungen).

Ratings

Zur schnellen Auswertung der Wirtschaftsauskünfte durch die Auskunftsempfänger haben alle Auskunfteien Ratings, Indizes, Indikatoren oder ähnliche Kenngrößen entwickelt, die in zusammengefasster Form die Bonitäts- bzw. Kreditbeurteilung ausdrücken:

- Die **Bonitätsindizes** von **Bürgel** und **Creditreform** sind beispielsweise an das gängige Notensystem angelehnt und reichen von 1 bzw. 100 für „sehr gut“ bis 6 bzw. 600 für „ungenügend“.
- Der **Risikoindikator** von **Dun & Bradstreet** wird in einer Ziffer ausgedrückt. Der Risikoindikator 1 steht für die niedrigste Risikoklasse, der Risikoindikator 4(-) steht für die höchste Risikoklasse.

Auskunftsarten

Die Auskunfteien ermöglichen ihren Kunden Anfragen mit unterschiedlichem Informationsumfang.

Beispielsweise bietet Creditreform folgende Auskünfte an:

- **Telefonauskunft** (z.B. vor Aufnahme einer Geschäftsbeziehung, insbesondere vor Gewährung von Zahlungszielen an Neukunden);
- **Handelsregisterinformationen** (umfasst die wesentlichen Informationen zu einen Unternehmen wie Strukturdaten, Branche und Rechtsform) – online abrufbar;
- **Kompaktauskunft** (z.B. bei einmaliger Kreditentscheidung oder Risikoprüfung die grundlegenden Daten und Fakten zum angefragten Unternehmen) – ausschließlich online abrufbar;
- **Wirtschaftsauskunft** (umfasst alle wesentlichen Details über Bonität, Finanzen und Umfeld des angefragten Unternehmens) – online abrufbar. Hierzu erteilt Creditreform Nachtragsauskünfte, falls innerhalb eines Jahres wichtige Änderungen eintreten.
- **Bilanzdatenbank** (umfasst die Jahresabschlüsse von über 15.000 deutschen Unternehmen) – online abrufbar.

Weitere Dienstleistungen

Die Auskunfteien bieten unmittelbar oder über Beteiligungsunternehmen weitere Dienstleistungen an, wie die folgende Auswahl zeigt:

- **Portfolio-Risikoanalyse (Risikomanagement):** Ermittlung der bestehenden Risikostruktur im Kundenportfolio (Analyse der Außenstände), und zwar sowohl bezogen auf das komplette Kundenportfolio als auch für einzelne Kunden.
- **Marketingservice:** Adressen (Firmenadressen und Personenadressen) für Direktmarketingaktivitäten oder zum Aufbau einer eigenen Datenbank, die nach vorgegebenen Kriterien selektiert werden können.
- **Inkassoservice (Forderungsmanagement):** Vorgerichtlicher Einzug von Forderungen (sog. kaufmännisches Mahnverfahren), gerichtliches Mahnverfahren, Überwachungsverfahren einschließlich der Beobachtung und Verfolgung bereits titulierter Forderungen, Auslandsinkasso.

Kosten

Die Kosten der Auskünfte gewerblicher Auskunfteien streuen stark, insbesondere in Abhängigkeit zur Eilbedürftigkeit, zum Umfang der Anfrage, zum Importland, zur Abnahmemenge im Rahmen des Abonnements bzw. der Mitgliedschaft u.v.a.m.

Haftungsausschluss

Ebenso wie die Banken schließen die gewerblichen Auskunfteien die Haftung für den Auskunftsinhalt weitestgehend aus.

Ein Eigeninteresse am Inhalt der Auskunft, so wie dies den kreditgewährenden auskunfterteilenden Banken u.U. zu unterstellen ist, kann bei gewerblichen Auskunfteien im Regelfall ausgeschlossen werden.

1.3.3 Sonstige Informationsquellen

Bestehende Geschäftsverbindung zum Importeur

Sofern der Exporteur mit dem Importeur bereits in Geschäftsverbindung steht, ist es die nächstliegende Informationsquelle, die bisherige Geschäftsabwicklung unter den Kriterien Vertrauenswürdigkeit, Zahlungsverhalten und – soweit möglich – Kreditwürdigkeit auszuwerten.

Zumindest vor Übernahme von Aufträgen, die über das bisherige Volumen hinausreichen oder bei sich tendenziell verschlechterndem Zahlungsverhalten des Importeurs ist es ratsam, dass der Exporteur in Ergänzung zu seinen Erfahrungen weitere Informationen (Auskünfte von Banken und/oder Auskunfteien) einzieht.

Eigene Recherchen

Es liegt auf der Hand, dass eigene Recherchen nicht nur eine entsprechende Qualifikation erfordern, sondern auch sehr aufwändig sind. Eigene Recherchen können Exporteure deswegen nur bei größeren Aufträgen bzw. in Fällen anstellen, in denen der Abnehmer längere Zahlungsziele wünscht und die Informationsergiebigkeit der übrigen Quellen zu einer Kreditbeurteilung nicht ausreicht.

Ist der Exporteur Großlieferant unter Einräumung von Zahlungszielen, dann können die eigenständigen Recherchen des Exporteurs von der Auswertung der Jahresabschlüsse des Importeurs bis zur Bestellung von Kreditsicherheiten reichen. Prinzipiell verhalten sich die kreditgewährenden Großlieferanten wie die kreditgewährenden Banken.

Sofern der Importeur einem Konzern angehört oder in anderer Form mit weiteren Unternehmen verflochten ist, müssen darüber hinaus auch diese für die Kreditwürdigkeit in vielen Fällen entscheidenden Beziehungen (Abhängigkeiten) in die Analyse einbezogen werden.

Vom Importeur angegebene Referenzen

Vor der Annahme von Großaufträgen bzw. vor der Gewährung längerer Zahlungsziele kann es im Einzelfall empfehlenswert sein, dass sich der Exporteur von seinem potenziellen Abnehmer Referenzen geben lässt.

Bei den vom Importeur angegebenen Referenzen besteht jedoch nicht nur die Gefahr, dass sie vom Importeur nach den zu erwartenden Stellungnahmen ausgewählt sind (und somit jene Referenzen weggelassen sind, die ein tatsächlich zutreffendes und damit eventuell negatives Bild vom Importeur zeichnen würden), sondern auch, dass die Referenzen womöglich interessengebunden sind und deswegen kein objektives Urteil über die wirklichen Verhältnisse des Importeurs abgeben.

Eigener Vertreter im Importland

Es kann sich als ergiebig erweisen, den eigenen Vertreter im Importland mit der Einholung von Informationen über den (potenziellen) Abnehmer zu beauftragen. Erfahrungsgemäß ist in sog. Branchenkreisen die Leistungsfähigkeit, die Seriosität, aber auch die Kreditwürdigkeit der Betriebe zumindest in Konturen bekannt.

Einzuwenden sind gegen diesen Weg der Informationsbeschaffung insbesondere zwei Aspekte: Zum einen hat der Vertreter in der Regel ein Interesse am Verkauf und ist insoweit geneigt, dieses Ziel nicht mit einer ungünstigen Kreditaussage über einen potenziellen Kunden selbst zu unterlaufen. Zum anderen wird es der potenzielle Kunde missbilligen, wenn er erfährt, dass der Vertreter im Hintergrund Informationen über seine Kreditwürdigkeit zu gewinnen trachtet.

Deutsche Auslandshandelskammern

Informationen über Importeure kann der deutsche Exporteur auch von den rund 50 deutschen Auslandshandelskammern (AHKs) bekommen.

- Ein Teil der Kammern hat Rahmenvereinbarungen mit **landesansässigen Auskunfteien** abgeschlossen und erteilt auf dieser Grundlage Auskünfte gegen Entgeltberechnung (die im Übrigen niedriger ausfällt, wenn der anfragende Exporteur Mitglied dieser AHK ist). Der Aussagewert dieser Auskünfte entspricht im Allgemeinen dem Aussagewert gewerblicher Auskünfte wie er oben besprochen wurde. Kammern in Ländern, in denen Auskunfteien nicht existieren bzw. Kammern, die eine derartige Rahmenvereinbarung nicht abgeschlossen haben, helfen dem anfragenden deutschen Exporteur – soweit möglich – durch Angabe von geeignet erscheinenden (anderen) Informationsquellen weiter, an die sich der Exporteur dann unmittelbar wenden kann.
- Einige Kammern haben ihren Rechtsabteilungen **Inkassodienste** angegliedert, die beim Einzug von Forderungen in dem betreffenden Land Hilfe leisten. Die daraus resultierenden Erkenntnisse umfassen nicht nur Informationen über säumige Schuldner im jeweiligen Land, sondern auch ein weitreichendes Wissen über außergerichtliche und gerichtliche Verfahren.

Darüber hinaus reichende Recherchen über die Zahlungsfähigkeit und über die Seriosität von Importeuren vermögen die Kammern jedoch in der Regel nicht durchzuführen.

1.3.4 Bonitätsprüfung durch Dritte

Factoringgesellschaften

Verkauft der Exporteur seine Forderungen an eine Factoringgesellschaft, dann sieht der Factoringvertrag in der Regel vor, dass die Factoringgesellschaft die Kreditwürdigkeit der Abnehmer des Exporteurs prüft. Auf dieser Grundlage setzt die Factoringgesellschaft ein **Limit pro Abnehmer** fest, bis zu dem sie bereit ist, die Forderungen des Exporteurs mit Übernahme des wirtschaftlichen (nicht des politischen) Delkredererisikos anzukaufen. Die Ergebnisse ihrer Kreditwürdigkeitsprüfung stellt die Factoringgesellschaft dem Exporteur zur Verfügung.

Die Bonitätsprüfung durch Factoringgesellschaften bzw. durch die unten angesprochenen Warenkreditversicherungsunternehmen ist **qualifiziert**. Bei der Übertragung der Bonitätsprüfung im Rahmen eines Factoring- bzw. Versicherungsvertrages hat der Exporteur aber zu bedenken, dass diese Einrichtungen das Limit pro Abnehmer u.U. niedrig ansetzen, weil sie das Risiko für sich begrenzen wollen und dass sie im Übrigen ihren Aufwand (direkt oder indirekt) dem Exporteur in Rechnung stellen.

Einzelheiten zum Exportfactoring siehe Kapitel 5.6.

Forfaiteure

Sofern der Exporteur den Verkauf einer mittel- bis langfristigen Exportforderung an eine Forfaitierungsgesellschaft bzw. an eine forfaitierende Bank beabsichtigt, sollte er bereits vor Abschluss des Kaufvertrags Kontakt mit dem Forfaiteur aufnehmen. Forfaiteure verfügen über **Auskunftsquellen**, die nicht nur das wirtschaftliche – im Importeur begründete – Risiko erkennen lassen, sondern ebenso das Garantendelkredererisiko und das politische Risiko. Weil Forfaiteure im Rahmen der Forfaitierung in der Regel ohnehin diese Risiken vom forderungsverkaufenden Exporteur übernehmen, liegt die Gewinnung von Informationen über die Risiken zwar zunächst im Eigeninteresse des Forfaiteurs. Zugleich sind diese Informationen jedoch für den Exporteur ebenfalls relevant, da der Exporteur alle Auflagen des Forfaiteurs bereits bei Abschluss des Kaufvertrags mit dem Importeur zu erfüllen hat, die der Forfaiteur aus der Risikobeurteilung der anzukaufenden Exportforderung ableitet.

Einzelheiten zur Forfaitierung siehe Kapitel 6.5.

Finanzierende Banken

Zur Finanzierung von Exportgeschäften mit mittel- bis langfristigen Zahlungszielen stellen die Banken sowie die AKA Ausfuhrkredit-Gesellschaft mbH und – für spezielle Finanzierungen – auch die KfW Kreditanstalt für Wiederaufbau nicht nur Lieferantenkredite (Bankkredite an Lieferanten), sondern auch Bestellerkredite und Bank-zu-Bank-Kredite zur Verfügung. Zur Abwicklung derartiger Finanzierungen haben die Banken **Grund- bzw. Rahmenvereinbarungen** mit Banken in den wichtigsten Importländern abgeschlossen, innerhalb derer das einzelne Exportgeschäft rasch finanziert werden kann. Auf dieser Grundlage haben die deutschen Banken nicht nur Informationen über die Zahlungsfähigkeit der ausländischen Banken bezüglich des Garantendelkredererisikos verfügbar, sondern auch Zugang zu Informationen über die jeweiligen Importeure.

Einzelheiten zur mittel- und langfristigen Exportfinanzierung siehe Kapitel 6.

Warenkreditversicherungen

Eine analoge Überwälzung der Bonitätsprüfung – wie sie oben bei den Factoringgesellschaften beschrieben wurde – ist auch auf Warenkreditversicherungen möglich, sofern der Exporteur einen derartigen Versicherungsvertrag abgeschlossen hat. Auch Warenkreditversicherungen prüfen die Solvenz der Kunden der Lieferanten und legen sodann ein **Limit pro Kunde** fest, innerhalb dessen der Lieferant auf Risiko des Versicherungsunternehmens zu liefern berechtigt ist.

Zu beachten ist allerdings, dass die Kreditversicherungsunternehmen dem versicherten Lieferanten häufig zur Auflage machen, bei kleineren Forderungen die Abnehmer nach einem vorgegebenen Kriterienkatalog selbst zu prüfen und dass in der Regel ein sog. Selbstbehalt des Exporteurs im Schadensfall vereinbart wird. Im Rahmen der Warenkreditversicherung erhält der Exporteur **Online-Zugriff** auf den Datenbestand der Versicherung über Importeure, so dass er frühzeitig die wirtschaftlichen Risiken eines (beabsichtigten) Exportgeschäftes erkennen und im Übrigen eine dahingehende Abstimmung mit der Versicherung vollziehen kann.

Einzelheiten zu den Warenkreditversicherungen siehe Kapitel 9.1.

Hermes (staatliche Ausfuhrgewährleistungen)

Die Hermes Kreditversicherung AG, die als Mandatsträger der Bundesrepublik Deutschland für den Bund die staatlichen Ausfuhrgewährleistungen organisatorisch abwickelt, verfügt zwar über einen umfassenden Datenbestand über Importeure. Dieser Datenbestand steht jedoch den deutschen Exporteuren als generelle Informationsquelle zur Erhebung des wirtschaftlichen Risikos von Exportgeschäften nicht zur Verfügung. Lediglich bei Ablehnung einer Hermes-Deckung oder bei Auflagen durch den Bund wird dies mit wenigen Stichworten erkennbar.

Einzelheiten zu den staatlichen Ausfuhrgewährleistungen siehe Kapitel 9.2.

1.4 Garantendelkredererisiko

1.4.1 Eigenarten des Garantendelkredererisikos

Charakterisierung

Bei vielen Außenhandelsgeschäften sind die Ansprüche der Exporteure bzw. der Importeure an die Geschäftspartner durch Zahlungsversprechen von Kreditinstituten, z.B. durch **Bankgarantien**, Bankbürgschaften, Akkreditive usw. abgesichert. Neben den Kreditinstituten treten aber auch sog. Nichtbanken als Garanten in Erscheinung, so z.B. Konzernobergesellschaften für ihre Beteiligungsgesellschaften, Versicherungsgesellschaften im Rahmen sog. Kautionsversicherungen u.a.

Bei allen derart gesicherten Auslandsgeschäften stellt sich neben der Frage nach dem im Importeur begründeten wirtschaftlichen Risiko auch die Frage nach dem **Garantendelkredererisiko**, also nach der Gefahr des ganzen oder teilweisen Ausfalls eines (Zahlungs-)Anspruchs wegen Zahlungsunfähigkeit oder wegen Zahlungsunwilligkeit eines Garanten. Ein (längerer) Zahlungsverzug des Garanten kann ebenfalls in das Garantendelkredererisiko einbezogen werden.

Beispiele

- Eröffnet beispielsweise die Hausbank eines Importeurs im Auftrag des Importeurs ein Dokumentenakkreditiv zu Gunsten eines Exporteurs, dann tritt die Zahlungsfähigkeit der **akkreditiveröffnenden Importeurbank** in den Mittelpunkt des Sicherungsinteresses.
- Analoges gilt, wenn beispielsweise ein Importeur eine (größere) Vorauszahlung an einen Exporteur zu leisten hat und diese Vorleistung des Importeurs durch eine sog. Anzahlungsgarantie der Hausbank des Exporteurs zu Gunsten des Importeurs abzusichern ist. Auch hier stellt sich für den Importeur die Frage nach der Solvenz der **garantierenden Bank**.

Rangfolge

Die Rangfolge der Befriedigung der Ansprüche des Begünstigten kann unterschiedlich gestaltet sein:

- Meistens kann der Begünstigte auf Grundlage der gestellten Sicherheit Ansprüche **unmittelbar** gegen den Garanten geltend machen (z.B. beim Dokumentenakkreditiv an die akkreditiveröffnende Bank).
- Im Einzelfall treffen die Beteiligten aber auch die Vereinbarung, dass der Begünstigte zunächst den **Ausfall** seiner Ansprüche gegen den Hauptschuldner (also gegen seinen Geschäftspartner) nachzuweisen hat und dass er erst danach seinen Anspruch gegen den Garanten durchsetzen kann.

Andere Definitionen / Abgrenzungen

Soll das Gesamtrisiko eines Exportgeschäfts oder das Forderungsausfallrisiko einschließlich des Garantendelkredererisikos auf eine Versicherung überwälzt werden, dann ist die genaue Definition des Garantendelkredererisikos dieser Versicherung heranzuziehen.

Analoges gilt, wenn der Verkauf einer Auslandsforderung, die durch die Garantie eines Dritten abgesichert ist, an eine Factoring- oder an eine Forfaitierungsgesellschaft beabsichtigt ist.

In diesem Zusammenhang sind im Übrigen auch eventuelle Auflagen dieser Institutionen zur Art und zum Umfang der von Dritten (den Garanten) zu stellenden Sicherheiten vor Abschluss des Auslandsgeschäfts zu erheben.

Bonität von Garanten

Die Bonität des Garanten sollte bereits im Kaufvertrag definiert werden:

- **Hausbank** des garantiebegünstigten Exporteurs oder Importeurs
- bzw. bei Dokumentenakkreditiven die **Bestätigungsbank** mit der Vereinbarung: „confirmed by the advising german bank",
- erstklassige deutsche Bank: **„first class german bank"**,
- erstklassige internationale Bank: **„international prime bank"**.

1.4.2 Informationsquellen zur Beurteilung von Garanten (Garantiebanken)

Informationsnotwendigkeit

Die Notwendigkeit der Prüfung der Seriosität und der Bonität eines Garanten folgt u.a. aus der Tatsache, dass in der Vergangenheit auch Kreditinstitute im In- und Ausland ihre Zahlungen eingestellt haben. Wird überdies berücksichtigt, dass das Bankrecht und die Bankenaufsicht im Ausland keineswegs immer den strengen deutschen Normen entspricht, dann bedarf es keiner weiteren Rechtfertigung für die Notwendigkeit zur Einholung von Auskünften über Garanten, auch wenn diese Kreditinstitute sind.

Die Prüfung der Bonität der Garanten hat ebenso frühzeitig einzusetzen wie die Bonitätsprüfung der ausländischen Geschäftspartner, d.h. wenn möglich vor Vertragsabschluss. Nur so kann der Garantiebegünstigte durchsetzen, dass die vereinbarte Sicherheit nicht von einem schwer zu beurteilenden, womöglich zweifelhaften Garanten gestellt wird.

Bei der Informationseinholung ist nach verschiedenen Garanten zu unterscheiden:

- **Nichtbanken als Garanten**

  Wird die Sicherheit für ein Auslandsgeschäft von einer sog. Nichtbank (die auch eine Versicherungsgesellschaft Rahmen einer sog. Kautionsversicherung oder eine Konzernmuttergesellschaft sein kann) gestellt, dann ist die Bonität eines solchen Garanten mit denselben Instrumenten zu prüfen wie die Kreditwürdigkeit von Abnehmern, d.h. mittels Auskünften von Banken, Auskünften von gewerblichen Auskunfteien usw. (Einzelheiten zu diesen Informationsquellen siehe Abschnitt „1.3 Informationsquellen zur Beurteilung wirtschaftlicher Risiken").

- **Banken als Garanten**

  Überwiegend sind es jedoch Kreditinstitute, die die Sicherheit der Abwicklung bzw. der Zahlung eines Auslandgeschäfts mittels ausdrücklicher Zahlungsgarantie oder durch Eröffnung eines Dokumentenakkreditivs garantieren. Deswegen richtet sich das Interesse des Begünstigten regelmäßig auf die Beurteilung der Vertrauenswürdigkeit und der Solvenz dieser Banken.

Informationsquelle: Hausbank des Exporteurs

International tätige deutsche Kreditinstitute verfügen über verschiedene Informationsquellen, um die Bonität ausländischer Kreditinstitute beurteilen zu können, z.B.

- **Ratings** über international tätige Banken;
- **Repräsentanten**, Korrespondenzbanken oder Niederlassung im jeweiligen Ausland;
- **eigene Erfahrungen** mit den Kreditinstituten des betreffenden Landes bzw. mit dem garantierenden Kreditinstitut.

Häufig haben die deutschen Banken im Rahmen ihrer Korrespondenzbeziehungen mit ausländischen Banken sog. Kreditfazilitäten vereinbart oder sog. Grundkredit- bzw. Rahmenkreditvereinbarungen getroffen. In diesen Fällen haben die deutschen Banken die Kreditwürdigkeit dieser Auslandsbanken umfassend geprüft. Von diesem Wissen kann der Exporteur profitieren.

Informationsquelle: Rating-Agenturen

Ein eigenes Bild von der Kreditwürdigkeit der international führenden Banken kann sich der Exporteur allenfalls anhand der von „AAA" bzw. von „Aaa" ausgehenden Klassifizierungen der

- **Standard & Poors Ratings Group,**
- **Moodys Investors Service,**
- **IBCA Banking Analysis Limited**

machen, die u.a. den größeren deutschen Geschäftsbanken vorliegen.

Allerdings sind zu diesen Informationsquellen einige Vorbehalte zu machen: Erstens muss die fragliche Garantiebank in ein veröffentlichtes Rating überhaupt einbezogen sein, was nur für die großen international tätigen Banken zutrifft. Zweitens, muss die betreffende Garantiebank innerhalb des Ratings in der Spitzenklasse ausgewiesen sein. Drittens sind in der Vergangenheit auch Fehleinschätzungen der Rating-Agenturen vorgekommen. Viertens schließen die Rating-Agenturen die Haftung für die Richtigkeit der Einstufung der beurteilten Banken aus.

Informationsquelle: Hermes

Im Rahmen der staatlichen Ausfuhrgewährleistungen fordert der Bund bei der Deckung von Exporten in Entwicklungs- und Schwellenländer häufig: „Es sind grundsätzlich Sicherheiten anerkannter Garanten erforderlich“.

In den Sonderbestimmungen für einzelne Länder sind die vom Bund anerkannten Garanten aufgenommen, wobei in der Regel eine betragsmäßige und zeitraumbezogene Abstufung der Garanten erfolgt.

Sofern der Exporteur eine Hermes-Deckung benötigt, hat er diese Sonderbestimmungen bezüglich der anerkannten Garanten zwingend zu beachten und im Übrigen entsprechende Vereinbarungen im Kaufvertrag zu treffen.

Risikovermeidung bzw. Risikoüberwälzung

Sofern der Exporteur keine gesicherten Informationen über die Zahlungsfähigkeit einer ausländischen Garantiebank bzw. einer ausländischen akkreditiveröffnenden Bank erhalten kann oder wenn er auf Grundlage von verfügbaren Informationen auch nur die geringsten Zweifel an der Solvenz einer ausländischen Garantiebank hegt, sollte er eine weiterreichende Sicherheit ergreifen, so zum Beispiel

- als Zahlungsbedingung bereits im Kaufvertrag ein von einer erstklassigen deutschen Bank **bestätigtes Dokumentenakkreditiv** verlangen;
- bei Exportgeschäften mit längeren Zahlungszielen im Kaufvertrag einen **Bestellerkredit** bzw. einen **Bank-zu-Bank-Kredit** vereinbaren, weil diese Kredite die Haftung für den Exporteur in der Regel weitgehend ausschließen;
- durch Verkauf der Exportforderung an eine **Forfaitierungsgesellschaft** bzw. an eine forfaitierende Bank die Risiken und somit auch das Garantendelkredererisiko auf diese Forfaiteure überwälzen;
- eine **Hermes-Deckung** für das Exportgeschäft beantragen, wobei der Exporteur allerdings auch die Auflagen des Bundes (Hermes) bezüglich der ausländischen Garantiebanken zu beachten hat.

1.5 Politische Risiken des Exporteurs

1.5.1 Charakterisierung und Abgrenzungsprobleme

Charakterisierung

Als politische Risiken, die manchmal – allerdings zu umfassend – auch als Länderrisiken bezeichnet werden, sind grundsätzlich solche Schadensmöglichkeiten des Exporteurs zu charakterisieren, die durch

- **gesetzgeberische** oder behördliche Maßnahmen des **Auslands** und u.U. auch des Inlands,
- **Krieg, Aufruhr, Revolution** im Ausland,
- **Beschränkungen** des zwischenstaatlichen **Zahlungsverkehrs** sowie durch
- ähnliche, auf **staatliche Eingriffe** zurückzuführende Ereignisse verursacht sind.

Definitions- und Abgrenzungsprobleme, insbesondere bei Hermes-Deckungen

Zur vorstehenden Charakterisierung des politischen Risikos ist anzumerken, dass sich im Einzelfall Abgrenzungsprobleme zu den Erscheinungsformen des wirtschaftlichen Risikos und zu den Erscheinungsformen höherer Gewalt sowie zu vielfältigen anderen Risikophänomenen ergeben können.

Auch die **Art der staatlichen Maßnahmen** bzw. der politischen Ereignisse bis hin zum Entstehungsgrund, Entstehungsort und Entstehungszeitpunkt solcher Maßnahmen und Ereignisse führt zu vielen offenen Fragen bei der Definition und somit bei der Abgrenzung des politischen Risikos.

Dieser Hinweis ist von besonderer Bedeutung, wenn sich der Exporteur eine staatliche Risikodeckung (Hermes-Deckung) für das Ausfuhrgeschäft beschaffen will. Beabsichtigt der Exporteur, das politische Risiko eines Ausfuhrgeschäfts durch eine Hermes-Deckung abzusichern oder auf andere Einrichtungen zu überwälzen, dann hat er die Definitionen des politischen Risikos dieser Einrichtungen heranzuziehen, um die jeweilige Deckungsfähigkeit und den Deckungsumfang zu klären.

1.5.2 Chronologie politischer Risiken des Exporteurs

1.5.2.1 Politisch verursachte Risiken während der Fabrikationsphase

Politische Maßnahmen / Ereignisse des Auslands

Treten während der **Herstellungsphase** politische Ereignisse des Auslands ein oder ergreift ein fremder Staat Maßnahmen, die die Fertigstellung bzw. Versendung der Ware unmöglich oder unzumutbar machen, dann spricht man von (politisch verursachtem) Fabrikationsrisiko. Die typischen Ereignisse des politisch verursachten Fabrikationsrisikos sind Krieg, Aufruhr oder Revolution im Ausland sowie einschlägige Maßnahmen außerdeutscher Regierungen.

Embargo des Inlandes bzw. eines Drittlandes

Politisch ist das Fabrikationsrisiko des Exporteurs auch dann verursacht, wenn die deutsche Regierung **Embargomaßnahmen** nach dem Außenwirtschaftsgesetz (AWG) ergreift und dadurch die Durchführung des Kaufvertrags unmöglich wird.

Zu beachten ist bei Hermes-Deckungen: Sofern der Exporteur das Fabrikationsrisiko durch eine Hermes-Deckung abgesichert hat, setzt eine Entschädigung derart verursachter Risiken grundsätzlich voraus, dass den Exporteur kein Verschulden am Widerruf bzw. an der Nichtverlängerung bzw. an der Nichterteilung der Ausfuhrgenehmigung trifft.

Politisch verursachte Fabrikationsrisiken des Exporteurs sind auch in den Embargomaßnahmen eines Zuliefer- oder eines Transitlandes zu erblicken.

Risikofolgen

Fabrikationsrisiken haben eine besondere Bedeutung bei Gütern, die **Spezialanfertigungen** sind (die u.U. nach den Plänen des Auftraggebers gefertigt werden) oder die lange Herstellungszeiten erfordern, weil bei diesen Gütern anderweitige Verwertungsmöglichkeiten im Allgemeinen nicht gegeben sind.

Dieses Schadensausmaß politischer Risiken ist noch ausgeprägter im Anlagenbau bzw. im Projektgeschäft.

Hermes-Deckung

Sind politische Risiken erkennbar, dann ist den Exporteuren dringend zu raten, bereits vor Abschluss des Kaufvertrags mit Hermes wegen einer Fabrikationsrisikodeckung in Kontakt zu treten und zunächst zu erheben, ob überhaupt eine Deckungsmöglichkeit für das konkrete Exportgeschäft bzw. für das betreffende Importland besteht und – falls eine Deckungsmöglichkeit gegeben ist – welche im Kaufvertrag zu berücksichtigenden Auflagen der Bund gegebenenfalls erteilt.

Auf eine Fabrikationsrisikodeckung kann der Exporteur nur verzichten, wenn die produzierten Waren universellen Charakter tragen und der Absatzmarkt für diese Güter sehr ergiebig ist. Bei Spezialerzeugnissen sowie bei Erzeugnissen mit langen Produktionszeiten sollte der Exporteur bei erkennbaren oder nicht definitiv ausschließbaren politischen Risiken stets eine Fabrikationsrisiko-Deckung beantragen.

1.5.2.2 Politisch verursachte Risiken während der Liefer-/Versandphase

Beschlagnahme, Beschädigung, Vernichtung usw.

Während des Versands, d.h. im Zeitraum von der Versendung der Ware bis zum Übergang in die Verfügungsgewalt des ausländischen Schuldners, können politische Risiken die Ware unmittelbar treffen, z.B. wenn die Ware nach dem Versand durch ausländische staatliche Stellen beschlagnahmt, infolge politischer bzw. kriegerischer Ereignisse beschädigt, vernichtet oder auf andere Weise (z.B. durch Boykott, Blockade u.a.) der Verfügungsgewalt des Exporteurs entzogen wird.

Anderweitige Verwertung

Als ein politisch verursachtes Risiko während der Versand-/Lieferphase ist auch der Fall einzustufen, dass der Exporteur die noch in seiner Verfügungsgewalt befindliche Ware wegen der angesprochenen politischen Ereignisse zurückbeordern oder umdisponieren muss und er bei anderweitiger Verwertung der Ware einen Verlust erleidet.

Hermes-Deckung

Im Einzelfall ist im Übrigen zu prüfen, ob und gegebenenfalls inwieweit die soeben beschriebenen Risiken in eine eventuell vorhandene Hermes-(Fabrikationsrisiko-)Deckung einbezogen sind. In diesem Zusammenhang spielt auch die jeweils vereinbarte Lieferbedingung (Incoterms-Klausel) eine Rolle. Dem Exporteur ist dringend zu empfehlen, diese Fragen mit Hermes vor Abschluss des Kaufvertrags zu klären.

1.5.2.3 Politisch verursachte Risiken während der Forderungsphase (Kreditphase)

Politisches Delkredererisiko

Die Forderung des Exporteurs ist neben den wirtschaftlichen Risiken auch mit politischen Risiken behaftet. Trotz Zahlungsfähigkeit und Zahlungswilligkeit des Importeurs und der das Geschäft eventuell garantierenden Importeurbank kann ein politisch verursachtes Risiko dadurch entstehen, dass der Exporteur wegen **staatlicher Maßnahmen des Schuldnerlandes** oder infolge von Stockungen bei der Abwicklung von Zahlungs- oder Verrechnungsabkommen überhaupt keine Zahlung, nur Teilzahlung, verzögerte (Teil-)Zahlung oder (hinterlegte) Zahlung in einer nicht vereinbarten Währung erhält.

Die betriebswirtschaftlichen Folgen des politisch bedingten Forderungsrisikos des Exporteurs, das manchmal als politisches Delkredererisiko bezeichnet wird, reichen somit von Zinsverlusten (bei verzögerter Zahlung) über Wechselkursverluste (bei ersatzweiser Zahlung bzw. bei Hinterlegung in nicht vereinbarter Währung) bis zum teilweisen oder ganzen Forderungsausfall.

Entstehungsformen des politischen Delkredererisikos

Nach Forderungsentstehung tritt das politische Risiko des Exporteurs in verschiedener Gestalt in Erscheinung:

- **Zahlungsverbot**

  Erlässt das Schuldnerland ein (eventuell vorübergehendes) Zahlungsverbot, dann muss davon ausgegangen werden, dass damit auch Zahlungen für bereits vollzogene Importe untersagt sind. Zahlungsverbote können als Sanktionen nur gegen bestimmte Länder gerichtet sein. Bezieht sich ein Zahlungsverbot jedoch gegen alle Länder, so ist der wahre Grund statt in der bloßen Zahlungsunwilligkeit u.U. in der Zahlungsunfähigkeit dieses Landes zu sehen. In der Vergangenheit wurde vom Instrument eines allgemeinen Zahlungsverbotes nur selten Gebrauch gemacht.

- **Moratorium**

  Ein Moratorium des Schuldnerlandes hat – insbesondere hinsichtlich fälliger Zins- und/oder Tilgungsleistungen für die sog. Altschulden – häufig zum Inhalt, dass ausländische Forderungen (in ausländischer Währung)

  - auf zunächst unbestimmte Zeit nicht erfüllt werden dürfen,
  - erst nach Ablauf einer bestimmten Frist erfüllt werden dürfen,
  - nur insoweit erfüllt werden dürfen, als Devisenerlöse (eventuell mit einem bestimmten Land) erwirtschaftet werden, oder
  - nur in inländischer Währung erfüllt werden dürfen, was einem (vorläufigen) Konvertierungs- und Transferverbot gleichkommen kann.

  Insbesondere die zuletzt genannte Erscheinungsform des Moratoriums zeigt, dass die Grenzen zu den im Folgenden dargestellten Konvertierungs- und Transferrisiken fließend sind.

  Sofern sich das Moratorium nur auf Schulden in fremder Währung erstreckt, kann es vorkommen, dass das Schuldnerland die Ablösung der Forderungen in der eigenen Landeswährung anbietet, ein Angebot, das indessen auf seine Risiken zu untersuchen ist.

  Mit dem Erlass eines Moratoriums sucht das Schuldnerland einen Zahlungsaufschub bzw. die Möglichkeit zur Teilzahlung zu erlangen.

- **Konvertierungsbeschränkungen bzw. -verbote**

  Ein Konvertierungsrisiko entsteht, wenn der Importeur von der Zentralbank seines Landes die erforderlichen Devisen zur Zahlung an den Exporteur nicht oder nicht rechtzeitig erhält, mit anderen Worten, wenn der Importeur seine Inlandswährung nicht in die mit dem Exporteur vereinbarte Auslandswährung umtauschen kann, was im Allgemeinen im Devisenmangel des Importlandes begründet liegt.

  Eine Zwischenlösung kann die Hinterlegung des vom Importeur zu zahlenden Betrages in Landeswährung bei der Notenbank des Importlandes – in Verbindung mit einer Devisentransfergarantie dieser Notenbank – bis zum Zeitpunkt der Konvertierung sein. Dabei ist jedoch die Frage der Nachschussverpflichtung wegen der eventuell eintretenden Wechselkursverluste sowie der Zinsverluste mit dem Importeur ebenso zu klären wie Frage, ob eine Devisentransfergarantie von der Notenbank des Importlandes überhaupt gestellt wird.

- **Transferbeschränkungen bzw. -verbote**

  Ein Transferverbot des Schuldnerlandes, also ein Verbot, Zahlungen in das Ausland zu transferieren, kann sich auf die Landeswährung, aber auch auf Fremdwährungen (z.B. Devisenguthaben von Importeuren) beziehen. Ein uneingeschränktes Transferverbot kommt praktisch einem Zahlungsverbot gleich.

Im Allgemeinen erlässt das Schuldnerland jedoch lediglich Transferbeschränkungen,

- die z.B. nur für bestimmte Zahlungsgründe (z.B. für bestimmte Importwaren) Gültigkeit haben,
- die häufig Freigrenzen offen halten,
- die zeitlich befristet sind (Transferverzögerungen),
- die nur bestimmte Guthaben erfassen (z.B. Einfrieren der Guthaben von Devisenausländern) und
- die darüber hinaus viele weitere Modifikationen aufweisen können.

Transferbeschränkungen können sowohl Ausdruck von Zahlungsschwierigkeiten des Importlandes als auch ein Instrument gegen (drohende) Kapitalflucht sein.

Auch bei (vorübergehenden) Transferbeschränkungen wird der Zahlungsbetrag des Importeurs eventuell in lokaler Währung bei der Notenbank des Schuldnerlandes hinterlegt, was wiederum die Frage der Nachschusspflicht des Importeurs für eventuell entstehende Wechselkurs- und Zinsverluste sowie die Frage nach einer Devisentransfergarantie der Zentralbank des Importlandes aufwirft.

Abgrenzungsproblem, insbesondere Nichtzahlungsfall („protracted default")

Die Abgrenzung zwischen diesen Erscheinungsformen des politischen Risikos ist nicht immer eindeutig möglich. Insbesondere münden viele Risikoausprägungen letztlich in ein vorübergehendes Zahlungsverbot bzw. in Zahlungsverzögerungen ein, wie immer das Risiko zunächst auch bezeichnet sein mag. In den Bedingungen des Bundes für Ausfuhrbürgschaften u. Ä. ist deswegen auch der Nichtzahlungsfall (protracted default) als politischer Schadenstatbestand aufgenommen, der vereinfachend darauf abhebt, dass die Forderung eine bestimmte Anzahl von Monaten nach ihrer Fälligkeit vom ausländischen Staat bzw. vom gleichzusetzenden Besteller nicht erfüllt worden ist.

Überwälzung des politischen Risikos

- **Hermes-Deckung:** Sind politische Risiken erkennbar, dann ist dem Exporteur dringend zu raten, bereits vor Abschluss des Kaufvertrags mit Hermes wegen einer Forderungsdeckung (eventuell auch wegen einer Fabrikationsrisikodeckung) in Kontakt zu treten und zunächst zu erheben, ob überhaupt eine Deckungsmöglichkeit für das konkrete Exportgeschäft bzw. für das betreffende Importland besteht und – falls eine Deckungsmöglichkeit gegeben ist – welche im Kaufvertrag zu berücksichtigenden Auflagen der Bund gegebenenfalls erteilt.

Anmerkung: Private Warenkreditversicherungen schließen das politische Risiko im Allgemeinen direkt oder indirekt aus.

- **Forfaitierung:** Forderungsverkauf an Forfaiteure, d.h. an Forfaitierungsgesellschaften oder forfaitierende Banken, die im Regelfall alle mit der angekauften (mittel- bis langfristigen Exportforderung verbundenen Risiken übernehmen, also einschließlich des politischen Risikos.

  Anmerkung: Factoringgesellschaften schließen die Übernahme des politischen Risikos im Allgemeinen direkt oder indirekt aus.

1.5.3 Informationsquellen zur Beurteilung politischer Risiken

1.5.3.1 International ausgerichtete Banken

Informationsgewinnung

Die auf internationaler Ebene arbeitenden Kreditinstitute gewinnen die notwendigen Informationen durch eigenständige Länderanalysen und durch die aktuelle Berichterstattung ihrer Auslandsniederlassungen sowie von ihren Korrespondenten aus dem Ausland. Die Banken erlangen so ein recht umfassendes und aktuelles Bild vom politischen Risiko eines Landes, zumal sie darüber hinaus den internationalen Zahlungs- und Kreditverkehr, den sie selbst abwickeln, laufend beobachten. Seismografisch registrieren die Kreditinstitute die Anhaltspunkte für bevorstehende staatliche Maßnahmen, wie z.B. Verzögerungen bei der Devisenzuteilung und des Zahlungsverkehrs, Kreditaufnahmebeschränkungen usw.

Beratung von Exporteuren

Diese aktuellen Informationen, die teilweise Prognosecharakter tragen, sind es vor allem, die der Exporteur zur Beurteilung seines politischen Risikos benötigt, und zwar auch dann, wenn der ausländische Abnehmer nur ein kurzes Zahlungsziel wünscht. Erfahrungsgemäß geben die Kreditinstitute diese Informationen und ihre eigene Beurteilung des politischen Risikos bereitwillig an ihre Kunden weiter. Sie beraten den Exporteur darüber hinaus bezüglich der mit dem Abnehmer zu vereinbarenden Zahlungsbedingungen, hinsichtlich der Absicherungsnotwendigkeiten und sie geben Empfehlungen zu den verfügbaren Sicherungsinstrumenten.

Einige große Banken ermöglichen ihren Kunden den EDV-Zugriff auf ihre Länder-Informations-Datenbanken, die eine Vielzahl aktueller Länderinformationen enthalten

Vorbehalte

Derartige Beratungen der Banken zum politischen Risiko beruhen auf Einschätzungen der Banken und erfolgen unverbindlich.

Dass die Banken mit ihren Einschätzungen politischer Risiken auch falsch liegen können, hat sich beispielsweise bei der sog. Süd-Ostasien-Krise erwiesen, wo die Banken die verheerenden Auswirkungen der hohen Verschuldung dieser Länder, die Problematik von deren Währungsgefüge, die fehlende Reformbereitschaft von Staat und Wirtschaft usw. nicht rechtzeitig erkannt haben.

1.5.3.2 Forfaiteure bzw. Forfaitierungsabteilungen der Banken

Risikoüberwälzung

Forfaitierung bedeutet den – in der Regel regresslosen – Ankauf einer Forderung, d.h. eine Forfaitierungsgesellschaft übernimmt im Allgemeinen vom forderungsverkaufenden Exporteur das wirtschaftliche und das politische Risiko. Forfaitierungsgesellschaften ebenso wie jene Kreditinstitute, die Forfaitierungsgeschäfte betreiben, sind deswegen gezwungen, das politische Risiko im eigenen Interesse zu ermitteln, um über den Ankauf einer Auslandsforderung entscheiden zu können.

Länderbezogene Risikoprämien

Die Analysen und die Einschätzungen des politischen Risikos durch die Forfaitierungsgesellschaften bzw. durch die forfaitierenden Banken kann sich der Exporteur zu Nutze machen, indem er deren Konditionenlisten auswertet. Dies gilt selbst in den Fällen, in denen der Exporteur keinen Forderungsverkauf beabsichtigt, gleichwohl aber Anhaltspunkte über den Umfang des politischen Risikos erlangen will.

In diese Listen der Forfaiteure sind im Allgemeinen länderbezogene Risikoprämien („Indicative Risk Premiums on Trade Receivables") über dem jeweiligen Basiszinssatz (meistens ist LIBOR in der jeweiligen Forderungswährung der Basiszinssatz) aufgenommen: „Margin basis over cost of funding (matching LIBOR)".

Hinweis

Die Forfaitierung als Finanzierungs- und Absicherungsinstrument ist umfassend in Kapitel 6.5 dargestellt.

1.5.3.3 Deckungsverhalten des Bundes (Hermes)

Die jeweils aktuellen Absicherungsmöglichkeiten durch staatliche Ausfuhrgewährleistungen bzw. die Deckungsbeschränkungen oder die Deckungsausschlüsse können dem Exporteur fundierte Anhaltspunkte zur Einschätzung des politischen Risikos der verschiedenen Länder vermitteln:

Deckungsausschlüsse

Schließt Hermes für ein Land die Übernahme des Risikos aus, dann liegt dieser Ausschluss in der Regel im politischen Risiko dieses Landes begründet. In seltenen Fällen kann der Deckungsausschluss allerdings auch auf Weisung der Regierung und unabhängig von der Zahlungsfähigkeit eines Landes erfolgen, z.B. als (indirektes) Druckmittel auf einen ausländischen Staat.

Die Information, dass Hermes die Absicherung von Exporten in bestimmte Länder ausschließt, sollte den Exporteur veranlassen, bei beabsichtigten Exporten in solche Länder eine absolut sichernde Zahlungsbedingung im Kaufvertrag durchzusetzen, für deren Erfüllung der Importeur Sorge zu tragen hat (z.B. Vorauszahlung, von einer inländischen Bank bestätigtes Akkreditiv, Zahlungsgarantie einer inländischen Bank usw.). Dem Exporteur eröffnen sich in dieser Situation erfahrungsgemäß keine privatwirtschaftlichen Möglichkeiten zur Absicherung. So wird sich in der Regel keine Forfaitierungsgesellschaft oder privatwirtschaftliche Versicherungsgesellschaft finden, die bereit wäre, das politische Risiko zu übernehmen.

Deckungsbeschränkungen

Länderbezogene Deckungsbeschränkungen sind im Allgemeinen Ausdruck eines nur begrenzten Vertrauens in die Zahlungsfähigkeit bzw. in die politische Stabilität eines Landes.

Beschränkungen können sich auf das Gesamtvolumen der Deckungszusagen pro Land ebenso beziehen wie auf die maximal zu deckende Kreditlaufzeit der Exportgeschäfte. Bei einigen Ländern wird dem Exporteur – will er eine staatliche Deckungszusage erlangen – von Hermes überdies auferlegt, mit dem Importeur eine sichernde Mindestzahlungsbedingung zu vereinbaren.

Länderbezogene Deckungsbeschränkungen von Hermes sollten für den Exporteur Anlass sein, bei Exporten in solche Länder entweder mit dem Importeur eine absolut sichernde Zahlungsbedingung zu vereinbaren oder sich vor Vertragsabschluss um die Zusage zur Risikoübernahme durch einen Dritten (privatwirtschaftliches Kreditversicherungsunternehmen, Forfaitierungsunternehmen, Kreditinstitut usw.) zu bemühen.

Deckungsübernahmen

Hat Hermes dagegen weder einen Deckungsausschluss noch eine Deckungsbeschränkung für ein Land erlassen, dann darf dies als ein Indikator für eine hinreichende Solvenz und für ein geringes politisches Risiko – zumindest auf kurze Sicht – gewertet werden. Unter Einbeziehung weiterer Informationen über das fragliche Importland kann es nach intensiver Prüfung und eventueller Beratung mit der Hausbank vertretbar erscheinen, dass der Exporteur ein einzuräumendes Zahlungsziel gegen politische Risiken ungesichert lässt.

Länderrisikokategorien

Erkenntnisse zum politischen Risiko kann der Exporteur nicht nur aus dem aktuellen Absicherungsverhalten von Hermes gewinnen, sondern auch aus der Einstufung in die sieben Risikokategorien, in die der Bund die Länder bei seiner Entgeltberechnung einteilt. Dabei umfasst die Kategorie I Länder ohne besondere Risiken, die Kategorie VII dagegen Länder mit einem stark erhöhten, in der Regel für Geschäfte mit mittel- und langfristigen Zahlungsbedingungen nicht mehr akzeptablen Risiko, sowie Länder, für welche die Deckungsmöglichkeiten aufgehoben sind.

Der Exporteur erhält auf Anfrage die aktuellen Einstufungen sowie die aktuellen Absicherungsmöglichkeiten (länderbezogene Deckungsbeschränkungen bzw. Deckungsausschlüsse sowie Sonderbestimmungen) von der Hermes Kreditversicherungs-AG, Hamburg, bzw. von deren Niederlassungen sowie von den Kreditinstituten mitgeteilt.

1.5.3.4 Risikoindizes bzw. Länderrisikokonzepte

Erkenntnisziele

Zur Beurteilung politischer Risiken (Länderrisiken) stehen den außenwirtschaftlich orientierten Betrieben mehrere sog. Risikoindizes bzw. Länderrisikokonzepte zur Verfügung. Mit ihrer großen Anzahl von Beurteilungskriterien sind diese Konzepte in der Regel auf das Erkenntnisziel ausgerichtet, wie attraktiv oder unattraktiv ein Land auf längere Sicht als Absatzmarkt bzw. als Standort für Direktinvestitionen ist.

Die Fragestellung des Exporteurs zu seinem politischen Risiko verengt sich dagegen auf die aktuellen staatlich verursachten Schadensmöglichkeiten an den Waren bzw. auf diejenigen staatlichen Maßnahmen bzw. politischen Ereignisse, die die Einbringlichkeit seiner Forderung zu beeinträchtigen vermögen, also inhaltlich auf eine schmale und zeitlich auf eine eher kurzfristige Fragestellung.

Informationsgehalt

Die Ergiebigkeit der diversen Länderrisikokonzepte zum derart abgegrenzten politischen Risiko des Exporteurs, d.h. insbesondere zu seiner aktuell zu treffenden Entscheidung, ob und gegebenenfalls welches Zahlungsziel dem Abnehmer in einem bestimmten Land eingeräumt werden kann, ist gering:

- Zum einen weiß der Exporteur aus eigener Anschauung, dass bei den führenden westlichen Industrienationen praktisch kein politisches Risiko besteht und deswegen eine Absicherung überflüssig erscheint.
- Zum anderen ist sich der Exporteur bei den hochverschuldeten (Entwicklungs-)Ländern bewusst, dass eine Absicherung zwingend ist.
- Sein Interesse an den Länderrisikokonzepten richtet sich deswegen allenfalls auf die dazwischen eingestuften Länder und auf die Frage, ob eine Absicherung des politischen Risikos im konkreten Fall empfehlenswert oder gar notwendig ist. Die Antwort bleiben die Risikokonzepte weitgehend schuldig.

Beschränkter Aussagewert

Der begrenzte Aussagewert der Länderrisikokonzepte hängt erstens damit zusammen, dass die Konzepte nicht hinreichend aktuell sind. Sie erscheinen ein- bis dreimal jährlich, sodass gerade jene unvorhersehbaren politischen Ereignisse bzw. staatlichen Maßnahmen, die für das politische Risiko des Exporteurs ursächlich sein können, wie z.B. kriegerische Auseinandersetzungen, Boykott, Nichteinhaltung von Zahlungsverpflichtungen u. Ä., in den Indizes nicht oder allenfalls mit einer vagen (subjektiven) Erwartungskomponente der Befragten bzw. der Analysten erfasst sind.

Zweitens weisen diese Konzepte häufig nur zusammengefasste Ergebnisse pro Land aus, zu denen dem Exporteur in der Regel weder die einbezogenen Kriterien noch deren Gewichtung bekannt sind, sodass er auch nicht in der Lage ist, die notwendigen Erkenntnisse hinsichtlich des erwarteten Zahlungsverhaltens eines Landes differenziert herauszufiltern.

Drittens sind methodische Einwände gegen einige der Konzepte zu erheben, die ebenfalls geeignet sind, den Aussagewert in Zweifel zu ziehen.

Diese Einwendungen gelten grundsätzlich auch für „Institutional Investor's Country Credit Ratings", obwohl dieses Konzept speziell auf das Länderrisiko zugeschnitten ist.

1.5.3.5 Sonstige Informationsquellen

Bundesagentur für Außenwirtschaft

In den „Nachrichten für den Außenhandel (NfA)" berichtet die Bundesstelle für Außenhandelsinformation über Investitionsmöglichkeiten, Marketing, Branchen, Zoll-, Rechts- und Verfahrensfragen sowie über die Wirtschaftsentwicklung usw. der verschiedenen Länder. Aus diesen vielfältigen Informationen lassen sich auch Erkenntnisse über das politische Risiko dieser Länder gewinnen. Da die „Nachrichten für den Außenhandel" mehrmals wöchentlich erscheinen, ist die Erkenntnisgewinnung aus dieser Quelle sehr aktuell.

Daneben bietet die Bundesstelle für Außenhandelsinformation Länderberichte an, die sehr differenziert die Wirtschaftsstruktur und -entwicklung der diversen Länder aufzeichnen. Auf dieser Grundlage sind dem Exporteur fundierte Rückschlüsse auch auf das wirtschaftspolitisch verursachte politische Risiko eines Landes möglich.

Medien

Der Vorzug der Medien (Presse, Fernsehen usw.) liegt in ihrer hohen Aktualität. Diese Informationsquellen sind für den Exporteur insbesondere bei jenen politischen Ereignissen bzw. staatlichen Maßnahmen von entscheidender Bedeutung, die sich nicht aus dem längerfristigen Trend ableiten lassen, sondern die unerwartet eintreten können, wie z.B. die Eröffnung kriegerischer Auseinandersetzungen. Häufig finden sich einige Zeit vor Eintritt eines solchen politischen Ereignisses erste Anzeichen in den Medien, sodass es für den Exporteur ratsam ist, die Berichterstattung dieser aktuellen Informationsquellen zu verfolgen.

Eigene Erfahrungen

Auf Grundlage einer (längeren) Geschäftsbeziehung und womöglich durch eine eigene (Verkaufs-)Niederlassung im Ausland gewinnt der Exporteur zusätzliche Informationen und Eindrücke, die ihm neben den übrigen Informationsquellen eine eigenständige Einschätzung des politischen Risikos ermöglichen. Nicht selten erweist es sich, dass eine solche, vor allem auf individueller Information beruhende Beurteilung der wirtschaftlichen und politischen Verhältnisse eines Landes treffsicherer ist als so manche angeblich methodisch abgesicherte Prognose.

1.6 Wechselkursrisiken des Exporteurs

1.6.1 Wechselkursrisiken während der Phasen eines Exportgeschäftes

Wechselkursbedingtes Angebots- bzw. Wettbewerbsrisiko

Unter bestimmten Voraussetzungen trägt der Exporteur bereits während der Angebotsphase ein (indirektes) Wechselkursrisiko, das sich als Angebots- bzw. Wettbewerbsrisiko ausdrückt.

- Sofern der Exporteur in seiner **eigenen Landeswährung** (aus deutscher Sicht in Euro) oder in einer Drittlandwährung anbietet und der Importeur mit einer Aufwertung dieser Angebotswährung rechnet, läuft der Exporteur Gefahr, aus Gründen des Wechselkurses den Auftrag nicht zu erhalten: Befürchtet der Importeur eine Aufwertung der Angebotswährung, die für ihn eine Fremdwährung ist, dann wird er unter sonst gleichen Annahmen Angeboten von Wettbewerbern aus anderen Exportländern den Vorzug geben, deren Währung zur Abwertung neigt.
- Seit der Einführung des **Euro** existiert das wechselkursbedingte Angebots- bzw. Wettbewerbsrisiko **innerhalb des Währungsgebietes des Euro** nicht mehr. Ebenso ist dieses Risiko in den ersten Jahren nach Einführung des Euro durch dessen Wechselkursschwäche in Relation zu maßgeblichen anderen Welthandelswährungen nicht mehr in Erscheinung getreten – im Gegenteil, durch die Euroschwäche haben sich für die Exporteure des Eurowährungsgebietes bedeutende wechselkursbedingte Angebots- bzw. Wettbewerbschancen ergeben.
- Würde der deutsche Exporteur bei Exporten nach **außerhalb des Eurowährungsgebietes** sein Angebot in der Währung des Importlandes (oder eines Drittlandes) abgeben, dann würde vordergründig gesehen, das soeben skizzierte Angebots- bzw. Wettbewerbsrisiko nicht entstehen. In die-

sem Fall trägt jedoch der Exporteur das Risiko der Abwertung der Fremdwährung, in der er anbietet und gegebenenfalls fakturiert.

Wechselkursrisiken während der Forderungs-/Kreditphase

Für die weiteren Phasen eines Außenhandelsgeschäftes umfasst des Wechselkursrisiko

- aus der Sicht des **Exporteurs** die **Abwertung** der Fremdwährung, in der er Zahlung erlangen soll, gegenüber seiner eigenen Währung;
- aus der Sicht des **Importeurs** die **Aufwertung** der Fremdwährung, in der er Zahlung zu leisten hat, gegenüber seiner eigenen Währung.

So einleuchtend diese Definitionen des Wechselkursrisikos bzw. der Wechselkurschance auf den ersten Blick erscheinen, so vielschichtig und problembehaftet erweisen sich diese Phänomene bei näherem Hinsehen; siehe dazu Abschnitte „1.6.2 Alternative Kalkulationskurse ..." sowie „1.6.3 Probleme bei der Definition von Wechselkursrisiken und -chancen".

Reale Wechselkurse

Für die tatsächlichen (realen) Wechselkursrisiken bzw. Wechselkurschancen ist neben der nominellen Wechselkursentwicklung die **Geldwertentwicklung** in den beteiligten Ländern maßgeblich. Die Abwertung der Landeswährung eines Importeurs in Relation zur Landeswährung eines Exporteurs relativiert sich durch eine höhere Inflationsrate im Importland als sie im Land des Exporteurs existiert: Der Exporteur findet für seine (nominellen) wechselkursbedingten Nachteile seines Angebotes bzw. seiner Fakturierung in der Währung des Importlandes einen (teilweisen) Ausgleich in Form von Preiserhöhungsspielräumen im Importland, sofern dort tatsächlich eine höhere Inflationsrate als im Exportland existiert. Zugleich produziert der Exporteur im eigenen Land unter der Rahmenbedingung einer niedrigeren Inflationsrate.

Entscheidend für den Außenhandel sind somit die realen, d.h. um die (unterschiedlichen) Geldwertentwicklungsraten (Inflationsraten) der beteiligten Länder bereinigten Wechselkurse.

Politisch verursachtes Wechselkursrisiko

Ein Abgrenzungsproblem des Wechselkursrisikos zum politischen Risiko stellt sich, wenn beispielsweise der Zahlungsbetrag aus dem Importland trotz Zahlungswilligkeit und trotz Zahlungsfähigkeit des Importeurs (vorübergehend) nicht transferiert werden darf, sondern ersatzweise in der Importlandwährung bei der Zentralnotenbank des Importlandes hinterlegt werden muss, also das sog. **Konvertierungs- bzw. Transferrisiko** eintritt. Verliert die hinterlegte Importlandwährung im Zeitablauf gegenüber der im Kaufvertrag vereinbarten Währung an Wert, dann ist darin ein politisch verursachtes Wechselkursrisiko zu erblicken.

Grundsätzlich übernimmt der Bund keine Wechselkursdeckungen mehr. Ist das Wechselkursrisiko jedoch tatsächlich mit politischem Risiko gleichzusetzen, dann kann eine Deckung durch Hermes gegeben sein. Ob und gegebenenfalls inwieweit eine solche Deckungsmöglichkeit politisch verursachter Risiken gegeben ist, muss jeweils aktuell erhoben werden.

1.6.2 Alternative Kalkulationskurse

Alternative Wechselkurse in der Kalkulation

Ein Exporteur kann seiner Kalkulation beispielsweise folgende Wechselkurse zu Grunde legen:

- den **Devisenkassakurs** am Tag der Kalkulation;
- den **Devisenterminkurs** am Tag der Kalkulation bezogen auf den Zeitpunkt des erwarteten Zahlungseingangs;
- den vom Exporteur für die Zukunft (für den voraussichtlichen Tag des Zahlungseingangs) **erwarteten** Devisenkassakurs;
- einen anderen auf **beliebiger** Grundlage festzulegenden Devisenkurs.

Konsequenzen verschiedener Wechselkurse in der Kalkulation

- **Aufnahme eines erwarteten sinkenden Wechselkurses in die Kalkulation**

  Durch Vorwegnahme eines erwarteten sinkenden Wechselkurses der Fremdwährung, in der er anbietet, hat der Exporteur zwar in seiner Kalkulation eine gewisse Vorsorge vor künftigen Wechselkursverlusten getroffen, jedoch stellt sich dadurch indirekt das oben beschriebene wechselkursbedingte Wettbewerbs- bzw. Angebotsrisiko ein: Indem der Exporteur die erwartete Abwertung der Fremdwährung, in der er anzubieten hat, in seiner Angebotskalkulation vorwegnimmt, läuft er Gefahr, dass er mit seinem Angebot - weil es zu teuer ist - nicht mehr zum Zuge kommt.

- **Aufnahme eines erwarteten steigenden Wechselkurses in die Kalkulation**

  Durch Vorwegnahme einer erwarteten Aufwertung der Fremdwährung, in der der Exporteur anzubieten hat, verringert der Exporteur sein Angebots- bzw. Wettbewerbsrisiko: Der Exporteur bietet in diesem Fall - in der Angebotswährung - billiger an. Die Wahrscheinlichkeit, dass er mit diesem Angebot den Zuschlag erhält, ist grundsätzlich groß. Tritt jedoch wider Erwarten die in der Angebotskalkulation vorweggenommene Aufwertung der Fremdwährung nicht ein, dann ist der Kursverlust weit höher als bei einer Kalkulation mit dem aktuellen oder mit einem erwarteten sinkenden Wechselkurs der Angebotswährung.

Diese Beispiele verdeutlichen die nachstehend angesprochene Problematik der Definition des Umfangs eines Wechselkursverlustes bzw. eines Wechselkursgewinns: Es hängt vom Wechselkurs ab, den der Exporteur seiner Kalkulation zu Grunde legt, ob der auf diesen Maßstab hin definierte Wechselkursverlust bzw. Wechselkursgewinn hoch oder niedrig ist.

1.6.3 Probleme bei der Definition von Wechselkursrisiken und Wechselkurschancen

Unterschiedliche Maßstäbe

Als Problem stellt sich zunächst die Frage nach dem Maßstab für den Umfang von Wechselkursrisiko bzw. von Wechselkurschance. Zwar legen die Exporteure bei der Bestimmung des Wechselkursrisikos bzw. der Wechselkurschance häufig denjenigen Wechselkurs zu Grunde, mit dem sie ihr Angebot kalkuliert haben und setzen sodann diesen Kurs in Relation zu dem im Zeitpunkt des Zahlungseingangs erlangten Wechselkurs (Umtauschkurs). Da jedoch die Exporteure ihr Angebot mit unterschiedlichen Wechselkursen kalkulieren können, lassen sich ebenso unterschiedliche Maßstäbe für den Umfang von Wechselkursrisiko bzw. Wechselkurschance ableiten.

Problem: Entstehungszeitpunkt

Hinzu tritt als ein weiteres Problem bei der Definition von Wechselkursrisiken bzw. -chancen die Festlegung des Zeitpunktes ihrer Entstehung. In Abhängigkeit von der Abwicklung des Exportgeschäfts kann dieser Zeitpunkt unterschiedlich bestimmt sein: Unterbreitet der Exporteur eine Festofferte, dann ist die Basis für die Entstehung von Wechselkursrisiko bzw. -chance bereits im Zeitpunkt der Angebotskalkulation zu sehen.

Belässt dem Exporteur dagegen ein freibleibendes Angebot die Möglichkeit, mit dem Importeur die Wechselkursfrage im abzuschließenden Kaufvertrag zu regeln, dann entstehen für den Exporteur Wechselkursrisiko bzw. -chance erst ab dem Zeitpunkt des Vertragsabschlusses, was einschließt, dass deren Umfang auch auf diesen Zeitpunkt hin zu definieren ist.

Weitere Probleme

Neben den angesprochenen Problemen stellen sich eine Anzahl weiterer Fragen, die bei der Definition und bei der Festlegung des Umfangs von Wechselkursrisiko bzw. -chance zu beachten sind:

- **Offene Position in der Angebotsphase**

  Wird das Angebot des Exporteurs nicht angenommen, dann entsteht ihm vordergründig auch kein Wechselkursrisiko. Hat der Exporteur jedoch bereits im Zeitpunkt der Angebotsabgabe ein Kurssicherungsgeschäft zur Absicherung des Wechselkursrisikos dieses Angebots abgeschlossen, dann bedeutet dieses Kurssicherungsgeschäft für den Exporteur eine sog. offene Position, die ein eigenständiges Kursrisiko beinhalten kann.

- **Kompensierende Fremdwährungszahlungen**

  Sofern der Exporteur im Zeitpunkt des Zahlungseingangs in derselben Fremdwährung eine entsprechende Zahlung zu leisten hat, tritt für ihn das Wechselkursrisiko prinzipiell nicht ein. Auch unter dem Blickwinkel der Zahlungsverwendung kann somit die Frage nach dem Maßstab des Umfangs von Wechselkursrisiko und -chance gestellt werden. Allerdings ist sogleich anzumerken, dass bei Einbeziehung der Verwendung der eingehenden Fremdwährungszahlung der Unterschied zu den Kurssicherungsgeschäften verwischt wird.

- **Drittlandwährung**

  Differenziert – weil sie über die besprochenen Konstellationen hinaus reichen – sind Wechselkurschancen und -risiken zu beurteilen, wenn sich die Beteiligten auf eine Drittlandwährung oder auf die zu definierenden Einheiten eines Währungskorbes einigen.

Hinweis

Ausgewählte Kurssicherungsinstrumente finden sich in Kapitel 7.

Vertiefende Ausführungen

Weiterführende und vertiefende Darstellungen, Beurteilungen, Zusammenfassungen, Abbildungen usw. findet der interessierte Leser u.a.

- zur **Risikoanalyse** von Exporteuren und Importeuren;
- zu den verschiedenen **Informationsquellen** über das **wirtschaftliche Risiko** des Exporteurs sowie zu deren **Aussagewert** (einschließlich der Kurzinterpretation typischer Formulierungen in Bankauskünften);
- zur Informationsgewinnung über das **Garantendelkredererisiko** sowie über **politische Risiken**

in Häberle, Siegfried G., **Handbuch der Außenhandelsfinanzierung**, München und Wien (Oldenbourg Verlag).

2 Zahlungsbedingungen im Kaufvertrag

2.1 Vorauszahlung bzw. Anzahlung(en)

2.1.1 Charakterisierung und Abwicklung

Vorauszahlung

Die volle Vorauszahlung des vereinbarten Kaufpreises kann der Exporteur im Kaufvertrag nur selten und nur unter bestimmten Voraussetzungen durchsetzen, z.B.

- wenn Vorauszahlungen ohnehin **branchenüblich** sind;
- beim Export von **Spezialerzeugnissen**, die u.U. nach den Plänen des Importeurs gefertigt werden und die für den Exporteur deswegen anderweitig nicht verwertbar sind (Werkzeugbau, Spezialmaschinenbau u. Ä.);
- beim Export von Erzeugnissen mit **langen Herstellungszeiten** bzw. beim **Anlagenbau**;
- bei **Neukunden**, deren Kreditwürdigkeit noch nicht beurteilt werden kann;
- bei einer **monopolartigen** Stellung des Exporteurs.

Anmerkung: Bei Schwellen- und Entwicklungsländern sind die Importbestimmungen zu beachten, wonach manche Länder Vorauszahlungen nur für den Import bestimmter Produkte zulassen

Anzahlung / Abschlagszahlung(en) u.Ä.

- **Anzahlung:** Eine Anzahlung ist als eine teilweise Vorauszahlung auf den Kaufpreis zu charakterisieren. Werden weitere Anzahlungen während der Herstellungsphase (z.B. entsprechend dem Baufortschritt) geleistet, wird in der Praxis manchmal von Abschlagszahlungen/Zwischenzahlungen gesprochen; siehe dazu Kapitel „2.2 Progress Payment u.Ä.". Verbleibt im Zeitpunkt der Auslieferung der Exportgüter bzw. im Zeitpunkt der Abnahme einer Anlage durch den Importeur eine Restforderung, dann ist im Kaufvertrag über das einzuräumende Zahlungsziel und über die eventuelle Ratenzahlung eine Vereinbarung zu treffen.
- **Beispiel:** Typisch sind Anzahlungen sowie Ratenzahlungen bei größeren Maschinenexporten bzw. bei Anlagen, die z.B. folgende Fälligkeiten und Beträge aufweisen können:
  - 10% des Kaufpreises als Anzahlung, zahlbar 30 Tage nach Vertragsabschluss (In-Kraft-Treten des Vertrags);

- 10% des Kaufpreises gegen Versanddokumente auf Grundlage eines zu Gunsten des Exporteurs zu eröffnenden unwiderruflichen Dokumentenakkreditivs (sog. Dokumentenrate);
- 80% in acht gleichen Halbjahresraten, deren erste 180 Tage nach Abnahme der Maschine/Anlage fällig gestellt ist.

Zahlungsinstrumente

Die Instrumente, mit denen Voraus- bzw. Anzahlungen geleistet werden, können – wie das vorstehende Beispiel zeigt – unterschiedlich sein:

- Die Anzahlung erfolgt im Allgemeinen als sog. reine Zahlung, nämlich durch Überweisung bzw. (seltener) mit einem Scheck.
- Die Dokumentenrate erhält der Exporteur – wenn nicht als reine Zahlung – so mittels eines zu seinen Gunsten eröffneten Akkreditivs oder mittels Dokumenteninkasso, also mit einer dokumentären Zahlungsform.
- Die angesprochenen Halbjahresraten, die allerdings nicht mehr Voraus- bzw. Anzahlungen sind, werden manchmal in Wechselform gekleidet, sodass hier ein weiteres Zahlungsinstrument in Erscheinung tritt.

Bankgarantien als Anzahlungs-/Vorauszahlungsgarantien

Der voraus- bzw. anzahlende Importeur verlangt im Gegenzug zu seiner Vorauszahlung bzw. Anzahlung vom Exporteur regelmäßig die Stellung einer Anzahlungsgarantie der Bank des Exporteurs, wobei anzumerken ist, dass sich die Bezeichnung „Anzahlungsgarantie“ als Oberbegriff für alle abzusichernden Anzahlungen, Abschlagszahlungen und Vorauszahlungen eingebürgert hat. Die Anzahlungsgarantie (Advance Payment Guarantee) der Bank des Exporteurs sichert dem garantiebegünstigten Importeur die Rückzahlung der an den Exporteur geleisteten Anzahlung, Vorauszahlung oder gegebenenfalls Abschlagszahlung für den Fall zu, dass der Exporteur seinen vertraglichen Pflichten nicht nachgekommen ist.

Anmerkung: Bankgarantien sind ausführlich in Kapitel 8 vorgestellt.

2.1.2 Beurteilung als Zahlungsbedingung

Beurteilung durch den Exporteur

Erhält der Exporteur vom Importeur die volle Vorauszahlung des Kaufpreises in einem Zeitpunkt, in dem er weder die Waren bei seinem Vorlieferanten geordert noch mit der Produktion begonnen hat, also bei oder kurze Zeit nach Vertragsabschluss, dann ist der Exporteur verschiedener Risiken enthoben:

- Zunächst entfallen praktisch das **Fabrikationsrisiko** ebenso wie das Risiko des verzögerten Zahlungseingangs, das Zahlungsausfallrisiko und das politische Risiko. Bei Vorauszahlungen in Fremdwährung entfällt ab dem Zeitpunkt des Zahlungseingangs überdies das Wechselkursrisiko.

- Von Bedeutung ist insbesondere bei langen Herstellungszeiten, dass die **Finanzierungslasten** der gesamten Produktionsphase ausschließlich auf den Importeur überwälzt sind.
- Schließlich ist das **Warenabnahmerisiko** des Exporteurs als gering einzustufen, zum einen, weil der Importeur nach erfolgter Vorauszahlung in schwacher Position ist, zum anderen, weil sich die Konsequenzen der Weigerung des Importeurs, die Waren abzunehmen, für den Exporteur durch Zugriff auf die Vorauszahlung in engen Grenzen halten.

Beurteilung durch den Importeur

Im Gegensatz zum Exporteur sind die Risiken des Importeurs erheblich:

- Es ist keine Frage, dass sich nach geleisteter Vorauszahlung die Position des Importeurs im Falle der **Nichterfüllung** des Kaufvertrags durch den Exporteur oder bei mängelbehafteter Lieferung, wenn nicht rechtlich, so doch zumindest faktisch wesentlich verschlechtert. Dies gilt auch bei Eintritt des politischen Risikos, beispielsweise durch staatliche Maßnahmen des Exportlandes, die die Auslieferung der Waren an den Importeur verhindern.
- Überdies entsteht die Gefahr, dass der **Rückzahlungsanspruch** des Importeurs gefährdet sein kann, weil sich der Exporteur weigert oder wegen Zahlungsunfähigkeit nicht mehr in der Lage ist, den Kaufvertrag zu erfüllen bzw. dem Importeur die empfangene Vorauszahlung zurückzuerstatten. Als Instrument der Sicherstellung des Importeurs ist in dieser Situation die Anzahlungsgarantie der Exporteurbank vorteilhaft; siehe dazu auch Kapitel 8.
- Ist die Vorauszahlung aus Sicht des Importeurs in Fremdwährung zu leisten, dann entfällt ab dem Zeitpunkt der Zahlung das **Wechselkursrisiko**.
- Dagegen sind die **Finanzierungslasten** des Importeurs in jedem Fall hoch, weil er einerseits die Vorauszahlung regelmäßig durch Aufnahme von Bankkrediten finanzieren muss und weil ihm andererseits die Waren zur Nutzung bzw. zum Weiterverkauf erst nach einem längeren Zeitraum zur Verfügung stehen.

Für **Anzahlungen** im Sinne teilweiser Vorauszahlungen gilt diese Beurteilung des Importeurs analog.

2.2 Progress Payment u.Ä.

Charakterisierung

„Progress Payment" und ähnliche Zahlungsbedingungen bedeuten grundsätzlich, dass der Exporteur (typischerweise ein Hersteller bzw. ein Lieferant von Investitionsgütern, Spezialerzeugnissen usw.) vom Importeur **Abschlags-/Zwischenzahlungen** während der Produktions- bzw. Lieferphase bzw. während der Montagephase erhält.

Im Kaufvertrag sind deswegen auch Vereinbarungen darüber zu treffen, welche Sachverhalte (z.B. der Produktionsfortschritt, die erfolgten Teillieferungen oder Teilmontagen o.ä.) jeweils den Anspruch auf eine Abschlags-/Zwischenzahlung auslösen, mit welchen **Nachweisen/Dokumenten** der Zahlungsanspruch vom Exporteur oder von einem Dritten (z.B. von einem Sachverständigen) zu begründen ist und binnen welcher Frist die jeweiligen Zahlungen vom Importeur zu leisten sind.

Auszahlungsverfahren

Investitionsgüterexporte werden häufig nur möglich, wenn der Exporteur dem Importeur (Besteller) ein mittel- bis langfristiges Zahlungsziel gewährt. In diesem Fall erhält der Exporteur vom Importeur lediglich eine Anzahlung (von beispielsweise 10 %) und eine sog. Dokumentenrate (von beispielsweise 5 %). Der Restkaufpreis (von beispielsweise 85 %) ist zahlbar in (Halbjahres-)Raten, die über einen Zeitraum von mehreren Jahren verteilt sind.

- Grundsätzlich hat der Exporteur die Möglichkeit, diese Restkaufpreisforderung bei seiner **Bank** zu refinanzieren oder an einen **Forfaiteur** (der in der Regel ebenfalls eine Bank ist) zu verkaufen.
- Statt einer derartigen Refinanzierung kann der Exporteur bereits im Kaufvertrag mit dem Importeur die Aufnahme eines **Bestellerkredits** oder eines **Bank-zu-Bank-Kredits** (sog. gebundene Finanzkredite) vereinbaren, bei denen der Besteller (der Importeur) oder eine Bank im Importland die Kreditschuldner einer deutschen Bank sind. Diese gebundenen Finanzkredite werden in der Regel nicht an den jeweiligen Kreditschuldner (Besteller bzw. ausländische Bank) ausgezahlt, vielmehr erfolgt die Auszahlung an den Exporteur gegen entsprechende Nachweise. Der Exporteur muss für diese Kredite im Allgemeinen nur eine eng begrenzte Haftung übernehmen (Einzelheiten zur Auszahlung siehe nachstehenden Abschnitt; Hinweis: Bestellerkredite und Bank-zu-Bank-Kredite sind in Kapitel 6 behandelt).

Auszahlungsverfahren bei gebundenen Finanzkrediten

Bei Finanzkrediten (Bestellerkredite, Bank-zu-Bank-Kredite) wird in der Regel im Ausfuhrvertrag und im Kreditvertrag mit der kreditgewährenden deutschen Bank die Direktauszahlung an den deutschen Exporteur vereinbart, also nicht die Auszahlung an den Kreditnehmer (also nicht an den kreditnehmenden Besteller/Importeur bzw. nicht an die kreditnehmende ausländische Bank).

- Der übliche Auszahlungsmodus an den Exporteur ist **pro rata** der vom Exporteur erbrachten **Lieferungen und/oder Leistungen**.
- Es kommen jedoch auch Kreditauszahlungen an den Exporteur als **Progress Payment**, d.h. pro rata des innerbetrieblichen Produktionsfortschritts vor.

Dieses Auszahlungsverfahren kommt dem Interesse des Exporteurs bei der Erstellung von Anlagen mit einer langen Fertigungsdauer entgegen.

- Ausnahmsweise werden Bestellerkredite bzw. Bank-zu-Bank-Kredite von den kreditgewährenden Banken im **Erstattungsverfahren** ausgezahlt.

  In diesem Fall hat der Exporteur die Zahlungen vom Besteller bzw. von der Importeurbank bereits erhalten. Deswegen erfolgt die Auszahlung des Kredits nicht an den Exporteur, sondern als Erstattung an den Kreditnehmer der deutschen Geschäftsbank, d.h. an den Besteller (bei Bestellerkrediten) bzw. an die Importeurbank (bei Bank-zu-Bank-Krediten).

Bei Kreditauszahlungen pro rata Lieferungen und/oder Leistungen bzw. Progress Payment sollte im Ausfuhrvertrag und im Kreditvertrag darauf geachtet werden, dass die Kreditauszahlungen an den Exporteur (dessen Abrufe) **ohne direkte Mitwirkung des Bestellers** möglich sind. Der Exporteur läuft sonst Gefahr, dass der Besteller trotz erbrachter Lieferungen/Leistungen die Kreditauszahlungen an den Exporteur hinauszuzögern oder gar zu blockieren sucht.

2.3 Dokumentenakkreditive als Zahlungsbedingung

2.3.1 Charakterisierung

Charakterisierung

Im Kern umfasst ein Dokumentenakkreditiv ein – im Auftrag des Importeurs abgegebenes – **Versprechen einer Bank** (der akkreditiveröffnenden Bank) an den Exporteur **Zahlung zu leisten**, sofern dieser die Akkreditivbedingungen, insbesondere durch Einreichung von genau bestimmten (Versand-)Dokumenten erfüllt. Dieses Zahlungsversprechen wird von den Banken in aller Regel unwiderruflich zu Gunsten der Exporteure abgegeben.

Häufige Akkreditivarten

Im Wesentlichen sind folgende Arten von Dokumentenakkreditiven zu unterscheiden:

- Bei einem **Sichtzahlungsakkreditiv** (kurz: Sichtakkreditiv) erhält der begünstigte Exporteur den Akkreditivbetrag von einer als Zahlstelle benannten Bank Zug-um-Zug gegen die Einreichung der (Versand-)Dokumente ausgezahlt. Insoweit liegt hier – grob umrissen – eine bankgarantierte Abwicklung „Dokumente gegen Zahlung" vor.
- Im Gegensatz zum Sichtzahlungsakkreditiv erfolgt beim **Akkreditiv mit hinausgeschobener Zahlung** (Deferred-payment-Akkreditiv) die Abwicklung zeitlich versetzt: Der Exporteur erhält die Zahlung nicht im Gegenzug zur Einreichung der (Versand-)Dokumente, sondern erst im Zeitpunkt der Fälligkeit der hinausgeschobenen Zahlung. Entscheidend ist, dass auch dieser, auf ein späteres Datum hinausgeschobene Zahlungsan-

spruch des Exporteurs von der Akkreditivbank unwiderruflich zu erfüllen ist.

- Eine ähnliche Grundstruktur weist das **Akzeptakkreditiv** auf, bei dem die hinausgeschobene Zahlung in Wechselform gekleidet ist: Sofern die Akkreditivbank den Wechsel nicht selbst akzeptiert, sondern eine andere Bank damit beauftragt (Remboursakkreditiv, das die Regel ist), haftet sie und die Akzeptbank (Remboursbank) für die Einlösung des Wechsels (des Bankakzepts) bei Fälligkeit.

Anwendung

Die Stellung eines Dokumentenakkreditivs wird vom Exporteur häufig dann im Kaufvertrag durchzusetzen versucht, wenn Produkte exportiert werden, die im Fall der **Nichtabnahme** anderweitig nicht oder nur schwierig zu verwerten sind bzw. wenn die **Kreditwürdigkeit** des Abnehmers nicht bekannt ist oder gar zu Zweifeln Anlass gibt u.a.m.

Dokumentenakkreditive lassen sich über die oben skizzierten Grundformen hinaus in vielerlei Hinsicht dem einzelnen Exportgeschäft und den jeweiligen Interessenlagen der Beteiligten anpassen.

Hinweis

Die verschiedenen **Akkreditivarten** und ihre schrittweisen Abwicklungen sind in Kapitel 4.3 dargestellt.

2.3.2 Beurteilung als Zahlungsbedingung

Sicherheit für den Exporteur

Dokumentenakkreditive stellen für den Exporteur eine **weit reichende Sicherheit** dar,

- sofern diejenige Bank, die das Zahlungsversprechen zu seinen Gunsten abgibt (Akkreditivbank; sog. eröffnende Bank), zahlungsfähig ist und ihren Sitz in einem Land ohne politischem Risiko hat.
- Ist das Akkreditiv überdies unwiderruflich und unmittelbar nach Abschluss des Kaufvertrags eröffnet worden, dann entfällt für den Exporteur praktisch das Fabrikationsrisiko, weil ihm dieses Zahlungsversprechen nicht mehr entzogen werden kann.
- Analog ist das Zahlungsverzögerungsrisiko und das Zahlungsausfallrisiko des Exporteurs zu beurteilen.

Restrisiken des Exporteurs

Hebt man allerdings die obigen Annahmen auf, dann können die genannten Risiken – mangels anderweitiger Absicherung – ausgeprägt in Erscheingung treten:

- Dies gilt für das **politische Risiko** ebenso wie für
- das Risiko der Zahlungsunfähigkeit der Akkreditivbank (eröffnenden Bank).
- Bei **Fremdwährungsakkreditiven** kann dem Exporteur ein Wechselkursrisiko bis zum Zeitpunkt der Zahlung entstehen.
- Dagegen ist das **Warenabnahmerisiko** in der Regel als gering zu veranschlagen, zumal der Exporteur im Zeitpunkt der Ankunft der Waren beim Importeur im Allgemeinen die Leistung aus dem Akkreditiv bereits beansprucht (erhalten) hat und dem Exporteur diese Leistung wegen der Unwiderruflichkeit des Zahlungsversprechens ohnehin nicht mehr entzogen werden kann.

Finanzierungskosten des Exporteurs

Finanzierungskosten fallen für den Exporteur bei Sichtzahlungsakkreditiven bis zum Zeitpunkt der Benutzung des Akkreditivs, also während einer evtl. Produktionsphase an. Von größerem Gewicht sind die Finanzierungskosten bei Akkreditiven mit hinausgeschobener Zahlung bzw. bei Akzeptakkreditiven. Da indessen der Importeur von den darin eingeschlossenen Zahlungszielen profitiert, wird der Exporteur in der Zahlungsbedingung des Kaufvertrags eine Regelung durchzusetzen suchen, die dem Importeur diese Finanzierungskosten anlastet bzw. diese in die Warenpreiskalkulation aufnehmen.

Risiken des Importeurs

Insgesamt gesehen sind die Risiken, die dem Importeur durch die Stellung von Dokumentenakkreditiven entstehen können, als relativ gering einzustufen:

- Das **politische Risiko** des Importeurs entfällt bei politischer Stabilität des Exportlandes praktisch ganz und es bleibt selbst dann gering, wenn die Lieferung der Waren vom Exportland untersagt wird und das Dokumentenakkreditiv deswegen vom Exporteur auch nicht benutzt werden kann. Anders liegt der Fall, wenn die Waren beschlagnahmt werden und das Akkreditiv zu diesem Zeitpunkt vom Exporteur bereits benutzt war.
- Das Risiko der **Nichterfüllung** des Kaufvertrags durch den Exporteur ist bei eröffneten Akkreditiven im Allgemeinen als gering zu beurteilen. Tritt dieses Risiko trotzdem ein, dann halten sich die Folgen für den Importeur in engen Grenzen, weil dem Exporteur dann regelmäßig die Möglichkeit verbaut ist, Zahlung aus dem Akkreditiv zu erlangen.
- Das Risiko **mängelbehafteter Lieferung** ist durch die Zahlungsbedingung „Dokumentenakkreditiv" dagegen nicht ausgeschlossen. Die Banken entscheiden über den Zahlungsanspruch des Exporteurs allein auf Grundlage der von diesem eingereichten Dokumente, wobei im Regelfall kein Spielraum für eine vorherige Überprüfung der Waren durch den Importeur bleibt. Will der Importeur das Risiko einer mängelbehafteten Warenlieferung begrenzen, dann hat er mit dem Exporteur zu vereinbaren –

und dies auch in die Akkreditivbedingungen aufnehmen zu lassen –, dass der Exporteur ein Gutachten über die Qualität der Waren beizubringen hat. Die Auszahlung aus dem Akkreditiv erfolgt in diesem Fall nur, wenn der Exporteur die geforderte Expertise zusammen mit den anderen Dokumenten bei der Bank (Zahlstelle des Akkreditivs) vorlegt.

Finanzierungskosten des Importeurs

Bei Sichtzahlungsakkreditiven halten sich die Finanzierungskosten in engen Grenzen, sofern die Akkreditivbank dem Importeur den Akkreditivbetrag nicht bereits im Zeitpunkt der Akkreditiveröffnung, sondern erst nach Benutzung durch den Exporteur in Rechnung stellt. Bei Akkreditiven mit hinausgeschobener Zahlung bzw. bei Akzeptakkreditiven stellt der Exporteur die anfallenden Finanzierungkosten dieser Zahlungsziele dem Importeur unmittelbar oder (in der Warenpreiskalkulation) mittelbar in Rechnung.

2.4 Dokumenteninkassi als Zahlungsbedingung

2.4.1 Charakterisierung

Charakterisierung und Arten

Das Dokumenteninkasso umfasst eine **Zug-um-Zug-Abwicklung**: Der Exporteur übergibt seiner Bank die (Versand-)Dokumente mit der Maßgabe, dass diese – unter Einschaltung einer Bank im Lande des Importeurs – dem Importeur die Dokumente nur aushändigen darf, wenn dieser im Gegenzug

- **bezahlt** (Dokumente gegen Zahlung)
- bzw. **einen Wechsel akzeptiert** (Dokumente gegen Akzept) bzw.
- **einen unwiderruflichen Zahlungsauftrag unterzeichnet** (Dokumente gegen unwiderruflichen Zahlungsauftrag).

Dokumenteninkassi werden in der Praxis häufig vereinbart, wenn die Beteiligten eine gewisse Sicherheit bei der Abwicklung des Exportgeschäfts nicht missen möchten. Allerdings ist die Sicherheit des Exporteurs bei Inkassi deutlich niedriger einzustufen als bei Dokumentenakkreditiven.

Hinweis

Ausführlich sind die Arten der Dokumenteninkassi und ihre Abwicklung in Kapitel 4.2 dargestellt.

2.4.2 Beurteilung als Zahlungsbedingung

Beurteilung durch den Exporteur

Zug-um-Zug-Abwicklung: Die maßgebliche Sicherheit des Exporteurs liegt bei der Zahlungsbedingung „Dokumenteninkasso" in der Zug-um-Zug-Abwicklung: Der Exporteur kann sicher sein, dass dem Importeur die (Versand-)Dokumente nur ausgehändigt werden, wenn dieser die vereinbarte Gegenleistung erbringt, d.h. bezahlt bzw. einen Wechsel akzeptiert bzw. einen unwiderruflichen Zahlungsauftrag unterzeichnet. Handelt es sich bei den Inkassodokumenten um Dokumente, die der Importeur zwingend benötigt, um über die Waren verfügen zu können, dann eröffnet sich dem Importeur keine Möglichkeit, in den Besitz der Ware zu gelangen, ohne dem Inkassoauftrag entsprochen zu haben.

- **Fabrikations- bzw. Warenabnahmerisiko:** Das Fabrikationsrisiko des Exporteurs ist bei der Zahlungsbedingung „Dokumenteninkasso" uneingeschränkt vorhanden. Grundsätzlich trifft dies auch für das Warenabnahmerisiko zu, wobei allenfalls die Tatsache einschränkend wirken könnte, dass der Importeur immerhin von einer Bank in seinem Land (evtl. von seiner Hausbank) die Aufforderung zur Aufnahme der Dokumente und damit einbezogen, die Aufforderung zur Zahlung bzw. zur Akzeptleistung bzw. zur Unterzeichnung eines unwiderruflichen Zahlungsauftrags erhält.

  Bei Exporten von Waren mit längerer Produktionsdauer, bei Spezialerzeugnissen, bei leicht verderblichen Waren u.Ä. ist dem Exporteur wegen des Fabrikationsrisikos und wegen des Warenabnahmerisikos von der Vereinbarung von Dokumenteninkassi eher abzuraten.

- **Zahlungsverzögerungen:** Als ein weiteres Risiko ist der manchmal etwas verzögerte Zahlungseingang beim Exporteur anzusehen. Die praktische Erfahrung zeigt nämlich, dass Dokumenteninkassi im Ausland keineswegs immer die unverzügliche Abwicklung erfahren, wie sie die Einheitlichen Richtlinien für Inkassi (ERI) vorsehen.

- **Spezielle Risiken bei „Dokumente gegen Akzept"-Inkassi:** Bei „Dokumente gegen Zahlung"-Inkassi entsteht kein Zahlungsausfallrisiko. Dagegen besteht diese Gefahr bei „Dokumente gegen Akzept"-Inkassi sehr wohl: Dem Importeur werden die Dokumente im Rahmen des Inkassos ausgehändigt, sofern er als Gegenleistung einen Wechsel akzeptiert. Der Importeur kann sodann anhand der empfangenen Dokumente über die Waren verfügen. Ob er indessen den Wechsel bei Fälligkeit einlösen wird, ist eine offene Frage. Deswegen kann die Zahlungsbedingung „Dokumente gegen Akzept" nur seriösen und solventen Importeuren zugestanden werden.

  Entsprechendes gilt für „Dokumente gegen unwiderruflichen Zahlungsauftrag"-Inkassi.

- **Politisches Risiko:** Das politische Risiko des Exporteurs kann bei Dokumenteninkassi durchaus in Erscheinung treten. Im ungünstigsten Fall zu einem Zeitpunkt, in dem sich sowohl die Waren als auch der Inkassoauftrag – und damit die Dokumente – bereits im Ausland befinden. In zeitlicher Hinsicht ist bei „Dokumente gegen Akzept"-Inkassi dieses Risiko auch für die Laufzeit des Wechsels ins Auge zu fassen. Analoge Risiken bestehen bei „Dokumente gegen unwiderruflichen Zahlungsauftrag"-Inkassi.

- **Finanzierungskosten:** Bei Inkassi „Dokumente gegen Zahlung" fallen die Finanzierungskosten bis zum Zeitpunkt des Zahlungseingangs, bei Inkassi „Dokumente gegen Akzept" darüber hinaus für die Wechsellaufzeit an. Da der Importeur von dem in Wechselform gekleideten Zahlungsziel profitiert, wird der Exporteur im Kaufvertrag regelmäßig eine Vereinbarung anstreben, die dem Importeur die Finanzierungskosten auferlegt. Entsprechendes gilt bei Inkassi „Dokumente gegen unwiderruflichen Zahlungsauftrag".

Beurteilung durch den Importeur

- **Sicherheit durch Dokumente:** Der Importeur erlangt im Rahmen der Zahlungsbedingung „Dokumenteninkasso" den Nachweis, dass der Exporteur die Waren vereinbarungsgemäß zum Versand gebracht und versichert hat sowie die Sicherheit, dass der Exporteur über die Waren nicht mehr verfügen kann, sobald der Importeur die Dokumente – nach Erfüllung des Dokumenteninkassos, d.h. nach erfolgter Bezahlung bzw. Akzeptleistung bzw. Unterzeichnung des unwiderruflichen Zahlungsauftrags – in Händen hält. Allerdings setzt dies voraus, dass geeignete Dokumente im Kaufvertrag vereinbart sind und vom Exporteur – in Verbindung mit dem Inkassoauftrag – auch tatsächlich vorgelegt werden.
- **Risiko mängelbehafteter Waren:** Beim Dokumenteninkasso hat der Importeur keine Möglichkeit, die Waren vor Zahlung bzw. vor Akzeptleistung bzw. vor Unterzeichnung des unwiderruflichen Zahlungsauftrags zu prüfen, es sei denn, dass eine solche Prüfung ausdrücklich im Inkassoauftrag zugelassen ist, was aber in der Praxis selten vorkommt. Zwar kann der Importeur die Vorlage eines Qualitätszertifikats im Kaufvertrag durchsetzen und damit dem Exporteur auferlegen, dass dieses Gutachten im Rahmen des Inkassoauftrags vorzulegen ist. Jedoch sind solche Qualitätsnachweise kostspielig, sodass in der Praxis darauf meistens verzichtet wird und der Importeur dem Risiko mängelbehafteter Warenlieferung ausgesetzt bleibt.
- **Risiko der Nichterfüllung:** Das Risiko der Nichterfüllung des Kaufvertrags durch den Exporteur bleibt für den Importeur bei Dokumenteninkassi bestehen, jedoch sind die Folgen für den Importeur – was die Zahlungsseite anlangt – gering, weil er in dieser Situation weder zu zahlen noch einen Wechsel zu akzeptieren noch einen unwiderruflichen Zahlungsauftrag zu erteilen hat. Analoges gilt bei Eintritt des politischen Risikos.
- **Wechselkursrisiko:** Lautet das Inkasso auf Fremdwährung, dann endet das daraus folgende Wechselkursrisiko mit der Zahlung und umfasst somit bei „Dokumente gegen Zahlung"-Inkassi in der Regel einen kurzen Zeitraum.

Anders dagegen ist dies bei Fremdwährungsinkassi auf Basis „Dokumente gegen Akzept", bei denen das Wechselkursrisiko während der Wechsellaufzeit bestehen bleibt. Entsprechendes gilt für „Dokumente gegen unwiderruflichen Zahlungsauftrag"-Inkassi, die auf Fremdwährung lauten.

- **Finanzierungskosten:** Weil der Importeur vom Zahlungsziel eines „Dokumente gegen Akzept"- bzw. „Dokumente gegen unwiderruflichen Zahlungsauftrag"-Inkassos profitiert, wird der Exporteur versuchen, die Übernahme der Zinslasten durch den Importeur im Kaufvertrag durchzusetzen.

2.5 Zahlung durch Nachnahme u. Ä.

2.5.1 Charakterisierung und Abwicklung

Charakterisierung

Ist im Kaufvertrag „Zahlung durch Nachnahme" (Zahlungsklausel: „Zahlung bei Lieferung", „cash on delivery (c.o.d)" o. Ä.) vereinbart, dann beauftragt der Exporteur seinen Frachtführer nicht nur mit dem Versand der Ware, sondern auch mit dem Inkasso des Nachnahmebetrags.

Analog zum Dokumenteninkasso erfolgt diese Abwicklung Zug-um-Zug: Dem Importeur dürfen die Waren nur ausgehändigt werden, wenn er im Gegenzug bezahlt (vgl. Fischer/Hundertmark 1996: S. 25).

Eignung

Inwieweit die Vereinbarung der „Zahlung durch Nachnahme" angebracht ist, muss im Einzelfall entschieden werden. Die dabei zu berücksichtigenden Aspekte umfassen nicht nur die Frage der Kreditwürdigkeit des Importeurs und die Größe des Geschäfts, sondern sie reichen über das Transportmittel bis hin zum Vertrauen des Exporteurs in den Frachtführer, den er mit dem Versand und dem Inkasso beauftragt.

Grundsätzlich ist die Zahlungsbedingung „Zahlung durch Nachnahme" auch in den Fällen in Erwägung zu ziehen, in denen ein Dokumenteninkasso nicht zweckmäßig erscheint. Dies ist beispielsweise der Fall, wenn der Warentransport schneller abgewickelt wird als ein Dokumenteninkasso und damit die Notwendigkeit der Einlagerung der Waren entstünde. Dies ist aber auch der Fall, wenn eine Transportart gewählt ist, die zu einem Transportdokument ohne Legitimationsfunktion führt, sodass ein Dokumenteninkasso nur unter Einschaltung eines treuhänderischen Dritten (Bank, Spediteur) tragfähig wäre.

Frachtführer und Kassierer

Die Abwicklung der Zahlungsbedingung „Zahlung durch Nachnahme" kann grundsätzlich mit

- der **Post**
- der **Bahn**
- den **Luftfrachtgesellschaften**
- dem eigenen **Vertreter**/der eigenen Niederlassung im Ausland
- den **Speditionen** und anderen Frachtunternehmen

vorgenommen werden.

Es ist zu empfehlen, dass sich die Beteiligten vor Abschluss des Kaufvertrags über die Abwicklung „Zahlung durch Nachnahme" beim Frachtführer erkundigen, und zwar auch bezüglich der damit verbundenen Sicherheit sowie der anfallenden Kosten.

Erfolgt der Versand der Ware durch Luftfracht, dann ist zu berücksichtigen, dass Nachnahmesendungen nicht in alle Länder möglich sind. Entsprechendes gilt für Speditionen, die zwar im Inland Nachnahmesendungen gegen Bargeld bis zu einer bestimmten Höhe abwickeln, im Ausland dagegen allenfalls mit ausdrücklichem Auftrag und auf Risiko des Kunden. Diese Einschränkung gilt insbesondere auch bei Nachnahmesendungen gegen Scheck des Warenempfängers.

Bezahltbestätigung einer Bank

Eine der „Zahlung durch Nachnahme" ähnliche Zahlungsbedingung ist die „Auslieferung der Ware gegen Bezahltbestätigung einer Bank" (Kurzform: „Bankbestätigung"). Auch diese Zahlungsbedingung umfasst eine Zug-um-Zug-Abwicklung, nämlich „Ware gegen bankbestätigte Zahlungsanweisung des Importeurs" (vgl. auch Jahrmann 1998: S. 369).

Der Vorzug dieser Zahlungsbedingung mag aus Sicht des Exporteurs darin liegen, dass er dem Spediteur den Inkassobetrag nicht anvertrauen muss, sondern dass die Zahlungsseite des Geschäfts auf den eingespielten und seriösen Bahnen der Kreditinstitute abläuft.

Ein Nachteil liegt indessen in der praktischen Abwicklung: Der Spediteur kann in der Regel die ihm vom Importeur vorgelegte Bezahltbestätigung der Bank auf ihre Echtheit (Unterschriften usw.) nicht mit absoluter Sicherheit prüfen und er kann im Allgemeinen auch die Seriosität dieser Bank nicht abschließend beurteilen. Ebenso bleibt die Möglichkeit eines eventuellen Widerrufs der Zahlungsanweisung durch den Importeur zu bedenken.

Sog. Frachtbrief-Inkasso

Eine ähnlich sichernde Wirkung wie die „Zahlung durch Nachnahme" entfaltet das sog. Frachtbrief-Inkasso. Die Besonderheit des Frachtbrief-Inkassos liegt darin, dass als Warenempfänger in das Transportdokument (in den Frachtbrief) nicht der Besteller (nicht der Importeur), sondern eine Bank in dessen Land bzw. die Spedition eingetragen wird. Nach Bezahlung durch den Besteller (Importeur) wird dieser als Warenempfänger benannt bzw. –falls die Ware vor der Durchführung des Inkassos angekommen ist und deswegen eingelagert wurde – wird dem Besteller (Importeur) eine Freigabeerklärung der Bank bzw. der Spedition übergeben, auf deren Grundlage er sodann über die Ware verfügen kann (vgl. auch Jahrmann 1998: S. 369).

Hinweis: Zum Warenversand an die Adresse treuhänderischer Dritter im Rahmen von Dokumenteninkassi siehe Kapitel 4.2.

2.5.2 Beurteilung als Zahlungsbedingung

Beurteilung durch den Exporteur

- **Zug-um-Zug-Abwicklung:** Die Sicherheit dieser Zahlungsbedingungen liegt für den Exporteur in der Zug-um-Zug-Abwicklung: Dem Importeur werden die Waren nur ausgehändigt, wenn er bezahlt bzw. die erfolgte Zahlung nachweist.
- Das **Fabrikationsrisiko** verbleibt bei den beschriebenen Zahlungsbedingungen beim Exporteur. Dies trifft auch auf das Warenabnahmerisiko zu: Bei allen diesen Zahlungsbedingungen kann der Importeur die Abnahme der Ware verweigern, ohne durch vorherige Zahlung in Zugzwang zu geraten.
- Das **politische Risiko** kann für den Exporteur dann von Gewicht sein, wenn es nach Versand der Waren, aber vor Verfügbarkeit der Zahlung eintritt, z.B. durch Beschlagnahme oder Vernichtung der Ware, durch Transferverbote o.Ä.
- Dagegen dürfte der Exporteur – sofern politische Risiken nicht eintreten – vor dem Risiko des **Zahlungsausfalls** wegen der Zug-um-Zug-Abwicklung **gesichert** sein, abgesehen vom Risiko der Insolvenz des Frachtführers, der die Nachnahme kassiert hat. Auch Zahlungsverzögerungen dürften im größeren Umfang nicht eintreten.
- Bei Fremdwährungszahlungen bleibt das **Wechselkursrisiko** bis zum Zeitpunkt des Zahlungseingangs bestehen.

Beurteilung durch den Importeur

- Der maßgebliche Vorzug der skizzierten Zahlungsbedingungen liegt für den Importeur in der **Zug-um-Zug-Abwicklung**: Unmittelbar nach seiner Zahlung kann er über die Waren verfügen. Mangels einer anderweitigen Vereinbarung hat der Importeur allerdings keine Möglichkeit, die Waren vor der Bezahlung auf ihre Mängelfreiheit zu überprüfen.
- Das **politische Risiko** des Importeurs erstreckt sich bei diesen Zahlungsbedingungen primär auf die Möglichkeit der Nichtlieferung der Waren, deren Konsequenzen nur im Einzelfall beurteilt werden können.
- Das **Wechselkursrisiko** ist für den Importeur dann von Gewicht, wenn zwischen Vertragsabschluss und Zeitpunkt der Zahlung eine Aufwertung der Fremdwährung, in der er zu zahlen hat, eintritt.

2.6 Zahlung nach Erhalt der Ware gegen einfache Rechnung

2.6.1 Charakterisierung und Abwicklung

Charakterisierung

Diese Zahlungsbedingung, die häufig auch verkürzt mit **„Zahlung netto Kasse"** ausgedrückt wird impliziert, dass der Importeur zunächst in den Besitz der Ware gelangt, diese prüft und sodann Zahlung an den Exporteur auf Grundlage der gestellten Rechnung zu leisten hat.

Je nach Vereinbarung im Kaufvertrag kann der Exporteur den Importeur in der Rechnung zur unverzüglichen Zahlung nach Erhalt der Ware bzw. ab Rechnungsdatum auffordern oder aber diesem ein (längeres) Zahlungsziel einräumen.

Wechselziehung

Eine **Sonderform** dieser Zahlungsbedingung liegt vor, wenn das eingeräumte Zahlungsziel vereinbarungsgemäß in einen Wechsel gekleidet wird, den der Exporteur auf den Importeur zieht und den dieser laut Kaufvertrag zu akzeptieren hat (Einzelheiten zur Wechselziehung siehe Kapitel 3.4).

Rechnungseingang vor Wareneingang

Wird die vorgenannte Zahlungsbedingung ohne Bezugnahme auf den Erhalt der Ware, sondern in Bezug auf die Rechnung formuliert, wie beispielsweise „Kasse gegen Rechnung", „netto Kasse nach Erhalt der Faktura", „Zahlung nach Erhalt der Faktura" oder „Zahlung bei Erhalt der Faktura", dann stellt sich im Falle des Eingangs der Rechnung vor dem Eingang der Waren beim Importeur die Frage, ob der Importeur tatsächlich auf Grundlage der Rechnung Zahlung zu leisten hat, ohne zuvor in den Besitz der Waren gelangt zu sein und somit ohne diese zuvor geprüft zu haben.

In der Literatur ist dies zwar umstritten, jedoch wird sich ein Importeur in dieser Situation in der Regel pragmatisch verhalten und den Eingang der Waren vor Bezahlung der Rechnung abwarten. Dieses Verhalten wird im Übrigen auch durch die Rechtsauffassung gestützt, wonach die angeführten Zahlungsbedingungen Unterfälle der Zahlungsbedingung „netto Kasse" darstellen.

Unterschiedliche Formulierungen

In der Literatur wird zum Teil zwischen „Zahlung gegen einfache Rechnung" einerseits und „offenem Zahlungsziel" andererseits unterschieden. Durch diese Unterscheidung soll hervorgekehrt werden, dass bei der erstgenannten Zahlungsbedingung sofortige Zahlung zu leisten ist, wogegen bei „offenem Zahlungsziel" ein späterer Zahlungstermin vereinbart gilt. Indessen lässt die Formulierung „Zahlung gegen einfache Rechnung" für sich genommen keine zeitliche Dimension erkennen, sondern nur die Tatsache, dass es sich um eine nichtdokumentäre Zahlungsbedingung handelt, die durchaus Spielraum belässt für ergänzende zeitpunkt- bzw. zeitraumbezogene Vereinbarungen zwischen Importeur und Exporteur. Im Folgenden wird deswegen von dieser Unterscheidung abgesehen.

Zahlungsinstrumente

Als Zahlungsinstrument wählt der Importeur entweder Überweisung oder Scheck. Aus diesem Grund wird die Zahlungsbedingung „Zahlung nach Erhalt der Ware gegen einfache Rechnung" bzw. „Zahlung netto Kasse" in die nichtdokumentären (reinen) Zahlungsbedingungen eingeordnet.

Diese Einordnung erfolgt auch dann, wenn ein Zahlungsziel in Wechselform gekleidet wird, weil der Wechsel in diesem Zusammenhang nicht als Dokument, sondern als Zahlungsinstrument angesehen wird.

2.6.2 Beurteilung als Zahlungsbedingung

Beurteilung durch den Exporteur

- Es ist offenkundig, dass die beschriebene Zahlungsbedingung erhebliche, mit längeren Zahlungszielen regelmäßig **zunehmende Risiken** für den Exporteur in sich birgt. Deswegen kann diese Zahlungsbedingung nur Importeuren eingeräumt werden, die sich in der Vergangenheit (durch längere Geschäftsbeziehung oder nachgewiesen durch Bankauskünfte) als absolut seriös und kreditwürdig ausgewiesen haben und die außerdem ihren Sitz in einem Land haben, das keine erkennbaren politischen Risiken aufweist.
- Sowohl das **Fabrikationsrisiko** als auch das **Warenabnahmerisiko**, das Risiko verzögerter Zahlung, das Zahlungsausfallrisiko sowie politische Risiken können bei dieser Zahlungsbedingung ausgeprägt in Erscheinung treten. Bei Fremdwährungsforderungen kann überdies das **Wechselkursrisiko** hinzukommen.
- Ist **Wechselziehung** zwischen den Beteiligten vereinbart, dann hält der Exporteur zwar ein geeignetes Instrument zur Refinanzierung des gewährten Zahlungsziels in Händen, seine Risikosituation ändert sich dadurch aber nicht wesentlich: Zum einen, weil auf den Exporteur im Nichtzahlungsfall Rückgriff genommen wird, zum anderen, weil die Durchsetzung wechselrechtlicher Ansprüche keineswegs in allen (Import-)Ländern bevorzugt möglich ist.
- Über die Verteilung der **Finanzierungslasten** wird der Exporteur – zumindest bei Einräumung längerer Zahlungsziele – eine (teilweise) Übernahme durch den Importeur anstreben. Falls dies nicht gelingt, sind die Finanzierungskosten vom Exporteur selbst zu tragen bzw. indirekt im Warenpreis auf den Importeur zu überwälzen.

Beurteilung durch den Importeur

Die dargestellte Zahlungsbedingung wirkt eindeutig **zu Gunsten des Importeurs.**

- Dies gilt zunächst für das Risiko **mängelbehafteter Lieferung**: Der Importeur kann die Waren prüfen, bei Mängeln die Zahlung zurückstellen bzw. entsprechende Abzüge am Rechnungsbetrag vornehmen.
- Das Risiko der **Nichtlieferung** der Ware (Nichterfüllung des Kaufvertrags) durch den Exporteur mag dem Importeur zwar im Einzelfall Probleme schaffen, ein direktes Ausfallrisiko – wie dies beispielsweise bei Vorauszahlung der Fall sein kann – ist für den Importeur damit aber nicht verbunden. Diese Beurteilung gilt auch hinsichtlich des politischen Risikos.
- Eine Lieferung der Waren gegen einfache Rechnung belässt dem Importeur im Übrigen einen gewissen **Dispositionsspielraum** über den Zeitpunkt der Zahlung. Kurze Überziehungen des Zahlungsziels werden von den Exporteuren im Allgemeinen toleriert.
- Bei Vereinbarung sofortiger Zahlung nach Warenempfang bzw. bei kurzen Zahlungszielen sind die **Finanzierungskosten** des Exportgeschäfts in der Regel vom Exporteur zu tragen. Bei Einräumung längerer Zahlungsziele, die dem Importeur u.U. die Möglichkeit eröffnen, aus dem Weiterverkaufserlös der Waren (d.h. ohne eigenen Kapitaleinsatz) die Zahlung an den Exporteur zu leisten, werden dagegen im Kaufvertrag durchaus Vereinbarungen über die Verteilung der Finanzierungskosten getroffen.

2.7 Vereinbarung mittel- bis langfristiger Zahlungsziele

2.7.1 Charakterisierung

Wesen und Abwicklung

Längerfristige Zahlungsziele werden insbesondere beim Export von Maschinen bzw. Anlagen eingeräumt. Dabei kann der zu finanzierende Betrag durchaus 80% des Kaufpreises ausmachen. Es ist üblich, diesen Restkaufpreis in halbjährlich fällige Raten aufzuteilen und im Übrigen mit dem Importeur im Kaufvertrag eine Vereinbarung zur Übernahme der Zinsen (sog. Abnehmerzinsen) zu treffen.

In der Regel wird dem Importeur im Kaufvertrag überdies zur Auflage gemacht, dass dieses langfristige Zahlungsziel mit dem Aval einer Bank abzusichern ist.

Hinweise

- Die maßgeblichen Elemente und Restriktionen der Zahlungsbedingungen von Exportgeschäften mit **mittel- und langfristigen Zahlungszielen** sowie
- die mittel- und langfristigen **Finanzierungs- und Absicherungsinstrumente** sind in **Kapitel 6** beschrieben und beurteilt.
- Die im Zusammenhang mit Investitionsgüterexporten und im Anlagenbau als Sicherungsinstrumente für den Importeur besonders bedeutsamen **Bankgarantien** sind in **Kapitel 8** vorgestellt.

2.7.2 Beurteilung als Zahlungsbedingung

Beurteilung durch den Exporteur

- Grundsätzlich ist die Beurteilung, wie sie bei der Zahlungsbedingung „Zahlung nach Erhalt der Ware gegen einfache Rechnung" dargestellt ist, auf die vorliegende Zahlungsbedingung mit der Maßgabe übertragbar, dass die dort skizzierten Risiken bei längerfristigen Zahlungszielen noch ausgeprägter eintreten können. Diese Feststellung trifft zunächst auf das **Fabrikationsrisiko** zu, weil die zu produzierenden Maschinen bzw. Anlagen im Allgemeinen anderweitig kaum verwertbar sind und im Übrigen eine oft lange Herstellungszeit verursachen. In diese Feststellung ist aber auch das **Warenabnahmerisiko** einzuschließen und – wegen der langfristigen Kreditgewährung – in besonderem Maße das **Zahlungsausfallrisiko**.
- Angesichts dieser Risiken ist es die Regel, dass die Ratenzahlungen durch die Bank des Importeurs (oder eine beauftragte Zweitbank) mit einer Bankgarantie oder in anderer Form abgesichert werden. In den Mittelpunkt der Risikobeurteilung des Exporteurs rückt damit das **Garantendelkredererisiko** und das **politische Risiko**, ausgehend von jenem Land, in dem die Garantiebank ihren Sitz hat.
- Dass das **Wechselkursrisiko** bei langlaufenden Fremdwährungsforderungen einen erheblichen Umfang annehmen kann, ist offenkundig. Der Exporteur wird deswegen die Vereinbarung seiner eigenen Währung bzw. einer stabilen Drittlandwährung anstreben.

Anmerkung: Es ist zu beachten, dass der Exporteur von den beschriebenen **Risiken** weitgehend **entlastet** ist, wenn die Refinanzierung

- mittels Bestellerkredit oder
- mittels Bank-zu-Bank-Kredit erfolgt.
- Dies gilt auch für bestimmte Exportleasinggeschäfte.

Einzelheiten zu den genannten Refinanzierungsinstrumenten siehe Kapitel 6.

Beurteilung durch den Importeur

- Der Vorzug mittel- bis langfristiger Zahlungsziele liegt für den Importeur in der dadurch eröffneten Möglichkeit, mit den **Erträgen** aus der Nutzung der gekauften Investitionsgüter (Maschinen/Anlagen) den **Kaufpreis (ratenweise)** entrichten zu können und somit eine anderweitige Kreditaufnahme zu vermeiden.
- Die Auffassung, dass sich die Folgen **mängelbehafteter Lieferung** für den Importeur in Grenzen halten, weil er im Zeitpunkt der Abnahme der Maschinen bzw. der Anlagen noch nicht alle Zahlungen geleistet hat, erweist sich als voreilig. Sofern die (Raten-)Zahlungen von seiner Bank garantiert und im Übrigen an einen gutgläubigen Dritten (z.B. an eine Forfaitierungsgesellschaft) zu leisten sind, besteht im Allgemeinen kein Spielraum für den Importeur, sich für Mängel durch Aufrechnung mit seinen Zahlungsverpflichtungen schadlos zu halten. Hilfe bietet in dieser Situation eine Gewährleis-tungsgarantie der Bank des Exporteurs zu Gunsten des Importeurs; Einzelheiten zu den Bankgarantien siehe Kapitel 8.
- Ist aus Sicht des Importeurs Fremdwährung vereinbart worden, dann kann sein **Wechselkursrisiko** wegen der langen Laufzeit erheblich sein.
- Bis zum Übergang der Waren in die Verfügungsgewalt des Importeurs bzw. bis zum Zeitpunkt der Betriebsbereitschaft einer Anlage ist das **politische Risiko** vorhanden, danach entfällt es weitgehend, wenn von der Problematik der Ersatzteilelieferung u. Ä. abgesehen wird.

3 Nichtdokumentäre (Reine) Zahlungsinstrumente

3.1 Zahlung mit Auslandsüberweisungen

3.1.1 Zahlungsaufträge (ausgehende Auslandsüberweisungen)

Allgemeine Erläuterungen zum Zahlungsauftrag im Außenwirtschaftsverkehr

Formular-Auftrag bzw. PC-Auftrag: Ein Importeur, der eine Zahlung in das Ausland zu leisten hat und der sich für die Auslandsüberweisung entscheidet, erteilt seiner Bank einen „Zahlungsauftrag im Außenwirtschaftsverkehr". Dies ist ein Formvordruck, in den alle relevanten Daten der Auslandszahlung einzutragen sind.

Mit Einführung des elektronischen Zahlungsverkehrs ist dem Zahlungspflichtigen aber auch die Möglichkeit eröffnet, den Zahlungsauftrag seiner Bank über eine EDV-Verbindung bzw. über **Datenträger beleglos** einzugeben. Die Banken haben dazu eine Software entwickelt, die sie ihren Kunden zur Verfügung stellen (siehe auch Ausführungen zu SWIFT, EDIFACT usw.).

Zahlungsauftrag im Außenwirtschaftsverkehr

Der Vordruck „Zahlungsauftrag im Außenwirtschaftsverkehr" (sog. Z 1 – Vordruck) ist dreiteilig:

- Das Original verbleibt beim beauftragten Kreditinstitut.
- Die erste Durchschrift wird vom beauftragten Kreditinstitut zur Erfüllung der Meldepflicht gemäß Außenwirtschaftsverordnung (AWV) an die zuständige Landeszentralbank (Deutsche Bundesbank) weitergeleitet, sofern der Zahlungsbetrag auf mehr als 12.500 Euro oder Fremdwährungsgegenwert lautet. Diese Durchschrift – ebenso wie der Zahlungsauftrag – entsprechen in ihrem Aufbau den Anforderungen der Anlage Z 1 zur AWV.
- Bei beleglosen Zahlungsaufträgen (über den PC) sind die erforderlichen Meldungen gemäß AWV bereits in das EDV-Programm der Kreditinstitute integriert.
- Die zweite Durchschrift dient dem Auftraggeber als Nachweis über den erteilten Zahlungsauftrag und über die Erfüllung der Meldevorschriften.
- Der „Zahlungsauftrag im Aussenwirtschaftsverkehr" (Anlage Z1 zur AWV) enthält zunächst alle relvanten Angaben, die auch in Überweisungsformularen des Inlandszahlungsverkehrs zu machen sind, wie bei-

spielsweise Zahlungsempfänger und dessen Bankverbindung, Verwendungszweck usw.

- Hinzu kommt jedoch bei Auslandsüberweisungen die Möglichkeit, die Währung zu bezeichnen, in der die Auslandszahlung erfolgen soll sowie die Angabe dazu, von welchem Konto der Zahlungsbetrag abgebucht werden soll (z.B. vom relevanten Fremdwährungskonto der Auftraggebers bei Fremdwährungszahlung oder zu Lasten seines Euro-Kontos). Anzukreuzen ist auch die sog. Spesenverteilung, d.h. wer von den Beteiligten mit welchen Anteilen die anfallenden Bankprovisionen zu zahlen hat. Schließlich enthält der Auslandszahlungsauftrag die auszufüllenden Angaben zur Meldung nach der Außenwirtschaftsverordnung (AWV).

EUROPA-Zahlungsauftrag

Bei Zahlungsaufträgen bis 5.000 DM bzw. 2.556,46 Euro oder Fremdwährungsgegenwert (voraussichtlich erfolgt – entsprechend den ab 2001 geänderten Meldevorschriften – eine Erhöhung dieser Beträge auf 12.500 Euro) kann sich der Zahlungspflichtige bei Zahlungen in bestimmte europäische Länder des „EUROPA-Überweisungsauftrags“ bedienen. Dies ist eine vereinfachte und kostengünstige Zahlungsabwicklung der europäischen Banken. Die aktuellen Konditionen sind bei den Banken zu erfragen.

Währung

Das deutsche Außenwirtschaftsrecht lässt Auslandszahlungen sowohl in Euro als auch in jeder beliebigen Fremdwährung zu:

Euro-Zahlungen in das Ausland lässt der Zahlungspflichtige in der Regel zu Lasten seines Euro-Kontos ausführen.

Ist die Zahlung dagegen in Fremdwährung zu leisten, dann sind grundsätzlich zwei Möglichkeiten gegeben:

- Unterhält der Zahlungspflichtige ein **Fremdwährungskonto** in der zu zahlenden Währung (z.B. in USD), dann wird er – Guthaben vorausgesetzt – die Zahlung im Allgemeinen zu Lasten dieses Kontos ausführen lassen.
- Verfügt der Zahlungspflichtige nur über ein **Euro-Konto**, dann ermächtigt er seine Bank im Rahmen des Zahlungsauftrags zugleich mit dem Kauf der Devisen. Die Bank legt diesem Devisenkauf als Wechselkurs den Kassakurs zu Grunde. Außerdem fällt eine Courtage (Maklergebühr) bzw. eine Devisenverkaufsprovision in Höhe von 0,25 ‰ des Euro-Gegenwerts an.

Belastung

Die Belastung des Kontos des Auftraggebers erfolgt am Tag der Ausführung des Zahlungsauftrags.

Der Zahlungspflichtige profitiert somit nicht von den Post- und Verrechnungslaufzeiten, wie sie bei einer Zahlung mit Privatscheck in das Ausland entstehen.

Hinweis: Zur Zahlung mit Privatscheck oder mit Bankscheck in das Ausland siehe Abschnitt „3.3 Zahlung mit Auslandsscheck".

Bearbeitungsentgelte

Die Banken stellen für die Ausführung des Zahlungsauftrags, und zwar unabhängig davon, ob es sich um eine Euro- oder um eine Fremdwährungszahlung handelt, ein Bearbeitungsentgelt (häufig auch als Spesen, Provision, Bearbeitungsgebühr; Bankgebühr o.ä. bezeichnet) in Rechnung.

Das Bearbeitungsentgelt einer Bank beläuft sich im Allgemeinen auf 1,5 ‰ des Zahlungsbetrags. Zu beachten hat der Auftraggeber jedoch die bei den Kreditinstituten unterschiedlich gestaffelten Mindestentgelte. Kleine Zahlungsbeträge sind durch die Mindestentgelte nicht selten in einem Umfang belastet, dass sich die Überweisung in das Ausland kaum lohnt. Analoges gilt im übrigen bei Zahlungen mittels Scheck in das Ausland.

Anmerkung: Hilfreich sind bei Überweisung kleiner Zahlungsbeträge in europäische Länder die speziellen „EUROPA-Zahlungsaufträge" der Banken, bei denen die Bearbeitungsentgelte fest und relativ niedrig sind.

Ein Bearbeitungsentgelt stellt nicht nur die beauftragte, sondern auch die zahlungsempfangende Bank in Rechnung, so dass das Gesamtentgelt einer Auslandszahlung im Allgemeinen 3 ‰ des Zahlungsbetrags zuzüglich eventuell anfallender Sonderkosten ausmacht, wobei das Bearbeitungsentgelt einer eventuell zwischengeschalteten dritten Bank im Einzelfall noch hinzukommen kann.

Weisungen zur Verteilung der Bearbeitungsentgelte

Der Auftraggeber (der Zahlungspflichtige) hat im Rahmen des Zahlungsauftrags die Möglichkeit, Weisung zur Verteilung der anfallenden Bearbeitungsentgelte zu erteilen:

- Übernahme aller anfallenden in- und ausländischen Bankentgelte durch den Auftraggeber,
- Übernahme aller in- und ausländischen Bankentgelte durch den Begünstigten,
- Übernahme der Bankentgelte der beauftragen inländischen Bank durch den Auftraggeber, was die Weisung einschließt, dass die ausländischen Bankentgelte vom Zahlungsempfänger zu übernehmen sind.

3.1.2 Überweisungsgesetz: Ausführungsfristen und weitere Normen für grenzüberschreitende Überweisungen in der EU und dem EWR

Überweisungsgesetz

Das Überweisungsgesetz vom 21. Juli 1999 regelt sowohl den inländischen Überweisungsverkehr als auch den grenzüberschreitenden Überweisungsverkehr soweit sich dieser auf Überweisungen in Mitgliedsstaaten der Europäischen Union (EU) sowie in Vertragsstaaten des Europäischen Wirtschaftsraums (EWR) bezieht.

Länder

Folgende Länder der EU und des EWR sind mit Inkrafttreten des Überweisungsgesetzes einbezogen: Belgien, Dänemark, Deutschland, Finnland, Frankreich, Griechenland, Großbritannien, Irland, Island, Italien, Liechtenstein, Luxemburg, Niederlande, Norwegen, Österreich, Portugal, Spanien, Schweden.

Einschränkungen

Das Überweisungsgesetz umfasst bei grenzüberschreitenden Überweisungen Rechte für den Überweisenden, die allerdings auf Überweisungsbeträge bis zu 75.000 Euro bzw. Gegenwert begrenzt sind.

Eine weitere Einschränkung des Schutzes des Überweisenden folgt aus den Bestimmungen zu den Ausführungsfristen, wonach nur grenzüberschreitende Überweisungen in den genannten europäischen Länderkreis in den Schutz des Gesetzes einbezogen sind, sofern sie auf deren Währung oder Währungseinheit oder auf Euro lauten.

Ausführungsfristen

Das Überweisungsgesetz legt bei grenzüberschreitenden Überweisungen in die genannten europäischen Länder und bezüglich der genannten Währungen fest, dass – soweit nichts anderes vereinbart ist – die Überweisungen binnen fünf Werktagen, an denen alle beteiligten Kreditinstitute gewöhnlich geöffnet haben, ausgenommen Sonnabende, (sog. Bankgeschäftstage) auf das Konto des Begünstigten zu bewirken sind.

Davon abweichend finden sich jedoch in den Leistungsverzeichnissen der Banken Abweichungen, die beispielsweise maximale Ausführungsfristen für Überweisungen nach Portugal sieben Bankgeschäftstage und nach Griechenland acht Bankgeschäftstage umfassen.

In den genannten Leistungsverzeichnissen finden sich darüber hinaus unterschiedliche Ausführungsfristen nach der Form der Abwicklung der Auslandsüberweisungen (konventionelle Überweisung oder Europaüberweisung usw.).

Leistungsstörungen

Das Überweisungsgesetz sieht eine weitreichende, z.T. verschuldensunabhängige Haftung der Banken vor, die insbesondere bei Überschreitung der Ausführungsfristen greift.

Darüber hinaus sind Beschwerdestellen beim Bundesverband deutscher Banken einrichtet worden. Die Deutsche Bundesbank hat eine Schlichtungsstelle eingerichtet.

3.1.3 Überweisungsgutschriften (eingehende Auslandsüberweisungen)

Prüfkriterien

Bei Eingang einer Überweisungsgutschrift aus dem Ausland hat der Exporteur zunächst zu prüfen, ob der Zahlungsbetrag, die Währung, die Entgeltverteilung (die Verteilung der Bankprovisionen) und der Zeitpunkt des Zahlungseingangs den Vereinbarungen im Kaufvertrag entspricht. Außerdem ist zu prüfen, ob die Zahlung des Zahlungspflichtigen vorbehaltlos geleistet ist oder ob sich im angegebenen Verwendungszweck irgendwelche Vorbehalte bzw. Bedingungen finden.

Vorbehaltlose Gutschrift

Im Gegensatz zur Gutschrift von (Auslands-)Schecks, die dem Einreicher von der Bank stets „Eingang vorbehalten" gutgeschrieben werden, ist eine Überweisungsgutschrift auf dem Konto des Zahlungspflichtigen endgültig, sofern nicht im Ausnahmefall eine Einschränkung gemacht wird. Darin liegt aus der Sicht des Zahlungsempfängers der maßgebliche Vorzug der Zahlung mit Auslandsüberweisung.

Entgelte

Bei der Höhe der Entgelte der Banken ist zunächst danach zu unterscheiden, aus welchen Ländern die Auslandsüberweisung bei der gutschreibenden Bank eingeht.

Dabei nimmt die Höhe der Entgelte nach der folgenden Staffelung sukzessive ab:

- Eingehende Auslandsüberweisungen von außerhalb der EU-Länder bzw. der EWR-Länder,
- Eingehende Auslandsüberweisungen aus EU-Ländern und EWR-Staaten,
- Eingehende EUROPA-Überweisungen.

Einzelheiten zur gestaffelten Höhe der Entgelte, zu den Minimumentgelten sowie zur Entgeltverteilung siehe Abschnitt „3.1.1 Zahlungsaufträge ...".

Devisenankaufsprovision

Bei Überweisungsgutschriften in Fremdwährung fällt eine Devisenankaufsprovision (von 0,25 ‰ bzw. mindestens 2,50 Euro) an, sofern die Überweisung nicht zu Gunsten des entsprechenden Fremdwährungskontos des Begünstigten gutgeschrieben wird.

Gutschrift von Fremdwährungsbeträgen

Aus dem Ausland eingehende Euro-Überweisungen lässt der deutsche Zahlungsempfänger in aller Regel seinem Euro-Konto gutschreiben.

Handelt es sich bei der aus dem Ausland eingehenden Überweisung dagegen um eine **Fremdwährungszahlung** und unterhält der deutsche Zahlungsempfänger bei seiner Bank sowohl ein Euro-Konto als auch ein Fremdwährungskonto in der betreffenden Währung, dann hat er die Wahl zwischen dem Verbleib in der relevanten Fremdwährung oder dem Umtausch in Euro. Seine Entscheidung wird u.a. davon abhängen, ob er in Zukunft Zahlungen in dieser Fremdwährung zu leisten hat, ob er mit einer Aufwertung oder Abwertung dieser Fremdwährung rechnet, welche Zinskonditionen seine Bank für Fremdwährungsguthaben bietet u.a.m.

Entschließt sich der Zahlungsempfänger für eine Gutschrift auf seinem Euro-Konto, dann erfolgt der Umtausch der Fremdwährung in Euro zum Devisenkassakurs, und zwar unter Abzug der oben angesprochenen Courtage (Devisenankaufsprovision) in Höhe von 0,25 ‰ des Euro-Gegenwerts.

Meldevorschriften

Die Meldevorschriften gemäß Außenwirtschaftsverordnung (AWV) gelten auch für eingehende Auslandsüberweisungen bei Beträgen über Euro 12.500 oder Fremdwährungsgegenwert.

Ausgenommen von der Meldepflicht sind Ausfuhrerlöse, seit 1. Januar 2001 auch Importzahlungen, die Gewährung, Aufnahme und Rückzahlung von kurzfristigen Krediten sowie die Begründung und Rückzahlung von kurzfristigen Bankguthaben (d.h. solchen mit einer vereinbarten Laufzeit oder Kündigungsfrist von nicht mehr als zwölf Monaten).

Die aktuellen Meldevorschriften hält die Deutsche Bundesbank bereit.

3.2 Exkurs: Zahlungs- bzw. Kommunikationssysteme

3.2.1 SWIFT

Internationales Datenübertragungsnetz der Banken

SWIFT ist die Abkürzung für „Society for Worldwide Interbank Financial Telecommunication“. Es handelt sich um ein internationales Datenübertragungsnetz von Kreditinstituten in den maßgeblichen Handelsländern.

SWIFT-Nachrichten

Gegenstand der standardisierten und verschlüsselten SWIFT-Nachrichten sind neben den angesprochenen Zahlungsaufträgen auch weitere auslandsbezogene Nachrichten, die sich auf Dokumenteninkassi, Dokumentenakkreditive, Devisen-, Geldmarkt- und Effektengeschäfte, Auskünfte sowie auf weitere Vorgänge zwischen Banken beziehen.

Kein Verrechnungsnetz

Zu beachten ist, dass die Deckungsanschaffung, also der Geld-/Kapitaltransfer, außerhalb des SWIFT-Systems vollzogen wird. Dies bedeutet, dass die Kapitalübertragung von Konto zu Konto eines durch eine SWIFT-Nachricht angewiesenen Zahlungsauftrags unverändert zwischen den beteiligten Kreditinstituten über Korrespondenzbeziehungen (Kontobeziehungen) abläuft.

Nachrichtenübermittlungssystem

Das SWIFT-System übernimmt folglich weder eine Bankfunktion noch die Funktion einer gegenseitigen kapitalmässigen Abrechnungs- bzw. Verrechnungsstelle zwischen den beteiligten Banken: SWIFT übernimmt lediglich die Funktion eines weltweiten **Nachrichtenübermittlungssystems** zwischen den beteiligten Kreditinstituten. Unter diesem Blickwinkel ist es korrekter, von SWIFT-angewiesener Zahlung, statt einfach von SWIFT-Zahlung zu sprechen, obwohl die letztgenannte Bezeichnung in der Praxis regelmäßig verwendet wird.

Schnelle Nachrichtenübertragung

Die Übertragung von Nachrichten, d.h. auch die Übermittlung von Zahlungsaufträgen, dauert zwischen der absendenden Bank und der Empfängerbank über SWIFT nur wenige Minuten. Der Begünstigte eines SWIFT-angewiesenen Zahlungsauftrags kann also in kürzester Zeit (innerhalb von 1-2 Tagen, weil die Verrechnungszeiten zwischen den Kreditinstituten sowie die Buchungsvorgänge bei der Empfängerbank zu berücksichtigen sind) im Besitz einer vorbehaltlosen Überweisungsgutschrift auf seinem Konto sein. Diese schnelle Verfügbarkeit des Zahlungsbetrags beim Empfänger setzt allerdings voraus, dass die Deckungsanschaffung unter den Banken unverzüglich vollzogen werden kann und die Empfängerbank dem SWIFT-System unmittelbar angeschlossen ist.

Kleinere Kreditinstitute als Empfängerbanken einer Zahlung, die SWIFT nicht angeschlossen sind, geben häufig die SWIFT-Adresse ihres übergeordneten (Zentral-)Kreditinstituts an, so dass im Einzelfall der erforderliche Zeitraum zur Übermittlung der SWIFT-Nachricht zwischen der SWIFT-Empfängerbank und der (kleineren) Hausbank des Zahlungsempfängers hinzugerechnet werden muss.

3.2.2 UN/EDIFACT

Charakterisierung und Organisation

UN/EDIFACT ist die Abkürzung für United Nationes/Electronic Data Interchange for Administration, Commerce and Transport (Elektronischer Datenaustausch für Verwaltung, Wirtschaft und Transport). Es ist dies ein von den Vereinten Nationen entwickeltes und definiertes Regelwerk für einen internationalen, branchenübergreifenden Standard für den elektronischen Datenaustausch.

Für die Entwicklung dieses Regelwerks ist die United Nationes Economic Commission for Europe (UN/ECE, Wirtschaftskommission der Vereinten Nationen für Europa) verantwortlich, die ihrerseits internationale und regionale Gremien (Arbeitsgruppen, EDIFACT-Boards, EDIFACT-Rapporteure usw.) mit den Entwicklungsarbeiten beauftragt.

Ziele

Generelles, über EDIFACT hinausreichendes Ziel der Wirtschaftskommission der Vereinten Nationen für Europa (UN/ECE) ist die Vereinfachung/Rationalisierung der internationalen Handelsverfahren und ihrer Dokumentation. Dieses Ziel und die erreichten Ergebnisse umfassen u.a.

- die Vereinfachung und Vereinheitlichung von **Handelsdokumenten** (z.B. das UN/Rahmenmuster für Handelsdokumente, UN-Layout Key),
- die Vereinfachung und Vereinheitlichung von **Handelsverfahren** (z.B. bei Frachtmarkierungen, Referenznummern, Zollverfahren usw.),
- die Standardisierung von Datenelementen und **Codes** sowie des elektronischen Datenaustausches.

EDI / EDIFACT

Mit EDI (Electronic Data Interchange) sowie EDIFACT sind diese Ziele aufgegriffen, nämlich statt der Erstellung und Übersendung von Papieren und Dokumenten, Belegen, Formularen usw. die Daten eines Geschäftsvorfalls in einem EDV-System zu erfassen (z.B. beim Exporteur) und beleglos, d.h. elektronisch in andere Systeme zu übertragen (z.B. beim Importeur, bei den Banken, beim Transportunternehmen usw.) und dort ohne manuelle Eingriffe weiter zu verarbeiten. Voraussetzung sind kompatible Systeme, gleiche Datenformate sowie eine entsprechende technische Ausstattung (Modem, Kommunikationssoftware). Die Zahl der (international ausgerichteten) Unternehmen, die EDIFACT anwenden, steigt rasch.

Grundsätzlich ist EDIFACT für solche Betriebe von Interesse, die ein hohes Transaktionsvolumen an Nachrichten/Geschäftsvorfällen aufweisen, die über die eigene Branche hinausreichen, weil die brancheneigenen EDI-Systeme diesem Anspruch nicht genügen. In einigen Branchen schreibt jedoch der (Groß-)Kunde seinen Lieferanten, und zwar auch seinen kleinen Lieferanten den Einsatz von EDIFACT (oder bislang noch eines brancheneigenen Kommunikationssystems) vor.

Vorteile

Der Einsatz von EDIFACT in Unternehmen weist eine Reihe von Vorzügen auf:

Einmalige, gleichartig strukturierte Datenerfassung an der Stelle von mehrmaligen Datenerfassungen, wie sie bei herkömmlichen Datenübertragungen (Dokumente, Belege, Formulare, Briefe, Faxe usw.) notwendig sind.

Dadurch ergibt sich

- ein **geringerer Erfassungsaufwand**,
- weniger **Fehlerquellen**,
- eine **schnellere Datenübertragung** (z.B. im Gegensatz zum Postweg),
- ein **hoher Sicherheitsstandard** (z.B. im Gegensatz zum Dokumentenverlustrisiko).

Aus denselben einmal erfassten Daten eines (internationalen) Geschäfts können die verschiedenen an diesem Geschäft Beteiligten (Exporteur, Importeur, Transportunternehmen, Versicherungsgesellschaft, Banken, Zentralbanken, Zollbehörden usw.) mit den für sie relevanten Daten versorgt werden. Dadurch sind erhebliche Kosteneinsparungen möglich.

Im Gegensatz zu den branchenspezifischen EDI-Systemen (z.B. SWIFT der Banken, SITA der Fluggesellschaften, ODETTE der Automobilbranche, SEDAS des Handels usw.) ist EDIFACT nicht nur international, sondern auch branchenübergreifend ausgerichtet.

Zahlungsverkehr

Im Bereich des Zahlungsverkehrs können auf Grundlage der beim Bankkunden (Exporteur/Importeur) einmal erfassten Daten eines Geschäfts nicht nur

- **Angebote** abgegeben,
- **Aufträge** erteilt und bestätigt sowie
- **Rechnungen** beleglos, nämlich im Rahmen einer „Rechner-zu-Rechner-Kommunikation“, übermittelt werden, sondern auch
- **Zahlungsaufträge** elektronisch erteilt und
- **Gutschriftsanzeigen** elektronisch empfangen und verrechnet werden.

Die beim Bankkunden einmal erfassten Daten erfahren im EDIFACT-System eine auf die zahlungsrelevanten Daten ausgerichtete Selektierung und Strukturierung und werden der Bank als Zahlungsauftrag beleglos übermittelt.

Die beauftragte Bank übermittelt und verrechnet den Zahlungsauftrag auf Grundlage der elektronisch empfangenen Daten der Empfängerbank, die ihrerseits den Zahlungsbetrag dem Zahlungsempfänger (dem Exporteur) ebenfalls beleglos avisiert und gutschreibt.

Auch die Meldungen über Auslandszahlungen der Bankkunden an die jeweilige Zentralbank erfolgen anhand der erfassten Daten auf elektronischem Weg.

3.2.3 TARGET- und AZV-Auslandsüberweisungen der Deutschen Bundesbank

Teilnahmevoraussetzungen

Voraussetzung für die Teilnahme an TARGET und AZV: Konto bei der Bundesbank

Die Teilnahme an den grenzüberschreitenden Zahlungssystemen TARGET und AZV setzt die Eröffnung bzw. Unterhaltung eines Kontos bei der Deutschen Bundesbank / Landeszentralbank voraus. In den Allgemeinen Geschäftsbedingungen der Deutschen Bundesbank ist dazu jedoch festgelegt, dass die Bundesbank Girokonten, über die ein direkter Zugriff zu den Zahlungsverkehrsverfahren der Bundesbank besteht, nur für Kreditinstitute führt. Allerdings führt die Bundesbank in Ausnahmefällen sog. sonstige Girokonten auch für Wirtschaftsunternehmen und Private.

Konten bei der Bundesbank nur Ausnahmen

Nach den Recherchen des Autors bleiben die Kontoeröffnungen von Wirtschaftsunternehmen bei der Bundesbank / Landeszentralbank in der Praxis auf Ausnahmen beschränkt; Kontoeröffnungen von externen Privatpersonen werden ohnehin nicht zugelassen. Die Wirtschaftsunternehmen müssen zur Kontoeröffnung eine Reihe von Kriterien erfüllen, die u.a. in der Unternehmensgrösse, in nennenswerten Umsätzen und in weiteren Kriterien begründet liegen.

Neben diesen Voraussetzungen gibt es betriebswirtschaftliche Gründe, die die Wirtschaftsunternehmen davon abhalten, ein Konto bei der Bundesbank / Landeszentralbank zu unterhalten (keine Verzinsung der Guthaben, keine Krediteinräumung, keine Beratung bei Auslandsgeschäften usw.) Zu beachten ist überdies, dass die Geschäftsbanken ihren (großen) Kunden oft Sonderkonditionen bei der Abwicklung des Auslandszahlungsverkehrs gewähren, die die Zahlungsverkehrskosten der Bundesbank durchaus aufzuwiegen.

In den beiden folgenden Abschnitten werden TARGET- und AZV-Überweisungen der Bundesbank deswegen nur kurz vorgestellt.

TARGET-Überweisungssystem

Die maßgeblichen Merkmale von TARGET sind:

- **TARGET** ist die Bezeichnung für **T**rans-European **A**utomated **R**eal-time **G**ross settlement **E**xpress **T**ransfer system.
- TARGET verbindet die nationalen Echtzeit-Bruttosysteme (sog. RTGS-Systeme) der EU-Zentralbanken und den Zahlungsverkehrsmechnismus der EZB. TARGET ist somit vor allem das Instrument zur Durchführung der Geldpolitik des Europäischen Systems der Zentralbanken (ESZB) und somit ein **Großzahlungssystem**.

- TARGET ist ein sog. **Echtzeitsystem**, wonach die Zahlungen innerhalb weniger Minuten, im Idealfall sogar innerhalb wenigen Sekunden durchgeführt sind, d.h. in sehr kurzer Abwicklungsdauer, gerechnet vom Zeitpunkt der Belastung des Kontos des überweisenden Teilnehmer bis zur Gutschrift auf dem Konto des empfangenden Teilnehmers.

Überweisungsgesetz

Die Deutsche Bundesbank unterwirft sich mit ihrem TARGET-Überweisungssystem dem Überweisungsgesetz, soweit es sich um die Abwicklung von grenzüberschreitenden Überweisungen von Nichtbanken bis zu einem Betrag von 75.000 Euro in bzw. aus EU-/EWR-Staaten handelt.

Währungen

TARGET steht für alle Überweisungen in Euro zwischen EU-Ländern zur Verfügung, einschließlich der EU-Länder, die nicht an der Europäischen Währungsunion (EWU) teilnehmen. Grundsätzlich steht TARGET ohne wertmäßige Begrenzung auch Wirtschaftsunternehmen zur Verfügung, die bei der Bundesbank ein Konto unterhalten.

Entgelte

Das TARGET-System zeichnet sich nicht nur durch eine sehr schnelle und sichere Abwicklung von grenzüberschreitenden Euro-Überweisungen innerhalb der EU-Länder aus, sondern auch durch sehr niedrige Entgelte.

AZV-Überweisungssystem

Die maßgeblichen Merkmale des AZV-Überweisungssystems der Deutschen Bundesbank sind:

- AZV: AZV steht für **Auslandszahlungsverkehr** (der Deutschen Bundesbank).
- **Währungen:** Im AZV wickelt die Deutsche Bundesbank auf Euro, DM, auf fremde nationale Währungen (z.B. auf Französische Franc) oder auf ausländische Währung (z.B. Pfund Sterling) lautende Überweisungen über Korrespondenten in die EU-/EWR-Staaten ab.
- **Länder:** AZV-Überweisungen sind gegenwärtig in folgende EU-/EWR-Länder möglich: Belgien, Dänemark, Finnland, Frankreich, Griechenland, Großbritannien, Irland, Island, Italien, Liechtenstein, Luxemburg, Niederland, Norwegen, Österreich, Portugal, Schweden, Spanien. Die aktuelle Länderliste ist bei der Bundesbank zu erfragen.
- **Korrespondenzbanken:** Die Deutsche Bundesbank hat zur Abwicklung ihres AZV-Überweisungsverkehrs in diesen europäischen Ländern ein Netz von Korrespondenzbanken aufgebaut, das mindestens eine Korrespondenzbank pro Land, bei größeren Ländern jedoch mehrere Korrespondenzbanken umfasst.

Überweisungsgesetz

Die Deutsche Bundesbank unterwirft sich mit ihrem AZV-Überweisungssystem dem Überweisungsgesetz, soweit es sich um die Abwicklung von grenzüberschreitenden Überweisungen von Nichtbanken bis zu einem Betrag von 75.000 Euro in EU-/EWR-Staaten handelt.

Kontoverbindung / Entgelte

Grundsätzlich steht das AZV-Überweisungssystem ohne wertmässige Begrenzung auch Wirtschaftsunternehmen zur Verfügung, die bei der Bundesbank ein Konto unterhalten. Die strengen Voraussetzungen der Bundesbank / Landeszentralbanken zur Kontoeröffnung von sog. Nichtbanken sind jedoch in der Praxis ein Hemmnis; siehe dazu oben.

Im Vergleich zu den normalen Entgelten der Geschäftsbanken sind die AZV-Entgelte der Deutschen Bundesbank niedrig.

Hinweis

Zu den Einzelheiten der Arten und Abwicklungsmöglichkeiten von Auslandsüberweisungen, siehe Häberle S. G.: „Auslandsüberweisungen – alternative Instrumente, Abwicklungen und Kosten, mit einem Exkurs zu Fremdwährungskonten" in PRAXIS-HANDBUCH EXPORT (3 Bände, Loseblatt, Haufe Freiburg i.Br.); ab 2001: EXPORT OFFICE (CD).

3.3 Zahlung mit Auslandsschecks

3.3.1 Gründe für die Zahlung mit Auslandsschecks

Für die Zahlung mit Scheck an der Stelle von Überweisungszahlung (Zahlungsauftrag) kann es im Einzelfall Gründe geben, die im folgenden in Verbindung mit den Abwicklungen und mit den Informationsmöglichkeiten über die Scheckeinlösung skizziert sind:

Post- und Verrechnungslaufzeiten

Der Zahlungspflichtige (Scheckaussteller) profitiert unter bestimmten Voraussetzungen von den Post- und Verrechnungslaufzeiten der Schecks:

Wenn ein Zahlungspflichtiger auf seine Bank einen Scheck zieht (einen sog. Privatscheck; siehe unten) und diesen Scheck dem ausländischen Zahlungsempfänger per Post übermittelt, kann er damit rechnen, dass die Belastung dieses Schecks auf seinem Konto nicht nur wegen der Postlaufzeit, sondern auch wegen der Verrechnungslaufzeit zwischen den eingeschalteten Banken längere Zeit (häufig mehr als eine Woche) in Anspruch nimmt. Der Zahlungspflichtige gewinnt dadurch ein (indirektes) Zahlungsziel hinzu, das bei einer größeren Anzahl von Scheckzahlungen liquiditätsmäßig wie auch ertragswirtschaftlich (Zinsen!) von Gewicht ist.

Sofortgutschrift

Der Scheckempfänger kann den Scheck unmittelbar nach Eingang zur Gutschrift bei einer seiner Bankverbindungen einreichen. Sofern diese Bank den Scheckgegenwert (allerdings stets unter dem Vorbehalt des Eingangs) sofort gutschreibt, dann schließt der Scheckempfänger bei Fremdwährungsschecks nicht nur das Wechselkursrisiko ab diesem Zeitpunkt aus, sondern er kann über die Gutschrift im Allgemeinen auch sofort verfügen. Bei Sofortgutschrift eines Auslandsschecks rückt die gutschreibende Bank allerdings die Kreditwürdigkeit des Scheckeinreichers in den Mittelpunkt, weil sie im Nichtzahlungsfall auf den Einreicher zurückgreifen muss.

Scheck zum Einzug

Ausländische Kreditinstitute übernehmen dagegen Auslandsschecks manchmal nur zum Einzug. Die Gutschrift auf dem Konto des Scheckeinreichers erfolgt in diesem Fall erst in dem Zeitpunkt, in dem der Scheck eingelöst und der Scheckgegenwert aus dem Ausland überwiesen (verrechnet) ist. Diese Gutschrift steht nicht mehr unter dem Vorbehalt des Zahlungseingangs.

In der Regel gilt, dass eine Überweisungszahlung, die über SWIFT angewiesen und damit innerhalb kürzester Zeit abgewickelt wird, aus Sicht des Zahlungsempfängers das günstigere Zahlungsinstrument darstellt, weil die Bank den eingehenden Überweisungsbetrag sofort und – im Gegensatz zu Schecks – vorbehaltlos gutschreibt.

Information über die Scheckeinlösung

Wünscht ein deutscher Scheckeinreicher (Exporteur) eine frühzeitige Information, ob der eingereichte Scheck eingelöst ist, dann kann er seiner Bank Weisung erteilen, den Scheck nicht im Sammelinkasso, sondern im direkten Inkasso der bezogenen ausländischen Bank vorzulegen. Sobald die Gutschrift des Scheckgegenwerts per Überweisung aus dem Ausland eingeht, erlangt der Scheckeinreicher die Sicherheit der vorbehaltlosen Scheckeinlösung bzw. Scheckgutschrift.

Entgelte

Ebenso wie bei Auslandsüberweisungen berechnen die (deutschen) Banken bei Auslandsschecks eine Bankprovision von üblicherweise 1,5 ‰ vom Scheckbetrag. Diese Provision wird sowohl von der bezogenen Bank (auf die der Scheck vom Aussteller gezogen ist) als auch von derjenigen Bank in Rechnung gestellt, bei der der Begünstigte den Auslandsscheck zur Gutschrift (zum Inkasso) einreicht.

Auch bei Scheckzahlungen sind die Mindestprovisionen der eingeschalteten Banken zu beachten, die sich bei kleinsten Zahlungsbeträgen so stark auswirken können, dass vom Scheckbetrag kaum etwas übrig bleibt.

3.3.2 Übersicht über die Scheckarten

Vorbemerkung

In Kapitel 3.3 ist regelmäßig das deutsche Scheckrecht unterstellt. Das ausländische Scheckrecht ebenso wie die zum Teil anderen Abwicklungen und Usancen im Ausland können Unterschiede zum deutschen Recht und zu den deutschen Abwicklungen aufweisen.

Abbildung

Auslandsschecks ebenso wie Inlandsschecks können nach verschiedenen Merkmalen untergliedert werden.

In **Abbildung 3.3-01** sind die Scheckarten mit ihren wichtigsten Unterscheidungsmerkmalen und einer Kurzerläuterung dargestellt. Dabei ist zu beachten, dass jeder Scheck eine Kombination von Merkmalen, d.h. je ein Merkmal aus diesen Kategorien, umfasst. Beispielsweise ist ein Privatscheck zugleich Inhaber- oder Orderscheck sowie Verrechnungs- oder Barscheck.

Money Orders

Money Orders sind **Zahlungsanweisungen** international bekannter US-amerikanischer und kanadischer Banken, in denen sich diese verpflichten, eine bestimmte Summe an den im Ordervermerk der Money Order bezeichneten Begünstigten zu zahlen:

- Money Orders werden von den genannten Banken zum Nennwert an Zahlungspflichtige verkauft und ausgehändigt, wobei der vom Zahlungspflichtigen genannte Begünstigte in die Money Order eingetragen wird.
- Der Scheckbetrag ist fest eingedruckt, wobei die ausstellenden Banken häufig betragliche Obergrenzen (mit relativ kleinen Beträgen) festgelegt haben.
- Die Übertragung von Money Orders erfolgt durch Indossament; sie sind jedoch keine Schecks, werden aber in der Praxis so behandelt.
- Im Allgemeinen werden Money Orders, die u.U. den Charakter von Reiseschecks tragen, von den Banken – nach Legitimation des Begünstigten – sofort gutgeschrieben bzw. ausgezahlt.

Quelle: Dortschy, J.W. u.a., 1997: S. 162 ff.

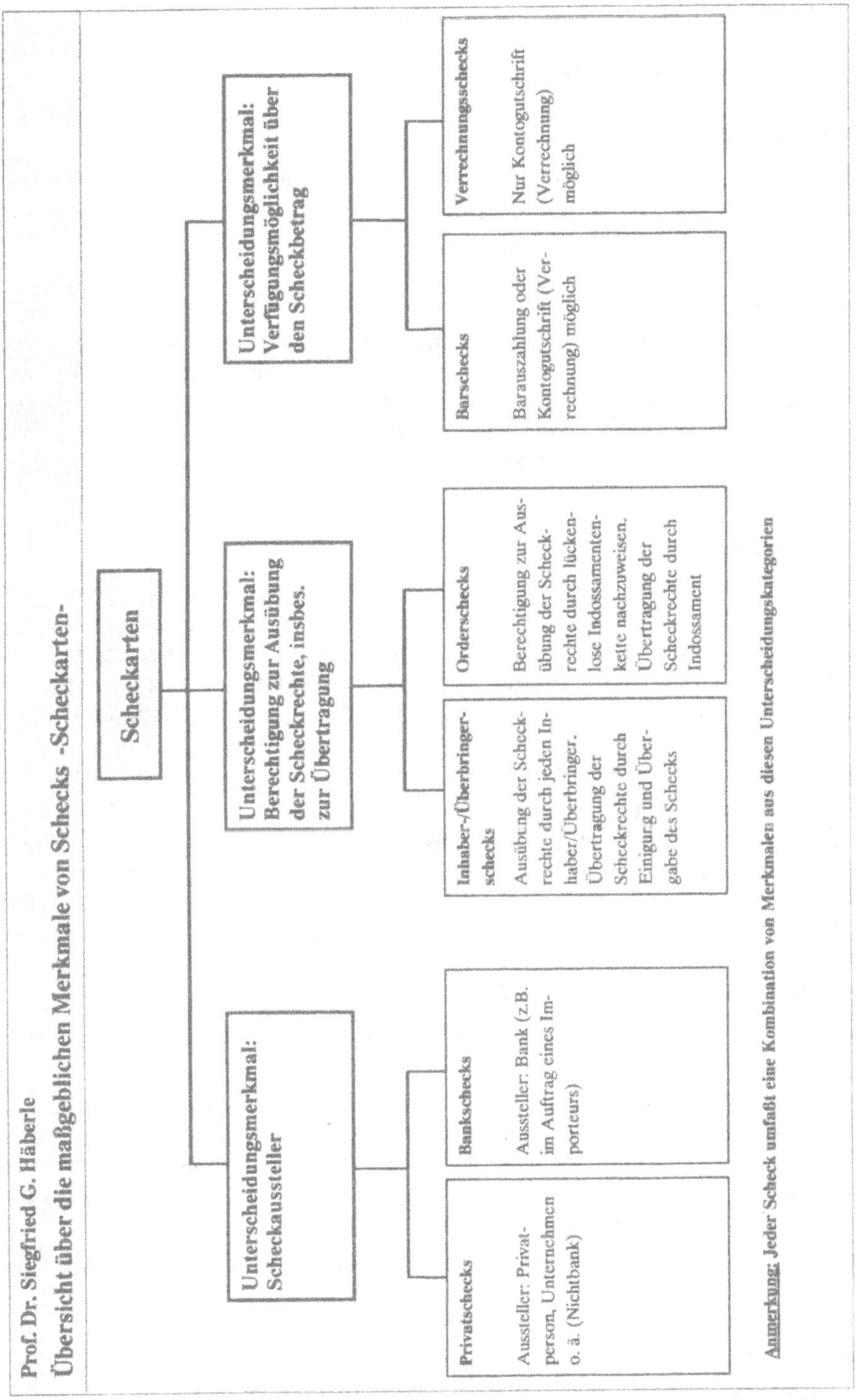

Abbildung 3.3-01

3.3.2.1 Privatschecks und Bankschecks

3.3.2.1.1 Privatschecks

Charakterisierung

Die Bezeichnung „Privatscheck" soll besagen, dass dieser Scheck von einer Privatperson, von einem Unternehmen o.ä., nicht aber von einer Bank ausgestellt ist.

Währung

Von deutschen Zahlungspflichtigen (deutschen Importeuren) können Privatschecks lautend auf Euro oder auf Fremdwährung ausgestellt und den ausländischen Zahlungsempfängern zur Verfügung gestellt werden. Ausländische Zahlungspflichtige sind dagegen durch die in ihren Ländern geltenden Devisenvorschriften in der Wahl der Währung des Zahlungsinstruments zum Teil noch eingeschränkt.

Scheckversand

Der Aussteller eines Privatschecks sendet den Scheck in aller Regel unmittelbar an den ausländischen Begünstigten. Es kommt aber ausnahmsweise auch vor, dass der Privatscheck an die Hausbank des Begünstigten zur Gutschrift auf dessen Konto gesandt wird, z.B. ersatzweise für eine zunächst beabsichtigte Überweisung an diese Bankverbindung des Begünstigten.

Kontobelastung des Scheckausstellers

Die Belastung des Gegenwerts eines Privatschecks auf dem Konto des Scheckausstellers erfolgt im Zeitpunkt der Vorlage des Schecks bei jener Bank, auf die der Aussteller den Scheck gezogen hat. Der Aussteller eines Privatschecks profitiert also von den oft langen Postversandzeiten und von den Verrechnungszeiten zwischen den beteiligten Banken.

Beurteilung von Privatschecks durch den Scheckempfänger

Für den Scheckempfänger ist die Privatscheckzahlung im Allgemeinen nachteilig.

- Erstens, weil Scheckgutschriften selbst in den Fällen, in denen sie bereits im Zeitpunkt der Scheckeinreichung erfolgen (was inzwischen nicht nur bei Inlandsschecks, sondern auch bei Auslandsschecks bei deutschen Banken regelmäßig der Fall ist), stets unter dem Vorbehalt **„Eingang vorbehalten"** der gutschreibenden Bank stehen.
- Zweitens, weil die Banken solche Auslandsschecks, die sie nur **zum Einzug** übernehmen, auf dem Konto des Scheckeinreichers erst gutschreiben, wenn der Gegenwert aus dem Ausland eingegangen ist.
- Vor allem aber ist der Scheckempfänger der Gefahr der **Nichteinlösung** des empfangenen Schecks ausgesetzt, sei es, weil der Scheckaussteller

kein hinreichendes Guthaben auf seinem Konto unterhält, sei es, dass der Scheckaussteller den Scheck inzwischen von seiner Bank hat sperren lassen oder weil devisenrechtliche Gründe entgegenstehen.

- Zu bedenken hat der Scheckempfänger in diesem Zusammenhang auch, dass er die Sicherheit über die **tatsächliche Einlösung** eingereichter Schecks häufig recht spät erlangt, weil nicht eingelöste Auslandsschecks manchmal erst nach längerer Zeit (mehrere Wochen nach Einreichung und länger) unbezahlt zurückkommen.
- Inwieweit die Einreicherbank dem Scheckempfänger eine – wie oben angesprochen – **frühzeitige** (d.h. im Zeitpunkt der Einreichung zu erlangende, u.U. an Vorbehalte geknüpfte) **Sicherheit** über die Deckung bzw. Einlösung eines Schecks (z.B. durch Rückfrage bei der bezogenen Auslandsbank mittels Telefax des Schecks und mit der Bitte um Bestätigung über SWIFT o.ä.) vermitteln kann, sollte der Scheckempfänger mit seiner Hausbank klären.

3.3.2.1.2 Bankschecks

Charakterisierung

Aussteller eines Bankschecks ist – im Gegensatz zum Privatscheck – stets ein Kreditinstitut. Bankschecks werden von den Banken im Auftrag der Zahlungspflichtigen (der Importeure) ausgestellt.

Hinweis: Ein Bankscheck ist unten abgebildet; siehe Abbildung 3.3-02.

Währungen

In Deutschland ausgestellte Bankschecks können ebenso wie Privatschecks auf Euro oder auf Fremdwährung lauten. Dementsprechend wählt die ausstellende (deutsche) Bank die (ausländische) Korrespondenzbank aus, auf die sie den Scheck zieht (die bezogene Bank):

- Soll der Bankscheck auf **Euro** lauten, dann zieht die deutsche Bank den Bankscheck im Allgemeinen auf eine eigene Niederlassung, auf ihre eigene Zentrale oder auf eine Korrespondenzbank in Deutschland.
- Soll ein Bankscheck dagegen beispielsweise auf **US-Dollar** lauten, dann zieht die vom deutschen Zahlungspflichtigen (vom zahlungspflichtigen Importeur) beauftragte deutsche Bank den Scheck auf ihre US-amerikanische Korrespondenzbank, bei der sie ein US-Dollar-Konto unterhält, oder auf ihre eigene Bankniederlassung in den USA. Die derart vorgenommenen Scheckziehungen entsprechen einer Empfehlung der „Internationalen Konferenz über bankorganisatorische Fragen (CIRIB)"; vgl. Dortschy J.W. u.a. 1997: S. 152.

Scheckversand

Häufig übernimmt die ausstellende Bank im Auftrag des Zahlungspflichtigen (des Importeurs) den Versand des Schecks direkt an die Adresse des ausländischen Begünstigten. Dadurch soll der Begünstigte möglichst schnell in den Besitz des Bankschecks gelangen.

Der Zahlungspflichtige kann sich aber den Bankscheck von der ausstellenden Bank auch aushändigen lassen und selbst den Scheckversand an den Begünstigten vornehmen.

Schließlich kann der Bankscheck in Ausnahmefällen von der ausstellenden Bank oder vom Zahlungspflichtigen an die Hausbank des Begünstigten zur Gutschrift auf dessen Konto gesandt werden.

Kontobelastung des Auftraggebers

Die ausstellende Bank belastet ihren Auftraggeber (den zahlungspflichtigen Importeur) mit dem Scheckgegenwert bereits im Zeitpunkt der Scheckausstellung. Im Gegensatz zur Zahlung mit Privatscheck profitiert der Zahlungspflichtige bei Bankscheckzahlung nicht von den Post- und Verrechnungslaufzeiten. Insoweit kann der Zahlungspflichtige statt einer Bankscheckzahlung ebenso eine Auslandsüberweisung über SWIFT in Erwägung ziehen, zumal SWIFT-angewiesene Zahlung für den Begünstigten die sofortige und vorbehaltlose Verfügbarkeit des Gutschriftbetrags bedeutet.

Beurteilung von Bankschecks durch den Scheckempfänger

- Für den Scheckempfänger hat eine Bankscheckzahlung – im Vergleich zu einer Privatscheckzahlung – den Vorzug der **größeren Sicherheit**, vorausgesetzt die ausstellende Bank ist zahlungsfähig und politische Risiken treten nicht in Erscheinung.
- Zu beachten hat der Scheckempfänger jedoch, dass grundsätzlich auch Bankschecks **scheckrechtlich gesperrt** werden können (z.B. auf Weisung des zahlungspflichtigen Importeurs an die Ausstellerbank, die ihrerseits die Sperrung bei der bezogenen Bank veranlasst) und dass die bezogene Bank aus diesem Grund die Einlösung möglicherweise verweigert.

  Anmerkung: Diese Meinung ist umstritten. Insbesondere in der Bankpraxis findet sich manchmal die gegenteilige, hier nicht vertretene Auffassung, dass einem Bankscheck eine garantieähnliche Funktion beigemessen werden kann bzw. von der ausstellenden Bank beigemessen werden sollte und deswegen Sperrungen von Bankschecks nicht vorgenommen werden sollten bzw. dürfen.
- Unabhängig von den unterschiedlichen Rechtsauffassungen knüpfen zumindest deutsche Ausstellerbanken an eine Weisung des zahlungspflichtigen Importeurs (des Auftraggebers zur Ausstellung eines Bankschecks) auf Sperrung eines Bankschecks strenge Voraussetzungen. Im wesentlichen laufen diese **Voraussetzungen** darauf hinaus, dass Bankschecks, die deutsche Banken ausgestellt haben, nur bei Verlust oder Missbrauch eines Bankschecks oder ähnlichen Sachverhalten gesperrt werden. Ohne diese restriktive Handhabung würde eine Ausstellerbank Gefahr laufen, ihre internationale Reputation zu verlieren (siehe dazu auch Dortschy, J.W. u.a. 1997: S. 159).

Ob allerdings diese „Sicherheit“ im Fall der (drohenden) Insolvenz des Auftraggebers (z.B. eines zahlungspflichtigen Importeurs) Bestand hat, muss bezweifelt werden. Zumindest ist es nicht völlig auszuschließen, dass die scheckausstellende Bank die noch im Umlauf befindlichen, d.h. die bei der bezogenen (Korrespondenz-)Bank noch nicht belasteten Bankschecks von sich aus sperren lässt und diese Scheckgegenwerte dem Auftraggeber (dem Importeur) wieder gutschreibt, um damit ihr Kreditengagement bei diesem Kunden zu verringern.

Sofortgutschrift bzw. Einzug

Ob diejenige Bank, bei der der Begünstigte (der Exporteur) den Bankscheck zur Gutschrift einreicht (sog. Einreicherbank), diesen Scheck sofort – allerdings auch bei Bankschecks stets unter „Eingang vorbehalten“-gutschreibt oder nur zum Einzug übernimmt, hängt vom Einzelfall ab, insbesondere von den Verrechnungsmöglichkeiten der Einreicherbank.

Eine sofortige vorbehaltlose Gutschrift des Scheckgegenwerts erhält der Scheckeinreicher in der Regel nur, wenn der Bankscheck (zufällig) auf die Einreicherbank selbst gezogen ist. In diesem Fall kann die Einreicherbank auf Wunsch des Einreichers sowohl die Echtheit der Ausstellerunterschrift als auch die Deckung des zur Einlösung erforderlichen Kontoguthabens selbst prüfen.

Abbildung

Die **Abbildung 3.3-02** zeigt einen **Auslands-Bankscheck**, der ein Orderscheck und zugleich ein Verrechnungsscheck ist und der auf Fremdwährung lautet, sowie das Versandschreiben der scheckausstellenden Bank an den Scheckempfänger.

3.3.2.2 Orderschecks und Inhaber-(Überbringer-)schecks

Orderschecks

- Das maßgebliche Merkmal eines Orderschecks ist, dass die Rechte aus dem Scheck nur durch ein **Indossament** übertragen werden können (vgl. Art. 14 und 17 ScheckG).
- Der auf dem Orderscheck als Empfänger eingetragene Begünstigte hat somit zur rechtsgültigen Übertragung des Schecks an seine Bank oder an einen Lieferanten auf der Rückseite des Schecks als **Indossant** zu unterzeichnen (Transportfunktion des Indossaments) und den Scheck zu übergeben. Die bloße Übergabe des Orderschecks reicht nicht aus. Durch eine lückenlose Kette von Indossamenten weist sich der Inhaber eines Orderschecks als Berechtigter aus.
- Jeder **Indossant haftet** – falls kein gegenteiliger Vermerk angebracht ist – für die Zahlung des Schecks (Garantiefunktion des Indossaments, vgl. Art. 18 ScheckG).

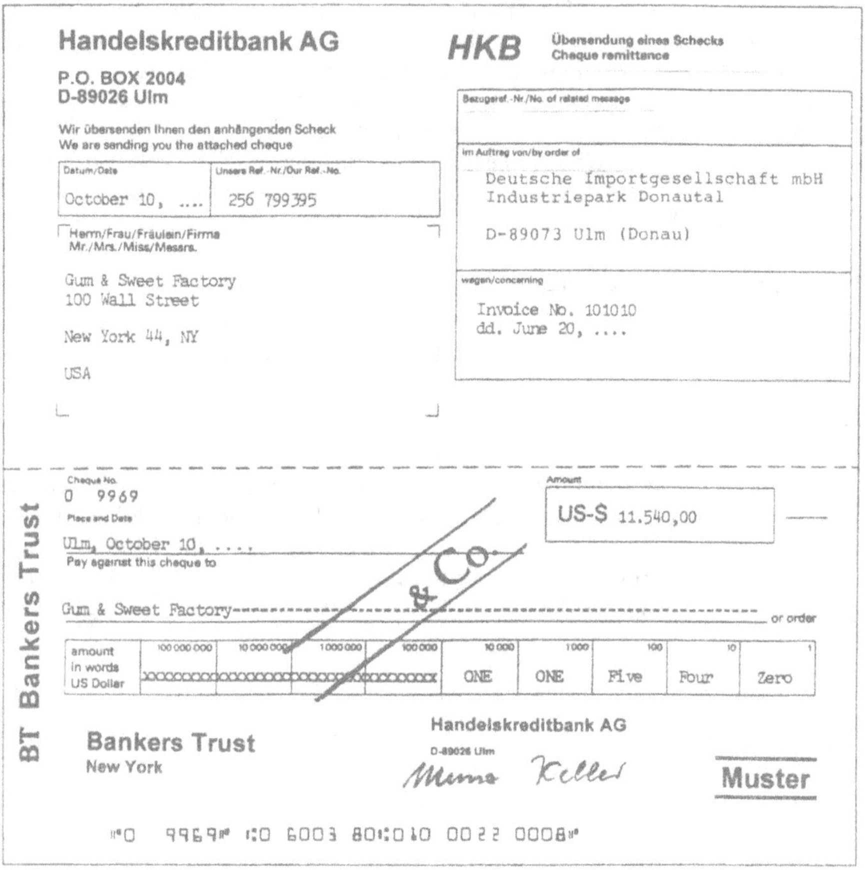
Handelskreditbank AG
HKB
Übersendung eines Schecks
Cheque remittance
P.O. BOX 2004
D-89026 Ulm
Wir übersenden Ihnen den anhängenden Scheck
We are sending you the attached cheque
Bezugsref.-Nr./No. of related message
Datum/Date: October 10, ...
Unsere Ref.-Nr./Our Ref.-No.: 256 799395
Im Auftrag von/by order of
Deutsche Importgesellschaft mbH
Industriepark Donautal
D-89073 Ulm (Donau)
Herrn/Frau/Fräulein/Firma
Mr./Mrs./Miss/Messrs.
Gum & Sweet Factory
100 Wall Street
New York 44, NY
USA
wegen/concerning
Invoice No. 101010
dd. June 20, ...

BT Bankers Trust
Cheque No. 0 9969
Amount US-$ 11.540,00
Place and Date: Ulm, October 10, ...
Pay against this cheque to
Gum & Sweet Factory ---- or order
& Co.

amount in words US Dollar	100 000 000	10 000 000	1 000 000	100 000	10 000	1000	100	10	1
	xxxxxxxx	xxxxxxxx	xxxxxxxx	xxxxxxxx	ONE	ONE	Five	Four	Zero

Bankers Trust
New York
Handelskreditbank AG
D-89026 Ulm
Muster
⑈0 9969⑈ ⑆0 6003 80⑆010 0022 0008⑈

Abbildung 3.3-02

- Ist ein Scheck zahlbar gestellt an eine bestimmte (natürliche oder juristische) Person, dann liegt – falls ein weiterer Zusatz nicht angegeben ist – stets ein **Orderscheck** vor, und zwar auch dann, wenn der Vermerk „an Order“ fehlt (vgl. Art. 5 Abs. 1 ScheckG).

Hinweis: Die Abbildung 3.3-02 im vorangehenden Abschnitt zeigt einen Orderscheck (der zugleich Bankscheck zur Verrechnung ist).

Inhaber-(Überbringer-)schecks: Charakterisierung

Ein Inhaberscheck ist zahlbar an den jeweiligen Inhaber (Vorleger) des Schecks, der seine Berechtigung – im Gegensatz zum Orderscheck – nicht durch eine geschlossene Indossamentenkette nachweisen muss. Durch den Zusatz „oder Überbringer“ bzw. durch einen gleichbedeutenden Vermerk gilt ein Scheck als Inhaberscheck (vgl. Art. 5 Abs. 2 ScheckG), ebenso in den Fällen, in denen weder ein Zahlungsempfänger noch der Vermerk „oder Order“ angegeben ist (vgl. Art. 5 Abs. 3 ScheckG).

Vereinfachend wird in der Praxis von **Überbringerschecks** statt von Inhaberschecks gesprochen.

Inhaber-(Überbringer-)schecks: Übertragung der Scheckrechte

Ein Überbringerscheck (Inhaberscheck) kann durch bloße Übergabe, also ohne Indossament rechtsgültig übertragen werden. Eine Bank, der ein Überbringerscheck vorgelegt wird, muss deswegen die Berechtigung des Vorlegenden nicht auf Grundlage einer Indossamentenkette prüfen. Wird auf einem Inhaberscheck gleichwohl ein Indossament angebracht, dann wird dieser Scheck dadurch zwar nicht zum Orderscheck, der Indossant haftet aber kraft seiner Unterschrift für die Zahlung des Schecks im Zuge des Rückgriffs (vgl. Art. 20 ScheckG).

Rückgriffsrecht der Banken

Grundsätzlich ist anzumerken, dass einer Bank, bei der ein Scheck zur Gutschrift eingereicht wird, der Einreicher unabhängig davon, ob er ein Indossament auf dem Scheck angebracht hat oder nicht und unabhängig davon, welcher Art der Scheck ist, auf Grundlage der Allgemeinen Geschäftsbedingungen für den Fall der Nichteinlösung des Schecks haftet.

Nur wenn die Beteiligten ausdrücklich eine entgegenstehende Vereinbarung getroffen haben (was nur in Ausnahmefällen vorkommt, z.B. bei Forderungsankauf durch die Bank), ist diese Haftung des Einreichers ausgeschlossen.

Vorkommen der Scheckarten

Im Zahlungsverkehr des Inlands kommen ganz überwiegend Überbringerschecks (Inhaberschecks) vor, wogegen im Zahlungsverkehr mit dem Ausland beide Scheckarten Verwendung finden.

Allerdings ist diese Feststellung zu differenzieren:

- **Bankschecks**, die ins Ausland gehen, sind regelmäßig Orderschecks;
- **Privatschecks** werden ins Ausland sowohl als Orderschecks als auch als Inhaber-(Überbringer-)schecks begeben.

Risiken bei Inhaberschecks

Die Risiken der Versendung eines Inhaberschecks liegen auf der Hand: Missbräuchliche Verwendung (Einlösung) durch Unberechtigte, weil die Einreicherbank – im Gegensatz zum Orderscheck – nicht verpflichtet ist, auf die Berechtigung eines Einreichers durch Empfängerangabe bzw. durch eine geschlossene Indossamentenkette zu achten. Zwar zahlt eine Bank, die nicht zugleich bezogene Bank ist, an unbekannte Vorleger Auslandsschecks in aller Regel nicht bar aus, es ist damit aber noch nicht ausgeschlossen, dass der Unberechtigte den Inhaberscheck seinem Konto gutschreiben lässt und über den Scheckgegenwert verfügt, bevor der Missbrauch entdeckt wird.

Um diesen Risiken vorzubeugen, empfehlen die Kreditinstitute ihren Kunden, Zahlungen ins Ausland mit Orderschecks zu vollziehen. Die Banken stellen die entsprechenden Orderscheckvordrucke zur Verfügung.

3.3.2.3 Barschecks und Verrechnungsschecks

Barschecks

- Grundsätzlich kann ein Barscheck von jeder Bank (d.h. von der bezogenen Bank oder von jeder anderen Bank), der er vorgelegt wird, **bar ausgezahlt** werden. Ist der Barscheck außerdem ein Überbringerscheck, dann ist das Risiko missbräuchlicher Verwendung offenkundig.
- Einschränkend ist jedoch anzumerken, dass eine Bank, die nicht zugleich die bezogene Bank ist und die deswegen über keine Informationen verfügt, ob der Scheckaussteller solvent ist, **nur in Ausnahmefällen** und nur dann bar auszahlt, wenn sie die Sicherheit der Einlösung des Schecks in irgendeiner Form erlangt bzw. eine Rückgriffsmöglichkeit auf den Zahlungsempfänger behält.

Verrechnungsschecks: Charakterisierung und Abwicklung

- Der Vermerk **„Nur zur Verrechnung“** oder ein gleichbedeutender Vermerk quer auf der Vorderseite des Schecks **untersagt**, dass dieser Scheck bar ausgezahlt wird (vgl. Art. 39 Abs. 1 ScheckG).
- Die bezogene Bank darf einen Verrechnungsscheck somit **nur durch Gutschrift (Verrechnung)** einlösen. Handelt sie zuwider, dann haftet sie nach deutschem Scheckrecht für den entstandenen Schaden, allerdings nur bis zur Höhe der Schecksumme (vgl. Art. 39 Abs. 4 ScheckG).
- Praktisch bedeutet die Verrechnung, dass der Empfänger eines Verrechnungsschecks diesen entweder seiner Bank zur Gutschrift auf sein Konto einreicht oder an einen Lieferanten zur Verrechnung mit einer Verbindlichkeit weitergibt. Die Gefahr des Missbrauchs von Verrechnungsschecks durch unrechtmäßige Inhaber ist deswegen geringer als bei Barschecks. Der Verrechnungsweg eines missbräuchlich verwendeten Schecks kann bis zum Bankkonto des Scheckeinreichers zurückverfolgt und somit auch dessen Identität festgestellt werden.
- Jeder Scheckinhaber kann einen **Barscheck** durch den Vermerk „Nur zur Verrechnung“ **zum Verrechnungsscheck** machen. Der umgekehrte Weg ist jedoch nicht möglich; eine Streichung des angesprochenen Vermerks gilt als nicht erfolgt (vgl. Art. 39 Abs. 3 ScheckG).

Ausländische Verrechnungsschecks

Ausländische Schecks tragen statt des Vermerks „Nur zur Verrechnung“ einen sog. **Kreuzungsvermerk** (Kreuzvermerk, Crossing-Vermerk), nämlich zwei gleichlaufende Striche auf der Vorderseite des Schecks.

Eine sog. allgemeine Kreuzung, die den Wirkungen des Vermerks **„Nur zur Verrechnung“** nach deutschem Scheckrecht praktisch entspricht, ist dadurch gekennzeichnet, dass zwischen den Parallelstrichen

- entweder jeder Vermerk fehlt
- oder die allgemeine Bezeichnung „Bankier“ (ohne spezielle Namensnennung des Bankiers)
- oder der Vermerk „& Cie“ bzw. „& Co“ (siehe auch Abbildung 3.3-02 „Bankscheck“, der zugleich ein Verrechnungsscheck und im Übrigen ein Orderscheck ist)

steht.

Einschränkend anzumerken ist, dass der Rechtscharakter dieser Vermerke nicht immer ganz eindeutig abgeleitet werden kann.

Sicherheit

Die größte (bei Scheckzahlung mögliche) Sicherheit vor dem Verlust- bzw. Betrugsrisiko erreicht der Scheckaussteller, wenn er bei Auslandszahlungen Orderschecks ausstellt und den Crossing-(Verrechnungs-)Vermerk anbringt. Die Kreditinstitute selbst fertigen aus diesen Gründen Bankschecks regelmäßig als Orderschecks aus, die sie mit dem Crossing-(Verrechnungs-)Vermerk versehen.

Ein noch höheres Maß an Sicherheit erlangt der Zahlungspflichtige, wenn er mit SWIFT-angewiesener Zahlung anstatt mit Scheck in das Ausland zahlt.

3.4 Zahlung mit Auslandswechseln

3.4.1 Vorkommen, Funktionen, Rechtsgrundlagen und Wechselformulare

Zahlungsbedingungen mit Wechseln

Im Auslandsgeschäft tritt der Wechsel in Verbindung mit verschiedenen Zahlungs-, Sicherungs- und Kreditvereinbarungen zwischen Exporteuren und Importeuren in Erscheinung. Die Ausstellung eines Wechsels kann beispielsweise

- auf einer **„reinen“ Zahlungsbedingung** beruhen, die ein Zahlungsziel für den Zahlungspflichtigen (Importeur) umfasst, das in Wechselform gekleidet werden soll;
- eine **dokumentäre Zahlungsbedingung** zum Anlass haben, wie dies bei Dokumenteninkassi „Dokumente gegen Akzept“ oder bei Akzept-(Rembours-)Akkreditiven der Fall ist;

- eine **Kreditvereinbarung** zum Gegenstand haben, wie sie vor allem bei mittel- und langfristigen Finanzierungen von Investitionsgütern vorkommt.

Wechselfunktionen

Der Wechsel erfüllt mehrere Funktionen, deren Bedeutung von der Eigenart des abzuwickelnden Auslandsgeschäfts und somit vom Einzelfall abhängt:

- **Zahlungsmittel:** Der Wechsel ist zunächst ein Zahlungsinstrument. Der Wechsel wird begeben (weitergegeben), um damit eine (später fällige) Schuld zu tilgen. Allerdings ist die Schuld erst getilgt, wenn der Wechsel bei Fälligkeit tatsächlich eingelöst wird.
- **Sicherungsinstrument:** Die Sicherungsfunktion des Wechsels resultiert aus der sog. Wechselstrenge, die zum einen auf der Stringenz des Inhalts der Wechselurkunde selbst beruht (wie z.B. auf der genau definierten Fälligkeit des Wechsels) und die zum anderen durch die Besonderheiten des Wechselprozesses bestimmt wird (sog. Urkundenprozess mit beschränkten Einredemöglichkeiten und sofortiger Vollstreckbarkeit).
- **Kredit-/Finanzierungsinstrument:** Eng verbunden mit der Sicherungsfunktion des Wechsels ist seine Kredit- bzw. Finanzierungsfunktion. Vor allem diese Funktion erklärt die große Bedeutung des Wechsels im nationalen wie im internationalen Handel. Die Kredit-/ Finanzierungsfunktion des Wechsels vollzieht sich auf verschiedenen Stufen:

  Durch Einräumung eines Zahlungsziels gewährt der Exporteur dem Importeur einen sog. Lieferantenkredit (präziser: einen Liefervertragskredit). Dieser Lieferantenkredit wird durch Wechselziehung abgesichert.

  Im Allgemeinen lässt es die Liquiditätslage des Exporteurs nicht zu, den gewährten Lieferantenkredit selbst zu finanzieren. Vielmehr werden die gezogenen Wechsel von den Wechselnehmern regelmäßig bei Kreditinstituten diskontiert (oder – seltener – an eigene Lieferanten erfüllungshalber weitergegeben).

  Die diskontierenden Banken können sich zwar Liquidität im Rahmen der Offenmarktgeschäfte des Europäischen Systems der Zentralbanken (ESZB) beschaffen, sie machen davon jedoch kaum Gebrauch. Vielmehr erfolgt die Refinanzierung der Banken auf Grundlage anderer Sicherungsinstrumente.
- **Kapitalanlage:** Der Exporteur, der einen später fälligen Wechsel des Importeurs zahlungshalber in Empfang nimmt, berechnet diesem für die Laufzeit des Wechsels im Allgemeinen Diskontzinsen. Behält der Exporteur den Wechsel im eigenen Bestand (im Portefeuille) statt ihn bei seiner Bank diskontieren zu lassen, so vermeidet er die bei Weitergabe des Wechsels entstehenden Zinsen und behält somit die dem Importeur in Rechnung gestellten Diskontzinsen selbst. Insoweit stellt der Wechsel auch ein Kapitalanlagemedium dar.

Deutsches Wechselgesetz

In Deutschland ist der Wechsel und der Wechselverkehr umfassend im Wechselgesetz vom 21. Juni 1933 geregelt. Im folgenden ist die Fassung des Wechselgesetzes zugrunde gelegt, die zuletzt durch Gesetz vom 5.10.1994 (BGBl. I S. 2911; zuletzt geändert durch Art. 52 Einführungsgesetz zur Insolvenzordnung, das am 1.1.1999 in Kraft trat) geändert wurde.

Wechselrechtssysteme

Die Bedeutung des Wechsel für den Welthandel hat zu einer Rechtsvereinheitlichung geführt. Die beiden großen Wechselrechtssysteme sind das

- **Genfer Einheitliche Wechselrecht und das**
- **anglo-amerikanische Wechselrecht.**

Deutsches Wechselrecht in analoger Anwendung im Ausland

Das deutsche Wechselgesetz vom 21. Juni 1933 beruht auf dem 1930 in Genf zustande gekommenen Wechselrechtsabkommen. Es ist von den meisten europäischen und südamerikanischen Staaten sowie Japan unterzeichnet worden (vgl. Hefermehl, W. 1999: S. XII). Andere Länder haben – ohne Ratifizierung der Genfer Abkommen – gleichwohl das Genfer Abkommen über das Einheitliche Wechselgesetz in ihr nationales Recht übernommen (vgl. Jahn 1993: S. 1).

Es ist deswegen tragfähig, bei den folgenden Ausführungen beispielhaft das deutsche Wechselrecht in den Mittelpunkt zu rücken, das auf den drei Genfer Abkommen vom 7. Juni 1930 zur Vereinheitlichung des Wechselrechts beruht.

Einheitliches Wechselrecht

Die UN ist um die Schaffung eines einheitlichen Wechselrechts bemüht und hat mit dieser Aufgabe die Kommission UNCITRAL (United Nations Commission on International Trade Law) betraut.

Im Jahr 1988 wurde die UNCITRAL-Konvention über internationale gezogene Wechsel und internationale Eigenwechsel, sog. UNCITRAL-Wechsel, verabschiedet. Bislang haben jedoch die UNICITRAL-Konvention nur wenige Länder unterzeichnet (z.B. die USA, Kanada, die frühere UDSSR) bzw. ratifiziert. Dies hängt u.a. damit zusammen, dass die UNCITRAL-Konvention in ihrer Systematik eher dem anglo-amerikanischen System gefolgt ist, so dass die baldige Ratifizierung der UNCITRAL-Konvention durch die Länder, die der Genfer Wechselrechtskonvention gefolgt sind, als nicht wahrscheinlich gilt (vgl. Schallehn u.a., Sonderteil Rechtsverfolgung, 1996 ff.: 1/Grundlagen S. 8).

Deutsches Wechselformular

Für die kontinentaleuropäischen Länder kann im Allgemeinen davon ausgegangen werden, dass der genormte deutsche Wechselvordruck auch den Formbestimmungen dieser Länder entspricht (vgl. Jahn 1993: S. 5).

Hinweis: Im folgenden Abschnitt ist das deutsche **DIN-Wechselformular abgebildet** (siehe Abbildung 3.4-02) und seine Bestandteile besprochen.

Fremdsprachige Wechselformulare

Inwieweit die deutschen Exporteure bei Wechselziehungen auf ihre ausländischen Kunden aber tatsächlich das deutsche DIN-Wechselformular oder aber besser das englischsprachige oder gar das landessprachige Formular des bezogenen Importeurs verwenden können bzw. sollten, muss im Einzelfall länderspezifisch geprüft werden.

Die international tätigen Banken und die Industrie- und Handelskammern beraten die Exporteure.

Französisches Wechselformular

Beispielsweise empfiehlt die Offizielle deutsch-französische Industrie- und Handelskammer Paris den deutschen Exporteuren im Frankreichgeschäft die Verwendung des französischen Wechselformulars: „Es ist weitgehend computergerecht ... . Im innerfranzösischen Verkehr ist es zwingend vorgeschrieben, doch können bei deutschen Exporten nach Frankreich auch deutsche Formulare – für gezogene, allerdings keine Solawechsel – verwendet werden. Bei einer Vielzahl von Kunden wird sich freilich die Verwendung der französischen Formulare empfehlen, weil diese den Kunden geläufiger sind und den Bezogenen bzw. Aussteller an die Ergänzung von für das Inkassoverfahren wichtige Details wie z.B. französischer Bankleitzahl und Kontonummer erinnern“ (Dresdner Bank AG, Hrsg. 1988: S. 23).

Einige deutsche Banken empfehlen den Exporteuren im Frankreichgeschäft nur noch das französische Wechselformular mit Angabe der R.I.B.-Nummer (Relevé d'Idendité Bancaire) zu verwenden, da es in der Praxis sonst Probleme beim Einzug des Wechsels geben kann.

Englischsprachiges Wechselformular – Abbildung

Die im Auslandsgeschäft versierten deutschen Banken halten für ihre Kunden fremdsprachige, insbesondere englischsprachige Wechselvordrucke bereit, die sich im internationalen Wechselverkehr bewährt haben.

Die **Abbildung 3.4-01** zeigt einen englischsprachigen Nachsichtwechsel (gezogenen Wechsel) als Tratte, d.h. der Wechsel ist vom Bezogenen noch nicht akzeptiert.

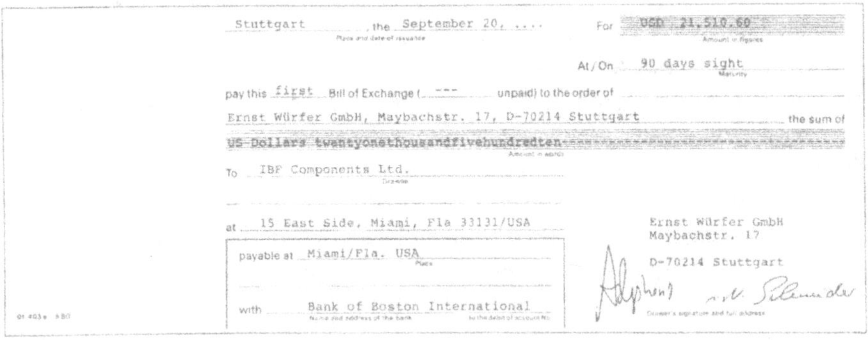
Stuttgart, the September 20, ...
For USD 21.510,60
At/On 90 days sight
pay this first Bill of Exchange (--- unpaid) to the order of
Ernst Würfer GmbH, Maybachstr. 17, D-70214 Stuttgart the sum of
US-Dollars twentyonethousandfivehundredten
To IBF Components Ltd.
at 15 East Side, Miami, Fla 33131/USA
payable at Miami/Fla. USA
with Bank of Boston International
Ernst Würfer GmbH
Maybachstr. 17
D-70214 Stuttgart

Abbildung 3.4-01

3.4.2 Wechselarten nach rechtlichen Merkmalen – Darstellung und Abwicklung –

Hinweis

Weitere Wechselarten, Abwicklungen und Sonderformen wie beispielsweise

- die Wechselarten nach wirtschaftlichen Merkmalen,
- das Scheck-Wechsel-Verfahren,
- die Wechseldiskontkredite,
- die Akzeptkredite sowie
- die Bankakzepte

sind ausführlich im „Handbuch der Aussenhandelsfinanzierung" (S.G. Häberle, Oldenbourg-Verlag München und Wien) dargestellt und auf ihre Eignung untersucht.

3.4.2.1 Gezogener Wechsel

Vorbemerkungen

Das Wechselrecht schreibt einerseits die Bestandteile einer Wechselurkunde stringent vor, andererseits lässt das Wechselrecht durchaus Spielräume, einen Wechsel auf die Eigenarten des einzelnen Exportgeschäfts zuzuschneiden. Erkenntnisgegenstand der folgenden Ausführungen sind deswegen sowohl die im Wechselrecht vorgegebenen Rahmenbedingungen als auch die alternativen Vereinbarungen und Abwicklungen, die den Wechselbeteiligten innerhalb dieses Rahmens verbleiben.

Im Folgenden ist im Allgemeinen das deutsche Wechselgesetz (WechselG) zitiert, dessen Normen ebenso wie das einschlägige Recht der meisten kontinentaleuropäischen Länder auf den oben angesprochenen Genfer Abkommen beruhen und das insoweit auch im Ausland eine analoge Anwendung findet. Gleichwohl sind im Einzelfall länderbezogene Abweichungen zu berücksichtigen, insbesondere bei Ländern, die die genannten Abkommen weder ratifiziert noch in anderer Form aufgenommen haben. Die Banken erteilen den Exporteuren und Importeuren dahingehende Auskünfte.

Abbildung

Die im folgenden beschriebenen Wechselmerkmale sind mit Ziffern im nachstehend abgebildeten Wechselformular, dem sog. DIN-Wechselformular, siehe **Abbildung 3.4-02,** gekennzeichnet.

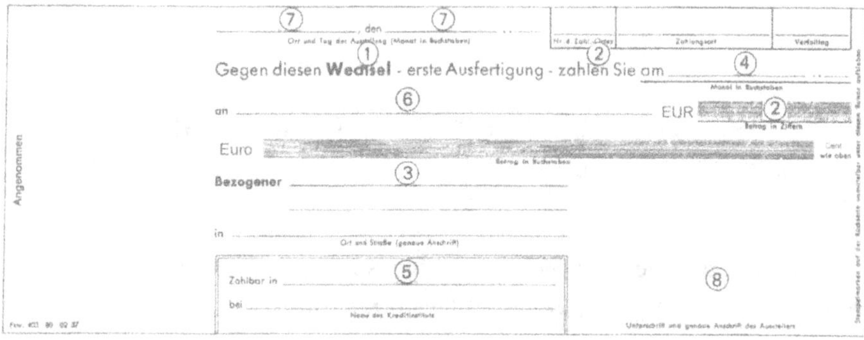

Abbildung 3.4-02

1. **Bezeichnung als Wechsel (siehe Ziffer 1 im abgebildeten DIN-Wechselformular)**

   - Es muss Eindeutigkeit darin bestehen, dass überhaupt ein Wechsel vorliegt und nicht eine Art Quittung, die äußerlich einem Wechsel sehr ähnlich sein kann.

   - Das inländische, aber auch das ausländische Wechselrecht schreibt deswegen regelmäßig die Bezeichnung als Wechsel im Text der Urkunde ausdrücklich vor, und zwar in der Sprache, in der sie ausgestellt ist (vgl. z.B. Art. 1 WechselG). Englischsprachig ausgestellte Wechsel haben somit grundsätzlich den Ausdruck „Bill of Exchange" aufzuweisen, französischsprachige Wechsel die Bezeichnung „Lettre de Change" usw.

     Von diesen Normen gibt es indessen auch Abweichungen. Siehe dazu u.a. die Ausführungen zu den „Promissory Notes" in Hauptabschnitt „Eigener Wechsel (Solawechsel)".

   - **Exkurs: Mehrere Ausfertigungen des Wechsels**

     Mit den in der weiteren Vergangenheit üblichen langen Postlaufzeiten erklärt es sich, dass von einem Wechsel mehrere Ausfertigungen ausgestellt werden können. Dadurch wurde dem Aussteller die früher praktizierte Möglichkeit eröffnet, dem Bezogenen die erste Ausfertigung zur Annahme (Akzeptierung) vorlegen zu lassen und gleichzeitig die zweite – nicht akzeptierte – Ausfertigung des Wechsels der Bank zum Diskont einzureichen. Kam sodann die erste Ausfertigung nach erfolgter Akzeptleistung des Bezogenen zum Aussteller zurück, dann wurde diese gegen die nicht akzeptierte Zweitfertigung ausgetauscht.

Die Ausstellung mehrerer Ausfertigungen eines Wechsels kommt nur noch selten vor. Allenfalls wenn aus Sicherheitsgründen die Dokumente in zwei getrennte Sendungen aufgeteilt werden (z.B. bei „Inkassi gegen Akzept").

2. Unbedingte Zahlungsanweisung, Währung (siehe Ziffer 2 im DIN-Wechselformular)

- Der Wechsel muss die unbedingte Anweisung enthalten, eine bestimmte Geldsumme zu zahlen (vgl. Art. 1 WechselG).
- In den deutschen DIN-Vordrucken lautet die Formulierung „Gegen diesen Wechsel zahlen Sie...", in englischsprachigen Vordrucken „Pay against this Bill of Exchange...", in französischsprachigen Formularen „Contre cette Lettre de Change veuillez payer...". Maßgeblich ist, dass die Zahlungsanweisung an den Bezogenen an keine Bedingungen geknüpft sein darf. Die Wechselziehung darf also keinesfalls in Abhängigkeit zur (mängelfreien) Erfüllung des der Wechselziehung zugrunde liegenden Warengeschäfts gesetzt werden. Als unbedenklich gelten lediglich Vermerke, die auf ein Dokumenteninkasso oder auf ein Dokumentenakkreditiv hinweisen, z.B. der Vermerk „Drawn under L/C Nr. ...".

  Hinweis: Zur Refinanzierung und zur Wechselkursabsicherung mit Wechseln siehe Häberle, S.G., Handbuch der Außenhandelsfinanzierung, München und Wien (Oldenbourg-Verlag).

3. Bezogener (siehe Ziffer 3 im DIN-Wechselformular)

- Die Wechselurkunde muss, um rechtsgültig zu sein, den Namen dessen enthalten, der zahlen soll (Bezogener). Dagegen ist das Akzept (die Annahmeerklärung) des Bezogenen nicht Voraussetzung für die Rechtsgültigkeit des Wechsels.
- **Exkurs: Annahme des Wechsels (Akzept)**

  Im Auslandsgeschäft werden auch solche gezogenen Wechsel in den Verkehr gebracht, die vom Bezogenen noch nicht akzeptiert sind (sog. Tratten). Beispielsweise zieht der Exporteur bei „Dokumenteninkassi gegen Akzept" einen Wechsel (eine Tratte) auf den Importeur und fügt diesen Wechsel seinem Inkassoauftrag mit der Maßgabe bei, dass die Inkassobank dem Importeur die (Versand-)Dokumente nur aushändigen darf, wenn dieser im Gegenzug diesen Wechsel annimmt (akzeptiert).

Die Annahmeerklärung (das Akzept) umfasst die Unterschrift des Bezogenen auf der Vorderseite des Wechsels, und zwar in Verbindung mit dem Wort „angenommen“ oder mit einem gleichbedeutenden Wort (vgl. Art. 25 Abs. 1 WechselG). Die Unterschrift des Bezogenen (das Akzept) ist handschriftlich zu vollziehen – im Gegensatz zur Unterschrift des Wechselausstellers und der Indossanten, die in einigen Ländern (jedoch nicht in Deutschland) auf mechanischem Weg hergestellt werden dürfen.

4. Verfallzeit (siehe Ziffer 4 im DIN-Wechselformular)

- Jeder Wechsel muss eine Verfallzeit aufweisen (vgl. Art. 1 WechselG). Das Wechselrecht eröffnet dazu mehrere Möglichkeiten, die in den folgenden Abschnitten beschrieben sind.
- Ein Wechsel ohne Angabe der Verfallzeit gilt als Sichtwechsel (vgl. Art. 2 Abs. 2 WechselG).

5. Zahlungsort (siehe Ziffer 5 im DIN-Wechselformular)

- Die Angabe des Zahlungsorts, die ebenfalls zu den gesetzlichen Bestandteilen eines Wechsels zählt, überlässt der Wechselaussteller regelmäßig dem Bezogenen. Dies hängt damit zusammen, dass in der betrieblichen Praxis Wechsel (im Einklang mit Art. 4 WechselG) fast ausschließlich bei Banken zahlbar gestellt werden, und zwar im Normalfall bei einer der Hausbanken des Bezogenen (in Ausnahmefällen auch bei Drittbanken bzw. bei speziellen Finanzierungen auch bei der Hausbank des Wechselausstellers). Zahlungsort ist dann der angegebene Ort der Niederlassung der Bank, der zugleich Firmensitz (Wohnort) des Bezogenen sein kann, aber nicht sein muss.
- Der Inhaber hat den Wechsel bei Fälligkeit der als Zahlstelle (Domizilstelle) bezeichneten Bank am angegebenen Ort vorzulegen und nicht dem Bezogenen. Nur für den Fall, dass kein besonderer Zahlungsort (keine Domizilstelle) angegeben ist, gilt (ersatzweise) der bei dem Namen des Bezogenen angegebene Ort als Zahlungsort (vgl. Art. 2 Abs. 3 WechselG).

6. Ordervermerk (siehe Ziffer 6 im DIN-Wechselformular)

- Wesentlicher Bestandteil eines gezogenen Wechsels ist der sog. Ordervermerk, das ist die Angabe des Namens desjenigen, an den oder an dessen Order gezahlt werden soll (vgl. Art. 1 und 3 WechselG). Derjenige, an den oder an dessen Order gezahlt werden soll, wird als Remittent, Wechselnehmer, Wechselbegünstigter o.ä. bezeichnet wird.
- Im Allgemeinen setzt der Aussteller eines gezogenen Wechsels sich selbst als Remittent ein, und zwar durch Angabe seiner Firma oder mit dem Vermerk „an eigene Order“ oder einem ähnlichen Ausdruck („an mich“, „an uns“ usw.). Dies hat gegenüber der Angabe eines

Dritten den praktischen Vorzug, dass der Wechselaussteller erst später entscheiden kann, an wen er den Wechsel übertragen will.

7. Tag und Ort der Ausstellung (siehe Ziffer 7 im DIN-Wechselformular)

- Gesetzliche Bestandteile eines gezogenen Wechsels sind die Angaben des Tages und des Ortes der Ausstellung.
- Die Bedeutung dieser Norm scheint zunächst gering zu sein, zumal ein Wechsel ohne Angabe des Ausstellungsortes an dem Ort ausgestellt gilt, der beim Namen des Ausstellers angegeben ist (vgl. Art. 2 Abs. 4 WechselG). Die Bedeutung des Ausstellungsortes ist jedoch in rechtlicher Hinsicht sehr erheblich, weil dadurch das geltende Länderrecht bestimmt wird. Zwar richtet sich die Wirkung der Verpflichtungserklärung des Akzeptanten eines gezogenen Wechsels (und analog des Ausstellers eines eigenen Wechsels) - nach deutschem Wechselrecht bzw. soweit das Genfer Abkommen anwendbar ist - nach dem Recht des Zahlungsortes eines Wechsels. Die Wirkungen der übrigen Wechselerklärungen bestimmen sich jedoch nach dem Recht des Landes, in dessen Gebiet die Erklärungen unterschrieben worden sind (Art. 93 Abs. 2 WechselG).

8. Unterschrift des Ausstellers (siehe Ziffer 8 im DIN-Wechselformular)

- Die Unterschrift des Ausstellers begründet seine Haftung für die Annahme und die Zahlung des Wechsels (vgl. Art. 9 Abs. 1 WechselG). Diese Haftung kann der Aussteller zwar für die Annahme des Wechsels ausschließen, jedoch nicht für die Zahlung (vgl. Art. 9 Abs. 2 WechselG).
- Dass der Aussteller die Haftung für die Zahlung des Wechsels nicht ausschließen kann, folgt aus der rechtlichen Konstruktion des Wechsels: Ein vom Bezogenen noch nicht akzeptierter Wechsel wäre für den jeweiligen Wechselinhaber ohne die Ausstellerhaftung in den Fällen wertlos, in denen der Bezogene den Wechsel weder akzeptiert noch zahlt.
- Bei Auslandswechseln sind jedoch länderweise Besonderheiten zu beachten.

Sonstige Formerfordernisse

Neben den auf dem anzuwendenden Landesrecht beruhenden gesetzlichen Bestandteilen eines Wechsels sind einige weitere Formerfordernisse zu beachten. Diese weiteren Formerfordernisse sind jedoch länderweise recht verschieden und werden nicht selten auch noch von der Rechtsprechung unterschiedlich ausgelegt.

3.4.2.2 Eigener Wechsel (Solawechsel) mit Exkurs „Promissory Notes“

Charakterisierung

Der eigene Wechsel umfasst das unbedingte Versprechen des Wechselausstellers, eine bestimmte Geldsumme zu zahlen (vgl. Art. 75 WechselG). Die Formulierung des Zahlungsversprechens des Ausstellers eines eigenen Wechsels lautet: „Gegen diesen Wechsel zahle ich...“ bzw. „Gegen diesen Wechsel zahlen wir...“. Siehe Abbildung Nr. 3.4-03.

Ein Bezogener existiert beim eigenen Wechsel nicht. Hauptschuldner und – wenn man von der Indossantenhaftung absieht – einziger Schuldner ist beim eigenen Wechsel vielmehr der Wechselaussteller. Er haftet in der gleichen Weise wie der Akzeptant eines gezogenen Wechsels (vgl. Art. 78 Abs. 1 WechselG).

Grundsätzlich sind die für den gezogenen Wechsel gültigen Vorschriften des Wechselgesetzes auch für den eigenen Wechsel gültig (vgl. Art. 77 WechselG).

Abbildung

Abbildung 3.4-03 zeigt einen Solawechsel mit der Verpflichtungserklärung des Ausstellers: „Gegen diesen Sola-Wechsel ... zahle(n) ich (wir) am ...“.

Darin ist die SOPECO SA (der schweizerische Importeur) als Wechselaussteller, der sich zur Zahlung verpflichtet, eingetragen; die ELEKTRONIK GmbH (der deutsche Exporteur, der der SOPECO SA ein in Wechselform gekleidetes Zahlungsziel von 90 Tagen gewährt), ist als Wechselnehmer eingetragen, der die Wechselrechte per Indossament auf die Commerzbank AG (zur Diskontierung des Wechsels) überträgt.

Praktische Bedeutung

Die praktische Bedeutung des Solawechsels liegt weniger in der normalen Diskontierung, als vielmehr in der Möglichkeit, dass der Remittent (Wechselnehmer im Ordervermerk des Wechsels) den Solawechsel an Dritte (z.B. an eine forfaitierende Bank) mit einem sog. Angstindossament weitergibt, das seine wechselrechtliche Haftung z.B. mit dem Zusatz „ohne Obligo“, „ohne Regress“ o.Ä. ausschließt; Einzelheiten zum Angstindossament siehe folgende Abschnitte.

Bei Nichteinlösung des Solawechsels durch den Aussteller kann in diesem Fall – wegen des Angstindossaments – auf den Remittenten nicht Rückgriff genommen werden. Eine solche Abwicklung wird in der Praxis gewählt, wenn eine (Wechsel-)Forderung vom Remittenten (Exporteur) beispielsweise an eine Forfaitierungsgesellschaft, an eine Factoringgesellschaft oder an eine Bank verkauft werden soll und der Forderungskäufer vereinbarungsgemäß das Delkredererisiko zu übernehmen hat.

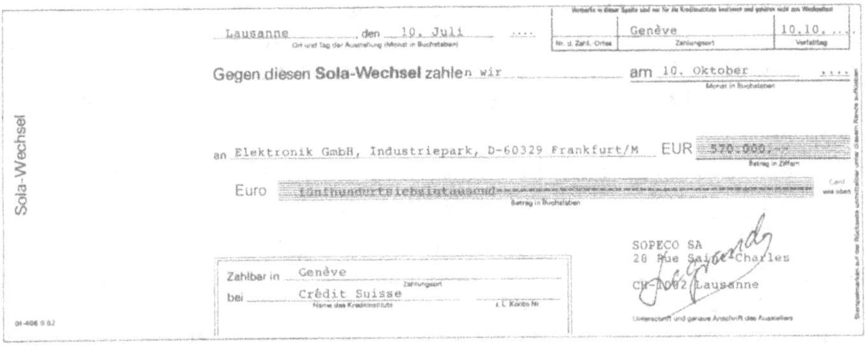

Lausanne, den 10. Juli .... Genève 10.10. ...

Gegen diesen Sola-Wechsel zahlen wir am 10. Oktober ....

an Elektronik GmbH, Industriepark, D-60329 Frankfurt/M EUR 570.000,--

Euro fünfhundertsiebzigtausend

Sola-Wechsel

SOPECO SA
28 Rue Saint-Charles
CH-1002 Lausanne

Zahlbar in Genève
bei Crédit Suisse

An die Order der
Commerzbank AG
ELEKTRONIK GmbH
Industriepark
D-60329 Frankfurt/M

Abbildung 3.4-03

Ist ein solcher Forderungsverkauf vom Exporteur mit einer Forfaitierungs- oder Factoringgesellschaft bzw. mit einer Bank bereits vor Abschluss des Kaufvertrags mit dem Importeur vereinbart, dann ist es grundsätzlich auch möglich, diese Gesellschaft (Bank) unmittelbar als Remittenten in den Solawechsel einzutragen, so dass der Exporteur auf dem Solawechsel gar nicht in Erscheinung tritt und somit für ihn wechselrechtliche Haftungsfragen überhaupt nicht entstehen. In der Praxis ist diese Vorgehensweise allerdings die Ausnahme.

Exkurs: Promissory Notes

- Eine „promissory note" umfasst grundsätzlich eine schriftliche Zahlungsverpflichtung des Ausstellers, z.B. mit der Formulierung: „...against this promissory note I (We) promise to pay..." (siehe Abbildung 3.4-04).
- Die „promissory note" im strengen Wortsinne trägt nicht die Bezeichnung „(Eigener) Wechsel", ist aber – zumindest betriebswirtschaftliche gesehen – mit dem Solawechsel vergleichbar (Deutsche Bank AG 1988: S. 259).
- In der Praxis finden sich auch „promissory notes" mit der Formulierung „I (We) promise to pay against this bill of exchange ..." (Hervorhebung durch den Verfasser).
- Die „promissory note" richtet sich (im Allgemeinen) nach den gesetzlichen Bestimmungen des Landes, in dem sie ausgefertigt wird. Wenn auch

in den meisten Fällen von einem dem (deutschen) Solawechsel analogen bzw. vergleichbaren Instrument ausgegangen werden kann, ist unter dem Blickwinkel der gesetzlichen Bestimmungen des Auslands im Zweifel zu prüfen, welchen Rechtscharakter eine „Promissory Note" tatsächlich aufweist.

- In den USA hat eine Promissory Note als Wertpapier / Handelspapier („commercial paper") dem „Uniform Commercial Code" (UCC) zu entsprechen.
- Hinweis: Im „Handbuch der Außenhandelsfinanzierung" (Verf. Häberle, S. G., Oldenbourg-Verlag München und Wien) sind zwei „Promissory Notes" mit den unterschiedlichen, oben angesprochenen Formulierungen abgebildet.

Abbildung

Abbildung 3.4-04 zeigt eine Promissory Note mit der Verpflichtungserklärung des Ausstellers: „... against this promissory note I (We) promise to pay ...".

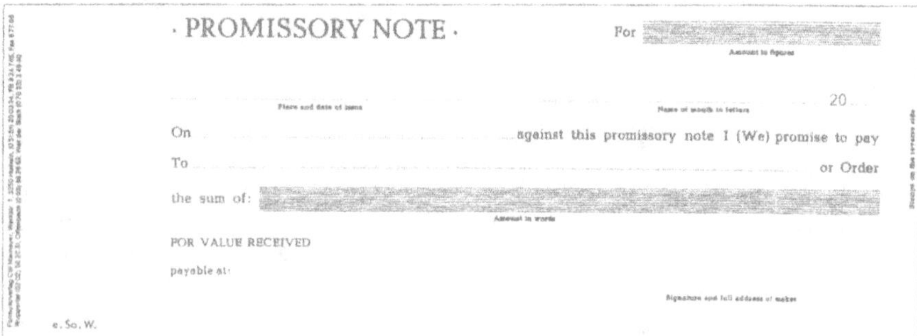

· PROMISSORY NOTE ·

For

20

On ... against this promissory note I (We) promise to pay

To ... or Order

the sum of:

FOR VALUE RECEIVED

payable at:

e. So. W.

Abbildung 3.4-04

3.4.3 Gemeinsam gültige Merkmale und Abwicklungen

3.4.3.1 Alternative Angaben der Verfallzeit

Ein Wechsel kann gemäß Art. 33 WechselG gezogen werden (Anmerkung: Sofern dies nicht in Widerspruch zu seinem Wesen steht, gelten die folgenden Alternativen auch für den eigenen Wechsel):

- Auf einen **bestimmten Tag**, sog. **Tagwechsel**, manchmal auch als Zeitwechsel bezeichnet.

  Bei der Ausstellung von Inlandswechseln ist diese Verfallangabe, d.h. die Eintragung eines bestimmten Kalendertages als Verfalltag des Wechsels die Regel.

- Auf eine **bestimmte Zeit nach der Ausstellung des Wechsels, sog. Datowechsel.**

  Die Verfallzeit eines Datowechsels kann beispielsweise auf 6 Monate bzw. 180 Tage lauten, gerechnet ab dem Tag der Ausstellung des Wechsels.

  Zur genauen Bestimmung der Verfallzeit bei Datowechseln und bei Nachsichtwechseln siehe Häberle, S. G.: „Handbuch der Außenhandelsfinanzierung", München und Wien (Oldenbourg-Verlag) sowie WechselG.

  Im Inlandszahlungsverkehr kommen Datowechsel nicht, im Auslandszahlungsverkehr selten vor.

- **Auf Sicht**, sog. **Sichtwechsel**

  Ein sog. Sichtwechsel ist bei der Vorlegung zur Zahlung fällig.

  Ein Sichtwechsel muss innerhalb eines Jahres nach der Ausstellung zur Zahlung vorgelegt werden, sofern im Wechsel (von einem dazu Berechtigten) keine andere Frist benannt ist (vgl. Art. 34 Abs. 1 WechselG).

  Ein Sichtwechsel hat den Vorzug, dass im Kaufvertrag dessen Vorlage zur Zahlung in Abhängigkeit zur Abwicklung des Warengeschäfts oder des Dokumenteninkassos vereinbart werden kann. Allerdings gilt diese Vereinbarung im Kaufvertrag nicht wechselrechtlich und auch nicht gegenüber einem gutgläubigen Erwerber des Sichtwechsels, es sei denn, der Aussteller hat auf dem Wechsel vorgeschrieben, dass der Sichtwechsel nicht vor einem bestimmten Tag zur Zahlung vorgelegt werden darf (vgl. Art. 34 Abs. 2 WechselG).

- **Auf eine bestimmte Zeit nach Sicht**, sog. **Nachsichtwechsel**

  Beim Nachsichtwechsel wird der Verfalltag in Abhängigkeit zum Tag der Annahmeerklärung (Akzeptierung) des Bezogenen definiert.

  Die Annahmeerklärung des Bezogenen hat den Tag zu bezeichnen, an dem diese erfolgt ist. Ausgehend von diesem Tag (der in der Praxis auch als sog. Sichtvermerk bezeichnet wird) ist unter Einbeziehung der Nachsichtfrist der Verfalltag des Nachsichtwechsels zu errechnen. Die rechnerische Fristbestimmung erfolgt wie beim Datowechsel (vgl. Art. 36 WechselG).

  Nachsichtwechsel sind im Auslandsgeschäft von Bedeutung: Der Zeitpunkt der Annahme des Wechsels und damit der Beginn der Nachsichtfrist werden praktisch in die zeitliche Abhängigkeit zur Abwicklung des (Waren-)Grundgeschäfts gesetzt (z.B. bei Dokumenteninkassi „Dokumente gegen Akzept einer Nachsichttratte"). Die Nachsichtfrist gewährt dem Bezogenen (Importeur) das gewünschte Zahlungsziel. Der Exporteur kann den Wechsel von einer Bank diskontieren lassen, d.h. der Wechsel eröffnet ihm die (zinsgünstige) Refinanzierung.

  Hinweis: Abbildung 3.4-01 zeigt eine englischsprachige Nachsichttratte (siehe Abschnitt 3.4.1).

Verfalltag, Zahlungstag, Tag der letzten Vorlegung

Streng zu unterscheiden sind Verfalltag, Zahlungstag und Tag der letzten Vorlegung:

- **Verfalltag** eines Wechsels ist der auf dem Wechsel eingetragene bzw. bestimmbare Kalendertag.
- **Zahlungstag** eines Wechsels ist grundsätzlich der Verfalltag. Ist jedoch der Verfalltag ein Sonn- bzw. Feiertag oder ein Samstag, dann kann die Zahlung erst am nächsten Werktag verlangt werden (vgl. Art. 72 Abs. 1 WechselG), d.h. der Zahlungstag des Wechsels liegt in diesen Fällen später als der Verfalltag.
- Der **Tag der letzten Vorlegung** wird ausgehend vom Zahlungstag eines Wechsels bestimmt. Gem. Art. 38 Abs. 1 WechselG hat die Vorlage des Wechsels zur Zahlung am Zahlungstag oder an einem der beiden folgenden Werktage zu erfolgen. Der Protest eines Wechsels mangels Zahlung muss nach deutschem Wechselrecht an einem der beiden auf den Zahlungstag folgenden Werktage erhoben werden (vgl. Art. 44 Abs. 3 WechselG; abweichend bei Sichtwechseln, siehe ebenda); dies ist die sog. **Protestfrist**.

  Bei Wechseln, die auf das Ausland gezogen sind, gilt es jedoch länderweise Unterschiede dieser sog. Protestfrist zu beachten.

3.4.3.2 Übertragung der Wechselrechte

Charakterisierung

Der Remittent, das ist derjenige, an den bzw. an dessen Order der Wechsel gezahlt werden soll, kann den Wechsel durch Indossament auf andere übertragen. Da sich beim gezogenen Wechsel in der Regel der Aussteller selbst als Remittent (mit dem Vermerk „an eigene Order“ o.ä.) einträgt, ist es in der Praxis auch der Aussteller, der die erste Übertragung des Wechsels vornimmt.

Das Indossament wird im Allgemeinen auf die Rückseite des Wechsels gesetzt und vom Übertragenden, der als Indossant bezeichnet wird, unterschrieben (vgl. Art. 13 Abs. 1 WechselG).

Voll- bzw. Blankoindossament

Wird der neue Wechselberechtigte (der Indossatar) im Indossament ausdrücklich genannt, dann liegt ein sog. Vollindossament vor.

Ist dagegen der Indossatar nicht genannt, sondern lediglich die Unterschrift des Übertragenden (des Indossanten) auf die Rückseite des Wechsels gesetzt, dann spricht man von einem Blankoindossament (vgl. Art. 13 Abs. 2 WechselG). Sollte der Empfänger des Wechsels – wider Erwarten – den Wechsel nicht diskontieren bzw. nicht zahlungshalber hereinnehmen, dann belässt das Blankoindossament die Möglichkeit, den Wechsel ohne erneutes

Indossament und für Aussenstehende nicht erkennbar an den Übertragenden zurückzugeben.

Funktionen

Ein Indossament erfüllt drei Funktionen:

- **Transportfunktion:** Das Indossament überträgt alle Rechte auf den Indossatar (Vollindossament) bzw. – falls ein Indossatar nicht genannt ist (Blankoindossament) – auf den Inhaber (vgl. Art. 14 WechselG).
- **Garantiefunktion:** Ein Indossant haftet für die Annahme und für die Zahlung des Wechsels. Jeder Indossant kann somit im Zuge des Rückgriffs (Regress) in Anspruch genommen werden, sofern er diese Haftung nicht durch einen entgegenstehenden Vermerk (siehe unten „Angstindossament") ausgeschlossen hat (vgl. Art. 15 Abs. 1 WechselG). Der in Anspruch genommene Indossant kann jedoch seinerseits auf die Vorindossanten Rückgriff nehmen, sofern diese die Haftung nicht ausgeschlossen haben. In jedem Fall kann der Indossant bei Nichtzahlung des Wechsels auf den Wechselaussteller Rückgriff nehmen, weil dieser die Haftung zwar für die Annahme, nicht jedoch für die Zahlung ausschließen kann (vgl. Art. 9 Abs. 2 WechselG) .

  Anmerkung: Zu beachten ist bei der Garantiefunktion bzw. beim Recht auf Rückgriff die Gefahr des Rechtsverlustes bei Fristversäumung (Protesterhebung usw.; vgl. Art. 53 WechselG).
- **Legitimationsfunktion:** Durch eine ununterbrochene Reihe von Indossamenten weist derjenige, der den Wechsel in Händen hat, nach, dass er rechtmäßiger Inhaber ist. Dies gilt auch, wenn das letzte Indossament ein Blankoindossament ist.

Angstindossament

Ein Indossant kann seine Haftung ausschließen, indem er einen Zusatz wie beispielsweise „ohne Obligo", „ohne Haftung", „ohne Regress", „without recourse", „sans recours" o.ä. im Indossament anbringt. Ein solches sog. Angstindossament kommt in der Praxis beispielsweise vor, wenn eine (Wechsel-)Forderung an eine Forfaitierungsgesellschaft verkauft wird und diese das Forderungsausfallrisiko uneingeschränkt übernimmt.

Vollmachtsindossament (Inkassoindossament)

Ein besonderes Indossament ist das Vollmachtsindossament, auch Inkassoindossament genannt, das den Zusatz „Wert zur Einziehung", „zum Inkasso", „in Prokura" o.ä. aufweist. Der Bevollmächtigte kann alle Rechte aus dem Wechsel geltend machen. Er kann den Wechsel aber nur durch ein weiteres Vollmachtsindossament übertragen (vgl. Art. 18 Abs. 1 WechselG).

Mit einem Vollmachtsindossament beauftragt und bevollmächtigt ein Indossant beispielsweise seine Hausbank mit dem Einzug des Wechsels und mit der Gutschrift nach Eingang des Gegenwerts.

Hinweis

Im Handbuch der Akkreditive, Inkassi, Exportdokumente und Bankgarantien (Hrsg. Häberle S.G., Oldenbourg-Verlag, München und Wien) finden sich darüber hinaus Ausführungen inbesondere zu den folgenden Erkenntnisbereichen:

- Wechselbürgschaft (Wechselaval),
- Wechselprotest, Protesterlass,
- Regress, Wechselprozess

sowie weitere Erkenntnisse zum Wechsel und zum Wechselrecht.

4 Dokumentäre Zahlungs- und Sicherungsinstrumente

4.1 Exportdokumente: Arten, Rechtscharakter, Merkmale

4.1.1 Überblick über die maßgeblichen Arten der Exportdokumente

Vorbemerkungen

Die nachstehend dargestellten und beurteilten Exportdokumente sind unter zwei Blickwinkeln von Interesse,

- zum einen für den Außenhandel generell, weil der maßgebliche Teil der behandelten Exportdokumente zugleich die jeweiligen im Außenhandel abgeschlossenen (Transport- bzw. Versicherungs-)**Verträge** dokumentiert, d.h. Dokument und Vertrag identisch sind;
- zum anderen, weil diese Exportdokumente Voraussetzung für die sichernde Zug-um-Zug-Abwicklung der in den weiteren Kapiteln behandelten dokumentären Zahlungs- und Sicherungsinstrumente **„Dokumenteninkassi"** und **„Dokumentenakkreditive"** sind.

Charakterisierung

Ein Blick in die Literatur ebenso wie eine Erhebung in der Praxis zeigen, dass der Ausdruck „Exportdokumente" weder eine übereinstimmende noch gar eine stringente Definition erfährt.

- **Exportdokumente:** Es ist deswegen zweckmäßig, den Ausdruck „Exportdokumente" hilfsweise durch Aufzählen von Dokumenten zu umreißen, denen gemeinsam ist, dass
  - sie sich auf den Warenversand in das Ausland bzw. auf die Ware beziehen,
  - dem Nachweis der Erfüllung des Kaufvertrags dienen und
  - bei der Abwicklung von Dokumentenakkreditiven bzw. Dokumenteninkassi eine Rolle spielen.
- **Keine Exportdokumente:** Keine Exportdokumente im hier gemeinten Sinne sind die Zahlungsinstrumente, also der Scheck, die Überweisung und im strengen Sinne auch der Wechsel. Weil jedoch häufig den waren- und versandbezogenen Dokumenten eine Tratte des Exporteurs beigefügt ist (z.B. beim Dokumenteninkasso „Dokumente gegen Akzept"), wird der Wechsel manchmal doch zu den Exportdokumenten gezählt.

Einteilung

Eine Grobeinteilung erfahren die Exportdokumente üblicherweise in

- **Transportdokumente,**
- **Lagerdokumente,**
- **Transportversicherungsdokumente** und in
- **Sonstige Dokumente** (manchmal auch als Begleitdokumente, Handelsdokumente o.ä. bezeichnet).

Abbildung

Die **Gliederung der maßgeblichen Exportdokumente** ist in **Abbildung 4.1-01** dargestellt. Ausführlich sind die Exportdokumente in den anschließenden Abschnitten beschrieben.

Transportdokumente (Versanddokumente)

Die Art eines Transportdokuments hängt vom gewählten **Transportweg** bzw. vom jeweiligen **Transportmittel** ab. Nach diesen Kriterien sind in der vorstehenden Abbildung die Transportdokumente untergliedert. Der jeweilige Frachtführer ist in Klammern angegeben.

- Erfordert eine Sendung verschiedene Transportwege bzw. Transportmittel, dann hängt es vom Einzelfall ab, ob für jeden Teilbereich ein gesondertes Transportdokument auszustellen ist oder aber ein einziges, sog. Kombiniertes/Multimodales Transportdokument. Ein **Kombiniertes/Multimodales** Transportdokument schließt die verschiedenen Transportwege bzw. Transportmittel ein und findet beispielsweise beim Containerversand Anwendung.
- Transportdokumente sind von sehr unterschiedlicher **Qualität**. Sie reichen von Dokumenten, die Wertpapiercharakter tragen (z.B. das Konnossement und der Ladeschein), bis zu Dokumenten, die lediglich eine eng begrenzte Beweis- und Dispositionsfunktion aufweisen (z.B. der Posteinlieferungsschein).

Lagerdokumente

Lagereien (Lagerhalter) erteilen über die bei ihnen gelagerten Güter **Lagerscheine**. Lagerscheine tragen Wertpapiercharakter mit den damit typischerweise verbundenen Eigenschaften.

Versicherungsdokumente

Versicherungsgesellschaften, die die Transportrisiken versichern, stellen über Versicherungsgegenstand, Versicherungsumfang usw. eine **Versicherungspolice** (einen Versicherungsschein) aus.

Auf Grundlage von Generalpolicen (Laufenden Policen), die abgeschlossen werden, wenn laufend gleichartige Transportgeschäfte zu versichern sind, werden **Versicherungszertifikate** für die einzelnen Transporte ausgestellt.

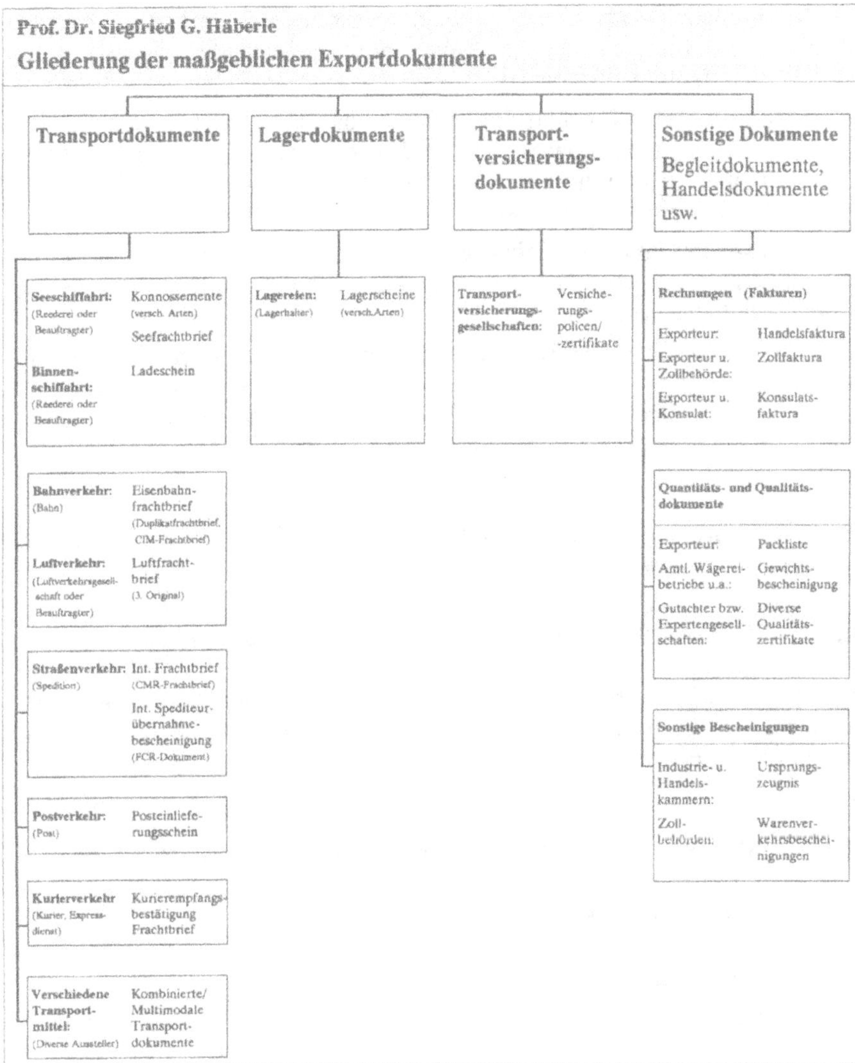

Abbildung 4.1-01

Diese Versicherungsdokumente tragen Wertpapiereigenschaft, und zwar in der Regel auch die Transportversicherungszertifikate.

Sonstige Dokumente

Die Sonstigen Dokumente, die auch als Begleitdokumente oder als Handelsdokumente bezeichnet werden, können nach ihrem jeweils hervorstechendsten Merkmal untergliedert werden in:

- **Rechnungen (Fakturen)**, die von der Handelsrechnung des Exporteurs bis zu der vom zuständigen Konsulat des Importlandes zu bestätigenden Konsulatsfaktura reichen;
- **Quantitäts- und Qualitätsdokumente**, von denen die einen Gewichte, Maße, Mengen u.ä. nachweisen und von denen die anderen sehr verschiedenartige qualitative Eigenschaften der zu liefernden Güter durch Atteste, Zertifikate u.ä. beweisen;
- **Sonstige amtliche Bescheinigungen**, wie z.B. das Ursprungszeugnis der Industrie- und Handelskammern und die Warenverkehrsbescheinigungen der Zollbehörden.

Es hängt von den Eigenarten des abzuwickelnden Außenhandelsgeschäftes ab, ob es den Beteiligten notwendig erscheint, darüber hinaus weitere, auf den Einzelfall zugeschnittene Dokumente zu vereinbaren (z.B. Dokumente zur Zahlungs- und/ oder Kreditabwicklung).

4.1.2 Rechtscharakter und betriebswirtschaftliche Funktionen der Exportdokumente – mit Exkurs zu UN/EDIFACT

4.1.2.1 Tabellarische Darstellung des Rechtscharakters

Unter **rechtlichen Aspekten** weisen die Exportdokumente – je nach Ausgestaltung – verschiedene Merkmale bzw. Funktionen auf, die in **Abbildung 4.1-02** dargestellt sind.

4.1.2.2 Rechtliche Funktionen der Exportdokumente

4.1.2.2.1 Beweisfunktion

Charakterisierung

Grundsätzlich kommt jedem Exportdokument eine Beweisfunktion zu: Mit den Transportdokumenten soll die Aufgabe einer Sendung zum Versand, mit den Versicherungsdokumenten der Umfang des Versicherungsschutzes, mit den Sonstigen Dokumenten der Wert, der Ursprung, die quantitativen oder qualitativen Eigenschaften der Ware bzw. der Warensendung und anderes bewiesen werden.

Ausgestaltung

Die Reichweite der Beweisfunktion ist jedoch höchst unterschiedlich, wie die folgenden Beispiele zeigen:

- Ein Posteinlieferungsschein weist beispielsweise lediglich die Aufgabe einer Postsendung an einen bestimmten Empfänger an einem (abgestempelten) Tag aus.

Prof. Dr. Siegfried G. Häberle

Überblick über rechtliche Merkmale und Funktionen maßgeblicher Exportdokumente

Dokument	Beweis-funktion	Dispositions- bzw. Sperr-funktion	Legitimations-funktion	Wert-papier-eigenschaft
Dokumente mit Wertpapiereigenschaft:				
• **Transportdokumente:**				
- Konnossement (verschiedene Arten)	•	•	•	•
- Ladeschein	•	•	•	•
• **Lagerdokument:**				
- Lagerschein	•	•	•	•
• **Versicherungsdokument:**				
- Transportversicherungspolice	•	•	•	•
Dokumente ohne Wertpapiereigenschaft:				
• **Transportdokumente:**				
- Seefrachtbrief	•	•		
- Eisenbahnfrachtbrief (Duplikatfrachtbrief, CIM-Frachtbrief)	•	•		
- Luftfrachtbrief (3. Original)	•	•		
- Int. Frachtbrief des Straßengüterverkehrs (CMR-Frachtbrief)	•	•		
- Int. Spediteurübernahmebescheinigung (FCR-Dokument)	•	•		
- Posteinlieferungsschein	•	•		
- Kurierempfangsbestätigung (Kurierfrachtbrief) [1]	•	(•)[1]		
• **Fakturen:**				
- Handelsrechnung	•			
- Zollfaktura	•			
- Konsulatsfaktura	•			
• **Qualitäts- u. Quantitätsdokumente:**				
- Gewichtsbescheinigung u.ä.	•			
- Packliste	•			
- Qualitätszertifikat u.ä.	•			
• **Sonstige Bescheinigungen:**				
- Ursprungszeugnis	•			
- Warenverkehrsbescheinigung	•			

[1] Rechtscharakter und Funktionen nicht immer eindeutig.

Abbildung 4.1-02

- Dagegen finden sich im Konnossement ebenso wie im Ladeschein Angaben über Art, Zahl bzw. Gewicht sowie Markierungszeichen der Güter bis hin zu deren äußerlicher Beschaffenheit und Verfassung; Angaben, für deren Richtigkeit der Frachtführer (die Reederei) sogar die Verantwortung trägt.

4.1.2.2.2 Dispositionsfunktion

Andere Bezeichnungen der Dispositionsfunktion

In der Literatur und in der Praxis finden sich für die Dispositionsfunktion auch die folgenden Bezeichnungen:

- Nachträgliche Verfügungen / nachträgliche Weisungen des Absenders bzw. berechtigter Dritter;
- Abänderung des Frachtvertrags.

Charakterisierung der Dispositionsfunktion

Einige Transportdokumente belassen dem **Absender** bzw. dem jeweils berechtigten Inhaber das **Recht**, den Frachtführer (Verfrachter) unter Vorlage einer Originalausfertigung des Versanddokuments nachträglich anzuweisen,

- die Waren anzuhalten, zurückzugeben oder
- an einen **anderen** als den im Dokument ausgewiesenen **Empfänger auszuliefern**.

Dokumente

Ein solches Recht der nachträglichen (Um)Disposition (nachträgliches Verfügungsrecht, nachträgliches Verlangen) des Absenders verbriefen alle Transportdokumente, die Wertpapiereigenschaft aufweisen, sowie grundsätzlich die Frachtbriefe und – bei entsprechender Vereinbarung – die Spediteurübernahmebescheinigung und der Posteinlieferungsschein.

Ein analoges Dispositionsrecht verbriefen auch die Transportversicherungsdokumente mit Wertpapiereigenschaft.

Rechtsgrundlage

In § 418 Abs. 1 HGB ist zu den nachträglichen Weisungen im Frachtgeschäft u.a. ausgeführt:

> *„Der Absender ist berechtigt, über das Gut zu verfügen. Er kann insbesondere verlangen, dass der Frachtführer das Gut nicht weiterbefördert oder es an einem anderen Bestimmungsort, an einer anderen Ablieferungsstelle oder an einen anderem Empfänger abliefert ...“.*

Anmerkung: Der Rechtscharakter der Kurierempfangsbestätigungen bzw. der als Frachtbriefe bezeichneten Dokumente der Kuriere/Expressdienste und deren möglicherweise gegebene oder nicht gegebene Dispositions- bzw. Sperrfunktion ist nicht immer eindeutig zu erkennen.

4.1.2.2.3 Sperrfunktion

Dispositionsfunktion als Problem des Importeurs

Die im vorangehenden Abschnitt dargestellte Möglichkeit zur nachträglichen Verfügung (nachträgliche Weisung bzw. nachträgliche Abänderung eines Transportvertrags; siehe Dispositionsfunktion in Abschnitt 4.1.2.2.2) durch den Absender bzw. durch einen berechtigten Dritten kann für den Importeur zu erheblichen Risiken führen. Dies trifft insbesondere dann zu, wenn eine solche nachträgliche Disposition des Absenders (z.B. die nachträgliche Weisung des Exporteurs an den Frachtführer zur Ablieferung der Ware an einen anderen Empfänger als den Importeur) zu einem Zeitpunkt erfolgt, in dem der Importeur bereits Zahlung geleistet hat. Der Importeur sucht deswegen das Risiko der nachträglichen Verfügung über die Ware durch den Absender auszuschließen.

Sperrfunktion als Sicherheit für den Importeur

Es hängt von der Ausgestaltung des jeweiligen Transportdokuments ab, welche Möglichkeiten sich dem Importeur zur Sperrung vor den nachträglichen Verfügungen des Absenders eröffnen (die gilt grundsätzlich auch für die Lagerdokumente).

Im Allgemeinen trifft Folgendes zu:

- Die Ausübung des nachträglichen Verfügungsrechts durch den Exporteur ist in der Regel an die Vorlage des Transportdokuments beim Frachtführer (Verfrachter) geknüpft. Zu den Frachtbriefen ist beispielsweise in § 418 Abs. 4 HGB ausgeführt: *„Ist ein Frachtbrief ausgestellt und von beiden Parteien unterzeichnet worden, so kann der Absender sein Verfügungsrecht nur gegen Vorlage der Absenderausfertigung des Frachtbriefs ausüben, sofern dies im Frachtbrief vorgeschrieben ist".*
- Sobald der Exporteur dieses Dokument aus den Händen gibt, z.B. an den Importeur oder an eine von diesem in die Abwicklung eingeschaltete Bank, ist dem Exporteur die Möglichkeit genommen, nachträglich über die Sendung verfügen zu können. In umgekehrter Sicht kann dann der Importeur im Regelfall sicher sein, dass die Sendung unwiderruflich auf ihn zukommt. Der Frachtführer haftet im Übrigen für den Schaden, der dadurch entsteht, dass er sich die Absenderausfertigung des Frachtbriefs bei Ausübung des Verfügungsrechts nicht vorlegen lässt, falls diese Vorlage vorgeschrieben ist (vgl. § 418 Abs. 6 HGB).
- Das genannte Verfügungsrecht / Weisungsrecht des Absenders erlischt nach Ankunft des Gutes an der Ablieferungsstelle. Von diesem Zeitpunkt an steht das Verfügungsrecht dem Empfänger zu (Vorschriften des HGB zum Frachtgeschäft; vgl. § 418 Abs. 2).

Andere Bezeichnungen

- Mit dem Ausdruck „Sperrfunktion“ von Exportdokumenten werden ebenso wie mit dem Ausdruck „Dispositionsfunktion" (siehe Abschnitt 4.1.2.2.2) nicht nur unterschiedliche Vorstellungsinhalte verbunden, sondern auch unterschiedliche Bezeichnungen verwendet. Im Kern kristallisieren sich folgende Vorstellungsinhalte für die Sperrfunktion heraus:
- Sperrung vor nachträglichen Verfügungen (des Absenders bzw. eines berechtigten Dritten);
- Sperrung vor nachträglichen Weisungen (des Absenders bzw. eines berechtigten Dritten);
- Sperrung vor (nachträglichen) Abänderungen eines (Transport-)Vertrages (durch den Absender bzw. durch einen berechtigten Dritten).

Dokumenteninkassi und Dokumentenakkreditive

Die Möglichkeiten zur faktischen Ausschaltung bzw. Sperrung des (nachträglichen) Verfügungsrechts des Absenders oder eines Dritten sind von großer praktischer Bedeutung bei Dokumenteninkassi und bei Dokumentenakkreditiven. Nur auf dieser Grundlage bietet die Zug-um-Zug-Abwicklung „Dokumente gegen Zahlung bzw. gegen Zahlungsverpflichtung" für den zahlenden bzw. zahlungspflichtigen Importeur die notwendige Sicherheit der unwiderruflichen Zurverfügungstellung der Sendung.

Transportversicherung

Ebenso wie der Frachtvertrag kann auch der Versicherungsvertrag vom Berechtigten nachträglich geändert werden. Auch hierzu ist die Vorlage des Versicherungsscheins (der Versicherungspolice, eventuell des Versicherungszertifikats) erforderlich. Sobald der Importeur selbst oder eine von ihm zur Abwicklung der Zahlung beauftragte Bank die Police in Händen hält, kann er im Regelfall sicher sein, dass der Exporteur nachträgliche Änderungen am Versicherungsschutz bzw. an der Empfangsberechtigung einer eventuellen Schadenszahlung aus der Versicherung nicht mehr vornehmen kann (vgl. dazu auch § 887 HGB).

Begrenzte Sicherheit für den Importeur

Einschränkend ist anzumerken, dass nicht bei allen Transportdokumenten zur Ausübung des nachträglichen Verfügungsrechts durch den Exporteur die Vorlage der Absenderausfertigung Voraussetzung ist. So kommen in der Praxis auch nachträgliche Verfügungen des Absenders vor, ohne dass dieser die ihm ausgehändigte Ausfertigung des Absenderdokuments (z.B. eines Frachtbriefs) dem Frachtführer vorlegen muss. Im Einzelfall kann folglich die Sperrfunktion des Dokuments unterlaufen werden und damit auch die sich für den Importeur aus der Sperrfunktion grundsätzlich ergebende Sicherheit.

Definitionsprobleme der Sperrfunktion

In Literatur und Praxis wird manchmal die im folgenden beschriebene Legitimationsfunktion (siehe Abschnitt 4.1.2.2.4) als „Sperrfunktion" bezeichnet. Gemeint ist bei einer derartigen Verwendung des Ausdrucks „Sperrfunktion", dass der Importeur ohne Vorlage des Dokuments seine Berechtigung zum Warenempfang nicht nachweisen kann, d.h. vom Warenempfang abgesperrt ist.

Die so charakterisierte „Sperrfunktion" ist indessen Ausfluss der unten behandelten Legitimationsfunktion, so dass es in diesem Buch bei der Definition der Sperrfunktion im oben beschriebenen Sinne (Sperrung vor nachträglichen Verfügungen des Absenders bzw. berechtigter Dritter) bleiben kann.

4.1.2.2.4 Legitimationsfunktion

Andere Bezeichnungen der Legitimationsfunktion

In der Literatur und in der Praxis finden sich für die Legitimationsfunktion auch die folgenden Bezeichnungen:

- Nachweis der Berechtigung zum Empfang der Ware bzw.
- Nachweis zur Ausübung anderer Rechte.

Charakterisierung

Zur Ausübung der verbrieften Rechte, insbesondere zur Ausübung des Herausgabeanspruchs auf die Ware bzw. zur Geltendmachung des Versicherungsanspruchs, ist grundsätzlich derjenige legitimiert, der im Dokument als Berechtigter ausgewiesen ist und der das Dokument vorlegt bzw. zurückgibt (bzw. in Ausnahmefällen, z.B. bei Verlust des Dokuments, der seine Berechtigung anderweitig nachweist):

- Bei sog. **Inhaberpapieren** (das sind Urkunden, die auf den Inhaber lauten und die ohne Indossament oder Abtretungserklärung einfach durch Einigung und Übergabe der Urkunde übertragen werden), hat diesen Herausgabeanspruch grundsätzlich jeder Inhaber, der das Dokument in Händen hält.
- Bei **Rekta-(Namens-)** und bei **Order(wert)papieren** kann diesen Herausgabeanspruch nur der im Dokument Ausgewiesene geltend machen, entweder als unmittelbar eingetragener Berechtigter (z.B. als Warenempfänger oder als Versicherungsnehmer) oder bei Orderwertpapieren als Indossatar, also der mittels einer lückenlosen Indossamentenkette ausgewiesene Begünstigte.

Dokumente mit Legitimationsfunktion

Die derart skizzierte Legitimationsfunktion weisen alle Exportdokumente auf, die Wertpapiereigenschaft haben, also das Konnossement, der Ladeschein, der Lagerschein und die Transportversicherungspolice.

Dokumente ohne Legitimationsfunktion

Dokumente ohne Legitimationsfunktion erfordern bei der Geltendmachung eines Anspruchs keine Vorlage bzw. keine Rückgabe des Dokuments.

Anmerkung: Es ist ein anderer Sachverhalt und entspricht nicht dem Sinn der hier gemeinten Legitimationsfunktion, dass sich ein Warenempfänger u.U. durch Vorlage seines Ausweises als der Empfangsberechtigte gegenüber dem Beförderer einer Sendung auszuweisen hat.

4.1.2.2.5 Wertpapiereigenschaft

Charakterisierung

Wertpapiere sind Urkunden über (Vermögens-)Rechte, deren Ausübung den Besitz (die Vorlage) der Urkunde voraussetzt.

- Konnossemente, Ladescheine und Lagerscheine sind sachenrechtliche Wertpapiere [sog. Waren(wert)papiere],
- die Versicherungspolice ist ein sog. Forderungs(wert)papier.

Exportdokumente, die Wertpapiereigenschaft haben, schließen die Beweisfunktion, das Dispositionsrecht (die Sperrfunktion) sowie die Legitimationsfunktion mit ein.

Übertragung

Nach der Art der Übertragung der verbrieften Rechte können Wertpapiere eingeteilt werden in:

- **Inhaberwertpapiere**

  Die Übertragung von Inhaberwertpapieren erfolgt durch **Einigung und Übergabe**.

- **Orderwertpapiere**

  Orderwertpapiere, die entweder kraft Gesetz (z.B. der Wechsel als sog. geborenes Orderpapier) oder durch einen ausdrücklichen Vermerk (z.B. das Konnossement, der Ladeschein und der Lagerschein als sog. gekorene Orderpapiere) an Order gestellt sind, werden mittels einer **Übertragungserklärung** (dem Indossament) sowie der **Übergabe der Urkunde** übertragen.

- **Rektawertpapiere (sog. Namenswertpapiere)**

  Diese Dokumente lauten auf einen **namentlich genannten Berechtigten**, der die verbrieften Rechte nur durch förmliche **Abtretungserklärung**, nicht aber durch Indossament, weitergeben kann. Diese Exportdokumente können jedoch durch einen entsprechenden Vermerk (die sog. Orderklausel) auf der Urkunde **zu Orderwertpapieren gemacht werden** (sog. gekorene Orderpapiere; vgl. § 363 HGB).

4.1.2.3 Betriebswirtschaftliche Funktionen der Exportdokumente – Überblick

Aufbauend auf den rechtlichen Merkmalen und Funktionen der Exportdokumente lässt sich ihre betriebswirtschaftliche Bedeutung ableiten:

Beweisfunktion

Exportdokumente dienen zunächst dem Nachweis der Erfüllung des (Kauf-) Vertrags durch den Exporteur. Mittels Vereinbarung geeigneter Dokumente im Kontrakt eröffnet sich dem Importeur die Möglichkeit, vielfältige Auflagen an den Exporteur durchzusetzen, die seiner Sicherheit hinsichtlich Preis, Lieferzeit, Versandart, Qualität und vielem anderen dienen.

Übertragungsfunktion

Warendokumente mit Wertpapiereigenschaft und Traditionsfunktion ermöglichen die Übertragung von Rechten an der Ware durch Indossament (Orderkonnossemente, Orderladescheine sowie Orderlagerscheine), d.h. ohne aufwendige und ohne u.U. kostspielige Übergabe der Waren.

Sicherungsfunktion bei der Zahlungsabwicklung

Im Rahmen der Exportfinanzierung sind die Exportdokumente Instrumente einer Zug-um-Zug-Abwicklung.

Durch Vorlage der Dokumente erlangt der Exporteur die Zahlung bzw. einen Zahlungsanspruch, so z.B. bei **Dokumenteninkassi** im Rahmen der Abwicklung „Dokumente gegen Zahlung“ bzw. „Dokumente gegen Akzept“.

Bei Dokumentenakkreditiven erhält der Exporteur eine Zahlung bzw. eine Zahlungszusage von einer Bank im Gegenzug zur rechtzeitigen Einreichung akkreditivkonformer Dokumente.

Sind die geeigneten Dokumente vereinbart, dann dienen sie dem Sicherungsinteresse beider Beteiligten:

- Der **Exporteur** erlangt die Sicherheit, dass dem Importeur die Dokumente nur ausgehändigt werden, wenn dieser selbst (bei Dokumenteninkassi) oder eine von ihm beauftragte Bank (bei Dokumentenakkreditiven) im Gegenzug die vereinbarte Leistung (d.h. Zahlung, Zahlungszusage oder Akzept) erbringt. Handelt es sich um Exportdokumente, die der Importeur zum Nachweis seiner Empfangsberechtigung vorzuweisen hat (Legitimationsurkunden), dann kann der Exporteur überdies sicher sein, dass der Importeur nicht in den Besitz der Waren gelangt, ohne zuvor der vereinbarten Gegenleistung entsprochen zu haben.

- Der **Importeur** erhält bei diesen Zug-um-Zug-Abwicklungen die Gewähr, dass der Exporteur nur Zahlung bzw. Zahlungszusage erhält, wenn er die Dokumente, die den festgelegten Inhalt ausweisen, rechtzeitig vorlegt.

Sicherungsfunktion bei der Kreditaufnahme

Schließlich sind Exportdokumente Instrumente zur Sicherung von Krediten, die der Finanzierung der Güter während der Transportphase und einer eventuellen Lagerphase dienen.

4.1.2.4 Exkurs: UN/EDIFACT

Grundstruktur

UN/EDIFACT ist die Abkürzung für United Nationes/**Electronic Data Interchange for Administration, Commerce and Transport** (Elektronischer Datenaustausch für Verwaltung, Wirtschaft und Transport). Es ist dies ein von den Vereinten Nationen entwickeltes und definiertes Regelwerk für einen internationalen, branchenübergreifenden Standard für den elektronischen Datenaustausch.

Vorteile

Der Einsatz von EDIFACT in Unternehmen weist eine Reihe von Vorzügen auf:

- **Einmal**ige, gleichartig strukturierte **Datenerfassung** an der Stelle von mehrmaligen Datenerfassungen, wie sie bei herkömmlichen Datenübertragungen (Dokumente, Belege, Formulare, Briefe, Faxe usw.) notwendig sind.

  Dadurch

- **geringerer Erfassungsaufwand**,
- **weniger Fehlerquellen**,
- **schnellere Datenübertragung** (z.B. im Gegensatz zum Postweg),
- **hoher Sicherheitsstandard** (z.B. im Gegensatz zum Dokumentenverlustrisiko).
- Aus **denselben, einmal erfassten Daten** eines (internationalen) Geschäfts können die verschiedenen an diesem Geschäft **Beteiligten** (Exporteur, Importeur, Transportunternehmen, Versicherungsgesellschaft, Banken, Zentralbanken, Zollbehörden usw.) mit den für sie relevanten Daten versorgt werden. Dadurch sind erhebliche Kosteneinsparungen möglich.
- Im Gegensatz zu den branchenspezifischen EDI-Systemen (z.B. SWIFT der Banken, SITA der Fluggesellschaften, ODETTE der Automobilbranche, SEDAS des Handels usw.) ist EDIFACT nicht nur **international**, sondern auch **branchenübergreifend** ausgerichtet.

Beispiel: Anwendung bei Kaufgeschäften

- Aus dem Zug-um-Zug aus der Käuferanfrage bis zum Auftrag einmalig erfassten standardisierten Datenbestand können – unter Vornahme einiger Ergänzungen bzw. Selektionen – die **Auftragsbestätigung**, der **Lieferstatus** und die **Rechnung** erstellt und dem Geschäftspartner elektronisch übermittelt werden.
- Auf Grundlage desselben, nur einmal erfassten Datenbestandes beauftragt der Käufer seine **Bank auf elektronischem Weg** mit der Zahlung, verrechnen die beteiligten **Banken** den Gegenwert untereinander und erhält schließlich der Verkäufer von seiner Bank die Gutschriftsanzeige (der diese beleglos mit der Sollstellung abgleicht).
- Darüber hinaus können in ein solches EDI-System das bzw. die **Transportunternehmen** sowie **weitere** an der Geschäftsabwicklung **Beteiligte** einbezogen sein.

4.1.3 Konnossemente und verwandte Dokumente

4.1.3.1 Charakterisierung und Inhalte von Konnossementen

Charakterisierung und Beteiligte

- Das Konnossement (Bill of Lading) ist das maßgebliche Transportdokument des **Seefrachtverkehrs** (wogegen der Seefrachtbrief nur eine untergeordnete Bedeutung erlangt hat). Das Konnossement ist eine Urkunde mit Wertpapiereigenschaft, die vom Verfrachter oder dessen Agent ausgestellt wird. **Verfrachter** ist die Reederei bzw. der Schiffseigentümer (Anmerkung: Im Binnenschiffahrtsverkehr wird von Frachtführer gesprochen).
- Der **Exporteur** (bzw. der beauftragte Spediteur), der den Frachtvertrag mit der Reederei abschließt und dieser die Güter übergibt, wird im Zusammenhang mit Konnossementen mit dem Ausdruck „Ablader“, „Ablieferer“, „Befrachter“ oder „Verlader“ belegt.

Rechtsgrundlage, Inhalt, Traditionsfunktion

- Das **deutsche Recht** regelt das Konnossement im Rahmen des Fünften Buches „Seehandel“ im **HGB** (§§ 476 bis 905), schwerpunktmäßig in den **§§ 642 ff.** Speziell zum Inhalt von Konnossementen siehe §§ 643 ff. HGB.
- Das Konnossement enthält die Bestätigung der Reederei über den **Empfang** der Güter zur Beförderung (Übernahmekonnossement; vgl. § 642 Abs. 5 HGB) bzw. **Verladung** der Güter auf Schiff (Bordkonnossement; vgl. § 642 Abs. 1 HGB). Vor allem aber verbrieft das Konnossement die Verpflichtung der Reederei zur **Auslieferung** der Waren. Dies ist ein selbständiger schuldrechtlicher **Anspruch** des Berechtigten (Legitimierten) an den Verfrachter (an die Reederei), der die Wertpapiereigenschaft des Konnossements begründet.

- **Traditionsfunktion:** Das Konnossement ist ein Wertpapier mit Traditionsfunktion. Die Übergabe des Konnossements an den im Konnossement auszuweisenden Berechtigten ersetzt die körperliche Übergabe der (auf See befindlichen) Güter.
- Die Traditionsfunktion des Konnossements in Verbindung mit der Legitimationsfunktion ermöglicht es, das Konnossement als Instrument der **Zug-um-Zug-Abwicklung** „Dokumente gegen Zahlung bzw. gegen Zahlungsversprechen", d.h. bei Dokumenteninkassi bzw. bei Dokumentenakkreditiven einzusetzen:

Kreditsicherheit, Legitimationsfunktion

- **Kreditsicherheit:** Die Wertpapiereigenschaft des Konnossements begründet die Eignung des (Order-)Konnossements als Kreditsicherheit: Die verbrieften Rechte, insbesondere der Anspruch auf Auslieferung der Waren, können auf die **kreditgewährende Bank** oder auf einen anderen, das Geschäft finanzierenden Dritten übertragen werden.
- **Legitimationsfunktion:** Zur Aushändigung der Waren hat der durch das Konnossement legitimierte Empfänger dem Verfrachter das **Konnossement** vorzulegen und (quittiert) **zurückzugeben.**

Abbildung

Die maßgeblichen **Merkmale eines Konnossements** können der **Abbildung 4.1-03** entnommen werden. Diese Merkmale sind in den anschließenden Ausführungen hinsichtlich ihrer praktischen und rechtlichen Bedeutung untersucht.

Die **Ziffern** im Text korrespondieren mit den Ziffern im abgebildeten Konnossement.

Ein ausführlicher Kommentar zur den einzelnen Merkmalen von Konnossementen findet sich in Häberle, S.G. (Hrsg.): Handbuch der Akkreditive, Inkassi, Exportdokumente und Bankgarantien, Oldenbourg-Verlag, München und Wien.

Aussteller des Konnossements (1)

Ausstellungstag und Ausstellungsort (2)

Ablader (Ablieferer, shipper) (3)

(Waren-)Empfänger (consignee), zugleich Festlegung von Rekta- oder Orderkonnossement (4)

Die Angabe des Warenempfängers, die in Verbindung mit der Eintragung einer sog. Orderklausel erfolgen kann, bestimmt den **Rechtscharakter** eines Konnossements. Grundsätzlich bestehen drei Alternativen:

- Die (bloße) **Angabe des** Namens des **Empfängers** ohne Ordervermerk. Es liegt dann ein Rekta(Namens)Konnossement vor.
- Die **Angabe des** Namens des **Empfängers** mit dem Zusatz **„oder (dessen) Order"** o.ä. Dies ist ein Orderkonnossement, dessen verbrieften

INTERNATIONAL OCEANCARGO INC.
BILL OF LADING

SHIPPER / EXPORTER
DMEZ Deutsche-Maschinen-Export-Zentrale
GmbH & Co. KG.
Bornweg 18-22
2000 Hamburg 15 (3)

BOOKING NO.
21562235

EXPORT REFERENCES
21562235

CONSIGNEE
To the order of:
Machines Import Inc.
50, 306th Street
New York, N.Y. 23509 (4)

FORWARDING AGENT – REFERENCES
456/21/10/9

POINT AND COUNTRY OF ORIGIN
Hamburg / Germany

NOTIFY PARTY
International Customs House Broker
and Forwarding Company
2582, 702nd Avenue
New York, N.Y. 50254 (5)

DOMESTIC ROUTING / EXPORT INSTRUCTIONS

PIER

EXPORTING CARRIER (Vessel)
Sealink Star (6)

PORT OF LOADING
Hamburg (2) (6)

ONWARD INLAND ROUTING

PORT OF DISCHARGE
New York (6)

FOR TRANSSHIPMENT TO

PARTICULARS FURNISHED BY SHIPPER

MARKS AND NUMBERS	NO. OF PKGS.	DESCRIPTION OF PACKAGES AND GOODS	GROSS WEIGHT	MEASUREMEN
		Said to contain: (7)		
Machines Import Inc. P.O. No. 304 Case No. 1-3 New York Made in Germany	3 Cases	Blow moulding machines	5104,0 kg	30,512 cbm
		Shipped on board (11) Oceanfreight prepaid at Hamburg (9)		
		" M U S T E R "		

FREIGHT CHARGES PAYABLE AT: Hamburg (9)

Received by INTERNATIONAL OCEANCARGO INC. for shipment by ocean vessel between port of loading and port of discharge, and for arrangement or procurement of pre-carriage from place of receipt and on-carriage to place of delivery, where stated above, the goods as specified above in apparent good order and condition unless otherwise stated. The goods to be delivered at the above mentioned port of discharge or place of delivery, whichever applicable, subject always to the exceptions, limitations, conditions and liabilities set out on the reverse side hereof, to which the Shipper and/or Consignee agree to accepting this Bill of Lading. (8)

IN WITNESS WHEREOF 3/Three original Bills of Lading have been signed, not otherwise stated above, one of which being accomplished the others shall be void. (10)

DATED AT PORT OF LOADING SHOWN ABOVE

INTERNATIONAL OCEANCARGO INC.

(1) By International Oceancargo Deutschland GmbH AGENT FOR THE MASTER

B/L NO.	MO.	DAY	YEAR
80505-E	10	02 (2)	19..

OCEAN FREIGHT CHARGED ON	PREPAID	COLLECT
@ PER		
@ PER		
@ PER		
@ PER		
@ PER		
@ PER		
@ PER		
@ PER		
TOTAL CHARGES		

Abbildung 4.1-03

Rechte ausschließlich vom angegebenen Empfänger durch Indossament übertragen werden können.

- **Keine Angabe des Empfängers**, sondern lediglich der Vermerk **„an Order“** o.ä. (sog. Orderklausel) im Empfängerfeld. Diese Orderklausel definiert das Konnossement ebenfalls als Orderkonnossement, dessen verbriefte Rechte mangels Empfängerangabe dem Ablader zustehen. Der Ablader hat bei Übertragung des Konnossements das erste Indossament anzubringen.

Benachrichtigungsadresse (notify adress) (5)

Name des Schiffs (ocean vessel), (Ab-)Ladehafen (port of loading), Entladehafen (port of discharge) (6)

Bezeichnung sowie äußerliche Verfassung und Beschaffenheit der Güter (7) (8)

Frachtkosten (9)

Anzahl der Ausfertigungen (10)

- **Originale/voller Satz:** Auf Weisung des Abladers (Exporteur bzw. die von ihm beauftragte Spedition) werden von der Reederei bzw. von deren Agent **mehrere Ausfertigungen** des Konnossements erstellt und dem Ablader ausgehändigt. Die Zahl der ausgestellten Ausfertigungen ist im Konnossement enthalten.
- **Geltendmachung der Ansprüche**:
  - **Durch ein Original:** Der legitimierte Inhaber kann den Anspruch auf Aushändigung der Güter mit einem **einzelnen Original** des Konnossements geltend machen. In § 648 Abs. 2 ist festgelegt: *„Sind mehrere Ausfertigungen des Konnossements ausgestellt, so sind die Güter an den legitimierten Inhaber auch nur einer Ausfertigung auszuliefern“.*
  - **Durch vollen Satz:** Die soeben zitierte rechtliche Regelung hat den Vorzug, dass die Folgen des Verlustes eines Konnossements in der Tat begrenzt bleiben, weil ersatzweise zumindest ein weiteres Original zum Nachweis der Empfangsberechtigung der Waren zur Verfügung steht.

    In **Akkreditivbedingungen** wird aus Sicherheitsgründen dagegen regelmäßig vorgeschrieben, dass ein **voller Satz (full set) Konnossemente** vorzulegen ist.

4.1.3.2 Konnossementarten nach Merkmalen ihrer Abwicklung – einschließlich „Multimodale Transportdokumente“

Tabelle / Hinweise

- Die wichtigsten **Konnossementarten** – unterschieden nach den Merkmalen ihrer **Abwicklung** sind in den nachstehenden Tabelle aufgeführt.

  Zum – in der Tabelle aufgeführten – **Bordkonnossement** (An-Bord-Konnossement, Shipped on Board Bill of Lading) siehe auch Ziffer (11) des abgebildeten Konnossements.
- Diese Konnossementarten sind ausführlich vorgestellt im „Handbuch der Akkreditive ...“ (Hrsg. Häberle, S.G., Oldenbourg-Verlag München und Wien).

- Sonstige Dokumente auf Grundlage von Konnossementen und ähnliche Dokumente finden sich in einer Tabelle ebenfalls im „Handbuch der Akkreditive ...“.

Prof. Dr. Siegfried G. Häberle

Übersicht über maßgebliche Konnossementarten nach Merkmalen ihrer Abwicklung

Art des Konnossements	Kurzcharakterisierung bzw. Besonderheiten
Bordkonnossement (An-Bord-Konnossement, Shipped on Board Bill of Lading) Aussteller: Reederei oder deren Agent	Bestätigung der Reederei über den Empfang der Güter zum Transport und über die erfolgte Verladung der Güter in äußerlich guter Verfassung auf dem bezeichneten Schiff.
Übernahmekonnossement (Empfangen-zur-Verschiffung-Konnossement, Received for Shipment Bill of Lading) Aussteller: Reederei oder deren Agent	Bestätigung der Reederei über den Empfang der Güter in äußerlich guter Verfassung zum Transport. Lagerung der Güter bis ein geeigneter Schiffsraum zur Verfügung steht. Die Änderung des Übernahmekonnossements in ein Bordkonnossement ist durch einen datierten Vermerk auf dem Konnossement nach erfolgter Verladung der Güter auf Schiff möglich.
Durchkonnossement (Durchgehendes, durchlaufendes Konnossement, Durchfuhr-, Durchfracht-, Durchgangskonnossement, Through Bill of Lading) Aussteller: Reederei(en) oder deren Agent(en)	Anwendung: Bei Umladungen der Güter in einem oder mehreren Seehäfen und eventuellem Transport auf Schiffen verschiedener Reedereien. Es wird ein einziges Konnossement als Durchkonnossement für die gesamte Seereise ausgestellt.
- Echtes Durchkonnossement	Die Haftung der das Durchkonnossement ausstellenden Reederei erstreckt sich auf alle Teilstrecken und Umladungen.
- Unechtes Durchkonnossement	Die Haftung der das Durchkonnossement ausstellenden Reederei ist auf die von ihr übernommene Teilstrecke begrenzt. Die ausstellende Reederei beauftragt zwar andere Reedereien mit dem Weitertransport der Güter, aber nur als Agent und ohne weitergehende Haftung.
- Gemeinschaftliches Durchkonnossement	Die beteiligten Reedereien stellen gemeinsam ein Gemeinschaftliches Durchkonnossement aus (bzw. bevollmächtigen dazu eine Reederei) und übernehmen die Haftung entweder gesamtschuldnerisch für die gesamte Strecke oder begrenzt auf die jeweils selbst ausgeführte Teilstrecke.
Charterpartie-Konnossement (Charter Party Bill of Lading) Aussteller: Reederei oder deren Agent	Gegenstand des Charterpartie-Konnossements (Charter-Frachtvertrages) ist ein Schiffsraum oder ein ganzes Schiff (nicht eine Sendung). Vorkommend insbesondere bei Massengütern. Verladerisiko und Transportrisiko liegt in der Regel beim Ablader (Exporteur) und nicht bei der Reederei.
Konnossement des kombinierten Transports (Combined Transport Bill of Lading, FIATA FBL-Dokument)/Multimodales Transportdokument (Multimodal Transport Document) Aussteller: Reederei oder deren Agent; FIATA-Spediteure	Kombinierter bzw. multimodaler Transport bedeutet (mindestens) zwei verschiedene Transportarten bzw. -mittel (z. B. Land- und Seetransport). Über den gesamten Transportweg wird ein Konnossement ausgestellt. Der Aussteller haftet in der Regel für den gesamten Transport, auch wenn er selbst nur eine Teilstrecke ausführt. Vorkommend insbesondere bei Container- und Palettenversand. Anmerkung: Es sind auch kombinierte/multimodale Transportdokumente ohne Wertpapiereigenschaft und ohne Legitimationsfunktion im Umlauf (meistens mit dem Zusatz "not negotiable", "nicht begebbar" o.ä.), deren Rechtscharakter nicht immer eindeutig erscheint.

Kombinierte / Multimodale Transportdokumente

In der Tabelle „Übersicht über maßgebliche Konnossementarten nach Merkmalen ihrer Abwicklung“ ist auch das Konnossement des kombinierten Transports (Combined Transport Bill of Lading) bzw. das FIATA Multimodale Transportdokument (Multimodal Transport Document bzw. Multimodal Bill of Lading) aufgeführt.

Wegen der besonderen Bedeutung dieser Dokumente insbesondere im Containertransport, sind nachstehend einige – über die Tabelle hinaus reichende – Merkmale vorgestellt und die Abbildung eines FBL Negotiable FIATA Multimodal Transport Bill of Lading aufgenommen.

- Das charakteristische und zugleich die Abgrenzung zu den übrigen Konnossementen bestimmende Merkmal der Dokumente des kombinierten / multimodalen Transports ist die Einbeziehung **verschiedener Transportarten**, also beispielsweise See- und Landtransport, wie er häufig im Containertransport vorkommt.
- Der gesamte Transportweg wird vom Exporteur – unabhängig von den Transportarten und den Transportmitteln – mit einem Vertragspartner abgewickelt und mit einem **einzigen Transportdokument** abgedeckt.
- Das ausstellende Transportunternehmen **haftet** in der Regel für den gesamten Transport, und zwar auch dann, wenn es nur eine Teilstrecke (eine Transportart) selbst ausführt.
- Ein Multimodales Transportdokument / Multimodales Konnossement (Multimodal Transport Bill of Lading) kann nicht nur von einer **Reederei** und deren Agent, sondern auch von einem Spediteur (der von der FIATA authorisiert ist) ein eigenem Namen und für eigene Rechnung ausgestellt werden.
- Multimodale Konnossemente tragen **Wertpapiereigenschaft** (im Allgemeinen erkennbar durch den Zusatz „negotiable“, „begebbar“ o.ä.). Es sind jedoch auch multimodale Transportdokumente im Umlauf, die keine Wertpapiereigenschaft besitzen (im Allgemeinen mit dem Zusatz „not negotiable“, „non negotiable“, „nicht begebbar“ o.ä.).

Abbildung

Abbildung 4.1-04 zeigt ein Multimodales Konnossement mit Wertpapiereigenschaft **„Negotiable FIATA Multimodal Transport Bill of Lading“**.

4.1.4 Ladescheine

Charakterisierung

Der **Ladeschein entspricht** in seiner rechtlichen Ausgestaltung ebenso wie in seiner wirtschaftlichen Bedeutung im wesentlichen **dem Konnossement**. Ladescheine werden deswegen auch als „Konnossemente der Binnenschifffahrt“ bezeichnet.

Consignor

FBL DE

NEGOTIABLE FIATA MULTIMODAL TRANSPORT BILL OF LADING

issued subject to UNCTAD/ICC Rules for Multimodal Transport Documents (ICC Publication 481).

Consigned to order of

Notify address

Place of receipt

Ocean vessel | Port of loading

Port of discharge | Place of delivery

Muster

Marks and numbers	Number and kind of packages	Description of goods	Gross weight	Measurement

according to the declaration of the consignor

Declaration of Interest of the consignor in timely delivery (Clause 6.2.)

Declared value for ad valorem rate according to the declaration of the consignor (Clauses 7 and 8).

The goods and instructions are accepted and dealt with subject to the Standard Conditions printed overleaf.

Taken in charge in apparent good order and condition, unless otherwise noted herein, at the place of receipt for transport and delivery as mentioned above.

One of these Multimodal Transport Bills of Lading must be surrendered duly endorsed in exchange for the goods. In Witness whereof the original Multimodal Transport Bills of Lading all of this tenor and date have been signed in the number stated below, one of which being accomplished the other(s) to be void.

Freight amount	Freight payable at	Place and date of issue
Cargo Insurance through the undersigned ☐ not covered ☐ Covered according to attached Policy	Number of Original FBL's	Stamp and signature
For delivery of goods please apply to:		

189936

Abbildung 4.1-04

Aussteller eines Ladescheins ist gem. § 444 Abs. 1 HGB der Frachtführer (die Binnenschifffahrtsreederei oder deren Agent). Der Ladeschein soll dieselben Angaben enthalten wie ein Frachtbrief (siehe dazu § 408 Abs. 1 HGB). Der Ladeschein ist vom Frachtführer zu unterzeichnen; eine Nachbildung der eigenhändigen Unterschrift durch Druck oder durch Stempel genügt (§ 444 Abs. 1 HGB).

Legitimationsfunktion

Der Frachtführer ist zur Ablieferung des Gutes **nur gegen Rückgabe des Ladescheins**, auf dem die Ablieferung bescheinigt ist, verpflichtet (vgl. § 445 HGB). **Zum Empfang des Gutes legitimiert** ist derjenige, an den das Gut nach dem Ladeschein abgeliefert werden soll oder auf den der Ladeschein, wenn er an Order lautet, durch Indossament übertragen ist (vgl. 446 Abs. 1 HGB).

Dispositionsfunktion

Der Frachtführer braucht den **Weisungen** wegen Rückgabe oder Ablieferung des Gutes an einen anderen als den durch den Ladeschein legitimierten Empfänger nur Folge zu leisten, wenn ihm der **Ladeschein zurückgegeben** wird (vgl. § 446 Abs. 2 HGB). Der **Frachtführer haftet** dem rechtmäßigen Besitzer des Ladescheins für den Schaden, der daraus entsteht, dass er das Gut abliefert oder einer Weisung wegen Rückgabe oder Ablieferung Folge leistet, ohne sich den Ladeschein zurückgeben zu lassen. Diese Haftung ist allerdings auf den Betrag begrenzt, der bei Verlust des Gutes zu zahlen wäre (vgl. § 447 Abs. 1 HGB).

Sperrfunktion

Der Ladeschein erfüllt somit eine Dispositionsfunktion, aus der eine Sperrwirkung abzuleiten ist: Solange der Absender oder ein berechtigter Dritter den Ladeschein in Händen hält, kann er die Auslieferung an den Käufer verhindern. Umgekehrt ist ein Warenempfänger, der den Ladeschein berechtigt in Besitz hat, **vor Umdispositionen** desAbsenders (vor nachträglichen Weisungen des Exporteurs an den Frachtführer) gesichert, was als Sperrwirkung des Ladescheins angesehen werden kann.

Wertpapiereigenschaft

Wie das Konnossement ist der Ladeschein ein Rekta-(Namens-)**Wertpapier**, das jedoch durch ausdrücklichen Vermerk **an Order gestellt** und sodann durch Indossament übertragen werden kann (ein sog. gekorenes Orderpapier; vgl. § 444 Abs. 2 HGB). Ist der Ladeschein an Order gestellt, so soll er den Namen desjenigen enthalten, an dessen Order das Gut abgeliefert werden soll. Für die praktische Abwicklung ist jedoch von Bedeutung: Wird dieser Name im Orderladeschein nicht angegeben, so ist der Ladeschein als an Order des Absenders (des Exporteurs) gestellt anzusehen (vgl. § 444 Abs. 2 HGB).

Der Ladeschein ist ein **Traditionspapier**: Die Übergabe des Ladescheins an denjenigen, welcher durch den Ladeschein zur Empfangnahme der Güter legitimiert wird, hat für den Erwerb von Rechten an den Gütern dieselbe Wirkung wie die Übergabe der Güter (vgl. § 450 HGB), d.h. die Übergabe des Ladescheins ersetzt die Übergabe der Güter.

4.1.5 Lagerscheine

Charakterisierung

Lagerhalter sind Gewerbebetriebe, die die Lagerung und Aufbewahrung von Gütern übernehmen. Durch einen Lagervertrag wird der Lagerhalter verpflichtet, das Gut zu lagern und aufzubewahren (vgl. § 467 HGB).

Angaben im Lagerschein

Über die Verpflichtung zur Auslieferung der eingelagerten Güter kann vom Lagerhalter ein **Lagerschein** ausgestellt werden, der neben den bei derartigen Dokumenten üblichen Angaben (Ort und Tag der Ausstellung sowie der Einlagerung, Einlagerer, Lagerhalter usw.) bezüglich der Güter die folgenden Angaben enthalten soll (vgl. § 475 c HGB):

- die übliche Bezeichnung der Art des Gutes und die Art der Verpackung;
- Anzahl, Zeichen und Nummern der Packstücke;
- Rohgewicht oder die anders angegebene Menge des Gutes;
- Im Falle der Sammellagerung ein Vermerk hierüber.

In den Lagerschein können weitere Angaben eingetragen werden, die der Lagerhalter für zweckmäßig hält, beispielsweise Vereinbarungen über die Pflege des Lagergutes, seine (Feuer-/Einbruchdiebstahl-)Versicherung, die Vergütung, die Befristung u.ä.

Der Lagerschein ist vom Lagerhalter zu unterzeichnen. Eine Nachbildung der eigenhändigen Unterschrift durch Druck oder Stempel genügt.

Auslieferung des Gutes

Ist ein Lagerschein ausgestellt, so ist der Lagerhalter zur **Auslieferung des Gutes** nur gegen Rückgabe des Lagerscheins, auf dem die Auslieferung bescheinigt ist, verpflichtet.

Die **Auslieferung eines Teils** des Gutes erfolgt gegen Abschreibung auf dem Lagerschein. Der Abschreibungsvermerk ist vom Lagerhalter zu unterzeichnen.

Der Lagerhalter haftet dem rechtmäßigen Besitzer des Lagerscheins für den Schaden, der daraus entsteht, dass er das Gut ausgeliefert hat, ohne sich den Lagerschein zurückgeben zu lassen oder ohne einen Abschreibungsvermerk einzutragen (vgl. § 475 e HGB).

Formen

Der Lagerschein ist ein Dokument mit **Wertpapiereigenschaft**, das in zwei Ausprägungen in Erscheinung tritt, nämlich als Rekta-(Namens-)Wertpapier oder als Orderwertpapier:

- **Rekta-(Namens-)Lagerscheine**

  Rektalagerscheine legitimieren den **namentlich genannten Berechtigten** zum Empfang des Gutes. Die verbrieften Rechte eines Rektalagerscheins können vom Berechtigten mittels **Zessionsvertrag** abgetreten werden. Geschieht dies im Rahmen eines Kreditvertrags mit einer Bank, dann wird die Bank den Rektalagerschein zu ihrer Sicherheit einfordern und dem Lagerhalter die erfolgte Abtretung offenlegen.

- **Orderlagerscheine**

  Ein an Order gestellter Lagerschein kann vom Berechtigten mittels **Indossament** übertragen werden. Dabei hat die Übergabe des Lagerscheins an denjenigen, den der Lagerschein zum Empfang des Gutes legitimiert, für den Erwerb von Rechten an dem Gut dieselben Wirkungen wie die Übergabe des Gutes (vgl. § 475 g HGB). Die Übergabe des indossierten Orderlagerscheins ersetzt somit im Sinne der Traditionsfunktion eines Wertpapiers die Übergabe des Gutes. Es liegt auf der Hand, dass der Orderlagerschein bei Warenverkäufen und bei Kreditgeschäften im Vergleich zum Rektalagerschein das geeignetere Instrument darstellt.

4.1.6 Frachtbriefe

4.1.6.1 Allgemeingültige Merkmale und Funktionen

Beweisfunktion

Frachtbriefe dienen dem Nachweis über den **Abschluss und Inhalt des Frachtvertrags** zwischen dem Absender (Exporteur) und einem Frachtführer (Eisenbahn, Luftverkehrsgesellschaft, Spediteur). Sie beweisen u.a. die Stelle und den Tag der Übernahme eines im Frachtbrief bezeichneten Gutes durch den Frachtführer sowie die für die Ablieferung vorgesehene Stelle (vgl. § 408 HGB). Daneben enthalten sie Angaben über (Voraus-)Zahlung der Fracht u. ä. Angaben.

Der Frachtbrief wird in drei **Originalausfertigungen** ausgestellt, die vom Absender unterzeichnet werden. Der Absender kann verlangen, dass auch der Frachtführer den Frachtbrief unterzeichnet, wobei Nachbildungen der eigenhändigen Unterschriften durch Druck oder Stempel genügen (vgl. § 408 HGB).

Eine Ausfertigung des Frachtbriefs ist für den Absender bestimmt, eine begleitet das Gut, eine behält der Frachtführer (vgl. ebenda).

Dispositionsfunktion

Neben dieser Beweisfunktion umfassen Frachtbriefe ein Dispositionsrecht des Absenders: Der **Absender kann vom Frachtführer insbesondere verlangen**, dass der Frachtführer das Gut nicht weiterbefördert oder es an einem anderen Bestimmungsort, an einer anderen Ablieferungsstelle oder an einen anderen Empfänger abliefert (vgl. § 418 Abs. 1 HGB). Dieses Dispositionsrecht (Verfügungsrecht) des Absenders erlischt nach Ankunft des Gutes an der Ablieferungsstelle (vgl. § 418 Abs. 2 HGB).

Für die im folgenden angesprochene Sperrfunktion von Frachtbriefen ist Absatz 4 des § 418 HGB von entscheidender Bedeutung: „Ist ein Frachtbrief ausgestellt und von beiden Parteien unterzeichnet worden, so kann der Absender sein Verfügungsrecht **nur gegen Vorlage der Absenderausfertigung des Frachtbriefs** ausüben, sofern dies im Frachtbrief vorgeschrieben ist".

Die praktische Bedeutung des Dispositionsrechts des Absenders ist grundsätzlich vom Transportweg bzw. vom Transportmittel abhängig. Wegen der meist kurzen Reisedauer und der sodann folgenden Ablieferung der Güter an den Empfänger ist der dem Absender in der Praxis verbleibende zeitliche Spielraum zur Ausübung des Dispositionsrechts im Allgemeinen klein.

Sperrfunktion

Aus dem Dispositionsrecht (Verfügungsrecht) des Absenders lässt sich die Sperrwirkung des Frachtbriefs ableiten: Gibt der Absender die ihm verbleibende Ausfertigung aus den Händen, dann ist ihm die Möglichkeit zur beschriebenen Weisung an den Frachtführer, das Gut nicht weiterzubefördern, an einen anderen Empfänger abzuliefern usw., also die Möglichkeit zur (nachträglichen) Verfügung im Allgemeinen genommen.

Ein Importeur, der Zahlung zu leisten bzw. eine Zahlungsverpflichtung einzugehen hat, kann somit im Gegenzug zu seiner Zahlung die Übergabe der dem Absender verbliebenen Ausfertigung des Frachtbriefs verlangen und damit im Allgemeinen sicherstellen, dass die versandten **Güter vor nachträglichen Verfügungen des Absenders gesperrt** sind. Vor allem diese zur Sicherheit des Importeurs wirkende Sperrfunktion erklärt die Einbeziehung von Frachtbriefen in die Zug-um-Zug-Abwicklung von Dokumenteninkassi und Dokumentenakkreditiven.

Anzumerken ist allerdings, dass in der betrieblichen Praxis auch nachträgliche Verfügungen des Absenders vorkommen, ohne dass dieser die ihm ausgehändigte Ausfertigung des Frachtbriefs dem Frachtführer vorlegen muss und dass insoweit die beschriebene **Sicherheit in Zweifel zu ziehen** sein kann. Inwieweit die Sperrfunktion eines Frachtbriefs tragfähig ist, hängt überdies vom jeweiligen Frachtvertrag und vom anzuwendenden Recht ab.

Fehlende Funktionen

Der Empfänger braucht seine Berechtigung zur Entgegennahme der Ware **nicht durch Vorlage** einer Ausfertigung **des Frachtbriefs** nachzuweisen. In diesem Sinne umfassen Frachtbriefe **keine Legitimationsfunktion.** Vielmehr fährt die Ware auf den im Frachtbrief angegebenen Empfänger zu und sie wird ihm vom Frachtführer ohne weitere Formalitäten ausgehändigt bzw. zu seiner Verfügung gestellt.

Frachtbriefe sind **keine Wertpapiere**. Sie repräsentieren die Ware nicht und haben auch **keine** dahingehende **Traditionsfunktion**. Als Kreditsicherheit sind sie nur begrenzt geeignet.

4.1.6.2 Internationaler Eisenbahnfrachtbrief (CIM-Frachtbrief)

Charakterisierung

Der Internationale Eisenbahnfrachtbrief wird von den Eisenbahnverwaltungen auf Grundlage der übernationalen Vereinbarung „Convention Internationale concernant le transport des Marchandises par chemin de fer" (CIM) ausgestellt, der die meisten europäischen sowie zum Teil außereuropäische Staaten beigetreten sind.

Ausgefüllt wird das CIM-Frachtbriefformular ebenso wie der inländische Eisenbahnfrachtbrief durch den Absender, und zwar beim CIM-Frachtbrief in **fünffacher Ausfertigung**. Der Absender haftet – bei Anwendung von § 414 HGB – dem Frachtführer für die Richtigkeit und für die Vollständigkeit der im Frachtbrief aufgenommenen Angaben. Die erste Ausfertigung des Frachtbriefs reist mit der Ware und wird dem Warenempfänger ausgehändigt.

Als **Versandnachweis** erhält der Absender von der Deutschen Bahn AG eine vom Aufgabebahnhof mit einem Abfertigungsvermerk gekennzeichnete und abgestempelte bzw. mit Computereindruck versehene Ausfertigung des CIM-Frachtbriefs, das sog. Duplikat. Deswegen wird in der betrieblichen Praxis statt von Eisenbahnfrachtbrief häufig von **Duplikatfrachtbrief** bzw. **Frachtbriefdoppel** gesprochen.

Funktionen

- **Beweisfunktion**
- **Dispositionsfunktion**
- **Sperrfunktion**

Einzelheiten zu den Funktionen von Frachtbriefen siehe Abschnitt „4.1.6.1 Allgemeingültige Merkmale und Funktionen".

Der CIM-Frachtbrief hat keine Legitimationsfunktion, d.h. der im Frachtbrief bezeichnete Empfänger braucht seine Empfangsberechtigung nicht durch die Vorlage einer Ausfertigung des Frachtbriefs nachzuweisen. Der CIM-Frachtbrief ist auch kein Wertpapier.

4.1.6.3 Luftfrachtbrief (Air Waybill)

Charakterisierung / Abbildung

In rechtlicher und in wirtschaftlicher Hinsicht **entspricht** der Luftfrachtbrief im wesentlichen dem **Eisenbahnfrachtbrief**.

Ein **Luftfrachtbrief** ist in **Abbildung 4.1-05** dargestellt.

Ausfertigungen

Der Luftfrachtbrief wird in **3 Originalausfertigungen** ausgestellt:

- Die **erste Ausfertigung** verbleibt beim **Luftfrachtführer** (Luftfahrtgesellschaft).
- Die **zweite Ausfertigung** reist mit den **Gütern** und wird dem **Warenempfänger** zur Verfügung gestellt.
- Die **dritte Ausfertigung** („original 3 for shipper") erhält der Absender (bzw. die von ihm beauftragte Spedition) als Nachweis für den Abschluss des Frachtvertrags, der insbesondere den Empfang der in äußerlich guter Verfassung befindlichen Güter zur Beförderung an den Empfänger (Bestimmungsort) ausweist („*It is agreed that the goods ... are accepted in apparent good order and condition for carriage ...*" o.ä.).

Inhalt

Im Frachtbrief sind neben dem **Absender** und neben dem **Empfänger** der **Aufgabeflughafen** und der **Bestimmungsflughafen**, eine **Warenbeschreibung**, Angaben zur **Fracht** und deren Zahlung, **Weisungen** des Absenders sowie Angaben über eine eventuell über die Luftfrachtgesellschaft abgeschlossene Versicherung und viele **weitere Angaben** enthalten.

Die Angabe einer **Notifyadresse** ist in den Formularen der Luftfrachtbriefe nicht an einem festen Platz vorgesehen. Die Bay. Vereinsbank empfiehlt, die Notifyadresse(n) im Empfängerkästchen anzugeben (vgl. Bay. Vereinsbank, Akkreditive 1989: S. 34).

Der Luftfrachtbrief muss von der Fluggesellschaft (carrier) bzw. von deren Agent **unterschrieben** sein.

Funktionen

- **Beweisfunktion**
- **Dispositionsfunktion**
- **Sperrfunktion**

Einzelheiten zu den Funktionen von Frachtbriefen siehe Abschnitt „4.1.6.1 Allgemeingültige Merkmale".

Fehlende Funktionen

Der im Luftfrachtbrief bezeichnete Empfänger braucht seine **Empfangsberechtigung nicht** durch Vorlage einer Ausfertigung des Luftfrachtbriefs **nach-**

Shipper's Name and Address | Shipper's Account Number

Not negotiable
Air Waybill*

Lufthansa Cargo

Issued by
Lufthansa Cargo AG
Langer Kornweg 34 i
D-65441 Kelsterbach

Member of International
Air Transport Association

Copies 1, 2 and 3 of this Air Waybill are originals and have the same validity

Consignee's Name and Address | Consignee's Account Number

It is agreed that the goods described herein are accepted in apparent good order and condition (except as noted) for carriage SUBJECT TO THE CONDITIONS OF CONTRACT ON THE REVERSE HEREOF. ALL GOODS MAY BE CARRIED BY ANY OTHER MEANS INCLUDING ROAD OR ANY OTHER CARRIER UNLESS SPECIFIC CONTRARY INSTRUCTIONS ARE GIVEN HEREON BY THE SHIPPER. THE SHIPPER'S ATTENTION IS DRAWN TO THE NOTICE CONCERNING CARRIER'S LIMITATION OF LIABILITY. Shipper may increase such limitation of liability by declaring a higher value for carriage and paying a supplemental charge if required.

Issuing Carrier's Agent Name and City

MUSTER

Accounting Information

Agent's IATA Code | Account No.

Airport of Departure (Addr. of First Carrier) and Requested Routing

To	By First Carrier (Routing and Destination)	To	By	To	By	Currency	CHGS Code	WT/VAL PPD	WT/VAL COLL	Other PPD	Other COLL	Declared Value for Carriage	Declared Value for Customs

Airport of Destination | Flight/Date | For Carrier Use Only | Flight/Date | Amount of Insurance | INSURANCE – If Carrier offers insurance, and such insurance is requested in accordance with the conditions thereof, indicate amount to be insured in figures in box marked Amount of Insurance

Handling Information

These commodities licensed by USA for ultimate destination ... Diversion contrary to USA law prohibited

No of Pieces RCP	Gross Weight	kg lb	Rate Class / Commodity Item No	Chargeable Weight	Rate / Charge	Total	Nature and Quantity of Goods (incl. Dimensions or Volume)
	MUSTER					MUSTER	

Prepaid	Weight Charge	Collect	Other Charges
	Valuation Charge		
	Tax		MUSTER
	Total Other Charges Due Agent		Shipper certifies that the particulars on the face hereof are correct and that **insofar as any part of the consignment contains dangerous goods, such part is properly described by name and is in proper condition for carriage by air according to the applicable Dangerous Goods Regulations.**
	Total Other Charges Due Carrier		
			Signature of Shipper or his Agent
Total Prepaid		Total Collect	
Currency Conversion Rates		CC Charges in Dest. Currency	Executed on (date) at (place) Signature of Issuing Carrier or its Agent
For Carrier's Use only at Destination		Charges at Destination	Total Collect Charges

* Luftfrachtbrief (nicht begebbar) — eine verbindliche Übersetzung dieses Frachtbriefformulars (einschließlich der Vertragsbedingungen) in die deutsche Sprache liegt bei allen Lufthansa Frachtbüros aus

ORIGINAL 3 (FOR SHIPPER)

Abbildung 4.1-05

zuweisen. Insoweit beinhaltet der Luftfrachtbrief **keine Legitimationsfunktion**.

Luftfrachtbriefe sind **keine Wertpapiere**

Der auf Luftfrachtbriefen regelmäßig aufgedruckte Vermerk **„not negotiable"** weist auf diesen Rechtscharakter hin.

4.1.6.4 Seefrachtbrief (Sea Waybill)

Charakterisierung

Der Seefrachtbrief (Sea Waybill) im engeren Sinne dokumentiert einen **Frachtvertrag**, der einen **Seetransport** umfasst.

Anzumerken ist, dass neben den Seefrachtbriefen im engeren Sinne auch Transportdokumente mit Frachtbriefcharakter im Umlauf sind, die sowohl Seetransport als auch kombinierten Transport dokumentieren können, wie z.B. das „Express Cargo Bill (not negotiable) for combined transport or port to port shipment" oder das „Non-negotiable Waybill for combined transport or port to port shipment". Die folgenden Ausführungen sind auf den Seefrachtbrief im engeren Sinne konzentriert.

Aufbau / Inhalt

Im **formularmäßigen Aufbau** und hinsichtlich der einzutragenden Angaben ähnelt der Seefrachtbrief dem Konnossement, ohne jedoch dessen rechtliche Konstruktion zu umfassen.

Der **Absender** (der Exporteur) erhält eine **Ausfertigung des Seefrachtbriefs**, die von der Reederei oder von deren Agent unterzeichnet ist (oder in anderer Weise authentisiert ist; vgl. auch Art. 24 a. ERA). Werden mehrere Ausfertigungen (Originale) des Seefrachtbriefs ausgestellt, dann ist deren Anzahl auf jeder Ausfertigung zu vermerken und im Rahmen von Dokumentenakkreditiven in der Regel auch als voller Satz einzureichen (vgl. Art. 24 a. IV ERA).

Analog zum Konnossement kann der Seefrachtbrief lediglich die Übernahme der Güter oder bereits deren An-Bord-Nahme ausweisen. Sofern im Akkreditiv nichts anderes vorgeschrieben ist, nehmen die Banken nur Seefrachtbriefe an, die die **Verladung an Bord** eines namentlich genannten Schiffes beweisen (vgl. Art. 24 a. II ERA), wobei die An-Bord-Nahme auch durch einen nachträglichen Vermerk mit Angabe des Verladedatums im Seefrachtbrief nachgewiesen werden kann.

Funktionen

- **Beweisfunktion**
- **Dispositionsfunktion**
- **Sperrfunktion**

Einzelheiten zu den Funktionen von Frachtbriefen siehe Abschnitt „4.1.6.1 Allgemeingültige Merkmale und Funktionen".

Fehlende Funktionen

Der Seefrachtbrief erfüllt **keine Legitimationsfunktion**, d.h. der Importeur benötigt den Seefrachtbrief nicht, um damit seine Berechtigung zum Empfang der Güter nachzuweisen.

Im Gegensatz zum Konnossement ist der Seefrachtbrief auch **kein Wertpapier**. In der Bezeichnung der Seefrachtbriefe wird dem durch Zusätze wie „not negotiable", „non negotiable", „nicht begebbar" o.ä. Rechnung getragen.

4.1.6.5 Internationaler Frachtbrief des Straßengüterverkehrs (CMR-Frachtbrief)

Charakterisierung

Die Ausgestaltung des Internationalen Frachtbriefs des Straßengüterverkehrs beruht auf dem „Übereinkommen über den Beförderungsvertrag im Internationalen Straßengüterverkehr", „Convention relative au contrat de transport international de Marchandises par Route", kurz: **„CMR"**. Deswegen wird dieser Frachtbrief auch als CMR-Frachtbrief bezeichnet.

Der **Rechtscharakter** ebenso wie die **Funktionen** des CMR-Frachtbriefs sind den übrigen Frachtbriefen weitgehend gleich.

Abbildung

Abbildung 4.1-06 zeigt einen **CMR-Frachtbrief**.

Funktionen

- **Beweisfunktion**
- **Dispositionsfunktion**
- **Sperrfunktion**

Einzelheiten zu den Funktionen von Frachtbriefen siehe Abschnitt „4.1.6.1 Allgemeingültige Merkmale und Funktionen".

Fehlende Funktionen

Der CMR-Frachtbrief erfüllt **keine Legitimationsfunktion**. Der Warenempfänger braucht ihn als Nachweis seiner Berechtigung zum Warenempfang nicht vorzulegen.

Der CMR-Frachtbrief hat **keine Wertpapiereigenschaften**.

1 Exemplar für Tarifkontrolle / Exemplaire pour contrôle tarifaire / Exemplaar voor tariefcontrole / Esemplare per controllo tariffario / Copy for tariffcontrol / Exemplar för tariffkontroller
2 Exemplar für Absender / Exemplaire de l'expéditeur / Exemplaar voor Afzender / Esemplare per mittente / Copy for sender / Exemplar för Afsender
3 Exemplar für Empfänger / Exemplaire du destinataire / Exemplaar voor Geadresseerde / Esemplare per destinatario / Copy for consignee / Exemplar for Modtager
4 Exemplar für Frachtführer / Exemplaire du transporteur / Exemplaar voor vervoerder / Esemplare per trasportatore / Copy for carrier / Exemplar for befordrer

INTERNATIONALER FRACHTBRIEF
LETTRE DE VOITURE INTERNATIONALE

Diese Beförderung unterliegt trotz einer gegenteiligen Abmachung den Bestimmungen des Übereinkommens über den Beförderungsvertrag im internat. Straßengüterverkehr (CMR).

Ce transport est soumis, nonobstant toute clause contraire, à la Convention relative au contrat de transport international de marchandises par route (CMR).

1 Absender (Name, Anschrift, Land) / Expéditeur (nom, adresse, pays)
FIRMA MEYER UND CO
IMPORT EXPORT
STOCKACHSTRASSE 62
W-4000 DÜSSELDORF 1
GERMANY

2 Empfänger (Name, Anschrift, Land) / Destinataire (nom, adresse, pays)
IRAN TRADING CO
AVE DR.BEHESHTI
7TH FLOOR NO. 257
TEHRAN 15437
IRAN

Muster

3 Auslieferungsort des Gutes / Lieu prévu pour la livraison de la marchandise
Ort/Lieu: TEHERAN
Land/Pays: IRAN

4 Ort und Tag der Übernahme des Gutes / Lieu et date de la prise en charge de la marchandise
Ort/Lieu: DÜSSELDORF
Land/Pays: GERMANY
Datum/Date:

5 Beigefügte Dokumente / Documents annexés
FBL
PACKING LIST
INVOICE

16 Frachtführer (Name, Anschrift, Land) / Transporteur (nom, adresse, pays)
BETZ, REUTLINGEN

17 Nachfolgende Frachtführer (Name, Anschrift, Land) / Transporteurs successifs (nom, adresse, pays)
NOTIFY ADDRESS:
M.S.P.A.D.
TEHRAN/IRAN

18 Vorbehalte und Bemerkungen der Frachtführer / Réserves et observations des transporteurs
CARNET TIR FOR CUSTOMS TEHERAN

6 Kennzeichen und Nummern / Marques et numéros	7 Anzahl der Packstücke / Nombre des colis	8 Art der Verpackung / Mode d'emballage	9 Bezeichnung des Gutes / Nature de la marchandise	10 Statistiknummer / No statistique	11 Bruttogewicht in kg / Poids brut kg	12 Umfang in m³ / Cubage m³
ADDRESS	7 PACKAGES	18.000 KGS NET			19.357 KGS	
TEHRAN		BUBBLE GUM PACKED				
COLLI NO.		IN CARTONS				
1-7						
L/C NO. 183747/FL/848						
TOTAL VALUE: USD 210.837,-						

Klasse / Classe — Ziffer / Chiffre — Buchstabe / Lettre — (ADR)

13 Anweisungen des Absenders (Zoll- und sonstige amtliche Behandlung) / Instructions de l'expéditeur (formalités douanières et autres)
CUSTOMS CLEARANCE AT BAZARGAN
BORDER AND FINAL CUSTOMS CLEARANCE
AT TEHERAN ONLY THROUGH:
IRAN TRADING CO
TEHRAN/IRAN
TEL: 838 383
TLX: 383 383

19 Zu zahlen vom / A payer par

	Absender / L'expéditeur	Währung / Monnaie	Empfänger / Le Destinataire
Fracht / Prix de transport			
Ermäßigungen / Réductions −			
Zwischensumme / Solde			
Zuschläge / Suppléments			
Nebengebühren / Frais accessoires			
Sonstiges / Divers +			
Zu zahlende Gesamtsumme / Total à payer			

14 Rückerstattung / Remboursement

15 Frachtzahlungsanweisungen / Prescription d'affranchissement
Frei / Franco: TEHERAN
Unfrei / Non Franco:

20 Besondere Vereinbarungen / Conventions particulières

21 Ausgefertigt in / Etablie à: REUTILINGEN am / le 28.12. 19 92

24 Gut empfangen / Réception des marchandises — Datum / Date — am / le 19

22 MEYER, DÜSSELDORF
Unterschrift und Stempel des Absenders / Signature et timbre de l'expéditeur

23 BETZ, REUTLINGEN
Unterschrift und Stempel des Frachtführers / Signature et timbre du transporteur

Unterschrift und Stempel des Empfängers / Signature et timbre du destinataire

25 Angaben zur Ermittlung der Tarifentfernung mit Grenzübergängen

von	bis	km

28 Berechnung des Beförderungsentgelts

frachtpfl. Gewicht in kg	Tarifstelle Sonderabmachung	Güterarten	Währung	Frachtsatz	Beförderungsentgelt

26 Vertragspartner des Frachtführers ist — kein — Hilfsgewerbetreibender im Sinne des anzuwendenden Tarifs

27 Amtl. Kennzeichen — Nutzlast in kg
Kfz: NFM 3838
Anhänger: NFM 3837

Summe

Benutzte Gen.-Nr. ☐ National ☐ Bilateral ☐ EG ☐ CEMT

Form 005 Lo

Abbildung 4.1-06

4.1.7 Internationale Spediteurübernahmebescheinigung und andere Spediteurdokumente

4.1.7.1 Überblick über maßgebliche internationale Transportdokumente der Spediteure

Charakterisierung / Abgrenzung

Von den Transportdokumenten, die Speditionen ausfertigen, sind für die folgende Darstellung zunächst diejenigen Dokumente auszugrenzen, die die Speditionen **als Agenten** (Beauftragte) im Namen und für Rechnung Dritter ausstellen, also beispielsweise Seekonnossemente, die sie als Agenten der Reedereien ausstellen. Die in diesem Abschnitt behandelten internationalen Transportdokumente stellen Speditionen dagegen **in eigenem Namen und für eigene Rechnung** aus.

Im wesentlichen sind dies vier Arten:

- **FIATA Konnossement des kombinierten Transports (Negotiable FIATA Combined Transport Bill of Lading; FBL-Dokument) bzw. FIATA Multimodales Transportdokument/Multimodales Konnossement (Negotiable FIATA Multimodal Transport Bill of Lading)**

  Diese Dokumente sind in einer Tabelle in Abschnitt „4.1.3.3 Konnossementarten nach Merkmalen ihrer Abwicklung“ aufgeführt und charakterisiert.

- **Internationale Spediteurübernahmebescheinigung (FIATA FCR-Dokument)**

  Dieses Dokument ist im folgenden Abschnitt beschrieben und beurteilt.

- **Internationaler Frachtbrief des Straßengüterverkehrs (CMR-Frachtbrief)**

  Der internationale Frachtbrief (CMR-Frachtbrief) ist gliederungssystematisch den Frachtbriefen zuzuordnen und deswegen im obigen Abschnitt 4.1.6.5 behandelt.

- **FIATA Forwarders Certificate of Transport (FIATA FCT-Dokument)**

  Das FIATA Forwarders Certificate of Transport, kurz: FCT-Dokument, beruht auf einem von der FIATA (Fédération Internationale des Associations des Transporteurs et Assimilés, Zürich) autorisierten Text. Dieses Dokument wird in **eigenem Namen** und für **eigene Rechnung** von den berechtigten Spediteuren ausgestellt.

  Einschränkend ist anzumerken, dass die Banken im Rahmen der **Akkreditivabwicklung** das FCT-Dokument – obwohl der Text von der FIATA autorisiert ist – im Allgemeinen **zurückweisen**, sofern nicht in den Akkreditivbedingungen ein FCT-Dokument ausdrücklich zugelassen ist (vgl. Art. 30 ERA). Dies hängt damit zusammen, dass der Spediteur beim FCT-Dokument – sofern nichts anderes vermerkt ist – nicht als Frachtführer gilt, sondern lediglich als Spediteur, der sich zur Auslieferung der Waren gegen das FCT-Dokument verpflichtet hat. Der Spediteur haftet nur für eigene Fehler (vgl. Oelfke 1991: S. 252).

4.1.7.2 Internationale Spediteurübernahmebescheinigung (FIATA Forwarders Certificate of Receipt; FCR-Dokument)

Charakterisierung

Die Internationale Spediteurübernahmebescheinigung (Forwarders Certificate of Receipt, kurz: FCR-Dokument) beruht auf einem von der **FIATA** (Fédération Internationale des Associations des Transporteurs et Assimilés, Zürich), also von der Internationalen Spediteurvereinigung **autorisierten Text**.

Diese FIATA-autorisierte Internationale Spediteurübernahmebescheinigung darf nur von **zugelassenen Speditionen** ausgestellt werden. Zu beachten ist, dass daneben insbesondere im Inland anders gestaltete Spediteurübernahmebescheinigungen Anwendung finden, die im Einzelfall aber auch im grenzüberschreitenden Verkehr eingesetzt werden.

Funktionen

- **Beweisfunktion:** Die Internationale Spediteurübernahmebescheinigung ist ebenso wie die anderen Transportdokumente Beweisurkunde über den **Abschluss des Frachtvertrags.**
- **Dispositionsfunktion:** Der Absender kann grundsätzlich die Weisung zur Beförderung – unter Rückgabe der Originalausfertigung des FCR-Dokuments – widerrufen oder abändern.

  Dieses Dispositionsrecht des Absenders besteht allerdings nur insoweit und solange, als der Spediteur noch ein Verfügungsrecht über die Waren besitzt bzw. der Warenempfänger sein Verfügungsrecht noch nicht ausgeübt hat.
- **Sperrfunktion:** Der Importeur (Warenempfänger) kann sich gegen (nachträgliche) Verfügungen des Absenders absichern, indem er im Rahmen eines Dokumenteninkassos oder Dokumentenakkreditivs vom Exporteur (Absender) die Aushändigung des Original FCR-Dokuments verlangt.

Einzelheiten zu den Funktionen von Frachtbriefen siehe Abschnitt "4.1.6.1 Allgemeingültige Merkmale und Funktionen".

Fehlende Funktionen

Der **Warenempfänger** benötigt **keine Ausfertigung** der Spediteurübernahmebescheinigung als Legitimationsnachweis für seine Berechtigung zum Warenempfang.

Spediteurübernahmebescheinigungen repräsentieren die Waren nicht, sie sind also **keine Wertpapiere**. Das Eigentumsrecht an der Ware kann nicht durch bloße Übertragung und Übergabe der Spediteurübernahmebescheinigung auf einen Dritten übertragen werden. Spediteurübernahmebescheinigungen umfassen somit auch **keine Traditionsfunktion**.

4.1.8 Sonstige Transportdokumente

4.1.8.1 Posteinlieferungsschein

Charakterisierung

Der Posteinlieferungsschein ist die **erste Durchschrift** eines vom Exporteur auszufüllenden Vordrucksatzes, dessen erstes Blatt die Auslandspaketkarte ist. Die Auslandspaketkarte selbst reist mit der Sendung. Der Einlieferungsschein (die erste Durchschrift) wird dem **Absender ausgehändigt**. Eine zweite Durchschrift verbleibt bei der Post.

Funktionen

- **Beweisfunktion:** Der Posteinlieferungsschein erfüllt eine Beweisfunktion über den mit der Post abgeschlossenen **Frachtvertrag**. Er beweist insbesondere den Empfang der Sendung zur Beförderung an den bezeichneten Empfänger und enthält die Angabe des Einlieferungspostamtes sowie den durch den Tagesstempel dokumentierten Einlieferungstag usw. Der Einlieferungsschein enthält jedoch keine Warenbeschreibung (diese ist in der die Sendung begleitenden Zollinhaltserklärung aufgeführt).
- **Dispositions- bzw. Sperrfunktion**: Der Posteinlieferungsschein belässt dem Absender ein (nachträgliches) **Verfügungsrecht** (nachträgliche Änderung des Frachtvertrags gemäß § 8 der Allg. Bedingungen der Deutschen Post AG für den Frachtdienst Ausland), sofern er das abgestempelte Versanddokument vorlegt und die Sendung dem Empfänger noch nicht zur Verfügung gestellt ist. Daraus kann eine Sperrwirkung zugunsten des Importeurs abgeleitet werden: Indem der Importeur bei einem Dokumenteninkasso bzw. bei einem Dokumentenakkreditiv dem Exporteur die Aushändigung des Postdokuments auferlegt, gewinnt der **Importeur die Sicherheit**, dass der Exporteur in der Regel nicht mehr über die Sendung verfügen kann. Zu der beschriebenen Sperrwirkung sind jedoch Vorbehalte angebracht, die beispielsweise zu den Frachtbriefen in Abschnitt „4.1.6.1 Allgemeingültige Merkmale und Funktionen“ behandelt sind.

Fehlende Funktionen

Die Postsendung wird an den Empfänger ausgehändigt, ohne dass dieser den Posteinlieferungsschein (des Absenders) vorlegen muss. Postversanddokumente erfüllen somit **keine Legitimationsfunktion**.

Postversanddokumente haben **keine Wertpapiereigenschaft**.

4.1.8.2 Dokumente der Kuriere bzw. der Expressdienste

Rechtsgrundlagen

Der folgende Auszug aus den **Allgemeinen Geschäftsbedingungen** der Firma GD Express Worldwide (Deutschland) GmbH, (AGB 07-93), gibt **beispielhaft** Auskunft über die Rechtsgrundlagen der Beförderung durch Kuriere bzw. Expressdienste.

Die Beförderung unterliegt danach den **Einheitlichen Richtlinien für kombinierte Transportdokumente** (Veröffentlichung 298 der Internationalen Handelskammer Paris, November 1975) und unterliegt den nachfolgenden am Tag der Übernahme der Waren durch das Beförderungsunternehmen anwendbaren Konventionen:

- Auf den **Lufttransport** findet das Warschauer Abkommen von 1929 in der jeweils gültigen Fassung Anwendung.
- Auf den **Straßentransport** findet das Übereinkommen über den Beförderungsvertrag im Internationalen Straßengüterverkehr (CMR) in der Fassung von 1956 Anwendung.
- Auf den **Seetransport** findet das Internationale Abkommen zur Vereinheitlichung bestimmter Regeln des Rechts des Konnossements in der Fassung von 1924 und ergänzt durch die Visby und SDR Protokolle von 1968 bzw. 1979 Anwendung.
- Auf den **Eisenbahntransport** findet das Übereinkommen über den Internationalen Eisenbahnverkehr (COTIF) und Anlage B dieses Übereinkommens, die Einheitlichen Richtlinien über den Beförderungsvertrag im Internationalen Eisenbahngüterverkehr (CIM), Bern, 9. Mai 1980, Anwendung.

Sofern keines der vorstehenden Abkommen zwingend auf die Beförderung anwendbar ist, unterliegt die Beförderung dem Warschauer Abkommen von 1929 in der Fassung des in Den Haag unterzeichneten Protokolls.

Eventuell ausländisches Recht

In den zitierten AGB ist in Ziffer 12 außerdem aufgenommen: „So weit nicht zwingende Vorschriften deutschen Rechts entgegenstehen, unterliegt dieser Vertrag **niederländischem Recht**."

In Ziffer 13 ist ausgeführt: „Unbeschadet der vorstehenden Bestimmungen gilt: In **Deutschland** ... ist das Beförderungsunternehmen ausschließlich als Spediteur tätig. In Deutschland gelten unter Kaufleuten ausschließlich die **Allgemeinen Deutschen Spediteurbedingungen (ADSp)** in der jeweils neuesten Ausgabe ...".

Der Exporteur hat somit zu prüfen, welche Rechtsgrundlagen das von ihm beauftragte Beförderungsunternehmen anwendet.

Wahl des Transportmittels

In Ziffer 2 der zitierten AGB ist bestimmt: „Die Wahl des Transportmittels, der Route und der Beförderungsart wird ausschließlich **vom Beförderungsunternehmen getroffen.**“ Im übrigen ist das Beförderungsunternehmen berechtigt, einen **Subunternehmer** mit der gesamten oder teilweisen Beförderung zu beauftragen (vgl. Ziff. 11 ebenda).

Kein Wertpapier

In Ziffer 3 der genannten AGB ist ausdrücklich darauf hingewiesen, dass das vom Beförderungsunternehmen ausgestellte Dokument **nicht negoziierbar** ist. Entsprechende Hinweise finden sich zum Teil auch auf der Vorderseite von Kurierdokumenten.

4.1.9 Sonstige Exportdokumente

4.1.9.1 Transportversicherungsdokumente

4.1.9.1.1 Charakterisierung

Aussteller

Die Transportunternehmen (Reedereien, Speditionen, Bahn, Luftfrachtunternehmen usw.) haben ihre Haftung für viele Schadensmöglichkeiten (weitgehend) ausgeschlossen. Einen Teil der verbleibenden Risiken decken die Transportversicherungsgesellschaften ab.

Transportversicherungsdokumente werden von den **Versicherungsgesellschaften** bzw. von deren **Agenten** ausgestellt.

Versicherungsschutz

Das Transportversicherungsdokument beweist insbesondere den Umfang des **Versicherungsschutzes** in seiner **inhaltlichen und zeitlichen Dimension.**

Haben Exporteur und Importeur eine **CIF-Lieferung** (cost, insurance and freight ... „named port of destination“) bzw. eine **CIP-Lieferung** (carriage and insurance paid to ... „named place of destination“) vereinbart, dann hat der Exporteur den Versicherungsschutz (bis zum benannten Bestimmungshafen bzw. Bestimmungsort) zu besorgen. Soll das Versicherungsdokument im Rahmen von Dokumentenakkreditiven aufnahmefähig sein, dann muss der Mindestbetrag der Versicherungsdeckung auf den CIF- bzw. CIP-Wert der Ware zuzüglich 10% lauten, sofern im Akkreditiv nichts anderes vorgeschrieben ist (vgl. Art. 34 f. ERA).

Der Deckungsumfang, d.h. die von der Transportversicherung **gedeckten Risiken**, sind im Versicherungsdokument genau zu definieren. Der Deckungsumfang kann auch abgestuft erfolgen. Vermieden werden sollten gemäß den ERA jedoch vage Ausdrücke wie beispielsweise „übliche Risiken" („usual risks"), „handelsübliche Risiken" („customary risks") u.ä. (vgl. Art. 35 a. ERA).

Selbstbeteiligung

Der Versicherungsnehmer kann bei kleineren Schäden eine Selbstbeteiligung (einen Selbstbehalt) am Schaden mit der Versicherungsgesellschaft vereinbaren, die als **Franchise** bezeichnet wird und als **Prozentsatz der Versicherungssumme** ausgedrückt werden kann. Zu unterscheiden sind Integralfranchise und Abzugsfranchise: Bei der **Integralfranchise** haftet der Versicherer in vollem Umfang, wenn der Schaden den vereinbarten Prozentsatz erreicht oder überschritten hat; er haftet nicht, wenn der Schaden den vereinbarten Prozentsatz nicht erreicht. Wird dagegen eine **Abzugsfranchise** vereinbart, dann wird an jedem Schaden der vereinbarte Prozentsatz abgezogen.

Der Vorzug der Franchise liegt in der niedrigeren Prämie, die die Versicherungsgesellschaft in Rechnung stellt.

4.1.9.1.2 Ausgestaltung

Transportversicherungsdokumente können – entsprechend dem abgeschlossenen Versicherungsvertrag – ausgestellt sein als Einzelpolice, als Generalpolice bzw. in deren Gefolge als Versicherungszertifikate:

- **Einzelpolice**

  Einzelpolicen werden für einen bestimmten Warentransport auf Grundlage eines einzelnen Versicherungsvertrags ausgestellt.

- **Generalpolice (sog. Laufende Police)**

  Hat ein Exporteur bzw. ein Importeur **laufend Warentransporte** gegen gleichartige Risiken zu versichern, dann wird darüber regelmäßig ein **umfassender Versicherungsvertrag** (Globalvertrag, Rahmenvertrag) abgeschlossen, der in einer sog. Generalpolice dokumentiert ist. Grundsätzlich hat der Versicherte der Versicherungsgesellschaft die einzelnen Transporte mit den maßgeblichen Einzelheiten zu melden, eventuell als sog. Pauschalmeldung.

  Der Vorzug eines Rahmenversicherungsvertrags liegt für den Versicherten in den niedrigeren Prämien und in der sofort verfügbaren Deckung.

- **Versicherungszertifikate**

  Versicherungszertifikate stellen die Versicherungsgesellschaften ihren Versicherungsnehmern **auf Grundlage einer Generalpolice** (eines Globalversicherungsvertrags) für **einzelne Warentransporte** aus.

Ausfertigungen

Alle diese Versicherungsdokumente können in **mehreren Ausfertigungen** ausgestellt werden, deren Anzahl auf jeder Urkunde anzugeben ist. Wird ein

Schaden durch Vorlage einer Ausfertigung geltend gemacht und wird von der Versicherungsgesellschaft gezahlt, dann verlieren die übrigen Ausfertigungen ihre Gültigkeit. Bei Benutzung von Akkreditiven ist regelmäßig der **volle Satz** vorzulegen.

Wertpapier

Die genannten Transportversicherungsdokumente weisen Wertpapiereigenschaft auf. Derjenige, der Ansprüche gegen die Versicherungsgesellschaft erhebt, hat sich durch die **Vorlage des Versicherungsdokuments** zu legitimieren und – je nach dessen Ausgestaltung – darin als Berechtigter auszuweisen.

4.1.9.1.3 Übertragbarkeit

Die **Ansprüche** aus dem Versicherungsvertrag können vom Versicherungsnehmer **auf Dritte übertragen** werden. Unter dem Kriterium der Übertragbarkeit bzw. der rechtlichen Ausgestaltung sind Transportversicherungsdokumente zu gliedern in

Namens-(Rekta-)papiere, Orderpapiere und Inhaberpapiere:

- **Namens-(Rekta-)papiere**

  Lautet ein Versicherungsdokument ohne jeden weiteren zusätzlichen Vermerk auf einen **bestimmten Versicherungsnehmer**, dann liegt ein Namens- (Rekta-)papier vor. Ist der Exporteur als Versicherungsnehmer eingetragen, dann kann er die Rechte aus dem Versicherungsvertrag nur durch Abtretung (Zession) auf den Importeur übertragen, was die Mobilität dieses Versicherungsdokuments hemmt.

- **Orderpapiere**

  Ist eine Transportversicherungspolice bzw. ein Transportversicherungszertifikat als Orderpapier ausgestellt, dann erfolgt die **Übertragung** der Versicherungsansprüche durch **Indossament** und durch Übergabe des Dokuments an den neuen Berechtigten. Im Schadensfall zahlt die Versicherungsgesellschaft gegen Dokumente, die an Order gestellt sind, nur an Vorlegende, die im Versicherungsdokument ihre Berechtigung durch eine lückenlose Indossamentenkette nachweisen.

- **Inhaberpapiere**

  Meistens enthalten Versicherungspolicen und Versicherungszertifikate Formulierungen wie beispielsweise **„für Rechnung wen es angeht“**, „for account of whom it may concern“ sowie **„Schäden zahlbar an den Inhaber dieses Versicherungsscheins“** „claims payable to the holder of this certificate“; Formulierungen also, die diese Versicherungsdokumente als Inhaberpapiere ausweisen. Die **Übertragung** der Versicherungsansprüche erfolgt bei Inhaberpapieren durch Einigung und Übergabe des Versicherungsdokuments. Die Versicherungsgesellschaft kann mit schuldbefreiender Wirkung an denjenigen bezahlen, der das Versicherungsdokument vorlegt.

4.1.9.2 Rechnungen (Fakturen)

4.1.9.2.1 Handelsrechnung

Handelsrechnung: Charakterisierung

Die Handelsrechnung wird vom Exporteur auf Grundlage der **Vereinbarungen im Kaufvertrag** erstellt und zur Bestätigung der Richtigkeit der aufgenommenen Angaben regelmäßig **unterschrieben**.

Bei der **inhaltlichen Ausgestaltung** ist der Exporteur prinzipiell an keine Normen gebunden, jedoch haben sich im Lauf der Zeit bestimmte, **international gleichlautende Inhalte** von Handelsrechnungen herausgebildet. Hinzu kommt, dass sich in den Einfuhrbestimmungen vieler Länder Vorschriften zum Inhalt der Handelsrechnung finden. Ist zugunsten des Exporteurs ein Dokumentenakkreditiv eröffnet worden, dann hat der Exporteur überdies die Akkreditivbedingungen bzw. die ERA zu beachten.

Handelsrechnung: UN-EDIFACT-Standards

Hilfreich bei Aufbau und Inhalt von Handelsrechnungen sind der **UN-ECE Layout Key** sowie die EDIFACT-Standards.

Hinweis: Informationen zu EDIFACT finden sich in Abschnitt **„4.1.2.4 Exkurs: UN/EDIFACT“**.

Handelsrechnung: Angaben

Neben den **Allgemeinen Angaben** in einer Rechnung (z.B. die Angabe von Exporteur, Importeur, Auftragsnummer, Rechnungsnummer und Rechnungsdatum) sind in die Handelsrechnung vor allem eine präzise **Bezeichnung** der Ware und ihrer **Verpackung** (einschließlich der **Markierungen** zur Identifizierung der Ware), die Warenmenge und die **Einzelpreise** sowie der **Gesamtpreis**, die **Liefer- und die Zahlungsbedingungen** sowie der **Transportweg** und die **Transportmittel** aufzunehmen.

Im Einzelfall können der **Importeur** und/oder die **Behörden** des Importlandes **Bestätigungen** oder **Erklärungen** des Exporteurs verlangen, die in die Handelsrechnung aufzunehmen sind. Beispielsweise die Erklärung des Exporteurs,

- dass die Waren in der Bundesrepublik Deutschland hergestellt wurden

  und/oder
- dass die Güter auf eigene Rechnung exportiert werden

  und/oder
- dass der angegebene Preis den üblichen Marktpreisen für derartige Exportgüter entspricht.

Handelsrechnung: Steuern

Lieferungen in das Ausland sind von der **Umsatzsteuer** befreit. Die Rechnungsbeträge sind deswegen „netto" auszuweisen. Zu beachten ist jedoch, dass Lieferungen innerhalb der EG (EU) erwerbsteuerpflichtig sind. Einführende Informationen zum Warenverkehr innerhalb der EG (EU) sowie zur **Erwerbsteuer**, zu den Verbrauchsteuern u.ä. siehe „Praktische Arbeitshilfe Export/Import" hrsg. von den Industrie- und Handelskammern Nordrhein-Westfalen.

Legalisierte Handelsrechnung

Die **Einfuhrbestimmungen** einiger Länder schreiben vor, dass die Erklärungen des Exporteurs in der Handelsrechnung von der deutschen **Industrie- und Handelskammer** zu beglaubigen sind. Ebenso kann dem Exporteur in den Einfuhrbestimmungen auferlegt sein, dass das **Konsulat des Importlandes** die Marktüblichkeit des berechneten Exportpreises in der Handelsrechnung zu bestätigen hat. Damit soll vermieden werden, dass das Einfuhrland dem Importeur überhöhte Devisenbeträge zuteilt, von denen der Exporteur – entsprechend einer mit dem Importeur getroffenen Absprache – Teilbeträge zugunsten eines Bankkontos des Importeurs im Exportland oder in einem stabilen Drittland abzuzweigen hat und damit zur Kapitalflucht Hilfestellung leistet.

Sind derartige Bestätigungen der Industrie- und Handelskammer bzw. des Konsulats des Importlandes in die Handelsrechnung des Exporteurs aufgenommen, dann spricht man von einer legalisierten Handelsrechnung.

Beachtung weiterer Vorschriften

Die Handelsrechnung ist auch Grundlage für die Verzollung der Waren im Importland. Deswegen sind vom Exporteur die **aktuellen Bestimmungen** des jeweiligen **Einfuhrlandes** zu beachten. Dabei gibt es erhebliche Unterschiede zwischen den Einfuhrländern, die nicht nur in der **Sprache**, in der die Handelsrechnung auszustellen ist, und in der Anzahl der vorzulegenden **Ausfertigungen** liegen, sondern die sich darüber hinaus in vielerlei ergänzenden **Angaben** und **Bestätigungen** ausdrücken können.

Einzelheiten siehe im umfassenden Werk **„K und M"** – Konsulats- und Mustervorschriften, hrsg. von der Handelskammer Hamburg.

4.1.9.2.2 Sonstige Rechnungen

Proforma-Rechnung

Von der Handelsrechnung abzugrenzen ist die Proforma-Rechnung. Proforma-Rechnungen stellt der Exporteur zwar mit den **analogen Daten** einer Handelsrechnung aus (dahingehende Einzelheiten schreiben die Importländer häufig vor), diese Proforma-Rechnungen beinhalten jedoch keine Zahlungsaufforderung an den Importeur. Vielmehr dienen die Proforma-Rechnungen dem Importeur in erster Linie dazu, bei seinen Behörden die notwendige **Einfuhrgenehmigung** zu erlangen bzw. die erforderlichen **Devisen** zugeteilt zu bekommen.

Proforma-Rechnungen werden aber auch über kostenlose **Mustersendungen**, bei vorübergehender Verwendung von Waren im Ausland und über unentgeltliche Ersatzteillieferungen ausgestellt. Die Proforma-Rechnung ist in diesen Fällen Grundlage für die zollrechtliche Bearbeitung.

Konsulatsfaktura

Eine Konsulatsfaktura entspricht inhaltlich weitgehend der Handelsrechnung. Sie ist jedoch auf einem **Vordruck des Konsulats** des Importlandes zu erstellen und vom Konsulat durch Unterschrift zu **legalisieren**. Mit diesem Verfahren soll gegenüber den Behörden des Importlandes die Marktüblichkeit (Angemessenheit) des Preises bzw. der Ursprung der Güter u.Ä. belegt werden, u.a. deswegen, dass auf dieser Grundlage eine wertentsprechende Zollerhebung erreicht wird.

Gegenwärtig verzichten die meisten Länder auf eine Konsulatsfaktura und begnügen sich mit einer entsprechenden **Erklärung des Exporteurs in der Handelsrechnung** bzw. mit anderen Nachweisen.

Zollfaktura

Die Zollfaktura ist Grundlage für die Verzollung der Waren im Importland und wird auf einem **Vordruck der Zollbehörde des Importlandes** ausgestellt. Darin hat der Exporteur - neben den in Handelsrechnungen üblichen Daten - in der Regel eine (im Allgemeinen in der Sprache des Importlandes) vorgedruckte Erklärung zur Angemessenheit des berechneten Preises und zum Ursprung der Waren abzugeben. Viele Zollfakturen tragen deswegen die Bezeichnung „Combined Certificate of Value and Origin and Invoice“ (vgl. Arbeitshilfe 1998: S. 137).

Die Erklärungen in der Zollfaktura sind im Allgemeinen vom **Exporteur** und in der Regel von einem **Zeugen** (Angestellten des Exporteurs) zu unterzeichnen. Es gibt aber auch Importländer, die darauf verzichten.

4.1.9.3 Dokumente / Nachweise für den Warenursprung

Übersicht über Ursprungsnachweise

Im Zusammenhang mit Waren, für die ein Ursprungszeugnis ausgestellt werden soll, die nicht im eigenen Betrieb des Antragstellers hergestellt werden, findet sich in der Broschüre „Praktische Arbeitshilfe Export/Import“, die von den Industrie- und Handelskammern in Nordrhein-Westfalen herausgegeben wird (zitiert: Arbeitshilfe 1998), ein Katalog verschiedenartiger Ursprungsnachweise, der über den engeren Zweck hinaus eine generelle Übersicht vermittelt:

- Ursprungszeugnisse (durch eine IHK ausgestellt),
- Ursprungszeugnisse Form A (aus Entwicklungländern),
- Warenverkehrsbescheinigungen EUR. 1,
- Formblätter EUR. 2,
- Präferentielle Ursprungserklärungen,
- APR-Vordrucke,
- A.TR.-Bescheinigungen, soweit der Ursprung damit bescheinigt wird,
- Lieferantenerklärungen nach VO (EWG) Nr. 3351/83,
- Herstellererklärungen nach VO (EWG Nr. 3351/83,
- Herstellerrechnungen und Avise von Herstellern in der EG, soweit der Antragsteller durch eine rechtsverbindlich unterschriebene Erklärung bestätigen kann, dass der Lieferant tatsächlich der Hersteller der gelieferten Ware ist und eventuell weitere eindeutige Hinweise auf den Hersteller vorgelegt werden können.

Quelle: Arbeitshilfe 1998: S. 101

Die wichtigsten Ursprungsnachweise sind in den folgenden Abschnitten kurz vorgestellt.

Einzelheiten siehe „Handbuch der Akkreditive ..." (Hrsg. Häberle, S.G., Oldebourg-Verlag, München und Wien).

Gründe für Ursprungsnachweise

Die Gründe der Importländer, Ursprungszeugnisse vorzuschreiben, liegen zum Teil auf der **allgemeinen politischen Ebene**, wie beispielsweise in dem Ziel, Importe aus bestimmten Ländern auszuschließen, zum Teil aber auch auf **wirtschaftspolitischer Ebene**, wie z.B. in der Überwachung von Kontingenten, die in Handelsabkommen vereinbart sind.

Ursprungsregeln

In der Praxis stellen sich häufig **Abgrenzungs- und Zuordnungsprobleme**. Dies gilt insbesondere bei Exportgütern, die Teile von ausländischen Zulieferern enthalten. Dies gilt aber auch bei Exportgütern, die selbst nach Deutschland eingeführt wurden und bei denen nicht immer eindeutig ist, ob ihre Weiterbearbeitung in Deutschland zu einer derart weitreichenden (wesentlichen) Veränderung geführt hat, die die Bescheinigung des deutschen Ursprungs rechtfertigt.

Im sog. EG-Zollkodex sind die Ursprungsregeln festgelegt. Dieser Kodex umfasst u.a. in das Detail gehende Ausführungen, die insbesondere Anwendung finden, wenn an der Herstellung einer Ware zwei oder mehr Länder beteiligt sind. Dabei kann es notwendig sein, dass ein Antragsteller als Hersteller den Nachweis nicht nur über bezogene Waren zu führen hat, sondern auch den (weiteren) Produktionsablauf der hergestellten Waren differenziert zu dokumentieren hat.

Ursprungszeugnisse: Charakterisierung

Ursprungszeugnisse sind Dokumente, die – wie der Name aussagt – die **Herkunft der Ware** bzw. der darin enthaltenen Teile oder Rohstoffe oder deren wesentliche Veränderung im Exportland beweisen sollen.

Der Exporteur hat insbesondere **Anlass, die Ausstellung eines Ursprungszeugnisses** zu beantragen,

- wenn in den **Zollvorschriften des Importlandes** die Vorlage eines Ursprungszeugnisses verlangt bzw. im Kaufvertrag festgelegt ist und/oder
- wenn in einem zu Gunsten des Exporteurs eröffneten **Dokumentenakkreditivs** die Einreichung eines Ursprungszeugnisses vorgeschrieben ist.

Ursprungszeugnisse: Aussteller

Exporte aus Deutschland werden von Ursprungszeugnissen auf einem **Vordruck** der **Europäischen Gemeinschaft** begleitet, der auf Antrag des Exporteurs im Allgemeinen von der zuständigen **Industrie- und Handelskammer** unterzeichnet wird. Im Ausnahmefall kann ein Ursprungszeugnis aber auch die Bescheinigung anderer öffentlich-rechtlicher Institutionen bzw. der Zollbehörde sein. Teilweise genügt an der Stelle eines eigenständigen Ursprungszeugnisses ein entsprechender Ursprungsvermerk auf der Zollrechnung oder auf der Handelsrechnung.

Warenverkehrsbescheinigung EUR.1

Warenverkehrsbescheinigungen sind Formulare, die auf Antrag der Exporteure von den **Zollstellen des Exportlandes ausgestellt** werden. Die Warenverkehrsbescheinigung **EUR. 1** (auch schlicht als Präferenznachweis bzw. kurz PN bezeichnet) wird dem Exporteur von der zuständigen Versandzollstelle ausgestellt. In seinem **Antrag** hat der Exporteur den Sachverhalt zu beschreiben und Nachweise vorzulegen, wonach die Exportgüter die in der Warenverkehrsbescheinigung zu dokumentierende Ursprungseigenschaft erfüllen.

Warenverkehrsbescheinigungen werden nach Ländergruppen bzw. Ländern teilweise auf **unterschiedlichen Formularen** ausgestellt, so z.B. auf dem Formular **EUR. 2** oder für die Türkei auf dem Formular **A.TR**.

Die ausgestellten Warenverkehrsbescheinigung haben eine **begrenzte zeitliche Gültigkeit** (im Allgemeinen von wenigen Monaten). Sie müssen innerhalb ihrer Gültigkeit der **Zollstelle des Einfuhrlandes** als Nachweis vorgelegt werden.

Sofern die jeweils festgelegten Höchstbeträge nicht überschritten (sog. Kleinsendungen) und weitere Voraussetzungen erfüllt sind, können Präferenznachweise vom Exporteur zum Teil auch **auf der Rechnung** oder auf anderen Handelsdokumenten, d.h. ohne Warenverkehrsbescheinigung, geführt werden.

Lieferantenerklärung nach EWG-Verordnung 3351/83

Die Europäische Union hat im Rahmen von Präferenzabkommen (Zollbegünstigungen oder Zollbefreiungen im Warenverkehr) mit einer Anzahl von sog. Partnerstaaten die Vereinbarung getroffen, dass der Nachweis der Ursprungseigenschaft oder eines bestimmten Be- oder Verarbeitungsgrades einer Ware auch durch eine **Lieferantenerklärung** geführt werden kann. Die Lieferantenerklärung (LE) kann vom Lieferanten ohne behördliche Mitwirkung ausgestellt werden. Sie trägt den Charakter einer privatrechtlichen Zusicherung. Die jeweils aktuelle Liste der Partnerstaaten erhält der Exporteur u.a. von der IHK.

Die Lieferantenerklärung nach EWG-Verordnung 3351/83 ist nur gültig, wenn die ausstellende **Firma in der Europäischen Gemeinschaft** ansässig ist.

Zu unterscheiden sind die **Einzellieferantenerklärung** und die **Langzeitlieferantenerklärung**. Sofern ein Lieferant regelmäßig und über einen längerfristigen Zeitraum einen bestimmten Käufer mit Waren beliefert, die die Präferenzursprungseigenschaften aufweisen, dann kann er eine Langzeitlieferantenerklärung abgeben. Diese Langzeitlieferantenerklärung ist allerdings befristet (gegenwärtig auf ein Jahr) und mit bestimmten Verpflichtungen des Lieferanten verbunden.

4.1.9.4 Qualitäts- und Quantitätsdokumente

4.1.9.4.1 Qualitätszertifikate / Inspektionszertifikate

Bezeichnungen

Die Bezeichnungen der von den Experten(gesellschaften) ausgestellten Zertifikate sind unterschiedlich. Dies hängt zum einen mit den verschiedenartigen Sachverhalten (Qualität, Quantität und/oder Preis bzw. andere Merkmale der Ware) zusammen, die in den Zertifikaten bestätigt sind, zum anderen aber auch mit dem Sprachgebrauch der betrieblichen Praxis, der mit der Bezeichnung eines Zertifikats keineswegs immer denselben Vorstellungsinhalt verbindet. So finden sich u.a. folgende Bezeichnungen: **Qualitätszertifikat** und/oder **Quantitätszertifikat, Inspektionszertifikat, Clean Report of Findings** usw. Im folgenden wird vor allem die Bezeichnung Qualitätszertifikat verwendet.

Gründe

Bei bestimmten Zahlungsbedingungen, wie z.B. bei Vorauszahlungen, bei Dokumentenakkreditiven und bei Inkassi „Dokumente gegen Zahlung", hat der Importeur in der Regel keine Möglichkeit, die Waren vor der Bezahlung auf ihre Qualität bzw. auf eventuelle Mängel zu überprüfen. Es liegt somit im **Sicherungsinteresse des Importeurs**, eine Vereinbarung im Kaufvertrag durchzusetzen, die den Nachweis der Qualität der zu liefernden Waren umfasst.

Daneben schreiben die **staatliche Stellen** einer Reihe von Entwicklungs- und Schwellenländern die Vorlage von Inspektionszertifikaten vor.

Einfuhrbestimmungen

Unabhängig vom Sicherungsinteresse und von den Vereinbarungen zwischen den Beteiligten finden sich in den Einfuhrbestimmungen des Auslands häufig **weit reichende Auflagen** zum Nachweis der Qualität und teilweise auch bezüglich des Preises der zu importierenden Güter (Anmerkung: Die Prüfung des Preises dient einerseits dem Ziel des Importlandes, überhöhte Rechnungen und damit verbundene überhöhte Devisenzuteilungen an die Importeure und somit deren Kapitalflucht zu verhindern und andererseits dem Ziel, sog. Unterfakturierungen und somit zu niedrige Zollzahlungen usw. zu verhindern).

Generalverträge mit Importländern

Die Regierungen einer größeren Anzahl von Entwicklungs- und Schwellenländern haben zu diesem Zweck Generalverträge mit Experten-/Prüfgesellschaften abgeschlossen. Ausführliche und aktuelle Informationen über diejenigen Importländer, die mit Expertengesellschaften derartige Verträge abgeschlossen haben, sowie über die in den jeweiligen Zertifikaten auszuweisenden Prüfungsinhalte usw. finden die Exporteure beispielsweise in den von der Handelskammer Hamburg herausgegebenen **„K und M – Konsulats- und Mustervorschriften“**. Im Zweifel ist es angebracht, mit der vom Importland beauftragen Expertengesellschaft frühzeitig Kontakt aufzunehmen, um offene Fragen bezüglich der zu stellenden Expertise zu klären.

Arten der Qualitätszertifikate

Die Art eines Qualitätszertifikats ist von den zu prüfenden und zu bescheinigenden Kriterien ebenso bestimmt wie von den Eigenarten der jeweiligen Güter. Entsprechend **vielgestaltig** sind die **Erscheinungsformen** und der Inhalt von Qualitätszertifikaten. Hinzu kommt, dass es die verschiedensten erwerbswirtschaftlichen und amtlichen Einrichtungen sind, die Bescheinigungen, Bestätigungen, Gutachten, Zertifikate u. ä. mit sehr unterschiedlichen Inhalten abgeben.

Grob können Qualitätszertifikate nach folgenden Arten untergliedert werden:

- **Analysenzertifikate**

  In Analysenzertifikaten sind insbesondere **chemische und physikalische Analysen** enthalten, die die verschiedensten Prüfungen und Erkenntnisziele umfassen können.

- **Inspektionszertifikate**

  Inspektionszertifikate umfassen vielfältige, durch Inspizieren (Prüfen) feststellbare Sachverhalte: Das mängelfreie **Funktionieren von Maschinen** ebenso wie die augenscheinliche Übereinstimmung der **Beschaffenheit der Güter** mit den Vereinbarungen des Kaufvertrags.

Häufig sind in den Einfuhrbestimmungen des Auslandes Inspektionszertifikate vorgeschrieben, in denen nicht nur die Beschaffenheit bzw. die Funktionen der Güter Gegenstand sind, sondern auch die Menge und der Preis.

- **Gesundheitszertifikate**

  Gesundheitszertifikate werden häufig von den Einfuhrbehörden für Importe von Nahrungsmitteln bzw. von **landwirtschaftlichen Produkten** generell (einschließlich lebender Tiere), aber auch bei Importen von **pharmazeutischen und medizinischen Erzeugnissen** zur Auflage gemacht. Damit soll insbesondere die Übertragung von Krankheiten verhindert werden.

Anbieter

Neben einer Vielzahl von amtlich zugelassenen Sachverständigen, die auf die verschiedensten Gebiete spezialisiert sind, und den primär auf die Technik ausgerichteten Prüfinstitutionen (wie z.B. TÜV und DEKRA) sind für den internationalen Handel insbesondere SGS Controll-Co.m.b.H. sowie Bureau Veritas (BIVAC) von Bedeutung.

Weitere international tätige Anbieter sind: Inspectorate Griffith, Cotecna International Limited, Intertek Testing Services, Socotec International Inspection.

4.1.9.4.2 Packlisten, Gewichtsliste/Gewichtszertifikate

Packliste

Packlisten werden vom Exporteur erstellt. Sie enthalten Angaben über die Sendung, insbesondere zur **Anzahl** und zur **Art der Frachtstücke**, zum **Gewicht**, zur **Markierung**, aber auch zum **Inhalt** (zur Ware). Es ist keine Frage, dass die Angaben in der Packliste mit den relevanten Angaben in der Handelsrechnung und gegebenenfalls mit den Akkreditivbedingungen übereinstimmen müssen.

Gewichtsliste/Gewichtszertifikat

Begnügt sich der Importeur nicht mit den Gewichtsangaben des Exporteurs, dann kann er im Kaufvertrag bzw. im Akkreditiv die Vorlage der **Gewichtsbescheinigung** (Gewichtsliste/Gewichtszertifikat) einer **amtlich zugelassenen Wägerei** zur Auflage machen. Ein Gewichtszertifikat muss von der Wägerei unterzeichnet sein. Die vom amtlichen Wägereibetrieb dokumentierten Gewichte (Totalgewicht, Teilgewichte) müssen mit den Gewichtsangaben in den übrigen Exportdokumenten übereinstimmen.

Wird vom Exporteur ohnehin die Vorlage eines **Qualitätszertifikats** verlangt, dann ist darin häufig auch die Quantität, d.h. auch das **Gewicht, nachzuweisen**.

4.2 Zahlung und Zahlungssicherung mit Dokumenteninkassi (Documentary Collections)

4.2.1 Charakterisierung und Übersicht

Zug-um-Zug-Abwicklung

Im Rahmen eines Inkassoauftrags übergibt der Exporteur seiner Bank die Dokumente (Transportdokument, Versicherungsdokument, Handelsrechnung usw.) mit der Maßgabe, diese Dokumente (im Allgemeinen unter Einschaltung einer Bank im Importland) dem Importeur nur auszuhändigen, wenn dieser – je nach den getroffenen Vereinbarungen – im Gegenzug bezahlt, einen Wechsel akzeptiert oder einen unwiderruflichen Zahlungsauftrag mit späterer Fälligkeit unterzeichnet.

Formen nach Zahlungsinstrument

Gegenüber dem Importeur vollzieht sich das Dokumenteninkasso somit unter dem Merkmal der Gegenleistung für die Aushändigung der Dokumente als ein Zug-um-Zug-Geschäft:

- **Dokumente gegen Zahlung** (Dokumente gegen Kasse, documents against payment d/p, cash against documents)

  oder

- **Dokumente gegen Akzept** (Dokumente gegen Akzept eines – in der Regel – später fälligen Wechsels, documents against acceptance d/a)

  oder

- **Dokumente gegen unwiderruflichen Zahlungsauftrag** (Dokumente gegen Erteilung eines unwiderruflichen Zahlungsauftrags mit späterer Fälligkeit, documents against irrevocable payment order).

Formen nach Zahlungsfälligkeit

Unter dem Merkmal der Zahlungsfälligkeit werden die Dokumenteninkassi manchmal in zwei Kategorien untergliedert:

- **Sichtinkassi**

  Dazu zählen Inkassi, die „bei Sicht" bzw. „bei erster Präsentation" zahlbar sind. Im Allgemeinen werden zu den Sichtinkassi jedoch auch Inkassi gezählt, bei denen die Dokumentenaufnahme des Importeurs auf einen späteren Zeitpunkt verlagert ist, z.B. Inkassi „zahlbar... Tage nach Präsentation" oder „zahlbar bei Ankunft der Ware/des Schiffs".

  Diese Einordnung ist deswegen tragfähig, weil sich an der zu einem späteren Zeitpunkt vollzogenen Zug-um-Zug-Abwicklung „Dokumente gegen Zahlung" nichts ändert.

- **Nachsichtinkassi**

  Zu den Nachsichtinkassi (die manchmal auch als „Deferred Payment-Inkassi" bezeichnet werden) zählen jene Inkassi, bei denen zwischen der Aushändigung der Dokumente an den Importeur und der (endgültigen) Zahlung eine Nachsichtfrist eingeschoben ist.

  Dies ist der Fall bei

  „Dokumente gegen Akzept einer Nachsichttratte"-Inkassi

  und bei

  „Dokumente gegen unwiderruflichen Zahlungsauftrag mit späterer Fälligkeit"-Inkassi.

Hinweis

- Die bei Dokumenteninkassi üblicherweise vorkommenden **Exportdokumente** sind im vorangehenden **Kapitel 4.2** vorgestellt.
- Ausführlich beschrieben, zum großen Teil abgebildet und beurteilt sind die Exportdokumente in Häberle, S.G. (Hrsg.) **Handbuch der Akkreditive**, Inkassi, Exportdokumente und Bankgarantien, Oldenbourg-Verlag München und Wien.

4.2.2 Grundstruktur von "Dokumente gegen Zahlung"-Inkassi

Abbildung

Die Grundstruktur der Abwicklung von „Dokumente gegen Zahlung"-Inkassi ist in **Abbildung 4.2-01** dargestellt und im folgenden Textteil schrittweise erläutert.

Die Darstellung ist stark vereinfacht und dient lediglich der Einführung.

Vertiefende Ausführungen zur Gestaltung von „Dokumente gegen Zahlung"-Inkassi finden sich in Abschnitten 4.2.5.1.

Schrittweise Darstellung der Grundstruktur:

1. **Kaufvertrag zwischen Exporteur und Importeur mit der Zahlungsbedingung: „Dokumente gegen Zahlung (d/p)"**

2. **Warenversand durch den Exporteur und im Gegenzug Empfang der (Versand-)Dokumente**

3. **Inkassoauftrag des Exporteurs an seine Hausbank (Exporteurbank, Einreicherbank) mit Übergabe der Dokumente**
   Kern des Inkassoauftrags: Die Dokumente sind dem Importeur nur auszuhändigen, wenn dieser dem Inkassoauftrag entspricht, d.h. Zahlung leistet.

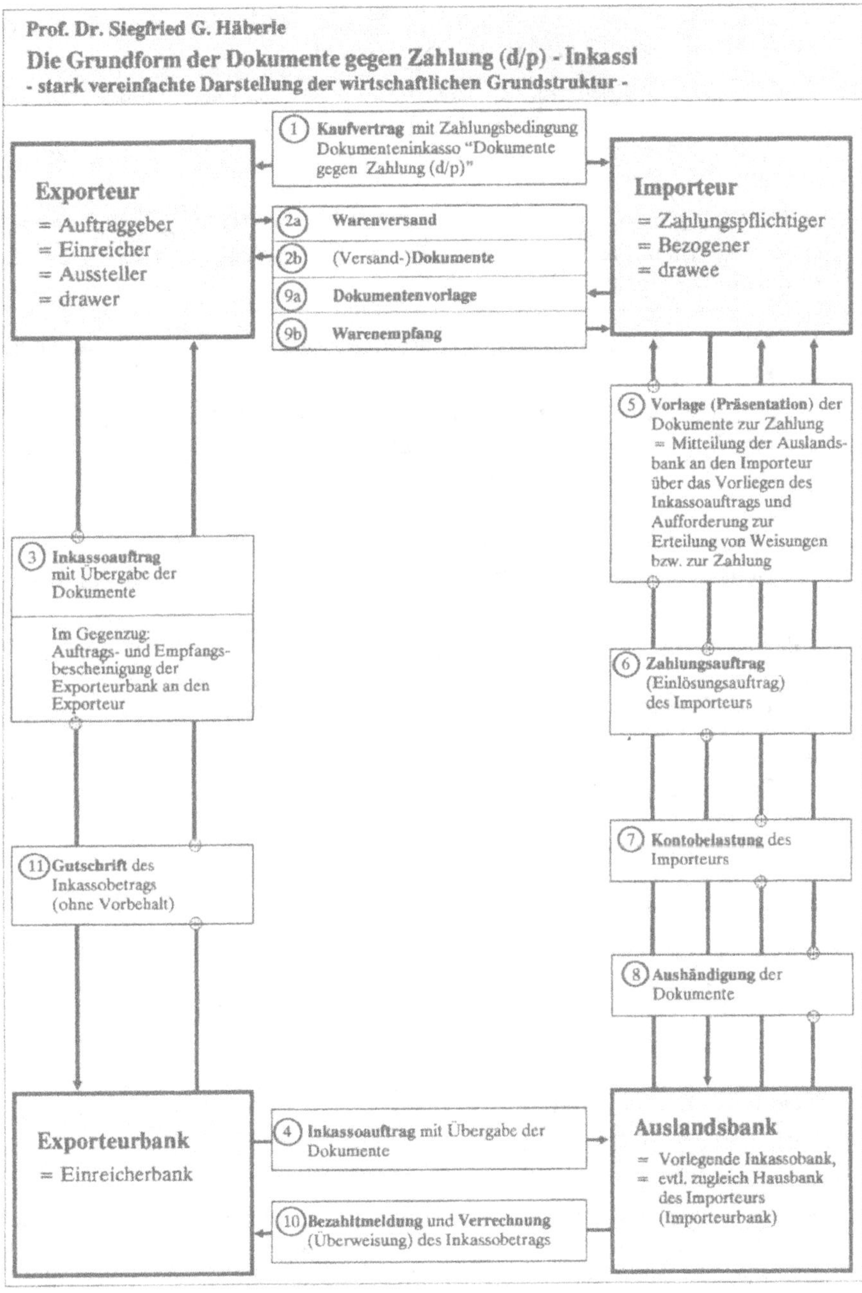

Abbildung 4.2-01

4. **Inkassoauftrag der Exporteurbank an die Auslandsbank (vorlegende Inkassobank) mit Übergabe der Dokumente**

   Sofern im Inkassoauftrag des Exporteurs eine bestimmte Bank (z.B. die Hausbank des Importeurs) nicht genannt ist, beauftragt die Exporteurbank ihre **Korrespondenzbank** im entsprechenden Ausland mit dem Inkasso.

   Bei „Dokumente gegen Zahlung"-Inkassi ist eine Weisung über die **Verrechnung** (den Verrechnungsweg) des Inkassobetrags nach Zahlung durch den Importeur erforderlich.

5. **Vorlage (Präsentation) der Dokumente gegenüber dem Importeur durch die vorlegende Inkassobank**

   Diese Vorlage (Präsentation) der Dokumente ist die **Mitteilung** der Auslandsbank an den Importeur über das Vorliegen des Inkassoauftrags unter Nennung aller relevanten Einzelheiten und unter eventueller Beifügung von Fotokopien der Dokumente.

   Dem Importeur ist – falls keine weiterreichende Weisung erteilt ist – die Möglichkeit gegeben, die **Originaldokumente** in den Räumen der Inkassobank einzusehen.

   Sofern im Inkassoauftrag keine anderslautende Weisung aufgenommen ist, hat der Importeur **unverzüglich** über die Aufnahme der Dokumente, d.h. über Zahlung bzw. Nichtzahlung zu entscheiden.

   Hinweis:

   In Hauptabschnitt 4.2.5.1 ist ein Beispiel für die **„Vorlage (Präsentation) der Dokumente"**, d.h. die Mitteilung der vorlegenden Inkassobank an den zahlungspflichtigen Importeur **abgebildet**.

6. **Zahlungsauftrag (Einlösungsauftrag) des Importeurs**

   Nach Prüfung des vorgelegten Inkassos und nach eventueller Prüfung der bei der vorlegenden Inkassobank verbliebenen Originaldokumente auf Übereinstimmung mit den im Kaufvertrag getroffenen Vereinbarungen, erteilt der Importeur den **Auftrag zur Zahlung**.

7. **Kontobelastung des Importeurs**

   Sofern das Konto des Importeurs das erforderliche Guthaben aufweist, bucht die vorlegende Bank den **Inkassobetrag ab**.

   Anmerkung (graphisch nicht dargestellt): Lässt dagegen der Kontostand des Importeurs die Abbuchung nicht zu, dann hat die vorlegende Bank unverzüglich Meldung über **Nichtzahlung** an die ihr vorgeschaltete Bank zu erstatten. Diese Nichtbezahltmeldung gelangt letztlich zum Exporteur, der sodann über die weitere Behandlung des Inkassoauftrags Weisung erteilen muss.

8. Aushändigung der Dokumente an den Importeur

Im Gegenzug zur Zahlung des Inkassobetrags (Kontobelastung) erhält der Importeur die **Dokumente ausgehändigt**.

Damit ist das **Dokumenteninkasso** im Kern, nämlich die Zug-um-Zug-Abwicklung, **abgeschlossen**.

9. a) + b) Dokumentenvorlage und Warenempfang

Durch Vorlage der Dokumente kann sich der Importeur als Berechtigter zum Warenempfang ausweisen (**Legitimationsfunktion** der Dokumente) und damit den Besitz der Waren erlangen.

10. Bezahltmeldung und Verrechnung (Überweisung) des Inkassobetrags

Die vorlegende Inkassobank muss der vorgeschalteten Bank (Einreicherbank) unverzüglich eine **Bezahltmeldung** zusenden. Außerdem leitet die vorlegende Inkassobank den **Inkassobetrag** an die Exporteurbank (Einreicherbank) weiter.

Anmerkung: In der Praxis ersetzt die Weiterleitung des Inkassobetrags manchmal eine ausdrückliche Bezahltmeldung.

11. Gutschrift des Inkassobetrags auf dem Konto des Exporteurs

Die Gutschrift erfolgt in der Regel **ohne Vorbehalt**.

4.2.3 Grundstruktur von „Dokumente gegen Akzept"-Inkassi

Vorbemerkungen

- Inkassi „Dokumente gegen Akzept einer Nachsichttratte" sowie Inkassi „Dokumente gegen unwiderruflichen Zahlungsauftrag mit späterer Fälligkeit" werden manchmal unter den Oberbegriffen **„Nachsicht-Inkassi"** bzw. **„Deferred Payment-Inkassi"** zusammengefasst. Bei beiden Inkassoarten ist zwischen der Aushändigung der Dokumente an den Importeur und der Zahlung des Akzepts bzw. des unwiderruflichen Zahlungsauftrags eine Nachsichtfrist eingeschoben.
- Die folgende Abbildung und die dazu gehörenden Erläuterungen haben zum Ziel, den Überblick über die **Grundstruktur** von „Dokumente gegen Akzept"-Inkassi zu vermitteln. Es sind deswegen nur wenige Merkmale bzw. Besonderheiten bei den einzelnen Schritten aufgenommen.
- Weiterreichende **Einzelheiten** zur Gestaltung von „Dokumente gegen Akzept"-Inkassi finden sich in Kapitel 4.2.5.2.
- Die rechtlichen und wirtschaftlichen Merkmale von **(Auslands-)Wechseln** sind in Kapitel 3.4 beschrieben.
- Die Formen der „Dokumente gegen Akzept"-Inkassi unterscheiden sich im Wesentlichen in der **Verwendung** des vom Importeur (Bezogenen) **ak-**

zeptierten Wechsels. Deswegen sind die folgenden Erläuterungen zu den einzelnen Schritten ergänzt mit Informationen zu den unterschiedlichen Verwendungsmöglichkeiten des akzeptierten Wechsels.

Darstellungsbeispiel: „Dokumente gegen Akzept"-Inkassi mit Aushändigung des akzeptierten Wechsels an den Exporteur

Annahmen:

- Dokumente gegen Akzeptierung einer Nachsichttratte.
- Verwendung des Wechsels nach Akzeptleistung des Importeurs: Rücksendung und Aushändigung an den Exporteur.
- Vor Verfall des akzeptierten Wechsels: Übergabe des Wechsels an die Exporteurbank zum Einzug des Wechselgegenwerts.

Abbildung

Die einzelnen Schritte der Abwicklung sind in **Abbildung 4.2-02** dargestellt und danach erläutert.

Schrittweise Darstellung:

1. **Kaufvertrag zwischen Exporteur und Importeur mit der Zahlungsbedingung „Dokumente gegen Akzeptierung einer Nachsichttratte"**

   Einzelheiten siehe Abschnitt „4.2.5.2 Spezielle Gestaltungsmerkmale bei ‚Dokumente gegen Akzept'-Inkassi".

2. **a) + b) Warenversand durch den Exporteur und im Gegenzug Empfang der (Versand-)Dokumente**

3. **Inkassoauftrag des Exporteurs an seine Hausbank (Exporteurbank, Einreicherbank) mit Übergabe der Dokumente und der auf den Importeur gezogenen Nachsichttratte**

   Im Kern umfasst der Inkassoauftrag die **Weisung**: Die Dokumente sind dem Importeur nur auszuhändigen, wenn dieser dem Inkassoauftrag entspricht, d.h. die vom Exporteur ausgestellte und dem Inkassoauftrag beigefügte Nachsichttratte akzeptiert.

   Im Gegenzug zum erteilten Inkassoauftrag erhält der Exporteur von seiner Bank eine **Auftrags- und Empfangsbestätigung**.

   Hinweis

   In Kapitel „3.4 Zahlung mit Auslandswechsel" ist in Abschnitt 3.4.1 eine englischsprachige Nachsichttratte (also ein vom Wechselaussteller gezogener, jedoch vom Bezogenen noch nicht akzeptierte Wechsel) abgebildet.

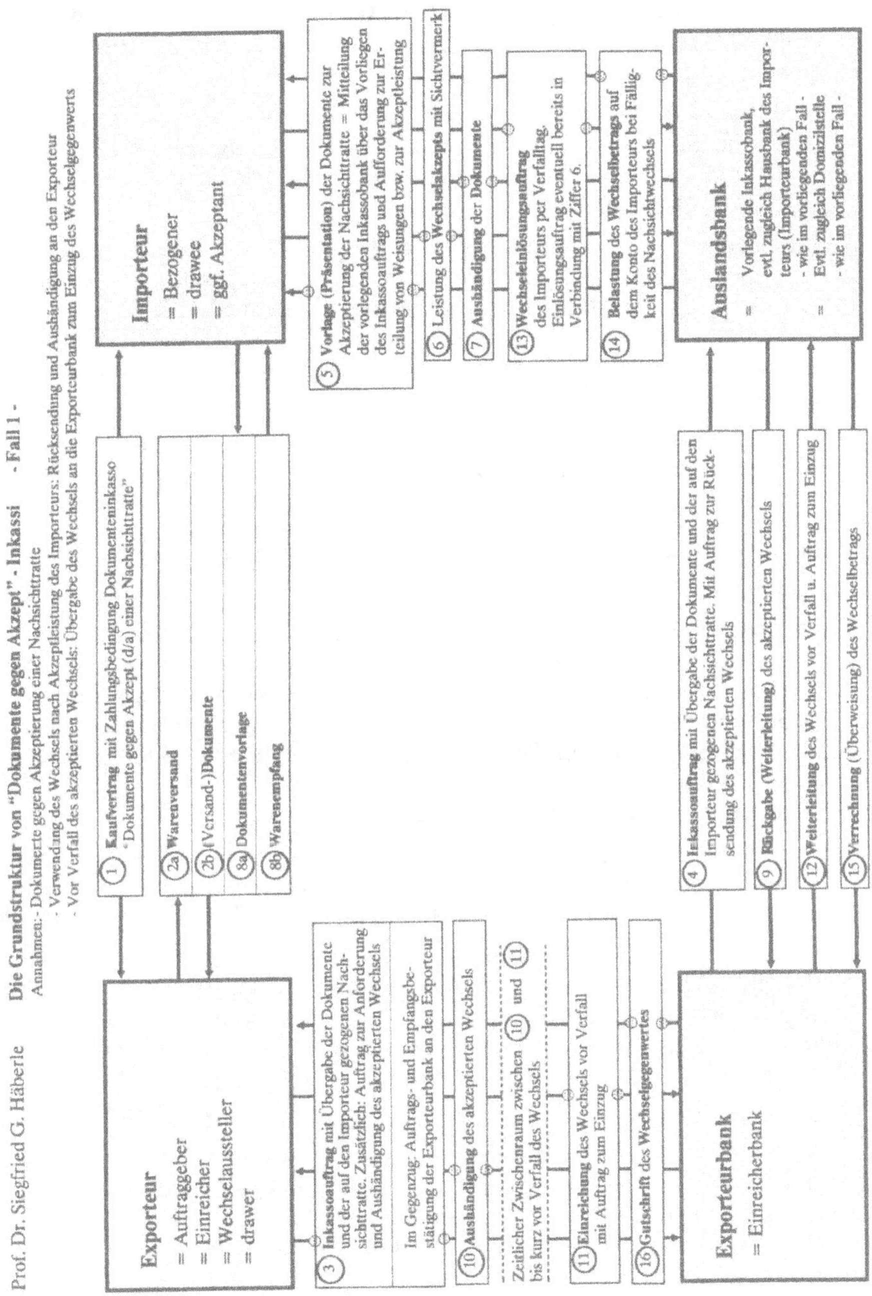

Abbildung 4.2-02

4. Inkassoauftrag der Exporteurbank (Einreicherbank) an die Auslandsbank (Inkassobank) mit Übergabe der Dokumente und der auf den Importeur gezogenen Nachsichttratte

Die Festlegungen und **Weisungen** des Inkassoauftrags des Exporteurs sind von der Exporteurbank bei der Beauftragung der ausländischen Bank zum weiteren Inkasso strengstens zu beachten und in den Inkassoauftrag zu übernehmen.

Im Gegenzug zum erteilten Inkassoauftrag erhält die Exporteurbank im Allgemeinen von der Auslandsbank (von der vorlegenden Inkassobank) eine **Auftrags- und Empfangsbestätigung** (z.B. über SWIFT).

5. Vorlage (Präsentation) der Dokumente gegenüber dem Importeur durch die Auslandsbank

Die Vorlage (Präsentation) der Dokumente ist die **Mitteilung** der Auslandsbank (der vorlegenden Inkassobank) an den Importeur über das Vorliegen des Inkassoauftrags unter Nennung aller relevanten Einzelheiten. Dem Importeur ist – falls eine weiterreichende Weisung nicht erteilt ist – die Möglichkeit gegeben, die Dokumente in den Räumen der Inkassobank einzusehen.

Die **Akzeptierung** der Nachsichttratte kann – falls der Inkassoauftrag dies ausdrücklich ausweist – bis zur Ankunft der Ware oder gemäß einer anders definierten Frist **zurückgestellt** werden. Ansonsten gilt, dass der Importeur die Nachsichttratte bei erster Präsentation (bei Sicht), d.h. ohne weiteren (ohne größeren) zeitlichen Spielraum zu akzeptieren hat.

6. Leistung des Akzeptes durch den Importeur

Der Importeur akzeptiert die auf ihn gezogene Nachsichttratte durch seine **Unterschrift** (sein Akzept) auf dem Wechsel. Dadurch hat sich der Importeur zur Zahlung des Wechselbetrags bei Fälligkeit unwiderruflich verpflichtet.

Bei Nachsichtwechseln hat der Akzeptant neben seiner Unterschrift den Tag der Akzeptierung zu vermerken (sog. **Sichtvermerk**), weil ab diesem Tag die Nachsichtfrist zu laufen beginnt und auf dieser Grundlage die Fälligkeit des Wechsels zu errechnen ist.

Einzelheiten siehe Abschnitt „4.2.5.2 Spezielle Gestaltungsmerkmale bei ‚Dokumente gegen Akzept-Inkassi".

Falls auf der zu akzeptierenden Tratte eine **Domizilstelle** noch nicht eingetragen ist, trägt der Importeur diejenige Bank (und damit auch den Zahlungsort) auf dem Wechsel ein, bei der der Wechsel bei Fälligkeit zur Zahlung vorgelegt werden soll.

7. Aushändigung der Dokumente an den Importeur

Im Gegenzug zu seiner Akzeptleistung erhält der Importeur die **Dokumente** von der vorlegenden Inkassobank **ausgehändigt**.

Damit ist der wichtigste Teil des **Dokumenteninkassos**, nämlich die Zug-um-Zug-Abwicklung „Dokumente gegen Akzept", **abgeschlossen.**

8. a) + b) Dokumentenvorlage und Warenempfang

Durch Vorlage der Dokumente kann sich der Importeur als Berechtigter zum Warenempfang ausweisen (**Legitimationsfunktion** der Dokumente) und damit den Besitz der Waren erlangen.

9. Rückgabe (Weiterleitung) des akzeptierten Wechsels

Die vorlegende Inkassobank gibt den Wechsel nach Akzeptleistung des Importeurs – entsprechend den Weisungen im Inkassoauftrag (siehe Schritte 3 und 4) – unverzüglich an die Exporteurbank zurück.

Die Rückgabe des akzeptierten Wechsels ersetzt in der Praxis häufig die Mitteilung über die erfolgte Akzeptleistung des Importeurs gemäß Art. 26 c. II ERI.

Zu den alternativen Verwendungsmöglichkeiten akzeptierte Wechsel siehe Abschnitt „4.2.5.2 Spezielle Gestaltungsmöglichkeiten bei ‚Dokumente gegen Akzept'-Inkassi".

10. Aushändigung des akzeptierten Wechsels an den Exporteur

Die Exporteurbank leitet den akzeptierten Wechsel – entsprechend den Weisungen im Inkassoauftrag des Exporteurs (siehe Schritt 3) – unverzüglich an den Exporteur weiter.

Das Dokumenteninkasso im Sinne der ERI ist mit diesem Schritt abgeschlossen.

Zeitlicher Zwischenraum zwischen den Schritten 10 und 11:

Der Exporteur belässt den Wechsel bis kurz vor Verfall in seinem Bestand (Fachsprache: in seinem Portefeuille).

Daran anschließend erfolgt das Wechselinkasso (nicht mehr das Dokumenteninkasso).

Wechselinkasso:

11. Einreichung des Wechsels vor Verfall bei der Exporteurbank

Der Exporteur übergibt der Exporteurbank (oder einer anderen Hausbank) den Wechsel hinreichende Zeit vor dem Verfalltag zum Einzug des Wechselbetrags.

In diesen Wechseleinzugsauftrag kann der Exporteur auch die Weisung aufnehmen, dass im Nichtzahlungsfall kein Protest gegen den bezogenen Importeur zu erheben ist.

12. Weiterleitung des Wechsels vor Verfall und Auftrag zum Einzug

Die vom Exporteur mit dem Wechseleinzug beauftragte Bank leitet den Wechsel kurze Zeit vor Verfall an eine Auslandsbank weiter mit dem Auftrag, den Wechsel der Domizilstelle bei Verfall vorzulegen und nach Einlösung des Wechsels den Gegenwert zu verrechnen (zu überweisen). Eventuelle Weisungen des Exporteurs sind von der Exporteurbank auch in diesen Wechseleinzugsauftrag aufzunehmen.

13. Wechseleinlösungsauftrag des Importeurs per Verfalltag

In der Regel erteilt der Importeur der Domizilstelle (also jener Bank, bei der er den Wechsel zahlbar gestellt hat) den Auftrag, den Wechsel bei Fälligkeit zu Lasten seines Kontos einzulösen. Diesen Wechseleinlösungsauftrag kann der Importeur der Domizilstelle bereits im Zeitpunkt der Akzeptierung (siehe Schritt 6) oder erst bei Verfall des Wechsels erteilen.

14. Belastung des Wechselbetrags auf dem Konto des Importeurs per Verfalltag

Lässt der Kontostand des Importeurs die Einlösung zu, dann belastet die Domizilstelle den Importeur mit dem Wechselbetrag zuzüglich einer Einlösungsprovision (sog. Domizilprovision).

Weist das Konto des Importeurs ein entsprechendes Guthaben nicht auf, dann lässt die mit dem Wechseleinzug beauftragte Bank Protest mangels Zahlung erheben, sofern andere Weisungen nicht vorliegen.

15. Verrechnung (Überweisung) des Wechselbetrags

Die mit dem Wechseleinzug beauftragte Auslandsbank verrechnet oder überweist den Wechselbetrag nach Wechseleinlösung durch den Importeur an die Hausbank des Exporteurs.

16. Gutschrift des Wechselgegenwerts

Die Exporteurbank schreibt dem Exporteur den Wechselgegenwert auf seinem Konto – nach Abzug der Wechseleinzugsprovision – gut.

Hinweise

- Weitere Einzelheiten siehe Abschnitt „4.2.5.2 Spezielle Gestaltungsmerkmale bei ‚Dokumente gegen Akzept'-Inkassi".
- Im „Handbuch der Außenhandelsfinanzierung" (Verf. Häberle, S.G., München und Wien) sind folgende weitere Abwicklungen von Dokumenteninkassi beschrieben und beurteilt:

  „Dokumente gegen Akzept"-Inkassi mit Verwahrung des akzeptierten Wechsels bei der vorlegenden Bank und Auftrag zum Einzug des Wechsels bei Fälligkeit;

„Dokumente gegen Akzept“-Inkassi mit Diskontierung des akzeptierten Wechsels durch die Exporteurbank.

4.2.4 Grundstruktur von „Dokumente gegen unwiderruflichen Zahlungsauftrag“-Inkassi

Begriffe

Inkassi „Dokumente gegen unwiderruflichen Zahlungsauftrag mit späterer Fälligkeit“ sowie Inkassi „Dokumente gegen Akzept einer Nachsichttratte“ werden manchmal unter den Oberbegriffen **„Nachsicht-Inkassi“** bzw. „Deferred Payment-Inkassi“ zusammengefasst. Bei beiden Inkassoarten ist zwischen der Aushändigung der Dokumente an den Importeur und der Zahlung des Akzepts bzw. des unwiderruflichen Zahlungsauftrags eine Nachsichtfrist eingeschoben.

Charakterisierung der Grundstruktur

Bei Dokumente gegen unwiderruflichen Zahlungsauftrag“-Inkassi (documents against irrevocable payment order) erhält der Importeur die Dokumente nur ausgehändigt, wenn er der vorlegenden Inkassobank einen handschriftlich **unterzeichneten unwiderruflichen Zahlungsauftrag** per späterer Fälligkeit erteilt.

Der **Ausgangspunkt für die spätere Fälligkeit** des unwiderruflichen Zahlungsauftrags kann beispielsweise bezogen sein

- auf das Datum der Handelsrechnung,
- auf das Verladedatum bzw. Ausstellungsdatum des Transportdokuments,
- auf ein anderes eindeutig bestimmbares Datum.

Ebenso wie „Dokumente gegen Akzept“-Inkassi umfassen „Dokumente gegen unwiderruflichen Zahlungsauftrag“-Inkassi somit ein **Zahlungsziel** für den Importeur. Die Länge des Zahlungsziels kann grundsätzlich dem jeweiligen Exportgeschäft angepasst werden, wobei jedoch mit zunehmender Länge auch die Risiken des Exporteurs zunehmen (können).

Keine Bankgarantie

Es ist ausdrücklich hervorzuheben, dass „Dokumente gegen unwiderruflichen Zahlungsauftrag“-Inkassi mangels einer anderslautenden Vereinbarung **keine Zahlungsgarantie** der beteiligten Banken einschließen. Der Exporteur ist vielmehr darauf angewiesen, dass der Importeur bei Fälligkeit des unwiderruflichen Zahlungsauftrags zur Zahlung in der Lage sein wird.

Analogie zu „Dokumente gegen Akzept“-Inkassi

Die beiden Inkassoarten „Dokumente gegen unwiderruflichen Zahlungsauftrag“-Inkassi und „Dokumente gegen Akzept“-Inkassi weisen nicht nur eine gleichartige Grundstruktur auf, sondern sie werden auch **gleichartig abgewickelt**.

Anzumerken ist jedoch, dass „Dokumente gegen unwiderruflichen Zahlungsauftrag"-Inkassi eine geringere Bedeutung haben als „Dokumente gegen Akzept"-Inkassi.

Maßgebliche **Unterschiede** zwischen den beiden Inkassoarten liegen

- in den alternativen Verwendungsmöglichkeiten des akzeptierten Wechsels, die sich bei „Dokumente gegen unwiderruflichen Zahlungsauftrag"-Inkassi definitionsgemäß nicht eröffnen, und
- in der Wechselstrenge (Wechselprotest, Wechselprozess usw.), die bei unwiderruflichen Zahlungsaufträgen fehlt.

4.2.5 Gestaltungsmöglichkeiten von Dokumenteninkassi

4.2.5.1 Spezielle Gestaltungsmerkmale bei „Dokumente gegen Zahlung"-Inkassi

Alternative Fälligkeiten für die Dokumentenaufnahme bei Sichtinkassi

- **Begriff: Sichtinkassi**

  In der betrieblichen Praxis wird von Sichtinkassi auch dann gesprochen, wenn der Zeitpunkt für die Dokumentenaufnahme hinausgeschoben ist. Diese Sprachregelung ist tragfähig, weil sich an der Zug-um-Zug-Abwicklung „Dokumente gegen Zahlung" auch bei späterer Dokumentenaufnahme nichts ändert.

- **Festlegung des Zahlungszeitpunktes**

  „Dokumente gegen Zahlung"-Sichtinkassi belassen den Beteiligten durchaus zeitliche Gestaltungsmöglichkeiten für den Vollzug der Zug-um-Zug-Abwicklung, also für den Zeitpunkt der Aushändigung der Dokumente gegen die Zahlung des Importeurs. Allerdings sind die Interessenlagen der Beteiligten oft gegensätzlich: Es entspricht in der Regel der Interessenlage des Importeurs, wenn er die Dokumente erst in dem Zeitpunkt aufnehmen und bezahlen muss, in dem er die Dokumente zur Abfertigung der Einfuhrformalitäten benötigt. Dagegen ist es das Interesse des Exporteurs, die Zahlung möglichst frühzeitig und unabhängig vom Eintreffen der Waren im Importland zu erhalten.

  Folgende alternativen Bedingungen für die Fälligkeit der Dokumentenaufnahme kommen in der Praxis vor:

- **Vereinbarung der Inkassofälligkeit „zahlbar bei erster Präsentation" bzw. „zahlbar bei Sicht"**

  Bei dieser Bedingung („at sight") erfolgt die Zug-um-Zug-Abwicklung des Dokumenteninkassos unmittelbar nach Eingang des Inkassoauftrags bei der vorlegenden Bank. Diese Bank präsentiert dem Importeur die

Dokumente, d.h. sie stellt ihm die Mitteilung zu, dass zu seinen Lasten ein Inkassoauftrag vorliegt, und fordert ihn auf, Weisung zu erteilen, d.h. entweder zu zahlen oder zu erklären, dass er die Dokumente nicht aufnimmt, also nicht bezahlt.

Hinweis: Abbildung 4.2-03 zeigt ein Beispiel für die **„Vorlage (Präsentation) der Dokumente"**, d.h. die Mitteilung der vorlegenden Inkassobank an den zahlungspflichtigen Importeur.

- **Vereinbarung der Inkassofälligkeit „zahlbar ... Tage nach erster Präsentation"**

  Diese Bedingung ermöglicht es, zwischen dem Zeitpunkt der ersten Präsentation der Dokumente und dem Zeitpunkt der Dokumentenaufnahme (Bezahlung) eine vom Importeur und Exporteur zu vereinbarende Frist zu legen.

  Mit Deutlichkeit ist hervorzuheben, dass die Zug-um-Zug-Abwicklung des Dokumenteninkassos auch bei dieser Bedingung unverändert bestehen bleibt.

- **Vereinbarung der Inkassofälligkeit „zahlbar bei Ankunft der Ware"**

  Mit dieser Bedingung (deren Fälligkeit manchmal auch mit den Worten „bei Ankunft des Dampfers" definiert wird und die sich in den Inkassoaufträgen beispielsweise mit der Formulierung findet: „Die Aufnahme der Dokumente kann bis zur Ankunft des Schiffs/der Ware zurückgestellt werden") soll vermieden werden, dass der Importeur in einem Zeitpunkt Zahlung leisten muss, in dem er über die Ware noch nicht verfügen kann.

Abbildung

Abbildung 4.2-03 zeigt ein Beispiel für die „Vorlage (Präsentation) der Dokumente" / „Documentary Collection", d.h. die Mitteilung der vorlegenden Inkassobank an den zahlungspflichtigen Importeur über das Vorliegen des Inkassoauftrags und die Aufforderung, Weisung (zur Zahlung oder Nichtzahlung) zu erteilen.

Quelle: Credit Suisse First Boston, Akkreditive ..., 1998: S. 90

4.2.5.2 Spezielle Gestaltungsmerkmale bei „Dokumente gegen Akzept"-Inkassi

Vorbemerkung

Die folgenden Ausführungen sind bei **„Dokumente gegen unwiderruflichen Zahlungsauftrag** (mit späterer Fälligkeit)"-Inkassi analog anwendbar.

Risiken des Exporteurs

Mit der Zahlungsbedingung „Dokumente gegen Akzept" kann dem Importeur grundsätzlich ein beliebiges Zahlungsziel in Form der Wechsellaufzeit

CREDIT SUISSE FIRST BOSTON

CREDIT SUISSE FIRST BOSTON
Trade Finance Service Center
Postfach 900
CH-8070 Zürich
Telefon 01 333 55 55
Telefax 01 332 29 40
Telex 812412 CSCH
SWIFT CRESCHZZ80A

TRADE FINANCE SERVICE CENTER

Registered

Hugentobler AG
Waldhüsliweg 67

8987 Wiesenkirch

Documentary Collection
HT-632745 C12 MJ

Zurich 16 January 1997
Tel no (01) 332 8849

For account of : Zenga, Rimini
Amount : CHF 12,318.00
Payment terms : at sight

Gentlemen,

We have the pleasure to inform you that we received the following documents for collection:

- Invoice 6-fold
- Packing list 6-fold
- Certificate of origin 2-fold
- Forwarder's certificate of receipt 1 Original + 1 Copy

We are authorized to deliver these documents against payment of :

Amount	: CHF	12,318.00
plus claimed charges	: CHF	75.00
plus our comm./charges	: CHF	125.00
Total	CHF	12,518.00

Remarks:
In case of refusal, please inform us immediately giving your reasons, so that we may advise our correspondent accordingly.

The execution of this order is subject to "Uniform Rules for Collections" Publication no. 522 issued by the International Chamber of Commerce, Paris.

Yours faithfully,

Credit Suisse First Boston

- Photocopies of documents

Abbildung 4.2-03

eingeräumt werden. Es versteht sich von selbst, dass ein solches Zahlungsziel insbesondere der Interessenlage des Importeurs entgegenkommt.

Dagegen erhöht sich das Risiko des Exporteurs stark, weil dem Importeur die Dokumente (die ihm die Verfügung über die Waren ermöglichen) lediglich gegen Akzeptleistung, also lediglich gegen ein Zahlungsversprechen, ausgehändigt werden. Die Frage der tatsächlichen Zahlung (Einlösung) des Wechsels ist auf einen späteren Fälligkeitstag verlagert, was das ganze Spektrum der Risiken für den Exporteur, nämlich wirtschaftliches Risiko, politisches Risiko und eventuell Wechselkursrisiko, einschließt.

Lediglich das Dokumentenaufnahmerisiko (Warenabnahmerisiko) und die warenbezogenen politischen Risiken sind nach Akzeptierung des Wechsels praktisch erloschen.

Verteilung der Finanzierungskosten

Bei der Zahlungsbedingung „Dokumente gegen Akzept" ist zu klären, welcher der Beteiligten die Finanzierungskosten, insbesondere die (Diskont-)Zinsen sowie die im Ausland eventuell anfallende Wechselsteuer, zu tragen hat. Fehlt eine solche Vereinbarung im Kaufvertrag, dann ist im Allgemeinen anzunehmen, dass die Zinsen für das dem Importeur in Wechselform gewährte Zahlungsziel vom Exporteur getragen werden.

Sofern der Importeur die Finanzierungskosten zu tragen hat (z.B. bei längerfristigen Zahlungszielen), können die sog. Abnehmerzinsen in den Wechselbetrag einbezogen werden, so dass eine gesonderte Verrechnung der Zinsen zwischen Importeur und Exporteur entfällt.

Alternative Wechsellaufzeiten

Das zwischen Exporteur und Importeur im Rahmen der Zahlungsbedingung „Dokumente gegen Akzept" vereinbarte Zahlungsziel kann grundsätzlich mit folgenden Alternativen in Wechselform gekleidet werden:

- Als **Nachsichttratte**, die eine bestimmte, im Kaufvertrag festzulegende Frist zwischen dem Zeitpunkt der Akzeptierung der Tratte durch den Importeur, also zwischen dem Zeitpunkt der Dokumentenaufnahme und dem Zeitpunkt der Wechselfälligkeit, umfasst (z.B. die Fristvereinbarung „90 Tage nach Sicht"). Der Importeur hat bei der Dokumentenaufnahme auf der Tratte neben seinem Akzept das Datum der Akzeptleistung zu vermerken (sog. Sichtvermerk). Ab diesem Zeitpunkt läuft sodann die vereinbarte Nachsichtfrist und bestimmt das Datum der Fälligkeit des Nachsichtwechsels (Einzelheiten zur Bestimmung des Verfalltags siehe auch Kapitel 3.4, insbesondere Abschnitt 3.4.3.1 „Alternative Angaben der Verfallzeit").
- Als **Zeittratte** (Tagtratte), die einen bestimmten Tag als Verfalltag aufweist. Der Vorzug der Zeittratte liegt für den Exporteur in der Festlegung des vom Verlauf des Dokumenteninkassos unabhängigen Fälligkeitsdatums. Dagegen kommt der Importeur häufig nicht in den vollen Genuss der Wechsellaufzeit, weil diese – im Gegensatz zu Nachsichttrat-

ten – oft vor dem Zeitpunkt der Akzeptierung, d.h. vor dem Zeitpunkt der Dokumentenaufnahme und damit vor der Verfügbarkeit über die Waren, beginnt. Deswegen wird der Importeur im Kaufvertrag nicht nur auf eine eindeutige Vereinbarung über die Laufzeit des Wechsels drängen, sondern auch über den Beginn dieser Laufzeit, so z.B. ab dem Versanddatum der Ware.

- Als **Datotratte** (Datowechsel), die eine Fristvereinbarung, gerechnet ab dem Tag der Wechselausstellung (z.B. 180 Tage dato), umfasst. Die Fälligkeit eines Datowechsels wird – wie bei der Zeittratte – unabhängig vom Zeitpunkt der Akzeptierung durch den Importeur, d.h. unabhängig vom Zeitpunkt der Dokumentenaufnahme, errechnet.

In der betrieblichen Außenhandelspraxis finden vor allem Zeittratten, aber auch Nachsichttratten, weniger dagegen Datotratten Verwendung.

Verwendung des akzeptierten Wechsels

- Die Anweisung: „Das Akzept soll **bei der Inkassobank zum Einzug** bei Fälligkeit verbleiben", erteilt der Exporteur in der Regel dann,

  wenn das Akzept nur eine kurze Laufzeit aufweist,

  wenn der Wechselbetrag niedrig ist,

  wenn der Wechsel nicht diskontfähig ist,

  und/oder wenn der Exporteur sehr liquide ist.

- Die Weisung: „Das Akzept ist **zurückzurufen**" erteilt der Exporteur im Inkassoauftrag dann, wenn er im eigenen Land günstige Verwendungs- und Absicherungsmöglichkeiten hat, z.B. Diskontierung und – bei Fremdwährungswechseln – zugleich Absicherung des Wechselkursrisikos, Weitergabe des Wechsels an einen Lieferanten (bei Auslandwechseln sehr selten) oder Übernahme des Wechsels in den eigenen Bestand (Portefeuille) mit späterem Wechselinkasso (bei Auslandswechseln ebenfalls selten).

Protest bei Nichtakzeptierung

Ein Protest bei Nichtakzeptierung kommt in Frage bei Nichtaufnahme der Dokumente, d.h. in dem Zeitpunkt, in dem es sich erweist, dass das Zug-um-Zug-Geschäft „Dokumente gegen Akzept" scheitert. Dem Exporteur verbleibt in dieser Situation die Sicherheit der Dokumente und – bei entsprechenden Dokumenten – die Verfügungsgewalt über die Waren. Ob ein Protest wegen Nichtakzeptierung der Tratte des Exporteurs zweckmäßig ist, hängt von verschiedenen Faktoren und damit vom Einzelfall ab.

Protest bei Nichtzahlung des akzeptierten Wechsels

Im Gegensatz zur Nichtakzeptierung trifft den Exporteur die Nichtbezahlung des Akzeptes in einer viel schwächeren Position. Das Dokumenteninkasso ist zu diesem Zeitpunkt längst abgeschlossen, d.h. der Importeur hat im Zeitpunkt der Nichtbezahlung des Akzeptes längst über die Dokumente und damit über die Waren verfügt. Auch erweist sich die Anerkennung und die Durchsetzbarkeit von Eigentumsvorbehalten in vielen Ländern als problembehaftet.

So gesehen verbleibt dem Exporteur insbesondere der in Form des akzeptierten (und mangels Zahlung protestierten) Wechsels verbriefte Anspruch, seine Forderung durchzusetzen.

Inwieweit auf Grundlage eines wegen Nichtbezahlung protestierten Akzeptes Forderungsansprüche zeitlich schneller als gewöhnliche Forderungen durchgesetzt werden können, ist länderweise verschieden. Auch die Frage, welche weiterreichenden Sanktionen sich durch den Wechselprotest gegen den Akzeptanten richten (z.B. Veröffentlichung des Protestes) und damit die Frage, welche Anstrengungen der Importeur zur Vermeidung des Protestes unternehmen wird, ist nur von Land zu Land zu beantworten.

Ob zur Durchsetzung der Ansprüche des Exporteurs der Wechsel protestiert sein muss oder ob der Exporteur seine Ansprüche in seiner Eigenschaft als Aussteller des Wechsels auch ohne förmliche Protesterhebung durchsetzen kann, hängt ebenfalls vom jeweiligen Landesrecht ab.

Hinweise

Im Handbuch der Außenhandelsfinanzierung (Hrsg. Häberle, S.G. Oldenbourg-Verlag, München und Wien, finden sich ausführliche Informationen u.a. zu den folgenden Bereichen:

- **Benachrichtigungsvorschriften** bei Dokumenteninkassi,
- **Notadresse**(n) in Inkassoaufträgen und deren möglichen Befugnisse,
- **Notleidende Inkassi** „Dokumente gegen Zahlung“,
- **Notleidende Inkassi** „Dokumente gegen Akzept“ bzw. „Dokumente gegen unwiderruflichen Zahlungsauftrag,
- **Warenversand an die Adresse von Treuhändern**.

4.2.6 Kurzbeurteilungen der Dokumenteninkassi

Vorbemerkung

Die nachstehenden Beurteilungen tragen thesenartigen Charakter und dienen lediglich der Kurzinformation.

Umfassende Beurteilungen und deren Begründungen finden sich im „Handbuch der Akkreditive, Inkassi ...“ (Hrsg. Häberle, S.G., Oldenbourg-Verlag, München und Wien).

4.2.6.1 Kurzbeurteilung durch den Exporteur

- **Zug-um-Zug-Abwicklung:** Das Dokumenteninkasso gewährleistet dem Exporteur, dass gegenüber dem Importeur eine Zug-um-Zug-Abwicklung vollzogen wird. Der Importeur erhält die Dokumente nur ausgehändigt, wenn er im Gegenzug die vereinbarte Leistung (Zahlung, Wechselakzept bzw. Zahlungsversprechen in Form eines unwiderruflichen Zahlungsauftrags) erbringt.
- **Rasche Zahlung:** Im Vergleich zu einer Lieferung gegen einfache Rechnung kann das Dokumenteninkasso zu einer rascheren Zahlung des Importeurs führen. Immerhin erhält der Importeur bei „Dokumente gegen Zahlung"-Inkassi eine Zahlungsaufforderung der Auslandsbank. Beim „Dokumente gegen Akzept"-Inkasso ist der Importeur an den Fälligkeitstermin des akzeptierten Wechsels gebunden. Analoges gilt für „Dokumente gegen unwiderruflichen Zahlungsauftrag"-Inkassi.
- **Art der Dokumente / Sicherheit:** Es hängt von der Art der Dokumente ab, welche Sicherheit der Exporteur durch das Dokumenteninkasso tatsächlich erlangt. Benötigt der zahlungspflichtige Importeur die Inkassodokumente nicht, um seine Berechtigung zum Empfang der Ware nachzuweisen, dann ist das Risiko nicht auszuschließen, dass der Importeur in den Besitz der Waren gelangt, ohne dem Inkassoauftrag entsprochen zu haben.
- **Treuhänderische Dritte:** Mehr Sicherheit bietet in solchen Situationen der Versand der Ware an die Adresse treuhänderischer Dritter (z.B. an Kreditinstitute) oder die Weisung an den Spediteur, die Ware nur gegen Vorlage einer Bezahltbestätigung der Importeurbank auszuhändigen. Jedoch sind auch derartige Abwicklungen mit einigen Risiken belastet (siehe in obigem Handbuch „Warenversand an die Adresse treuhänderischer Dritter").
- **Dokumentenaufnahme- bzw. Warenabnahmerisiko:** Von erheblicher Bedeutung ist das sog. Dokumentenaufnahmerisiko des Exporteurs, nämlich die Gefahr, dass der Importeur die Ware nicht abnimmt und (deswegen) auch dem Dokumenteninkassoauftrag nicht entspricht. Die Folgelasten des Exporteurs können hoch sein: Veranlassung des Rücktransports der Ware oder Verwertung der Ware im Importland, u.U. zu Schleuderpreisen u.a.
- **Verzögerungen:** In der Praxis erweist es sich nicht selten, dass die Dokumente – trotz der eindeutigen Regelungen der Einheitlichen Richtlinien für Inkassi (ERI) – verzögert aufgenommen werden bzw. der Inkassogegenwert aus dem Ausland verspätet eingeht. Dies bedeutet für den Exporteur zusätzliche Finanzierungslasten und – bei Fremdwährungsinkassi – u.U. Wechselkursrisiken.
- **Politisches Risiko:** Ausgeprägt kann auch das politische Risiko in Erscheinung treten, insbesondere dann, wenn zum Zeitpunkt des Risikoeintritts sowohl die Ware als auch die Dokumente für den Exporteur nicht

mehr verfügbar sind und auch nicht mehr zurückbeordert werden können.

- **Besondere Risiken bei „Nachsicht-Inkassi":** Dokumenteninkassi gegen Akzept bzw. gegen unwiderruflichen Zahlungsauftrag mit späterer Fälligkeit beinhalten für den Exporteur erhebliche Risiken, weil der Importeur in den Besitz der Dokumente und damit der Waren gelangt, ohne Zahlung, sondern nur sein Akzept geleistet bzw. nur ein Zahlungsversprechen abgegeben zu haben. Ob der Importeur den von ihm akzeptierten Wechsel bzw. sein Zahlungsversprechen tatsächlich bei Fälligkeit einlöst, ist offen. Die dem Exporteur bei Nichteinlösung des Wechsels bzw. bei Nichtausführung des unwiderruflichen Zahlungsauftrags dann noch verbleibende Sicherheit ist gering.
- **Ergebnis:** Die Zahlungsbedingung „Dokumente gegen Zahlung", insbesondere aber die Zahlungsbedingungen „Dokumente gegen Akzept" bzw. „Dokumente gegen unwiderruflichen Zahlungsauftrag", sollte der Exporteur aus den genannten Gründen nur Importeuren zugestehen, deren Kreditwürdigkeit und Seriosität er aus eigener Erfahrung kennt oder in die fundierten Auskünften mit diesen Eigenschaften ausgewiesen sind und die im übrigen ihren Sitz in Ländern ohne erkennbare politische Risiken haben.

4.2.6.2 Kurzbeurteilung durch den Importeur

- **Sicherheit des Warenversands:** Das Dokumenteninkasso vermittelt dem Importeur die Sicherheit, dass die Waren vom Exporteur – nachgewiesen durch die Dokumente – im Zeitpunkt der Zahlung bzw. der Akzeptleistung bzw. der Erteilung eines unwiderruflichen Zahlungsauftrags zum Versand gebracht sind.

  Sind die Waren zum Zeitpunkt der Dokumentenaufnahme bereits am Bestimmungsort angelangt, kann der Importeur über die Ware unverzüglich verfügen.
- **Einräumung von Zahlungszielen:** Dokumenteninkassi gegen Akzept bzw. gegen unwiderruflichen Zahlungsauftrag eröffnen grundsätzlich die Möglichkeit der Einräumung eines beliebig zu gestaltenden Zahlungsziels an den Importeur in Form der (Wechsel-)Laufzeit. Wirtschaftlich gesehen kann der Weiterverkaufserlös der importierten Waren zur Einlösung des Wechsels bzw. zur Erfüllung des unwiderruflichen Zahlungsauftrags bei Fälligkeit dienen.
- **Refinanzierung:** Bei geeigneten Refinanzierungsmöglichkeiten für den (akzeptierten) Wechsel ist die Zahlungsbedingung „Dokumente gegen Akzept" für die Beteiligten – und damit letztlich für den Importeur – zinsgünstiger als die Refinanzierung offener Zahlungsziele.
- **Risiko der mängelbehafteten Ware:** Das maßgebliche Risiko des Importeurs liegt bei Dokumenteninkassi darin begründet, dass er – mangels an-

derweitiger Vereinbarungen – die Ware erst nach Aufnahme der Inkassodokumente, d.h. nach Zahlung bzw. nach Akzeptleistung bzw. nach Abgabe seines unwiderruflichen Zahlungsversprechens in Empfang nehmen und deren Qualität prüfen kann.

Aus diesem Grund hat auch der Importeur hohe Anforderungen an die Seriosität des Exporteurs zu stellen.

- **Qualitätszertifikate:** Qualitätszertifikate, die der Importeur dem Exporteur bereits im Kaufvertrag zur Auflage macht und die dem Importeur im Rahmen des Dokumenteninkassos vorzulegen sind, vermögen das Risiko der Lieferung mängelbehafteter Waren zwar zu mindern, sind aber kostspielig.

4.3 Zahlung und Zahlungssicherung mit Dokumentenakkreditiven (Documentary Credits)

4.3.1 Grundstruktur, Funktionen und rechtliche Aspekte von Dokumentenakkreditiven

Charakterisierung des Dokumentenakkreditivs gemäß ERA

Die **Einheitlichen Richtlinien und Gebräuche für Dokumenten-Akkreditive (ERA)** definieren das Dokumentenakkreditiv in Art. 2 – gekürzt – wie folgt:

*Der Ausdruck **„Dokumentenakkreditiv"** bedeutet eine Vereinbarung, derzufolge eine Bank (eröffnende Bank) im Auftrag und nach den Weisungen eines Kunden (Akkreditivauftraggeber) gegen Übergabe vorgeschriebener Dokumente eine Zahlung an einen Dritten (Begünstigten) leistet, sofern die Akkreditivbedingungen erfüllt sind.*

Betriebswirtschaftliche Charakterisierung des Dokumentenakkreditivs

Auf ein **Außenhandelsgeschäft** bezogen und stark vereinfacht stellt sich die Grundstruktur eines Dokumentenakkreditivs wie folgt dar:

- Das Dokumentenakkreditiv ist ein (im Allgemeinen unwiderrufliches) **Zahlungsversprechen der Importeurbank** (eröffnende Bank, Akkreditivbank), das diese im Auftrag des Importeurs (des Akkreditivauftraggebers) zu Gunsten des Exporteurs (des Begünstigten) abgibt.
- Um Zahlung zu erlangen, muss der begünstigte Exporteur die Akkreditivbedingungen erfüllen, insbesondere bestimmte **Dokumente** (die den Versand, die Transportversicherung, die Qualität und/oder andere auf die Waren bezogene Sachverhalte beweisen) vor Verfall des Dokumentenakkreditivs vorlegen.

Bedingtes und abstraktes Zahlungsversprechen (Schuldversprechen)

Das Zahlungsversprechen der akkreditiveröffnenden Bank (Importeurbank) ist bedingt und abstrakt:

- **„Bedingt"** bedeutet, dass der begünstigte Exporteur aus dem Akkreditiv Zahlung nur erlangen kann, wenn er die im Akkreditiv genannten **Bedingungen** genauestens erfüllt. In der Außenhandelspraxis umfassen diese Bedingungen insbesondere die rechtzeitige Einreichung solcher **Dokumente** bei der Bank, die den kaufvertragsgemäßen Versand der Ware an den Importeur nachweisen. Damit erklärt sich im übrigen die Bezeichnung „Dokumentenakkreditiv."
- **„Abstrakt"** ist das Zahlungsversprechen der akkreditiveröffnenden Bank deswegen, weil es vom **Kaufvertrag** zwischen Importeur und Exporteur **losgelöst** ist. Art. 3 ERA stellt diese Trennung von Akkreditiv und Kaufgeschäft deutlich heraus:

  „Akkreditive sind ihrer Natur nach von den Kauf- oder anderen Verträgen, auf denen sie möglicherweise beruhen, getrennte Geschäfte, und die Banken haben in keiner Hinsicht etwas mit solchen Verträgen zu tun und sind nicht durch sie gebunden, selbst wenn im Akkreditiv auf solche Verträge in irgendeiner Weise Bezug genommen wird."

Hinweis

Zur Verdeutlichung der grundlegenden Zusammenhänge ist in Kapitel 4.3.2 die **Grundstruktur eines Dokumentenakkreditivs** (unwiderrufliches unbestätigtes Sichtzahlungsakkreditiv, das in der Praxis am häufigsten vorkommt) **graphisch dargestellt** (siehe dort Abbildung 4.3-01) und in den einzelnen **Schritten** der Abwicklung **erläutert**.

Maßgebliche Funktionen von Dokumentenakkreditiven

Das Dokumentenakkreditiv ist Instrument zur

- **Zahlungssicherung**,
- **Zahlungsbeschleunigung**,
- **Kreditbeschaffung des Exporteurs**,
- **Sicherstellung** des vertragsgemäßen **Warenexports** sowie
- (bei bestimmten Akkreditivarten) zur Gewährung eines **Zahlungsziels** (eines Kredits) des Exporteurs an den Importeur.

Zahlungssicherung

Der Exporteur erhält neben der Zahlungsverpflichtung des Importeurs als weitere und maßgebliche Sicherheit das **Zahlungsversprechen einer Bank**, das diese (im Allgemeinen unwiderruflich) erfüllen muss, sofern der akkreditivbegünstigte Exporteur die Akkreditivbedingungen erfüllt.

In vielen Fällen erfolgt die Akkreditiveröffnung unmittelbar nach Abschluss des Kaufvertrags, so dass der Exporteur bereits zu einem frühen Zeitpunkt gesichert ist und auf dieser Grundlage mit dem Einkauf bzw. mit der Produktion der zu exportierenden Güter beginnen kann.

Zahlungsbeschleunigung

Im Vergleich zum Dokumenteninkasso erhält der begünstigte Exporteur aus dem Akkreditiv im Allgemeinen eine **frühzeitigere Zahlung** (falls nicht ausdrücklich hinausgeschobene Zahlung bzw. Akzeptleistung mit späterer Fälligkeit vereinbart ist). Dies trifft insbesondere dann zu, wenn das Akkreditiv bei der Hausbank des Exporteurs benutzbar/zahlbar gestellt ist und diese mit der akkreditiveröffnenden Bank in Kontoverbindung steht.

Kreditbeschaffung

Der Exporteur kann sich auf Grundlage des zu seinen Gunsten eröffneten Akkreditivs einen **Kredit beschaffen** bzw. die eingereichten **Dokumente bevorschussen** lassen. Ist im Akkreditiv Wechselziehung vereinbart, dann gestaltet sich für den Exporteur die Kreditbeschaffung noch einfacher und im Allgemeinen auch zinsgünstig.

Sicherstellung

Mittels einer entsprechenden Abfassung der Akkreditivbedingungen kann der Importeur einen kontraktgemäßen Warenexport weitgehend sicherstellen: Der Exporteur erhält erst Zahlung bzw. Zahlungszusage aus dem Akkreditiv, wenn er den kontraktgemäßen Warenexport durch **akkreditivkonforme Dokumente** nachweist. So gesehen umfasst auch das Dokumentenakkreditiv eine Zug-um-Zug-Abwicklung: Zahlung bzw. Zahlungszusage an den Exporteur gegen Vorlage der im Akkreditiv geforderten Exportdokumente.

Eine weitere Sicherheit für den Importeur ist darin zu erblicken, dass die Banken die vom Exporteur eingereichten Dokumente laut ERA mit angemessener Sorgfalt dahingehend prüfen müssen, ob sie ihrer äußeren Aufmachung nach den Akkreditivbedingungen zu entsprechen scheinen.

Avalkredit

Der Importeur schont in der Regel während der Laufzeit des Akkreditivs seine sog. Barkreditlinie: Bei Akkreditiveröffnung belastet die akkreditiveröffnende Bank den Importeur im Allgemeinen nur auf einem **Avalkreditkonto**. Die Belastung des **Kontokorrentkontos** des Importeurs erfolgt dagegen erst bei Akkreditivbenutzung durch den Exporteur bzw. im Zeitpunkt der (im folgenden angesprochenen) Fälligkeit der hinausgeschobenen Zahlung.

Zahlungsziel

Der Exporteur kann dem Importeur im Rahmen von **Akkreditiven mit hinausgeschobener Zahlung** bzw. **Akzeptakkreditiven** ein Zahlungsziel (einen Kredit) gewähren. Das Zahlungsversprechen der Akkreditivbank bleibt dem akkreditivbegünstigten Exporteur trotz der hinausgeschobenen (späteren) Zahlung erhalten.

Einheitliche Richtlinien und Gebräuche für Dokumenten-Akkreditive (ERA)

Die ERA sind unter der Federführung der **Internationalen Handelskammer Paris (ICC)** zu einem umfassenden Regelwerk für die Eröffnung und Abwicklung von Dokumentenakkreditiven entwickelt worden.

Von den Kreditinstituten in wenigen (Klein-)Staaten abgesehen, sind die ERA von den **Banken bzw. Bankenverbänden aller Länder angenommen** worden.

Maßgeblich für die Praxis ist, ob die ERA **Vertragsbestandteil** sind, d.h. auch, ob sie in den **Akkreditivtext einbezogen** sind: *„Die Einheitlichen Richtlinien und Gebräuche für Dokumenten-Akkreditive, Revision 1993, ICC Publikation Nr. 500, gelten für alle Dokumenten-Akkreditive (einschließlich, so weit anwendbar, Standby Letters of Credit), in deren Akkreditivtext sie einbezogen sind"* (Art. 1 ERA).

Die Einbeziehung und die Anerkennung der ERA geschieht im Allgemeinen **formularmäßig** bzw. durch entsprechende **PC-Textbausteine** in Akkreditiveröffnungsaufträgen, in Akkreditivavisierungen, in Akkreditivbestätigungen usw. Die ERA sind dann für alle Beteiligten bindend, sofern im Akkreditiv nicht ausdrücklich etwas anderes vorgeschrieben ist (vgl. Art. 1 ERA).

Literaturhinweis

Detaillierte Ausführungen zur Rechtsnatur der ERA finden sich in: Ingelmann, Th. und Schmitt J., Kommentar zu den ERA, in Häberle S.G. (Hrsg.): Handbuch der Akkreditive, Inkassi, Exportdokumente und Bankgarantien, München und Wien 2000.

In der genannten Quelle sind alle Artikel der ERA abgedruckt und ausführlich kommentiert.

4.3.2 Akkreditivarten nach der Sicherheit des Exporteurs

4.3.2.1 Widerrufliches Dokumentenakkreditiv

Definition des widerruflichen Dokumentenakkreditivs

Die **ERA** bestimmen zum widerruflichen Akkreditiv in Art. 6 bzw. 8 (gekürzt):

- *Ein Akkreditiv kann entweder widerruflich oder unwiderruflich sein. Das Akkreditiv soll daher eindeutig angeben, ob es widerruflich oder unwiderruflich ist. Fehlt eine solche Angabe, gilt das Akkreditiv als unwiderruflich.*

- *Ein widerrufliches Akkreditiv kann von der eröffnenden Bank jederzeit und ohne vorherige Nachricht an den Begünstigten geändert oder annulliert werden.*

Funktionen und Beurteilung des widerruflichen Dokumentenakkreditivs

Das widerrufliche Akkreditiv wird in der Außenhandelspraxis sehr **selten** angewandt, weil es wegen der jederzeit möglichen Ausübung des Widerrufs durch die eröffnende Bank für den Akkreditivbegünstigten nur eine **geringe Sicherheit** bietet.

Gleichwohl gibt es einige **Gründe**, die erklären, warum widerrufliche Akkreditive überhaupt noch **vorkommen**:

- Eine gewisse Sicherheit bewirkt die Vorschrift des Art. 8 b. ERA für den Akkreditivbegünstigten: Sobald die sog. andere Bank, bei der das widerrufliche Akkreditiv benutzbar gestellt ist, die vom begünstigten Exporteur eingereichten Dokumente aufgenommen und die **Akkreditivleistung** (Zahlung, Akzeptleistung, Negoziierung, Zahlungszusage) an den Exporteur erbracht hat, ist die akkreditiveröffnende Bank verpflichtet, diese andere Bank zu remboursieren, d.h. ihr den Akkreditivgegenwert zur Verfügung zu stellen. Mit Entstehung dieses Remboursierungsanspruchs der eingesetzten anderen Bank an die akkreditiveröffnende Bank **erlischt** deren **Recht auf Widerruf** des Akkreditivs und der Exporteur ist ab diesem Zeitpunkt praktisch gesichert.
- Für den begünstigten Exporteur ist es deswegen entscheidend, wo ein widerrufliches Akkreditiv benutzbar/zahlbar gestellt ist. Fungiert eine **Bank im Exportland** (zweckmäßigerweise die Hausbank des Exporteurs) als **Benutzungs-/Zahlstelle** und wickelt diese die Dokumentenaufnahme einschließlich der Auszahlung bzw. Zahlungszusage aus dem Akkreditiv zügig ab, dann erlangt der Exporteur rasch die Sicherheit, die das widerrufliche Akkreditiv zu bieten vermag. Ist dagegen die (aus Sicht des Exporteurs) ausländische Akkreditivbank selbst als Benutzungs-/Zahlstelle eines widerruflichen Akkreditivs eingesetzt, dann bleibt es letztlich in deren Ermessen gestellt, ob sie die eingereichten Dokumente aufnimmt oder von ihrem Recht auf Widerruf – trotz des Vorliegens akkreditivkonformer Dokumente – Gebrauch macht.
- Im Vergleich zum **Dokumenteninkasso** kann das widerrufliche Akkreditiv dem Exporteur die **größere Sicherheit** bieten. Hat der Exporteur die Wahl zwischen einem Dokumenteninkasso und einem widerruflichen Akkreditiv als der zu vereinbarenden Zahlungsbedingung, dann kann es für ihn im Einzelfall zweckmäßig sein, dem widerruflichen Akkreditiv den Vorzug zu geben.
- Beim widerruflichen Akkreditiv **entfällt** die **Unwiderruflichkeitsprovision** der Kreditinstitute. Diese Einsparung, die zu Gunsten des Akkreditivauftraggebers (Importeurs) geht, beläuft sich im Vergleich zu den Kosten unwiderruflicher Akkreditive auf ca. 1 bis 2 ‰ des Akkreditivbetrags

(wobei ein Vergleich wegen der zeitlichen Staffelung der Provisionssätze allerdings schwierig ist).

- Die **Einfuhrbestimmungen**, die **Devisenvorschriften** oder das **Inkassosystem** eines der beteiligten Länder (insbesondere des Importlandes) können Akkreditivstellung vorschreiben oder nahe legen. In dieser Situation kann es unter Umständen tragfähig sein, dieser Vorschrift mit einem widerruflichen Akkreditiv zu genügen.

4.3.2.2 Unwiderrufliches unbestätigtes Dokumentenakkreditiv

4.3.2.2.1 Charakterisierung

Definition gemäß ERA

Die Definition des unwiderruflichen Dokumentenakkreditivs in Art. 9 ERA lautet gekürzt:

*Ein **unwiderrufliches** Akkreditiv begründet eine **feststehende Verpflichtung der eröffnenden Bank**, sofern die vorgeschriebenen Dokumente der benannten Bank oder der eröffnenden Bank vorgelegt werden und die Akkreditiv-Bedingungen erfüllt sind,*

- *wenn das Akkreditiv Sichtzahlung vorsieht – bei Sicht zu zahlen;*
- *wenn das Akkreditiv hinausgeschobene Zahlung vorsieht – an dem (den) nach den Bestimmungen des Akkreditivs bestimmbaren Datum (Daten) zu zahlen;*
- *wenn das Akkreditiv Akzeptleistung durch die eröffnende Bank vorsieht – vom Begünstigten auf die eröffnende Bank gezogene Tratten zu akzeptieren und sie bei Fälligkeit zu bezahlen, ...*

Feststehende Zahlungsverpflichtung

Wenn von den verschiedenen Zahlungsmodalitäten (Sichtzahlung, hinausgeschobene Zahlung, Akzeptleistung usw., die in den folgenden Hauptabschnitten behandelt sind) abgesehen wird, dann umfasst das Akkreditiv im Kern die feststehende Verpflichtung einer Bank (der sog. eröffnenden Bank; vereinfacht: die Importeurbank), an den Begünstigten zu zahlen bzw. – unter Einschaltung einer anderen Bank – zahlen zu lassen.

Dieses **Zahlungsversprechen** (Schuldversprechen) der eröffnenden Bank ist **unwiderruflich** und kann **weder annulliert noch geändert** werden, es sei denn, dass sich alle Beteiligten, insbesondere der Akkreditivbegünstigte, damit einverstanden erklären.

Anmerkung: Der Akkreditivbegünstigte (z.B. ein Exporteur) hat – vereinfacht ausgedrückt – nur einen Zahlungsanspruch an die sog. **eröffnende Bank** (an die Importeurbank). Lediglich bei sog. bestätigten Akkreditiven erwirbt der Akkreditivbegünstigte zusätzlich einen eigenständigen Zahlungsanspruch an eine andere Bank (Zweitbank), d.h. an die Bestätigungsbank.

4.3.2.2.2 Grafische Darstellung der Grundstruktur

Die **Abbildung 4.3-01** zeigt die **Grundstruktur** des **unwiderruflichen unbestätigten Dokumentenakkreditivs** (das im folgenden Beispiel ein Sichtzahlungsakkreditiv ist).

Die einzelnen Schritte, wie sie sich in der zeitlichen Abfolge der Abwicklung des Akkreditivs ergeben, sind nachstehend unter den folgenden Annahmen erläutert:

- **Unwiderrufliches** unbestätigtes **Akkreditiv**, benutzbar zur Sichtzahlung;
- Gültigkeits- und Benutzungs-/Zahlstelle: Bank im Land des Exporteurs (sog. andere Bank, Zweitbank, Exporteurbank);
- Akkreditivwährung: Landeswährung des Exporteurs.

4.2.2.2.3 Erläuterungen zu den Abwicklungsschritten

1. Akkreditivvereinbarung im Kaufvertrag

2. Akkreditivauftrag

Ablauf

Der Akkreditivauftrag (Akkreditiveröffnungsauftrag) an die eröffnende Bank (im folgenden z.T. kurz: Akkreditivbank) muss vom Importeur (Akkreditivauftraggeber, Akkreditivsteller) in genauer Übereinstimmung mit dem Inhalt der **Akkreditivvereinbarung** im Kaufvertrag gestellt werden, will der Importeur nicht Gefahr laufen, dass der Exporteur das eröffnete Akkreditiv als nicht kaufvertragskonform zurückweist.

Avalkredit / Einschuss

Im Regelfall belastet die beauftragte Bank im Zeitpunkt der Akkreditiveröffnung lediglich das **Avalkreditkonto** des Akkreditivauftraggebers. Das Kontokorrentkonto des Auftraggebers wird erst im Zeitpunkt der Benutzung des Akkreditivs durch den Begünstigten belastet und im Gegenzug das Avalkreditkonto des Auftraggebers in diesem Zeitpunkt wieder entlastet.

Sofern die Kreditwürdigkeit des Akkreditivauftraggebers bedenklich erscheint, ist die beauftragte Bank u.U. nur bereit das Akkreditiv zu eröffnen, wenn der auftraggebende Importeur zuvor die volle oder wenigstens teilweise **Deckung** (einen sog. Einschuss) angeschafft hat.

3. a. Unwiderrufliche Akkreditivverpflichtung der akkreditiveröffnenden Bank

Die **Unwiderruflichkeit** des Zahlungsversprechens der Akkreditivbank muss **in allen Risikosituationen Bestand** haben. Die akkreditiveröffnen-

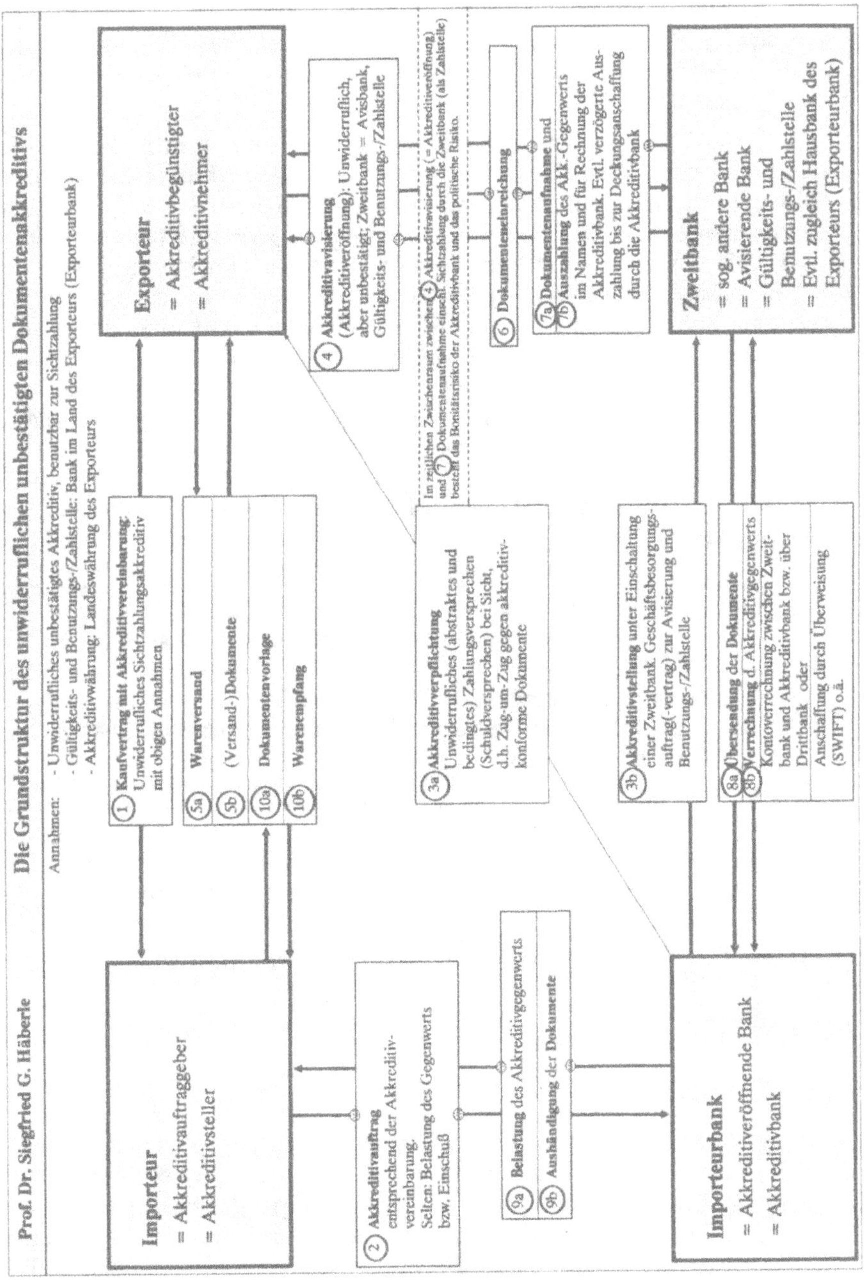

Abbildung 4.3-01

de Bank muss ihr Zahlungsversprechen auch und gerade dann unverändert aufrechterhalten, wenn die Kreditwürdigkeit des Akkreditivauftraggebers (des Importeurs) abnimmt oder der Akkreditivauftraggeber zahlungsunfähig wird.

Die Erfüllung des Zahlungsversprechens der **Akkreditivbank** hängt jedoch von deren **Bonität** ab. Außerdem kann die Akkreditivbank – trotz ihres Zahlungswillens und ihrer Zahlungsfähigkeit – durch **staatliche Maßnahmen** an der Erfüllung ihres Zahlungsversprechens gehindert sein. Diese Risiken betreffen indessen nicht die Unwiderruflichkeit des Akkreditivs an sich, sondern liegen in Risikobereichen, die es dem Exporteur nahelegen, eine Akkreditivbestätigung durch eine erstklassige deutsche Bank zu verlangen und das Exportgeschäft erst abzuwickeln, wenn diese Bestätigung tatsächlich vollzogen wird (zu diesen Risikobereichen siehe die Ausführungen im folgenden Abschnitt „4.3.2.3 Unwiderrufliches bestätigtes Dokumentenakkreditiv").

3. b. Akkreditivstellung unter Einschaltung einer Zweitbank (einer sog. anderen Bank)

In der Regel zeigt die Akkreditivbank dem Begünstigten die Eröffnung des Akkreditivs nicht direkt an, sondern sie bedient sich einer Zweitbank (einer sog. anderen Bank), meistens mit Sitz im Land des Exporteurs. Die eröffnende Bank (die Akkreditivbank) sendet in diesem Fall der **Zweitbank** das **Akkreditiveröffnungsschreiben** (das die Zahlungsverpflichtung/das Zahlungsversprechen der Akkreditivbank enthält) zu, mit dem Auftrag zur Avisierung des Akkreditivs.

Häufig wird in der Literatur bereits der Auftrag zur Avisierung der eröffnenden Bank (Akkreditivbank) an die Zweitbank (sog. andere Bank) als Akkreditiveröffnung bezeichnet. Um den **Unterschied** zur (eigentlichen) Akkreditiv-eröffnung gegenüber dem Akkreditivbegünstigten hervorzuheben, wird der hier zu behandelnde Vorgang in der Abbildung als „Akkreditivstellung unter Einschaltung einer Zweitbank (einer sog. anderen Bank)" bezeichnet.

4. Akkreditivavisierung (Akkreditiveröffnung)

Ablauf

Die Akkreditivavisierung ist für den Begünstigten von entscheidender Bedeutung, weil das Akkreditiv in dem Zeitpunkt als eröffnet gilt, in dem die **Mitteilung der Bank dem Begünstigten zugegangen** ist (und von diesem stillschweigend angenommen ist). Bei der hier behandelten Akkreditivart ist das Akkreditiv ab diesem Zeitpunkt unwiderruflich eröffnet, d.h. die eröffnende Bank (Akkreditivbank) ist ab diesem Zeitpunkt an ihr Zahlungsversprechen unwiderruflich gebunden, sofern der begünstigte Exporteur die Akkreditivbedingungen erfüllt.

Rechtsbeziehung

Die avisierende Bank (Zweitbank) vollzieht die Avisierung / Eröffnung des Akkreditivs im Namen und für Rechnung der eröffnenden Bank, also nicht in eigenem Namen und nicht für eigene Rechnung. D.h. der akkreditivbegünstigte Exporteur hat, weil das Akkreditiv im vorliegenden Fall unbestätigt ist, keine Ansprüche auf Zahlung an die avisierende Bank (Zweitbank).

5. Warenversand und Empfang der (Versand-)Dokumente

Bei diesen Vorgängen erlangt der Exporteur die maßgeblichen Dokumente zur Benutzung des Akkreditivs. Er hat darauf zu achten, dass die Dokumente in vollkommener **Übereinstimmung mit den Akkreditivbedingungen** ausgefertigt werden und rechtzeitig vor Verfall des Akkreditivs zur Verfügung stehen.

6. Dokumenteneinreichung

Ablauf

Der begünstigte Exporteur hat die **Dokumente** vor Verfall des Akkreditivs bei der als **Gültigkeitsstelle** eingesetzten Bank **einzureichen.**

Ist die avisierende Bank – in Abänderung der Annahmen der vorliegenden Abbildung – nur Gültigkeitsstelle, aber nicht zugleich Benutzungs-/Zahlstelle, dann entscheidet diese Bank weder über die Aufnahme der Dokumente noch über die Auszahlung des Akkreditivgegenwerts. Diese Entscheidung bleibt stets der Benutzungs-/Zahlstelle vorbehalten.

Hinweise

- Im „Handbuch der Akkreditive, Inkassi ....“ (Hrsg. Häberle, S.G., Oldenbourg-Verlag, München und Wien) sind die unterschiedlichen **„Konstellationen für Gültigkeitsstelle/Ort für die Dokumentenvorlage bzw. Benutzungs-/Zahlstelle bei Akkreditiven“** sind diese Merkmale ausführlich erläutert und in einer Tabelle zusammengestellt.
- In diesem Handbuch findet sich auch eine graphische Darstellung maßgeblicher (maximaler) **Fristen bei Dokumentenakkreditiven**: Verfallfrist/Verfalldatum, Dokumentenvorlagefrist ab Verladedatum, letztes/spätestes Verladedatum.

7. Dokumentenaufnahme und Auszahlung des Akkreditivgegenwertes

Dokumentenaufnahme

Der Ausdruck „Dokumentenaufnahme“ wird in der betrieblichen Praxis, aber auch in der Literatur, nicht immer mit denselben Vorstellungsinhalten verbunden. Im Folgenden wird unter der „Dokumentenaufnahme“ die Prüfung und die **Anerkennung** der vom Exporteur eingereichten **Dokumente** durch die dazu bevollmächtigte Bank (Benutzungs-/Zahlstelle) einschließlich der **Auszahlung des Akkreditivbetrags** bzw. einschließlich der Zahlungszusage verstanden. In diesem Sinne gleichbedeutend wird der Ausdruck „Honorierung der Dokumente" verwendet. Die Schritte 7 a. und 7 b. bilden insoweit eine Einheit.

Auszahlung des Akkreditivgegenwertes

Die von der Akkreditivbank im vorliegenden Fall als Gültigkeits- und **Benutzungs-/Zahlstelle** bevollmächtigte Zweitbank **prüft** die eingereichten **Dokumente und zahlt** dem Begünstigten im Gegenzug den Akkreditivbetrag aus.

Zu beachten ist allerdings, dass der Begünstigte **keinen Anspruch** an die als Benutzungs-/Zahlstelle eingesetzte Zweitbank auf unverzügliche Auszahlung des Akkreditivbetrags im Gegenzug zu seiner Einreichung akkreditivkonformer Dokumente hat, zumal das vorliegende Akkreditiv nicht bestätigt ist.

8. Dokumentenversand und Verrechnung des Akkreditivgegenwerts

Gem. Art. 10 b. und d. ERA ermächtigt die Akkreditivbank die Zweitbank als Benutzungsstelle nicht nur zur Zahlung bzw. zu den anderen Akkreditivleistungen gegen Dokumente, die ihrer äußeren Aufmachung nach den Akkreditivbedingungen zu entsprechen scheinen, sondern sie verpflichtet sich auch – wie oben erwähnt – die **Benutzungs-/Zahlstelle zu remboursieren**, d.h. den Akkreditivgegenwert zur Verfügung zu stellen.

Die Verrechnung des Akkreditivgegenwerts erfolgt auf Grundlage der im Geschäftsbesorgungsvertrag zwischen der Akkreditivbank und der Zweitbank getroffenen Vereinbarungen. Stehen die beiden Kreditinstitute in gegenseitiger **Korrespondenzbeziehung**, dann erfolgt die Verrechnung in der Regel über die Konten. Fehlt dagegen eine direkte Kontoverbindung, dann erfolgt die Anschaffung des Akkreditivgegenwerts auf einem Konto der Zweitbank bei einem dritten Kreditinstitut.

9. Belastung des Akkreditivgegenwerts und Aushändigung der Dokumente

Ablauf

Sofern die Akkreditivbank den Akkreditivauftraggeber nicht bereits im Zeitpunkt der Akkreditiveröffnung mit dem Gegenwert des Akkreditivs belastet hat, erfolgt die **Akkreditivbelastung** im Gegenzug zur Aushändigung der **Dokumente**. Wurde dem Akkreditivauftraggeber bereits bei Akkreditiveröffnung ein sog. Einschuss in Rechnung gestellt, wird von der Akkreditivbank nunmehr die Differenz zum Akkreditivbetrag eingefordert.

Entlastung des Avalkreditkontos

Das Avalkreditkonto des Akkreditivauftraggebers wird im Gegenzug zu dieser Zahlung (Belastung des Akkreditivgegenwertes auf dem Kontokorrentkonto des Auftraggebers) entlastet

10. Dokumentenvorlage und Warenempfang

Auf Grundlage der vorgelegten Dokumente weist der Importeur seine **Legitimation** zum Empfang der Waren nach.

4.3.2.3 Unwiderrufliches bestätigtes Dokumentenakkreditiv

Definition des bestätigten Dokumentenakkreditivs

Die ERA definieren in **Art. 9 b.** (gekürzt; Hervorhebungen durch den Verfasser):

*„Die **Bestätigung** eines unwiderruflichen Akkreditivs **durch eine andere Bank** (‚bestätigende Bank') aufgrund der Ermächtigung oder des Auftrags der eröffnenden Bank **begründet zusätzlich** zu derjenigen der eröffnenden Bank **eine feststehende Verpflichtung der bestätigenden Bank**, sofern die vorgeschriebenen Dokumente der bestätigenden Bank oder einer anderen benannten Bank vorgelegt werden und die Akkreditiv-Bedingungen erfüllt sind,*

- *wenn das Akkreditiv Sichtzahlung vorsieht – bei Sicht zu zahlen;*
- *wenn das Akkreditiv hinausgeschobene Zahlung vorsieht – an dem (den) nach den Bestimmungen des Akkreditivs bestimmbaren Datum (Daten) zu zahlen;*
- *wenn das Akkreditiv Akzeptleistung durch die bestätigende Bank vorsieht – vom Begünstigten auf die bestätigende Bank gezogene Tratten zu akzeptieren und sie bei Fälligkeit zu bezahlen ...".*

Besondere Merkmale bestätigter Akkreditive

Wenn von den verschiedenen Zahlungsmodalitäten des Akkreditivs (Sichtzahlung, hinausgeschobene Zahlung, Akzeptleistung und Negoziierung, die in den folgenden Hauptabschnitten behandelt sind) abgesehen wird, dann sind beim bestätigten Akkreditiv folgende Merkmale hervorzuheben:

- Die **bestätigende Bank** übernimmt **zusätzlich** zur Verpflichtung der eröffnenden Bank (Akkreditivbank) ein **Zahlungsversprechen** zugunsten des begünstigten Exporteurs.
- Mit dem Ausdruck „zusätzlich" ist klargestellt, dass die Bestätigung der Zweitbank **selbständig** neben der Verpflichtung der Akkreditivbank steht und **keineswegs nachrangig** ist. Die Verpflichtung der bestätigenden Zweitbank umfasst die volle Akkreditivverpflichtung, wie sie auch von der Akkreditivbank übernommen ist.

- Bestätigt werden in der Praxis ausschließlich **unwiderrufliche Akkreditive**. Auch die ERA sehen die Bestätigung nur für unwiderrufliche Akkreditive vor. Allerdings schließen sie eine Bestätigung widerruflicher Akkreditive nicht ausdrücklich aus.

Die Bestätigung von unwiderruflichen Akkreditiven kommt in der betrieblichen **Außenhandelspraxis** durchaus vor. Allerdings erreichen bestätigte Akkreditive nicht die große Anzahl unbestätigter Akkreditive.

Hinweise

- In Abschnitt 4.3.5.1 ist der **Akkreditiveröffnungsauftrag** eines **Importeurs** an seine Bank zur Eröffnung eines unwiderruflichen **bestätigten** Dokumentenakkreditivs abgebildet.
- In Abschnitt 4.3.5.2 ist ein **Akkreditiveröffnungsschreiben / Akkreditiv** abgebildet, das die **eröffnende Bank** an die mit der Avisierung und **Bestätigung** beauftragte (Zweit-) Bank (die sog. andere benannte Bank) richtet.
- In Abschnitt 4.3.5.3 Akkreditivavisierung/-eröffnung und eventuelle Akkreditivbestätigung durch die eingeschaltete Zweitbank" findet sich ein **Akkreditivavisierungsschreiben / eine Akkreditiveröffnungsanzeige** sowie die darin vorgenommene **Akkreditivbestätigung** der eingeschalteten Zweitbank (der sog. anderen benannten Bank) an den akkreditivbegünstigen Exporteur.

Sicherstellung des Exporteurs ...

Die Bestätigung des Akkreditivs dient der **zusätzlichen Sicherstellung** des Exporteurs vor Risiken, die das unbestätigte unwiderrufliche Akkreditiv nicht bzw. nicht hinreichend abzudecken vermag. Dies sind insbesondere das Risiko der Zahlungsunfähigkeit der Akkreditivbank sowie das politische Risiko (Länderrisiko), aber auch einige weitere, im folgenden ebenfalls angesprochene Risiken.

... vor Insolvenz der eröffnenden Bank (Akkreditivbank)

Die **Bonität der Akkreditivbank** und damit das Risiko deren Zahlungsunfähigkeit kann der begünstigte Exporteur meistens nicht beurteilen, es sei denn, die Akkreditivbank ist eines jener großen weltweit tätigen Kreditinstitute, die internationale Reputation genießen.

Auch die sog. **Banken-Ratings** helfen dem Begünstigten **nur begrenzt** weiter. Zum einen sind darin nur wenige große Kreditinstitute erfasst, zum anderen können rasch Ereignisse eintreten, die die Einordnung eines Kreditinstituts in Frage stellen bzw. als falsch erscheinen lassen.

... vor politischen Risiken

Auch das politische Risiko (Länderrisiko), nämlich die Gefahr, dass die ausländische Akkreditivbank trotz ihrer Zahlungsfähigkeit und Zahlungswilligkeit durch **staatliche Maßnahmen** (z.B. Zahlungsverbot, Transferverbot, Moratorium u.Ä.) gehindert ist, die Akkreditivverpflichtung gegenüber dem Begünstigten zu erfüllen, kann mittels einer Bestätigung des Akkreditivs durch eine Bank im Land des Exporteurs vermieden werden. In diesem Fall erübrigt sich in der Regel eine Hermes-Deckung.

... vor verzögerter Dokumentenaufnahme/Zahlung

Beim bestätigten Akkreditiv hat der Begünstigte einen unmittelbaren **Anspruch** an die Bestätigungsbank auf Prüfung der eingereichten Dokumente und **unverzügliche Zahlung bzw. Zahlungszusage**, falls die Akkreditivbedingungen erfüllt sind. Bestätigte Akkreditive führen im Rahmen der vereinbarten Zahlungsmodalitäten des Akkreditivs zu einer raschen Auszahlung des Akkreditivgegenwerts, was nicht nur die Liquiditätslage des Begünstigten verbessert, sondern bei Fremdwährungsakkreditiven unter Umständen auch sein Wechselkursrisiko mindert.

... vor der Anwendung ausländischen Rechts

Von Bedeutung ist für den begünstigten Exporteur überdies, dass mangels einer anderweitigen Vereinbarung das **bestätigte Akkreditiv** – zumindest soweit es die Bestätigung anlangt – im Allgemeinen dem **Recht des Landes der Bestätigungsbank** unterliegt, sofern diese zugleich die Zahlstelle ist. Der Exporteur erlangt diese Sicherheit, wenn er mit dem Importeur als Bestätigungs- und Zahlstelle eine Bank in seinem Land im Kaufvertrag vereinbart und das Akkreditiv dementsprechend eröffnet wird.

Kreditsicherheit

Die weit reichende Sicherstellung des Exporteurs durch ein bestätigtes Akkreditiv führt außerdem dazu, dass ein bestätigtes unwiderrufliches Akkreditiv eine **höher zu bewertende Sicherheit** für eventuelle Kreditaufnahmen des Exporteurs darstellt als ein unbestätigtes Akkreditiv.

Kreis möglicher Bestätigungsbanken

Grundsätzlich kann für die **Bestätigung** von Akkreditiven ein enger oder ein weiter **Kreis** von **Banken** vereinbart werden:

- die **Hausbank des Exporteurs** bzw. die **avisierende Bank** („confirmed by the advising bank“);
- jede **erstklassige deutsche Bank** („first class german bank“);
- jede **erstklassige internationale Bank** („international prime bank“).

Eröffnung als unbestätigtes Akkreditiv

Ist die Zweitbank wegen mangelnder Deckung, wegen politischer Risiken oder aus anderen Gründen nicht bereit, das Akkreditiv zu bestätigen, dann regeln die **ERA in Art. 9 c. I. und II.** das Verfahren:

„Wenn eine andere Bank von der eröffnenden Bank ermächtigt oder beauftragt wird, einem Akkreditiv ihre Bestätigung hinzuzufügen, hierzu aber nicht bereit ist, muss sie die eröffnende Bank davon unverzüglich unterrichten.

Sofern die eröffnende Bank in ihrer Ermächtigung oder ihrem Auftrag zur Hinzufügung einer Bestätigung nichts anderes vorschreibt, kann die avisierende Bank das Akkreditiv dem Begünstigten ohne Hinzufügung ihrer Bestätigung avisieren."

Ein derartiges Akkreditiv ist jedoch – mangels der vereinbarten Bestätigung – **nicht kaufvertragskonform** und kann vom Begünstigten abgelehnt werden.

4.3.3 Akkreditivarten nach den Zahlungs- bzw. Benutzungsmodalitäten

4.3.3.1 Sichtzahlungsakkreditiv (Sichtakkreditiv)

Definition

Die ERA definieren in Art. 9 a. das **unwiderrufliche Sichtzahlungsakkreditiv** (gekürzt; Hervorhebung durch den Verfasser):

„Ein unwiderrufliches Akkreditiv begründet eine feststehende Verpflichtung der eröffnenden Bank, sofern die vorgeschriebenen Dokumente der benannten Bank oder der eröffnenden Bank vorgelegt werden und die Akkreditiv-Bedingungen erfüllt sind,

.. wenn das Akkreditiv ***Sichtzahlung*** *vorsieht –* ***bei Sicht zu zahlen*** *...".*

Bezeichnungen

Die Bezeichnung „Sichtzahlungsakkreditiv" hebt auf eine der möglichen Benutzungs- bzw. Zahlungsmodalitäten von Akkreditiven ab: Der Begünstigte erhält den **Akkreditivbetrag bei Sicht**, d.h. **im Gegenzug** zur Aufnahme der von ihm eingereichten Dokumente durch die Benutzungs-/Zahlstelle ausbezahlt.

In der betrieblichen Praxis werden Sichtzahlungsakkreditive („zahlbar bei Sicht", „payable at sight", „Payment at sight" o.ä.) häufig kurzgefasst als **Sichtakkreditive** bezeichnet.

Manchmal werden Sichtzahlungsakkreditive auch mit dem Ausdruck **Zahlungsakkreditive** gleichgesetzt. Dies ist insoweit unzutreffend, als Akkreditive, die eine hinausgeschobene Zahlung verbriefen, ebenfalls Zahlungsakkreditive sind. Es ist deswegen zu empfehlen, den Ausdruck Zahlungsakkreditiv allenfalls als Oberbegriff zu verwenden.

Gestaltungsmöglichkeiten

Sichtzahlungsakkreditive können von einer anderen Bank (Zweitbank oder Drittbank) **bestätigt** werden; sie können aber auch **unbestätigt** bleiben, was meistens der Fall ist. Auch der **Übertragbarkeit** des Akkreditivs steht diese

Zahlungsart nicht im Wege. Schließlich können Sichtzahlungsakkreditive widerruflich eröffnet werden.

Abbildung

Bei der in Kapitel „4.3.2.2 Unwiderrufliches unbestätigtes Dokumentenakkreditiv", Abschnitt 4.3.2.2.2 dargestellten und erläuterten grafischen Abwicklung eines unbestätigten Akkreditivs handelt es sich zugleich um ein Sichtzahlungsakkreditiv, siehe **Abbildung 4.3-01.**

Insoweit ist die dort dargestellte schrittweise Abwicklung ebenso auf die Abwicklung von Sichtzahlungsakkreditiven zutreffend.

Hinweise

Die Abwicklung eines Sichtzahlungsakkreditivs (zugleich ein bestätigtes Akkreditiv) wird aufgezeigt in Kapitel „4.3.5 Fallbeispiel der Abwicklung eines **unwiderruflichen bestätigten Sichtzahlungsakkreditivs**":

- In Abschnitt 4.3.5.1 ist der **Akkreditiveröffnungsauftrag eines Importeurs** an seine Bank zur Eröffnung eines unwiderruflichen bestätigten Dokumentenakkreditivs abgebildet.
- In Abschnitt 4.3.5.2 ist ein **Akkreditiveröffnungsschreiben / Akkreditiv** abgebildet, das die eröffnende Bank an die mit der Avisierung und **Bestätigung** beauftragte (Zweit-) Bank (die sog. andere benannte Bank) richtet.
- In Abschnitt „4.3.5.3 Akkreditivavisierung/-eröffnung und eventuelle Akkreditivbestätigung durch die eingeschaltete Zweitbank" findet sich ein **Akkreditivavisierungsschreiben / eine Akkreditiveröffnungsanzeige** sowie die darin vorgenommene **Akkreditivbestätigung** der eingeschalteten Zweitbank (der sog. anderen benannten Bank) an den akkreditivbegünstigen Exporteur.

Zeitpunkt der Akkreditivbenutzung

Die Dokumente kann der Begünstigte zu jedem **beliebigen Zeitpunkt während der Laufzeit** des Akkreditivs einreichen und dadurch das Akkreditiv benutzen, es sei denn, dass durch die Akkreditivbedingungen eine zeitliche Beschränkung auferlegt ist, wie z.B. durch die Bedingung, dass das Akkreditiv frühestens ab einem bestimmten Zeitpunkt benutzt werden darf oder durch Festlegung bestimmter (frühester) Verladefristen.

Gültigkeitsstelle bzw. Benutzungs-/Zahlstelle

Ist die avisierende Bank (die sog. andere Bank, Zweitbank) im Sichtzahlungsakkreditiv lediglich als **Gültigkeitsstelle**, aber nicht zugleich als Benutzungs-/Zahlstelle eingesetzt, dann übernimmt sie nur die Funktion einer Weiterleitungsstelle der bei ihr vom Begünstigten rechtzeitig vor Verfall des Akkreditivs eingereichten Dokumente.

Ist die avisierende Bank(die sog. andere Bank, Zweitbank) **Benutzungs-/ Zahlstelle**, dann erbringt sie bei unbestätigten Akkreditiven im Namen und für Rechnung der eröffnenden Bank (Akkreditivbank) die im Akkreditiv verbriefte Leistung. Diese umfasst beim Sichtzahlungsakkreditiv die **Auszahlung des Akkreditivbetrags** an den Begünstigten im Gegenzug zur Einreichung akkreditivkonformer Dokumente.

Ist dagegen ein unwiderrufliches Sichtzahlungsakkreditiv von der Benutzungs-/ Zahlstelle auch **bestätigt**, dann besteht der Auszahlungsanspruch des Begünstigten Zug-um-Zug gegen Einreichung akkreditivkonformer Dokumente an diese Bestätigungsbank, und zwar unabhängig von der Deckungsanschaffung durch die eröffnende Bank (Akkreditivbank).

4.3.3.2 Akkreditiv mit hinausgeschobener Zahlung (Deferred-Payment-Akkreditiv)

Definition des Akkreditivs mit hinausgeschobener Zahlung

In Art. 9 a. ERA ist das unwiderrufliche Akkreditiv mit hinausgeschobener Zahlung (Deferred-Payment-Akkreditiv) wie folgt definiert (Hervorhebungen durch den Verfasser):

„Ein unwiderrufliches Akkreditiv begründet eine feststehende Verpflichtung der eröffnenden Bank, sofern die vorgeschriebenen Dokumente der benannten Bank oder der eröffnenden Bank vorgelegt werden und die Akkreditiv-Bedingungen erfüllt sind, ...

*wenn das Akkreditiv **hinausgeschobene Zahlung** vorsieht – **an dem** (den) nach den Bestimmungen des Akkreditivs **bestimmbaren Datum** (Daten) **zu zahlen** ...".*

Bezeichnungen

Wenn man den Zeitpunkt der Zahlung als Einteilungskriterium wählt, dann sind Akkreditive mit hinausgeschobener Zahlung (Deferred-Payment-Akkreditive) der Gruppe der **Nachsichtakkreditive** zuzuordnen. Nicht selten wird deswegen das Akkreditiv mit hinausgeschobener Zahlung als Nachsichtakkreditiv schlechthin bezeichnet. Dies ist insoweit falsch, als auch Akzeptakkreditive, bei denen die hinausgeschobene Zahlung in Wechselform (in Form eines Bankakzeptes; siehe folgenden Abschnitt 4.3.3.3) gekleidet ist, zur Gruppe der Nachsichtakkreditive gehören. Der Ausdruck Nachsichtakkreditive ist vielmehr als **Oberbegriff** für beide Akkreditivarten anzusehen.

Funktionen des Akkreditivs mit hinausgeschobener Zahlung

Das maßgebliche Merkmal dieser Akkreditivart ist, dass die Auszahlung des Akkreditivbetrags an den Begünstigten nicht im Gegenzug zur Einreichung und Aufnahme der Dokumente erfolgt, so wie dies beim Sichtzahlungsakkreditiv der Fall ist, sondern erst an einem späteren, nach den Akkreditivbedingungen genau bestimmbaren, um eine Nachsichtfrist hinausgeschobenen Fälligkeitstag.

Grob umrissen bedeutet diese Akkreditivart für den Exporteur **„Dokumente gegen Zahlungsanspruch“** an die Akkreditivbank, der zu einem **späteren Zeitpunkt** zu erfüllen ist.

Dokumentenaufnahme und Bescheinigung des Zahlungsanspruchs

Im Gegenzug zur Aufnahme der eingereichten Dokumente erhält der Akkreditivbegünstigte von der als Benutzungs-/Zahlstelle eingesetzten Bank keine Zahlung, sondern **eine Bescheinigung über den Fälligkeitstag** seines im Akkreditiv verbrieften **Zahlungsanspruchs** an die akkreditiveröffnende Bank (Akkreditivbank).

Die Fälligkeit des hinausgeschobenen Zahlungsanspruchs errechnet die Benutzungs-/Zahlstelle auf Grundlage der Akkreditivbedingungen, z.B. ausgehend von dem im Versanddokument ausgewiesenen Verladedatum, zuzüglich der vereinbarten Nachsichtfrist.

Die Zahlung erhält der Begünstigte bei dieser Akkreditivart erst im Zeitpunkt der Fälligkeit der hinausgeschobenen Zahlung, d.h. nach Ablauf der Nachsichtfrist.

Interessenausgleich für die Beteiligten

Das Akkreditiv mit hinausgeschobener Zahlung ermöglicht es, die Interessen von Exporteur und Importeur zugleich zu erfüllen:

- Der Exporteur kann dem Importeur im Rahmen dieser Akkreditivart das vom Importeur erwünschte **Zahlungsziel** gewähren.
- Trotz dieses Zahlungsziels bleibt der Exporteur auch während der hinausgeschobenen Zahlung akkreditivmäßig **gesichert**, weil das Zahlungsversprechen der eröffnenden Bank und gegebenenfalls der Bestätigungsbank bis zum Fälligkeitstag der hinausgeschobenen Zahlung bestehen bleibt.

Dauer und Beginn der Nachsichtfrist

Die **Dauer** des Hinausschiebens der Zahlung kann zwischen den Beteiligten frei ausgehandelt werden und dementsprechend von der eröffnenden Bank in das Akkreditiv aufgenommen werden. Häufig sind es in der Praxis 180 Tage.

Als **Beginn** für den Zeitraum der hinausgeschobenen Zahlung wird das Verladedatum des Transportdokuments, das Rechnungsdatum, der Zeitpunkt der Vorlage (Präsentation) der Dokumente oder ein anderes praktikables Datum genommen.

Weitere Gestaltungsmöglichkeiten

Benutzungs-/Zahlstelle des Akkreditivs mit hinausgeschobener Zahlung kann die akkreditiveröffnende Bank selbst oder eine andere, von der akkreditiveröffnenden Bank ermächtigte andere Bank (sog. Zweitbank; eventuell zugleich Bestätigungsbank) sein.

Akkreditive mit hinausgeschobener Zahlung lassen sich auch derart gestalten, dass die Zahlung in **Teilbeträgen** zu verschiedenen Fälligkeitsterminen erfolgt. In diesem Fall liegt eine akkreditivmäßig abgesicherte Ratenzahlung an den Begünstigten vor.

Akkreditive mit hinausgeschobener Zahlung können widerruflich oder **unwiderruflich** eröffnet werden. Sie können **unbestätigt** bleiben oder von einer Zweitbank **bestätigt** werden. Auch diese Akkreditivart ist **übertragbar**.

4.3.3.3 Akzeptakkreditiv (Remboursakkreditiv)

Definition des Akzeptakkreditivs

Das unwiderrufliche Akzeptakkreditiv ist in **Art. 9 a. ERA** wie folgt definiert (gekürzt, Hervorhebungen durch den Verfasser):

„Ein unwiderrufliches Akkreditiv begründet eine feststehende Verpflichtung der eröffnenden Bank, sofern die vorgeschriebenen Dokumente der benannten Bank oder der eröffnenden Bank vorgelegt werden und die Akkreditiv-Bedingungen erfüllt sind, ...

wenn das Akkreditiv

*a. **Akzeptleistung** durch die **eröffnende Bank** vorsieht – vom Begünstigten auf die eröffnende Bank gezogene Tratten zu akzeptieren und sie bei Fälligkeit zu bezahlen,*

oder

*b. **Akzeptleistung** durch eine **andere bezogene Bank** vorsieht – vom Begünstigten auf die eröffnende Bank gezogene Tratten zu akzeptieren und bei Fälligkeit zu bezahlen, falls die im Akkreditiv vorgeschriebene bezogene Bank auf sie gezogene Tratten nicht akzeptiert, oder Tratten zu bezahlen, falls diese von der bezogenen Bank akzeptiert, aber bei Fälligkeit nicht bezahlt wurden; ...“.*

Akzeptleistende Banken

Der Begünstigte erhält im Gegenzug zur Aufnahme der eingereichten Dokumente ein **Wechselakzept einer Bank (Bankakzept)**, das auf der Tratte des Begünstigten – je nach den Akkreditivbedingungen – zu leisten ist:

- von der **eröffnenden Bank** (Akkreditivbank)

  oder

- von einer **anderen bezogenen Bank** (sog. Zweitbank, häufig die avisierende Bank, Exporteurbank).

Kurz gefasst bedeutet das Akzeptakkreditiv somit für den Exporteur: **„Dokumente gegen Bankakzept**, das zu einem späteren Zeitpunkt fällig ist“.

Bestand der Akkreditivverpflichtung

Ist die Tratte des Exporteurs gemäß den Akkreditivbedingungen nicht auf die eröffnende Bank, sondern auf eine **andere Bank** zu ziehen, dann hat die eröffnende Bank (Akkreditivbank) die Verantwortung für die Akzeptierung dieser Tratte und deren Einlösung bei Fälligkeit zu übernehmen. Die Akkreditivverpflichtung der akkreditiveröffnenden Bank bleibt somit unabhängig vom bezeichneten Akzeptanten (der sog. anderen Bank) und unabhängig von dessen Akzeptwilligkeit und Zahlungsfähigkeit als Sicherheit für den begünstigten Exporteur bestehen.

Akzept der Zweitbank als Zusatzsicherheit

Hat eine andere Bank (Zweitbank) gemäß den Akkreditivbedingungen die Tratte des Exporteurs zu akzeptieren, dann gewinnt der begünstigte Exporteur ab dem Zeitpunkt der Akzeptleistung dieser Bank eine **weitere Sicherheit** hinzu: Neben den akkreditivrechtlichen Ansprüchen an die eröffnende Bank (Akkreditivbank) und neben den Ansprüchen an den Importeur erwirbt der begünstigte Exporteur wechselrechtliche Ansprüche an die das Akzept leistende andere Bank. Sofern der Sitz der akzeptleistenden anderen Bank im Land des Exporteurs ist, entfällt – die Zahlungsfähigkeit der Akzeptbank vorausgesetzt – für den Exporteur sowohl das politische als auch das wirtschaftliche Risiko.

Unter den genannten Voraussetzungen wird ein Akzeptakkreditiv ab dem Zeitpunkt der Dokumentenaufnahme und der Akzeptleistung durch die andere Bank **praktisch** zu einem **„bestätigten" Akkreditiv**.

Bestätigung / Übertragung

Akzeptakkreditive können von einer anderen Bank **bestätigt** werden, wobei diese Bank konsequenterweise in der Regel auch die Akzeptleistung übernimmt. Mit einer solchen Bestätigung im Sinne von Art. 9 b. ERA ist der Akkreditivbegünstigte nicht nur ab dem Zeitpunkt der Akzeptleistung durch die andere Bank gesichert, sondern bereits ab dem Zeitpunkt der Akkreditiveröffnung, sofern die Akkreditivbestätigung durch die andere Bank bereits in diesem Zeitpunkt erfolgt, was die Regel ist. Meistens sind Akzeptakkreditive jedoch unbestätigt.

Auch Akzeptakkreditive können übertragen werden, sofern sie von der eröffnenden Bank ausdrücklich als **„übertragbar"** bezeichnet worden sind (vgl. Art. 48 ERA).

Bezeichnung: Nachsichtakkreditive

Akzeptakkreditive sind der Gruppe der Nachsichtakkreditive zuzuordnen, weil die **Auszahlung** des Akkreditivgegenwerts nicht im Gegenzug zur Dokumentenaufnahme erfolgt, so wie dies bei Sichtzahlungsakkreditiven der Fall ist, sondern erst nach Ablauf der Wechsellaufzeit, also zu einem **späteren Zeitpunkt**. Diese hinausgeschobene Zahlung kann als Nachsichtzahlung, der genannte Zeitraum als Nachsichtfrist, bezeichnet werden.

Bezeichnung: Deferred-Payment-Akkreditive

Akzeptakkreditive, bei denen nicht eine Zweitbank (nicht die sog. andere Bank, z.B. die Exporteurbank), sondern die **akkreditiveröffnende Bank** (Akkreditivbank, Importeurbank) selbst das **Akzept** leistet, werden in der Praxis im Allgemeinen den **Deferred-Payment-Akkreditiven** (Akkreditiven mit hinausgeschobener Zahlung) zugeordnet. Diese Zuordnung findet ihre Rechtfertigung in der Tatsache, dass das Akzept der Akkreditivbank für den Akkreditivbegünstigten praktisch keine zusätzliche Sicherheit einschließt, weil dieser Akzeptant ohnehin aus dem Akkreditiv zur Zahlung verpflichtet ist.

Bezeichnung: Remboursakkreditiv

Leistet dagegen eine **Zweitbank** (die sog. andere Bank) im Rahmen eines Akzeptakkreditivs das **Akzept**, dann gewinnt der Exporteur – wie oben dargestellt – ab dem Zeitpunkt der Akzeptleistung eine zusätzliche Sicherheit hinzu, nämlich einen Zahlungsanspruch an die Zweitbank. In der Praxis wird deswegen nur in diesem Fall von einem **Akzeptakkreditiv** (und zugleich von einem **Remboursakkreditiv**) gesprochen.

Die Bezeichnung **Remboursakkreditiv**, die sich für Akzeptakkreditive in Literatur und Praxis häufig generell findet, rührt daher, dass beim Akzeptakkreditiv oft eine andere Bank (Zweitbank) eingeschaltet ist, die die Akzeptleistung und die Auszahlung (Einlösung) des Wechsels bei Fälligkeit übernimmt. Die akkreditiveröffnende Bank haftet der eingeschalteten anderen Bank (Zweitbank) für alle diese Leistungen; insbesondere hat sie ihr bei Fälligkeit des Wechsels den Gegenwert im Rahmen ihrer Akkreditivverpflichtung zur Verfügung zu stellen, was in der Fachsprache mit dem Ausdruck remboursieren (französisch: erstatten) belegt wird.

Im **engeren Sinne** liegt folglich ein **Remboursakkreditiv** nur dann vor, wenn eine andere Bank (Zweitbank) die Akzeptleistung übernimmt. Dagegen kann nicht von einem Remboursakkreditiv gesprochen werden, wenn das Akzept von der eröffnenden Bank (Akkreditivbank, Importeurbank) selbst geleistet wird, weil in diesem Fall kein Remboursierungsanspruch einer anderen Bank entsteht.

4.3.4 Sonderformen der Akkreditive

4.3.4.1 Commercial Letter of Credit

Charakterisierung

Commercial Letters of Credit (CLC) entsprechen in den Grundzügen ihres Aufbaus den übrigen Akkreditivarten und verbriefen – wie alle Akkreditivarten – das **Zahlungsversprechen** der akkreditiveröffnenden Bank. Die Akkreditivbank verpflichtet sich im CLC, **Tratten**, die vom Begünstigten auf den im Akkreditiv benannten Bezogenen gezogen sind, ohne Rückgriff auf den Aussteller (Akkreditivbegünstigten) und/oder gutgläubigen Inhaber **zu bezahlen**, sofern die vorgeschriebenen Dokumente vorgelegt werden und die Akkreditivbedingungen erfüllt sind (vgl. auch Art. 9 a. IV ERA).

Bona-fide-holder-Klausel

Im CLC ist diese Akkreditivverpflichtung im Allgemeinen als sog. **Bona-fide-holder-Klausel** (Kurzbezeichnung: Bonafide-Klausel) aufgenommen, die beispielsweise lautet:

- *„We hereby agree with the drawers, endorsers and bona fide holders of drafts drawn under and in compliance with the terms of this credit the same shall be duly honored on the presentation to the drawees" (Dortschy u.a. 1997: S. 469).*
- *„Hiermit verpflichten wir uns gegenüber den Ausstellern, Indossanten und gutgläubigen Inhabern, dass alle unter diesem Akkreditiv und in Übereinstimmung mit seinen Bedingungen gezogenen Tratten bei Vorlage beim Bezogenen ordnungsgemäß eingelöst werden" (Übersetzung nach Dortschy u.a. 1997: S. 469 f.).*

Ausprägungen

Die Möglichkeiten zur Ausgestaltung von CLC entsprechen grundsätzlich jenen der anderen Akkreditivformen. CLC können **unbestätigt** oder **bestätigt, übertragbar** oder **nicht übertragbar, unwiderruflich** und (theoretisch) widerruflich gestellt werden, wobei die Zweckmäßigkeit bzw. die Tragfähigkeit der Anwendung dieser Merkmale im Einzelfall geprüft werden muss.

Zustellung

Im Gegensatz zu anderen Akkreditivarten ist der CLC unmittelbar **an den Begünstigten adressiert**. Allerdings wird der CLC von der akkreditiveröffnenden Bank dem Akkreditivbegünstigten nur in Ausnahmefällen direkt zugesandt. In der Regel erfolgt die **Zustellung** des Originalkreditbriefs vielmehr **über eine Korrespondenzbank** der akkreditiveröffnenden Bank im Land des begünstigten Exporteurs. Dieser Zustellungsweg ist von Vorteil, weil die Korrespondenzbank – im Gegensatz zum begünstigten Exporteur – in der Lage ist, die Ordnungsmäßigkeit bzw. Echtheit des CLC zu überprüfen.

Freie Negoziierbarkeit

Der CLC sieht im Allgemeinen vor, dass der begünstigte Exporteur den Originalkreditbrief, seine Tratte sowie die Akkreditivdokumente bei einer **beliebigen**, von ihm selbst auszuwählenden **Bank** fristwahrend **einreichen und negoziieren** (bevorschussen) lassen kann. Diese (freie) Negoziierung ist möglich, weil die akkreditiveröffnende Bank gegenüber jeder vom Akkreditivbegünstigten ausgewählten Bank zur Zahlung (der Tratte) verpflichtet ist, sofern die Dokumente vorgelegt werden und die Akkreditivbedingungen erfüllt sind. Diese Freizügigkeit wird als „freie Negoziierbarkeit" bezeichnet.

Beschränkte Negoziierbarkeit

Es kommt auch vor, dass die Akkreditivbestimmungen die Negoziierungsmöglichkeit auf **bestimmte Banken** (z.B. „any german bank“) oder gar auf eine **einzige Bank** beschränken. Solche Akkreditive (CLC) werden als „restricted“ bezeichnet. Im Übrigen hat der Exporteur stets zu prüfen, wo der CLC benutzbar/zahlbar gestellt ist.

Keine Negoziierungsverpflichtung der Banken

Bei **unbestätigten CLC (unbestätigten Negoziierungsakkreditiven)** ist zu beachten, dass die vom begünstigten Exporteur zur Einreichung des CLC, der Dokumente und der Tratte **ausgewählte Bank** trotz deren akkreditivrechtlichen Ansprüche an die eröffnende Bank (Akkreditivbank) und selbst in den Fällen, in denen der CLC die Möglichkeit der Negoziierung ausdrücklich erwähnt, **nicht verpflichtet** ist, einem Antrag des Akkreditivbegünstigten auf Negoziierung (im Sinne einer Kreditgewährung) zu entsprechen. Die ausgewählte Bank wird bei unbestätigten CLC einen Negoziierungsantrag in der Tat ablehnen, wenn ihr weder die Kreditwürdigkeit des Akkreditivbegünstigten noch die Solvenz der Akkreditivbank gesichert erscheinen oder wenn sie politische Risiken (bezüglich des Landes, in dem die Akkreditivbank ihren Sitz hat) sieht.

Haftung des Akkreditivbegünstigten

Sofern die vom akkreditivbegünstigten Exporteur ausgewählte Bank auf Grundlage des eingereichten **unbestätigten** CLC, der Dokumente und der Tratte einen Negoziierungskredit tatsächlich gewährt, behält sie sich regelmäßig das **Rückgriffsrecht auf den Akkreditivbegünstigten** für den Fall vor, dass die Akkreditivbank ihrer Zahlungsverpflichtung wider Erwarten nicht nachkommt.

Bestätigtes Negoziierungsakkreditiv (CLC)

Wünscht der Akkreditivbegünstigte, dass der Rückgriff auf ihn im Nichtzahlungsfall der Akkreditivbank bzw. bei Eintritt politischer Risiken ausgeschlossen ist, dann ist diese Sicherheit im Rahmen eines **bestätigten CLC (bestätigten Negoziierungsakkreditivs)** zu erlangen. Die **Bestätigungsbank** ist gem. Art. 9 b. IV ERA verpflichtet, „... vom Begünstigten gezogene Tratten und/oder unter dem Akkreditiv vorgelegte Dokumente **ohne Rückgriff** auf Aussteller und/oder gutgläubige Inhaber **zu negoziieren.**“

4.3.4.2 Standby Letter of Credit

Garantiecharakter

Standby Letters of Credit sind gemäß Art. 2 ERA Akkreditive: Sie umfassen wie jedes Akkreditiv ein Zahlungsversprechen (Schuldversprechen) der eröffnenden Bank. Manchmal werden deswegen Standby Letters of Credit auch als **Standby-Akkreditive** bezeichnet.

Ihre Besonderheit ist darin zu erblicken, dass Standby Letters of Credit als **garantieähnliche Instrumente** eingesetzt werden. Mit Standby Letters of Credit können warenbezogene Verpflichtungen (wie z.B. die Erfüllung von Kaufverträgen hinsichtlich der Lieferung, der Bezahlung oder der Gewährleistung) ebenso akkreditivmäßig abgesichert (garantiert) werden wie Verpflichtungen zur Rückzahlung von Krediten.

Grundsätzlich können Standby Letters of Credit **unwiderruflich** bzw. widerruflich, **unbestätigt** bzw. **bestätigt** sowie (theoretisch) übertragbar eröffnet werden.

Ursprung

Ihren Ursprung haben Standby Letters of Credit in den **USA**, wo sie die im Außenhandel üblichen und notwendigen **Garantien ersetzen**. Nach dem Recht einiger US-amerikanischer Bundesstaaten ist es den dortigen Banken nämlich untersagt, Garantien zu übernehmen (vgl. Schweizerische Kreditanstalt 1995: S. 32), sehr wohl aber erlaubt, Akkreditive zu eröffnen. Standby Letters of Credit kommen zunehmend auch außerhalb der USA zum Einsatz.

Arten

Im Wesentlichen können zwei Erscheinungsformen der Standby Letters of Credit unterschieden werden: Standby Letters of Credit als

- **reine Garantieinstrumente**

  oder als

- **dokumentäre Garantieinstrumente**.

Reines Garantieinstrument

Bei der reinen Form des Standby Letter of Credit wird die Zahlung der eröffnenden Bank nicht durch Vorlage von (Versand-)Dokumenten ausgelöst, wie dies bei den anderen Akkreditivarten der Fall ist. Bei dieser Form des Standby Letter of Credit wird der **Zahlungsanspruch** des Begünstigten vielmehr durch eine **schriftliche Erklärung (written statement)** begründet, die der Begünstigte selbst oder ein (neutraler) Dritter in Übereinstimmung mit den im Standby Letter of Credit definierten Zahlungsvoraussetzungen ausstellt.

Zustellung / Inanspruchnahme

Standby Letters of Credit, die reine Garantieinstrumente sind, werden von den deutschen Kreditinstituten dem ausländischen **Begünstigten** häufig **direkt** oder aber über den Auftraggeber (den Kunden) der garantierenden deutschen Bank, also ohne Einschaltung einer Zweitbank, **zugestellt**.

Auch die eventuelle **Inanspruchnahme** solcher Standby Letters of Credit erfolgt **unmittelbar**: Der Begünstigte (oder ein im Standby Letter of Credit benannter Dritter) gibt gegenüber der Akkreditiv-(Garantie-)bank diejenige

Erklärung ab, die die Zahlungsverpflichtung der Akkreditivbank auslöst [z.B. die Erklärung, dass der Akkreditiv-(Garantie-)auftraggeber bestimmten, im Standby Letter of Credit genau definierten Verpflichtungen nicht nachgekommen ist].

Dokumentäres Garantieinstrument

Zunehmend sind Formen des Standby Letter of Credit zu beobachten, die nicht nur reinen Garantiecharakter tragen, sondern die **zugleich** der **Absicherung** der Bezahlung von **Exportgeschäften** dienen und die insoweit – wie die anderen Akkreditivarten – zugleich dokumentären Charakter tragen.

Der begünstigte Exporteur erlangt bei solchen Formen, die als **dokumentäre Standby Letters of Credit** bezeichnet werden, je nach den Bedingungen Zahlung aus dem Standby Letter of Credit nur, wenn er

- die im Standby Letter of Credit definierte (von ihm selbst oder von einem Dritten auszustellende) **Erklärung** einreicht und/oder (außerdem)
- jene (Versand-)**Dokumente** vorlegt, wie sie bei den übrigen Akkreditivarten üblicherweise in Erscheinung treten und wie sie in den Bedingungen des Standby Letter of Credit im Einzelfall festgelegt sind.

4.3.4.3 Revolvierendes Akkreditiv (Revolving Credit)

Charakterisierung

Das revolvierende Dokumentenakkreditiv lautet über einen **Akkreditivbetrag**, der innerhalb eines bestimmten Zeitraums vom Begünstigten **mehrmals** (erneut, wieder auflebend, revolvierend) **in Anspruch genommen** werden kann, bis ein festgelegter **Höchstbetrag** erreicht ist.

Beispiel der „Revolving-Klausel"

Die „Revolving-Klausel" im Akkreditiv kann den Eigenheiten eines Außenhandelsgeschäfts beliebig angepasst werden. Sie weist beispielsweise folgenden Inhalt auf:

Akkreditivbetrag: Euro 25.000, siebenmal revolvierend bis zum Höchstbetrag von Euro 200.000.

Nach der ersten Inanspruchnahme steht dem begünstigten Exporteur der Akkreditivbetrag von Euro 25.000 sieben weitere Male innerhalb der Laufzeit und bis zum festgelegten Höchstbetrag des Akkreditivs von Euro 200.000 zur Verfügung, sofern er jeweils die Akkreditivbedingungen erfüllt, d.h. insbesondere die geforderten (Versand-)Dokumente vorlegt.

Vorkommen

Das revolvierende Dokumentenakkreditiv bietet sich als Zahlungsbedingung an, wenn ein Importeur zur Erlangung eines günstigen Einkaufspreises einen **Großabschluss** mit dem Exporteur tätigt, der die Abnahme der Ware sukzessive über einen längeren Zeitraum verteilt vorsieht. Solche **Sukzessivabnahmen** kommen vor allem bei Rohstoffeinkäufen vor.

Zeitliche Gestaltung

Revolvierende Akkreditive können hinsichtlich der **zeitlichen Inanspruchnahme** unterschiedlich gestaltet sein:

- **Ohne Festlegung einer zeitlichen Abfolge der revolvierenden Inanspruchnahmen des Akkreditivbetrags**

  Beispiel:

  Akkreditivbetrag Euro 25.000, siebenmal revolvierend bis zum Höchstbetrag von Euro 200.000.

  Der Akkreditivbegünstigte ist bei der Inanspruchnahme der jeweiligen Akkreditivbeträge mangels anderer Bedingungen **nicht an bestimmte (Spätest-) Termine** gebunden. Innerhalb der Laufzeit des Akkreditivs kann er die Akkreditivbeträge vielmehr in beliebiger zeitlicher Verteilung in Anspruch nehmen bis der Höchstbetrag erreicht ist.

- **Mit Festlegung einer zeitlichen Abfolge der revolvierenden Inanspruchnahmen des Akkreditivbetrags**

  Beispiel:

  Akkreditivbetrag Euro 25.000, jeden Monat für die gleiche Summe revolvierend, und zwar erstmals im Mai 20.., letztmals im November 20.. . Maximalbetrag auszahlbar unter diesem Akkreditiv: Euro 200.000 (Beispiel in Anlehnung an UBS Schweizerische Bankgesellschaft 1997: S. 20).

  Der Akkreditivbegünstigte ist bei der Inanspruchnahme der jeweiligen Akkreditivbeträge **an bestimmte (Spätest-/Monats-) Termine** gebunden. Ist das revolvierende Akkreditiv beispielsweise am 1.4. eines Jahres eröffnet worden und für die erste Inanspruchnahme bis 30.4. dieses Jahres gültig gestellt, dann hat der Begünstigte im obigen Beispiel die erste Inanspruchnahme des Akkreditivs im April, die revolvierenden Inanspruchnahmen des Akkreditivs in monatlichen Abständen von Mai bis November dieses Jahres zu vollziehen. Der Akkreditivauftraggeber (der Importeur) will durch diese zeitliche Gestaltung des revolvierenden Akkreditivs die pünktliche Sukzessivlieferung der Waren durch den akkreditivbegünstigten Exporteur sichergestellt wissen.

Betragliche Gestaltung

Revolvierende Akkreditive können nicht nur hinsichtlich ihrer zeitlichen, sondern auch hinsichtlich ihrer **betraglichen Inanspruchnahme** unterschiedlich gestaltet sein. Unter diesem Blickwinkel sind „kumulative" und „nichtkumulative" revolvierende Akkreditive zu unterscheiden.

- **Kumulative revolvierende Akkreditive**

  „Kumulativ" bedeutet im Zusammenhang mit revolvierenden Dokumentenakkreditiven, dass ein revolvierender Betrag, den der Akkreditivbegünstigte nicht bzw. nicht vollständig ausgenutzt hat, dem folgenden Betrag zugeschlagen wird. Bei der „kumulativen" Variante revolvierender Dokumentenakkreditive **verfallen** somit **unausgenützte Beträge nicht**, sondern können nachträglich und unter Beachtung der Rahmenbedingungen des revolvierenden Akkreditivs (Laufzeit, Höchstbetrag usw.) in Anspruch genommen werden.

- **Nichtkumulative revolvierende Akkreditive**

  „Nichtkumulativ" ist ein revolvierendes Dokumentenakkreditiv, wenn (revolvierende) **Beträge**, die der Akkreditivbegünstigte **nicht bzw. nicht voll ausgenutzt** hat, **verfallen**. Das „nichtkumulative" revolvierende Dokumentenakkreditiv bindet somit den Akkreditivbegünstigten streng an die einzelnen revolvierenden Beträge (und gegebenenfalls Termine), was aus Sicht des Akkreditivauftraggebers (des Importeurs), der an einer mengen- und fristgerechten Belieferung interessiert ist, als Vorteil zu bewerten ist.

Bestätigung

Revolvierende Akkreditive können widerruflich – was in der Praxis nicht vorkommt – oder unwiderruflich eröffnet werden.

Wünscht der begünstigte Exporteur bei einer längeren Laufzeit des Außenhandelsgeschäfts und damit des revolvierenden Akkreditivs eine weiterreichende Sicherheit, dann hat er im Kaufvertrag die Stellung eines von einer deutschen Bank **bestätigten** revolvierenden Akkreditivs zu verlangen. Das Garantendelkredererisiko ebenso wie die politischen Risiken sind für den Akkreditivbegünstigten damit praktisch ausgeschlossen.

4.3.4.4 Übertragbares Akkreditiv

Charakterisierung

Ein übertragbares Dokumentenakkreditiv ist ein Akkreditiv, bei dem der Begünstigte berechtigt ist (im Zusammenhang mit übertragbaren Akkreditiven wird vom Erstbegünstigten gesprochen), die – je nach Akkreditivart – zur Zahlung, zur Übernahme einer Verpflichtung zur hinausgeschobenen Zahlung, zur Akzeptleistung bzw. zur Negoziierung ermächtigte Bank zu beauftragen, das Akkreditiv im Ganzen oder zum Teil einem oder mehreren anderen Begünstigten (Zweitbegünstigten) verfügbar zu stellen, also **zu übertragen** (vgl. Art. 48 a. ERA).

Ein Akkreditiv kann nur übertragen werden, wenn es von der eröffnenden Bank (Akkreditivbank) **ausdrücklich** als **übertragbar** (transferable) bezeichnet worden ist (vgl. Art. 48 b. ERA).

Funktionen

Übertragbare Akkreditive finden insbesondere im Export- und Transithandel sowie bei Auslandsgeschäften unter Einschaltung von Generalunternehmen Anwendung:

- Der **Export- bzw. Transithändler** (sog. Zwischenhändler) finanziert den Einkauf der zu exportierenden Güter durch Übertragung desjenigen Akkreditivs auf seinen Vorlieferanten, das ihm sein eigener Abnehmer zur Verfügung gestellt hat.
- Analog überträgt der **Generalunternehmer** das zu seinen Gunsten eröffnete Akkreditiv auf seinen Subunternehmer (Zulieferer). Die Übertragung des Akkreditivs kann in Teilbeträgen auch an verschiedene Subunternehmer (Zulieferer) erfolgen, sofern die Akkreditivbedingungen Teilverladungen / Teilinanspruchnahmen nicht untersagen (vgl. Art. 48 g. ERA).

Merkmale bzw. Richtlinien

Die **ERA** schreiben zur Übertragung von Dokumentenakkreditiven in **Art. 48** u.a. vor:

- **Einmalige Übertragbarkeit**: Ein übertragbares Akkreditiv kann – sofern nichts anderes angegeben ist – nur einmal übertragen werden (vgl. Art. 48 g. ERA). In den Fällen einmaliger Übertragbarkeit stellen die ERA außerdem klar, dass das Akkreditiv auch nicht auf Verlangen des Zweitbegünstigten auf einen Drittbegünstigten übertragen werden kann.
- **Übertragung von Teilen:** Teile eines übertragbaren Akkreditivs können getrennt übertragen werden, sofern Teilverladungen/Teilinanspruchnahmen nicht untersagt sind. Es versteht sich von selbst, dass diese Teilübertragungen im Ganzen den Gesamtbetrag des Akkreditivs nicht überschreiten dürfen (vgl. Art. 48 g. ERA).
- **Gleiche Akkreditivbedingungen:** Grundsätzlich gilt, dass ein Akkreditiv nur zu den im Originalakkreditiv (Grundakkreditiv, Basisakkreditiv) angegebenen Bedingungen (einschließlich der darin festgelegten Lieferbedingung) übertragen werden kann. Dies bedeutet wiederum, dass das Originalakkreditiv (Basisakkreditiv, Verkaufsakkreditiv) grundsätzlich mit den Dokumenten aus dem übertragenen Akkreditiv benutzt werden können muss.

  Ausnahmen: Von diesem Grundsatz lassen die ERA Ausnahmen zu. Gegenüber dem Originalakkreditiv können der Akkreditivbetrag, die im Akkreditiv etwa genannten Preise pro Einheit, das Verfalldatum, das letzte Datum für die Vorlage des (Transport-)Dokuments (gemäß Art. 43 ERA), die Verladefrist insgesamt oder einzeln ermäßigt oder verkürzt werden. Zulässig ist gemäß Art. 48 h. ERA auch, dass der Prozentsatz, auf den die Versicherungsdeckung lauten muss, in einer Weise erhöht werden kann, dass er den im Originalakkreditiv oder einen anderen gemäß ERA festgesetzten Deckungsbetrag erreicht.

Schließlich kann der Erstbegünstigte – sofern im Akkreditiv nichts anderes verlangt wird – veranlassen, dass bei Übertragung des Akkreditivs gegenüber dem Zweitbegünstigten sein Name an der Stelle des Akkreditivauftraggebers eingesetzt wird.

- **Rechnungsaustausch:** Es ist konsequent, dass die ERA in Art. 48 i. dem Erstbegünstigten das Recht einräumen, bei der Benutzung des Akkreditivs seine eigenen Rechnungen an die Stelle derjenigen des Zweitbegünstigten zu setzen (allerdings nur mit Beträgen, welche den im Akkreditiv angegebenen Originalbetrag nicht übersteigen, und mit den im Akkreditiv gegebenenfalls angegebenen Originalpreisen pro Einheit). Durch einen solchen Rechnungsaustausch kann der Erstbegünstigte aufgrund des Akkreditivs den Unterschiedsbetrag (seine Handelsspanne) erheben, der gegebenenfalls zwischen seinen Rechnungen und denen der Zweitbegünstigten besteht.
- **Mögliche Zahlbarstellung am Platz des Zweitbegünstigten:** Sofern im Originalakkreditiv nichts anderes vorgeschrieben ist, kann der Erstbegünstigte verlangen, dass auch die Zahlung oder Negoziierung aus dem übertragenen Akkreditiv an dem Platz vorgenommen wird, an den das Akkreditiv übertragen worden ist (vgl. Art. 48 j. ERA).
- **Keine Übertragungspflicht der Banken:** Eine Bank, die ersucht wird, die Übertragung eines Akkreditivs vorzunehmen, ist nicht verpflichtet, die Übertragung vorzunehmen, außer in dem Umfang und in der Art, wie sie ausdrücklich zugestimmt hat (vgl. Art. 48 c. ERA).

Ausprägungen

Die ERA schließen die Eröffnung widerruflicher übertragbarer Akkreditive nicht aus. Jedoch ist die Sicherheit eines widerruflichen Akkreditivs für einen Zweitbegünstigten ebenso wie für den Erstbegünstigten so gering, dass übertragbare Akkreditive **regelmäßig unwiderruflich** vereinbart und eröffnet werden.

Wie alle übrigen Akkreditivarten können auch übertragbare Akkreditive unbestätigt oder bestätigt eröffnet werden:

- Bei **unbestätigten** Akkreditiven haben der Erstbegünstigte und der Zweitbegünstigte nur einen Zahlungsanspruch an die eröffnende Bank (Akkreditivbank).
- Ist dagegen das **Originalakkreditiv** von einer **Zweitbank bestätigt** worden, dann haben sowohl der Erstbegünstigte als auch der Zweitbegünstigte Zahlungsansprüche auch an diese Bestätigungsbank.
- Schließlich kann das **übertragene Akkreditiv** im Ausnahmefall von einer **Drittbank** zugunsten des Zweitbegünstigten **bestätigt** werden.

Hinweis

Im „Handbuch der Außenhandelsfinanzierung“ (Häberle, S.G., Oldenbourg-Verlag, München und Wien) sind weitere Sonderformen der Akkreditive vorgestellt:

- **Negoziierbares Akkreditiv,**
- **Packing Credit (Anticipatory Credit),**
- **Gegenakkreditiv (Back-to-back-Akkreditiv).**

4.3.5 Fallbeispiel der Abwicklung eines unwiderruflichen bestätigten Sichtzahlungsakkreditivs

4.3.5.1 Akkreditiveröffnungsauftrag des Auftraggebers (des Importeurs) an die eröffnende Bank

Abbildung

Die nachstehende **Abbildung 4.3-03** umfasst den **Auftrag** (Irrevocable Documentary Credit Application) eines japanischen Importeurs (ELECTRICITY SUPPLY LTD) an seine Hausbank (INDUSTRIAL BANK OF ASIA TOKYO) zur Eröffnung eines **unwiderruflichen bestätigten Sichtzahlungsakkreditivs** zu Gunsten eines schweizerischen Exporteurs (GENERATOR AG), abzuwickeln über die schweizerische Hausbank des Begünstigten (UBS UNION BANK OF SWITZERLAND).

Quelle: UBS Union Bank of Switzerland, Akkreditive... o.J.: S. 20

4.3.5.2 Erstellung des Akkreditiveröffnungsschreibens/Akkreditivs durch die eröffnende Bank

Vorbemerkungen

Reicht die Kreditwürdigkeit des Importeurs aus oder hat dieser die erforderliche Deckung bereits angeschafft, dann **eröffnet** die beauftragte Bank das **Akkreditiv**, und zwar in der Regel unter **Einschaltung einer Zweitbank** im Land des akkreditivbegünstigten Exporteurs.

Die Importeurbank (akkreditiveröffnende Bank) überträgt alle relevanten Daten des Akkreditiveröffnungsauftrags des Importeurs in Abhängigkeit vom gewählten Übermittlungsweg bzw. -instrument:

- in ein vorgedrucktes Akkreditiveröffnungsschreiben oder
- in ein Telex-Schreiben (bzw. in ein anderes Telekommunikationssystem) oder
- in das **SWIFT-System** (was heute die Regel ist)

und beauftragt damit die ausgewählte Zweitbank zur Akkreditivavisierung sowie im vorliegenden Fall auch zur Akkreditivbestätigung.

IBA **Irrevocable Documentary Credit Application**

To INDUSTRIAL BANK OF ASIA
TOKYO

☐ mark where applicable

We request you to issue on our behalf and for our account your Irrevocable Documentary Credit in accordance with the instructions below. The credit is to be subject to the "Uniform Customs and Practice for Documentary Credits" of the International Chamber of Commerce, Paris, issued for the first time in 1933 and including subsequent amendments.

☒ by teletransmission (full text)
☐ by (air) mail ☐ with brief teletransmission (preadvice)

☐ transferable

Bankers of the Beneficiary
UNION BANK OF SWITZERLAND
8021 ZURICH

Valid until 21ST JUNE 19..
☒ with the Bankers of the Beneficiary
☐ with you

Beneficiary
GENERATOR AG
POSTFACH 642, 8045 ZURICH

Currency and amount SFR *378'000.--*
☐ approx. (+/-10%) ☒ max.
☐

Credit available ☒ by sight payment ☐ by deferred payment at ____ days after ____
☐
against the documents detailed herein

Partial shipments ☐ allowed ☒ prohibited
Transshipments ☐ allowed ☒ prohibited

Shipment
From ROTTERDAM
For transportation to OSAKA
Not later than 31ST MAY 19..

☐ FCA ☐ CPT
☐ FOB ☐ CIP
☒ CFR ☐ CIF
☐

port or place
OSAKA

Goods (Brief description without excessive details)
1 COMPLETE GENERATOR UNIT AS PER ORDER NO. 6348 OF 4TH MARCH 19..

SPECIMEN

Documents required
☒ Commercial invoice ☒ signed, original and 2 copies
☐ Air Waybill (original for the Consignor/Shipper), consigned to ____
☐ Full set Multimodal Transport Document (covering at least two different modes of transport)
☒ Full set Marine/Ocean Bill of Lading (covering a port to port shipment)
☐
☒ to the order ~~of~~ -- ☒ and endorsed in blank
☒ marked freight ☒ prepaid ☐ payable at destination
☒ notify ELECTRICITY SUPPLY LTD., P.O.BOX 1539, OSAKA
☐ Insurance ☐ Policy ☐ Certificate, covering the following risks
☒ Certificate of origin ☐ Packing list ☒ WORK CERTIFICATE, WEIGHT LIST

Additional Terms
CERTIFICATE OF ORIGIN TO BE ISSUED IN DUPLICATE, EVIDENCING SWISS ORIGIN AND LEGALIZED BY THE CHAMBER OF COMMERCE.

Commissions and Charges ☒ all commissions and charges to be borne by us
☐ your commissions and charges to be borne by us, those of the correspondent bank to be charged to Beneficiary
☐

Period for presentation Documents to be presented within ____ days after the date of shipment but within the validity of the Credit

Confirmation instructions ☒ to be confirmed (only possible if Credit is valid with the Bankers of the Beneficiary)
☐ not to be confirmed

Debit account No. 999.999.XX X
Purchase of foreign exchange cover ☐ immediately
☐ on availment of the Credit
☐ Foreign exchange contract No.

Place and date OSAKA, 16TH MARCH 19..
Person in charge/Phone No.
Name and signature(s) of the applicant
ELECTRICITY SUPPLY LTD.

Consult the UBS office concerned for guidance if the completion of this form should raise any question

Abbildung 4.3-03

Abbildung

Die **Abbildung 4.3-04** zeigt das **Akkreditiveröffnungsschreiben/Akkreditiv** der akkreditiveröffnenden japanischen Bank, das an die mit der Akkreditivavisierung sowie Akkreditivbestätigung beauftragte schweizerische Bank gerichtet ist, und zwar mittels SWIFT.

Dieses Akkreditiveröffnungsschreiben/Akkreditiv beruht auf jenem Akkreditiveröffnungsauftrag des japanischen Importeurs, der im vorangehenden Abschnitt abgebildet ist (Abbildung 4.3-03).

Quelle: UBS Union Bank of Switzerland, Akkreditive ... o.J : S. 21

4.3.5.3 Akkreditivavisierung/-eröffnung und Akkreditivbestätigung durch die eingeschaltete Zweitbank (die sog. andere Bank)

Prüfungen durch die avisierende und bestätigende Bank

Vor dem Vollzug der Avisierung/Eröffnung des Akkreditivs prüft die eingeschaltete Zweitbank (die sog. andere Bank) zunächst die **augenscheinliche Echtheit** des zu avisierenden Akkreditivs mit angemessener Sorgfalt (vgl. Art. 7 a. ERA)

Ist die Zweitbank von der Akkreditivbank (der eröffnenden Bank) beauftragt bzw. ermächtigt, dem Akkreditiv die **Bestätigung** hinzuzufügen, dann prüft die Zweitbank vor der Übernahme der Bestätigung überdies die **Kreditwürdigkeit der eröffnenden Bank (Akkreditivbank)** bzw. deren Deckungsanschaffung.

Avisierung und Bestätigung

Abwicklungstechnisch vollzieht die beauftragte Zweitbank gegenüber dem Begünstigten die Avisierung/Eröffnung des Akkreditivs in der Regel durch die **Zusendung einer Kopie bzw. eines (modifizierten) EDV-Ausdrucks des Akkreditiveröffnungsschreibens/Akkreditivs der Akkreditivbank** zusammen mit einem **Begleitschreiben (Avisierungsvordruck, Akkreditiveröffnungsanzeige) der Zweitbank** an den Akkreditivbegünstigten.

Dieses **Begleitschreiben (der Avisierungsvordruck)** der Zweitbank enthält lediglich einige maßgebliche Merkmale des Akkreditivs und verweist im übrigen auf die detaillierten Bedingungen der als Anlage beigelegten Kopie bzw. des beigelegten (modifizierten) EDV-/SWIFT-Ausdrucks des Akkreditiveröffnungsschreibens (der Eröffnungsanzeige) der Akkreditivbank.

In das Begleitschreiben (Akkreditiveröffnungsanzeige, Avisierungsvordruck) der Zweitbank ist – wie im vorliegenden Fallbeispiel zutreffend – auch die **Bestätigung** des Akkreditivs durch die Zweitbank aufgenommen.

ISSUE OF A DOCUMENTARY CREDIT — **** SWIFT NORMAL ****
MT: 700 PRIOR: N — *BATCH FP061L07 PROCESSED:*
SENDER: 19.03.19.. / ..:.. — *RECEIVER: 19.03.19.. / ..:..*
BIC: .... XXX ISN: .... — *BIC: UBSWCHZH 80A OSN: ...*

INDUSTRIAL BANK OF ASIA
TOKYO / JAPAN

UNION BANK OF SWITZERLAND
CH-8021 ZUERICH

:40A: * FORM OF DOCUMENTARY CREDIT *
IRREVOCABLE

:20: * DOCUMENTARY CREDIT NUMBER *
9303222/8888

UNION BANK
OF SWITZERLAND
000'000-0
ZURICH

:31C: * DATE OF ISSUE *
19.03.19..

:31D: * DATE AND PLACE OF EXPIRY *
21.06.19.. SWITZERLAND

:50: * APPLICANT *
ELECTRICITY SUPPLY LTD.
P.O.BOX 1593
OSAKA / JAPAN

:59: * BENEFICIARY *
GENERATOR AG
P.O.BOX
CH-8045 ZURICH / SWITZERLAND

:32B: * CURRENCY CODE, AMOUNT *
Max. SFR 378 000.00

:41A: * AVAILABLE WITH . . . BY . . . . *
UNION BANK OF SWITZERLAND, CH-8021 ZURICH
BY PAYMENT AT SIGHT

:43P: * PARTIAL SHIPMENTS *
PROHIBITED

:43T: * TRANSHIPMENT*
PROHIBITED

:44A: * LOADING ON BOARD/DISPATCH/TAKING IN CHARGE AT /FROM *
ROTTERDAM / THE NETHERLANDS

:44B * FOR TRANSPORTATION TO . . . *
OSAKA / JAPAN

:44C: * LATEST DATE OF SHIPMENT *
31.05.19..

:45A: * DESCRIPTION OF GOODS AND/OR SERVICES *
1 COMPLETE GENERATOR UNIT AS PER ORDER NO. 6348 OF 4TH MARCH 19..
CFR OSAKA

:46B: * DOCUMENTS REQUIRED *
+ SIGNED COMMERCIAL INVOICE, 3 FOLD
+ FULL SET OF CLEAN ON BOARD MARINE BILL OF LADING, ISSUED TO ORDER, BLANK ENDORSED, NOTIFY: ELECTRICITY SUPPLY LTD., P.O.BOX 1593, OSAKA AND MARKED "FREIGHT PREPAID"
+ CERTIFICATE OF ORIGIN IN DUPLICATE, EVIDENCING SWISS ORIGIN AND LEGALIZED BY THE CHAMBER OF COMMERCE
+ WORK CERTIFICATE
+ WEIGHT LIST

:49: * CONFIRMATION INSTRUCTIONS *
CONFIRM

:53A: * REIMBURSEMENT BANK *
UNION BANK OF SWITZERLAND, CH-8021 ZURICH

:72: * SENDER TO RECEIVER INFORMATION *
PAYMENT TO THE DEBIT OF OUR SWISS FRANCS CURRENT ACCOUNT

SPECIMEN

Abbildung 4.3-04

Abbildung

Die **Abbildung 4.3-05** zeigt die **Akkreditiveröffnungsanzeige/Avisierung** der schweizerischen Bank (UBS) an den schweizerischen Akkreditivbegünstigten (GENERATOR AG).

Die schweizerische Bank (UBS) hat dieser Akkreditivavisierung ihre **Bestätigung** hinzugefügt: „Gemäß den Instruktionen der eröffnenden Bank fügen wir diesem Akkreditiv unsere Bestätigung zu den im Artikel 9 der ERA 500 stipulierten Bedingungen bei."

Diese Akkreditivavisierung/-eröffnung sowie Bestätigung an den Begünstigten beruht auf dem im vorangehenden Abschnitt abgebildeten Akkreditiveröffnungsschreiben/Akkreditiv der japanischen Bank (Abbildung 4.3-04).

Quelle: UBS Union Bank of Switzerland, Akkreditive ... o.J.: S. 22

UBS

Union de Banques Suisses
Schweizerische Bankgesellschaft
Unione di Banche Svizzere
Union Bank of Switzerland

Dok.-Akkreditiv Nr.: 9303222/8888

Bahnhofstrasse 45
Postfach
CH-8021 Zürich

Unsere Referenz: 0230-EA000000X0X

Tel.:	(01) 234 11 11
Fax:	(01) 235 54 59
Telex:	813 811 ubs ch
E-Mail:	dczurich@ubs.ch
SWIFT:	UBSWCHZH80A

Eingeschrieben 000100
GENERATOR AG
POSTFACH 642

8045 ZURICH

Dok. Abt.:	FHA1-Hans Muster
Direktwahl:	(01) 235 00 00
Datum:	19 März 19..

Betrag:	CHF 378'000.00 Maximum
Form:	Unwiderruflich
Datum und Ort der Gültigkeit:	21 Juni 19.., Zürich
Benutzbar bei:	SCHWEIZERISCHE BANKGESELLSCHAFT POSTFACH 8021 ZÜRICH
Benutzbar durch:	Zahlung

SPECIMEN

Auftraggeber
ELECTRICITY SUPPLY LTD.
OSAKA / JAPAN

Eröffnende Bank
INDUSTRIAL BANK OF ASIA
P.O. BOX 100
TOKYO / JAPAN

Avisierung eines Dokumentar-Akkreditivs

Dieses Akkreditiv ist von obgenannter Bank zu Ihren Gunsten eröffnet worden; siehe unser Voravis vom 19.03...

Als Beilage erhalten Sie eine Kopie der Eröffnungsanzeige mit allen Bedingungen des Akkreditivs.

Gemäss den Instruktionen der eröffnenden Bank fügen wir diesem Akkreditiv unsere Bestätigung zu den im Artikel 9 der ERA 500 stipulierten Bedingungen bei.

Alle Kommissionen und Spesen gehen zu Lasten des Auftraggebers.

Bitte prüfen Sie die Akkreditiv-Bedingungen sorgfältig. Sollten einzelne Punkte nicht den Abmachungen entsprechen oder nicht erfüllt werden können, wollen Sie bitte von Ihrem Vertragspartner (Akkreditiv-Auftraggeber) eine entsprechende Aenderung verlangen.

Falls nicht ausdrücklich anderweitig vermerkt, gelten für dieses Akkreditiv die "Einheitlichen Richtlinien und Gebräuche für Dokumenten-Akkreditive, Revision 1993, Publikation Nr. 500 der Internationalen Handelskammer, Paris".

Mit freundlichen Grüssen
Schweizerische Bankgesellschaft

Gültig ohne Unterschrift

Abbildung 4.3-05

5 Kurzfristige Finanzierungs- und Sicherungsinstrumente

5.1 Kontokorrentkredite

5.1.1 Grundstruktur und Merkmale von Kontokorrentkrediten – Übersicht

Finanzierung von Inlands- und Auslandsgeschäften

Mit Kontokorrentkrediten können die Unternehmen grundsätzlich alle kurzfristigen Geschäfte finanzieren, wie beispielsweise den Wareneinkauf, die Lagerbestände, die Produktion und den Forderungsbestand.

Diese Verwendungsmöglichkeiten gelten auch für **Auslandsgeschäfte**: Kontokorrentkredite dienen den Exporteuren zur Finanzierung der den ausländischen Geschäftspartnern gewährten Zahlungsziele, aber auch zur Finanzierung des Wareneinkaufs und der Produktion von Exportgeschäften.

Importeure finanzieren mit Kontokorrentkrediten insbesondere ihren Wareneinkauf im Ausland; sie überbrücken mit diesem Kredit darüber hinaus die Zeit bis zum Eingang des Weiterverkaufserlöses importierter Waren.

Währungen

Neben Euro-Kontokorrentkrediten, die die Regel sind, stellen die (größeren) Geschäftsbanken und die Zweigstellen ausländischer Banken auch Fremdwährungs-Kontokorrentkredite in den Währungen der führenden **westlichen Industrienationen** zur Verfügung.

Einen eingeräumten Fremdwährungs-Kontokorrentkredit kann der Kreditnehmer im Allgemeinen genauso flexibel in Anspruch nehmen wie einen Euro-Kontokorrentkredit.

Inanspruchnahme

Kontokorrentkredite bilden ein Liquiditäts-/Ausgleichspotenzial zur Deckung des schwankenden kurzfristigen Kapitalbedarfs des Kreditnehmers. Im Rahmen des eingeräumten **Limits** und der vereinbarten Laufzeit kann der Kreditnehmer den Kontokorrentkredit in jeweils **beliebiger Höhe** und im Zeitablauf wiederholt in Anspruch nehmen.

Bei gegebener Kreditwürdigkeit lassen die Banken **Überziehungen** der eingeräumten Kreditgrenze (u.U. stillschweigend) zu.

Laufzeit

Die Laufzeit von Kontokorrentkrediten ist – formal gesehen – **kurz- bis** allenfalls **mittelfristig**. Sofern die Bonität eines Kreditnehmers zu Zweifeln keinen Anlass gibt, sind die Banken jedoch regelmäßig zu Verlängerungen bereit, sodass faktisch oft eine längerfristige Kreditgewährung erfolgt.

Sicherstellung

Zur Sicherstellung von Kontokorrentkrediten eignen sich neben den klassischen Kreditsicherheiten wie z.B. Grundpfandrechte, auch solche **Sicherheiten**, die schwieriger zu bewerten und im Zeitablauf intensiver zu überwachen sind (z.B. die Sicherungsübereignung von Maschinen und Fahrzeugen, die Übereignung bzw. Abtretung von Warenlagern, Forderungen usw.).

Weist ein Kreditnehmer eine hervorragende Kreditwürdigkeit auf, dann sind die Banken im Einzelfall bereit, den Kontokorrentkredit als **Blankokredit**, d.h. ohne die ausdrückliche Bestellung von Kreditsicherheiten zu gewähren.

Kosten

Die Banken berechnen für die in Anspruch genommenen Kontokorrentkredite **Zinsen**, die – in Anpassung an die Marktzinsentwicklung – in der Regel **variabel** sind.

Die Berechnung einer gesonderten Kreditprovision manchmal noch vor. In den meisten Fällen stellen die Banken sog. **Nettozinssätze** in Rechnung, die außer der eventuell anfallenden Überziehungsprovision und den Kontoführungsgebühren alle Kosten enthalten.

Die bei Fremdwährungskrediten berechneten Zinsen orientieren sich grundsätzlich am Marktzinsniveau der betreffenden Währung.

Hinweis

Die Einzelheiten zu den Merkmalen von Kontokorrentkrediten sind ausführlich in den nachstehenden Abschnitten vorgestellt und analysiert.

Abbildung

Die **Abbildung 5.1-01** informiert über **Grundstruktur und Merkmale** von Kontokorrentkrediten.

5.1.2 Abwicklung der Finanzierung mit Kontokorrentkrediten (grafische und schrittweise Darstellung)

Abbildung

Die **Grundstruktur der Refinanzierung** mit Kontokorrentkrediten ist in **Abbildung 5.1-02** dargestellt und anschließend in einzelnen Schritten erläutert.

Prof. Dr. Siegfried G. Häberle
Grundstruktur und Merkmale von Kontokorrentkrediten

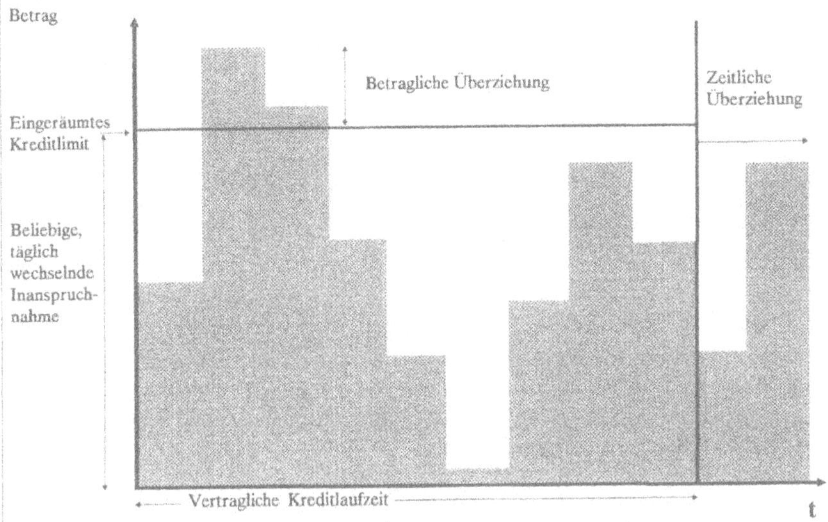

Vertragliche Laufzeit:	- Kurzfristig (von wenigen Tagen bis ca. 1 Jahr, aber auch darüber; zum Teil "bis auf weiteres")
Tatsächliche Laufzeit:	- Häufig Prolongationen (bei gegebener Kreditwürdigkeit)
Kreditsicherheiten:	- Vielfältige, auch überwachungsintensive Sicherheiten; zum Teil als Blankokredite
Verwendungszwecke:	- Finanzierung des Wareneinkaufs, der Lagerhaltung, der Produktion, der Forderungen usw. - Finanzierung von Inlands- und Auslandsgeschäften
Währungen:	- Euro oder Fremdwährung (der führenden westlichen Industrienationen)
Zinssatz:	- In der Regel variabel (entspechend den jeweiligen Marktzinsen)
Zinsberechnung:	- Vom jeweiligen tatsächlich in Anspruch genommenen Kreditbetrag; evtl. gesonderte Berechnung einer Kreditprovision (z.B. vom höchsten beanspruchten Kreditbetrag eines Monats) - Zuzüglich Überziehungsprovision bei betraglichen und/oder zeitlichen Kreditüberschreitungen - Keine Krediteinräumungsprovision - Keine Bereitstellungsprovision

Abbildung 5.1-01

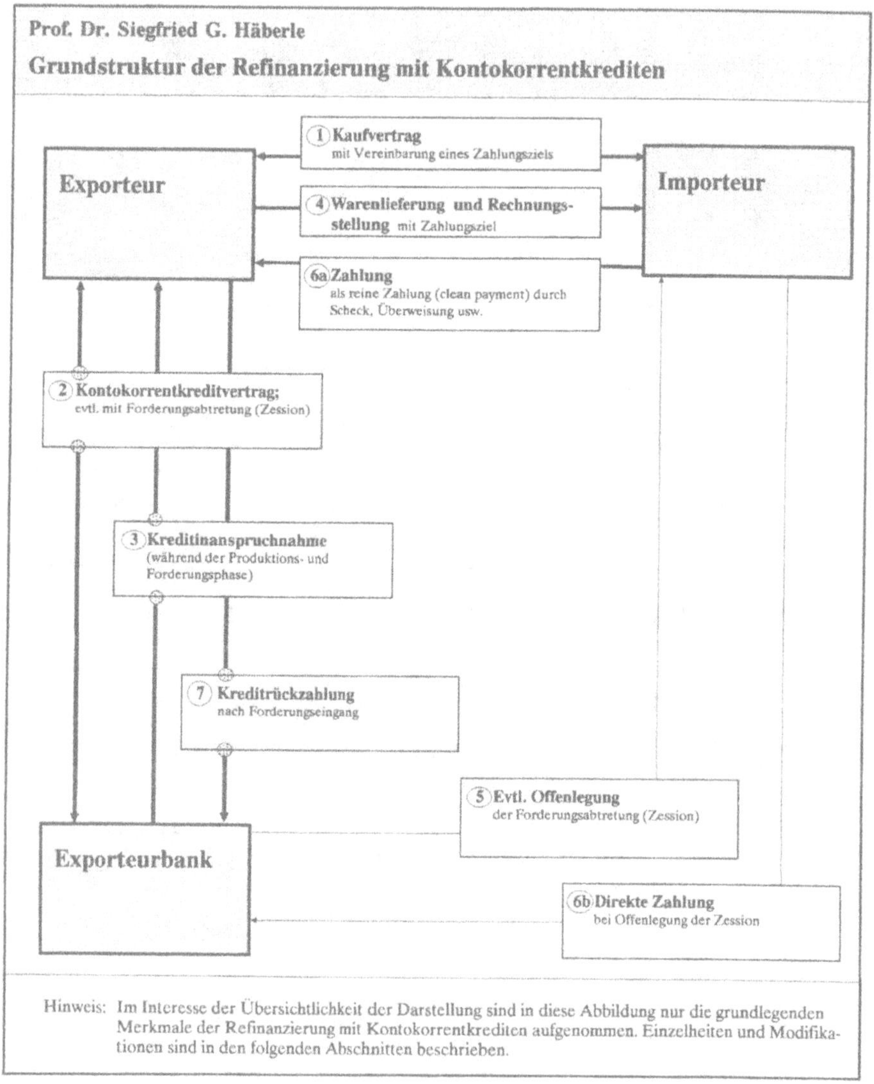

Abbildung 5.1-02

Schrittweise Erläuterungen

1. **Abschluss des Kaufvertrags**

   Die Zahlungsbedingung des zwischen Exporteur und Importeur abgeschlossenen Kaufvertrags umfasst die Einräumung eines Zahlungsziels zu Gunsten des Importeurs (das in der außenwirtschaftlichen Fachsprache als Liefervertragskredit bezeichnet wird).

2. Kontokorrentkreditvertrag

Der Exporteur schließt mit seiner Bank (Kurzbezeichnung: Exporteurbank) einen Kontokorrentkreditvertrag. Üblicherweise umfasst der Kontokorrentkreditvertrag einen Kreditrahmen (ein Kreditlimit), innerhalb dessen der Kreditnehmer den Kontokorrentkredit zu beliebigen Zeitpunkten und im Allgemeinen auch zu beliebigen Verwendungszwecken beanspruchen kann.

Eventuell ist als Kreditsicherheit die Abtretung (Zession) der (Export-) Forderungen des Exporteurs (des Zedenten) zu Gunsten der kreditgewährenden Bank (des Zessionars) vereinbart.

3. Kreditinanspruchnahme

Der Exporteur nimmt den Kontokorrentkredit – entsprechend seinem jeweiligen Kapitalbedarf – bereits bei Aufnahme der Produktion (z.B. zur Bezahlung der Rohstoffe, der Löhne und Gehälter usw.) in Anspruch. Der Exporteur refinanziert damit außerdem die Forderungsphase, also den Zeitraum zwischen Warenauslieferung (Warenabnahme) und Forderungseingang.

4. Warenlieferung und Rechnungsstellung

Mit der Auslieferung der Waren stellt der Exporteur dem Importeur den Kaufpreis – unter Einräumung des vereinbarten Zahlungsziels – in Rechnung.

5. Evtl.: Offenlegung der Forderungsabtretung

Sofern im Kontokorrentkreditvertrag die Abtretung der (Export-)Forderungen als Kreditsicherheit zu Gunsten der Bank vereinbart ist, behält sich die Bank im Allgemeinen das Recht zur Offenlegung der Forderungsabtretung vor.

Macht die Bank von ihrem Recht zur Offenlegung (ausnahmsweise) Gebrauch, dann teilt sie dem Importeur mit, dass die Forderung an sie abgetreten ist und dass der Importeur mit schuldbefreiender Wirkung an die Bank zu zahlen hat (dünne Linie).

6. a. Zahlung des Importeurs

In den Fällen, in denen zwischen Exporteur und Exporteurbank keine Forderungsabtretung vereinbart ist bzw. die Exporteurbank eine Forderungsabtretung gegenüber dem Importeur nicht offen gelegt hat, zahlt der Importeur mit schuldbefreiender Wirkung an den Exporteur. Mit dem Exporterlös führt der Exporteur die Kontokorrentkreditinanspruchnahme entsprechend zurück.

6. b. Bei Offenlegung der Forderungsabtretung: Zahlung an die Bank

Ist die Forderung an die Exporteurbank abgetreten und ist von dieser gegenüber dem Importeur die Abtretung offen gelegt worden, dann hat der

Importeur mit schuldbefreiender Wirkung an die Exporteurbank zu zahlen (dünne Linie).

7. **Kreditrückzahlung**

   Beide Zahlungswege (6a. und 6b.) führen zu einer Rückführung der Inanspruchnahme des Kontokorrentkredits.

   Bei Kapitalbedarf kann der Exporteur den Kontokorrentkredit erneut bis zur eingeräumten Höchstgrenze in Anspruch nehmen.

5.1.3 Analyse der Merkmale von Kontokorrentkrediten

Wesen

- **Kreditrahmen:** Der Kontokorrentkredit wird dem Kreditnehmer auf einem Kontokorrentkonto (Konto in laufender Rechnung, Girokonto) bis zu einer im Kreditvertrag festgelegten **Höhe** (Kreditlimit, Kreditrahmen) für einen bestimmten **Zeitraum** eingeräumt.
- **Anpassung an den Kapitalbedarf:** Innerhalb der festgelegten Höhe kann der Kreditnehmer den Kontokorrentkredit entsprechend seinem jeweiligen Kapitalbedarf **jederzeit in beliebigem Umfang** in Anspruch nehmen. Das bedeutet, dass der Kreditnehmer den Kontokorrentkredit – im Gegensatz zu längerfristigen Darlehen – auch (vorübergehend) zurückzahlen und anschließend erneut beanspruchen kann. Ein Kontokorrentkonto, auf dem ein Kredit eingeräumt ist, eignet sich deswegen durchaus auch zur Abwicklung des Zahlungsverkehrs.

  Kontokorrentkredite erleichtern die **Liquiditätsdisposition** und die **Finanzplanung** des Kreditnehmers erheblich, insbesondere weil sie ein Ausgleichspotenzial für den schwankenden Kapitalbedarf des Kreditnehmers darstellen.

Laufzeit

- **Kurze Laufzeit:** Im Kreditvertrag wird von den Beteiligten für Kontokorrentkredite im Allgemeinen eine kurze Laufzeit vereinbart, die – entsprechend dem Verwendungszweck des Kontokorrentkredits – wenige Wochen, mehrere Monate, aber auch 1 bis 2 Jahre umfassen kann.
- **Prolongationen:** Die Erfahrung zeigt, dass Kontokorrentkredite auf Wunsch der Kreditnehmer oft verlängert werden. Trotz der formalen Kurzfristigkeit stehen Kontokorrentkredite den Kreditnehmern dadurch **längerfristig zur Verfügung**. Die Notwendigkeit der Prolongation hängt damit zusammen, dass die Kreditnehmer häufig einen andauernden Kapitalbedarf haben, der aus einer revolvierenden Abfolge an sich kurzfristiger Geschäftsvorfälle wie z.B. der laufenden Produktion resultiert.
- **„Bis auf weiteres“:** Sofern ein Antragsteller den Zeitraum seines Kreditbedarfs nicht genau bestimmen kann und sofern die Kreditwürdigkeit

dieses Antragstellers über jeden Zweifel erhaben ist, wird in Kontokorrentkreditverträgen die Laufzeit manchmal mit der Formulierung „bis auf weiteres“ festgelegt. Formal bedeutet diese Laufzeitdefinition ein **jederzeitiges Rückforderungsrecht** der kreditgebenden Bank bzw. ein jederzeitiges Rückzahlungsrecht des Kreditnehmers, das dem Kreditnehmer allerdings auch bei den anderen Laufzeitvereinbarungen gegeben ist.

Praktisch kommt jedoch in der Formulierung „bis auf weiteres“ eine zunächst **unbefristete Krediteinräumung** zum Ausdruck: Solange der Kreditnehmer kreditwürdig erscheint, sieht die kreditgewährende Bank im Allgemeinen keinen Anlass, von ihrem jederzeitigen Rückforderungsrecht Gebrauch zu machen.

- **Kündigung:** Der Kreditnehmer hat bei Kontokorrentkrediten ebenso wie bei langfristigen Darlehen und bei den anderen Kreditarten zu bedenken, dass den Banken unabhängig von der im Kreditvertrag getroffenen Laufzeitvereinbarung **jederzeit ein (vorzeitiges) Kündigungs- und Rückforderungsrecht** auf Grundlage ihrer Allgemeinen Geschäftsbedingungen (AGB) zusteht. Zwar bestimmen die AGB der Banken, dass dieses jederzeitige Kündigungs- und Rückforderungsrecht nur gegeben ist, wenn ein wichtiger Grund vorliegt. Weil jedoch diese wichtigen Gründe in den AGB nicht abschließend definiert sind, verbleibt den Banken ein erheblicher Spielraum des Ermessens.

Sicherheiten

- **Blankokredit:** Für den Kreditnehmer ist es am günstigsten, wenn ihm seine Bank einen sog. Blankokredit, d.h. einen Kontokorrentkredit **ohne** die ausdrückliche Bestellung von **Sicherheiten**, einräumt. Dieser Vorzug wird von der Bank manchmal dann gewährt, wenn die Kreditwürdigkeit des Kreditantragstellers zweifelsfrei gegeben ist.

  Die Gewährung von Blankokrediten machen die Banken z.T. davon abhängig, dass der Kreditnehmer eine sog. **Nichtbelastungs- und Nichtveräußerungserklärung** (eine sog. Negativerklärung) unterzeichnet. Darin verpflichtet sich der Kreditnehmer gegenüber der kreditgewährenden Bank, sein (Anlage-)Vermögen weder zu veräußern noch Dritten als Kreditsicherheit zur Verfügung zu stellen, wobei die im Rahmen der gewöhnlichen Geschäftstätigkeit vorkommenden Veräußerungen und Belastungen aber regelmäßig toleriert sind.

- **Verschiedene Sicherheiten**: Im Gegensatz zur Absicherung von langfristigen Darlehen, für die der Kreditnehmer im Allgemeinen Grundpfandrechte bestellen lassen muss, kommen zur Absicherung von Kontokorrentkrediten **auch andere** Arten von **Sicherheiten** infrage. So akzeptieren die Banken bei Kontokorrentkrediten auch Kreditsicherheiten, die einer laufenden und intensiveren Überwachung bedürfen, wie z.B. die Sicherungsübereignung von Maschinen oder die Abtretung von Forderungen.

Verwendungszwecke

- **Betriebsmittelkredite:** Kontokorrentkredite dienen in erster Linie zur Finanzierung jener betrieblichen Geschäftsvorfälle, die das Kapital nur kurzfristig binden, wie beispielsweise der Kauf von Roh-, Hilfs- und Betriebsstoffen, der Produktionsprozess und die den Abnehmern gewährten Zahlungsziele. Mit Blick auf diese Verwendungszwecke werden Kontokorrentkredite auch als **Umsatz- oder Betriebsmittelkredite** bezeichnet. Ist der Kapitalbedarf eines Betriebs saisonal verursacht, dann wird von **Saisonkrediten** gesprochen.
- **Auslandsgeschäfte:** Im Kern unterscheiden sich die Verwendungszwecke von Kontokorrentkrediten bei der Finanzierung von Inlandsgeschäften und bei der Finanzierung von Auslandsgeschäften kaum. Der Kontokorrentkredit wird vom Exporteur und vom Importeur immer dann in Anspruch genommen, wenn zinsgünstigere bzw. laufzeitentsprechendere Finanzierungsalternativen nicht bzw. noch nicht zur Verfügung stehen.

Finanzierungsbeispiele Auslandgeschäft

- Ein Exporteur räumt seinen ausländischen Abnehmern Zahlungsziele von beispielsweise 60 Tagen ein. Die dadurch entstehenden **Forderungen finanziert** der Exporteur durch Inanspruchnahme des Kontokorrentkredits.
- Ein Produzent vereinbart mit seinen ausländischen Abnehmern die Zahlungsbedingung **Dokumenteninkasso: „Dokumente gegen Zahlung"**. Sofern der Produzent bei seinen eigenen Lieferanten Zahlungsziele nicht in Anspruch nehmen will, finanziert er mit dem Kontokorrentkredit den Einkauf der Rohstoffe, die Aufwendungen der Produktionsphase sowie die Phase des Absatzes bis zum Zeitpunkt des Eingangs des Inkassogegenwerts.
- Ein **Investitionsgüterexporteur** vereinbart mit seinem Abnehmer beispielsweise die Zahlungsbedingung: 10% des Kaufpreises als Vorauszahlung, 10% als sog. Dokumentenrate gegen Verschiffungsdokumente, 80% des Kaufpreises als Liefervertragskredit auf 3 Jahre, zu tilgen in halbjährlichen Fälligkeiten.

  Weil der Exporteur die bis zum Zeitpunkt der Verschiffung anfallenden Aufwendungen für die Produktion nur zum kleinen Teil mit der Vorauszahlung bzw. mit der sog. Dokumentenrate abdecken kann, nimmt er zur Deckung der Finanzierungslücke den Kontokorrentkredit in Anspruch.

  Anzumerken ist, dass der Exporteur den seinem Abnehmer gewährten mittelfristigen Liefervertragskredit in der Regel nicht mit einem (kurzfristigen) Kontokorrentkredit, sondern beispielsweise mit einem mittelfristigen Bankdarlehen, mit einer Kreditaufnahme bei der AKA Ausfuhrkredit Gesellschaft mbH, durch Forderungsverkauf an eine Forfaitierungsgesellschaft bzw. an eine Bank oder durch eine andere laufzeitadäquate und häufig auch zinsgünstigere Alternative refinanziert. Einzelheiten siehe Kapitel „6 Mittel- bis langfristige Finanzierungs- und Absicherungsinstrumente". Ergreift der Exporteur eine dieser Refinanzierungsalternativen, dann bedarf er des Kontokorrentkredits nur bis zum Zeitpunkt des Eingangs der soeben angesprochenen Refinanzierungsmittel.

Fremdwährungskredite

- **Fremdwährungskonten:** Bei Bedarf richten die (größeren) deutschen Geschäftsbanken und die Niederlassungen ausländischer Banken den deutschen Exporteuren und Importeuren Fremdwährungs-Kontokorrentkonten ein. Grundsätzlich kann ein Fremdwährungskonto für solche Bankkunden von Vorteil sein, die sowohl **Zahlungseingänge** als auch **Zahlungsausgänge in derselben Fremdwährung** haben. Die Kunden vermeiden dadurch die bei An- und Verkäufen von Devisen bestehende Spanne zwischen den Geld- und Briefkursen sowie die Courtage. Allerdings verzinsen die Banken (kleinere und kurzfristig überlassene) Fremdwährungsguthaben nicht oder nur mit niedrigen Zinsen, sodass sich für die Bankkunden der oben skizzierte Vorteil relativieren kann.

- **Fremdwährungskontokorrentkredite:** Die Aufnahme von Fremdwährungskrediten auf Kontokorrentbasis kann den Exporteuren bzw. Importeuren Vorteile bringen, wenn sie einen **schwankenden Kapitalbedarf** in den fraglichen Fremdwährungen haben. Bei feststehendem Kapitalbedarf bietet sich dagegen die Aufnahme von Fremdwährungs-(Festzinssatz-)Eurogeldmarktkrediten an.

  Einzelheiten siehe Kapitel „5.2 Eurogeldmarktkredite (sog. Eurokredite)".

- **Beispiel:** Von **Vorteil** sind Fremdwährungskreditaufnahmen beispielsweise für einen deutschen **Exporteur**, der damit abwertungsbedrohte **Fremdwährungsexportforderungen** absichert und finanziert. Allerdings bestätigt sich dieser Vorteil nur, wenn die fragliche Fremdwährung gegenüber dem Euro tatsächlich abgewertet wird und die zu zahlenden Fremdwährungszinsen (abzüglich der alternativ für einen Euro-Kontokorrentkredit oder Geldmarkkredit zu zahlenden Zinsen) den durch die Fremdwährungskreditaufnahme vermiedenen Abwertungsverlust einer Fremdwährungsexportforderung nicht übersteigen (vgl. dazu auch Abschnitt „5.2.4 Anwendungsbeispiel: Fremdwährungskreditaufnahme .. am Eurogeldmarkt", insbesondere auch unter Abschnitt „5.2.4.2 Exkurs: Alternative Refinanzierungs- und Wechselkurssicherungsinstrumente").

- **Zinsen:** Die für Fremdwährungskredite berechneten Zinsen entsprechen – über die Einbeziehung des Swap-Satzes – etwa dem **Marktzinsniveau** der betreffenden **Fremdwährung**. Zwar gehen die Banken meistens vom Zinsniveau für Euro-Kontokorrentkredite (z.T. zuzüglich einer Überziehungsprovision) aus; sie berücksichtigen dann aber den (3-Monate-) Swap-Satz der betreffenden Fremdwährung als Zuschlag bzw. als Abschlag.

  Anzumerken ist allerdings, dass die Banken bei kleinen Fremdwährungskrediten zum Teil deutlich höhere Zinsen berechnen als es mit dem Marktzinsniveau der betreffenden Fremdwährung zu begründen ist.

5.1.4 Kosten der Kontokorrentkredite

Kostenkomponenten

Es hängt von der Kosten-(Zins-)berechnungsmethode der kreditgewährenden Bank ebenso ab wie von der Verhandlungsstärke des Kreditnehmers, welche Kosten für einen Kontokorrentkredit im Einzelfall anfallen.

Grundsätzlich kommen die folgenden Kostenkomponenten infrage:

- **Sollzinsen,**
- **Kreditprovision,**
- **Überziehungsprovision,**
- **Kontoführungsgebühren,**
- **besondere Auslagen.**

Sollzinsen

- **Variabler Zinssatz:** Der von den Banken in den Kreditvertrag aufgenommene Sollzinssatz ist in aller Regel variabel. Dies bedeutet, dass die Bank berechtigt ist, den Sollzinssatz jederzeit zu ändern. In den Kreditverträgen wird dazu im Allgemeinen beispielhaft auf die Veränderungen des Zinsniveaus am Geld- und/oder Kapitalmarkt Bezug genommen. Praktisch lässt eine solche Vereinbarung der Bank große Ermessensspielräume: Mit dieser Definition ist weder festgelegt, welche Kapitalkategorie und folglich welcher der verschiedenen Zinssätze des Geld- oder Kapitalmarktes Bezugsgröße für den Kontokorrent-Kreditzinssatz ist, noch wie hoch der Aufschlag auf den Referenzzinssatz gegebenenfalls sein soll.
- **Nettozinssatz:** Einen festen Zinssatz für Kontokorrentkredite kann der Kreditnehmer bei den Banken nur in Ausnahmefällen und allenfalls bei kurzer Kreditlaufzeit durchsetzen.

  Stellt die Bank die Kreditprovision nicht gesondert in Rechnung, sondern einen entsprechend erhöhten Sollzinssatz, dann spricht man von einem Nettozinssatz. Für den Kreditnehmer hat der Nettozinssatz zunächst den Vorteil, dass er dadurch die Angebote verschiedener Kreditinstitute leichter vergleichen kann. Darüber hinaus führt die Anwendung eines Nettozinssatzes häufig zu einer geringeren Gesamtkostenbelastung für den Kreditnehmer als sie sich bei getrennter Anwendung eines (niedrigeren) Sollzinssatzes zuzüglich einer gesondert berechneten Kreditprovision ergibt, was mit den unterschiedlichen Berechnungsgrundlagen und -methoden dieser beiden Größen zusammenhängt (Einzelheiten siehe unten).

Kreditprovision

Es gibt unterschiedliche Methoden und Bemessungsgrundlagen für die Berechnung der Kreditprovision:

- **Taggenau:** Die Kreditprovision kann taggenau aus dem jeweils in Anspruch genommenen Kreditbetrag berechnet werden. Diese Berechnungsmethode führt praktisch zum Nettozinssatz, weil sowohl der Sollzinssatz als auch der Kreditprovisionssatz als Sätze pro anno definiert und auf dieselbe Berechnungsgrundlage, nämlich taggenau auf den jeweils in Anspruch genommenen Kreditbetrag bezogen sind.

  Üblich ist bei dieser Berechnungsmethode eine Kreditprovision in Höhe von ca. 3% p.a. Zum Ausgleich wird der Sollzinssatz gegenüber dem entsprechenden Nettozinssatz um diese 3% p.a. reduziert.

- **Höchster Sollsaldo p.M.:** Die Kreditprovision kann aus dem jeweils höchsten, vom Kreditnehmer in Anspruch genommenen Kreditbetrag (Sollsaldo) eines Monats berechnet werden. Die Kreditprovision wird in diesem Fall in einem sog. Pro-Monat-Satz ausgedrückt, z.B. 0,25% p.M..

  Diese Berechnungsmethode ist für den Kreditnehmer dann nachteilig, wenn er den Kontokorrentkredit nur während eines kurzen Zeitraums in hohem Umfang, während der übrigen Zeit aber nur in geringem Umfang in Anspruch nimmt. Beispielsweise berechnet die Bank die Kreditprovision auch dann für einen vollen Monat, wenn der Kreditnehmer den Kontokorrentkredit nur an einem einzigen Tag während dieses Monats beansprucht hat.

- **Kreditbetrag:** Die Kreditprovision kann aus dem eingeräumten Kreditbetrag berechnet werden, unabhängig davon, ob und ggf. in welchem Umfang der eingeräumte Kreditbetrag in Anspruch genommen wird.

  Die Kreditprovision trägt in diesem Fall den Charakter einer Krediteinräumungsprovision. Diese Berechnungsmethode der Kreditprovision ist unüblich.

- **Nicht beanspruchter Kreditteil:** Die Kreditprovision kann aus dem eingeräumten, aber nicht Anspruch genommenen Kreditbetrag berechnet werden, also aus der Differenz zwischen dem eingeräumten Kreditlimit und dem jeweils in Anspruch genommenen Kreditbetrag.

  Bei dieser Berechnungsmethode ist die belastete Kreditprovision hoch, wenn sich der Kreditnehmer einen hohen Kredit einräumen lässt, den er nicht oder nur in geringem Umfang in Anspruch nimmt. Sie ist niedrig bzw. sie entfällt ganz, wenn der Kreditnehmer das eingeräumte Limit überwiegend oder voll in Anspruch nimmt. Indessen ist auch diese Berechnungsmethode, bei der die Kreditprovision den Charakter einer Bereitstellungsprovision trägt, unüblich.

Überziehungsprovision

Die Banken stellen Überziehungsprovision in Rechnung,

- wenn ein Kreditnehmer einen höheren Kreditbetrag beansprucht als auf seinem Kontokorrentkonto eingeräumt ist, m.a.W., wenn ein Kreditnehmer das eingeräumte **Kreditlimit überzieht** (Kreditüberziehung);

- wenn ein Kontoinhaber Kredit beansprucht, ohne dass ihm auf seinem Konto zuvor ein Kreditlimit eingeräumt wurde, d.h. wenn ein Kontoinhaber sein **Konto überzieht** (Kontoüberziehung);
- wenn die vertragliche **Kreditlaufzeit beendet** ist und der Kreditnehmer den Kredit weder zurückgezahlt noch eine Verlängerung der Laufzeit beantragt oder erhalten hat (Laufzeitüberziehung).

Bei gegebener Kreditwürdigkeit des Kontoinhabers/Kreditnehmers lassen die Banken Überziehungen im Allgemeinen **stillschweigend** zu. Der Kontoinhaber bzw. Kreditnehmer hat jedoch darauf keinen Rechtsanspruch.

- **Berechnungsgrundlage:** Berechnungsgrundlagen der Überziehungsprovision sind der überzogene Betrag und der Zeitraum der Überziehung.

  Überzogener Betrag ist die Differenz zwischen dem eingeräumten Kreditlimit und dem tatsächlich in Anspruch genommenen Kreditbetrag bzw. bei einer Kontoüberziehung der beanspruchte Kreditbetrag. Ist die Überziehung durch Beendigung der vertraglichen Kreditlaufzeit entstanden, dann rechnen die Banken stets aus dem vollen Kreditbetrag Überziehungsprovision. In diesem Fall trägt die Überziehungsprovision den Charakter von Verzugszinsen.
- **Höhe:** Die Höhe der Überziehungsprovision liegt im Allgemeinen zwischen 3% und 5% p.a. Zum Teil wird der Provisionssatz pro Tag angegeben, beispielsweise mit 1/8‰ pro Tag, was einem Provisionssatz von 4,5% pro Jahr entspricht.

Kontoführungsgebühren

Die Banken wenden **unterschiedliche Methoden** zur Berechnung von Kontoführungsgebühren an. Zum Teil werden Pauschalbeträge pro Monat, zum Teil aber auch Gebühren pro Buchungsposten oder Gebühren, die nach Art der Geschäftsvorfälle gestaffelt sind, und/oder Gebühren pro Kontoauszug in Rechnung gestellt.

Besondere Auslagen

Besondere Auslagen entstehen beispielsweise bei der Bestellung und bei der Bewertung von Sicherheiten und bei einigen weiteren Anlässen. Diese Auslagen stellt die Bank dem Kunden in aller Regel in Rechnung.

Angabe des Effektivzinssatzes

Die Banken stellen ihren Kreditkunden die Kreditkosten (Zinsen usw.) in der Regel am Ende eines jeden Quartals (also „unterjährig") in Rechnung. Die sich dadurch zu Gunsten der Bank ergebenden **Zinseszinseffekte** sind im Nominalzinssatz – wie er im Kreditvertrag ausgewiesen ist – nicht enthalten. Dagegen müssen derartige Zinseszinseffekte, die zulasten des Kreditnehmers gehen, in den sog. Effektivzinssatz einbezogen sein. Dazu ist anzumerken, dass es sich bei der Angabe des Effektivzinssatzes im Kreditvertrag nur um den anfänglichen Effektivzinssatz handelt, weil bei Kontokorrentkrediten der Zinssatz regelmäßig variabel ist.

5.2 Eurogeldmarktkredite (sog. Eurokredite) und ähnliche Kredite

5.2.1 Definition und Abwicklungsschritte

Eurogeldmarktkredite und ähnliche Kreditarten

Manche Banken gewähren alternativ oder an der Stelle von Eurogeldmarktkrediten (kurz: Eurokrediten)

- sog. **EURIBOR-Kredite** (früher: sog. FIBOR-Kredite),
- **(Währungs-)Barvorschüsse** oder
- **ähnliche Kreditarten (mit unterschiedlichen Bezeichnungen)**.

Diese Kreditarten haben mit den Eurokrediten einige Gemeinsamkeiten, jedoch auch gewichtige Unterschiede aufzuweisen.

Anmerkung: Die Bezeichnung EURIBOR steht für Euro Interbank Offered Rate in Anlalogie zu LIBOR (London Interbank Offered Rate)

In den folgenden, primär auf die Eurogeldmarktkredite (Eurokredite) bezogenen Ausführungen finden sich einige **Ergänzungen**, die die Besonderheiten der EURIBOR-Kredite, Barvorschüsse usw. hervorheben.

Definitions- bzw. Charakterisierungsprobleme

- Traditionell werden Eurogeldmarktkredite **kurz als Eurokredite** bezeichnet.
- Seit Einführung des Euro als Währung ist die Bezeichnung Eurokredit jedoch **missverständlich**, weil am Bankengeldmarkt keineswegs nur Kredite in Euro aufgenommen werden können, sondern in allen Währungen der sog. westlichen Industrienationen. Die korrekte Bezeichnung ist folglich „Eurogeldmarktkredit".
- Gleichwohl wir in diesem Kapitel die **Bezeichnung Eurokredit beibehalten**, weil mit dieser Bezeichnung in Praxis und Literatur überwiegend der Vorstellungsinhalt „Eurogeldmarktkredit" verbunden wird, und zwar regelmäßig nicht eingeengt auf die Währung „Euro".
- Unter **Eurokrediten** werden in diesem Buch folglich nicht nur diejenigen Kreditaufnahmen in der Währung **Euro** am nationalen oder internationalen Bankengeldmarkt verstanden, sondern **darüber hinaus** auch die Kreditaufnahmen in **fremden Währungen** am Bankengeldmarkt.
- Am sog. **Bankengeldmarkt** beteiligen sich zwar vorwiegend die großen nationalen und internationalen Geschäftsbanken, jedoch auch sog. Nichtbanken, wie beispielsweise die Großkonzerne sowie weitere Marktteil-

nehmer. Gleichwohl findet sich in den Tabellen „Eurogeldmarktsätze" regelmäßig der Zusatz „unter Banken", weil diese Sätze auf Mitteilungen der Banken an die Wirtschaftszeitungen beruhen und die Banken ihre eigenen Sätze, wie sie an diesem Tag gehandelt haben, zugrunde legen.

Abwicklung der Finanzierung mit Eurokrediten (grafische und schrittweise Darstellung)

Abbildung

Die **Grundstruktur der Einräumung und Auszahlung eines Eurokredits** unter Vermittlung und mit Haftungsübernahme der Hausbank des Kreditnehmers gegenüber der Eurobank ist in **Abbildung 5.2-01** dargestellt und anschließend in einzelnen Schritten erläutert.

Funktionen der Hausbank

Die im Folgenden beschriebene und in der Abbildung dargestellte Abwicklung trifft nur zu, wenn die Eurobank und die Hausbank des Eurokreditnehmers nicht demselben Bankkonzern angehören. Nur in diesem Fall erfolgt die **Haftungsübernahme der Hausbank** des Eurokreditnehmers gegenüber der Eurobank ausdrücklich.

Gehören die Hausbank des Eurokreditnehmers und die Eurobank dagegen zum selben Konzern, was in der Praxis überwiegend zutrifft, dann stellt sich die Haftungsfrage allenfalls konzernintern. In diesen Fällen erfolgt die Einräumung und Gewährung des Eurokredits regelmäßig **innerhalb des Kreditrahmens**, den die **Hausbank** dem Kreditnehmer zur Verfügung gestellt hat. Eine ausdrückliche Haftungserklärung gibt die Hausbank (z.B. die Filiale einer Großbank) gegenüber der Eurobank (z.B. der Niederlassung dieser Großbank in London) nicht ab.

1. a. Vermittlung des Eurokredits

Die **Hausbank** des Eurokreditnehmers übernimmt verschiedene vermittelnde **Funktionen**, insbesondere

- die Anfrage bei der Eurobank über die **aktuellen Konditionen**;
- die Anfrage bei der Eurobank über die **Bereitschaft zur Kreditgewährung**;
- die **Weiterleitung des Kreditantrags** des Exporteurs/Importeurs usw. an die Eurobank;
- die **Durchleitung des Kreditvertrags** bzw. der Kreditbestätigung an den Kreditnehmer (sofern diese nicht direkt zugestellt werden).

1. b. Evtl.: Einräumung eines Avalkredits

Sofern die Eurobank von der Hausbank eine ausdrückliche Haftungserklärung für den zu gewährenden Eurokredit verlangt, erfordert dies die Einräumung eines Avalkredits der Hausbank an den Eurokreditnehmer.

Prof. Dr. Siegfried G. Häberle

Einräumung/Auszahlung eines Eurokredits unter Vermittlung und mit Haftungsübernahme der Hausbank des Kreditnehmers gegenüber der Eurobank

Hinweis: Im Interesse der Übersichtlichkeit der Darstellung sind in diese Abbildung nur die grundlegenden Merkmale der Einräumung/Auszahlung eines Eurokredits aufgenommen. Einzelheiten und Modifikationen sind in den folgenden Abschnitten beschrieben.

Abbildung 5.2-01

Eventuell wird die Hausbank zur Absicherung der abzugebenden Haftungserklärung (des Avalkredits) die Stellung von Kreditsicherheiten vom Eurokreditnehmer verlangen.

2. a. Weiterleitung des Kreditantrags

2. b. Evtl.: Bereitschaftserklärung der Hausbank zur Haftungsübernahme

3. a. Krediteinräumung / Kreditauszahlung der Eurobank

3. b. Evtl.: Haftungsübernahme der Hausbank

3. c. Kreditverhältnis

Zwischen dem Eurokreditnehmer und der Eurobank wird ein Kreditverhältnis begründet, das durch den **Kreditvertrag** bzw. durch die **Kreditbestätigung** der Eurobank dokumentiert ist. Inwieweit die Hausbank in dieses Kreditverhältnis durch Haftungsübernahme oder durch Einbeziehung des Eurokredits in das eigene Kreditengagement einbezogen ist, hängt vom Einzelfall ab (siehe Vorbemerkung).

4. Auszahlung des Eurokredits an den Eurokreditnehmer

Der Eurokredit wird dem Kreditnehmer über seine Hausbank zur Verfügung gestellt.

Anmerkungen

Sofern die Eurobank auf die **Haftungsübernahme** der Hausbank **verzichtet**, entfallen die Positionen 1 b., 2 b. und 3 b.

Wie in den Vorbemerkungen erwähnt, entfallen diese Positionen auch, wenn der Eurokredit von einer Eurobank gewährt wird, die **demselben Konzern** wie die vermittelnde Hausbank angehört.

5.2.2 Wesen und Grundstruktur des Eurogeldmarktes

Finanzierung und Wechselkurssicherung mit Eurogeldmarktkrediten

Zur Finanzierung ebenso wie zur Wechselkurssicherung steht den Exporteuren und Importeuren der Eurofinanzmarkt offen. Dies gilt auch für Kreditaufnahmen in der jeweils eigenen Währung, also aus deutscher Sicht in Euro.

Während der Exporteur bzw. der Importeur bei **Fremdwährungskreditaufnahmen** sowohl die Finanzierung als auch die Wechselkurssicherung im Auge hat, steht bei **Euro-Kreditaufnahmen** die Finanzierung, insbesondere der Zinsunterschied zwischen dem Zinsniveau für Kontokorrentkredite und den Zinssätzen für Geldmarktkredite in Euro im Mittelpunkt der Überlegungen.

Der Kreditnehmer ist – bei gegebener Kreditwürdigkeit – in der Verwendung des Eurokredits weitgehend frei: Er kann damit ebenso Auslandsgeschäfte wie (beliebige) Inlandsgeschäfte finanzieren.

Abgrenzung zum Eurokapitalmarkt

Unter dem Kriterium der Fristigkeit sind der Eurokapitalmarkt und der Eurogeldmarkt zu unterscheiden.

Auf dem Eurokapitalmarkt werden **längerfristige Wertpapiere** emittiert und gehandelt.

Dagegen umfasst der Eurogeldmarkt insbesondere die **kurz- bis mittelfristigen Einlagen** bzw. **Geldmarktpapiere** und die kurz- bis mittelfristigen Kredite sowie den darauf beruhenden Geldhandel der Banken. Die in diesem Kapitel behandelten kurz- und mittelfristigen Eurokredite gehören zum **Bankengeldmarkt**, der manchmal auch „Eurodevisenmarkt" genannt wird.

Auf den **Eurokapitalmarkt** wird wegen seines langfristigen Charakters nicht weiter eingegangen.

Eurogeldmarkt

In der Praxis wird der hier zu behandelnde Eurogeldmarkt häufig mit der **Kurzbezeichnung „Euromarkt"** belegt und deswegen – wie oben erwähnt – die korrespondierenden Eurogeldmarktkredite kurz als **„Eurokredite"** bezeichnet. In Anpassung an diesen Sprachgebrauch der Praxis wird diese Terminologie in den folgenden Darstellungen ebenfalls angewandt.

- **Einlagen / Geldmarktpapiere:** Der Eurogeldmarkt wird zum einen gespeist durch kurzfristige **Termineinlagen**, deren Fristenspektrum von Tagesgeld bis zu 6 bzw. 12 Monaten reicht.

  Zum anderen werden auf dem Eurogeldmarkt sog. **Geldmarktpapiere** emittiert und gehandelt (Euronotes, Certificates of Deposit, Floating Rate Certificates of Deposit), die Laufzeiten von einem bis etwa fünf Jahren aufweisen. Kapitalanleger auf dem Eurogeldmarkt sind neben den Geschäftsbanken insbesondere Notenbanken, staatliche Stellen, Großunternehmen, Investmentfonds u.a.

- **Eurogeldmärkte:** Organisiert ist der Eurogeldmarkt an den sog. Eurofinanzplätzen, die in Europa insbesondere in **London, Paris, Frankfurt** und **Luxemburg** angesiedelt sind. Weitere Handelsplätze finden sich in **Asien** und in den **USA**. Der Eurogeldmarkt ist ein sog. Interbankenmarkt, d.h. kein staatlich (amtlich) organisierter Markt.

- **Kreditformen:** Auf Grundlage der verfügbaren Einlagen bzw. der emittierten Geldmarktpapiere gewähren die sog. Eurobanken:

  - Zum einen **kurz- bis mittelfristige Eurokredite** mit fester Laufzeit und festem Zinssatz. Diese Eurokredite werden traditionell als **Eurofestsatzkredite** bezeichnet, obwohl sie manchmal auch mit einem variablen Zinssatz ausgestattet sein können.

- Zum anderen mittel- und langfristige Eurokredite (z.B. als sog. Roll-over-Kredite), die durch stufenweise, zu bestimmten Terminen vollzogene Zinsanpassungen gekennzeichnet sind.

LIBOR und andere Bankengeldmarktsätze

Entstehen bei den Eurobanken Einlagenüberschüsse, dann werden diese am sog. Interbankenmarkt angeboten und von jenen Eurobanken nachgefragt, bei denen die Kreditnachfrage überwiegt.

Der Zinssatz, der sich bei diesen Geldgeschäften unter Banken bildet, wird als Interbank Rate (IBR) bezeichnet. Die bekannteste und **bedeutenste Interbank Rate ist LIBOR** (London Interbank Offered Rate).

- **Charakterisierung:** LIBOR und andere Geldmarktsätze werden **nicht amtlich** ermittelt. Diese Geldmarktsätze sind auch keine allgemein verbindlichen Sätze. Sie drücken vielmehr nur die aktuelle Geldangebots- und Geldnachfragesituation der Banken im Sinne von **Indikationen** aus, wobei die Zinssätze von Bank zu Bank durchaus unterschiedlich sein können und überdies im Tagesverlauf schwanken.
- **Referenzzinssatz:** In mittel- bis langfristigen Kreditverträgen, in denen beispielsweise LIBOR als Grundlage für eine viertel- oder halbjährliche Zins-anpassung vereinbart ist, ist deswegen zugleich das **Verfahren festzulegen**, nach dem LIBOR im konkreten Fall zu ermitteln ist. Im Allgemeinen werden bestimmte Londoner Eurobanken als sog. **Referenzbanken** angegeben, deren Zinssätze für am Stichtag angebotenes bzw. nachgefragtes Geld (in der entsprechenden Währung) zu einer bestimmten Uhrzeit für die Errechnung von LIBOR maßgeblich sind (als arithmetisches Mittel oder mit Gewichtung).
- **Währungen und Laufzeiten:** LIBOR und andere Geldmarktsätze werden als **Indikationen**, differenziert nach Währungen und Laufzeiten (als Tagesgeld sowie für Laufzeiten von 1, 2, 3, 6, 12 Monaten sowie für die maßgeblichen Währungen mit noch längerer Laufzeit) in den Wirtschaftszeitungen veröffentlicht (siehe auch Abbildung 5.2-02).

Zinsunterschiede zum nationalen Kreditmarkt

Für Kreditnehmer, die sich am Euromarkt refinanzieren, ist von Interesse, dass das Zinsniveau für am Eurogeldmarkt aufgenommene Kredite weitgehend **losgelöst** ist **vom** jeweiligen **nationalen Kreditzinsniveau für Nichtbanken**.

- Dies hängt zum einen damit zusammen, dass für Einlagen am Euromarkt nationale Reglementierungen (der jeweiligen Zentralnotenbanken) entfallen. Zum anderen ergeben sich Zinsunterschiede zwischen dem nationalen Kreditmarkt (Kredite für Nichtbanken) und dem Euromarkt dadurch, dass sich auf dem Eurogeldmarkt **Liquiditätsüberschüsse** oder **Liquiditätsdefizite des Bankensystems** – in enger Korrelation zum jeweils nationalen Bankengeldmarkt – widerspiegeln.

Dagegen treten die **Geldbeschaffungskosten** (insbesondere die Zinsen) der Banken für Einlagen von Nichtbanken (z.B. für Spareinlagen und Termineinlagen), die die Banken in ihrem Stammland zu bezahlen haben und die das Kreditzinsniveau für Nichtbanken **im Stammland** maßgeblich bestimmen, am Eurogeldmarkt – trotz gleicher Währung – in den Hintergrund.

Maßgeblich für die Eurozinsen ist somit primär die Liquiditätslage des Bankensystems.

- Für die nationalen (deutschen) Kreditzinsen für Nichtbanken sind dagegen die Einlagenzinsen für Nichtbanken (für Spareinlagen, Termineinlagen usw.) im Inland bestimmend.

  Finanzierungen mit **Eurokrediten**, insbesondere auch Finanzierungen mit auf Euro lautende Geldmarktkredite, können im Vergleich zu Finanzierungen mit Euro-Kontokorrentkrediten, die im Inland aufgenommen werden, erheblich zinsgünstiger sein.

  Indessen hängt es von der aktuellen Liquiditätslage des Bankensystems ab, ob der Zinsvorteil tatsächlich gegeben ist. In Phasen **angespannter Bankenliquidität** kann sich der **nationale Kreditmarkt** im Vergleich zum Euromarkt für den Exporteur bzw. den Importeur durchaus als **zinsgünstiger** erweisen.

  Ein Betrieb mit Kapitalbedarf sollte deswegen stets aktuelle Angebote zu allen infrage kommenden Finanzierungs- und Absicherungsinstrumenten einholen.

5.2.3 Kurz- bis mittelfristige Eurogeldmarktkredite – Merkmale und Beurteilung

Antragstellung

Von wenigen Großunternehmen abgesehen schalten Kreditnehmer bei Kreditaufnahmen am Euromarkt ihre **Hausbank** als Vermittler zu einer Eurobank ein.

Die größeren deutschen Geschäftsbanken stehen in engem Kontakt zu den – meistens konzerneigenen – Eurobanken und können einem Interessenten innerhalb kürzester Zeit die aktuellen Konditionen nennen und ein Eurokreditangebot unterbreiten.

Kreditsicherheiten bzw. Kredithaftung

Im Allgemeinen verlangt die Eurobank – zumindest bei kurzfristiger Kreditgewährung – vom Kreditnehmer **keine** unmittelbare und ausdrückliche Bestellung von **Kreditsicherheiten**, die über die eventuelle Haftung der vermittelnden Hausbank hinausreichen.

- Gehören vermittelnde Hausbank und kreditgewährende Eurobank demselben Konzern an, dann stellt sich die Haftungsfrage lediglich als ein konzerninternes Problem: Die **vermittelnde Bank** rechnet die Eurokreditaufnahme ihres Kunden in diesem Fall **auf das eigene Gesamtengagement** dieses Kunden an.

- Gehören Hausbank und Eurobank nicht demselben Bankkonzern an, dann übernimmt die Hausbank nicht nur eine Vermittlerrolle, sondern im Allgemeinen auch die **Haftung gegenüber** der kreditgewährenden **Eurobank**. In diesen Fällen stellt sich für die vermittelnde und haftungsübernehmende Hausbank des Kreditnehmers dann schon die Frage, ob für die Haftungserklärung zu Gunsten der kreditgewährenden Eurobank die Bestellung besonderer Kreditsicherheiten erforderlich ist oder ob diese Haftungsübernahme im Rahmen der ohnehin gegebenen Kreditwürdigkeit bzw. im Rahmen der ohnehin für die Geschäftsbeziehung mit diesem Kunden bestellten Sicherheiten abgegeben werden kann.

Währungen und Beträge

Eurokredite stehen in den Währungen aller führenden **maßgeblichen Handelsnationen** zur Verfügung.

Wichtigste Währung für deutsche Kreditnehmer ist häufig der **Euro**, zumindest in Zeiten, in denen Euro-Geldmarktkredite zinsgünstiger sind als Euro-Kontokorrentkredite im Inland.

Abbildung

Die am Eurogeldmarkt gängigen Währungen und Laufzeitkategorien können der **Abbildung 5.2-02 „Eurogeldmarktsätze“** entnommen werden.

Mindestbeträge

Die Mindestbeträge für **kurzfristige Kreditaufnahmen** am Euromarkt lagen in der Vergangenheit bei etwa EUR 100.000 bzw. Fremdwährungsgegenwert. In jüngerer Zeit wurden diese Mindestbeträge bis auf **ca. EUR 50.000** gesenkt, sodass sich grundsätzlich auch dem Kleinbetrieb der Weg zum Eurokredit eröffnet.

Bei **mittelfristigen Eurokrediten** lag der Mindestbetrag in der Vergangenheit im Allgemeinen deutlich höher, nämlich bei etwa EUR 500.000 bzw. Fremdwährungsgegenwert. Allerdings streuen die von den Kreditinstituten genannten Mindestbeträge stark. Außerdem ist auch bei den mittelfristigen Krediten die Tendenz erkennbar, die Mindestbeträge zu senken.

Ausdrückliche Höchstbeträge existieren am Euromarkt nicht. Bei sehr hohen Kreditvergaben bilden die Kreditinstitute Konsortien.

Laufzeiten

- **Laufzeitkategorien:** Am Eurokreditmarkt wird meistens mit **festen Laufzeitkategorien** gearbeitet. Im kurzfristigen Kreditbereich umfassen die typischen Laufzeitkategorien 1 Monat, 2 Monate, 3 Monate, 6 Monate und 12 Monate, aber auch 24 und 36 Monate. Eine Übersicht über die gängi-

EUROGELDMARKTSÄTZE UNTER BANKEN (IN PROZENT)

16.7.2001	Tagesgeld	1 Monat	2 Monate	3 Monate	6 Monate	12 Monate
Euro	4,4600 - 4,5600	4,4400 - 4,5400	4,4500 - 4,5500	4,3900 - 4,4900	4,3500 - 4,4500	4,2800 - 4,3800
US-$	3,8200 - 3,9200	3,7400 - 3,8400	3,7000 - 3,8000	3,6500 - 3,7700	3,7100 - 3,8100	3,9500 - 4,0500
Pfund	5,8100 - 5,9300	5,1100 - 5,2300	5,1300 - 5,2500	5,1100 - 5,2600	5,2200 - 5,3400	5,4500 - 5,5700
sfr	3,0500 - 3,3200	3,1500 - 3,3200	3,1700 - 3,2300	3,1700 - 3,2300	3,1800 - 3,2600	3,0800 - 3,1800
YEN	0,0100 - 0,0500	0,0100 - 0,1100	0,0100 - 0,1100	0,0200 - 0,1200	0,0300 - 0,0900	0,0600 - 0,1600
kan-$	4,4300 - 4,5600	4,2500 - 4,3500	4,2500 - 4,3500	4,2700 - 4,3700	4,2700 - 4,3700	4,4300 - 4,5300
Dr.	4,4600 - 4,5600	4,4800 - 4,6000	4,4500 - 4,5500	4,4300 - 4,5300	4,3400 - 4,4600	4,2300 - 4,3200
A-$	4,5000 - 4,8000	4,8100 - 4,9900	4,8300 - 5,0100	4,8400 - 5,0200	4,8800 - 5,0600	5,1600 - 5,2800
NZ-$	5,4500 - 5,7500	5,6500 - 5,8000	5,6200 - 5,7700	5,6000 - 5,7500	5,6000 - 5,7500	5,8200 - 5,9700
HK-$	3,6200 - 3,6800	3,7100 - 3,9100	3,7000 - 3,9000	3,6800 - 3,8800	3,7800 - 3,9800	4,0800 - 4,2800
n. Zloty	13,5000 - 15,2000	15,9000 - 16,4000	15,9000 - 16,3000	15,7000 - 16,2000	15,5000 - 15,9500	15,3500 - 15,7000
SG-$	1,8750 - 2,1250	2,3500 - 2,5500	2,2300 - 2,4300	2,2300 - 2,4300	2,2200 - 2,4200	2,3400 - 2,5400
Rand	9,5000 - 10,0000	9,6200 - 9,8700	9,6800 - 9,9300	9,6800 - 9,9300	9,7200 - 9,9700	9,9300 - 10,1800
tsch. Krone	4,1000 - 4,2000	4,9900 - 5,2400	5,0500 - 5,3000	5,1300 - 5,3800	5,3000 - 5,5500	5,5800 - 5,8300

$ = 24 Monate 4,6300-4,6700, 36 Monate 5,1000-5,1300, Euro = 24 Monate 4,4600-4,4900, 36 Monate 4,6000-4,6300.
Eonia (Euro) = 4,52% (13.07.2001); **Euribor** (Euro) = 1 Mon. 4,536%, 2 Mon. 4,513%, 3 Mon. 4,486%, 6 Mon. 4,404%, 12 Mon. 4,327%,
Euro-Libor (Euro) = 1 Mon. 4,53638%, 2 Mon. 4,51538%, 3 Mon. 4,48638%, 6 Mon. 4,40175%, 12 Mon. 4,32775%.
Libor ($) = 1 Mon. 3,83%, 2 Mon. 3,79%, 3 Mon. 3,76%, 6 Mon. 3,80625%, 12 Mon. 4,03%.

Abbildung 5.2-02

Quelle: Handelsblatt, Düsseldorf und Frankfurt/Main

gen Laufzeitkategorien gibt die Tabelle „Eurogeldmarktsätze" (siehe Abb. 5.2-01).

- **Gebrochene Laufzeiten:** Möglich sind aber auch Kreditlaufzeiten, die außerhalb dieser Kategorien liegen, nämlich sog. **krumme** bzw. gebrochene **Laufzeiten**. Dadurch ist dem Kreditnehmer die Möglichkeit eröffnet, Kreditbedarf und Kreditaufnahme zeitlich in genaue Übereinstimmung zu bringen.
- **Tägliche Fälligkeiten:** Schließlich kann die Kreditüberlassung auch als täglich fälliges Geld („bis auf weiteres") erfolgen, d.h. mit einem von **Tag zu Tag** gegebenen Rückzahlungsrecht des Kreditnehmers und einem entsprechenden Rückforderungsrecht des Kreditgebers, was aber praktisch auf eine Prolongation des Kredits von Tag zu Tag hinausläuft.
- **Auszahlungszeitpunkt:** Zu beachten ist, dass am Euromarkt die sog. **Anschaffung** (das ist die Auszahlung des Kreditbetrags) erst am **zweiten Geschäftstag** nach Abschluss des Geschäfts erfolgt. Analoges gilt für Einlagen auf dem Euromarkt.
- **Mittelfristige Kreditlaufzeiten:** Im mittelfristigen Kreditbereich liegen die Laufzeiten **zwischen 1 und 5 Jahren**, im Einzelfall auch darüber. Die Rückzahlung solcher Kredite erfolgt im Allgemeinen nicht in einem Betrag, sondern zeitlich gestaffelt, z.B. in gleich bleibenden Raten, die über einen festzulegenden Zeitraum verteilt sind.

Anmerkung: Bei Aufnahme von Fremdwährungskrediten zur Kurssicherung und Finanzierung später fälliger Fremdwährungsexport-Forderungen können die festen Laufzeitkategorien am Euromarkt insbesondere dann von Nachteil sein, wenn sich der **Eingang** des **Exporterlöses verspätet** (Einzelheiten dazu siehe Anwendungsbeispiel in Abschnitt 5.2.4).

Zinskosten

- **Einstandszinssatz / Marge:** Die von der Eurobank berechneten Zinskosten beruhen auf dem sog. Einstandszinssatz, also jenem **Zinssatz**, zu dem sich die Eurobank selbst das **Kapital beschaffen** kann, zuzüglich eines **Zinszuschlages** für die kreditgewährende Eurobank, der als „Marge" bezeichnet wird. Hinzu kommt die Marge der kreditvermittelnden Hausbank.

  Dem Kreditantragsteller tritt die vermittelnde Hausbank allerdings nicht mit solch differenzierten Sätzen gegenüber, sondern nur mit einem einzigen **Zinssatz**, der die entsprechenden **Margen** bereits **enthält**.
- **Festzinssatz:** Der Zinssatz gilt bei den hier behandelten Euro(festsatz) krediten – entsprechend deren Bezeichnung – für die **gesamte Kreditlaufzeit** als **fest** vereinbart. Bei den Euro(festsatz)krediten erlangt der Kreditnehmer insoweit eine sichere Dispositionsgrundlage.
- **Variabler Zinssatz:** Ausgenommen davon sind lediglich die **Eurokredite** mit **täglicher Fälligkeit**, deren Zinssatz jeweils nur für einen Tag gilt und der sich entsprechend der Zinsentwicklung für Tagesgeld unter Banken

ändert. Praktisch liegt bei täglicher Fälligkeit des Eurokredits somit eine variable Zinsvereinbarung vor.

- **Aktuelle Zinssätze:** Die aktuellen Einstandszinssätze der Kreditinstitute für die verschiedenen Währungen und Laufzeiten entsprechen weitgehend den Eurogeldmarktsätzen unter Banken, die dem **Wirtschaftsteil der Tageszeitungen** entnommen werden können. Die obige Tabelle „Eurogeldmarktsätze" ist dem Handelsblatt entnommen und vermittelt dem kreditsuchenden Exporteur bzw. Importeur den notwendigen Überblick. Zu beachten ist, dass die veröffentlichten Zinssätze nur unverbindliche **Indikationen** darstellen und sowohl von Bank zu Bank abweichen als auch im Tagesverlauf schwanken können. Eine amtliche Notiz der Zinssätze am Euromarkt gibt es nicht. Dies gilt auch für LIBOR, dessen Zustandekommen in Abschnitt 5.2.2 behandelt ist.
- **Marge:** Die Margen der Eurobank sowie der kreditvermittelnden Bank, also die Zuschläge auf den Einstandszinssatz, sind u.a. von der **Kreditwürdigkeit** des Kreditnehmers, von der **Kreditlaufzeit**, von der **Kredithöhe** und von anderen Faktoren abhängig.

Zinsberechnungsmethoden

Die Zinsen werden für **Eurokredite** wie folgt berechnet:

- Für alle Währungen außer dem britischen £ und dem belgischen Franc gilt: Berechnung der **Zinstage** (bzw. der Kreditlaufzeit) nach Kalendertagen und Ansatz des **Zinsjahres** mit **360 Tagen** (sog. 365/360-Methode). Diese Zinsberechnungsmethode wird häufig als **„Euromethode"**, manchmal auch als **„internationale Methode"** bezeichnet.

  Für das britische £ und den belgischen Franc gilt: Die **Zinstage** werden nach **Kalendertagen** berechnet und das **Zinsjahr** mit **365 Tagen** angesetzt (sog. 365/365-Methode).

- Die jeweils **vordere Zahl** dieser Methodenbezeichnungen gibt an, nach welcher **Methode** die **Zinszahlen** (bzw. die Kreditlaufzeit) berechnet werden:

  365 steht für kalendermäßig genaue **Auszählung** der Tage;

  360 steht für **Pauschalierung** ganzer Monate mit 30 Tagen und für kalendermäßig genaue Auszählung der Tage angefangener Monate.

- Die jeweils **hintere Zahl** gibt an, mit wie viel Tagen das **Zinsjahr** bei der Berechnung des **Zinsdivisors** anzusetzen ist (Zinsdivisor = Zinsjahr : Zinssatz). Bei gleichen Zinssätzen errechnet sich bei Ansatz des Zinsjahres mit 365 Tagen ein höherer Zinsdivisor, der bei einer gleich großen Summe von Zinszahlen zu einer geringeren Zinsbelastung führt als beim Ansatz des Zinsjahres mit 360 Tagen.

  Die Zinsen für **Inlandskredite** berechnen die deutschen Banken nach der 360/360-Methode.

- **Berechnungsbeispiel:** Beispielsweise kostet ein **Eurokredit** über EUR 1.000.000 mit einem Nominalzinssatz von 9,0% p.a. vom 1.7.-1.8. eines Jahres:

  Nach der **Methode „365/360"**, also für 31 Kalendertage, EUR 7.750,00 Zinsen, (310.000 Zinszahlen bei einem Zinsdivisor von 40).

  Derselbe Kredit würde nach der Methode „360/360", also für 30 Zinstage, nur EUR 7.500,00 Zinsen kosten, (300.000 Zinszahlen bei einem Zinsdivisor von 40).

  Im Vergleich mit der deutschen 360/360-Methode verteuert sich der Eurokredit durch Anwendung der 365/360-Methode in diesem Beispiel auf 9,3% p.a.

Die Zinszahlung erfolgt bei kurzfristigen Eurokrediten am **Ende der Laufzeit**. Bei länger laufenden Krediten sind die Kreditzinsen im Allgemeinen halbjährlich zu entrichten.

Avalprovision

In jüngerer Zeit stellen die kreditvermittelnden Banken ihren Kunden eine gesonderte Avalprovision nicht mehr in Rechnung. Vielmehr gilt die **Avalprovision** in der Marge der kreditvermittelnden Bank, die ihrerseits üblicherweise in den **Eurozinssatz einbezogen** ist, als abgegolten.

Arrangement Fee

Bei länger laufenden Eurokrediten (Laufzeiten von mehr als 1 Jahr) wird dem Kreditnehmer zum Teil die sog. Arrangement Fee in Rechnung gestellt, die als **einmalig zu zahlender Provisionssatz** auf den Kreditbetrag definiert ist.

Kreditbestätigung bzw. Kreditvertrag

Die Eurobank fertigt eine sog. Kreditbestätigung aus, die alle relevanten **Daten des Kreditverhältnisses** umfasst und dem Kreditnehmer im Allgemeinen direkt zugeht. Die vermittelnde Hausbank erhält – sofern es eine Eurokreditgewährung innerhalb eines Bankkonzerns ist – lediglich eine Kopie.

Sofern ein zu begründendes Kreditverhältnis von den üblichen **Merkmalen** der Eurokreditgewährung **abweicht** oder bei längerfristigen Kreditlaufzeiten, wird im Allgemeinen ein individueller Kreditvertrag formuliert und geschlossen.

In den Fällen, in denen die vermittelnde **Hausbank** die **Haftung** ausnahmsweise ausdrücklich gegenüber der Eurobank für diese Kreditgewährung übernimmt, entsteht ein eigenständiges (Aval-)Kreditverhältnis zwischen dem Kreditnehmer und der haftenden Hausbank. Vollzieht sich dagegen die Eurokreditgewährung innerhalb eines Bankkonzerns, dann wird die Eurokreditgewährung – wie oben erwähnt – ohnehin in das Kreditengagement der Hausbank einbezogen.

Auszahlungs- und Rückzahlungsmodalitäten

Wenn der Kreditantragsteller die angebotenen Konditionen der Eurobank akzeptiert, macht die vermittelnde **Hausbank das Geschäft mit der Eurobank fest**: Telegrafisch und codiert werden der Eurobank alle relevanten Daten (z.B. der Kreditnehmer, der Kreditbetrag, die Währung, die Laufzeit, der vereinbarte Zinssatz, die evtl. Haftungsübernahme u.a.) mitgeteilt. Innerhalb von Bankenkonzernen erfolgt außerdem die Eingabe der relevanten Daten in die sog. zentrale Erfassung.

Dem Eurokreditnehmer wird der Kreditbetrag in der Regel über seine Hausbank zur Verfügung gestellt. Handelt es sich um einen **Geldmarktkredit in Euro**, dann erfolgt die Gutschrift unmittelbar auf dem Euro-Kontokorrentkonto des Kreditnehmers. Dagegen wird ein **Fremdwährungskreditbetrag** – falls eine gegenteilige Weisung des Kreditnehmers nicht vorliegt, z.B. keine Weisung zur Gutschrift auf ein Fremdwährungskonto in der relevanten Währung – zum Kassageldkurs in Euro umgetauscht und dem Euro-Kontokorrentkonto des Kreditnehmers gutgeschrieben.

Bei Geldmarkkrediten ist es üblich, dass die **Auszahlung** des Kreditbetrags erst **zwei Geschäftstage nach dem Tag des Abschlusses** des Geschäfts erfolgt. Abschlusstag ist regelmäßig der Tag, an dem der Kreditnehmer mit der vermittelnden Hausbank Übereinkunft über die Kreditkonditionen erzielt. Dabei ist unterstellt, dass die vermittelnde Bank ihrerseits bei der Eurobank am selben Tag alle erforderlichen Schritte zum Abschluss des Geschäfts in die Wege leitet.

Der Kreditnehmer hat der Eurobank den Rückzahlungsbetrag **zum Fälligkeitszeitpunkt** ohne zeitliche Spielräume, d.h. ohne die bei der Auszahlung des Eurokredits gegebene Toleranz von zwei Geschäftstagen, zur Verfügung zu stellen. Sofern es eine Kreditgewährung innerhalb eines Bankkonzerns ist, belastet die Hausbank den Kreditnehmer am Fälligkeitstag mit dem Kreditbetrag zuzüglich der aufgelaufenen Zinsen und überträgt diesen Betrag zeitgleich an die Eurobank.

EURIBOR-Kredite, (Währungs-)Barvorschüsse u. Ä.

EURIBOR-Kredite, (Währungs-)Barvorschüsse u. Ä. weisen zum Teil dieselben Merkmale und Abwicklungen wie LIBOR-Kredite auf, zum Teil aber auch Unterschiede, wobei anzumerken ist, dass die verschiedenen Bankengruppen die erstgenannten Kreditarten mit **unterschiedlichen Bezeichnungen** belegen und auch unterschiedlich abwickeln:

- Zum Teil werden diese Kredite nur mit einer jeweils festen Laufzeit bis zu einem Jahr gewährt; tägliche Fälligkeit („bis auf weiteres") ist im Allgemeinen nicht möglich.
- Der Kreditnehmer stellt den Kreditantrag bei seiner **Hausbank**, die ihm den **Kredit/ Barvorschuss unmittelbar gewährt**, also ohne Einschaltung einer Eurobank.

Die obigen Merkmale sind nur grobe Anhaltspunkte für eine mögliche Abwicklung. Im Einzelfall sind die **speziellen Merkmale** der jeweiligen Bank zu **erheben**.

5.2.4 Anwendungsbeispiel: Fremdwährungskreditaufnahme (Festsatzkreditaufnahme) am Eurogeldmarkt

5.2.4.1 Darstellung des Anwendungsbeispiels

Die Matex GmbH, ein deutscher Textilmaschinenhersteller, liefert an einen US-amerikanischen Importeur Maschinen im Gesamtwert (Rechnungsbetrag) von USD 100.000. Im Kontrakt sind USD, also aus Sicht des deutschen Exporteurs **Fremdwährung** und ein **Zahlungsziel** von 3 Monaten vereinbart.

- **Kreditantrag:** Die Matex GmbH wünscht dieses Zahlungsziel über den Euromarkt zu **refinanzieren** und zugleich das **Wechselkursrisiko abzudecken**.

  Über ihre **Hausbank** beantragt und erhält die Matex GmbH einen Eurogeldmarktkredit über USD 100.000 mit einer Laufzeit von 3 Monaten. Der vereinbarte Zinssatz von 6,0% p.a., der auf Grundlage des Zinsniveaus für USD am Eurogeldmarkt kalkuliert wird, ist ein Festzinssatz und enthält die Margen der Eurobank sowie der kreditvermittelnden Hausbank.

  Der Eurokreditnehmer erhält eine **Kreditbestätigung** der Eurobank, die neben dem Kreditbetrag, die Fälligkeit, den Zinssatz und den Zinsbetrag enthält.

  Hinweis: Aus Gründen der Aktualität ist in Abschnitt 5.2.3 eine Tabelle „Eurogeldmarktsätze" mit anderen Zinssätzen abgebildet, als sie dem Anwendungsbeispiel zu Grunde liegen.

- **Gutschrift:** Die Matex GmbH weist ihre Hausbank an, den **USD-Kreditbetrag** unverzüglich zum Kassadevisenkurs **in EUR umzutauschen**. Der aktuelle Kassakurs des USD belaufe sich in diesem Zeitpunkt auf 1 USD gleich 1,15 EUR. Die Gutschrift auf dem EUR-Kontokorrentkonto der Matex GmbH lautet folglich über EUR 115.000, abzüglich 1/4‰ Courtage, die in diesem Anwendungsbeispiel vernachlässigt wird.. Über diesen gutgeschriebenen EUR-Betrag kann die Matex GmbH sofort und uneingeschränkt verfügen.

- **Finanzierung und Wechselkurssicherung:** Durch Aufnahme des USD-Kredits am Geldmarkt hat die Matex nicht nur das dem US-amerikanischen Importeur gewährte **Zahlungsziel** betragsgleich und zeitgleich **refinanziert**, sondern auch ihr **Wechselkursrisiko kompensiert**:

  Der Forderung der Matex GmbH an den US-amerikanischen Importeur über USD 100.000 mit einer Laufzeit von 3 Monaten steht eine Kreditverbindlichkeit der Matex GmbH am Eurogeldmarkt von ebenfalls USD 100.000 und ebenfalls einer Laufzeit von 3 Monaten gegenüber. Weder eine Aufwertung noch eine Abwertung des USD während der 3-monatigen Laufzeit vermag die Matex GmbH zu berühren.

- **Rückzahlung:** Bei Ablauf der 3-monatigen Laufzeit zahlt die Matex GmbH mit dem **eingegangenen Exporterlös** über USD 100.000 den fälligen USD-Eurogeldmarktkredit zurück. Den aufgelaufenen, in USD zu zahlenden **Zinsbetrag** verschafft sich die Matex GmbH durch Kauf am Devisenkassamarkt spätestens im Zeitpunkt der Fälligkeit des Kredits.

  Sofern der USD während des 3-Monatszeitraums abgewertet wird, verbilligt sich der für die Zinsen notwendige USD-Kauf. Wird der USD dagegen aufgewertet, bedeutet dies eine entsprechende Verteuerung. Zeichnet sich eine Aufwertung des USD bereits während der Kreditlaufzeit ab, dann kann es zweckmäßig sein, den für die Zinszahlung aufzubringenden USD-Betrag bereits vor Fälligkeit zu kaufen oder – bei größeren Zinsbeträgen – ein Devisentermingeschäft per Fälligkeitstag des Eurokredits abzuschließen.

5.2.4.2 Exkurs: Alternative Finanzierungs- und Wechselkurssicherungsinstrumente

Alternative 1: EUR-Kontokorrentkredit und Devisentermingeschäft

Eine statt der Aufnahme eines Fremdwährungs-Eurokredits häufig ergriffene Alternative ist die Aufnahme eines Euro-Kontokorrentkredits zur Finanzierung des gewährten Zahlungsziels in Verbindung mit einem Devisentermingeschäft zur Wechselkurssicherung.

Die **Kosten** des Devisentermingeschäfts und die **Zinsen** des Euro-Kontokorrentkredits erweisen sich **zusammen**mengenommen jedoch **häufig höher** als der Zinssatz eines **Fremdwährungs-Eurogeldmarktkredits**, in dem die Kosten der Finanzierung und der Wechselkurssicherung abgegolten sind.

Dies hängt insbesondere damit zusammen, dass die deutschen Banken Zinsen für Euro-Kontokorrentkredite auf Grundlage des inländischen Zinsniveaus für Einlagen von Nichtbanken (Spareinlagen, Termineinlagen usw.) kalkulieren müssen. Dagegen sind die Eurogeldmarktsätze, und zwar sowohl in Fremdwährung als auch in Euro, weit mehr von der aktuellen Liquiditätssituation des Bankensystems als Ganzes bestimmt und insoweit vom Zinsniveau für Euro-Kontokorrentkredite weitgehend abgekoppelt.

Hinweise: Kontokorrentkredite sind umfassend in Kapitel 5.1, Devisentermingeschäfte in Kapitel 7 behandelt.

Alternative 2: EUR-Geldmarktkredit und Devisentermingeschäft

Würde die Matex GmbH einen **Euro-Geldmarktkredit** auf Basis von EURIBOR an der Stelle eines Euro-Kontokorrentkredits im Inland aufnehmen und dies in Verbindung mit einem **Devisentermingeschäft** vollziehen, dann würden die Zinskosten dieser Euro-Geldmarkt-Finanzierung zusammen mit den Kurssicherungskosten des Devisentermingeschäfts **etwa dieselbe Höhe** annehmen wie die Zinskosten der entsprechenden **Fremdwährungsfinanzierung**, also im vorliegenden Anwendungsbeispiel wie die USD-Finanzierung allein.

Der Exporteur hat somit im Einzelfall zu prüfen, welche Finanzierungs- und Absicherungsinstrumente zur Verfügung stehen und welche Alternative die kostengünstigste Lösung verspricht.

5.2.4.3 Probleme und Beurteilung

Probleme und Strategien bei Eingang des Exportlöses <u>nach</u> Fälligkeit des USD-Eurogeldmarktkredits

Ein gewichtiges Problem entsteht dem Exporteur dann, wenn der Fremdwährungsexporterlös bei Fälligkeit des aufgenommenen Fremdwährungs-Eurokredits noch nicht eingegangen ist.

Im vorliegenden Fall hat die Matex GmbH bei Fälligkeit zunächst den USD-Zinsbetrag für den ursprünglichen 3-Monatezeitraum zu bezahlen und am Devisenkassamarkt zu kaufen. Hinsichtlich des Folgezeitraumes hat der Exporteur – hier die Matex GmbH – grundsätzlich folgende **Möglichkeiten**:

- **Verlängerung des USD-Eurogeldmarktkredits, im Folgenden kurz: USD-Eurokredit**, (zu dem im Zeitpunkt der Verlängerung gültigen Zinssatz) um den Zeitraum, um den sich der Eingang des Exporterlöses voraussichtlich verzögert.

  Bei der Wahl dieses Verlängerungszeitraumes hat die Matex GmbH allerdings die festen Laufzeitkategorien am Euromarkt zu bedenken: Sofern der **USD-Exporterlös vor Fälligkeit** des prolongierten Eurokredits eingeht, ergibt sich ein überschießender Zeitraum des USD-Eurokredits.

  Der Exporteur hat in dieser Situation folgende Möglichkeiten:

  - Für den frühzeitig eingegangenen USD-Exporterlös könnte der Exporteur eine USD-Zwischenanlage bis zur Fälligkeit des USD-Eurokredits suchen, deren Zinsertrag jedoch im Allgemeinen gering ist.
  - Der sofortige Umtausch des USD-Exporterlöses in Euro bietet sich dagegen an, wenn der Exporteur mit einer Abwertung des USD rechnet, weil er dann einen höheren Umtauscherlös in Euro erzielt als er später bei Fälligkeit des USD-Eurokredits aufwenden muss. Allerdings ist die Fremdwährungsposition (der USD-Eurokredit) des Exporteurs ab dem Zeitpunkt des sofortigen Umtausches des USD-Exporterlöses vor Wechselkursrisiken nicht mehr gesichert.
  - Schließlich kann die Matex GmbH den aufgenommenen USD-Eurokredit vorzeitig zurückzahlen, eine Möglichkeit, die das Einverständnis

der Eurobank voraussetzt und u.U. die Zahlung einer sog. Vorfälligkeitsentschädigung verursacht.

- **Verlängerung des USD-Eurokredits** durch Aufnahme eines **täglich fälligen USD-Eurokredits**.

  Der Vorzug dieser Alternative liegt in ihrer zeitlich exakten **Anpassungsfähigkeit** an den Eingang des USD-Exporterlöses. Jedoch bedeutet tägliche Fälligkeit zugleich einen evtl. täglich wechselnden, also variablen Zinssatz, was je nach Zinsentwicklung für den Kreditnehmer günstig oder nachteilig sein kann. Täglich fällige USD-Eurokredite stehen nicht als Kleinbeträge zur Verfügung.

- **Offenhaltung der Fremdwährungs-Forderungsposition** bis zum späteren Eingang des USD-Exporterlöses.

  Diese Alternative bedeutet, dass die Matex GmbH mit Ablauf der ursprünglichen 3-Monatsfrist den fälligen USD-Eurokredit durch Kauf von USD 200.000 zuzüglich der USD-Zinskosten am Devisenkassamarkt erfüllt, jedoch einen **neuen Eurokredit nicht aufnimmt** (bzw. den fälligen USD-Eurokredit nicht verlängert). Der Euro-Kaufpreis der Devisen (des USD-Betrags) wird – sofern die Matex GmbH über liquide Mittel nicht verfügt – zulasten des Euro-Kontokorrentkreditkontos der Matex entrichtet, d.h. die Finanzierung der USD-Exportforderung wird auf Euro-Basis fortgesetzt. Deswegen ist das Wechselkursrisiko des Exporteurs bis zum tatsächlichen Eingang des USD-Exporterlöses ab diesem Zeitpunkt nicht mehr abgedeckt.

  Die Matex wird diese Alternative nur ergreifen, wenn sie davon ausgehen kann, dass der USD bis zum Zeitpunkt des voraussichtlichen Eingangs des USD-Exporterlöses aufgewertet werden wird. Tritt diese erwartete Aufwertung des USD ein, dann ist der in Euro umgetauschte Exporterlös höher als jener Euro-Betrag, den die Matex GmbH zur Erfüllung des fälligen USD-Eurokredits aufwenden musste (abgesehen von den USD-Zinskosten, die bei diesem Vergleich nicht zu berücksichtigen sind). Tritt an Stelle der erwarteten Aufwertung des USD dagegen eine Abwertung ein, dann erleidet die Matex GmbH – resultierend aus der Tatsache, dass sie diese USD-Exportforderung für die Restlaufzeit ungesichert gelassen hat – einen Wechselkursverlust.

Probleme und Strategien bei Eingang des Exporterlöses <u>vor</u> Fälligkeit des Eurokredits

Ein anders gelagertes Problem entsteht dem Exporteur, wenn der Fremdwährungsexporterlös **vor Fälligkeit** des aufgenommenen Fremdwährungs-Eurokredits eingeht.

Grundsätzlich eröffnen sich dem Exporteur – im vorliegenden Beispiel der Matex GmbH – die folgenden **Alternativen**:

- **Zwischenanlage** des vorzeitig eingegangenen USD-Exporterlöses auf einem **USD-Guthabenkonto** bis zur Fälligkeit des aufgenommenen USD-Eurokredits.

Diese Alternative wird die Matex GmbH dann ergreifen, wenn sie mit einer Aufwertung des USD bis zum Zeitpunkt der Fälligkeit des USD-Eurokredits rechnet. Der maßgebliche Nachteil dieser Alternative liegt darin, dass die Verzinsung von kleineren und kurzfristigen Fremdwährungsguthaben – gemessen am Zinssatz für aufgenommene Fremdwährungskredite – im Allgemeinen gering ist.

- **Umtausch** des vorzeitig eingegangenen USD-Exporterlöses in Euro zum Kassageldkurs und **Gutschrift** auf dem **Euro-Kontokorrentkonto** der Matex GmbH.

  Diese Alternative bedeutet zugleich, dass der aufgenommene USD-Eurokredit ab diesem Zeitpunkt, d.h. während seiner Restlaufzeit, ungesichert ist. Der Vorzug dieser Alternative liegt in der sofortigen Euro-Verfügbarkeit des umgetauschten Exporterlöses. Im Einzelfall können sich dadurch Zinseinsparungen durch entsprechende Kreditrückzahlung oder Skontogewinne durch frühzeitige Zahlung von Lieferantenrechnungen ergeben.

  Der Nachteil dieser Alternative liegt in der Gefahr der Aufwertung des USD bis zum Zeitpunkt der Fälligkeit des USD-Eurokredits. Wird der USD dagegen bis zur Fälligkeit des USD-Exportkredits abgewertet, dann kann die Matex GmbH den zur Rückzahlung des Eurokredits erforderlichen USD-Betrag am Kassadevisenmarkt zu einem niedrigeren Wechselkurs kaufen als jenem Wechselkurs, zu dem sie den vorzeitig eingegangenen USD-Exporterlös in Euro umgetauscht hat.

- **Vorzeitige Rückzahlung** des **USD-Eurokredits** mit dem vorzeitig eingegangenen USD-Exporterlös.

  Die vorzeitige Rückzahlung des USD-Eurokredits setzt grundsätzlich das Einverständnis der Eurobank voraus (das im Allgemeinen erteilt wird) und verursacht Zusatzkosten (eine sog. Vorfälligkeitsentschädigung), über deren Höhe sich der Kreditnehmer vor Ergreifung dieser Alternative informieren sollte.

5.3 Finanzierung und Kurssicherung durch Diskontierung von Auslandswechseln

5.3.1 Funktionen und Abbildung der Wechseldiskontierung

Vorbemerkungen

An der Stelle des Rediskonts von Wechseln sind seit der Einführung des Euro andere Refinanzierungsmöglichkeiten der Geschäftsbanken bei der Deutschen Bundesbank bzw. beim System der Europäischen Zentralbanken getreten. In diese neuen Refinanzierungsmöglichkeiten der Geschäftsbanken bei der Zentralbank ist zwar der Wechsel ebenfalls einbezogen, praktisch hat er jedoch als Refinanzierungsinstrument der Geschäftsbanken bei der Zentralbank erheblich an Bedeutung verloren.

Dagegen spielt der Wechsel für Lieferanten und ihre Kunden bei der Gewährung von **Zahlungszielen** (z.B. „... gegen 90 Tage Wechselakzept" o.ä.) weiterhin eine Rolle.

Unverändert stellen deswegen die Geschäftsbanken den Lieferanten bzw. den Exporteuren **Wechseldiskontkredite** zur Verfügung, wenn davon auch nicht mehr in gleichem Umfang Gebrauch gemacht wird, wie dies vor der Einführung des Euro der Fall war. Die nachstehenden Ausführungen sind deswegen auf die maßgeblichen Merkmale der Diskontierung von Auslandswechseln begrenzt.

Hinweis

In Kapitel „3.4 Zahlung mit Auslandswechseln" sind

- die **verschiedenen Auslandswechsel** (gezogene Wechsel, Solawechsel, Promissory Notes) beschrieben und ihre Eignung beurteilt,
- deutsche und englische **Wechseltexte** abgebildet sowie
- die Alternativen zur Angabe der **Verfallzeit**,
- die **Übertragung** der Wechselrechte,
- die **Wechselbürgschaft** und
- **„notleidende"** (protestierte) Wechsel

behandelt.

Funktionen von Wechseldiskontkrediten

Wechseldiskontkredite der Banken

- ermöglichen dem Wechseleinreicher sofortige **Liquiditätsbeschaffung** und damit die Vermeidung anderer Kreditaufnahmen (z.B. von Kontokorrentkrediten);
- sind – trotz des Wegfalls des Rediskonts – in der Regel **zinsgünstiger** als Kontokorrentkredite;
- erfordern bei der Einräumung des Wechseldiskontkredits häufig **keine zusätzlichen Kreditsicherheiten**, weil sich die diskontierende Bank mit dem wechselrechtlichen Anspruch an den Akzeptanten bzw. an die übrigen Wechselverpflichteten sowie mit dem Rückgriffsrecht auf den Wecheinreicher begnügt;
- ermöglichen bei Fremdwährungswechseln die **Überwälzung des Wechselkursrisikos** auf die diskontierende Bank;
- **entlasten die Bilanz** des Wechseleinreichers (Kreditnehmers), weil Indossamentsverbindlichkeiten aus weitergegebenen (diskontierten) Wechseln – im Gegensatz zu aufgenommenen Buchkrediten – „unter dem Bilanzstrich" zu erfassen sind.

Vorkommen von Auslandswechseln

In den Besitz von Wechseln kommt ein Exporteur beispielsweise auf Grundlage

- einer **„reinen" (clean payment) Zahlungsbedingung**, die ein Zahlungsziel für den Importeur, das in Wechselform gekleidet ist, umfasst (siehe Kapitel „3.4 Zahlung mit Auslandswechseln");
- eines Dokumenteninkassos **„Dokumente gegen Akzept"** (siehe Kapitel „4.2 Zahlung und Zahlungssicherung mit Dokumenteninkassi ....");
- eines **Akzeptakkreditivs**, das die Wechselziehung auf eine Bank vorsieht (z.B. auf die Hausbank des Exporteurs, des Importeurs oder auf eine andere Bank).

  Hinweise: Zu den Akzeptakkreditiven siehe Kapitel „4.3 Zahlung und Zahlungssicherung mit Dokumentenakkreditiven", zu den Bankakzepten und zu den Akzeptkrediten siehe Kapitel „5.4 Bankakzepte und Akzeptkredite".

Tratten / Negoziierungskredite

Die Diskontierung von Tratten, also von gezogenen, aber vom Bezogenen noch nicht akzeptierten Wechseln, kommt in der Praxis kaum vor. Statt dessen werden die vom Exporteur eingereichten Dokumente von der Bank bevorschusst (negoziiert), d.h. auf Grundlage der eingereichten Dokumente wird von der Bank ein Kontokorrentkredit bzw. ein sog. Bevorschussungskredit gewährt. Dieser Vorgang ist mit einer Diskontierung jedoch nicht gleichzusetzen (zur Refinanzierung mit Negoziierungskrediten siehe Kapitel „5.5 Negoziierungskredite (Negoziationskredite)".

Abbildung

Die **Abbildung 5.3-01** informiert über die **Wechselziehung** des Exporteurs auf den Importeur und über die **Inanspruchnahme eines Diskontkredits** durch den Exporteur bei seiner Bank (Diskontbank).

Abbildung

Die **Abbildung 5.3-02** zeigt einen Auslandswechsel, der auf Fremdwährung (CAD) lautet, und der Gegenstand einer Diskontierung des deutschen Exporteurs (MAX BERI GmbH) bei seiner Hausbank sein kann.

Sofern die MAX BERI GmbH den Diskonterlös nicht in CAD auf einem eventuell unterhaltenen CAD-Konto, sondern in EUR auf ihrem EUR-Konto gutschreiben lässt, ist damit nicht nur die Finanzierung in Form des Diskonterlöses verbunden, sondern zugleich auch eine Wechselkurssicherung.

Allerdings wird in diesem Fall der CAD nicht zu seinem Devisenkassakurs in EUR umgetauscht, sondern zum sog. Wechselankaufskurs, der i.W. dem Devisenterminkurs des CAD entspricht.

Zur Zinsberechnung und zum Wechselkurs siehe Abschnitt „5.3.3 Zinsberechnung und Wechselkurs bei der Diskontierung von Auslandswechseln".

Prof. Dr. Siegfried G. Häberle

Grundstruktur der Refinanzierung mit Wechseldiskontkrediten

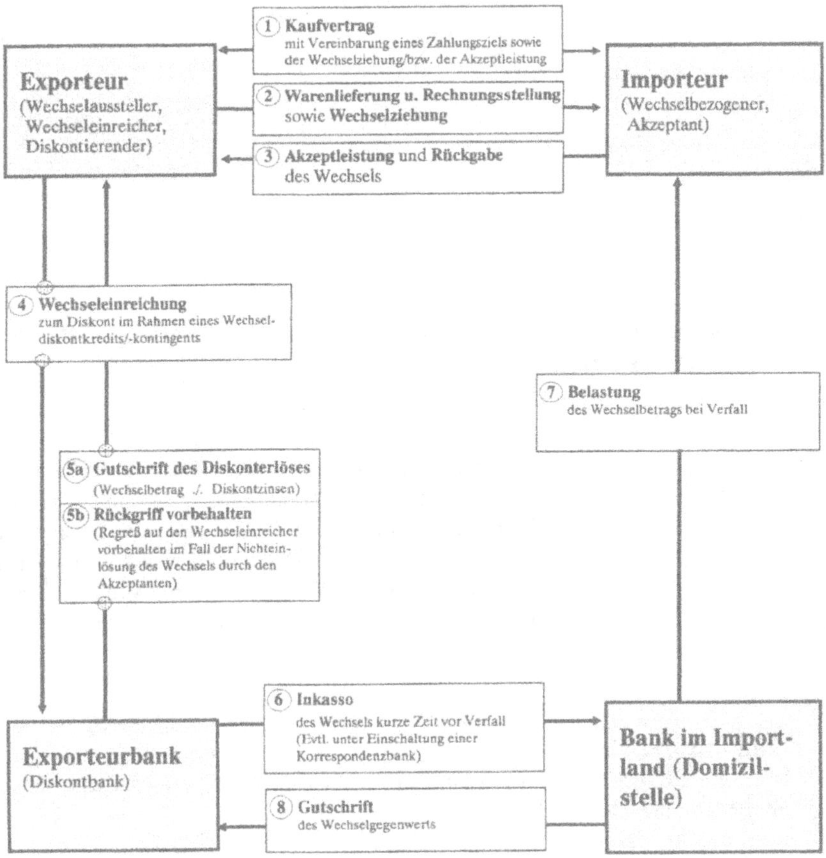

Hinweis: Im Interesse der Übersichtlichkeit der Darstellung sind in diese Abbildung nur die grundlegenden Merkmale der Refinanzierung mit Wechseldiskontkrediten aufgenommen. Einzelheiten und Modifikationen sind in den folgenden Abschnitten beschrieben.

Abbildung 5.3-01

Abbildung 5.3-02

5.3.2 Maßgebliche Merkmale des Diskontkreditvertags und der Kosten des Diskontkredits

Kreditrahmen

In der Regel wird von den Kreditinstituten eine Kreditlinie im Sinne eines Höchstbetrags eingeräumt, bis zu dem der Kreditnehmer Wechsel zum Diskont bei der Bank einreichen kann. Diese Kreditlinie (das sog. Diskontkontingent) steht dem Kreditnehmer für eine wiederholte (revolvierende) Inanspruchnahme zur Verfügung, d.h. nach Einlösung fälliger Wechsel besteht die Möglichkeit zur erneuten Einreichung von Wechseln bis zur Höhe des vereinbarten Limits.

Laufzeit

Die Laufzeit des Kreditvertrags kann mehrere Jahre, aber auch die Vereinbarung „bis auf weiteres" umfassen, die praktisch eine zunächst unbefristete Kreditgewährung darstellt.

Sog. Wechselmaterial

In der Bankpraxis werden die eingereichten bzw. diskontierten Wechsel häufig als Wechselmaterial bezeichnet. Unter diesem Begriff sind verschiedene Wechselarten unter betriebswirtschaftlichen (nicht unter rechtlichen Merkmalen) subsumiert:

- **Handelswechsel (Warenwechsel)**, denen ein Warengeschäft zwischen Wechselaussteller und Wechselbezogenem (Akzeptant) zu Grunde liegt;
- **Finanzierungswechsel**, die der ratenweisen Abzahlung von Investitionsgüterkäufen dienen (meistens als sog. Blockwechsel- bzw. Rahmenwechselfinanzierungen mit einer Abfolge von Teilprolongationen der jeweiligen Restschuld, siehe auch „Prolongationswechsel"; seltener als Ratenwechsel);

- **Finanzwechsel**, denen kein Waren- oder Dienstleistungsgeschäft zu Grunde liegt, sondern eine „reine" Kreditbeziehung zwischen dem Wechselaussteller als Kreditgeber und dem Wechselbezogenen / Akzeptanten als Kreditnehmer;
- **Prolongationswechsel**, die die volle Verlängerung (Vollprolongation) oder die teilweise Verlängerung (Teilprolongation) eines fälligen Wechsels um einen weiteren Zeitraum (z.B. weitere 90 oder 180 Tage) mit denselben Beteiligten (Wechselaussteller und Wechselbezogener bzw. Akzeptant) darstellen.

Wechselarten im Diskontkreditvertrag

Grundsätzlich können mit der Bank alle möglichen Arten von Wechseln als Gegenstand der Diskontierung vereinbart werden. Dies gilt nicht nur für Inlandswechsel und für Auslandswechsel, sondern auch für Waren- bzw. Handelswechsel ebenso wie für Finanzierungswechsel und für sog. Prolongationswechsel; in der Regel nicht jedoch für Finanzwechsel, denen eine „reine" Kreditbeziehung zwischen Wechselaussteller und Wechselbezogenem zu Grund liegt.

In den meisten Fällen wird jedoch im Kreditvertrag die Einreichung sog. **guter Warenwechsel bzw. Handelswechsel** vereinbart, weil diesen Wechseln ein Warengeschäft zu Grunde liegt, das der diskontierenden Bank zwar keine direkte, jedoch eine indirekte Sicherheit in der Form bietet, dass der Bezogene aus dem Weiterverkaufserlös der Ware in der Lage sein sollte, den akzeptieren Wechsel bei Fälligkeit bezahlen zu können. Aus diesem Grund sind die oben angesprochenen Finanzwechsel, denen die Sicherheit des Weiterverkaufserlöses der Ware fehlt, nur ausnahmsweise Gegenstand eines Wechseldiskontkreditvertrags mit der Bank.

Kreditsicherheiten

Häufig verzichten die Kreditinstitute bei der Einräumung von Wechseldiskontkrediten auf die ausdrückliche Bestellung von Sicherheiten. Zum einen sehen die Banken in der **(Mit-)Verpflichtung** des bzw. der übrigen Wechselbeteiligten eine tragfähige Sicherstellung.

Zum anderen können sie im Allgemeinen davon ausgehen, dass sich bei einem ausnahmsweise erforderlichen **Rückgriff** (Regress) auf den Wechseleinreicher dessen Kreditrahmen bzw. dessen Vermögen als ausreichend erweist.

Diskontzinsen

Die Höhe der von der Bank in Rechnung gestellten Diskontzinsen beruht auf der **Marktzinsentwicklung**, die ihrerseits seit 1999 maßgeblich von der Höhe der **Offenmarktkonditionen** des Europäischen Systems der Zentralbanken (ESZB) abhängt. Der von den Geschäftsbanken in Rechnung gestellte Diskontzinssatz ist in der Regel erheblich niedriger als beispielsweise der Zinssatz für Kontokorrentkredite.

Auf Grundlage der Vereinbarungen im Kreditvertrag legt die ankaufende Bank den Diskontzinssatz (Diskontabzug) für jeden anzukaufenden Wechsel fest. Der im Zeitpunkt des Ankaufs eines Wechsels festgelegte (aktuelle Markt-)Zinssatz bleibt für die Restlaufzeit dieses Wechsels unverändert, und zwar auch dann, wenn die Europäische Zentralbank die Refinanzierungszinsen für die Geschäftsbanken verändert.

Fremdwährungswechsel

Fremdwährungswechsel werden von den Geschäftsbanken ebenfalls auf Grundlage des Euro-Zinsniveaus diskontiert, sofern die Gutschrift des Diskonterlöses auf dem Euro-Konto des Wechseleinreichers erfolgt. Allerdings wird die Umrechnung des Fremdwährungsbetrags in Euro nicht zum aktuellen Devisenkurs (nicht zum Kassakurs) dieser Fremdwährung vorgenommen, sondern zum sog. **Wechselankaufskurs**, der dem **Devisenterminkurs** dieser Währung entspricht.

Einzelheiten dazu und zum Diskontzins bei Gutschrift des Diskonterlöses eines Fremdwährungswechsels auf dem Fremdwährungskonto des Wechseleinreichers siehe folgenden Abschnitt „5.3.3 Zinsberechnung und Wechselkurs beim Diskont von Auslandswechseln".

Provisionen der Banken

Neben den Diskontzinsen stellen die Geschäftsbanken bei der Diskontierung von Auslandswechseln die bei Auslandszahlungen generell übliche **Abwicklungsprovision** (Bearbeitungsprovision, Kommission) in Höhe von 1,5‰ des Wechselbetrags (bzw. des Euro-Gegenwerts) in Rechnung. Zu beachten ist, dass die Mindestprovision der Banken bei Auslandswechseln höher ist als bei Auslandsüberweisungen und bei Auslandsschecks.

Erfahrungsgemäß sind die Banken guten Kunden gegenüber jedoch bereit, Sonderkonditionen in der Höhe der Abwicklungsprovision einzuräumen.

Die Abwicklungsprovision der Geschäftsbanken bei Diskontierung von Auslandswechseln entfällt im Regelfall, wenn die (akzeptierten) Wechsel den Geschäftsbanken im Rahmen eines von ihnen abgewickelten **„Dokumente gegen Akzept"-Inkassos** zugehen. In diesen Fällen haben die Geschäftsbanken die Abwicklungsprovision bereits bei der Abwicklung des Dokumenteninkassos einbezogen.

Die Domizilstelle, das ist diejenige Bank, bei der ein Wechsel zahlbar gestellt ist, berechnet dem Bankkunden (in der Regel dem Bezogenen für die Zahlbarstellung des Wechsels im Allgemeinen eine **Domizilprovision.**

Bedingungen der Zentralbank für die Refinanzierung der Geschäftsbanken

Die Höhe der von den Geschäftsbanken ihren Kreditkunden berechneten Diskontzinsen hängt maßgeblich von denjenigen Zinssätzen ab, die die Zentralbank ihrerseits den Geschäftsbanken bei Refinanzierungen berechnet. Die Zentralbank nimmt – nach dem Wegfall des Rediskonts – von den Geschäftsbanken im Ausland zahlbare Handelswechsel (Auslandswechsel), die auf Euro oder für die in den Euro eingebundenen Länder auf deren nationale Währung lauten, nunmehr zum Pfand herein und gewährt den Geschäftsbanken auf dieser Grundlage Kredit. Die Auslandswechsel müssen allerdings einige Voraussetzungen für die Beleihung erfüllen. Diese Voraussetzungen sind darüber hinaus geeignet, dem Exporteur eine Leitlinie an die Hand zu geben, auf welche Aspekte beim Ausstellen von notenbankfähigen Auslandswechseln grundsätzlich zu achten ist.

5.3.3 Zinsberechnung und Wechselkurs beim Diskont von Auslandswechseln

Zinsberechnungsmethode

Beim Diskont von Auslandswechseln erfolgt die Zinsberechnung der Geschäftsbanken im Allgemeinen unabhängig von der Währung nach der sog. Euro-Methode (internationale Methode). Grundsätzlich bedeutet dies die Anwendung der sog. **365/360-Methode**.

- Die erste **Ziffer „365“** besagt, dass bei der Errechnung der Zinstage (der Restlaufzeit des Wechsels) diese Zinstage kalendermäßig genau ausgezählt werden.

  Beispiel: Sofern ein Exporteur einen Auslandswechsel am 2. Juli bei seiner Bank einreicht und dieser Wechsel am 29. September im Ausland fällig ist, rechnen die Banken die Zinstage (ausgehend vom Tag der Diskontierung; der sog. Valuta) nach der Euro-365-Tage-Methode wie folgt: vom 2.7. bis 29.9. = 89 Tage (Juli = 29 Tage, August = 31 Tage, September = 29 Tage) sowie eventuell zuzüglich 3 Respekttage (siehe unten) = 92 Zinstage.

  Sofern der Verfalltag des Wechsels auf einen **Samstag, Sonn- oder Feiertag** fällt, wird bis zum nächsten Arbeitstag gerechnet. Die Deutsche Bundesbank stellt den Geschäftsbanken eine Übersicht über solche Tage in den maßgeblichen Ländern zur Verfügung.

- Die **zweite Ziffer „360“** legt für die Berechnung des Zinsdivisors das Zinsjahr mit 360 Tagen fest. Insoweit entspricht die internationale Zinsberechnungsmethode zugleich der deutschen Zinsberechnung; im Gegensatz zur britischen Methode, die bei der Berechnung des Zinsdivisors das Zinsjahr mit 365 Tagen annimmt.

Respekttage

Bei Auslandswechseln werden von den Geschäftsbanken bei der Berechnung der Zinstage über den Verfalltag des Wechsels hinaus sog. Respekttage hinzugerechnet, deren Anzahl je nach Zahlungsland bis zum 15 Tagen ausmachen kann.

Für die Hinzurechnung von Respekttagen gibt es zwei gewichtige Gründe:

- Zum einen reichen in einigen Ländern die **Vorlegungsfristen** weit über den Verfalltag des Wechsels hinaus;
- zum anderen erfordert die **Deckungsanschaffung**, d.h. die Überweisung des Wechselgegenwerts von der Domizilstelle an die Diskontbank, unter Umständen einen längeren Zeitraum (sog. Reisetage der Überweisungsgutschrift).

Wechselkurs

Bei der Diskontierung von Fremdwährungswechseln, deren Diskonterlös auf dem Euro-Konto des Wechseleinreichers gutgeschrieben werden soll, legen die Geschäftsbanken bei der Umrechnung des Fremdwährungswechselbetrages in Euro den so genannten **Wechselankaufskurs** zu Grunde. Dieser Wechselankaufskurs beruht seinerseits im Wesentlichen auf dem aktuellen Devisenterminkurs der relevanten Fremdwährung.

Sofern in den Wechselankaufskurs nicht bereits eingerechnet, ziehen die Banken – wie bei allen Devisengeschäften mit Kunden – eine sog. Marge ab, die sich bei Devisengeschäften allgemein als Differenz zwischen dem Mittelkurs und dem Geldkurs bzw. dem Briefkurs der betreffenden Fremdwährung definiert.

Bei Gutschrift des Gegenwertes von diskontierten Fremdwährungswechseln in Euro berechnen die Diskontbanken schließlich noch die bei Devisengeschäften anfallende Courtage, die 0,25 ‰ beträgt.

Gutschrift des Diskonterlöses in Fremdwährung

Sofern der Exporteur den Diskonterlös eines Fremdwährungswechsels auf seinem **Fremdwährungskonto**, also in derselben Fremdwährung gutschreiben lässt, erübrigt sich zwar die Frage des Wechselkurses, jedoch erfolgt eine derartige Diskontierung nicht auf Grundlage des Euro-Zinsniveaus, sondern auf Grundlage des **Zinsniveaus der betreffenden Fremdwährung**. Außerdem verbleibt der Exporteur bei dieser Abwicklung in der betreffenden Fremdwährung, sodass mit der Diskontierung des Fremdwechsels keine Absicherung des Wechselkursrisikos verbunden ist. Die Gutschrift des Diskonterlöses eines Fremdwährungswechsels auf dem gleichlautenden Fremdwährungskonto des Exporteurs bietet sich an, wenn der Exporteur in der betreffenden Fremdwährung ohnehin Zahlungen zu leisten hat.

Euro-Diskontzins bei Euro-Gutschrift

Beim Ankauf von Fremdwährungswechseln, deren Diskonterlös auf dem **Euro-Konto** des Wechseleinreichers gutgeschrieben wird, legen die Geschäftsbanken einen Diskontzinssatz zu Grunde, der dem **Euro-Marktzinsniveau** entspricht, und nicht jenen Diskontzinssatz, der der Fremdwährung des zu diskontierenden Wechsels entsprechen würde. Allerdings gleichen sich die Zinsunterschiede zwischen den beiden Währungen (Euro zur Fremdwährung) im sog. Wechselankaufskurs, der dem Devisenterminkurs der betreffenden Fremdwährung entspricht, wieder aus.

5.3.4 Beurteilung der Diskontierung von Auslandswechseln

Die Diskontierung von Auslandswechseln weist – insbesondere im Vergleich zu Bankkontokorrentkrediten – eine Reihe von Vorteilen, aber auch Risiken auf:

- Der Wechseldiskontkredit ist in der Regel **zinsgünstiger** als ein Kontokorrentkredit.
- Der **Liquiditätszufluss** beim Exporteur in Form des Diskonterlöses ist höher als bei einer Abtretung von Forderungen (einer Zession) im Rahmen eines Kontokorrentkredits.
- Durch Diskontierung von Fremdwährungswechseln **überwälzt** der Wechseleinreicher das **Wechselkursrisiko** auf die diskontierende Bank. Zu beachten ist dabei jedoch, dass als sog. Wechselankaufskurs der Devisenterminkurs (und nicht der Kassakurs) der betreffenden Fremdwährung zu Grunde gelegt wird.
- Die **Gutschrift des Diskonterlöses in Fremdwährung** statt in Euro bietet sich an, wenn der Wechseleinreicher in der relevanten Fremdwährung ein Konto bei der diskontierenden Bank unterhält und in absehbarer Zeit ohnehin Zahlungen in dieser Währung zu leisten hat. Die diskontierende Bank legt in diesem Fall bei der Berechnung der Diskontzinsen allerdings einen Zinssatz zu Grunde, der nicht dem Euro-Zinsniveau, sondern dem Zinsniveau der relevanten Fremdwährung entspricht.
- Die diskontierende Bank behält sich das **Rückgriffsrecht** auf den Wechseleinreicher im Fall der Nichteinlösung des Wechsels durch den Bezogenen/ Akzeptanten vor. Neben dem Wechselbetrag stellt die Bank in diesem Fall die Protestkosten, die Gebühren sowie die aufgelaufenen Zinsen usw. in Rechnung.

  Anmerkungen: Das wechselrechtliche Rückgriffsrecht kann der Wechseleinreicher nicht ausschließen, sofern er Aussteller eines gezogenen Wechsels ist. Ist der Wechseleinreicher dagegen lediglich Indossant eines gezogenen oder eines eigenen Wechsels, dann kann er das Regressrisiko durch ein sog. Angstindossament grundsätzlich ausschließen (Einzelheiten siehe Kapitel „3.4 Zahlung mit Auslandswechseln“).
- Bei Rückgriff der Bank, d.h. bei Rückbelastung von Fremdwährungswechseln auf seinem Euro-Konto hat der Exporteur die **Wechselkursveränderungen** zwischen dem Tag der Diskontierung (zum Wechselankaufskurs) und dem Tag der Rückbelastung (zum Devisenkassakurs) des Wechsels zu bedenken, die – je nach Wechselkursveränderung – zu einem Kursgewinn oder zu einem Kursverlust führen können.

5.4 Bankakzepte und Akzeptkredite

Vorbemerkungen

Bankakzepte bzw. Akzeptkredite sind in der Vergangenheit insbesondere in Erscheinung getreten

1. zur **Absicherung** der Bezahlung eines Importgeschäftes, wobei an der Stelle des Akzeptes des Importeurs dessen Bank die Wechselbezogene ist und die Akzeptleistung übernimmt;

2. zur **Finanzierung** von Import- oder Exportgeschäften, die zum Teil in der weiteren Vergangenheit mit einer besonderen Form der Bankakzepte vollzogen wurden, den sog. Privatdiskonten;

3. im Rahmen von **Akzeptakkreditiven**, bei denen die akkreditiveröffnende Bank bzw. eine von dieser beauftragte sog. andere Bank das Akzept auf einer Tratte des akkreditivbegünstigten Exporteurs leistet.

Anmerkungen

Die Abwicklung mit Bankakzepten bzw. mit Akzeptkrediten gemäß **Ziffer 1** kommt nur noch selten vor, die Abwicklung gemäß **Ziffer 2** hat seit dem Wegfall des Rediskonts bei der Deutschen Bundesbank sehr erheblich an Bedeutung verloren. Bankakzepte in Form von Privatdiskonten kommen überhaupt nicht mehr vor. Die Rolle der Bankakzepte gemäß **Ziffer 3** ist in Kapitel „4.3 Zahlung und Zahlungssicherung mit Dokumentenakkreditiven" beschrieben und deswegen im vorliegenden Kapitel nicht vertieft.

Im Folgenden werden deswegen nur die beiden erstgenannten Abwicklungsformen mit den Ziffern 1 und 2 vorgestellt und auch diese wegen ihrer **abnehmenden Bedeutung** lediglich knapp skizziert.

5.4.1 Abwicklung einer Importzahlung mit Bankakzept

Ausgangssituation

Ein deutscher Importeur kauft Waren von einem ausländischen Exporteur. Der deutsche Importeur wünscht ein **Zahlungsziel** von 90 Tagen. Der ausländische Exporteur ist jedoch nicht dazu bereit, dieses Zahlungsziel auf Grundlage einer offenen Rechnung zu gewähren und auch nicht in Form einer Wechselziehung auf den deutsche Importeur (gegen Wechselakzept des deutschen Importeurs). In beiden Fällen würde dem ausländischen Exporteur das Delkredererisiko verbleiben. Bei Einräumung des Zahlungsziels auf Grundlage offener Rechnung würde dem ausländischen Exporteur außerdem die Möglichkeit der zinsgünstigen Refinanzierung fehlen, die mit einer Wechselziehung grundsätzlich gegeben ist.

Die deutsche Importeur, der auf das Zahlungsziel nicht verzichten will, bietet dem ausländischen Exporteur deswegen an, das **Akzept seiner Hausbank** beizubringen.

Abbildung

Abbildung 5.4-01 zeigt ein **Bankakzept**, das auf ein Importgeschäft bezogen werden kann, wobei der französische Exporteur (LAGRANGE SA) dem deutschen Importeur (TEXGRO GmbH) ein Zahlungsziel von 90 Tagen eingeräumt hat, das durch das Bankakzept der Hausbank des deutschen Importeurs (Bank für Handel und Industrie AG) gesichert und bei Fälligkeit bezahlt werden soll.

- **Wechselaussteller** ist der deutsche Importeur (TEXGRO GmbH).
- Wechselbezogene und **Akzeptant** ist die Hausbank des deutschen Importeurs (Bank für Handel und Industrie AG).
- Der Wechselaussteller (TEXGRO GmbH) hat das Bankakzept an **eigene Order** gestellt und ist somit berechtigt, die Wechselrechte auf Dritte zu übertragen.
- Die Übertragung der Wechselrechte auf den französischen Exporteur (LAGRANGE SA) erfolgt durch ein **Indossament** (auf der abgebildeten Rückseite des Wechsels).

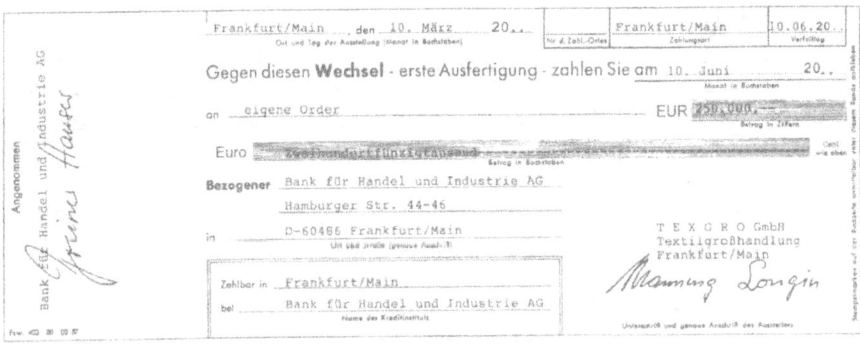
Frankfurt/Main, den 10. März 20..   Frankfurt/Main   10.06.20..

Gegen diesen **Wechsel** - erste Ausfertigung - zahlen Sie am 10. Juni 20..

an eigene Order   EUR 250.000,--

Euro Zweihundertfünfzigtausend

Bezogener Bank für Handel und Industrie AG
Hamburger Str. 44-46
in D-60486 Frankfurt/Main

Zahlbar in Frankfurt/Main
bei Bank für Handel und Industrie AG

T E X G R O GmbH
Textilgroßhandlung
Frankfurt/Main

Angenommen
Bank für Handel und Industrie AG

Für uns an die Order der
LAGRANGE SA, Fribourg
TEXGRO GmbH Frankfurt/Main

Abbildung 5.4-01

Hinweis

Die **Grundstruktur der Abwicklung einer Importzahlung mit Bankakzept** ist in **Abbildung 5.4-02** am Ende dieses Abschnitts dargestellt.

Einräumung eines Akzeptkredits / Ziehung (Ausstellung) des Bankakzepts

Der deutsche Importeur hat zunächst die Ziehung des Bankakzepts mit seiner Hausbank zu vereinbaren, also einen Akzeptkredit zu **beantragen**.

Nach erteilter Kreditzusage zieht der deutsche Importeur einen Wechsel (eine Tratte) über den Rechnungsbetrag des Importgeschäfts auf seine Hausbank. **Aussteller** dieses Wechsels ist somit der deutsche **Importeur, Bezogene ist seine Hausbank.**

Zugleich mit ihrer Akzeptleistung belastet diese Bank das **Avalkreditkonto** des deutschen Importeurs, um damit der Kreditleihe an den deutschen Importeur (eine solche stellt die Akzeptleistung der Bank dar) Rechnung zu tragen.

Ordervermerk

Als Wechselbegünstigter (Remittent, Wechselnehmer) trägt sich der deutsche Importeur in der Regel selbst auf der Tratte ein, und zwar mit der Formulierung „**an eigene Order**" o.Ä. Folge dieses Ordervermerks ist es, dass ausschließlich dem deutschen Importeur das Recht zusteht, die Wechselrechte auf Dritte zu übertragen, d.h. das erste Indossament auf dem Wechsel anzubringen.

Anmerkung: Es kommt in der Praxis nur ausnahmsweise vor, dass in den Wechsel ein Dritter als Remittent eingetragen wird, z.B. ein Lieferant (im vorliegenden Beispiel der ausländische Exporteur) oder die diskontierende Bank.

Weitergabe des Bankakzepts zahlungshalber an den ausländischen Exporteur

Nach Akzeptleistung durch die Hausbank wird das Bankakzept dem deutschen Importeur ausgehändigt, der das Bankakzept in seiner Eigenschaft als Remittent mit seinem **Indossament** versieht und zahlungshalber im Gegenzug zu den empfangenen Waren dem ausländischen Exporteur zur Verfügung stellt.

Sicherungsinstrument für den Exporteur

Das zahlungshalber empfangene Bankakzept **sichert den Exporteur** vor dem Delkredererisiko, weil die Akzeptbank unabhängig von der Zahlungsfähigkeit des Wechselausstellers (des deutschen Importeurs) an ihn bzw. an jeden gutgläubigen Dritten, der das Bankakzept rechtens in Händen hält, bezahlen muss.

Als **Restrisiken** bleiben aus Sicht des Exporteurs das Garantendelkredererisiko, d.h. das Risiko der Zahlungsunfähigkeit der Akzeptbank, sowie das politische Risiko, ausgehend von jenem Land, in dem die Akzeptbank ihren Sitz hat. Sollte der außergewöhnliche Fall eintreten, dass die Akzeptbank nicht in der Lage ist zu zahlen, dann bleibt dem Exporteur immer noch das Recht auf Rückgriff (Regress) auf den Wechselaussteller (auf den deutschen Importeur).

Verwendungsalternativen des ausländischen Exporteurs für das empfangene Bankakzept

Der ausländische Exporteur kann das empfangene Bankakzept

- seiner Bank zum **Diskont** einreichen (was die Regel ist);
- im eigenen **Bestand** (Portefeuille) behalten und kurz vor Verfall seiner Bank zum Inkasso des Wechselbetrags übergeben;
- an einen **Vorlieferanten** zahlungshalber weitergeben.

Welche dieser Alternativen der Exporteur ergreift, hängt von seinem Kreditbedarf ebenso ab wie von den aktuellen Diskontkonditionen sowie von den speziellen Kreditbedingungen des Kreditwesens in seinem Land.

Vorlage und Einlösung bei Fälligkeit

Bei Fälligkeit wird das Bankakzept der Akzeptbank (die in der Regel zugleich als Domizilstelle im Bankakzept eingetragen ist) zur Zahlung von jenem Dritten vorgelegt, auf den die Wechselrechte vom ausländischen Exporteur durch Indossament inzwischen übertragen wurden (z.B. von der ausländischen Bank, bei der der Exporteur das Bankakzept hat diskontieren lassen).

- Im **Außenverhältnis**, d.h. gutgläubigen Dritten gegenüber, die ihre Legitimation durch Vorlage des Bankakzepts und durch eine lückenlose Indossamentenkette nachweisen, ist die Akzeptbank in jedem Fall wechselrechtlich verpflichtet, das Bankakzept zu bezahlen. Diese Verpflichtung der Akzeptbank besteht unabhängig von der Zahlungsfähigkeit des Wechselausstellers (des deutschen Importeurs).
- Im **Innenverhältnis** hat die Akzeptbank auf Grund des Kreditvertrags mit dem deutschen Importeur (dieser Kreditvertrag umfasst eine Kreditleihe, also eine besondere Art des Avalkredits) und auf Grund ihrer Allgemeinen Geschäftsbedingungen dagegen das Recht, den Wechselaussteller (den deutschen Importeur) bei Fälligkeit mit dem Wechselbetrag auf seinem Kontokorrentkonto zu belasten.

Abbildung

Die **Grundstruktur der Abwicklung einer Importzahlung mit Bankakzept** ist in **Abbildung 5.4-02** dargestellt.

5.4.2 Finanzierungen mit Bankakzepten

Vorkommen

Zunächst ist erneut hervorzuheben, dass die nachstehend skizzierte Finanzierung mit Bankakzepten nur noch relativ selten vorkommt. Insoweit sind die folgenden Ausführungen aus Gründen der Vollständigkeit aufgenommen worden.

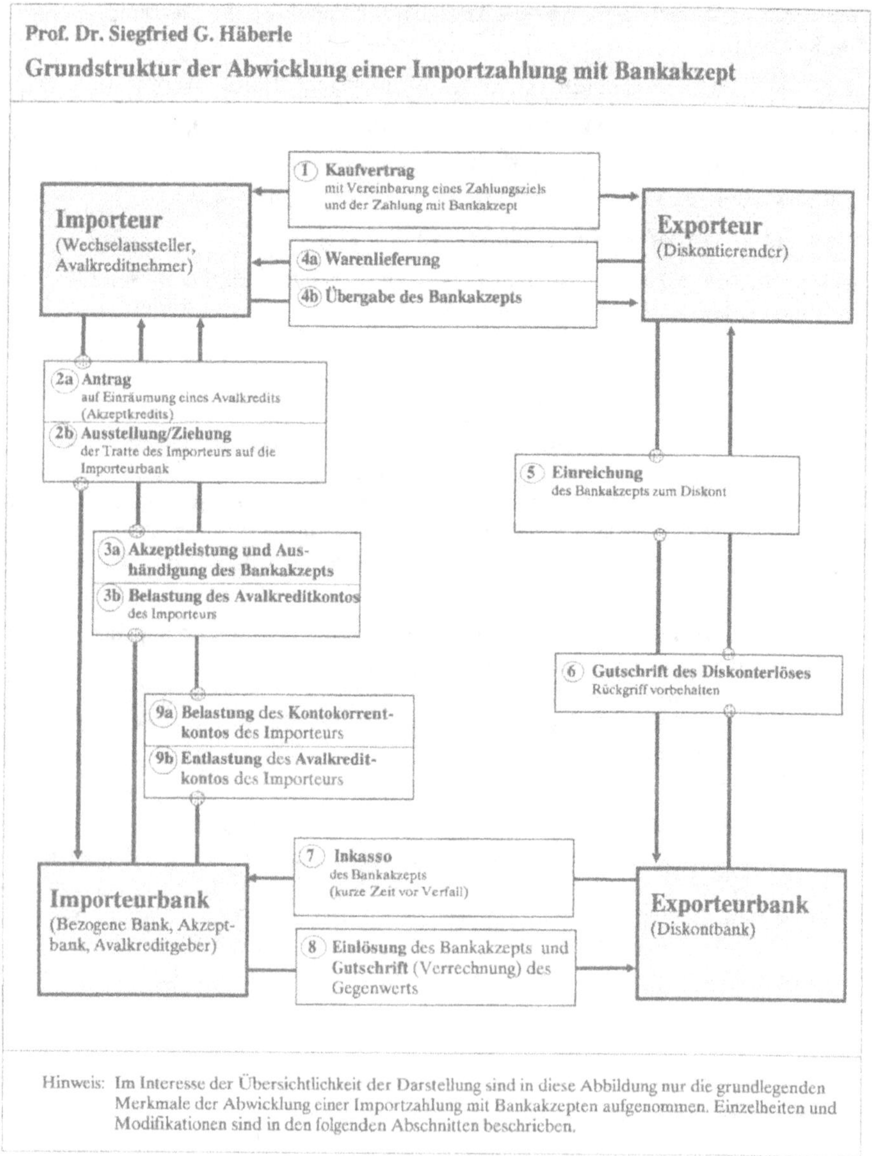

Abbildung 5.4-02

- **Warenlieferanten** (Exporteure) vereinbaren mit ihren Hausbanken die Ziehung von Bankakzepten insbesondere dann, wenn ihre in- oder ausländischen Abnehmer nicht bereit sind, einen Wechsel zu akzeptieren und sich der Warenlieferant gleichwohl eine zinsgünstige Refinanzierung der seinen Abnehmern gewährten Zahlungsziele bei seiner Bank auf Wechselbasis (mittels Bankakzept) eröffnen will.

- **Warenkäufer** (Importeure) vereinbaren mit ihren Hausbanken die Ziehung von Bankakzepten insbesondere dann, wenn ihre in- oder ausländischen Lieferanten nicht bereit sind, einen Wechsel auszustellen, sodass das sog. Scheck-Wechsel-Verfahren nicht praktiziert werden kann und deswegen diese zinsgünstige Finanzierung des Wareneinkaufs nicht möglich ist.

Mittels Bankakzept eröffnet sich diesen Betrieben der Zugang zum zinsgünstigen Diskontkredit auch in den Fällen, in denen die jeweiligen Geschäftspartner nicht bereit sind, einen Wechsel zu akzeptieren (die Kunden) oder im Rahmen des Scheck-Wechselverfahrens einen Wechsel auszustellen (die Lieferanten). Weil die Banken seit Wegfall des Rediskonts bei der Deutschen Bundesbank andere zinsgünstige Refinanzierungen anbieten, ist die Bedeutung der Bankakzepte als Refinanzierungsinstrumente stark gesunken, sodass es gerechtfertigt ist, die folgenden Abwicklungsschritte nur kurz zu skizzieren.

Ziehung (Ausstellung) des Bankakzeptes und Diskontierung durch die Akzeptbank

Der Exporteur bzw. der Importeur (der jeweilige Kreditnehmer) zieht – nach entsprechender Vereinbarung eines Akzeptkredits mit seiner Hausbank – einen Wechsel auf diese Bank, die diesen Wechsel **akzeptiert**.

Dieselbe Bank **diskontiert** anschließend ihr eigenes Bankakzept und schreibt dem Aussteller den Diskonterlös auf dessen Kontokorrentkonto gut.

Insoweit beansprucht der Wechselaussteller zwei Kreditarten bei seiner Bank, nämlich einen Akzeptkredit (als sog. Kreditleihe, die auch als Avalkredit bezeichnet wird) und einen Wechseldiskontkredit.

Anmerkung: Grundsätzlich möglich ist auch die Aushändigung des Bankakzepts an den Aussteller, der das Bankakzept sodann bei einer anderen Bank diskontieren lässt. Praktisch kommt dies aber nicht vor.

Refinanzierung der Akzept- und Diskontbank

Die Möglichkeit, dass sich die Akzept- und Diskontbank ihrerseits bei der Deutschen Bundesbank mittels Rediskont von Bankakzepten refinanziert, ist seit Einführung des Euro nicht mehr gegeben. Ebenso ist bereits vor längerer Zeit die Refinanzierung von Bankakzepten (sog. Privatdiskonten) bei der Privatdiskont AG entfallen.

Geblieben ist den Akzept- und Diskontbanken jedoch die Refinanzierung bei der Europäischen Zentralbank im Rahmen der **Offenmarktpolitik**. Weil jedoch der Zugang der Geschäftsbanken zu dieser Refinanzierung auch mit anderen Refinanzierungsinstrumenten möglich ist, haben die Wechsel allgemein und die Bankakzepte speziell als Refinanzierungsinstrumente der Geschäftsbanken erheblich an Bedeutung verloren.

Vorlage des Bankakzeptes und Einlösung bei Fälligkeit

Die Akzeptbank löst ihr Bankakzept bei Fälligkeit ein, das ihr – falls überhaupt eine Refinanzierung der Geschäftsbank bei einer anderen Bank stattgefunden hat – von dieser anderen Bank bei Fälligkeit vorgelegt wird, und belastet den Wechselaussteller mit dem Wechselbetrag auf seinem Kontokorrentkonto. Zugleich erfolgt in diesem Zeitpunkt die Entlastung des Wechselausstellers von der Inanspruchnahme des Wechseldiskontkredits und des Akzeptkredits (Entlastung des Avalkreditkontos).

- Im **Außenverhältnis**, also gutgläubigen Dritten gegenüber, an die das Bank-akzept eventuell weitergegeben wurde, haftet die Akzeptbank uneingeschränkt für die Einlösung des Bankakzepts.
- Im **Innenverhältnis** haftet dagegen der wechselausstellende Betrieb der Akzeptbank.

5.4.3 Kosten der Bankakzepte bzw. der Akzeptkredite

Akzeptprovision

Akzeptprovision (Avalprovision) stellt die Bank ihrem Kunden (dem Wechselaussteller) für die Übernahme des Akzepts in Rechnung. Die Akzeptprovision ist als Entgelt der Akzeptbank für das übernommene Risiko (für die sog. Kreditleihe) zu verstehen.

Die Akzeptprovision wird zwar nach den Methoden der Zinsrechnung ermittelt. Als **Risikoprämie** ist ihre Höhe jedoch nicht vom aktuellen Zinsniveau abhängig, sondern von der Risikoeinschätzung der Akzeptbank, also von der Kreditwürdigkeit des Wechselausstellers (des Bankkunden), weil dieser im Innenverhältnis bei Fälligkeit des Bankakzepts von der Akzeptbank mit dem Wechselbetrag belastet wird.

Die Streubreite der **Höhe** der Akzeptprovision reicht – in Abhängigkeit von den individuellen Verhältnissen – von Minimalsätzen bis hin zu Prozentsätzen, die deutlich über einem Prozent p.a. liegen.

Zinsen bei Diskontierung

Die Akzeptbank berechnet dem Wechselaussteller – wie bei jedem Wechselankauf – Diskontzinsen, sofern sie vom Wechselaussteller beauftragt ist, das eigene Bankakzept zu diskontieren. Diese Abwicklung ist im vorstehenden Abschnitt „5.4.2 Finanzierungen mit Bankakzepten" beschrieben.

Domizilprovision

Zum Teil berechnen die Akzeptbanken, bei denen das eigene Akzept regelmäßig auch zahlbar gestellt ist, dem Wechselaussteller bei Belastung des Wechselbetrags am Fälligkeitstag auf seinem Konto zusätzlich eine Domizilprovision.

In Verhandlungen mit seiner Bank kann sich der Wechselaussteller jedoch auf den Standpunkt stellen, dass die Zahlbarstellung (Domizilierung) des Bankakzepts bei der Akzeptbank mit der gezahlten Akzeptprovision bzw. mit den gezahlten Diskontzinsen abgegolten sein sollte.

5.5 Negoziierungskredite (Negoziationskredite)

5.5.1 Charakterisierung und Vorkommen

Kreditgewährung (Bevorschussung)

Die Ausdrücke „negoziieren" bzw. „Negoziierungskredit" oder auch „Negoziationskredit" werden in der Literatur ebenso wie in der betrieblichen Praxis mit unterschiedlichen Vorstellungsinhalten verknüpft.

Als gemeinsames Kriterium kristallisiert sich lediglich die Tatsache heraus, dass der Vorgang des Negoziierens eine Kreditgewährung (Bevorschussung) an Exporteure umfasst:

- Zum Teil ist damit eine **Bevorschussung** eines Exportgeschäfts auf Grundlage vorgelegter Exportdokumente gemeint.
- Zum Teil wird unter Negoziierung auch die **Diskontierung** eines Wechsels, den der Exporteur auf den Importeur oder auf einen Dritten (z.B. auf die Importeurbank) gezogen hat, in Verbindung mit der Einreichung weiterer Exportdokumente verstanden.

Unterschiedliche Vorstellungsinhalte

Zumindest das zweite Beispiel zeigt, dass in manchen Fällen statt von „Negoziierung" ebenso von „Diskontierung" gesprochen werden könnte, was in der Praxis manchmal auch geschieht.

Weil die wünschenswerte Eindeutigkeit der Begriffe „Negoziierung", „Negoziierungskredit" usw. nicht gegeben ist, kann im Folgenden nur der Versuch unternommen werden, einige Sachverhalte zu umreißen, die in Praxis und Literatur – zwar nicht einheitlich, aber doch häufig – mit den Ausdrücken „Negoziierung", „Negoziierungskredit" und ähnlichen Begriffen belegt werden.

Vorkommen

Im Wesentlichen können bei Negoziierungskrediten die folgenden Abwicklungen unterschieden werden:

- Kreditgewährungen (Bevorschussungen) an Exporteure auf Grundlage vorgelegter Exportdokumente und in Verbindung mit **Dokumenteninkassi**.
- Kreditgewährungen (Bevorschussungen) an Exporteure auf Grundlage vorgelegter Exportdokumente und in Verbindung mit zu Gunsten der Exporteure eröffneten **Dokumentenakkreditiven**.

- Kreditgewährungen (Bevorschussungen) an Exporteure auf Grundlage vorgelegter Exportdokumente und in Verbindung mit **Ziehungsermächtigungen (drawing authorizations)**; in der vorliegenden „Einführung“ wegen der geringen praktischen Bedeutung nicht weiter behandelt.

Kreditverhältnis

In der Regel wird ein eigenständiges **Kreditverhältnis** zwischen dem Exporteur und der negoziierenden (kreditierenden) Bank (im Allgemeinen ist dies die Hausbank des Exporteurs) begründet. Die vom Exporteur eingereichten Exportdokumente, ein evtl. zu Gunsten des Exporteurs eröffnetes Akkreditiv bzw. ein vom Importeur oder von einem Dritten eventuell bereits akzeptierter Wechsel dienen der negoziierenden Bank als Kreditsicherheit.

5.5.2 Negoziierungskredite in Verbindung mit Dokumenteninkassi

5.5.2.1 Kreditgewährungen in Verbindung mit „Dokumente gegen Zahlung“-Inkassi

Abwicklung

Mit Einreichung der **Exportdokumente** und der Erteilung des **Inkassoauftrags** an die Inkassobank / kurz: Exporteurbank (Einzelheiten zur Abwicklung von Dokumenteninkassi siehe Kapitel „4.2 Zahlung und Zahlungssicherung mit Dokumenteninkassi“) beantragt der Exporteur zugleich eine (möglichst hohe) Bevorschussung des Inkassobetrags.

Bewilligt die Exporteurbank diesen **Negoziierungskredit**, dann kann der Exporteur damit den Zeitraum zwischen Warenversand (genauer: zwischen Dokumenteneinreichung bei seiner Bank) und dem Eingang des Inkassoerlöses aus dem Ausland überbrücken.

Als Kreditsicherheit dienen der Bank (neben der generell gegebenen Kreditwürdigkeit des Exporteurs) die eingereichten Inkassodokumente bzw. der Anspruch an den ausländischen Importeur auf Zahlung des Inkassobetrags.

Entspricht der Importeur dem Inkassoauftrag nicht, d.h. nimmt er die Dokumente nicht auf und verweigert er somit auch die Zahlung, dann **belastet** die Exporteurbank dem Exporteur den gewährten Kredit **zurück**.

Vorschusskonto

Anzumerken ist, dass die Banken die Negoziierung (die Bevorschussung, den Barvorschuss) im Allgemeinen auf einem **Vorschusskonto belasten** (das dem Kreditengagement des Kunden zugerechnet wird) und den Bevorschussungsbetrag sodann auf dem Kontokorrentkonto des Kunden (des Exporteurs) gutschreiben. Die Laufzeit des Vorschusses wird befristet und bei Bedarf prolongiert.

Eine absolut strenge Zuordnung zwischen der Bevorschussung und dem Exportgeschäft erfolgt im Allgemeinen weder in betraglicher noch in zeitlicher Hinsicht. Dies bedeutet, dass der aus dem Ausland **eingehende Inkassoerlös** (analoges gilt bei bevorschussten Akkreditiven) im Allgemeinen nicht auf dem Vorschusskonto des Exporteurs, sondern auf dessen Kontokorrentkonto gutgeschrieben wird. Erst bei Ablauf der vereinbarten Vorschussfrist wird sodann der Vorschussbetrag zuzüglich aufgelaufener Zinsen auf dem Kontokorrentkonto des Exporteurs belastet. Analoges gilt für die Beträge: Der bevorschusste Betrag braucht dem Inkasso-/ Akkreditivbetrag keineswegs absolut gleich zu sein; der Exporteur kann sich vielmehr auch mit einem Teilvorschuss begnügen.

Währungen / Laufzeit

Die Banken gewähren Barvorschüsse in Euro sowie in den gängigen Fremdwährungen und – entsprechende Zinskonstellationen vorausgesetzt – überwiegend auf Eurogeldmarktbasis, sofern ein (allerdings von Bank zu Bank unterschiedlicher) Mindestbetrag von ca. 50.000 Euro oder Fremdwährungsgegenwert erreicht ist.

Die Mindestlaufzeit des Vorschusses beläuft sich im Allgemeinen auf 15 Tage, die Höchstlaufzeit auf 180 Tage. Prolongationen sind möglich. Anzumerken ist im Übrigen, dass solche Barvorschüsse auch zur Finanzierung von Inlandsgeschäften beansprucht werden können.

5.5.2.2 Kreditgewährungen in Verbindung mit „Dokumente gegen Akzept"-Inkassi

Abwicklung

Auch „Dokumente gegen Akzept"-Inkassi können von der Inkassobank/Exporteurbank analog den „Dokumente gegen Zahlung"-Inkassi im Rahmen eines Negoziierungskredits und in Höhe des Inkassobetrags oder eines Teilbetrags **bevorschusst** werden. Dies gilt insbesondere für den Zeitraum zwischen der Einreichung der Dokumente bei der Bank des Exporteurs und dem späteren Eingang der vom Importeur im Rahmen des Dokumenteninkassos zu akzeptierenden Tratte des Exporteurs.

Diskontierung nach Akzeptleistung des Importeurs

Unüblich ist es, dass die Exporteurbank die vom Exporteur auf den Importeur gezogene Tratte bereits im Zeitpunkt der Dokumenteneinreichung diskontiert, also bevor diese Tratte vom Importeur akzeptiert ist. Dagegen kommt es häufiger vor, dass sich der Exporteur den vom Importeur im Rahmen des Dokumenteninkassos **akzeptierten Wechsel** zurücksenden und sodann von seiner Bank **diskontieren** lässt. Jedoch wird in diesem Zusammenhang und ab diesem Zeitpunkt nicht mehr von einem Negoziierungskredit, sondern von einem Wechseldiskontkredit gesprochen.

In zeitlicher Hinsicht wird somit der zunächst gewährte Negoziierungskredit durch einen Wechseldiskontkredit abgelöst. Auch im Rahmen der Diskontierung behält sich die diskontierende Bank im Übrigen das Rückgriffsrecht auf den Exporteur vor.

5.5.3 Negoziierungskredite in Verbindung mit Dokumentenakkreditiven

5.5.3.1 Kreditgewährungen in Verbindung mit Sichtzahlungsakkreditiven

Problem: Verzögerte Akkreditivauszahlung

Die ein unbestätigtes Akkreditiv avisierende (Exporteur-)Bank ist selbst in dem Fall, dass sie zugleich als **Benutzungs-/Zahlstelle** fungiert, keineswegs verpflichtet, den Akkreditivgegenwert zeitgleich mit der Einreichung der Dokumente an den akkreditivbegünstigten Exporteur auszuzahlen. Die Exporteurbank hat insbesondere dann Anlass, die Auszahlung des Akkreditivbetrags an den Exporteur hinauszuschieben, wenn sie selbst noch nicht über den Gegenwert verfügt. Im Einzelfall verzögert sich bei bestimmten Importländern die Auszahlung des Akkreditivbetrags um zwei Wochen und mehr.

Bevorschussung

Wünscht der Exporteur jedoch die Auszahlung des Akkreditivbetrags Zug um Zug zur **Einreichung akkreditivkonformer Dokumente**, dann sind die deutschen Banken in der Regel bereit, eine Bevorschussung im Rahmen eines Negoziierungskredits vorzunehmen.

Vorschusskonto

Die Verbuchung des Vorschusses auf dem Vorschusskonto und die eventuelle Finanzierung auf dem Eurogeldmarkt erfolgt bei der Bevorschussung von Akkreditiven genauso wie bei bevorschussten **Dokumenteninkassi** (siehe Abschnitt „5.5.2 Negoziierungskredite in Verbindung mit Dokumenteninkassi").

Kosten

Die Banken berechnen ihren Kunden für den Bevorschussungszeitraum **Kreditzinsen** und zusätzlich eine **Negoziierungsprovision** für den mit einer Negoziierung verbundenen Bearbeitungs- und Überwachungsaufwand.

Bei Sichtakkreditiven ist die Negoziierungsprovision im Allgemeinen eine vom Akkreditivbetrag unabhängige Festprovision von beispielsweise 50 Euro.

Rückbelastung vorbehalten

Zu beachten ist, dass sich die negoziierende Bank bei der Bevorschussung von unbestätigten Akkreditiven die Rückbelastung auf dem Konto des Exporteurs vorbehält, falls sie selbst den Akkreditivbetrag von der Akkreditivbank (der sog. eröffnenden Bank; Importeurbank) nicht erhält (z.B. wegen Zahlungsunfähigkeit der Bank oder wegen des Eintritts politischer Risiken). Dies gilt auch dann, wenn die negoziierende Bank als Benutzungs-/Zahlstelle des Akkreditivs eingesetzt ist. Die Negoziierung von unbestätigten Akkreditiven bedeutet also **keinen regresslosen Ankauf** durch die Bank.

5.5.3.2 Kreditgewährungen in Verbindung mit Akkreditiven mit hinausgeschobener Zahlung

Zeitliche Überbrückung

Bei Akkreditiven mit hinausgeschobener Zahlung ist es nahe liegend, dass sich der akkreditivbegünstigte Exporteur den (u.U. langen) **Zeitraum** zwischen der **Dokumenteneinreichung** und dem Fälligkeitstag der **hinausgeschobenen Zahlung** von seiner Bank durch einen Negoziierungskredit überbrücken lässt.

Die Verbuchung des Negoziierungskredits erfolgt über das oben angesprochene Vorschusskonto (siehe Abschnitt „5.5.2 Negoziierungskredite in Verbindung mit Dokumenteninkassi").

Kosten

Die Höhe der von den Banken für die Bevorschussung berechneten **Kreditzinsen** ist von der Art der Refinanzierung abhängig, wobei in der Praxis die Eurogeldmarktkredite eine Rolle spielen.

Daneben stellen die Banken eine **Negoziierungsprovision** in Rechnung, die sich im Allgemeinen auf 1,5 ‰ pro angefangenem Laufzeitmonat beläuft.

Rückbelastung vorbehalten

Zu beachten ist auch bei dieser Akkreditivart das **Rückbelastungsrecht** der negoziierenden Bank auf den Exporteur, sofern es sich nicht um ein von der negoziierenden Bank bestätigtes Akkreditiv mit hinausgeschobener Zahlung handelt. An diesem Rückbelastungsrecht der negoziierenden Bank ändert sich auch dann nichts, wenn sie in ihrer Eigenschaft als Gültigkeits- und Benutzungs-/ Zahlstelle des Akkreditivs dem begünstigten Exporteur im Gegenzug zur Einreichung der Dokumente die Bescheinigung zur Zahlung am Fälligkeitstag der hinausgeschobenen Zahlung im Namen und für Rechnung der Akkreditivbank (der sog. eröffnenden Bank; Importeurbank) erteilt hat (Einzelheiten zur Abwicklung von Akkreditiven mit hinausgeschobener Zahlung siehe Kapitel „4.3 Zahlung und Zahlungssicherung mit Dokumentenakkreditiven ...", Abschnitt 4.3.3.2).

Ausnahme bestätigtes Akkreditiv: Nur wenn die negoziierende Bank das Akkreditiv mit hinausgeschobener Zahlung zugleich **bestätigt** hat, ist eine Rückbelastung des Exporteurs ab dem Zeitpunkt der vorbehaltlosen Aufnahme der Dokumente durch die Bestätigungsbank faktisch ausgeschlossen.

Forfaitierung als Alternative

- Als Finanzierungsalternative zur Negoziierung von Akkreditiven mit hinausgeschobener Zahlung bietet sich die Forfaitierung an. Dies gilt insbesondere in den Fällen, in denen das **Akkreditiv** mit hinausgeschobener Zahlung **nicht bestätigt** ist, und somit der Exporteur Gefahr läuft, dass bei einer Negoziierung die negoziierende Bank von ihrem Rückbelastungsrecht Gebrauch macht. Dagegen werden bei Forfaitierungen in der Regel alle Risiken einer Exportforderung auf die forfaitierende Bank bzw. auf die Forfaitierungsgesellschaft überwälzt.
- Einzelheiten zur Forfaitierung siehe Kapitel 6.

5.5.3.3 Kreditgewährungen in Verbindung mit Akzeptakkreditiven (Remboursakkreditiven)

Negoziierung / Diskontierung des Wechsels

Akzeptakkreditive erfordern für den akkreditivbegünstigten Exporteur im Regelfall dann eine Refinanzierung, wenn das dem Importeur gewährte, in Wechselform gekleidete Zahlungsziel eine längere Frist umfasst. Die Refinanzierung von Akzeptakkreditiven stellt sich indessen als **Diskontierung** des im Rahmen eines Akkreditivs akzeptierten Wechsels dar, sodass von einer Negoziierung nur noch in einem weiteren Sinne gesprochen werden kann. Lediglich die bevorschussende Überbrückung des Zeitraums zwischen Dokumenteneinreichung und Vorliegen des Bankakzepts würde einen Negoziierungskredit im engeren Sinne darstellen.

Hinweis: Akzeptakkreditive (Remboursakkreditive) sind in Kapitel 4.3 vorgestellt.

Negoziierung / Diskontierung mit Rückgriffsrecht

Bezüglich des Rückbelastungsrechts der diskontierenden (im weiteren Sinne negoziierenden) Bank kommt es darauf an, von wem der angekaufte Wechsel akzeptiert ist. Ist Bezogener und **Akzeptant die Importeurbank** (die sog. eröffnende Bank; Akkreditivbank) und ist das Akkreditiv von der diskontierenden Bank **nicht bestätigt**, dann behält die diskontierende Bank das Rückgriffsrecht auf den Exporteur in dem Fall, dass das Bankakzept bei

Fälligkeit nicht eingelöst wird (z.B. wegen Eintritt des Garantendelkredererisikos oder politischer Risiken).

Anmerkung: Der akkreditivbegünstigte Exporteur gewinnt in den Fällen, in denen die eröffnende Bank (Importeurbank) den Wechsel akzeptiert, praktisch keine zusätzliche Sicherheit hinzu, die über das Akkreditiv hinausreichen würde. In der Praxis werden derartige Akkreditive deswegen manchmal den Akkreditiven mit hinausgeschobener Zahlung und nicht den Akzeptakkreditiven (nicht den Remboursakkreditiven) zugeordnet. Nur wenn das Akzept von einer anderen Bank als der eröffnenden Bank geleistet wird, spricht die Praxis von einem Akzeptakkreditiv (Remboursakkreditiv).

Negoziierung / Diskontierung ohne Rückgriffsrecht

Ist dagegen die diskontierende (negoziierende) **Exporteurbank** selbst Bezogene und **Akzeptantin** des im Rahmen eines Akzeptakkreditivs gezogenen Wechsels, dann verbleibt ihr kein Rückbelastungsrecht auf den Exporteur.

Sobald die von der eröffnenden Bank (Akkreditivbank) zur Akzeptleistung beauftragte Exporteurbank die Tratte des Exporteurs akzeptiert hat, verbleibt ihr zwar der Remboursierungsanspruch an die eröffnende Bank, jedoch kein Rückgriffsrecht mehr gegen den akkreditivbegünstigten und wechseleinreichenden Exporteur (Einzelheiten siehe Kapitel 4.3, Abschnitt 4.3.3.3).

5.5.3.4 Kreditgewährungen in Verbindung mit negoziierbaren Akkreditiven bzw. Commercial Letters of Credit (CLC)

Grundsätzliche Negoziierbarkeit aller Akkreditive

Negoziierbare Akkreditive bzw. Commercial Letters of Credit (CLC) sehen die Negoziierung der vom Akkreditivbegünstigten gezogenen Sicht- oder Nachsichttratten ausdrücklich vor (Struktur und Abwicklung negoziierbarer Akkreditive bzw. CLC sind in Abschnitt 4.3.4 der „Dokumentenakkreditive: Sonderformen“ dargestellt). Festzustellen ist indessen, dass die Banken dem Exporteur – unter dessen Haftung – **jedes Akkreditiv bevorschussen** können, unabhängig davon, ob es ausdrücklich negoziierbar gestellt ist oder nicht. Insoweit ist in der Praxis eine ausdrücklich im Akkreditiv aufgenommene Negoziierbarkeit keineswegs zwingende Voraussetzung zur Erlangung eines Vorschusses bei einer Bank.

Keine Pflicht des Exporteurs zur Negoziierung

Zu beachten ist zunächst, dass der Akkreditivbegünstigte bei Akkreditiven, die ausdrücklich negoziierbar gestellt sind bzw. bei Commercial Letters of Credit von der Möglichkeit der Negoziierung **keineswegs zwingend Gebrauch machen** muss. Der Akkreditivbegünstigte kann vielmehr auch bei negoziierbaren Akkreditiven bzw. CLC nach vollzogener Dokumenteneinreichung – unter Verzicht auf die Negoziierung – den Eingang des von der

Akkreditivbank (der sog. eröffnenden Bank) zu zahlenden Akkreditivbetrags abwarten. Der Vorzug dieser Alternative liegt darin, dass der Akkreditivbegünstigte dadurch die Negoziierungsprovision spart; ihr Nachteil liegt in der Zeitspanne bis zum Eingang des Akkreditivgegenwerts beim Akkreditivbegünstigten. Im Übrigen ist anzumerken, dass bei negoziierbaren Akkreditiven – laut deren Akkreditivbedingungen – häufig auf die Ausstellung von Tratten verzichtet werden kann.

Frei wählbare Negoziierungsbank

Entschließt sich der Akkreditivbegünstigte zur Negoziierung, dann bleibt ihm bei unbestätigten und frei negoziierbaren Akkreditiven bzw. CLC die Freiheit, eine ihm geeignet erscheinende Bank zur Negoziierung – **unter Vorlage des Originalakkreditivs** bzw. des Kreditbriefs (CLC) sowie der im Akkreditiv geforderten Dokumente und der von ihm gemäß Akkreditivbedingungen eventuell zu ziehenden Tratte(n) – auszuwählen.

Keine Verpflichtung der Bank zur Negoziierung

Die ausgewählte Bank ist jedoch zur Negoziierung keineswegs verpflichtet. Sie hat zwar ebenso wie der akkreditivbegünstigte Exporteur die Sicherheit, dass die akkreditiveröffnende Bank gemäß Art. 9 bzw. 10 ERA akkreditivkonform gezogene Tratten bzw. den Vorschuss letztlich bezahlen muss. Sie kann die **Negoziierung** aber beispielsweise dann **ablehnen**, wenn ihr weder die Kreditwürdigkeit der ausländischen eröffnenden Bank (Akkreditivbank) noch des Akkreditivbegünstigten gewährleistet erscheint oder wenn sie politische Risiken sieht.

Rückbelastung vorbehalten

Nach erfolgter Negoziierung durch eine Bank des Exporteurs ist der akkreditivbegünstigte Exporteur bei unbestätigten Negoziierungsakkreditiven bzw. unbestätigten CLC vor einem Rückgriff der negoziierenden Bank keineswegs sicher. Erlangt die negoziierende Bank von der eröffnenden Bank (Akkreditivbank) die Zahlung beispielsweise aus wirtschaftlichen oder politischen Gründen nicht, dann nimmt sie in der Tat **Rückgriff auf den Akkreditivbegünstigten**. Der begünstigte Exporteur muss selbst dann mit einem Rückgriff der negoziierenden Bank rechnen, wenn diese Mängel an den eingereichten Dokumenten übersehen hat und die eröffnenden Bank (Akkreditivbank) sich deswegen weigert, den Akkreditivbetrag zu bezahlen.

Ausnahme: Bestätigte Akkreditive

Bei bestätigten Negoziierungsakkreditiven bzw. **bestätigten CLC** entfällt das Rückbelastungsrecht der negoziierenden Bestätigungsbank, sofern der Akkreditivbegünstigte die Akkreditivbedingungen erfüllt, d.h. insbesondere akkreditivkonforme Dokumente rechtzeitig vorlegt.

5.6 Exportfactoring – Finanzierung und Risikoüberwälzung durch Forderungsverkauf

5.6.1 Formen und Abwicklung von Exportfactoring – mit Checklisten

5.6.1.1 Einführung

Problem: Zahlungsziele an Kunden

Während bei ausländischen Neukunden regelmäßig sichernde Zahlungsbedingungen im Kaufvertrag vereinbart werden, sieht sich der Exporteur bei Stammkunden im europäischen Ausland, aber auch bei langjährigen Kunden in Industrieländern anderer Kontinente häufig der Forderung nach **Einräumung von Zahlungszielen** ausgesetzt, wie sie auch im Inland üblich sind.

Die Einräumung dieser Kredite an ausländische (und an inländische) Kunden verursacht nicht nur einen großen Kapitalbedarf, der traditionell

- mit **Bankkrediten** und/oder
- durch Inanspruchnahme von **Zahlungszielen bei den eigenen Lieferanten** finanziert wird – Zahlungsziele an ausländische Kunden erfordern darüber hinaus ein sehr
- aufwendiges und qualifiziertes **Debitorenmanagement**, um Forderungsausfälle zu vermeiden.

Factoring als Alternative

Factoring kann eine Alternative zu diesen traditionellen Finanzierungsformen darstellen und außerdem weitere **betriebliche Problemlösungen** umfassen. Zu beachten ist allerdings, dass auch der forderungsverkaufende Betrieb bestimmte Voraussetzungen erfüllen muss, damit Factoring möglich ist.

Die nachstehenden Ausführungen informieren über die verschiedenen **Formen** des Exportfactoring, über die Abwicklung und die Funktionen sowie über die Kosten.

Im Sinne der **Problemerfassung** und der Problemlösung ist in Abschnitt 5.6.1.4 eine

- Checkliste aufgenommen, die die typischen **finanzwirtschaftlichen Schwächen** von expandierenden Betrieben umfasst. Auf dieser Grundlage können Betriebe prüfen, ob der Forderungsverkauf an einen Factor ein erwägenswerte Möglichkeit zur Finanzierung und zur Risikoüberwälzung darstellt.
- Eine weitere **Checkliste** nennt die wichtigsten **Voraussetzungen** für die Eignung eines Betriebes zur Teilnahme am Factoringverfahren.

Bedeutung von Factoring

Die Bedeutung von Factoring ist ausgeprägt und **zunehmend**. Bereits zur Jahrtausendwende hatte der weltweite Factoringumsatz 500 Mrd. USD deutlich überschritten, mit weiterhin steigender Tendenz.

Gemessen an den weltweiten Factoringumsätzen nehmen die europäischen Länder mit deutlichem Abstand vor den USA und vor dem Raum Asien / Pazifik eine Spitzenstellung ein.

Der Schwerpunkt der sog. Anschlusskunden (der teilnehmenden Betriebe) liegt in Deutschland bislang überwiegend bei der Industrie, gefolgt vom Großhandel und – mit einer relativ niedrigen Quote – vom Dienstleistungssektor.

5.6.1.2 Definition und Formen

Definition von Exportfactoring

Aus der Sicht des Exporteurs (des sog. Anschlusskunden) ist Exportfactoring als **laufender Verkauf** von **kurzfristigen Exportforderungen** (Geldforderungen) an eine Factoringgesellschaft (an einen Factor) zu charakterisieren.

Gegenstand des Factoring sind nur **Forderungen aus Lieferungen und Leistungen** an gewerbliche Abnehmer; Forderungen an Verbraucher werden nicht angekauft.

Factoringvertrag

Der Exporteur schließt mit einer Factoringgesellschaft einen Factoringvertrag über den laufenden Kauf **aller künftigen Forderungen** durch den Factor.

In der Regel weist dieser Vertrag eine **mehrjährige Laufzeit** auf und umfasst entweder alle künftigen Inlandsforderungen und/oder alle Exportforderungen oder nur Exportforderungen in bestimmte Länder bzw. in Ausnahmefällen nur Forderungen an bestimmte (in- und/oder ausländische) Abnehmergruppen. Falls ein Factoringvertrag nur eine bestimmte Forderungskategorie vorsieht, schreiben die Factoringgesellschaften häufig Mindestumsätze factoringfähiger Forderungen pro Importland bzw. pro Abnehmergruppe vor.

Factoringformen

Der Exporteur hat die Möglichkeit, unter verschiedenen Formen des Factoring zu wählen. Zwar überwiegt in der Praxis das Standardfactoring, das alle Funktionen einschließlich der Übernahme des wirtschaftlichen (nicht des politischen) Delkredererisikos durch die Factoringgesellschaft einschließt (und unter diesem Blickwinkel dem sog. echten Factoring gleichzusetzen ist). In Anpassung an die Liquiditätslage des Exporteurs kann jedoch auch das Fälligkeitsfactoring infrage kommen oder bei Forderungsrisiken, die der Factor nicht bereit ist zu übernehmen, das sog. unechte Factoring.

- **Standardfactoring:** Diese in der Praxis am häufigsten vorkommende Form des Factoring liegt vor, wenn die Factoringgesellschaft alle drei Funktionen, d.h. die Finanzierungsfunktion, die Delkrederefunktion sowie die Dienstleistungsfunktionen übernimmt.
- **Echtes Factoring:** Von echtem Factoring wird gesprochen, wenn die Factoringgesellschaft mit dem Ankauf der Forderungen das Delkredererisiko übernimmt. Praktisch entspricht das echte Factoring dem Standardfactoring, weil – von Ausnahmen abgesehen – beim echten Factoring meistens auch die Übernahme der Finanzierungsfunktion sowie der Dienstleistungsfunktionen durch die Factoringgesellschaft eingeschlossen ist.
- **Unechtes Factoring:** Im Gegensatz zum echten Factoring entfällt beim unechten Factoring die Übernahme des Delkredererisikos durch die Factoringgesellschaft. Die Finanzierungsfunktion trägt bei dieser Factoringform lediglich Bevorschussungs-(Kredit-)charakter, weil das Risiko der Uneinbringlichkeit einer Forderung beim Forderungsverkäufer (beim Exporteur) verbleibt.
- **Fälligkeitsfactoring:** Bei dieser Form des Factoring entfällt definitionsgemäß die Übernahme der Finanzierungsfunktion durch die Factoringgesellschaft. Diese übernimmt das Inkasso der Forderungen bei Fälligkeit, also das Debitorenmanagement und stellt dem Anschlusskunden den Forderungsgegenwert nach Zahlungseingang zur Verfügung. Im Allgemeinen übernimmt der Factor jedoch beim Fälligkeitsfactoring auch das wirtschaftliche Delkredererisiko. Es kommt jedoch auch vor, dass das Fälligkeitsfactoring nur als reines Inkassofactoring gestaltet ist.
- **Offenes Factoring:** Beim offenen Factoring wird der Debitor (der Importeur) von der Tatsache des Verkaufs der Forderungen in Kenntnis gesetzt. Dies geschieht durch die Factoringgesellschaft bzw. durch den Exporteur und ist inzwischen – zumindest in Deutschland – die Regel.
- **Stilles Factoring:** Im Gegensatz zum offenen Factoring erhält der Debitor (der Importeur) beim stillen Factoring keine Mitteilung über die Einschaltung einer Factoringgesellschaft. Der Debitor zahlt weiterhin mit schuldbefreiender Wirkung an den Lieferanten, was einschließt, dass das Inkasso durch die Factoringgesellschaft bei dieser Variante des Factoring entfällt. Dagegen wird die Finanzierungsfunktion, manchmal auch die Delkrederefunktion von der Factoringgesellschaft übernommen.
- **Bulk- oder Inhouse-Factoring:** Die Besonderheit dieser Factoringform liegt darin, dass der Anschlusskunde bei der Factoringgesellschaft zwar die Finanzierung beansprucht und auch das wirtschaftliche Delkredererisiko auf den Factor überwälzt, jedoch im Gegensatz zum Standardfactoring die Debitorenverwaltung nach wie vor selbst vollzieht. Dieses sog. Inhouse-Factoring hat in jüngster Zeit an Bedeutung gewonnen.

Die Factoringgesellschaften bieten maßgeschneiderte Lösungen an, die den individuellen Bedürfnissen eines Anschlusskunden Rechnung tragen. Angeboten werden beispielsweise auch Finanzierungskonzepte, in die die Tochtergesellschaften eines Anschlusskunden im Ausland einbezogen sind.

5.6.1.3 Finanzierung mit Exportfactoring – grafische und schrittweise Darstellung

Abbildung

Die **Grundstruktur der Abwicklung und Refinanzierung mit Exportfactoring** ist in **Abbildung 5.6-01** dargestellt und anschließend in einzelnen Schritten erläutert.

Schrittweise Erläuterungen

1. **Abschluss des Kaufvertrags**

   Die Zahlungsbedingung des Kaufvertrags umfasst die Einräumung eines **Zahlungsziels**.

   Der Exporteur hat jedoch bei Abschluss des Kaufvertrags zu beachten, dass Factoringgesellschaften Inlandsforderungen im Allgemeinen nur mit einer maximalen Laufzeit bis ca. 120 Tagen, Exportforderungen mit einer Laufzeit bis ca. 180 Tagen ankaufen.

2. **Warenlieferung und Rechnungsstellung**

   In der Regel nimmt der Exporteur bereits in seine Rechnung die **Mitteilung** an den **Importeur** über den **Verkauf der Forderung** an die Factoringgesellschaft auf, verbunden mit der Maßgabe, dass der Importeur mit schuldbefreiender Wirkung an die Factoringgesellschaft zu zahlen hat.

   Für Reklamationen, die die gelieferten Waren betreffen, für Preisnachlässe u.Ä. bleibt unverändert der Exporteur zuständig.

   Hinweis: Aus Gründen der Übersichtlichkeit der Darstellung ist in Abb. 5.6-01 die Rechnungsstellung unmittelbar zwischen Exporteur und Importeur aufgenommen. In der Praxis übergibt der Exporteur die Rechnung dagegen in der Regel der Factoringgesellschaft, die ihrerseits diese Rechnung dem Importeur zustellen lässt. In Abänderung der Abb. 5.6-01 wäre diese Rechnungszustellung mit Schritt 5 zu vollziehen.

3. **Forderungsverkauf im Rahmen eines Factoringvertrags**

   Warenlieferanten schließen mit Factoringgesellschaften im Allgemeinen **Factoringverträge** ab, die den Verkauf aller Inlands- und/oder Auslandsforderungen oder zumindest eine bestimmte Kategorie von Forderungen umfassen. Der Verkauf der einzelnen (Export-)Forderung an die Factoringgesellschaft erfolgt sodann im Rahmen dieser Factoringverträge.

Prof. Dr. Siegfried G. Häberle

Exportfactoring: Grundstruktur der Abwicklung

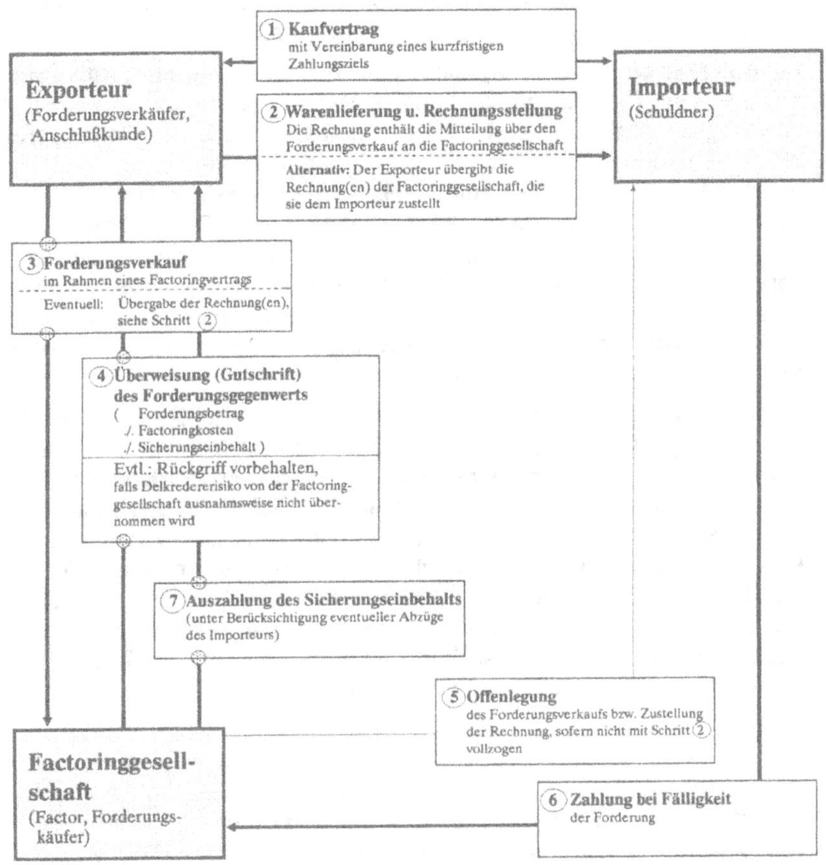

Hinweis: Im Interesse der Übersichtlichkeit der Darstellung sind in diese Abbildung nur die grundlegenden Merkmale der Abwicklung und der Refinanzierung des Exporteurs mittels Exportfactoring aufgenommen. Einzelheiten und Modifikationen sind in den folgenden Abschnitten beschrieben.

Abbildung 5.6-01

4. **Gutschrift des Forderungsgegenwerts**

Limit pro Schuldner: Factoringgesellschaften, die das Delkredererisiko übernehmen, was heute die Regel ist, prüfen die Kreditwürdigkeit der Importeure (Schuldner) vor Forderungsankauf und legen sodann ein **Limit pro Schuldner** fest, an das sich der Exporteur zu halten hat. Im Rahmen dieses Limits kaufen die Factoringgesellschaften die Forderung an.

Factoringkosten / Sicherungseinbehalt: Am angekauften Forderungsbetrag zieht die Factoringgesellschaft die **Factoringkosten** ab, mit denen der Dienstleistungsaufwand und – falls vereinbart – auch das Delkredererisiko der Factoringgesellschaft abgegolten ist. Daneben nimmt die Factoringgesellschaft regelmäßig einen **Sicherungseinbehalt** in Höhe von ca. 10 bis ca. 20% als Abzug am Forderungsbetrag vor. Dieser einbehaltene Betrag dient zur Verrechnung mit eventuellen Rechnungsabzügen des Importeurs (z.B. mit Skontoabzügen, nachträglichen Rabatten usw.). Der nach Abzug der Factoringkosten und des Sicherungseinbehalts verbleibende **Forderungsgegenwert** wird sodann dem Exporteur zur **Verfügung gestellt**.

Zinsberechnungsmethode: Aus dem bevorschussten Betrag rechnet die Factoringgesellschaft **Zinsen** für den Zeitraum zwischen dem Ankauf der Forderung und dem Zahlungseingang. Die Zinsen werden dem Exporteur erst **nachträglich** (im Allgemeinen vierteljährlich), und zwar für den jeweiligen Gesamtbestand der angekauften Forderungen (wie bei einem Kontokorrentkreditkonto) in Rechnung gestellt. In Abbildung 5.6-01 ist die derart abgewickelte Zinszahlung nicht ausdrücklich aufgenommen. Ein Sofortabzug der Zinsen an der einzelnen angekauften Forderung ist nicht möglich, weil der tatsächliche Zahlungseingang im Zeitpunkt des Forderungsankaufs noch nicht bekannt ist.

Haftung des Exporteurs: Sofern die Factoringgesellschaft vereinbarungsgemäß das Delkredererisiko übernimmt, **haftet der Exporteur** nach diesem Forderungsankauf gegenüber der Factoringgesellschaft nur noch für den rechtlichen Bestand der verkauften Forderung, **nicht** aber bei **Zahlungsunfähigkeit** des zahlungspflichtigen Importeurs. Wenn jedoch die Factoringgesellschaft das Forderungsausfallrisiko ausnahmsweise nicht übernimmt (und dann auch keine Delkredereprovision im Rahmen der Factoringkosten berechnet), behält sich die Factoringgesellschaft das **Recht auf Rückgriff** auf den Exporteur im Fall der Nichtzahlung durch den Importeur vor.

5. **Offenlegung des Forderungsverkaufs**

Sofern nicht bereits der Exporteur den Importeur gesondert oder mit der Rechnungsstellung vom Forderungsverkauf an die Factoringgesellschaft informiert hat (siehe Schritt 2), legt die Factoringgesellschaft ihrerseits die Tatsache des **Forderungsverkaufs** gegenüber dem Importeur durch eine entsprechende Mitteilung offen (häufig in Form der Rechnung, die der Exporteur der Factoringgesellschaft übergibt). Darin wird dem Importeur auch dargelegt, dass er mit schuldbefreiender Wirkung nur noch an die Factoringgesellschaft und nicht mehr an den Exporteur zu zahlen hat.

6. **Zahlung des Importeurs bei Fälligkeit der Forderung**

   Der Importeur zahlt bei Fälligkeit der Forderung **an die Factoringgesellschaft**. Gerät der zahlungspflichtige Importeur in Verzug, dann übernimmt die Factoringgesellschaft die Mahnung bis hin zu gerichtlichen Beitreibungsmaßnahmen.

7. **Auszahlung des Sicherungseinbehalts**

   Nach endgültiger Zahlung des Importeurs zahlt die Factoringgesellschaft auch den zur Sicherheit **einbehaltenen Betrag an den Exporteur** aus. Von diesem Betrag zieht die Factoringgesellschaft die berechtigten Abzüge des Importeurs (z.B. für Skonto, für nachträgliche, vom Exporteur eingeräumte Rabatte oder Preisnachlässe usw.) ab.

   Sofern die Factoringgesellschaft das Delkredererisiko übernommen hat, muss sie den Sicherungseinbehalt an den Exporteur auch dann auszahlen, wenn die Forderung endgültig ausfällt.

Alternative Abwicklung

Die vorstehende grafische Darstellung sowie die zugehörigen schrittweisen Erklärungen treffen nur dann zu, wenn die **Factoringgesellschaft das Inkasso** der angekauften Auslandsforderungen **selbst vornimmt**. Bei dieser Abwicklung mahnt die ankaufende Factoringgesellschaft säumige Schuldner auch selbst. Nur wenn die Mahnungen nichts fruchten, betraut die Factoringgesellschaft versierte Anwälte bzw. Inkassospezialisten im jeweiligen Ausland mit der gerichtlichen Eintreibung der überfälligen Forderungen.

Es gibt indessen auch Factoringgesellschaften, die die angekauften Exportforderungen (bzw. einen Teil dieser Forderungen) nicht selbst einziehen, sondern diese **Forderungen** an eine Factoringgesellschaft im Importland oder in einem Drittland **weiterverkaufen**. Mit diesem Weiterverkauf ist in der Regel auch die Übertragung aller Risiken auf die Factoringgesellschaft im Importland bzw. in einem Drittland verbunden. Der Vorzug für die weiterverkaufende Factoringgesellschaft liegt in der Überwälzung der Risiken sowie der Refinanzierungslast auf die ankaufende Factoringgesellschaft im Importland bzw. im Drittland. Der Nachteil liegt in der verbleibenden geringeren Ertragsspanne.

5.6.1.4 Behebung finanzwirtschaftlicher Schwächen durch Teilnahme am Factoring – Checkliste für Betriebe

Finanzierungsprobleme expandierender Betriebe

Insbesondere Betriebe, die schnell expandieren, weisen erfahrungsgemäß **finanzwirtschaftliche Schwächen** auf. Diese Schwächen erschweren nicht nur die Finanzplanung und die Liquiditätsdisposition solcher Betriebe, sondern sie können durchaus zu Liquiditätsengpässen bis hin zu gravierenden Liquiditätsproblemen führen.

Frühzeitig strategische Maßnahmen erforderlich

Das Management jedes Betriebes, insbesondere aber rasch expandierender Betriebe ist deswegen herausgefordert, frühzeitig strategische Maßnahmen zu ergreifen, die **Finanzierungsengpässe** vermeiden. Ist ein Liquiditätsengpass bereits eingetreten, dann ist die verbleibende Zeit im Allgemeinen zu kurz, um spontan durch Forderungsverkauf das aktuelle Liquiditätsproblem zu lösen. Dies hängt auch damit zusammen, dass die ankaufende Factoringgesellschaft hinreichend Zeit zur Prüfung des Zahlungsfähigkeit der Kunden benötigt, auf die sich die Forderungen des forderungsverkaufenden Betriebes beziehen.

Checkliste finanzwirtschaftlicher Schwächen

Die nachstehende Liste umfasst einige typische finanzwirtschaftliche Schwächen. Sofern ein Betrieb eine oder mehrere dieser Schwächen aufweist, sollte das Management **Factoring** zur Behebung dieser Schwächen **in Erwägung ziehen**.

Anmerkung: Mit der Checkliste ist das Management direkt angesprochen:

- Die eingeräumten **Kreditlinien** bei Ihren Bankverbindungen reichen nicht aus, um alle erkennbaren **Marktchancen** wahrzunehmen.
- Die Banken sind nicht bereit, die bestehenden Kreditlinien zur Finanzierung Ihrer **Expansion** weiter zu erhöhen.
- **Beleihungswert** bzw. Beleihungsgrenze für die von Ihnen zur Sicherheit an die Bank **abgetretenen Kundenforderungen** sind von der Bank sehr niedrig angesetzt.
- Sie sind auf die volle Ausschöpfung der von Ihren **Lieferanten** eingeräumten **Zahlungsziele** angewiesen, was einschließt, dass Sie auf die Skontierung von Lieferantenrechnungen verzichten müssen.
- Sie sind nicht in der Lage, **Großeinkäufe** zu finanzieren und von den damit verbundenen Sonderrabatten zu profitieren.
- Dem Wunsch Ihrer solventen Kunden nach Einräumung **längerer Zahlungsziele** können Sie wegen fehlender finanzieller Spielräume nicht entsprechen.
- Ihr Betrieb ist starken saisonalen Schwankungen ausgesetzt, die in der Hochsaison zu kostspieligen **Überziehungen** der Kreditlinien bei den Banken bzw. zu Liquiditätsengpässen führen.
- Ihre **Abschreibungen** bzw. Ihre Wertberichtigungen auf die **(Export-) Forderungen** sind hoch, weil das eigene Debitorenmanagement bei der Kreditwürdigkeitsprüfung der ausländischen (sowie eventuell der inländischen) Kunden ebenso überfordert ist, wie beim Inkasso überfälliger oder notleidender Forderungen.

5.6.1.5 Anforderungen an forderungsverkaufende Betriebe

Factoringgesellschaften stellen an den forderungsverkaufenden Exporteur (an den sog. Anschlusskunden) eine Reihe grundsätzlicher Anforderungen, die beispielsweise die folgenden **Kriterien** umfassen können.

Dabei ist zu beachten, dass Factoringgesellschaften die Eignung eines Betriebes zur Teilnahme am Factoringverfahren **individuell** prüfen und dabei den nachstehenden Kriterienkatalog allenfalls als grobe Leitlinie ansehen.

- Factoring ist keineswegs nur auf Großbetriebe zugeschnitten. Vielmehr kommt eine Teilnahme am Factoringverfahren durchaus auch für **Klein- und Mittelbetriebe** des Produktionsgewerbes, des Großhandels sowie – unter bestimmten Voraussetzungen – auch Dienstleistungsbetriebe infrage.
- Die Bonität und die **Seriosität des Exporteurs** müssen gewährleistet sein, weil sich die Factoringgesellschaft darauf verlassen können muss, dass die angekauften Forderungen überhaupt entstanden sind.
- Der **Jahresumsatz** des Anschlusskunden sollte sich auf mindestens 1 Millionen Euro belaufen; einige Factoringinstitute setzen eine jährliches Umsatzvolumen von mindestens ca. 5 Millionen Euro voraus. Die einzelne Rechnung sollte bei Inlandsforderungen nicht unter 300 Euro liegen; bei Auslandsforderungen gelten im Allgemeinen höhere Beträge.
- Der **Abnehmerkreis** des Exporteurs bzw. die Importländer sollten keinem allzu starken Wechsel ausgesetzt sein. Diese Voraussetzung gilt zumindest für das sog. Standardfactoring (echtes Factoring), bei dem die Factoringgesellschaft das Delkredererisiko übernimmt und deswegen zuvor eine Bonitätsprüfung der Abnehmer des Exporteurs durchführt. Bei Stammkunden erfolgt diese umfassende Bonitätsprüfung einmalig, danach erfolgt eine weniger aufwendige Kreditüberwachung, so dass sich der Aufwand der Factoringgesellschaft verteilt. Bei laufend wechselndem Abnehmerkreis des Exporteurs fehlt diese Verteilung des Aufwands der Bonitätsprüfung.
- Die **Laufzeit** der zu verkaufenden Exportforderungen sollte 180 Tage nicht überschreiten; bei Inlandforderungen sind es im Allgemeinen 120 Tage.
- Die anzukaufenden **Forderungen** müssen **frei von Rechten Dritter** sein und bei ihrer Entstehung der Höhe nach einwandfrei feststehen. Die anzukaufenden Forderungen dürfen auch nicht mit einem Abtretungsausschluss des Schuldners belegt sein.

  Anmerkung: Dieses sog. Abtretungsverbot tritt dank der Harmonisierungsbestrebungen, die sich in der UNCITRAL-Konvention bzw. in der sog. Ottawa-Konvention ausdrücken, künftig in den Hintergrund, vorausgesetzt, dass diese Konventionen in das ausländische Recht übernommen sind bzw. künftig werden. Aktuelle Informationen erteilen die Factoringgesellschaften sowie der Deutsche Factoring-Verband e.V.

5.6.1.6 Abgrenzung von Exportfactoring zur Forfaitierung

Auch Forfaitierung ist Forderungsverkauf (an ein Forfaitierungsunternehmen bzw. an eine Bank). Zwischen Factoring und Forfaitierung bestehen jedoch auch erhebliche **Unterschiede**:

- Im Gegensatz zum Factoring haben die à forfait verkauften Forderungen in der Regel eine mittel- bis langfristige **Laufzeit** (ab ca. 180 Tage).
- Bei Forfaitierungen werden die Forderungen nicht laufend bzw. nicht als Kategorie, sondern **einzeln verkauft**, zumal es sich bei Forfaitierungen im Allgemeinen um hohe Forderungsbeträge handelt.
- Ein weiterer Unterschied liegt darin, dass die **Delkredereübernahme** durch die Forfaitierungsgesellschaft die Regel ist, während beim Factoring ein Ankauf mit Rückgriffsvorbehalt auf den Forderungsverkäufer ausnahmsweise noch vorkommt.
- Im Gegensatz zu den Forfaitierungsgesellschaften schließen die Factoringgesellschaften die Übernahme des **politischen Risikos** regelmäßig aus.
- **Wechselkursrisiken** werden bei angekauften Fremdwährungsforderungen von Factoringgesellschaften in der Regel nicht, von Forfaitierungsgesellschaften dagegen im Allgemeinen übernommen.
- Schließlich sind forfaitierte Forderungen meistens durch ein **Zahlungsversprechen** (Bankgarantie, Bankbürgschaft, z.T. Wechselaval) der Importeurbank oder einer anderen als solvent bekannten **Bank abgesichert**. Die kurzfristigen Exportforderungen, die an Factoringgesellschaften verkauft werden, weisen eine derartige Zusatzsicherheit im Allgemeinen nicht auf.

Einzelheiten zur Forfaitierung siehe Kapitel „6 Mittel- und langfristige Finanzierungs- und Absicherungsinstrumente".

5.6.2 Vorteile des Forderungsverkaufs an einen Factor

5.6.2.1 Finanzierung durch den Factor

Finanzierungsfunktion

Das maßgebliche Argument für eine Teilnahme am Factoringverfahren ist bei den meisten Forderungsverkäufern (Anschlusskunden) die Finanzierungsfunktion: Unmittelbar nach der Entstehung einer Kundenforderung stellt die Factoringgesellschaft (der Factor) dem forderungsverkaufenden Unternehmen den **Forderungsgegenwert** – von einem geringen vorläufigen Sicherungseinbehalt abgesehen – zur freien Verfügung.

Insbesondere im **Vergleich** zu den Zessionskrediten (Kontokorrentkredite, die durch Forderungsabtretung gesichert sind) der Banken, bei denen von den Banken im Allgemeinen weit geringere Beleihungsquoten für den Forderungsbestand eines Bankkunden festgelegt sind, erweist sich Factoring unter Finanzierungsaspekten als die vorzugswürdigere Alternative. Im Übrigen zahlen die Factoringgesellschaften auch den Sicherungseinbehalt unmittelbar nach Eingang der Zahlung des Abnehmers an den Anschlusskunden aus.

Hoher Liquiditätszufluss

Der unverzügliche, vor allem aber der hohe Liquiditätszufluss, den der Exporteur von der Factoringgesellschaft erhält, ist ein weiterer Vorzug des Factoring. Selbst unter Berücksichtigung des sog. Sicherungseinbehaltes sind es bis zu **90 % einer Forderung**, die der sog. Anschlusskunde von der Factoringgesellschaft als Liquiditätszufluss erhält.

Dieser hohe sofortige Liquiditätszufluss ermöglicht es dem Exporteur, den Importeuren das marketingpolitisch erwünschte **Zahlungsziel** zu gewähren. Außerdem eröffnet sich dem Exporteur im Einzelfall die Möglichkeit, die Rechnungen der eigenen Lieferanten mit **Skontoabzug** zu bezahlen. Hinzu tritt, dass Factoring geeignet ist, die Liquiditätsdisposition und die Finanzplanung des Exporteurs zu präzisieren, weil die Unwägbarkeiten des Forderungseingangs entfallen.

Darüber hinaus erweist sich Factoring als ein **anpassungsfähiges Finanzierungsinstrument**: Factoringgesellschaften sind in der Regel bereit, ein steigendes Volumen an Exportforderungen anzukaufen, wenn die Ausfuhrgeschäfte des Exporteurs zunehmen, was die Kennzeichnung des Factoring als umsatzkongruente Finanzierung rechtfertigt.

Im Gegensatz zu diesem expansiven Einsatz hat der Exporteur auch die Möglichkeit, die Factoringfinanzierung nur sporadisch, z.B. während eines **saisonalen** Liquiditätsbedarfs, in Anspruch zu nehmen.

Verbesserte Bilanzkennzahlen

Ein weiteres Argument für die Teilnahme am Factoringverfahren kann die Verbesserung der Bilanzkennzahlen, insbesondere die Verbesserung der **Eigenkapital-/Fremdkapitalrelation** sein, sofern die Factoringerlöse tatsächlich zur Tilgung bestehender Schulden verwendet werden.

5.6.2.2 Übernahme des Delkredererisikos durch den Factor

Übernahme des Forderungsausfallrisikos

Übernimmt die Factoringgesellschaft vom Exporteur das Delkredererisiko (was inzwischen überwiegend zutrifft), dann ist der Exporteur durch den Ankauf der Forderungen vor Zahlungsausfällen – soweit diese auf der Zahlungsunfähigkeit der Importeure beruhen – gesichert.

Sicherungseinbehalt

Zwar behält die Factoringgesellschaft auch bei Übernahme des Delkredererisikos vorläufig **10% bis 20%** (in Ausnahmefällen bis zu 30%) des Gegenwerts einer Exportforderung als **Sicherheit** ein.

Dieser Sicherungseinbehalt wird dem Exporteur – nach Verrechnung mit den berechtigten Rechnungsabzügen des Importeurs (für nachträgliche Rabatte, Skonti usw.) – aber **in jedem Fall ausbezahlt**: Entweder wird der Sicherungseinbehalt nach erfolgter Zahlung des Importeurs an die Factoringgesellschaft an den Exporteur ausbezahlt oder nach einer bestimmten Frist (im Allgemeinen höchstens 120 Tage) nach Fälligkeit der Forderung, also auch bei Nichtzahlung des Importeurs wegen Zahlungsunfähigkeit.

Somit ist der Exporteur bei Übernahme des Delkredererisikos durch den Factor **in vollem Umfang gesichert**. Für den forderungsverkaufenden Exporteur entfallen deswegen sowohl Abschreibungen auf Forderungen als auch Zuführungen zu den Wertberichtigungen. Die Bezeichnung „Sicherungseinbehalt" ist angesichts der beschriebenen Sachverhalte missverständlich, zumindest in den Fällen, in denen der Factor das Delkredererisiko übernimmt.

Limit pro Importeur

Factoringgesellschaften übernehmen indessen das Delkredererisiko vom Exporteur keineswegs unbesehen. Vor Übernahme des Delkredererisikos unterzieht die Factoringgesellschaft vielmehr die Abnehmer ihres Anschlusskunden einer intensiven **Kreditwürdigkeitsprüfung**, die im Ergebnis zur Festlegung eines **Limits pro Abnehmer** führt. Die Factoringgesellschaft ist bereit, das Delkredererisiko bis zu dieser Höhe zu übernehmen. Liefert der Exporteur allerdings über das Limit hinaus an einen Importeur auf Kredit, dann trägt er das Risiko selbst. Die Factoringgesellschaft übernimmt in diesem Fall aber im Allgemeinen das Inkasso der nicht angekauften Forderungen.

Keine Übernahme politischer Risiken

Während die Factoringgesellschaften grundsätzlich bereit sind, das wirtschaftliche Risiko (Delkredererisiko) im skizzierten Rahmen zu übernehmen, **schließen** sie die Übernahme des **politischen Risikos faktisch aus**. Factoringgesellschaften kaufen nur solche Forderungen mit Übernahme des Delkredererisikos an, bei denen sie im Zeitpunkt des Ankaufs ein gewichtiges politisches Risiko des Importlandes nicht zu erkennen glauben. Da sich die privaten Warenkreditversicherungsunternehmen bei der Übernahme des politischen Risikos ähnlich verhalten, bleibt dem Exporteur häufig nur der Weg zur staatlichen Absicherung (sog. Hermes-Deckung).

Ausnahme: Übernahme des Wechselkursrisikos

Das Wechselkursrisiko, das bei Fremdwährungsforderungen besteht, übernehmen die meisten Factoringgesellschaften vom Exporteur nicht. Diese Zurückhaltung der Factoringgesellschaften lässt sich mit mehreren **Argumenten** begründen:

- Erstens fakturieren deutsche Exporteure überwiegend in Euro;
- zweitens stehen dem Exporteur bei Fremdwährungsforderungen hinreichende Wechselkurssicherungsinstrumente der Banken zur Verfügung (z.B. Devisentermingeschäfte);

- drittens streben die Exporteure keineswegs in allen Situationen nach einer Abdeckung des Wechselkursrisikos, weil sie bei manchen Fremdwährungen mit einer stabilen oder gar steigenden Kurstendenz während der Forderungslaufzeit rechnen und deswegen solche Forderungen (Positionen) nicht selten ungesichert (offen) lassen;
- viertens ist zu bedenken, dass Factoringgesellschaften, die das Wechselkursrisiko des Exporteurs übernehmen (würden), den Kurssicherungsaufwand diesem letztlich in Rechnung stellen (müssten);
- fünftens würde die Wechselkurssicherung der Factoringgesellschaft ohnehin erst ab dem Zeitpunkt des Forderungsankaufs beginnen, d.h. während der Angebots- und Produktionsphase bliebe das Wechselkursrisiko entweder ungesichert oder es müsste anderweitig abgedeckt werden.

5.6.2.3 Dienstleistungen des Factors

In Abhängigkeit von der jeweiligen Vertragsgestaltung erbringen die Factoringgesellschaften verschiedene Dienstleistungen für den Exporteur:

Kreditwürdigkeitsprüfung

Am bedeutendsten ist für den Exporteur die **Prüfung der Bonität der Debitoren** (der Importeure) durch die Factoringgesellschaft, die auch eine laufende Kreditüberwachung einschließt. Die Factoringgesellschaften verfügen nicht nur über ergiebige Quellen zur Auskunftsbeschaffung, sondern auch über geeignete Mitarbeiter für ein qualifiziertes Debitorenmanagement. Im Übrigen kooperieren die inländischen Factoringgesellschaften häufig mit ausländischen Factoringgesellschaften, und zwar nicht nur bei der Bonitätsprüfung von Abnehmern im jeweiligen Land, sondern teilweise auch beim Weiterverkauf von Forderungen an Factoringgesellschaften in den jeweiligen Importländern bzw. beim Forderungsinkasso.

Mahn- und Inkassowesen u.a.

Ähnlich bedeutsam ist die Übernahme des Mahn- und Inkassowesens durch die Factoringgesellschaft. Das Inkasso von Exportforderungen setzt umfassende Kenntnisse der unterschiedlichen Rechtsordnungen und Gepflogenheiten der verschiedenen Importländer voraus, die zumindest dem exportierenden Klein- und Mittelbetrieb in der Regel nicht zur Verfügung stehen.

Die inländischen Factoringgesellschaften wenden beim Inkasso bzw. bei der Refinanzierung angekaufter Exportforderungen unterschiedliche Methoden an:

- Die inländische **Factoringgesellschaft** nimmt das **Inkasso** der angekauften Auslandsforderungen **selbst** vor. Bei dieser Abwicklung mahnt die ankaufende Factoringgesellschaft säumige Schuldner auch selbst. Nur wenn die Mahnungen nichts fruchten, betraut die Factoringgesellschaft versierte

Anwälte bzw. Inkassospezialisten im jeweiligen Ausland mit der gerichtlichen Eintreibung der überfälligen Forderungen.

- Es gibt indessen auch **Factoringgesellschaften**, die die angekauften Exportforderungen (bzw. einen Teil dieser Forderungen) nicht selbst einziehen, sondern diese Forderungen an eine Factoringgesellschaft im Importland oder in einem Drittland **weiterverkaufen**. Mit diesem Weiterverkauf ist in der Regel auch die Übertragung aller Risiken auf die Factoringgesellschaft im Importland bzw. in einem Drittland verbunden. Der Vorzug für die weiterverkaufende Factoringgesellschaft liegt in der Überwälzung der Risiken sowie der Refinanzierungslast auf die ankaufende Factoringgesellschaft im Importland bzw. im Drittland. Der Nachteil liegt in der verbleibenden geringeren Ertragsspanne.

Information der Debitoren durch den Factor

- **Factoring: Kein Indiz mangelnder Kreditwürdigkeit**

  Nach den bisherigen Erfahrungen wird die Offenlegung der Tatsache, dass ein Unternehmen seine Forderungen an eine Factoringgesellschaft verkauft, nicht (mehr) als ein Indiz für mangelnde Kreditwürdigkeit oder gar für beengte Liquidität des forderungsverkaufenden Betriebs interpretiert, zumal sich auch große, als solvent bekannte Unternehmen am Factoringverfahren beteiligen.

- **Information der Kunden**

  Sofern der Exporteur seine (inländischen und/oder ausländischen) Kunden über die zukünftige Zusammenarbeit mit dem Factor nicht selbst informieren will, informiert auf seinen Wunsch die Factoringgesellschaft (evtl. unter Einschaltung ausländischer Factoringgesellschaften) die Debitoren des Exporteurs über die technische Abwicklung und über die rechtlichen Aspekte des Factoring. Insbesondere wird den Debitoren verdeutlicht, dass unverändert der Exporteur für eventuelle Mängel an den Waren, für Serviceleistungen, für Preisnachlässe u.Ä. zuständig bleibt, und dass auch die Factoringgesellschaft die daraus resultierenden Gegenansprüche der Importeure in Bezug auf die angekauften Forderungen gegen sich gelten lässt (wozu im Übrigen der Sicherungseinbehalt der Factoringgesellschaft dient).

- **Forderungseintreibung**

  Der maßgebliche Grund für eine zurückhaltende oder ablehnende Haltung der Debitoren kann in der – unter Umständen berechtigten – Befürchtung liegen, dass die Factoringgesellschaft nicht nur die Bonitätsprüfung intensiver vornimmt und den Kreditrahmen enger setzt als der Exporteur dies bislang praktiziert hat, sondern dass eine Factoringgesellschaft fällige Forderungen auch rasch und rigoros eintreibt.

  Dieser Umgang der Factoringgesellschaft mit säumigen Schuldnern mag dem Exporteur zwar im Einzelfall Absatzchancen verbauen, generell dient dieses Vorgehen aber auch der Sicherung des eigenen Unternehmens des Exporteurs.

Sonstige Dienstleistungen

Statistische Auswertungen durch die Factoringgesellschaften treten als Dienstleistung und als Argument für die Teilnahme am Exportfactoring dagegen eher in den Hintergrund, weil die Exporteure heute selbst über leistungsfähige EDV-Anlagen verfügen.

5.6.3 Kosten des Exportfactoring

Vorbemerkungen

- Die nachstehende Aufstellung der Kosten des Factoring vermag nur **grobe Anhaltpunkte** über die Art der Kosten und über die ungefähre Bandbreite der Höhe der Kosten zu vermitteln. Weil beispielsweise die Bonität und die Streuung der Kunden, die Höhe der Lieferungen und der Rechnungsbeträge, die Stabilität des Kundenkreises, das Zahlungsverhalten in den verschiedenen Branchen und Ländern sehr verschieden sind, ergibt sich daraus eine ebenso große Spannbreite bei den individuell ausgehandelten und im Factoringvertrag festzulegenden Konditionen.
- Weil inzwischen die Übernahme des Delkredererisikos durch den Factor überwiegt, wird von den Factoringgesellschaften die nachstehend getrennt vorgestellte Factoringprovision und die Delkredereprovision im Allgemeinen zu einem **einzigen Provisionssatz** zusammengefasst.

5.6.3.1 Factoringprovision

Bonitätsprüfung, Inkasso usw.

Die Factoringprovision wird von der Factoringgesellschaft für die erbrachten **Dienstleistungen** erhoben,

- also insbesondere für die Kreditwürdigkeitsprüfung der Debitoren (wofür teilweise auch eine einmalige oder jährliche Prüfungsprovision gesondert in Rechnung gestellt wird),
- für die Verwaltung des Debitorenbestandes und
- für die Übernahme des Mahn- und Inkassowesens.

Aufwand

Es liegt auf der Hand, dass der Aufwand der Factoringgesellschaft von den individuellen Verhältnissen des Exporteurs abhängt:

Hat der Exporteur einen laufend wechselnden Abnehmerkreis, dann ist der Aufwand der Factoringgesellschaft für die Bonitätsprüfung ungleich größer, als bei einem festen **Abnehmerstamm**, wo sich die Factoringgesellschaft nach der ersten Bonitätsprüfung in der Folgezeit mit einer Kreditüberwachung begnügen kann.

Analoges gilt für den Inkassoaufwand der Factoringgesellschaft: Sind die Beträge pro Lieferung, also die **Rechnungsbeträge** des Exporteurs, niedrig und beliefert der Exporteur eine Vielzahl von Abnehmern, dann ist der Inkassoaufwand und unter Umständen der Mahnaufwand der Factoringgesellschaft erheblich.

Höhe

In der Praxis streut deswegen die Höhe der Factoringprovision von ca. 0,5% bis ca. 2,0% des Umsatzes des Exporteurs, mit der Factoringgesellschaft.

5.6.3.2 Delkredereprovision und evtl. Kurssicherungskosten

Forderungsausfallrisiko

Die Delkredereprovision erhebt die Factoringgesellschaft für die Übernahme des Forderungsausfallrisikos. Insoweit trägt die **Delkredereprovision** den Charakter einer **Risikoprämie** für den Factor.

Es ist keine Frage, dass die Höhe der Delkredereprovision noch mehr als die Factoringprovision vom Einzelfall abhängt:

Hier spielen die Forderungsausfälle des Exporteurs in den letzten Jahren ebenso eine Rolle wie das Ergebnis der **Bonitätsprüfung** der Factoringgesellschaft und die **Streuung** der Abnehmer, insbesondere auch hinsichtlich der Streuung nach Importländern.

Höhe

Obwohl ein getrennter Ausweis der Delkredereprovision kaum mehr erfolgt, kann als grober Anhaltspunkt gelten, dass die sich die Höhe der Delkredereprovision beim Exportfactoring um ca. 0,5 % des Umsatzes des Exporteurs mit der Factoringgesellschaft bewegt; im Einzelfall liegt die Delkredereprovision allerdings auch deutlich darüber.

Gesamtprovision

Die meisten Factoringgesellschaften sind dazu übergegangen, die **Delkredereprovision** in die **Factoringprovision** einzubeziehen, und weisen somit nur noch einen einzigen Provisionssatz aus. Dies ist deswegen nahe liegend, weil die Übernahme des Delkredererisikos durch die Factoringgesellschaften inzwischen die Regel ist.

Der **zusammengefasste Provisionssatz** streut von ca. 0,8 % bis ca. 2,5 % vom Umsatz des Exporteurs mit der Factoringgesellschaft.

Zu beachten ist, dass die Factoringgesellschaft für die Bonitätsprüfung der Abnehmer eventuell eine zusätzliche einmalige oder jährliche Provision in Rechnung stellt.

Kurssicherungskosten

Sofern die Factoringgesellschaft bei Fremdwährungsforderungen das Wechselkursrisiko **ausnahmsweise** übernimmt, kommen die Kurssicherungskosten hinzu. In diesem Fall entspricht die Höhe der Kurssicherungskosten im Wesentlichen den Kosten von Devisentermingeschäften der Banken.

In der Regel verweisen die Factoringgesellschaften zur Absicherung von Fremdwährungsforderungen bzw. Wechselkursrisiken auf die Sicherungsinstrumente der Geschäftsbanken, so dass der Exporteur deren aktuellen Konditionen einholen sollte. Im Übrigen kann der Exporteur dann die Entscheidung, ob er eine Fremdwährungsforderung überhaupt absichern oder aber offen lassen will, von Fall zu Fall und damit angepasst an die aktuellen Gegebenheiten bzw. Erwartungen treffen.

5.6.3.3 Zinsen

Zinsberechnungsmethode

Die Factoringgesellschaften können die Zinsen für die angekauften Forderungen erst in dem Zeitpunkt – und so gesehen erst **nachträglich** – berechnen, in dem der zahlungspflichtige Abnehmer (Importeur) bezahlt hat (oder der Ausfall feststeht: z.B. spätestens 120 Tage nach Fälligkeit der Forderung), weil erst ab diesem Zeitpunkt der Zinsberechnungszeitraum endgültig bestimmt werden kann.

Indessen erstellen die Factoringgesellschaften nicht isoliert für jede angekaufte Forderung eine eigenständige Zinsabrechnung, sondern sie berechnen die Zinsen auf Grundlage des jeweiligen Gesamtbestandes aller angekauften Forderungen eines Anschlusskunden (eines Exporteurs). Wie bei Kontokorrentkrediten wird der (u.U. täglich) wechselnde Saldo des Gesamtbestandes angekaufter, von den Zahlungspflichtigen (Abnehmern, Importeuren) noch nicht beglichener Forderungen einer staffelmäßigen Zinsrechnung unterworfen. Der derart ermittelte Zinsbetrag wird dem Anschlusskunden im Allgemeinen vierteljährlich in Rechnung gestellt.

Zinshöhe

Der Zinssatz, den die Factoringgesellschaften anwenden, ist – entsprechend der **Marktzinsentwicklung** und analog zu den Zinssätzen für Kontokorrentkredite – variabel.

Zu berücksichtigen hat der Exporteur, dass die Factoringgesellschaften das zur Sicherheit auf einem Sperrkonto einbehaltene Guthaben des Exporteurs (den sog. Sicherungseinbehalt) in der Regel zu einem niedrigeren Zinssatz verzinsen als jenem für die angekauften Forderungen.

Hinweis

Weitere und vertiefende Erkenntnisse zum Exportfactoring sowie zu Factoring allgemein finden sich im „Handbuch der Außenhandelsfinanzierung" (Häberle, S.G., Oldenbourg-Verlag, München und Wien):

- **Prüfkriterien für Factoringangebote** mit einem Berechnungsbeispiel sowie einer Checkliste zur Prüfung.
- **Vergleichende Beurteilung** von Standardfactoring (Echtes Factoring), Bankkontokorrentkredit (Zessionskredit) und Warenkreditversicherung.

6 Mittel- und langfristige Finanzierungs- und Sicherungsinstrumente

6.1 Grundbegriffe und Grundlagen

Vorbemerkungen

Die folgenden Grundbegriffe und Grundlagen beziehen sich im Wesentlichen auf die mittel- und langfristigen **Kreditarten**, weniger dagegen auf die Forfaitierung und auf das Exportleasing (siehe dazu Kapitel „6.5 Forfaitierung“ und Kapitel „6.6 Exportleasing“).

Im Übrigen tragen die „Grundbegriffe und Grundlagen“ dieses Abschnitts lediglich skizzenhaften und **einführenden Charakter**.

Die „Grundbegriffe und Grundlagen“ diesen Abschnitts beziehen sich insbesondere auf einige **Gemeinsamkeiten**, die die Finanzierungsalternativen der wesentlichen Träger der mittel- und langfristigen Kreditarten, nämlich

- der im Auslandsgeschäft engagierten (größeren) **Geschäftsbanken**,
- der **AKA Ausfuhrkredit-Gesellschaft mbH**,
- der **Kreditanstalt für Wiederaufbau (KfW)**

aufweisen.

6.1.1 Besonderheiten des Investitionsgüter- und Anlagenexports und seiner finanziellen Abwicklung

6.1.1.1 Marketing / Lieferbeteiligte

Besonderheiten

Die Besonderheiten des Investitionsgüter- und Anlagenexports prägen die **korrespondierenden Finanzierungsbedürfnisse und Finanzierungsinstrumente**. Es ist deswegen zweckmäßig, zunächst einige dieser Besonderheiten (z.T. in Anlehnung an Voigt 1989: S. 34ff.) hervorzuheben.

Marketing

Investitionsgüterexporte, insbesondere Anlagenexporte bedürfen einer umfassenden und **langfristigen Marketingplanung**. Diese reicht von der zu wählenden Akquisitionsstrategie über die Planung des Vertriebswegs bis zur Sicherstellung von Service- und Reparaturleistungen an den gelieferten Investitionsgütern bzw. an den erstellten Anlagen.

Häufig sind die exportierten Investitionsgüter und insbesondere die im Ausland zu erstellenden Anlagen **schlüsselfertig nach den Plänen der Auftraggeber** zu bauen. Solche Spezialanfertigungen („Problemlösungen") erfordern einen aufwändigen und nachhaltigen Dialog zwischen dem Auftraggeber und dem Exporteur. Insbesondere werden vom Exporteur Geduld und Entgegenkommen erwartet. Nur auf dieser Grundlage bildet sich jenes Vertrauensverhältnis, das **Folgeaufträge** auch dann eröffnet, wenn die Preisvorstellungen des deutschen Exporteurs – im Vergleich zu den Konkurrenten – in isolierter Betrachtung hoch erscheinen.

Lieferbeteiligte

Bei Investitionsgüterexporten, insbesondere bei Anlagenexporten, handelt es sich häufig um größere und **komplexe Objekte/Projekte**. Dieser Komplexität kann mit unterschiedlichen rechtlichen und betriebswirtschaftlichen Formen Rechnung getragen werden. Dementsprechend können die **Beteiligten** Konsortialführer, Hauptlieferant, Generalunternehmer, Konsorte, Unterlieferant, (stiller) Zulieferer u.Ä. sein. Dies gilt im Übrigen auch für Dienstleistungen von Consultingunternehmen.

Hervorzuheben ist bei Investitionsgüter-/Anlagenexporten, dass als Konsorten, Zulieferer u.Ä. häufig nicht nur inländische Betriebe, sondern auch ausländische Betriebe einbezogen sind. Nicht selten schreibt der ausländische Auftraggeber (eine staatliche Stelle) darüber hinaus vor, dass in einem bestimmten Mindestumfang **Lieferanten des Importlandes zu berücksichtigen** sind. Dies führt für den Exporteur zu sog. **lokalen/örtlichen Aufwendungen** für Lieferungen/Leistungen aus dem Bestellerland, die evtl. besondere (Währungs-)Risiken beinhalten und im Übrigen in der Konstruktion der Finanzierung zu bedenken sind.

Maßgeblich für die Beteiligten ist indessen nicht allein ihre Fertigungs- bzw. Dienstleistungsfunktion im Rahmen eines solchen komplexen Investitionsgüter-/ Anlagenexports, sondern auch ihre **Risikotragung**. Der bei Investitionsgüter-/ Anlagenexporten von den Beteiligten übernommene Risikoanteil kann von der alleinigen Risikotragung durch einen Beteiligten über die quotale Verteilung des Risikos auf alle Beteiligten bis zum Risikoausschluss für bestimmte Beteiligte (wie es für einen kleineren inländischen Zulieferer zutreffen mag) reichen. Im Übrigen kann bei der Aufteilung der Risikoanteile nach der Art der Risiken differenziert werden.

6.1.1.2 Besondere Risiken und Sicherstellungen

Besondere Risiken – generell

Bei Investitionsgüter- und Anlagenexporten sind die Risiken des Exporteurs besonders ausgeprägt. Dies gilt sowohl für

- das im Importeur begründete **wirtschaftliche Risiko** (Zahlungsunfähigkeit usw.) als auch für

- das **politische Risiko** (die Importeure finden sich nicht selten in Ländern mit hoher Auslandsverschuldung) und
- das **Wechselkursrisiko** (sofern nicht in Euro fakturiert werden kann).

Besondere Risiken – speziell in der Fabrikations-/Bauphase

Im Gegensatz zu den meisten Konsumgüterexporten treten die oben genannten Risiken bei Investitionsgüter- und Anlagenexporten bereits während der Fabrikations-/Bauphase ausgeprägt in Erscheinung: In vielen Fällen handelt es sich bei den Investitionsgütern bzw. Anlagen um Objekte, die nach den Plänen des Importeurs (Bestellers) gebaut werden, und die insoweit Spezialerzeugnisse sind. Dem Exporteur bleiben deswegen bei Eintritt des wirtschaftlichen Risikos während der Fabrikationsphase (z.B. bei Vertragsverletzungen oder bei Insolvenz des Importeurs) keine alternativen Verwertungsmöglichkeiten der im Bau befindlichen Anlagen bzw. Spezialerzeugnisse.

Analoges gilt bei Eintritt politischer Risiken während der Fabrikations-/ Bauphase.

Besondere Sicherstellungen

Investitionsgüter- und Anlagenexporte mit mittel- und langfristigen Zahlungszielen bedürfen in der Regel einer **umfassenden Sicherstellung.**

Folgende, allerdings von der Art der Finanzierung abhängige Sicherheiten sind wesentlich:

- **Zahlungsgarantie einer erstklassigen Bank** im Bestellerland (oder in einem Drittland). Diese Sicherheit trifft häufig zu bei Lieferantenkrediten und bei gebundenen Finanzkrediten, die Bestellerkredite sind. Dagegen entfällt diese Sicherheit in der Regel bei gebundenen Finanzkrediten, die Bank-zu-Bank-Kredite sind, weil bei diesen Krediten die ausländische Bank selbst (solvente) Schuldnerin ist.

  Einzelheiten zu diesen Kreditarten und deren Sicherstellung siehe folgende Abschnitte.
- **Hermes-Deckung** für die **Kreditphase**, häufig auch schon für die **Fabrikationsphase**. Je nach Art der Finanzierung des mittel- oder langfristigen Zahlungsziels wird die Hermes-Deckung bei Lieferantenkrediten dem deutschen Exporteur (der seine Ansprüche sodann auf die finanzierende Bank überträgt) oder bei gebundenen Finanzkrediten direkt der finanzierenden deutschen Bank (Hermes-Finanzkreditdeckung) gewährt.
- Darüber hinaus haben der Exporteur und der Importeur meistens weitere **Sicherungsrechte** an die Banken zu übertragen, **Verpflichtungserklärungen** abzugeben usw.

6.1.1.3 Zeitliche Abwicklung

Zeitliche Struktur

Es hängt von den Eigenheiten des jeweiligen Exportgeschäfts ab, welche **Zeitspannen** die einzelnen **Abschnitte des Exportgeschäfts** beanspruchen. Exportgeschäfte, die beispielsweise Maschinen ohne erforderliche Montageleistung zum Gegenstand haben, weisen eine gestraffte zeitliche Struktur auf im Vergleich zum Export von Anlagen, insbesondere im Vergleich zur Erstellung von schlüsselfertigen Anlagen im Ausland.

Abbildung

Eine Übersicht über die mögliche zeitliche und sachliche Abwicklung eines Anlagenexportgeschäfts vermittelt die folgende Abbildung Nr. 6.1-01 (Voigt 1994: S. 11):

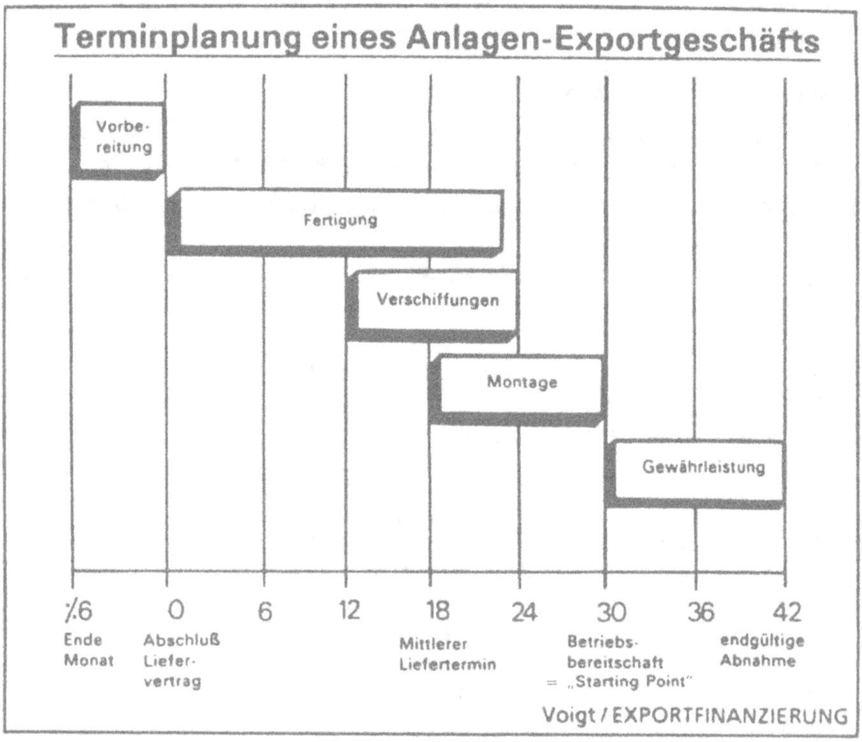

Abbildung 6.1-01

Quelle: Voigt 1994: S. 11

6.1.1.4 Finanzielle Abwicklung

Fabrikations-/Bauphase

Bei Exportgeschäften mit mittel- oder langfristigen Zahlungszielen entsteht ein erheblicher Kapitalbedarf. Die **Anzahlung** des Importeurs, die nach Vertragsabschluss zu leisten ist, beträgt häufig nur 5% des Auftragswerts. Ausnahmsweise entfällt sie (ebenso wie die im Folgenden angesprochene Dokumentenrate) bei sog. 100%-Finanzierungen (des Auftragwerts) sogar ganz.

Die **Dokumentenrate**, die der Exporteur unter Vorlage der Versanddokumente und anderer Dokumente (evtl. im Rahmen eines Dokumentenakkreditivs oder eines Dokumenteninkassos) als **Zwischenzahlung** erhält, beträgt in vielen Fällen nur (weitere) 10% des Auftragswerts.

Bauzinsen

Mit den genannten Zahlungen kann der Exporteur die Aufwendungen bis zur Betriebsbereitschaft oder Übernahme einer Anlage nicht annähernd decken. Der Exporteur hat folglich bereits für die sog. **Bauphase Kredite** aufzunehmen, für die Zinsen, die sog. **Bauzinsen**, anfallen.

Die Berücksichtigung der Bauzinsen erfolgt nach verschiedenen Vorgehensweisen:

- **Einbeziehung in den Preis** des Investitionsgegenstands bzw. der erstellten Anlage.
- Offene **Inrechnungstellung** der Bauzinsen gegenüber dem Importeur, der die Bauzinsen – je nach getroffener Vereinbarung –
  - in einer Summe bei Übernahme der Anlage
  - oder entsprechend ihrem Anfall
  - zu bezahlen hat.

Bei **gebundenen Finanzkrediten** (Bestellerkrediten, Bank-zu-Bank-Krediten), die an den Exporteur „Progress Payment", also entsprechend dem Fertigungsfortschritt ausgezahlt werden, entfallen die obigen Vorgehensweisen. Bei diesen Krediten und bei diesem ausnahmsweise angewandten Auszahlungsverfahren (Progress Payment) gehen die Kreditzinsen zulasten des Kreditschuldners, also des Bestellers bzw. seiner Bank.

Kreditphase

Der maßgebliche Kapitalbedarf entsteht indessen durch das dem Importeur eingeräumte **mittel- bis langfristige Zahlungsziel** über einen (nach Abzug der meist geringen An- und Zwischenzahlungen des Importeurs) hohen Anteil am Auftragswert.

Die bei der Finanzierung anfallenden Zinsaufwendungen sind wegen der mittel- bis langfristigen Kreditinanspruchnahme erheblich.

Kreditzinsen

Die Behandlung der **Zinsaufwendungen der Kreditphase** kann in Abhängigkeit von der vereinbarten Refinanzierung unterschiedlich gestaltet sein:

- Bei sog. **Lieferantenkrediten**, das sind Bankkredite an Exporteure zur Finanzierung von Exportgeschäften mit mittel- bis langfristigen Zahlungszielen, werden die Zinsen dem Exporteur in Rechnung gestellt.

  Der Exporteur berechnet die Zinsen dem Importeur als sog. **Abnehmerzinsen** weiter, wobei die Zinsen der Bank und die dem Importeur berechneten Zinsen keineswegs gleich hoch sein müssen. Kann der Exporteur gegenüber dem Importeur nur einen niedrigeren Zinssatz durchsetzen, dann muss er versuchen, dieses Zinsdefizit in der Kalkulation unterzubringen.

- Bei **gebundenen Finanzkrediten**, das sind Bestellerkredite und Bank-zu-Bank-Kredite, werden die Zinsen von der kreditgewährenden deutschen Bank unmittelbar dem ausländischen Kreditschuldner (dem Besteller/Importeur bzw. der Importeurbank) belastet.

  Anmerkung: Gebundene Finanzkredite sind liefergebundene Kredite deutscher Banken an die ausländischen Besteller/Importeure bzw. an deren Banken, die jedoch – weil sie liefergebunden sind – nicht diesen Kreditschuldnern, sondern dem deutschen Exporteur gegen entsprechende Liefer-/Leistungsnachweise ausgezahlt werden; die Einzelheiten sind in den folgenden Kapiteln ausführlich beschrieben.

  In der Regel berühren den Exporteur bei gebundenen Finanzkrediten die Kreditzinsen somit nicht. Nur in Fällen, in denen die deutsche Bank dem ausländischen Kreditschuldner – auf Antrag des Exporteurs beispielsweise wegen der Wettbewerbslage – einen Zinssatz unter dem Marktzinsniveau eingeräumt hat, kann der Exporteur zu einer Zinszuzahlung verpflichtet sein.

Sonstige Kredit- und Sicherungskosten

- Neben den Zinsen fallen in der Regel eine **Zusage- bzw. Bereitstellungsprovision**, eine (einmalige) **Bearbeitungsprovision** sowie z.T. erhebliche Aufwendungen bei der Beschaffung der Kredit(sicherungs) unterlagen an.
- Im Allgemeinen wird der Exporteur auch bei gebundenen Finanzkrediten (Bestellerkredite, Bank-zu-Bank-Kredite) verpflichtet, das **Hermes-Entgelt** für die Hermes-Finanzkreditdeckung zu übernehmen.
- Darüber hinaus wird dem Exporteur von der kreditgewährenden deutschen Bank gegebenenfalls eine **Risikoprämie** belastet, die dem Risiko der Bank für den bei Hermes-Finanzkrediten wählbaren 5%igen, nicht abwälzbaren Selbstbehalt Rechnung trägt.

Verbundene Finanzierungen

Eine weitere Besonderheit der Finanzierung von Exportgeschäften mit mittel- oder langfristigen Zahlungszielen liegt in der häufig angewandten **Verbindung/Koppelung unterschiedlicher Kreditarten** (Lieferantenkredite, Bestellerkredite bzw. Bank-zu-Bank-Kredite, Komplementärkredite, Vorfinanzierungskredite usw.), eventuell von verschiedenen Kreditgebern (Geschäftsbanken, AKA, KfW usw.). Solche Verbindungen verschiedener Kreditarten können parallel und/oder hintereinander geschaltet sein.

Die Notwendigkeit, unterschiedliche Kreditarten von eventuell verschiedenen Kreditgebern zu verbinden, folgt insbesondere daraus, dass die Richtlinien der verschiedenen Kreditprogramme der AKA und der KfW laufzeitbezogene, kredithöhenbezogene und andere Restriktionen enthalten. Je nach Lage des Falls kann es deswegen zweckmäßig sein, verschiedene Kreditprogramme einer der Spezialbanken zu einer Gesamtfinanzierung zu verbinden und sodann die kredithöhenbezogene oder laufzeitbezogene Ergänzungsfinanzierung außerhalb zu suchen.

Weitere verbundene/gekoppelte Finanzierungsmodelle stehen zur Verfügung. Die Banken verfügen über EDV-Programme, die die Finanzierungsalternativen mit den aktuellen Konditionen auf den Einzelfall zugeschnitten präsentieren.

6.1.2 Übersicht über Beteiligte und Formen der mittel- bis langfristigen Exportkredite

Abbildung

Die **Abbildung Nr. 6.1-02** stellt die im folgenden beschriebenen Kreditarten der mittel- bis langfristigen Exportfinanzierung nach den Kreditbeteiligten kurz gefasst dar.

Liefervertragskredit

Der Liefervertragskredit wird dem Importeur vom Exporteur **im Rahmen eines Liefervertrags** (Kaufvertrag, Exportvertrag, Ausfuhrvertrag, Kontrakt) als Zahlungsziel gewährt.

Umgangssprachlich und insbesondere bei Inlandsgeschäften wird in diesem Zusammenhang von Lieferantenkredit gesprochen. Im internationalen Geschäft wird der Ausdruck Lieferantenkredit dagegen mit einem anderen, nämlich mit dem im folgenden Abschnitt beschriebenen Vorstellungsinhalt verbunden.

Bei größeren mittel- und langfristigen Liefervertragskrediten erfolgt häufig die Absicherung der Ansprüche des Exporteurs durch die **Zahlungsgarantie** (das Aval) einer solventen Bank im Importland (kurz: Importeurbank). Darüber hinaus sind solche Liefervertragskredite meistens durch eine **Hermes-Deckung** abgesichert.

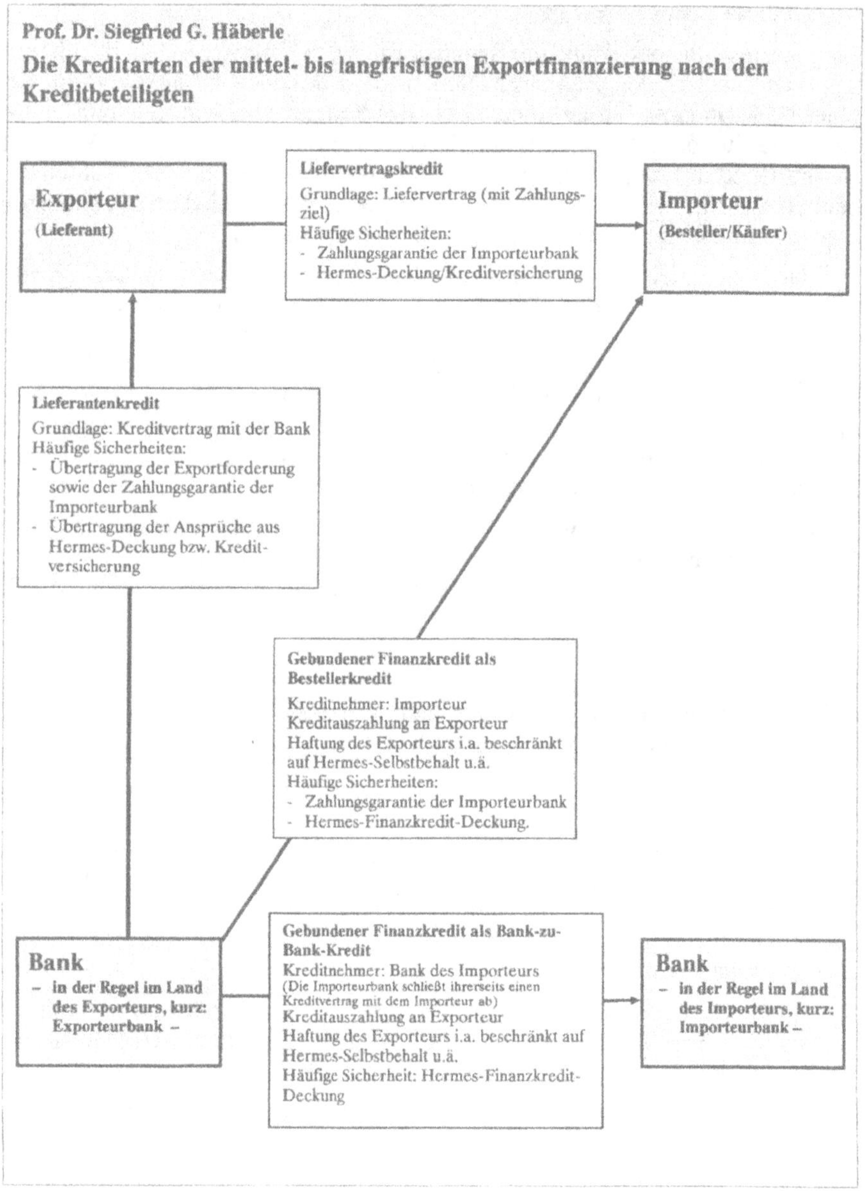

Abbildung 6.1-02

Lieferantenkredit

Der Lieferantenkredit ist ein **Bankkredit an den Exporteur** in seiner Eigenschaft als Lieferant. Bei mittel- und langfristigen Exportfinanzierungen ist die Zuordnung des Lieferantenkredits zu einem bestimmten Exportgeschäft die Regel. Dagegen umfassen Lieferantenkredite, die der Finanzierung kurzfristiger Exportgeschäfte (oder Inlandsgeschäfte) dienen, im Allgemeinen einen Kreditrahmen, und zwar in Form eines Kontokorrentkredits. Nur bei größeren kurzfristigen Fremdwährungskrediten erfolgt wiederum die jeweilige Zuordnung der Kreditaufnahme zu einem bestimmten Exportgeschäft, im Allgemeinen jedoch ohne die im Folgenden beschriebene Übertragung der Sicherheiten auf die Bank.

Zur Sicherung des Lieferantenkredits **überträgt der Exporteur seine Sicherheiten** aus dem zu finanzierenden Exportgeschäft an die kreditgewährende **Bank**. Diese Übertragung umfasst insbesondere die Forderungsansprüche des Exporteurs an den Importeur aus dem Exportgeschäft und die dafür haftenden Sicherheiten (Zahlungsgarantie der Importeurbank) sowie gegebenenfalls die Übertragung der Ansprüche aus der Hermes-Deckung oder aus einer Kreditversicherung.

Gebundene Finanzkredite

Der gebundene Finanzkredit ist der **Kredit einer Bank** – im Allgemeinen im Land des Exporteurs (kurz: Exporteurbank) – an den Importeur bzw. an die Bank des Importeurs (kurz: Importeurbank):

- Von **Bestellerkredit** wird gesprochen, wenn der Kredit der Exporteurbank dem Importeur (in seiner Eigenschaft als Besteller/Käufer) gewährt wird.
- Dagegen wird von **Bank-zu-Bank-Kredit** (manchmal auch Bank-an-Bank-Kredit) gesprochen, wenn der Kredit von der Exporteurbank an die Importeurbank gewährt wird. Die Importeurbank schließt bei Bank-zu-Bank-Krediten ihrerseits einen analogen Kreditvertrag mit dem Importeur ab.
- Der Bestellerkredit und der Bank-zu-Bank-Kredit sind somit **Unterformen des gebundenen Finanzkredits.**

Gebundene Finanzkredite sind im Allgemeinen durch **Hermes** gedeckt. Darüber hinaus sind Bestellerkredite in der Regel durch die **Zahlungsgarantie** der Importeurbank gesichert.

Der **Exporteur** haftet im Rahmen der sog. Exporteurgarantie im Allgemeinen nur in sehr begrenztem Umfang.

Der gebundene Finanzkredit wird in der Regel nicht an den Kreditschuldner (Besteller bzw. dessen Bank) **ausgezahlt**, sondern – auf Grundlage vorzulegender Bestätigungen über erfolgte Lieferungen/Leistungen – an den **Exporteur**.

Vorteile des Exporteurs bei gebundenen Finanzkrediten

Der maßgebliche Vorzug von gebundenen Finanzkrediten liegt für den **Exporteur**

- in der **direkten Auszahlung** des Kredits an den Exporteur zulasten des Kreditkontos des Schuldners (Besteller bzw. ausländische Bank);

- im völligen oder weit reichenden **Haftungsausschluss** des Exporteurs für den gebundenen Finanzkredit;
- in der **bilanziellen Entlastung**, weil der Exporteur nicht Kreditschuldner ist.

Der **Nachteil** der Auszahlung von Finanzkrediten pro rata Lieferung kann durch eine **Vorfinanzierung** mittels eines Lieferantenkredits (eines Bankkredits an den Exporteur) ausgeglichen werden.

6.1.3 Restriktionen der Zahlungsbedingungen von Exportgeschäften mit mittel- und langfristigen Zahlungszielen

Allgemeine Vorschriften

Bei Vereinbarung der Zahlungsbedingungen von Exportgeschäften mit mittel- und langfristigen Zahlungszielen haben die Beteiligten zunächst jene Vorschriften zu beachten, die für alle Ausfuhr- bzw. Einfuhrgeschäfte der beteiligten Länder generell gelten. Weil das deutsche Recht nur wenige Auflagen erteilt, sind dies vor allem die **Einfuhrbestimmungen**, insbesondere die **Inkasso- und Devisenvorschriften des Importlandes**.

Spezielle Vorschriften

Darüber hinaus sind einige spezielle Restriktionen bei Exportgeschäften mit mittel- und langfristigen Zahlungszielen zu beachten, sofern der Exporteur oder die finanzierende Bank eine **Hermes-Deckung** erlangen will, was regelmäßig der Fall ist.

Diese Restriktionen sind auch zu beachten, wenn Exportkredite mit öffentlichen **Mitteln** gefördert werden, wie beispielsweise das KfW-ERP-Exportfinanzierungsprogramm.

Es sind insbesondere die folgenden **internationalen Einrichtungen / Vereinbarungen**, die der Exporteur zu berücksichtigen hat:

- **Berner Union**
- **Konsultationsverfahren der EU-Länder**
- **OECD-Konsensus.**

Hinweis

Es ist im Rahmen eines Lehrbuchs nicht möglich, zeitlos und detailliert die Bedingungen der genannten Einrichtungen darzustellen. Die angesprochenen Bedingungen sind vielfältig und außerdem von Zeit zu Zeit Veränderungen unterworfen. Im Folgenden werden deswegen nur skizzenhaft einige Grundzüge dieser Bedingungen dargestellt. Detaillierte und aktuelle Informationen sind bei Hermes abrufbar.

Berner Union

Die Berner Union ist die internationale Vereinigung der staatlichen Exportkreditversicherungen.

Für den deckungssuchenden Exporteur ist von Bedeutung, dass es unter den Mitgliedern der Berner Union eine Reihe von „understandings“ dahingehend gibt, für bestimmte Warenarten (die z.T. wertmäßig gestaffelt sind) bestimmte Kreditfristen nicht zu überschreiten (vgl. Schallehn 1994: Gruppe VI, S. 28a).

Darüber hinaus eröffnet die Berner Union die Möglichkeit, Informationen über das **Konkurrenzverhalten** ausländischer Kreditversicherer einzuholen, und zwar über die versicherbaren Zahlungsbedingungen sowohl von Warengruppen als auch von Einzelgeschäften (vgl. ders. ebenda). Eine solche Information kann die **Anpassung** eines staatlichen Kreditversicherers an die von einem anderen staatlichen Kreditversicherer akzeptierten Zahlungsbedingungen für ein konkretes Geschäft zur Folge haben (das sog. **Matching**; vgl. ders. ebenda).

EU-Konsultationsverfahren

Einen weiteren Beitrag zur Wettbewerbsgerechtigkeit und zur Standardisierung der Zahlungsbedingungen bei Exportgeschäften mit mittel- und langfristigen Zahlungszielen leistet das EU-Konsultationsverfahren.

Gegenstand dieses Konsultationsverfahrens sind (vgl. Voigt 1994: S. 37):

- Die maximalen **Kreditlaufzeiten** über 5 Jahre, gruppenweise gestaffelt nach dem Wohlstand der Importländer.
- Die Mindesthöhe der **An- und Zwischenzahlungen**.
- Die Anteile der zu kreditierenden **lokalen Kosten**, die den Prozentsatz der An- und Zwischenzahlungen überschreiten.

Anmerkung: Diese Merkmale sind nur unverbindliche Beispiele. Die jeweils aktuellen Merkmale dieses Konsultationsverfahrens müssen erhoben werden.

OECD-Konsensus

Der OECD-Konsensus umfasst ein **„Übereinkommen über Leitlinien für staatlich unterstützte Exportkredite“**.

Im Konsensus verpflichten sich die Partner die in den Leitlinien festgelegten Regeln über

- Zahlungsbedingungen für **An- und Zwischenzahlungen**,
- **Höchstkreditlaufzeiten**,
- **Kreditraten** und **Zinserhebung**,
- kreditierte **örtliche Kosten**,
- **Mindestzinssätze** und

- an nationale Exporte gebundene **Hilfskredite**

einzuhalten (vgl. Schallehn 1994 ff.: Gruppe VI, S. 33).

Der Konsensus findet **Anwendung** auf öffentlich unterstützte Exportkredite mit einer Kreditlaufzeit von mindestens 2 Jahren.

Der OECD-Konsensus umfasst eine **Vielzahl von Bestimmungen**, die von Auslegungen ergänzt sind.

Anmerkung: Detaillierte und aktuelle Informationen sind im Einzelfall einzuholen und werden beispielsweise vorn Hermes bereit gestellt.

OECD-Konsensus: Ausdrücke und Verfahren

Drei Ausdrücke bzw. Verfahren, die im Zusammenhang mit dem OECD-Konsensus in Erscheinung treten, werden im Folgenden skizziert, weil sie von grundsätzlicher Bedeutung sind oder in anderen Bereichen ebenfalls Anwendung finden:

- **CIRR**

Für jede Währung der OECD-Konsensus-Teilnehmer wird ein **Kommerzieller Referenzzinssatz** (CIRR, Commercial Interest Reference Rate) festgelegt, der sich an der aktuellen Entwicklung der Marktzinsen der betreffenden Währung orientiert.

Die CIRR wird zum 15. eines jeden Monats neu festgelegt und entspricht im Falle der DM der in der Frankfurter Allgemeinen Zeitung veröffentlichten „FAZ-Renten-Rendite" von festverzinslichen Wertpapieren öffentlicher Emittenten mit einer Restlaufzeit von 5 Jahren am letzten Börsentag des Vormonats zuzüglich eines Aufschlags von 1% p.a. (KfW 1996: S. 41).

- **Matching**

Die Teilnehmer des **OECD-Konsensus** sind im Rahmen von Konsultations- und Notifikationsverfahren verpflichtet, bestimmte **Konditionen** eines Exportgeschäfts (z.B. die Kreditlaufzeit), für das eine öffentliche Unterstützung beabsichtigt wird, den übrigen Konsensus-Teilnehmern mitzuteilen. Die **Anpassung** an derartig mitgeteilte Konditionen bei einem mit dem notifizierten Angebot konkurrierenden, öffentlich unterstützten nationalen Angebot wird als Matching bezeichnet (KfW 1996: S. 41).

Eine analoge Bezeichnung findet das **Anpassungsverfahren** der in der **Berner Union** zusammengeschlossenen staatlichen Kreditversicherer.

- **Starting Point**

Der Starting Point bezeichnet bei Hermes-gedeckten Krediten den **Beginn der Kreditlaufzeit**.

Je nach Art des Ausfuhrgeschäfts akzeptiert Hermes

- den Zeitpunkt der **mittleren gewogenen Lieferung**,
- den Zeitpunkt der **letzten wesentlichen Lieferung**,

oder

- den Zeitpunkt der **Betriebsbereitschaft**

als Starting Point.

Die erste Rückzahlungsrate ist 6 Monate nach dem Starting Point fällig. Im Kreditvertrag wird für den Tilgungsbeginn zusätzlich ein Spätesttermin festgesetzt, der sich an dem erwarteten Starting Point orientiert (vgl. KfW 1996: S. 43).

6.2 Mittel- und langfristige Exportfinanzierungen der Geschäftsbanken

6.2.1 Übersicht über die Kreditarten

Vorbemerkungen zu den Lieferantenkrediten

- **Lieferantenkredite**, das sind **Bankkredite an Exporteure** (in deren Eigenschaft als Lieferanten) zur Finanzierung von Exportgeschäften.

  Abgrenzung: Dagegen wird im internationalen Geschäft von **Liefervertragskrediten** gesprochen, wenn die Exporteure den Importeuren im Rahmen des Liefervertrags ein Zahlungsziel gewähren. Anmerkung: Im Inlandsgeschäft wird ein solches Zahlungsziel unverändert mit dem Ausdruck Lieferantenkredit belegt.

- Bei mittel- und langfristigen Exportfinanzierungen kommen zwar Lieferantenkredite noch vor; **vorwiegend** erfolgt die mittel- bis langfristige Finanzierung jedoch mit **liefergebundenen Finanzkrediten**, und zwar als Bestellerkredite bzw. Bank-zu-Bank-Kredite, siehe dazu folgendene Abschnitte.

  Anmerkung: Bei kurzfristigen Exportfinanzierungen haben die Lieferantenkredite nach wie vor eine erhebliche Bedeutung.

- Weil Lieferantenkredite im Sinne von Bankkrediten an Lieferanten bei Exportgeschäften mit mittel- und langfristigen Zahlungszielen inzwischen erheblich an Bedeutung verloren haben, werden sie in dieser „Einführung in die Exportfinanzierung" nicht behandelt.

  Dagegen finden sich zu den Lieferantenkrediten eine grafische Darstellung mit schrittweisen Erläuterungen der Abwicklung im „Handbuch der Außenhandelsfinanzierung" (Häberle, S.G., Oldenbourg-Verlag, München und Wien).

Gebundene Finanzkredite

Der Ausdruck **„(liefer-)gebundene Finanzkredite"** wird im Allgemeinen als Oberbegriff für

- Kredite inländischer Banken an ausländische Besteller/Käufer unter der Kurzbezeichnung **Bestellerkredite** verwendet und für

- Kredite inländischer Banken an die Banken der ausländischen Besteller/Käufer unter der Kurzbezeichnung Bank-zu-Bank-Kredite

gebraucht:

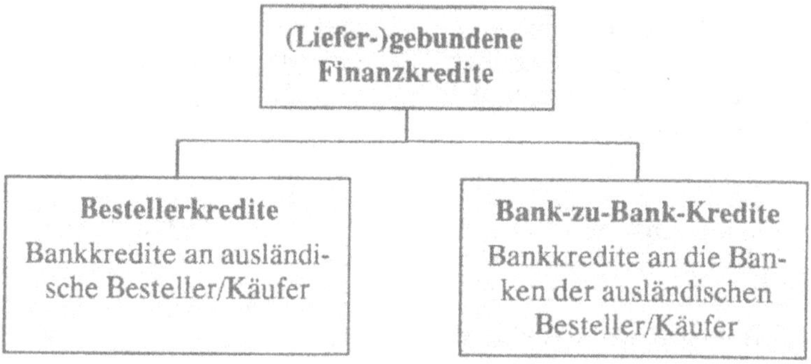

Begriff „Bestellerkredit“

Anzumerken ist, dass der Ausdruck „Bestellerkredit“ keine einheitliche Anwendung findet:

- Zum Teil wird der Ausdruck „Bestellerkredit“ mit dem gleichen umfassenden Vorstellungsinhalt verbunden wie der Ausdruck **„gebundener Finanzkredit“**, d.h. als Oberbegriff verwendet.
- Zum Teil werden unter dem Ausdruck „Bestellerkredit“ nur die (inländischen) Bankkredite an die **ausländischen Besteller/Käufer** verstanden, nicht aber die (inländischen) Bankkredite an deren Banken, also nicht zugleich die Bank-zu-Bank-Kredite.

Rahmen bzw. Grundkreditvereinbarungen

Die Geschäftsbanken ebenso wie die AKA Ausfuhrkredit-Gesellschaft mbH sowie die KfW Kreditanstalt für Wiederaufbau haben mit ausländischen Banken bzw. Investoren Rahmen- bzw. Grundkreditvereinbarungen abgeschlossen, innerhalb derer die Finanzierung des einzelnen Exportgeschäftes sehr schnell abgewickelt werden kann.

Hinweis: Weitere Informationen zu den Rahmen- bzw. Grundkreditvereinbarungen finden sich in der nachstehenden Abbildung sowie in Abschnitt „6.2.3 Gebundene Finanzkredite als Bank-zu-Bank-Kredite“ in den dortigen „schrittweisen Erläuterungen“.

Abbildung

Der nachstehende, von Hermes bzw. von den Banken laufend aktualisierte Auszug aus einer Tabelle der Bayerischen Hypo- und Vereinsbank AG (HVB) informiert über

- die **Hermes-Länderkategorien** und über die Hermes-Deckungsbesonderheiten sowie über

- die ausländischen Banken bzw. ausländischen Investoren, mit denen die HVB bzw. die AKA **Rahmen- bzw. Grundkreditvereinbarungen** abgeschlossen haben.

Länder	HERMES-Deckungsbesonderheiten	Kreditgeber	Kreditnehmer
Ägypten	Länderkategorie 4 Banksicherheit erforderlich verschärftes Windhundverfahren	HVB	**Bank:** National Bank of Egypt
Algerien	Länderkategorie 5 Orientierungsgröße DM 30 Mio. verschärftes Windhundverfahren grundsätzlich Banksicherheit erforderlich	AKA	**Banken:** Banque de l'Agriculture et du Développement; Banque Extérieure d'Algerie; Banque Nationale d'Algerie; Crédit Populaire d'Algerie
Argentinien	Länderkategorie 6 Orientierungsgröße DM 40 Mio. verschärftes Windhundverfahren bei privaten Bestellern sind keine Sicherheiten erforderlich, allerdings strenge Bonitätsprüfung	HVB	**Banken:** Banco Rio de la Plata S.A.; Banco de la Ciudad de Buenos Aires; Banco de Galicia y Buenos Aires; Banco de La Nacion; Scotiabank Quilmes S.A.; Banco Credicoop Cooperativo Limitado; Banco de la Provincia de Buenos Aires; Bank Boston N.A.; BBV Banco Francés S.A.; Banco Suquia S.A.; HSBC Argentina S.A. **Investoren:** LOMA NEGRA; La Serenisma Mastellone HNOS S.A.; SANCOR Cooperativas Unidas Ltda.; Aceitera General Deheza S.A.; Acindar-Industria Argentina de Aceros S.A.; Central Puerto S.A.; Central Termoelectica Buenos Aires; Coca Cola-Femsa de Buenos Aires S.A.; F.V.S.A.; SIDERAR S.A.I.C.; Juan Minetti S.A.
Armenien	Länderkategorie 7 Indeckungnahme auf Einzelfallbasis Deckungsvoraussetzungen: Liefervertrag und Kreditvertrag müssen unterzeichnet sein, Staatsgarantie muß vorliegen, Akkreditiv muß eröffnet sein, Anzahlung in Höhe von 15 % muß eingegangen sein, Lieferanteil aus den neuen Bundesländern mindestens 50 %, Ausnahmen möglich.	AKA	**Banken:** State Shareholders Commercial Import Export Bank of the Republik of Armenia »ARMIMPEXBANK«
Aserbaidschan	Länderkategorie 7 Indeckungnahme auf Einzelfallbasis Deckungsvoraussetzungen: Liefervertrag und Kreditvertrag müssen unterzeichnet sein, Staatsgarantie muß vorliegen, Akkreditiv muß eröffnet sein, Anzahlung in Höhe von 15 % muß eingegangen sein, Lieferanteil aus den neuen Bundesländern mindestens 50 %.	AKA	**Bank:** International Bank of Azerbaijan Republic
Bolivien	Länderkategorie 7 Kleinere devisenbringende Projekte werden von Fall zu Fall gedeckt.	HVB	**Banken:** Banco Mercantil S.A.; Banco Industrial S.A. (BISA)
Brasilien	Länderkategorie 6 Orientierungsgröße DM 50 Mio verschärftes Windhundverfahren	HVB	**Banken:** Banco Industrial e Comercial S.A.; Unibanco; Banco ABC-Brasil S.A.; Banco Bradesco; Banco Itau S.A.; Banco BBA Creditanstalt S.A.; Banco Bozano Simonsen S.A.; Lloyds Bank; Banco Safra S.A.; Banco CCF Brasil S.A. **Investoren:** WOW Industria e Comercio Ltda.; FIAT Automoveis S.A.; Perdigao Agroindustrial

6.2.2 Gebundene Finanzkredite als Bestellerkredite – grafische und schrittweise Darstellung –

Abbildung

Die Grundstruktur der Abwicklung von **Hermes-gedeckten Bestellerkrediten** ist in **Abbildung 6.2-01** dargestellt und anschließend in einzelnen Schritten erläutert.

Schrittweise Erläuterungen

1. **Exportvertrag mit Zahlungsbedingungen**

Die Zahlungsbedingungen im Ausfuhrvertrag zwischen deutschem Exporteur und ausländischen Importeur können **beispielsweise** wie folgt aufgebaut sein:

10% **Anzahlung** innerhalb von ... Tagen nach Abschluss des Ausfuhrvertrags;

5% **Zwischenzahlung** pro rata Lieferung und/oder Leistung gegen Dokumente oder aus einem unwiderruflichen Akkreditiv;

85% **Pro rata Lieferung** und/oder Leistung aus einem Bestellerkredit der ...-Bank, auszahlbar gemäß Vorlage von Abrufen/Dokumenten.

Die Form der **Abrufe** (das sind Abschlagszahlungen direkt an den Exporteur aus diesem Kredit gegen entsprechende Nachweise / Dokumente des Exporteurs oder eines Sachverständigen, der den Produktionsfortschritt und damit die Fälligkeit einer Abschlagszahlung bestätigt) und die Form der Dokumentenprüfung soll in dem abzuschließenden Bankkreditvertrag vereinbart werden.

Der abzuschließende Bankkredit soll in ... gleichen, aufeinander folgenden **Halbjahresraten** zurückzuzahlen sein, deren erste 6 Monate nach dem Datum der mittleren gewogenen Lieferung/der letzten wesentlichen Lieferung/der Betriebsbereitschaft der Anlage bzw. zu einem von der Bank festzulegenden Spätesttermin fällig sein wird, je nachdem, welcher Termin früher liegt (in Anlehnung an KfW 1996: S. 31).

2. **Kreditantrag**

Der Antrag auf Gewährung eines Bestellerkredits wird in der Regel nicht vom ausländischen Besteller/Käufer, sondern vom **deutschen Exporteur** bei der deutschen Geschäftsbank gestellt.

Der Exporteur sollte sich auf jeden Fall **frühzeitig**, am besten schon vor Aufnahme der Verhandlungen über den Ausfuhrvertrag, mit der Bank in Verbindung setzen, damit

- der Exporteur bereits in seiner Angebotskalkulation auf ihn zukommende **Kosten und Risiken** im Zusammenhang mit der Finanzierung des Ausfuhrgeschäfts berücksichtigen kann und

Prof. Dr. Siegfried G. Häberle

Finanzkredit als Hermes-gedeckter Bestellerkredit: Grundstruktur und Abwicklung

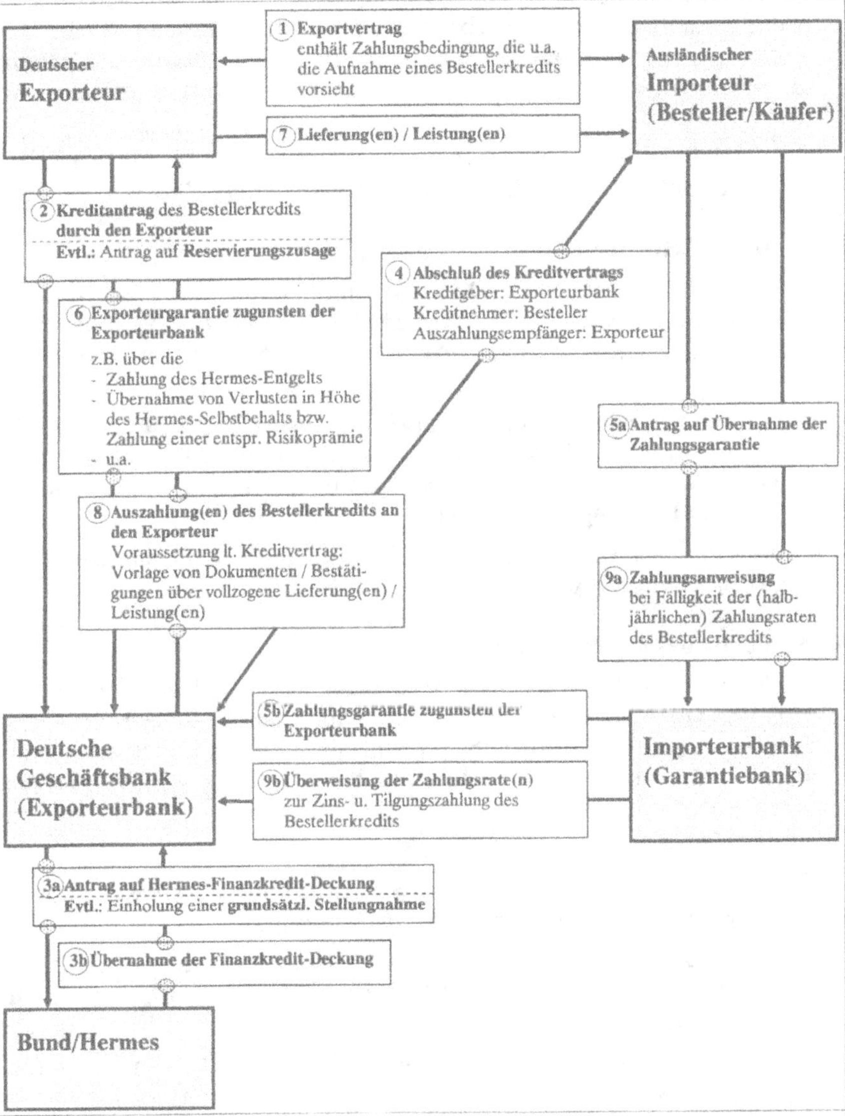

Hinweis: Im Interesse der Übersichtlichkeit der Darstellung sind in diese Abbildung nur die grundlegenden Merkmale der Abwicklung aufgenommen. Einzelheiten und Modifikationen sind in den "Erläuterungen" bzw. in der "Tabellarischen Übersicht der maßgeblichen Merkmale" beschrieben.

Abbildung 6.2-01

- die **Zahlungsbedingungen** des Ausfuhrvertrags und der **Hermes-Deckungsantrag**, so weit vom Exporteur noch nicht gestellt, mit der Bank abgestimmt werden können (KfW 1996: S. 28).

Anmerkung: Aus Gründen einer vereinfachten Darstellung ist in der Abbildung unterstellt, dass der Exporteur bei Hermes ausnahmsweise keine Deckung seiner Ausfuhr- und Fabrikationsrisiken beantragt, sondern dass die **Hermes-Finanzkreditdeckung** isoliert beantragt und gewährt wird (siehe Schritt 3).

Zu welchen **Bedingungen** (Zeitraum, Provision usw.) die Bank bereit ist, die Kreditmittel zu **reservieren**, muss im Einzelfall geklärt werden.

3. Antrag auf Hermes-Finanzkreditdeckung und Übernahme

Sofern der Exporteur keine Deckung seiner Ausfuhr- und Fabrikationsrisiken beantragt hat, wird die **Finanzkreditdeckung** von der finanzierenden beantragt und – wie in der Abbildung unterstellt – von Hermes auch gewährt.

Bei hervorragender **Kreditwürdigkeit** des Bestellers und insbesondere der ausländischen **Garantiebank** sowie bei nicht erkennbarem politischem Risiko sind die Banken bereit, zu erwägen, eine Finanzierung ohne Hermes-Deckung zu vollziehen.

Grundsätzlich möglich ist auch eine Hermes-Teildeckung, die den Vorteil niedriger **Hermes-Entgelte** hat.

4. Abschluss des Kreditvertrags

Nach der endgültigen **Kreditentscheidung**, in die insbesondere die Bonität des ausländischen Kreditnehmers (Importeur/Besteller), des Garanten (Importeurbank/Garantiebank) und die weiteren Sicherheiten einbezogen sind, erfolgt der Abschluss des Kreditvertrags mit dem ausländischen Besteller/Käufer.

Im Kreditvertrag sind neben den üblichen Merkmalen

- die **Zweckbindung des Kredits** zur Finanzierung eines bestimmten Exportgeschäfts (liefergebundener Finanzkredit);
- die **Voraussetzungen** für die **Kreditinanspruchnahme** (z.B. das Vorliegen der Zahlungsgarantie der Importeurbank, das Vorliegen der Hermes-Deckung usw.);
- die **Definition der Voraussetzungen** / Nachweise / Dokumente (über erfolgte Lieferungen/Leistungen), die zur Auszahlung des Kredits – im Allgemeinen als Abschlagszahlungen – an den Exporteur führen,

aufgenommen.

5. Antrag / Übernahme der Zahlungsgarantie

Als ausländische Sicherheit verlangen die deutschen Geschäftsbanken bei mittel- und langfristigen Exportkrediten in der Regel die Zahlungsgarantie einer **erstklassigen ausländischen Bank** oder des Staates, in dem der Besteller seinen Sitz hat.

Anmerkungen: Der Exporteur hat **bereits in die Vertragsverhandlungen** (Schritt 1) die Frage der Sicherstellung, insbesondere die Stellung der Zahlungsgarantie, einzubeziehen. Entsprechendes gilt hinsichtlich der weiteren vorangehenden Schritte. Lediglich aus Gründen der Übersichtlichkeit der Abbildung sind der Antrag sowie die Übernahme der Zahlungsgarantie erst in diesem 5. Schritt aufgeführt.

6. **Übernahme der Exporteurgarantie**

Die sog. Exporteurgarantie umfasst **Verpflichtungserklärungen / Informationspflichten des Exporteurs** gegenüber der deutschen Geschäftsbank (und eventuell gegenüber Hermes).

Die Exporteurgarantie hat jedoch entgegen dem mit diesem Ausdruck eventuell verbundenen Vorstellungsinhalt im Allgemeinen **nicht die volle Haftung des Exporteurs** im Schadensfall zum Gegenstand, sondern allenfalls die Übernahme einer Teilhaftung (siehe unten).

Die **Ausgestaltung der Exporteurgarantie** hängt grundsätzlich von den jeweiligen Vereinbarungen bzw. Merkmalen des Ausfuhrvertrags ab. Häufig finden sich folgende Inhalte:

- Bei Hermes-gedeckten Ausfuhrgeschäften verpflichtet sich der **Exporteur** in der Exporteurgarantie zur **Zahlung der Hermes-Entgelte**, und zwar nicht nur für die Fabrikationsrisikodeckung, sondern auch für die Finanzkreditdeckung.
- Hinsichtlich des **Selbstbehalts** (das ist die Quote der Beteiligung des Hermes-Deckungsnehmers am Ausfall im Schadensfall) gibt es bei Hermes-Finanzkreditdeckungen seit Mitte 1999 nur noch die folgende Möglichkeit:
  - Der **Exporteur** verpflichtet sich zur Zahlung einer **Risikoprämie** an die Geschäftsbank, weil im Rahmen der Hermes-Finanzkreditdeckung nur noch – als Regelfall – die Alternative des 5%igen, nicht abwälzbaren Selbstbehalts wählbar ist.
  - Je nach Lage des Einzelfalls sind die Geschäftsbanken auch bereit, auf die Berechnung der ersatzweisen Risikoprämie zu **verzichten**.
- **Eventuell:** Übernahme von **Risiken**, die von **Hermes nicht gedeckt** sind.
- **Eventuell:** Übernahme von **Zinsdifferenzen** durch den Exporteur, falls der Außenzins unter dem Sollzins der deutschen Geschäftsbank liegt.

Im Einzelfall **verzichtet** die deutsche Geschäftsbank **auf eine Exporteurgarantie**, insbesondere dann, wenn wegen anderweitiger Sicherheiten bzw. wegen geringer Risiken keine Hermes-Finanzkreditdeckung besteht und sich somit weder die Notwendigkeit der Zahlung von Hermes-Entgelten noch die Frage des Tragens/des Überwälzens von Hermes-Selbstbehalten usw. stellt.

7. Vollzug der Lieferungen/Leistungen des Exporteurs

8. Auszahlung(en) des Bestellerkredits an den Exporteur

Das Auszahlungsverfahren ist im Kreditvertrag festgelegt. Meistens ist eine Direktauszahlung des Bestellerkredits an den Exporteur **pro rata** der erbrachten **Lieferungen** und/oder Leistungen vorgesehen. Die Auszahlung des Bestellerkredits an den Exporteur kann aber auch als **„Progress Payment"**, d.h. pro rata des innerbetrieblichen Produktionsfortschritts, erfolgen.

Der Exporteur hat als Voraussetzung für die Auszahlung(en) Bestätigungen bzw. **Dokumente** über vollzogene Lieferungen/Leistungen vorzulegen, die ebenfalls im Kreditvertrag definiert sind.

9. Zahlung der Zahlungsraten bei Fälligkeit

Der **Importeur**/Besteller erteilt bei (im Allgemeinen halbjährlicher) Fälligkeit der Zahlungsraten des Bestellerkredits einen **Zahlungsauftrag** an seine Bank (Importeurbank).

Die beauftragte Bank **überweist** die Zahlungsraten an die deutsche Geschäftsbank (Exporteurbank), die diese Zahlungseingänge mit den fälligen Zins- und Tilgungsleistungen des Bestellerkredits verrechnet.

Eventuelle weitere Abwicklungsschritte

Nicht in die **Abbildung** aufgenommen:

- Bei **Zahlungsunfähigkeit**/Zahlungsunwilligkeit des **Importeurs** hat die garantierende Importeurbank die übernommene **Zahlungsgarantie** gegenüber der deutschen Geschäftsbank zu erfüllen.
- Wird der Zahlungsanspruch der deutschen Geschäftsbank an die Garantiebank – z.B. wegen deren Insolvenz oder wegen eingetretener politischer Risiken – nicht erfüllt, dann greift die deutsche Geschäftsbank auf die **Hermes-Finanzkreditdeckung** zurück.

6.2.3 Gebundene Finanzkredite als Bank-zu-Bank-Kredite

Abbildung

Die **Grundstruktur der Abwicklung von – Hermes-gedeckten – Bank-zu-Bank**-Krediten ist in **Abbildung 6.2-02** dargestellt und anschließend in einzelnen Schritten erläutert.

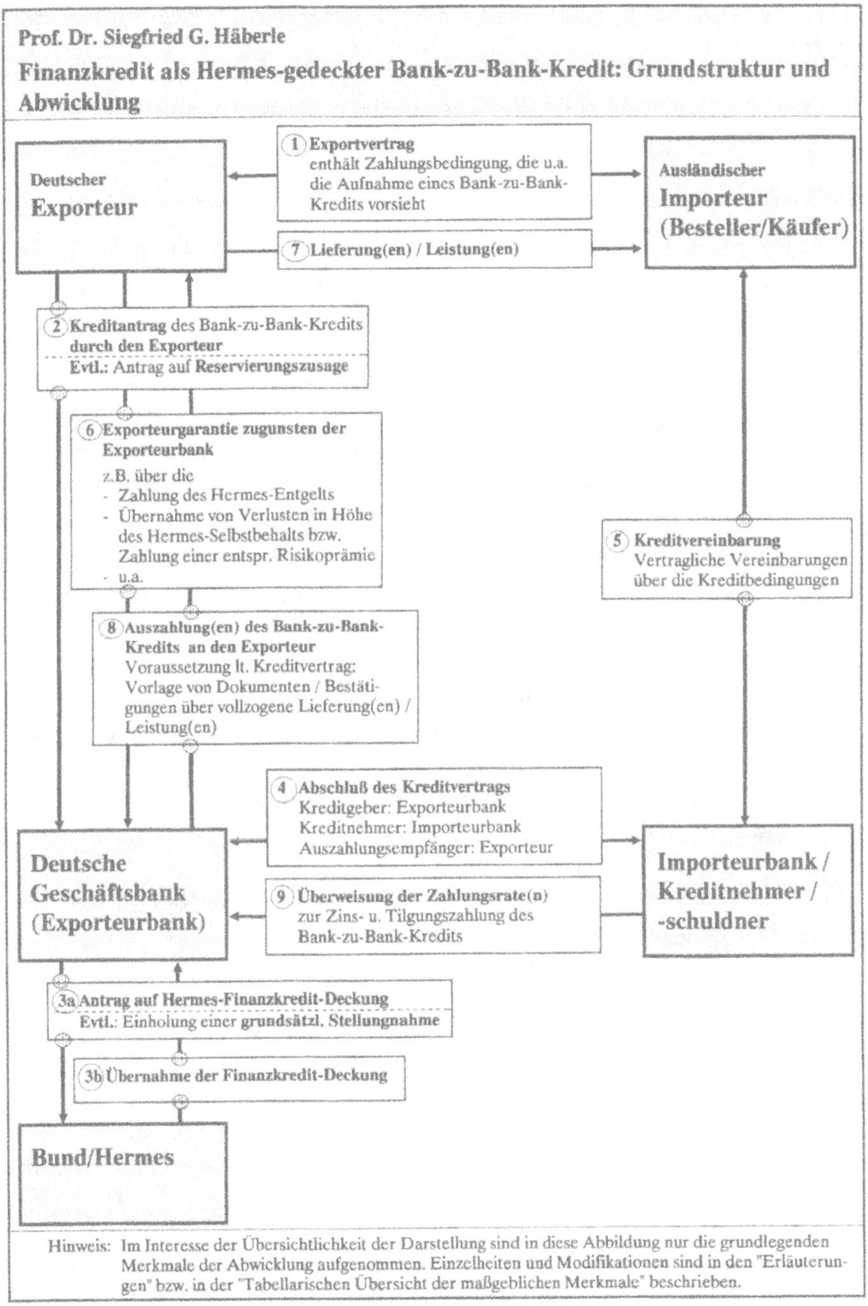

Abbildung 6.2-02

Schrittweise Erläuterungen – mit Exkurs zu „Rahmen-/Grundkreditvereinbarungen"

1. **Exportvertrag mit Zahlungsbedingungen – Abwicklung analog Schritt 1 „Bestellerkredit"** (siehe vorangehenden Abschnitt)

2. **Kreditantrag – Abwicklung analog Schritt 2 „Bestellerkredit"** (siehe vorangehenden Abschnitt)

3. **Antrag auf Hermes-Finanzkreditdeckung – Abwicklung analog Schritt 3 „Bestellerkredit"** (siehe vorangehenden Abschnitt)

4. **Abschluss des Kreditvertrags**

   Nach der endgültigen Kreditentscheidung der deutschen Geschäftsbank erfolgt der Abschluss des Kreditvertrags mit der ausländischen Bank (Importeurbank). Kreditgeberin ist die Exporteurbank, **kreditnehmende / kreditschuldende Bank ist die ausländische Bank** (Importeurbank).

   Im Kreditvertrag sind neben den üblichen Merkmalen

   - die **Zweckbindung des Kredits** zur Finanzierung eines bestimmten Exportgeschäfts (liefergebundener Finanzkredit);
   - die **Voraussetzungen** für die **Kreditinanspruchnahme** (z.B. das Vorliegen der Hermes-Deckung);
   - die **Definition der Voraussetzungen** / Nachweise / Dokumente des Exporteurs oder eines Sachverständigen über erfolgte Lieferungen bzw. Leistungen, die zur Auszahlung des Kredits an den Exporteur führen,

   aufgenommen.

Exkurs: Rahmenkreditvereinbarungen / Grundkreditvereinbarungen

Zur **Vereinfachung** und **Beschleunigung** des Abschlusses und der Abwicklung von Finanzkrediten haben die führenden deutschen Geschäftsbanken sowie die AKA und die KfW mit einer Reihe von **ausländischen (staatlichen) Banken sog. Rahmenkreditvereinbarungen / Grundverträge** abgeschlossen.

- Die **Rahmenkreditverträge** umfassen im Allgemeinen eine zweckgebundene **Kreditlinie** deutscher Banken zu Gunsten von ausländischen (staatlichen) Banken. Im Rahmen dieser Kreditlinie können Ausfuhrgeschäfte **deutscher Exporteure** mit Importeuren des Bestellerlandes zu mittel- und langfristigen Zahlungsbedingungen finanziert werden.

  An die Stelle des Abschlusses eines Einzelkreditvertrags zwischen der deutschen und der ausländischen Bank (siehe Schritt 4) tritt die Rahmenkreditvereinbarung. Rahmenkreditvereinbarungen erreichen Beträge von mehreren 100 Millionen DM und haben teilweise eine Laufzeit von mehreren Jahren. Das einzelne Finanzierungsgeschäft wird sodann innerhalb des vereinbarten Rahmenkredits abgewickelt.

- Sog. **Grund(kredit)verträge** weisen keine ausdrückliche Kreditlinie, d.h. keinen festen Rahmen, auf. Ansonsten sind in Grundverträgen dieselben Merkmale festgeschrieben, wie sie auch in Rahmenverträgen zu finden sind.
- Im Allgemeinen sehen Rahmenkreditverträge zwischen den deutschen und den ausländischen Banken für das einzelne zu finanzierende Ausfuhrgeschäft bestimmte **Mindest-/Höchstbeträge**, bestimmte **Mindest-/Höchstlaufzeiten**, bestimmte Absicherungen (z.T. Hermes-Deckungen) und weitere Bedingungen vor. Es ist deswegen ratsam, dass sich der deutsche Exporteur bzw. der ausländische Besteller **frühzeitig** über eine eventuell bestehende Rahmenkreditvereinbarung und deren Konditionen bei den Banken erkundigen, um die Zahlungsbedingungen des Ausfuhrvertrags daran ausrichten zu können. Im Einzelfall ist auch zu prüfen, ob eine sog. 100%-Finanzierung des Auftragswerts möglich ist.

Ende Exkurs

5. Kreditvereinbarung zwischen Importeurbank und Importeur

Grundsätzlich ist die Kreditvereinbarung zwischen der Importeurbank und dem Importeur **ausschließlich deren Sache** und berührt weder die deutsche Geschäftsbank (Exporteurbank) noch den Exporteur.

Auf die Gestaltung der vertraglichen Vereinbarung zwischen der Importeurbank und dem Importeur nimmt die deutsche Geschäftsbank folglich keinen Einfluss.

6. Übernahme der Exporteurgarantie

Die sog. Exporteurgarantie umfasst **Verpflichtungserklärungen/ Informationspflichten des Exporteurs** gegenüber der deutschen Geschäftsbank (und eventuell gegenüber Hermes). Die Exporteurgarantie hat jedoch – entgegen dem mit diesem Ausdruck eventuell verbundenen Vorstellungsinhalt – im Allgemeinen nicht die volle Haftung des Exporteurs im Schadensfall zum Gegenstand, sondern allenfalls die Übernahme einer Teilhaftung, z.B. in Höhe des Selbstbehalts.

Einzelheiten siehe Schritt 6 „Bestellerkredit" (im vorangehenden Abschnitt).

7. Vollzug der Lieferungen bzw. Leistungen des Exporteurs

8. Auszahlung des Bank-zu-Bank-Kredits an den Exporteur

Analog Schritt 8 „Bestellerkredit", insbesondere auch hinsichtlich der vom Exporteur als Auszahlungsvoraussetzung zu erbringenden **Nachweise**.

9. **Überweisung der Zahlungsrate(n)**

   Die kreditnehmende Importeurbank überweist die (im Allgemeinen halbjährlich) zu leistenden Zahlungsraten **bei Fälligkeit** an die kreditgewährende Exporteurbank, die diese Zahlungseingänge mit den fälligen Zins- und Tilgungsleistungen des Bank-zu-Bank-Kredits verrechnet.

Weitere Abwicklungsschritte

Nicht in die **Abbildung** aufgenommen sind folgende Abwicklungsschritte:

- Dass der **Importeur** in der Regel **zeitgleich Zahlungen** an die Importeurbank auf Grundlage der getroffenen Kreditvereinbarung (siehe Schritt 5) zu leisten hat, ist in die Abbildung nicht aufgenommen. Dies ist damit zu begründen, dass die Kreditvereinbarung zwischen der Importeurbank und dem Importeur weder die deutsche Geschäftsbank noch den Exporteur tangiert.
- In die Abbildung ebenfalls nicht aufgenommen ist die eventuelle Inanspruchnahme der **Hermes-Finanzkreditdeckung**, die dann eintritt, wenn die kreditnehmende Bank – z.B. wegen Insolvenz oder wegen politischer Risiken – dem Rückzahlungsanspruch der deutschen Geschäftsbank nicht mehr genügt.

6.2.4 Sonstige Merkmale mittel- und langfristiger Exportfinanzierungen

Sicherheiten

Die Geschäftsbanken sind bei der Besicherung der mittel- und langfristigen Exportkredite nicht an bestimmte Vorschriften gebunden. Sie können grundsätzlich auch Kredite gewähren, deren Sicherheit ausschließlich auf der Seriosität und der Zahlungsfähigkeit des Kreditnehmers (des Exporteurs bei Lieferantenkrediten, des Importeurs bei Bestellerkrediten, der ausländischen Bank bei Bank-zu-Bank-Krediten) beruht.

Die meisten mittel- und langfristigen Exportkredite der deutschen Geschäftsbanken erfahren jedoch eine **ausdrückliche und zusätzliche Absicherung** durch die Bestellung von Sicherheiten, deren maßgebliche – auf den Einzelfall zuzuschneidende – sind:

- die **Hermes-Deckung** (bei allen Kreditarten),
- die **Zahlungsgarantie** einer erstklassigen **ausländischen Bank** (bei Lieferantenkrediten und bei Bestellerkrediten),
- die **Zahlungsgarantie** des ausländischen Staates / Importlandes (bei Bestellerkrediten und bei Bank-zu-Bank-Krediten),
- die **Exporteurgarantie** (bei Bestellerkrediten und bei Bank-zu-Bank-Krediten).

Kredithöhe

Grundsätzlich sind die deutschen Geschäftsbanken bei der Kredithöhe keinen Beschränkungen unterworfen, sofern die gestellten Sicherheiten diese Freiheit rechtfertigen.

Gleichwohl kristallisieren sich in der Praxis die folgenden Alternativen heraus:

- Die Kredithöhe entspricht dem **Auftragswert** des Ausfuhrvertrags **abzüglich** der vom Auftraggeber geleisteten **An- und Zwischenzahlungen**. Häufig sind dies 85% des Auftragswerts.
- Die Kredithöhe entspricht der **Höhe der Hermes-Deckung**.
- Die Kredithöhe entspricht **100% des Auftragswerts** des Ausfuhrvertrags.

Häufig korrespondieren die beiden erstgenannten Kategorien.

In zeitlicher Hinsicht kann in die Bankfinanzierung bereits die Fabrikationsphase einbezogen bzw. diese Phase mit einem gesonderten Kredit finanziert werden.

Bei gegebener Kreditwürdigkeit erweisen sich die Geschäftsbanken als sehr **anpassungsfähig** an den jeweiligen Kreditbedarf eines Exporteurs bzw. seiner Geschäftspartner. Diese Anpassungsfähigkeit gilt auch bezüglich der Finanzierung von Aufwendungen des Exporteurs für empfangene **Lieferungen und Leistungen aus dem Bestellerland** im Rahmen eines bestimmten Ausfuhrgeschäfts (sog. örtliche/lokale Kosten).

Kreditwährung

Die deutschen Geschäftsbanken gewähren den Exporteuren bzw. ihren Geschäftspartnern (Besteller, ausländische Banken) nicht nur Kredite auf Euro-Basis, sondern auch mittel- bis langfristige Kredite in den **Währungen** der maßgeblichen **Industrienationen**.

Bei beabsichtigter Aufnahme von Fremdwährungskrediten sollte der Exporteur frühzeitig mit der Bank wegen der Bedingungen (Mindesthöhe, Laufzeit usw.) Kontakt aufnehmen.

Die Aufnahme von **Fremdwährungskrediten** ist nahe liegend, wenn der Ausfuhrvertrag und damit die **Faktura Fremdwährung** umfassen. Die Tilgungen und Zinszahlungen des Fremdwährungskredits erfolgen bei dieser Vereinbarung mittels der vom ausländischen Schuldner eingehenden Fremdwährungszahlungen. Dies trifft nicht nur auf gebundene Finanzkredite (Bestellerkredite, Bank-zu-Bank-Kredite) zu, sondern im Prinzip auch auf Lieferantenkredite, bei denen zwar der Exporteur Kreditschuldner ist, bei denen aber die Rückführung des Fremdwährungskredits letztlich ebenfalls aus den in Fremdwährung eingehenden Zahlungen des Importeurs bestritten werden kann.

Der Exporteur trägt jedoch ein **Wechselkursrisiko** bis zum Zeitpunkt der Auszahlung des Fremdwährungskredits, insbesondere wenn die Auszahlung erst pro rata Lieferung an ihn erfolgt (z.B. bei Bestellerkrediten bzw. bei

Bank-zu-Bank-Krediten). Dieses Wechselkursrisiko entsteht, weil der Exporteur die Beschaffungs-/Fabrikations-/Montagephase unter obigen Annahmen in seiner eigenen Währung (in Euro) vorfinanzieren muss, den Gegenwert aber erst zu einem späteren Zeitpunkt in Fremdwährung im Zuge der Kreditauszahlung erhält, d.h. diesen Fremdwährungsbetrag erst zu diesem Zeitpunkt in seine eigene Währung (in Euro) umtauschen kann.

Zur Wechselkursabsicherung in dieser Phase bieten die Kreditinstitute Devisen(termin)geschäfte, Zwischenkredite auf Fremdwährungsbasis u.a. Instrumente an.

Auszahlungsverfahren

Bei gebundenen Finanzkrediten (Bestellerkredite, Bank-zu-Bank-Kredite) wird in der Regel im Ausfuhrvertrag und im Kreditvertrag die **Direktauszahlung an den Exporteur** vereinbart, also **nicht** die Auszahlung an den Kreditnehmer (Besteller bzw. ausländische Bank).

- Der übliche Auszahlungsmodus an den Exporteur ist **pro rata** der vom Exporteur erbrachten **Lieferungen** und/oder Leistungen.
- Es kommen jedoch auch Kreditauszahlungen an den Exporteur als **Progress Payment**, d.h. pro rata des innerbetrieblichen Produktionsfortschritts vor.

  Dieses Auszahlungsverfahren kommt dem Interesse des Exporteurs bei der Erstellung von Anlagen mit einer langen Fertigungsdauer entgegen.
- Ausnahmsweise werden Bestellerkredite bzw. Bank-zu-Bank-Kredite von den kreditgewährenden Banken im **Erstattungsverfahren** ausgezahlt.

  In diesem Fall hat der Exporteur die Zahlungen vom Besteller bzw. von der Importeurbank bereits erhalten. Deswegen erfolgt die Auszahlung des Kredits nicht an den Exporteur, sondern als Erstattung an den Kreditnehmer der deutschen Geschäftsbank, d.h. an den Besteller (bei Bestellerkrediten) bzw. an die Importeurbank (bei Bank-zu-Bank-Krediten).

Dokumente / Nachweise zum Abruf der Auszahlungen

Zum Abruf der Auszahlungen von gebundenen Finanzkrediten (Bestellerkredite, Bank-zu-Bank-Kredite; teilweise auch bei Lieferantenkrediten) hat der Exporteur im Allgemeinen (im Kreditvertrag definierte) **Lieferdokumente** und/oder Leistungsdokumente vorzulegen. Eventuell begnügt sich der Importeur bzw. die ausländische Bank nicht mit den vom Exporteur selbst ausgestellten Nachweisen, sondern verlangt zum Abruf der Auszahlungen das Dokument eines **Sachverständigen**, der den Produktionsfortschritt, den Lieferumgang usw. bestätigt, ein Verfahren, das sowohl im Kaufvertrag als auch im Kreditvertrag festgelegt sein muss.

Bei Kreditauszahlungen pro rata Lieferungen und/oder Leistungen bzw. Progress Payment sollte im Ausfuhrvertrag und im Kreditvertrag darauf geachtet werden, dass die Kreditauszahlungen an den Exporteur (dessen Abrufe) **ohne direkte Mitwirkung des Bestellers** möglich sind. Der Exporteur läuft sonst Gefahr, dass der Besteller trotz erbrachter Lieferungen/Leistungen die Kreditauszahlungen an den Exporteur hinauszuzögern oder gar zu blockieren sucht.

Weitere Auszahlungsvoraussetzungen

Die im Kreditvertrag festgelegten Sicherheiten, das sind in der Regel das **Hermes-Deckungsdokument**, die **Exporteurgarantie** sowie die ausländische **Zahlungsgarantie** (bei Lieferantenkrediten und bei Bestellerkrediten), müssen in ordnungsgemäßer Form vorliegen.

Unter Umständen hat der Darlehensnehmer (ausländischer Importeur/Besteller bzw. ausländische Bank) vor der ersten Auszahlung aus dem Darlehensvertrag durch ein Rechtsgutachten (Legal Opinion) darzulegen, dass der Darlehensvertrag **wirksame Verpflichtungen** des Darlehensnehmers (und die Zahlungsgarantie wirksame Verpflichtungen des Garanten) begründet.

Gegebenenfalls ist auch die **Rechtswirksamkeit** von weiteren vereinbarten Sicherheiten nachzuweisen. Ferner ist im Rahmen des Rechtsgutachtens zu bestätigen, dass alle **devisenrechtlichen Genehmigungen** für den Abschluss und die Durchführung des Darlehensvertrags erteilt worden sind.

Kreditlaufzeit und Kreditrückzahlung

Bei Hermes-gedeckten Krediten werden Kreditlaufzeit und Tilgungsmodalitäten von den **Vorgaben der Bundesdeckung** bestimmt.

- Die Tilgung bei Hermes-gedeckten Krediten erfolgt in **gleichhohen aufeinander folgenden Halbjahresraten**. Die erste Tilgungsrate ist dabei 6 Monate nach dem von Hermes festgelegten Beginn der Kreditlaufzeit (dies ist der sog. Starting Point) fällig.

  Hinweis: Zur Definition des Starting Point siehe Schluss von Kapitel 6.1.

- Bei Hermes-gedeckten Krediten entspricht die **Kreditlaufzeit** ebenfalls den Vorgaben des Bundes und bewegt sich grundsätzlich innerhalb der gemäß **OECD-Konsensus** zulässigen Höchstkreditlaufzeiten. In der Regel ist eine Kreditlaufzeit von 5 Jahren und damit eine Tilgung in 10 Halbjahresraten vorgesehen.

- Bei ausländischen Konkurrenzangeboten, d.h. bei Vorliegen des sog. **„Matching-Falls"** und/oder Großvorhaben, können je nach Einkommenskategorie des Bestellerlandes auch Kreditlaufzeiten von 8,5 und 10 Jahren zugestanden werden. In Ausnahmefällen sind auch längere Laufzeiten möglich.

  Hinweis: Zum **OECD-Konsensus** und zum sog. **Matching-Fall** siehe am Ende von Kapitel 6.1.

Bei Ausfuhrgeschäften, die ohne Hermes-Deckung finanziert werden, unterliegen die Banken bei den Rückzahlungsbedingungen **keinen formellen Vor-**

gaben. Es ist somit in diesem Fall ein individueller Zuschnitt der Rückzahlungsbedingungen auf die Eigenarten eines Ausfuhrgeschäfts möglich.

Zinsen

Die deutschen Geschäftsbanken sind in der Lage, die Zinsgestaltung den Eigenarten bzw. den Wünschen der Kreditnehmer anzupassen.

Grundsätzlich kann bei mittel- und langfristigen Exportkrediten

- ein **fester Zinssatz** über die volle Kreditlaufzeit,
- ein **variabler Zinssatz** über die volle Kreditlaufzeit

  oder

- ein variabler Zinssatz für die anfängliche Kreditlaufzeit und sodann ein fester Zinssatz für die Restlaufzeit bzw. eine ähnliche **Zinsgestaltung** vereinbart werden.

Variabler Zinssatz

Die Vereinbarung variabler Zinssätze kann auf unterschiedlichen Grundlagen (Basis-Zinssätzen) beruhen, zu denen sodann die Marge der kreditgewährenden Bank hinzuzuschlagen ist.

Basis-Zinssatz ist beispielsweise

- **EURIBOR** (früher: **FIBOR**, d.h. der Frankfurter Interbankensatz),
- **LIBOR**, d.h. der Londoner Interbankensatz, wobei zu beiden Basiszinssätzen die Laufzeitkategorie und die Erhebungsstichtage im Kreditvertrag festzulegen sind;
- ein eigens zu **definierender** variabler **Zinssatz**, der auf unterschiedlichen Basiszinssätzen bzw. Erhebungsstichtagen beruhen kann.

Die beiden Arten der **Zinsvereinbarung** können im Kreditvertrag **gekoppelt** werden. Beispielsweise derart, dass der Kreditnehmer die **Option** erhält, nach einer anfänglichen Kreditphase mit variablem Zinssatz für die weitere Kreditphase in einen Festzinssatz zu wechseln. Von Belang ist in diesem Fall die Definition des Basis-Zinssatzes, auf dem der später gültige Festzinssatz beruht.

Fremdwährungskredite

Die beschriebenen Zinsvereinbarungen können grundsätzlich auch bei Fremdwährungskrediten getroffen werden. Allerdings sind bei Fremdwährungskrediten im Allgemeinen **Mindestbeträge** sowohl hinsichtlich der Höhe des Gesamtkredits als auch hinsichtlich der Höhe der einzelnen Rückzahlungsraten zu berücksichtigen.

Sonstige Kosten

Für den Zeitraum zwischen dem Abschluss des Kreditvertrags und den Auszahlungszeitpunkten (der Kreditinanspruchnahme) berechnen die Banken üblicherweise eine **Zusage- bzw. Bereitstellungsprovision**.

- Des Weiteren werden dem Kreditnehmer die der kreditgewährenden Bank **von Dritten** in Rechnung gestellten **Aufwendungen** belastet.
- Zum Teil berechnen die Banken neben den Zinsen und neben der Zusage-/Bereitstellungsprovision ein **Einmalentgelt**, das grundsätzlich den Charakter einer Bearbeitungsprovision trägt. Darüber hinaus kann die Höhe dieses Einmalentgelts auch von den Besonderheiten eines Ausfuhrgeschäfts bestimmt sein, so z.B. von dessen besonderen Risiken. Dieses Einmalentgelt wird als **Front-End Fee** bezeichnet.
- Sofern sich die kreditgewährende Bank bei der Hermes-Finanzkreditdeckung (bei Bestellerkrediten und bei Bank-zu-Bank-Krediten) für den **5%igen nicht abwälzbaren Selbstbehalt** entscheidet, berechnet sie dem Exporteur dafür im Allgemeinen ersatzweise eine **Risikoprämie**.
- Schließlich ist der Exporteur im Rahmen der Exporteurgarantie im Allgemeinen verpflichtet, das **Hermes-Entgelt** und andere Hermes-Gebühren zu entrichten.

6.2.5 Projektfinanzierung – Kurzinformation

Projektfinanzierungen (Projektkredite) sind – gemessen an der Gesamtzahl mittel- und langfristiger Exportfinanzierungen – eher die Ausnahme und im Übrigen auf die Finanzierung von **Großprojekten** beschränkt. Aus diesen Gründen werden die maßgeblichen Merkmale von Projektfinanzierungen im Folgenden lediglich stichwortartig beschrieben.

Maßgebliche Quelle für die folgenden Ausführungen ist die Broschüre „Langfristige Exportfinanzierung der Kreditanstalt für Wiederaufbau", Frankfurt am Main 1996. Diese Bank führt neben den Geschäftsbanken Projektfinanzierungen durch.

Kurzinformation über wesentliche Merkmale von Projektkrediten

Merkmale:	Ausprägungen bzw. Anmerkungen:
Charakterisierung	Eine Projekfinanzierung umfasst einen zweckgebundenen (Groß-) Kredit für ein Investitionsvorhaben, • das eine **sich selbst tragende Wirtschaftseinheit** darstellt und • das in der Regel von einer **rechtlich selbstständigen** und eigens zu diesem Zweck gegründeten **Projektgesellschaft** (Special Purpose Company) realisiert und betrieben wird.
Beispiele	Typische Gegenstände von Projektfinanzierungen sind • Erstellung kompletter **Industrieanlagen**, • Erstellung von **Dienstleistungszentren**, • **Kraftwerksbau**, • Erschließung von **Rohstoffvorkommen**.
Selbsttragung	Grundsätzlich soll sich das Projekt in dem Sinne selbst tragen, dass es einen **Cashflow** erwirtschaftet, der zumindest zur Deckung der Betriebskosten und des Schuldendienstes ausreicht. Die technische und wirtschaftliche Machbarkeit eines Projekts wird im Rahmen einer sog. **Feasibility-Studie** untersucht.
Haftung Projektträger	Entsprechend der Selbsttragung der Projekte ist ein **Rückgriff** der finanzierenden Bank(en) auf die Projektträger (sog. Sponsoren) oder auf eventuelle Garanten • entweder nur in betragsmäßig **begrenztem Ausmaß** und nur in vorher exakt festgelegten Situationen möglich (Limited-Recourse-Financing) • oder **gänzlich ausgeschlossen** (Non-Recourse-Financing).
Projekt-/Kreditprüfung	Maßgebliche **Sicherheit** für die finanzierende(n) Bank(en) sind der **Vermögenswert des Projekts** an sich sowie die daraus **erwirtschafteten Mittel (der Cashflow)**. Im Mittelpunkt der Kreditprüfung steht deswegen neben der bereits angesprochenen Prüfung der technischen und wirtschaftlichen Durchführbarkeit des Projekts und der Analyse des erwarteten Cashflows insbesondere • die Tragfähigkeit der Besicherungskonstruktion, • die Gewährleistung der Fertigstellung des Vorhabens, • die Funktionsfähigkeit der Anlage, • die Sicherung der Energie- und Rohstoffversorgung, • der sachkundige Betrieb der Anlage, • die Situation auf den Absatzmärkten für die Projekterzeugnisse.

Pflichten der Exporteure	Bei einer Projektfinanzierung haben die Exporteure **erhebliche Pflichten** zu übernehmen, so z.B. • die Besorgung und Aufbereitung von Prüfungsunterlagen, • die Darstellung der Funktionsweise der gelieferten/erstellten Anlage, einschließlich der Ausarbeitung von Input-Output-Relationen, • die Stellung umfangreicher Gewährleistungsgarantien, • die Beteiligung an der Projektgesellschaft, • die Verantwortung für den Betrieb der Anlage. Noch ausgeprägter ist die Einbindung des Exporteurs bei den sog. **Build-Own-Operate-Transfer (BOOT)-Modellen**. Für einen bestimmten Zeitraum hat der Exporteur unternehmerähnliche Funktionen und Risiken zu übernehmen: • "Build", der Exporteur ist für die Errichtung und Fertigstellung des Projekts zuständig; • "Own", der Exporteur ist für einen bestimmten Zeitraum Miteigentümer; • "Operate", der Exporteur ist für einen bestimmten Zeitraum Mitbetreiber; • "Transfer", der Exporteur übernimmt (für einen bestimmten Zeitraum) die Verantwortung für den Transfer der Projekterlöse zur Bedienung des Projektkredits.
Hermes-Deckung	Der Bund ist grundsätzlich bereit, für Projektfinanzierungen Hermes-Deckung zu gewähren. Allerdings sind zur Erlangung der Hermes-Deckung verschiedene **Voraussetzungen** zu erfüllen, die aktuell bei Hermes abzufragen sind.

6.3 Exportfinanzierungen der AKA Ausfuhrkredit-Gesellschaft mbH

6.3.1 Kurzinformationen zum Finanzierungsangebot und zur Struktur der AKA

Struktur der AKA

- Die AKA Ausfuhrkredit-Gesellschaft mbH, Frankfurt am Main (im Folgenden: AKA), wird von ca. 40 namhaften **Gesellschafterbanken** getragen, die praktisch alle Sparten des deutschen Bankenapparates vertreten.
- **Kreditanträge** für die nach Streichung der Rediskontlinie bei der Deutschen Bundesbank verbliebenen Kreditplafonds A, C und D der AKA können nur über eine Gesellschafterbank (eventuell auch in deren Verbund mit einer Nicht-Gesellschafterbank) gestellt werden.
- Anzumerken ist, dass einige Gesellschafterbanken eine Vielzahl **weiterer Geschäftsbanken** repräsentieren (z.B. die Landesbanken jeweils eine

Vielzahl von Sparkassen, die genossenschaftlichen Spitzeninstitute eine Vielzahl von Kreditgenossenschaften, über die indirekt ebenfalls AKA-Finanzierungen abgewickelt werden können.

Finanzierungsangebot

Die zur Finanzierung der Geschäfte der AKA erforderlichen Mittel werden durch die Gesellschafterbanken bzw. der Hausbank zur Verfügung gestellt.

Das Finanzierungsangebot der AKA ist in sog. Plafonds eingeteilt:

- **Plafond A** für Lieferantenkredite und Globalkredite
- **Plafonds C, D und E** für gebundene Finanzkredite (Bestellerkredite und Bank-zu-Bank-Kredite).

Informationen über das Finanzierungsangebot der AKA, über die zu erfüllenden Voraussetzungen, über die aktuellen Konditionen, über die Abwicklung usw. erhält der Exporteur direkt von der AKA Ausfuhrkredit-Gesellschaft mbH, Frankfurt am Main, von den Gesellschafterbanken, von jeder im Auslandsgeschäft engagierten Geschäftsbank und Sparkasse.

Die AKA erstellt ein Konditionenblatt mit den jeweils **aktuellen Zins- und Provisionssätzen** das bei den Banken verfügbar ist. In diesem Konditionenblatt können auch Mitteilungen allgemeiner Art enthalten sein. Kunden und Interessenten können auf Wunsch unmittelbar in die Liste der regelmäßigen Empfänger der Informationen über geänderte Konditionen aufgenommen werden.

Kredite an Exporteure (sog. Lieferantenkredite) aus Plafond A

Die Bedeutung der Lieferantenkredite der AKA ist ebenso wie die Bedeutung der Lieferantenkredite der Geschäftsbanken stark rückläufig. Deswegen wird diese Kreditart nicht weiter vorgestellt.

Hinweis: Die Grundstruktur der Abwicklung von Plafond A-Krediten (sog. Lieferantenkredite) mit einer grafischen und schrittweisen Darstellung findet sich im „Handbuch der Außenhandelsfinanzierung" (Häberle, S.G., Oldenbourg-Verlag, München und Wien).

Globalkredite der AKA im Rahmen von Plafond A

Zur Bedeutung der Globalkredite der AKA ist dieselbe Anmerkung zu machen wie zur Bedeutung der Lieferantenkredite. Deswegen erfolgt nachstehend nur eine knappe Skizzierung:

AKA-Globalkredite sind besondere Lieferantenkredite aus Plafond A an den Exporteur, jedoch nicht auf der Grundlage eines Einzelexportgeschäfts, bei dem ausschließlich diese Aufwendungen finanziert werden, sondern auf der Basis einer **Vielzahl kleinerer Exportgeschäfte** mit in der Regel **kurzfristigen Zahlungsbedingungen** (30-120 Tage).

Um Exporteuren mit einer Vielzahl kleinerer Exportgeschäfte zu kurzfristigen Zahlungsbedingungen die Möglichkeit einer Lieferantenkredit-Finanzierung zu geben, wurde innerhalb des Plafond A der Globalkredit geschaffen (Finanzierung eines revolvierenden Auslandsforderungsbestandes).

Die Einzelheiten der Abwicklung von Globalkrediten der AKA sind im „Handbuch der Außenhandelsfinanzierung" (Häberle, S.G., Oldenbourg-Verlag, München und Wien) beschrieben.

6.3.2 Kredite an ausländische Besteller/Käufer bzw. an deren Banken (gebundene Finanzkredite) aus Plafond C, D und E

Beispiel: Grundstruktur der Abwicklung eines gebundenen Finanzkredits als Bestellerkredit

- Die folgende grafische und schrittweise Darstellung bezieht sich auf einen gebundenen Finanzkredit, der ein **Bestellerkredit** ist. Kreditnehmer ist in diesem Fall der ausländische **Besteller/Käufer**. Die Rolle der Bank des Bestellers/Käufers ist in diesem Fall auf die Übernahme einer Zahlungsgarantie zu Gunsten der AKA beschränkt.
- Sowohl die grafische als auch die schrittweise Darstellung des Bestellerkredits lassen sich grundsätzlich auch auf gebundene Finanzkredite, bei denen die Bank des Bestellers/Käufers Kreditnehmerin ist, also auf **Bank-zu-Bank-Kredite** übertragen. Insoweit tragen die folgenden Erkenntnisse allgemein gültigen Charakter für beide Arten von gebundenen Finanzkrediten.

  Im Übrigen entspricht die Abwicklung eines gebundenen Finanzkredits der AKA als Bank-zu-Bank-Kredit in seiner Grundstruktur der Abwicklung von Bank-zu-Bank-Krediten **der Geschäftsbanken**. Es wird deswegen auf die grafische und schrittweise Darstellung der Bank-zu-Bank-Kredite in Kapitel 6.2 verwiesen.
- Die **Plafonds C, D und E** unterscheiden sich in den Einzelheiten durchaus, so z.B. hinsichtlich der – wählbaren – Kreditwährung, der (variablen oder festen) Zinssätze, der sog. Konsortialquote bzw. der AKA-Quote usw. Die Grundstruktur der nachstehenden Darstellung bleibt jedoch auf die verschiedenen Plafonds analog anwendbar.

Abbildung

Die Grundstruktur der Abwicklung eines gebundenen Finanzkredits als **Bestellerkredit aus Plafond C, D und analog E** ist in **Abbildung 6.3-01** dargestellt und anschließend in einzelnen Schritten erläutert.

Schrittweise Erläuterungen

Vorbemerkung: Der zeitliche Ablauf der im Folgenden beschriebenen Abwicklungsschritte vollzieht sich in der Praxis zum Teil gleichzeitig, zum Teil

Prof. Dr. Siegfried G. Häberle

AKA – Finanzkredite aus Plafond C oder D als Bestellerkredite: Grundstruktur und Abwicklung

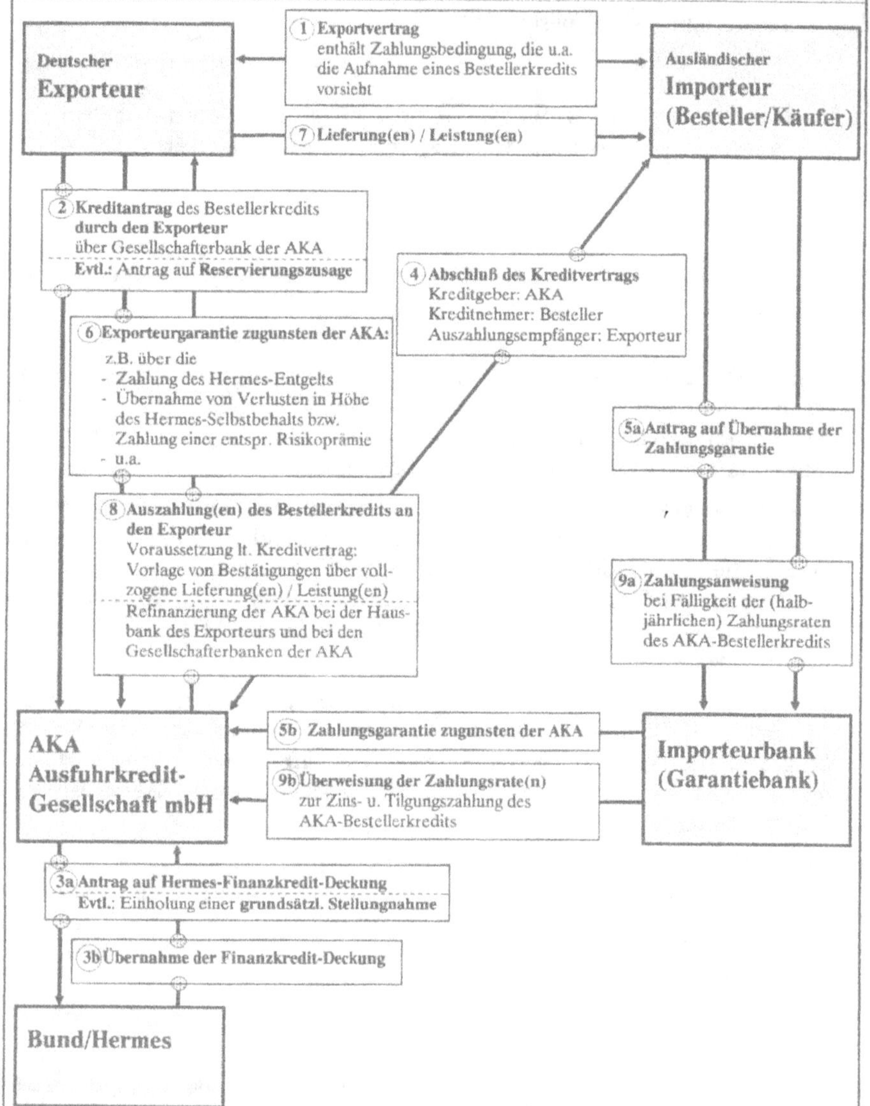

Hinweis: Im Interesse der Übersichtlichkeit der Darstellung sind in diese Abbildung nur die grundlegenden Merkmale der Abwicklung aufgenommen. Einzelheiten und Modifikationen sind in den "Erläuterungen" bzw. in der "Tabellarischen Übersicht der maßgeblichen Merkmale" beschrieben.

Abbildung 6.3-01

– je nach Lage des Einzelfalls – auch in einer anderen Reihenfolge. Aus Gründen der Übersichtlichkeit wurde jedoch die nachstehende Reihenfolge gewählt.

1. Der **Exportvertrag** enthält die Zahlungsbedingung, die u.a. die Aufnahme eines Bestellerkredits vorsieht.

2. Der **Antrag** auf Gewährung eines AKA-Kredits an den ausländischen Besteller/ Käufer wird nicht von diesem, sondern vom **Exporteur** über seine Bank, die Gesellschafterbank der AKA sein muss, bei der AKA gestellt.

   Es ist zweckmäßig bzw. zwingend, mit der AKA-Gesellschafterbank bzw. mit der AKA vor Abschluss des Exportvertrags in Kontakt zu treten.

   Je nach zeitlichem Ablauf des (beabsichtigten) Exportgeschäfts kann es vorteilhaft sein, bei der AKA einen **Antrag auf Reservierung** der Kreditmittel zu stellen.

3. Die AKA beantragt und erhält (zu einem späteren Zeitpunkt) eine **Hermes-Deckung** für den Finanzkredit (aus Vereinfachungsgründen in einem Schritt dargestellt). Von der Hermes-Finanzkreditdeckung kann im begründeten Einzelfall abgesehen werden, insbesondere wenn die Rückzahlung des Kredits gesichert erscheint.

   Hinweis: Anträge auf Ausfuhrgewährleistungen für Finanzkredite sind möglichst vor Abschluss des Kreditvertrags, spätestens vor Beginn des zu deckenden Risikos zu stellen. Nach Risikobeginn gestellte Anträge können als verspätet zurückgewiesen werden.

4. **Abschluss des Kreditvertrags:** Im Kreditvertrag sind neben den üblichen Merkmalen u.a. die Zweckbindung des Kredits zur Finanzierung eines bestimmten Exportgeschäfts aufgenommen, die Voraussetzungen für die Kreditinanspruchnahme (z.B. das Vorliegen der Zahlungsgarantie der Importeurbank, das Vorliegen der Hermes-Deckung usw.) sowie die Definition der vorzulegenden Bestätigungen (über erfolgte Lieferungen/Leistungen), die zur Auszahlung des Kredits an den Exporteur führen.

5. **Antrag** des ausländischen Importeurs bei einer als solvent eingestuften und von der AKA als Garantiebank anerkannten Bank (eventuell zugleich Hausbank des Importeurs) auf **Übernahme der Zahlungsgarantie** für den Bestellerkredit der AKA.

   Übernahme der Zahlungsgarantie durch die Importeurbank zu Gunsten der AKA für den Bestellerkredit.

   Anmerkung: Der Exporteur hat bereits in die Vertragsverhandlungen (siehe Schritt 1) die Frage der Sicherstellung, insbesondere die Stellung der Zahlungsgarantie, einzubeziehen. Entsprechendes gilt hinsichtlich der weiteren vorangehenden Schritte. Lediglich aus Gründen der Übersichtlichkeit der Abwicklung ist der Antrag/die Übernahme der Zahlungsgarantie erst in diesem 5. Schritt aufgegriffen.

6. Übernahme der **Exporteurgarantie**: Die Exporteurgarantie kann insbesondere folgende Verpflichtungen des Exporteurs umfassen,

   Zahlung des Hermes-Entgelts durch den Exporteur;

   - Übernahme von Verlusten im Schadensfall in Höhe des Hermes-Selbstbehalts oder – bei nicht abwälzbarem Hermes-Selbstbehalt – ersatzweise gegebenenfalls Zahlung einer Risikoprämie;
   - Übernahme bestimmter von Hermes nicht gedeckter Risiken;
   - Übernahme der Zinsdifferenz durch den Exporteur, falls der Außenzins unter dem Sollzins der AKA liegt.

7. Vollzug der **Lieferungen bzw. Leistungen** des Exporteurs.

8. **Auszahlung(en)** des Bestellerkredits **an den Exporteur**

   - Die Auszahlung kann – entsprechend den Vereinbarungen im Exportvertrag – nach Kostenfortschritt, pro rata Lieferung/ Leistung oder nach einem anderen zeitlichen Ablauf erfolgen.

   - Der Exporteur hat als Voraussetzung für die Auszahlung(en) Bestätigungen/Dokumente über vollzogene Lieferungen/Leistungen vorzulegen, die im Exportvertrag/Kreditvertrag definiert sind.

   - Die Auszahlung des AKA-Bestellerkredits an den Importeur (Besteller/Käufer) ist nicht möglich.

   Die Refinanzierung der AKA für Finanzkredite der Plafonds C und D erfolgt durch die Hausbank des Exporteurs und durch die Gesellschafterbanken der AKA.

9. Der Importeur erteilt bei (im Allgemeinen halbjährlicher) Fälligkeit der Zahlungsraten des AKA-Kredits einen **Zahlungsauftrag** an seine Bank.

   Die beauftragte Bank **überweist** die **Zahlungsraten** an die AKA, die diese Zahlungseingänge mit den fälligen Zins- und Tilgungsleistungen des Bestellerkredits verrechnet.

Weitere Abwicklungsschritte (nicht in die Abbildung aufgenommen):

- Bei **Zahlungsunfähigkeit**/Zahlungsunwilligkeit des Importeurs hat die garantierende Importeurbank die übernommene **Zahlungsgarantie** gegenüber der AKA zu erfüllen.
- Wird der Zahlungsanspruch der AKA an die Garantiebank – z.B. wegen deren Insolvenz oder wegen politischer Risiken – nicht erfüllt, dann greift die AKA auf die **Hermes-Finanzkredit-Deckung** und auf die **Exporteurgarantie** zurück.

6.4 Exportfinanzierungen der KfW Kreditanstalt für Wiederaufbau

6.4.1 Kurzinformation: Struktur der KfW Kreditanstalt für Wiederaufbau

Rechtsform u.Ä.

Die Kreditanstalt für Wiederaufbau (KfW) ist eine Körperschaft des öffentlichen Rechts. Das Grundkapital der KfW wird vom Bund und von den Bundesländern gehalten, wobei die Beteiligung des Bundes maßgeblich ist.

Die KfW verfügt neben dem Grundkapital über hohe Rücklagen. In den internationalen Bonitäts-/Standingbeurteilungen findet sich die KfW in sehr guter Position.

Aufgaben

Schwerpunktmäßig umfassen die Aufgaben der KfW die folgenden Bereiche:

Förderung der deutschen Wirtschaft

- Investitionen: Kredite, Zuschüsse
- Exportfinanzierung und ungebundene Finanzkredite: Kredite, Zuschüsse

Förderung der Entwicklungsländer

- Finanzielle Zusammenarbeit: Kredite, Zuschüsse
- Sonstige Kredite

Weitere Förderungsmaßnahmen

Beratungsaufgaben

Investitionsförderung

Die Investitionsförderung der deutschen Wirtschaft umfasst ein breites Spektrum von Förderungsprogrammen, insbesondere für kleinere und mittlere Betriebe. Die Investitionsförderung ist regelmäßig durch Bundes- und Landesmittel, durch Mittel der Europäischen Union oder zulasten der eigenen Erträge der KfW verbilligt.

Das Spektrum der Förderungsbereiche der KfW reicht weit: Neben der allgemeinen Förderung der Finanzierung von Investitionen mittelständischer Betriebe reicht die Finanzierungsförderung von Innovationen über Infrastrukturmaßnahmen und Umweltschutzmaßnahmen bis hin zu wohnwirtschaftlichen Maßnahmen.

Exportfinanzierung

Die KfW finanziert den Export von langlebigen Investitionsgütern und damit zusammenhängender oder auch selbstständiger Dienstleistungen vor allem in Entwicklungs- und Schwellenländer, in die Neuen Unabhängigen Staaten (NUS) sowie in die mittel- und osteuropäischen Staaten.

Auch werden Vorhaben im Ausland, an denen die Bundesrepublik Deutschland ein erhebliches wirtschaftliches Interesse hat, mitfinanziert.

Die Exportfinanzierung der KfW ist in zwei Bereiche gegliedert:

- Allgemeine Exportfinanzierung
- Sonderexportfinanzierung.

Ungebundene Finanzkredite

In besonderen Fällen – z.B. zur Sicherung der Rohstoffversorgung der deutschen Wirtschaft – vergibt die KfW an ausländische Darlehensnehmer auch Kredite, die nicht an deutsche Lieferungen gebunden sind.

Informationen

Informationen über das Exportfinanzierungsangebot der KfW, über die zu erfüllenden Voraussetzungen, über die aktuellen Konditionen, über die Abwicklung usw. erhält der Exporteur direkt von der KfW Kreditanstalt für Wiederaufbau, Frankfurt am Main oder von jeder im Auslandsgeschäft engagierten Geschäftsbank und Sparkasse.

6.4.2 KfW-Exportfinanzierung: Instrumente und Abwicklungen

Bereiche der KfW-Exportfinanzierung

Unter dem Merkmal des Finanzierungsgegenstandes unterscheidet die KfW ihre Exportfinanzierung in die beiden Bereiche

- Allgemeine Exportfinanzierung und
- Sonderexportfinanzierung.

Allgemeine Exportfinanzierung

Die Allgemeine Exportfinanzierung umfasst Kredite für die Ausfuhr langlebiger Investitionsgüter und damit zusammenhängender Dienstleistungen, insbesondere

- des Anlagen- und Maschinenbaus,
- der elektrotechnischen Industrie und
- der Verkehrstechnik sowie
- die Finanzierung von Auslandsbauleistungen der deutschen Bauwirtschaft.

Sonderexportfinanzierung

Im Bereich „Sonderexportfinanzierung“ der KfW sind

- die Schiffsexportfinanzierung und
- die Flugzeugexportfinanzierung sowie
- die sog. Mischfinanzierung angesiedelt.
- Die sog. Mischfinanzierung ist eine Kombination von Mitteln der Finanziellen Zusammenarbeit (Kapitalhilfe) der Bundesrepublik Deutschland an Entwicklungsländer mit kommerziellen Exportkrediten. Die Mischfinanzierung ist in der Finanzierungspraxis der KfW von untergeordneter Bedeutung und wird deswegen im Folgenden nicht weiter vertieft.

Bereiche nach Finanzierungsquellen

Unter dem Merkmal der Finanzierungsquellen unterscheidet die KfW

- KfW-ERP-Exportfinanzierungen und
- KfW-Marktmittelkredite.

ERP Exportfinanzierung

Maßgebliche Merkmale des KfW-ERP-Exportfinanzierungsprogramms sind

- Finanzierung von Ausfuhrgeschäften mit Entwicklungsländern.
- Förderung dieses Kreditprogramms durch den Einsatz von Mitteln aus dem ERP Sondervermögen des Bundes.
- Mindestzinsregelung des OECD-Konsensus.

Marktmittelkredite

Die KfW gewährt auch Exportkredite, die ausschließlich aus Marktmitteln refinanziert werden.

Die KfW Marktmittelkredite stellen zum einen

- eine Finanzierungsalternative oder eine Finanzierungsergänzung zum KfW-ERP Kreditprogramm bei Ausfuhrgeschäften nach Entwicklungsländern dar,
- zum anderen kann mit KfW-Marktmittelkrediten die Finanzierung von Ausfuhrgeschäften nach Nicht-Entwicklungsländern

vorgenommen werden.

Marktmittelkredite der KfW fallen nicht unter die Mindestzinsregelung des OECD-Konsensus.

Voraussetzungen der KfW-Exportfinanzierung: Finanzierungsgegenstände

Hinsichtlich des Gegenstands der Finanzierung ist eine KfW-Exportfinanzierung an folgende Voraussetzungen gebunden:

- Export langlebiger Investitionsgüter und damit im Zusammenhang stehender Leistungen (wie z.B. Montage, Montageüberwachung, Transfer von Know how).
- Export selbstständiger Engineering- und Consulting-Leistungen.
- Ursprungsland der Lieferungen und Leistungen muss grundsätzlich die Bundesrepublik Deutschland sein.
- Zulieferungen aus Drittländern können mitfinanziert werden, sofern diese nach den Regularien für Hermes-gedeckte Geschäfte in die zu finanzierenden Auftragswerte eingeschlossen werden dürfen.
- Örtliche/lokale Kosten (Aufwendungen für Waren und Dienstleistungen aus dem Käuferland) können bis zur Höhe der An- und Zwischenzahlungen zu Kreditbedingungen von Hermes in Deckung genommen werden und damit auch von der KfW mitfinanziert werden.
- Keine Finanzierung der Exporte von Konsumgütern, Vorprodukten, Kleinteilen und sonstiger kurzlebiger Wirtschaftsgüter.

Zahlungsbedingungen / Kreditlaufzeit

Die im Ausfuhrvertrag vereinbarten Zahlungsbedingungen haben

- den internationalen Usancen zu entsprechen,
- mindestens 15% des Auftragswerts als An- und Zwischenzahlungen sowie
- den Restbetrag von maximal 85% des Auftragswerts als Kreditteil

vorzusehen.

Entsprechend ihrer generellen Ausrichtung auf die Finanzierung von Vorhaben, die einer langfristigen Mittelbereitstellung bedürfen, schaltet sich die KfW nur dann in Exportfinanzierungen ein, wenn die einzuräumende Kreditlaufzeit mindestens 4 Jahre beträgt.

Hermes-Deckung

Im Regelfall wird zur Absicherung der politischen und wirtschaftlichen Risiken eine Hermes-Deckung benötigt. Die von Hermes gedeckte Kreditlaufzeit sollte mindestens 4 Jahre (gerechnet ab Beginn der Rückzahlungsphase des Kredits) betragen.

Abstandnahmen vom Regelfall der Hermes-Deckung kommen vor

- bei sog. Komplementärfinanzierungen, die die Finanzierung der An- und Zwischenzahlungen in Höhe bis zu 15% des Auftragswerts (und damit letztlich eine sog. 100%-Finanzierung des Auftragswerts) umfassen;
- bei hervorragender Bonität des Kreditnehmers als Hermes-Teildeckung oder als gänzlicher Verzicht auf eine Hermes-Deckung.

Mindestauftragswert

Unter den von der KfW mit ausländischen Banken abgeschlossenen Rahmenverträgen/Grundverträgen können in der Regel bereits Auftragswerte ab EUR 250.000 finanziert werden. In allen anderen Fällen sollte der Auftragswert grundsätzlich höher sein.

KfW-ERP-Exportfinanzierung

Im Gegensatz zu den Marktmittelkrediten der KfW können Kredite aus dem KfW-ERP-Exportfinanzierungsprogramm nur im Rahmen von Exportgeschäften mit **Entwicklungsländern** vergeben werden.

Als Entwicklungsländer gelten Länder, die in der jeweils gültigen **Liste** des Ausschusses für Entwicklungsländer (DAC) der **OECD** aufgeführt werden. Ein aktuelles Verzeichnis kann bei der KfW angefordert werden.

Hinweise

Im „Handbuch der Außenhandelsfinanzierung" (Häberle, S.G., Oldenbourg-Verlag, München und Wien) finden sich umfassende Darstellungen zu folgenden und weiteren Bereichen:

- Gebundene Finanzkredite also **Bestellerkredite** und **Bank-zu-Bank-Kredite** der KfW mit grafischen und schrittweisen Darstellungen der Abwicklungen;
- Sicherheiten, Kredithöhe und Kreditwährung, Kreditauszahlung (Verfahren und Voraussetzungen), Finanzierungskosten und weitere **Konditionen der KfW**.

6.5 Forfaitierung

6.5.1 Charakterisierung und Grundstruktur der Forfaitierung

Definition

Aus der Sicht des Exporteurs ist Forfaitierung der im Allgemeinen **regresslose Verkauf einzelner mittel- bis langfristiger Exportforderungen** an Forfaitierungsgesellschaften bzw. an Kreditinstitute.

Anmerkung: Im Folgenden wird aus Vereinfachungsgründen überwiegend nur noch von Forfaitierungsgesellschaften (Forfaiteuren) gesprochen, wobei die forfaitierenden Kreditinstitute mit einbezogen sind.

à forfait

Der Ausdruck „à forfait" bedeutet, dass die Forderungen als Ganzes (in „Bausch und Bogen"), d.h. **mit allen Risiken**, von den Forfaitierungsgesellschaften angekauft werden.

- Echte Forfaitierung liegt bei **vorbehaltloser Übernahme aller** mit der angekauften Forderung verbundenen **Risiken** (insbesondere des Delkredererisikos, der politischen Risiken und des Wechselkursrisikos bei Fremdwährungsforderungen) durch die Forfaitierungsgesellschaft vor.
- Von unechter Forfaitierung wird gesprochen, wenn der **Rückgriff auf den Forderungsverkäufer** – im Ausnahmefall und im genau zu definierenden Umfang – nicht ausgeschlossen ist.

Vertragsverhältnis

Im Gegensatz zum Exportfactoring (siehe Kapitel 5.6) verpflichtet sich der Exporteur bei der Forfaitierung im Allgemeinen nicht in einem Rahmenvertrag zum Verkauf aller mittel- und langfristigen Exportforderungen an eine bestimmte Forfaitierungsgesellschaft bzw. an eine bestimmte Bank. Forfaitierungsverträge werden vielmehr **für jeden Einzelfall** – evtl. unter Einholung von Angeboten verschiedener Forfaitierungsgesellschaften bzw. Banken – abgeschlossen.

Betragshöhe

Die Höhe ankaufsfähiger Forderungen ist allgemein gültig nicht festgelegt. Die Forfaitierungsgesellschaften wünschen jedoch einen **Mindestbetrag** (eine Ratenhöhe) von **ca. EUR 50.000** bzw. Fremdwährungsgegenwert. Eine Obergrenze existiert nicht.

Laufzeit

Die maximale Laufzeit ankaufsfähiger Forderungen ist **abhängig vom Schuldnerland**, d.h. von jenem Land, in dem der Importeur bzw. die für die Zahlung haftende Bank den Sitz haben. Bei Schuldnerländern, deren Kreditwürdigkeit als relativ gering eingeschätzt wird, begrenzen die Forfaitierungsgesellschaften die Höchstlaufzeit auf ca. 1 bis 3 Jahre. Forderungen auf Länder, deren Kreditwürdigkeit keinen Anlass zu Zweifeln gibt, sind dagegen mit Laufzeiten bis zu 7 Jahren und – in Ausnahmefällen – auch darüber forfaitierungsfähig.

Die kürzeste Laufzeit forfaitierbarer Forderungen beginnt prinzipiell dort, wo die Höchstlaufzeit der an Factoringgesellschaften verkäuflichen Exportforderungen endet, nämlich bei ca. 180 Tagen. Allerdings fällt der Ankauf derart kurzfristiger Forderungen nicht mehr unter den Vorstellungsinhalt der „klassischen“ Forfaitierung, bei der eine längerfristige Laufzeit üblich ist.

Eine Ausnahme bilden **Akkreditive** mit (kurzfristiger) **hinausgeschobener Zahlung** (z.B. 90 oder 180 Tage), wobei auch der kurze hinausgeschobene Zeitraum Gegenstand einer Forfaitierung sein kann

Währungen

Forfaitierungsgesellschaften kaufen **EUR-Forderungen** und **Fremdwährungsforderungen** an. Forfaitierungsfähige Fremdwährungsforderungen müssen auf die Währungen der bedeutenden westlichen Welthandelsländer lauten, weil die ankaufende Forfaitierungsgesellschaft nur für diese Währungen am Eurogeldmarkt bzw. Eurokapitalmarkt ein Refinanzierungs- und Absicherungspotenzial vorfindet.

6.5.2 Grafische und schrittweise Abwicklung der Forfaitierung

Abbildung

Die **Grundstruktur der Abwicklung der Forfaitierung einer Buchforderung** mit Aval der Importeurbank ist in **Abbildung 6.5-01** dargestellt und anschließend in einzelnen Schritten erläutert.

1. **Abschluss des Kaufvertrags**

   Die Zahlungsbedingung des Kaufvertrags umfasst die Einräumung eines **mittel- bis langfristigen Zahlungsziels**. Bei größeren Exportgeschäften hat der Importeur häufig eine Anzahlung bei Vertragsabschluss sowie eine Abschlagszahlung bei Warenlieferung (die sog. Dokumentenrate) zu leisten. Die danach verbleibende Restschuld ist vom Importeur sodann in **halbjährlichen Raten** zu tilgen.

   Bei Einräumung längerfristiger Zahlungsziele macht der Exporteur dem Importeur im Allgemeinen die Beibringung eines **Bankavals** (als Bankgarantie, Wechselaval o. Ä.) zur Absicherung der Forderung zur Auflage.

   In den Kaufvertrag ist außerdem eine Vereinbarung über die Höhe der vom Importeur zu zahlenden **Zinsen** (die sog. **Abnehmerzinsen**) aufzunehmen.

2. **Antrag auf Übernahme des Avals**

   Entsprechend den Vereinbarungen im Kaufvertrag stellt der **Importeur bei seiner Bank** einen Antrag auf Übernahme des Avals [Bankgarantie oder Wechselaval – falls in Abweichung zum vorliegenden Beispiel – mit (Sola-) Wechseln bezahlt wird].

3. **Übernahme des Avals**

   Die Bank des Importeurs (oder eine beauftragte Drittbank) übernimmt das Aval und stellt – da es sich um eine Buchforderung handelt – darüber eine **Garantieerklärung/-urkunde** (ein Garantiedokument) aus, die sie dem Importeur (oder – in Abweichung zum vorliegenden Beispiel – direkt dem Exporteur bzw. der Forfaitierungsgesellschaft) aushändigt. Zugleich belastet die avalübernehmende Bank das **Avalkreditkonto** des Importeurs.

Prof. Dr. Siegfried G. Häberle

Grundstruktur der Abwicklung der Forfaitierung einer Buchforderung mit Aval der Importeurbank

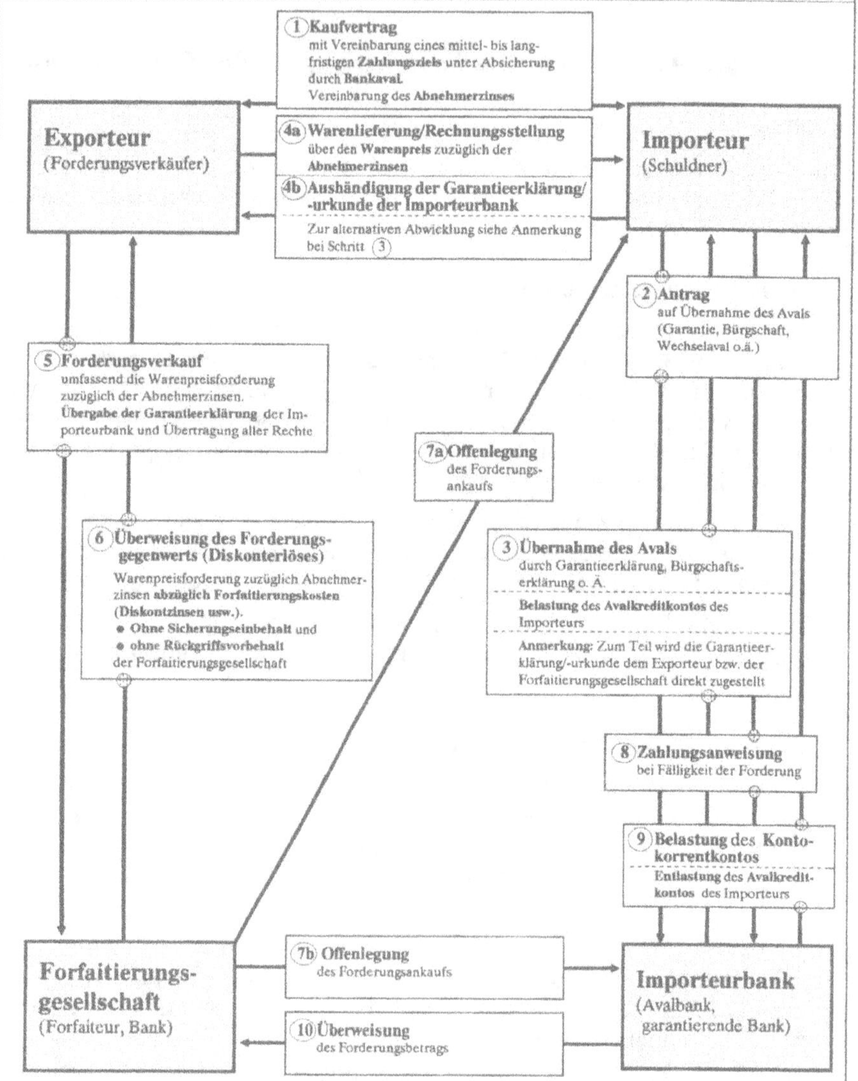

Hinweis: Im Interesse der Übersichtlichkeit der Darstellung sind in diese Abbildung nur die grundlegenden Merkmale der Abwicklung und der Refinanzierung des Exporteurs mittels Forfaitierung aufgenommen. Einzelheiten und Modifikationen sind in den folgenden Abschnitten beschrieben.

Abbildung 6.5-01

4. Warenlieferung / Rechnungsstellung und Aushändigung der Bankgarantie

Warenlieferung / Rechnung (4.a): Der Exporteur bringt die Waren zum Versand und stellt dem Importeur den **Warenpreis** in Rechnung. Daneben weist die Rechnung auch die vom Importeur zu zahlenden **Abnehmerzinsen** aus.

Mit Abnahme der Waren durch den Importeur ist die Forderung an den Importeur, die den Warenpreis zuzüglich der Abnehmerzinsen umfasst, entstanden.

Bankgarantie (4.b): Im Gegenzug händigt der Importeur die **Garantieerklärung** der Importeurbank **an den Exporteur** aus.

In der Praxis wird die Garantieerklärung – wie bei Schritt 3 erwähnt und in Abweichung zum vorliegenden Beispiel – zum Teil von der Importeurbank direkt gegenüber der Forfaitierungsgesellschaft abgegeben.

5. Forderungsverkauf

Der Exporteur verkauft die **Exportforderung** an eine **Forfaitierungsgesellschaft** (bzw. an eine Bank, die Forfaitierungsgeschäfte macht). Häufig hat der Exporteur schon vor Abschluss des Kaufvertrags mit dem Importeur in Kontakt mit der Forfaitierungsgesellschaft gestanden. Eventuell hat der Exporteur mit der Forfaitierungsgesellschaft bereits bei Abschluss des Kontrakts mit dem Importeur einen **Festabschluss** über den künftigen Forderungsverkauf getroffen.

Die verkaufte Forderung umfasst nicht nur den Kaufpreis der Waren, sondern auch die **Abnehmerzinsen**.

Forfaitierfähig sind auch **Fremdwährungsforderungen** in den gängigen Währungen der führenden westlichen Industrienationen.

Zugleich mit dem Forderungsverkauf übergibt der Exporteur die **Garantieerklärung** der Importeurbank an die Forfaitierungsgesellschaft unter Übertragung aller Rechte.

6. Überweisung (Gutschrift) des Forderungsgegenwerts

Die Forfaitierungsgesellschaft zieht an der angekauften Buchforderung die **Forfaitierungskosten** (die auch bei Buchforderungen als Diskontzinsen bezeichnet werden) ab und überweist dem Exporteur den verbleibenden **Forderungsgegenwert**.

Weil die Forfaitierungsgesellschaften Exportforderungen einschließlich der dem Importeur in Rechnung gestellten Abnehmerzinsen ankaufen, verbleibt dem Exporteur nach Abzug der Forfaitierungskosten ein Forfaitierungserlös, der etwa dem (Rest-)Kaufpreis der Waren entspricht. Nur in den Fällen, in denen der im Kaufvertrag vereinbarte Abnehmerzins und der mit der Forfaitierungsgesellschaft vereinbarte Forfaitierungssatz erheblich voneinander abweichen, können sich – unter Berücksichtigung der unterschiedlichen Zinsberechnungsmethoden – für den Exporteur erhebliche Abweichungen zwischen Forfaitierungserlös einerseits und reiner Kaufpreisforderung an den Importeur andererseits ergeben.

Forfaitierungsgesellschaften kaufen Exportforderungen in der Regel mit **Übernahme aller wirtschaftlichen, politischen und währungsbezogenen Risiken** an. Forfaitierungsgesellschaften machen deswegen – von wenigen Ausnahmen abgesehen – gegenüber dem forderungsverkaufenden Exporteur weder Rückgriffsvorbehalte noch behalten sie zu ihrer Sicherheit Teilbeträge ein.

7. **Offenlegung des Forderungsankaufs**

   Die **Offenlegung** des Forderungsankaufs durch die Forfaitierungsgesellschaft gegenüber dem Importeur und gegenüber derjenigen Bank, die das Aval übernommen hat, ist **die Regel**. Der Importeur hat mit schuldbefreiender Wirkung nur noch an die Forfaitierungsgesellschaft und nicht mehr an den Exporteur zu zahlen.

8. **Zahlungsanweisung bei Fälligkeit der Forderung**

   Bei Fälligkeit der Forderung (bzw. der Teilbeträge, sofern Ratenzahlung vereinbart ist) erteilt der **Importeur Zahlungsanweisung** an seine Bank.

9. **Belastung des Kontokorrentkontos des Importeurs**

   Im Gegenzug belastet die Importeurbank den Importeur mit dem **Zahlungsbetrag** auf seinem **Kontokorrentkonto**.

   Im gleichen Zeitpunkt und in gleichem Umfang **entlastet** die Importeurbank den Importeur auf seinem **Avalkreditkonto**.

   Sofern der Importeur im Zeitpunkt der Fälligkeit der Forderung nicht mehr zahlungsfähig ist, hat die **Importeurbank** auf Grund des übernommenen **Avals** Zahlung an die Forfaitierungsgesellschaft zu leisten.

10. **Überweisung des Forderungsbetrags**

    Die Importeurbank überweist den Forderungsbetrag an die Forfaitierungsgesellschaft.

6.5.3 Funktionen der Forfaitierung

Finanzierungsfunktion

Für den Exporteur ist der **sofortige Liquiditätszufluss** ein gewichtiges Argument zur Forfaitierung seiner Forderung, zumal ihm die Finanzierung der den Importeuren eingeräumten mittel- bis langfristigen Zahlungsziele aus eigenen Mitteln in der Regel nicht möglich ist.

Von Bedeutung ist überdies, dass Forfaitierungsgesellschaften die **Exportforderungen einschließlich** der den Abnehmern (Importeuren) in Rechnung gestellten **Zinsen** (sog. Abnehmerzinsen) ankaufen, sodass die Forfaitierungserlöse etwa den Exportforderungen entsprechen, d.h. sog. Vollfinanzierungen vorliegen (Einzelheiten siehe unten „Abwicklung"). Dagegen sehen die traditionellen Finanzierungen der Geschäftsbanken und Spezialbanken manchmal (noch) eine Selbstfinanzierungsquote des Exporteurs vor, die im Allgemeinen in Höhe des Hermes-Selbstbehalts definiert ist.

Durch Forfaitierung verbessert der Exporteur seine Bilanzkennzahlen, insbesondere die **Eigenkapital-/Fremdkapitalrelation**, sofern er den Forfaitierungserlös zur Schuldentilgung verwendet.

Delkrederefunktion

Die von Forfaitierungsgesellschaften „à forfait" übernommene Delkrederefunktion reicht sehr weit. Sie umfasst nicht nur die **wirtschaftlichen Risiken** (Zahlungsausfallrisiko, Zahlungsverzögerungsrisiko) einer Exportforderung einschließlich der Zinsforderung an den Importeur, sondern auch alle **politischen Risiken**.

Bei Fremdwährungsforderungen übernehmen die Forfaitierungsgesellschaften überdies das **Wechselkursrisiko** ab dem Zeitpunkt des (vorbehaltlosen) Forderungsankaufs.

Dienstleistungsfunktionen

Die Dienstleistungsfunktionen der Forfaitierungsgesellschaften für die forderungsverkaufenden Exporteure sind nicht von so großer praktischer Bedeutung, wie sie es beim Exportfactoring sind. Die Forfaitierungsgesellschaften bzw. Banken können den Exporteur auf dessen Wunsch

- bei Abschluss des Kaufvertrags mit dem Importeur hinsichtlich der aufzunehmenden **Zahlungsbedingungen beraten**,
- sie können **Auskünfte** über den **Importeur** bzw. über die die Zahlung garantierende **ausländische Bank** einholen,
- und sie können dem Exporteur ihre **Analyse** des **politischen Risikos** des Schuldnerlandes überlassen.

Dass die Forfaitierungsgesellschaften das Inkasso der angekauften Forderungen übernehmen, entspricht ohnehin dem Wesen des Forderungsankaufs.

6.5.4 Art und Besicherung forfaitierbarer Exportforderungen

Geschäftsgrundlagen der Exportforderungen

Forfaitierungsfähige Forderungen entstehen vor allem bei **Investitionsgüterexporten** bzw. im **Anlagenbau**. Mit Blick auf die Langlebigkeit von Investitionsgütern und Anlagen sind in diesen Bereichen längerfristige Zahlungsziele betriebswirtschaftlich nahe liegend und häufig auch branchenüblich.

Zunehmend sehen sich aber auch Konsumgüterexporteure dem Begehren ihrer (Groß-)Abnehmer nach Einräumung mittelfristiger Zahlungsziele ausgesetzt. Die Forfaitierung derartiger, auf Konsumgüterexporten beruhender Forderungen ist ebenfalls möglich, sofern die Sicherheit der Zahlung gewährleistet erscheint.

Forfaitierung mit Solawechselns

Mit Solawechseln lässt sich aus Sicht des forderungsverkaufenden Exporteurs die **Forfaitierung am einfachsten** bewerkstelligen. Der Importeur verpflichtet sich als Aussteller des Solawechsels (andere Bezeichnung: „eigener Wechsel") zur Zahlung bei Fälligkeit. Der Exporteur tritt im Solawechsel lediglich als Remittent (Wechselnehmer, Wechselbegünstigter) in Erscheinung und indossiert (überträgt die Wechselrechte) mit einem sog. **Angstindossament** (Zusatz „ohne Regress", „without recours", „sans recours" o.Ä.) auf die Forfaitierungsgesellschaft. Eine wechselrechtliche Haftung übernimmt der forderungsverkaufende Exporteur gegenüber der Forfaitierungsgesellschaft nicht. Hinweis: In Abschnitt 3.4.2.2 ist ein Solawechsel abgebildet.

Es ist jedoch anzumerken, dass der Haftungsausschluss durch Angstindossament **nicht in allen Ländern anerkannt** ist, sodass der Exporteur Gefahr läuft, von Dritten, an die die Forfaitierungsgesellschaft den Solawechsel weitergegeben hat, doch in Anspruch genommen zu werden.

Forfaitierung mit gezogenen Wechseln

Bei einem gezogenen Wechsel ist der **Exporteur Wechselaussteller** und übernimmt damit eine **wechselrechtlich nicht ausschließbare Haftung**. Auch die Weitergabe des gezogenen Wechsels mit einem sog. Angstindossament an die Forfaitierungsgesellschaft befreit den Exporteur aus der Ausstellerhaftung nicht, sondern nur aus der Haftung als Indossant.

Um die gewünschte **Entbindung** des Exporteurs von der **wechselrechtlichen Haftung** gegenüber der Forfaitierungsgesellschaft zu ermöglichen, stellt ihm die Forfaitierungsgesellschaft eine sog. Freistellungserklärung, die auch Enthaftungserklärung genannt wird, aus. Darin erklärt die Forfaitierungsgesellschaft gegenüber dem Exporteur, dass sie ihn von allen wechselrechtlichen Ansprüchen freistellen wird.

Forfaitierung von Buchforderungen

Forfaitierung setzt Wechselausstellung keineswegs zwingend voraus. Die Forderung des Exporteurs kann vielmehr auch als **Buchforderung** an eine Forfaitierungsgesellschaft verkauft werden, wobei jedoch unter anderem das Recht des Schuldnerlandes hinsichtlich der rechtsgültigen Übertragung (Abtretung) der Forderung auf die Forfaitierungsgesellschaft zu beachten ist.

Haftung des Exporteurs

Bei allen Formen der Forfaitierung haftet der forderungsverkaufende Exporteur gegenüber der Forfaitierungsgesellschaft für den **rechtlichen Bestand der Forderung**: Die Forderung muss in ihrer Höhe einwandfrei bestehen und frei von Rechten Dritter sein. Der Exporteur bleibt beispielsweise insoweit in der Haftung, als der Importeur berechtigterweise Aufrechnungen vornimmt oder wenn dieser die Forderung wegen mängelbehafteter Lieferung o.Ä. (teilweise) bestreitet. Zum Teil verlangen die Forfaitierungsgesellschaften überdies eine Erklärung des zahlungspflichtigen Importeurs über die uneingeschränkte Anerkennung der Forderung.

Besicherung der Exportforderung

Die Besicherung der Exportforderung durch das **Zahlungsversprechen der Importeurbank** bzw. einer anderen als solvent geltenden Bank ist regelmäßig Voraussetzung für die Forfaitierung.

Als Sicherungsinstrumente kommen das Wechselaval (die Wechselbürgschaft) und die Bankgarantie, aber auch Akkreditive infrage.

Hinweis: Einzelheiten zu den **Bankgarantien** siehe Kapitel 8.

Abtretung der Hermes-Ansprüche

Sofern der Exporteur für die zu verkaufende Exportforderung eine Risikoabsicherung in Form einer **Ausfuhrgewährleistung** des Bundes (sog. Hermes-Deckung) vorgenommen hat, kann er seine **Deckungsansprüche** an die Forfaitierungsgesellschaft – mit Zustimmung des Bundes – **abtreten**. Mit Erlangung und durch Abtretung der Hermes-Deckung werden Forfaitierungen auch von solchen Exportforderungen ermöglicht, für die sich wegen politischer Risiken des Schuldnerlandes sonst womöglich kein Forfaiteur finden würde. Ebenso wirkt sich eine Abtretung der Hermes-Ansprüche auf die **Ankaufkonditionen** aus, weil die Forfaitierungsgesellschaft dann keine Veranlassung hat, einen (erhöhten) Risikozuschlag zu erheben.

Restrisiko des Exporteurs

Der Exporteur bleibt im Allgemeinen gegenüber der ankaufenden Forfaitierungsgesellschaft in der **Haftung**, wenn der Bund die **Hermes-Deckung** auf Grund des Verschuldens des Exporteurs entzieht.

Ein Restrisiko kann dem Exporteur aber auch dann verbleiben, wenn er den bei Hermes üblichen **Selbstbehalt** (die Selbstbeteiligung) in Höhe von 10 % oder 15 % der Ausfuhrforderung weiterhin **selbst zu tragen** hat. Im Forfaitierungsvertrag kann das Restrisiko in Höhe des Selbstbehalts aber auch auf die Forfaitierungsgesellschaft überwälzt werden.

6.5.5 Gestaltungsmöglichkeiten und Kosten der Forfaitierung

Indikation

Häufig holt sich der Exporteur bereits bei Angebotskalkulation, spätestens aber während der Vertragsverhandlungen mit dem Importeur Informationen über die **möglichen Ankaufskonditionen** der Forfaitierungsgesellschaften und Banken ein. Derart erlangte Informationen binden jedoch weder die Forfaitierungsgesellschaft noch den Exporteur. Sie werden deswegen (unverbindliche) Indikation genannt.

Festofferte

Zeichnet sich ab, dass der Abschluss des Kontrakts mit dem Importeur mit hoher Wahrscheinlichkeit zu Stande kommen wird, dann benötigt der Exporteur **definitiv gültige Ankaufskonditionen**, um dem Importeur seinerseits ein verbindliches Angebot über den sog. Abnehmerzins, d.h. über den Zins, den der Importeur zu zahlen hat, unterbreiten zu können. In dieser Situation sollte der Exporteur bei einer oder mehreren Forfaitierungsgesellschaften eine sog. Festofferte einholen.

In Festofferten verpflichten sich die befragten Forfaitierungsgesellschaften einseitig zur Forfaitierung zu den darin genannten Konditionen. Allerdings halten die Forfaitierungsgesellschaften **Festofferten nur kurze Zeit aufrecht**, insbesondere bei steigenden Marktzinsen.

Festabschluss

Einen sog. Festabschluss mit der Forfaitierungsgesellschaft bzw. mit der Bank, d.h. den Abschluss des **beidseitig verbindlichen Forfaitierungsvertrags** mit exakter Beschreibung der zu forfaitierenden Forderung und den verbindlichen Ankaufskonditionen, vollzieht der Exporteur – evtl. auf Grundlage einer vorliegenden Festofferte – im Allgemeinen unmittelbar nach Abschluss des Kontrakts mit dem Importeur.

Vorlaufzeit

Insbesondere wenn sich zwischen dem Abschluss des Kontrakts mit dem Importeur und der Auslieferung der Ware (der Forderungsentstehung) eine längere (Fabrikations-)Phase schiebt, wird der Exporteur den Forfaitierungsvertrag im Allgemeinen frühzeitig abschließen. Forfaitierungsgesellschaften bezeichnen den **Zeitraum** zwischen dem **Abschluss des Forfaitierungsvertrags** (Festabschluss, Festzusage) und dem **Zeitpunkt des Ankaufs der Forderung** als Vorlaufzeit.

Bereitstellungsprovision

Für die Dauer der Vorlaufzeit berechnen die Forfaitierungsgesellschaften im Allgemeinen eine Bereitstellungsprovision, deren Höhe sich bei stabilem Marktzinsniveau auf **etwa 1% bis 2% p.a.** des (später anzukaufenden) Forderungsbetrags beläuft. Die Bereitstellungsprovision rechtfertigt sich in der Sicherheit des Exporteurs über den unwiderruflichen Forderungsankauf zu festgelegten Konditionen.

Optionsgebühr bzw. Optionsprämie

Die Optionsgebühr/Optionsprämie trägt einen ähnlichen Charakter wie die Bereitstellungsprovision, wobei allerdings anzumerken ist, dass die mit dem

Ausdruck „Optionsgebühr"/"Optionsprämie" verbundenen Vorstellungsinhalte nicht immer gleich sind. Zum Teil wird der Ausdruck Optionsgebühr/Optionsprämie **in Verbindung mit einem Festabschluss** bzw. mit einer Festzusage, zum Teil – wie oben näher erläutert – **in Verbindung mit einer** die Forfaitierungsgesellschaft **einseitig bindenden Festofferte** (einem Festangebot) gebraucht.

Lässt sich ein Exporteur beispielsweise bereits in einer Phase, in der das Zustandekommen des Kaufvertrags mit dem ausländischen Abnehmer noch nicht sicher ist, von der Forfaitierungsgesellschaft eine **Festofferte** (ein Festangebot) im Sinne eines von ihm ausübbaren **Optionsrechts** erteilen, dann hat der Exporteur im Falle des Nichtzustandekommens des Exportgeschäfts an die Forfaitierungsgesellschaft die Optionsgebühr/Optionsprämie zu entrichten.

Diskontzinsen (Forfaitierungssatz)

Nach Forderungsentstehung (nach Abnahme der Ware durch den Importeur, nach Montage der Anlagen usw.) ist der Exporteur in der Lage, den Forfaitierungsvertrag zu erfüllen und der Forfaitierungsgesellschaft die Forderung – evtl. in Wechselform gekleidet und zeitlich gestaffelt – zu verkaufen. Die Forfaitierungsgesellschaft stellt **Zinsen als Diskont** in Rechnung und überweist dem Exporteur den Diskonterlös (Barwert, Gegenwert) zur freien Verfügung. Dieser im Vertrag vereinbarte und bei der Diskontierung angewandte Zinssatz (Forfaitierungssatz, dem häufig LIBOR zu Grunde liegt und der einen Risikozuschlag enthält) ist ein **Festzinssatz**, der für die ganze Forderungslaufzeit gilt. Von Zinsänderungen, die nach dem Zeitpunkt der Diskontierung eintreten, wird der Exporteur nicht berührt. Nur in **Ausnahmefällen** kommt die Vereinbarung **variabler Zinsen** vor.

Die Zinsberechnung nach der Diskontmethode findet nicht nur bei Wechseln, sondern auch bei der Forfaitierung von Buchforderungen Anwendung.

Zinshöhe

Die **Höhe der Diskontzinsen** (des Forfaitierungssatzes) ist insbesondere von folgenden Faktoren abhängig:

- **Zinsniveau am Eurogeldmarkt** jener Währung, auf die die Forderung lautet. Die enge Verbindung zum Euromarkt hängt damit zusammen, dass sich die Forfaitierungsgesellschaften unmittelbar am Eurogeldmarkt refinanzieren. Forfaitierende Banken haben darüber hinaus auch andere Refinanzierungsmittel (z.B. aus dem Einlagengeschäft) zur Verfügung. Gleichwohl orientieren sich auch die forfaitierenden Banken bei ihren Angeboten am Eurogeldmarkt;
- **Laufzeit** der zu forfaitierenden Forderung;
- **Höhe** und evtl. **Stückelung** der zu forfaitierenden Forderung;
- Zahlungsfähigkeit des **Schuldnerlandes** und Wahrscheinlichkeit des Eintritts politischer Risiken;

- **Bonität** und Standing der **mithaftenden Bank**;
- **Kreditwürdigkeit** des zahlungspflichtigen **Importeurs**;
- eventuelle **Hermes-Deckung**.

Laufzeitberechung / Zinsdivisor

Die **Restlaufzeit** der Wechsel bzw. der Buchforderungen (Zeitraum zwischen Ankaufstag/Valuta und Fälligkeitstag der Wechsel/Buchforderungen) wird – im Gegensatz zur deutschen Berechnungsmethode – im Allgemeinen **kalendermäßig** genau ausgezählt (sog. Laufzeittage). Fällt der Fälligkeitstag auf einen arbeitsfreien Tag (Sonntag, Feiertag, Samstag), dann werden die Zinsen (die Zinstage) bis zum nächsten Arbeitstag gerechnet.

Der **Zinsdivisor** wird dagegen gemäß der deutschen Methode errechnet, d.h. unter Zugrundelegung des **Zinsjahres mit 360 Tagen**.

Laufzeitberechnung und Zinsdivisorberechnung erfolgen somit nach der sog. **365/360-Methode**.

Wie beim Diskont von Auslandswechseln üblich rechnen die Forfaitierungsgesellschaften den **Laufzeittagen** der Forderung(en) noch sog. **Respekttage hinzu**.

Hinweis: Zu den verschiedenen Methoden der Zinsberechnung siehe Abschnitt „5.2.3 Kurz- bis mittelfristige Eurokredite – Merkmale und Beurteilung“ sowie

Pönale

Erfüllt der Exporteur den abgeschlossenen **Forfaitierungsvertrag nicht**, dann kann die Forfaitierungsgesellschaft dem Exporteur eine sog. Pönale als Ausgleich für ihre bislang angefallenen Aufwendungen und Dispositionen in Rechnung stellen, sofern sich der Exporteur einer entsprechenden Vereinbarung im Forfaitierungsvertrag unterworfen hat.

Schaltet der Exporteur eine **Bank** in das Forfaitierungsgeschäft ein, die selbst keine Forfaitierungen vornimmt, dann hat er u.U. damit zu rechnen, dass ihm diese Bank eine Vermittlungsprovision in Rechnung stellt.

6.6 Exportleasing

6.6.1 Allgemeine Begriffe und Grundlagen zu Leasing – mit tabellarischer Übersicht

Charakterisierung

Im allgemeinen Sinne wird unter Leasing

- die **Vermietung** (Überlassung zur Nutzung) von langlebigen **Gebrauchs- und Investitionsgütern**

- von einem **Leasinggeber** (Leasinggesellschaft, Hersteller, Händler)
- an einen **Leasingnehmer** (Nutzer, Betrieb, Person)
- gegen Zahlung von (monatlich oder vierteljährlich fälligen) **Leasingraten**
- über einen bestimmten **Zeitraum**

verstanden.

Hinweis: Über die maßgeblichen Leasingarten gibt die am Ende dieses Abschnittes eingefügte **tabellarische Zusammenstellung** mit jeweiliger Kurzcharakterisierung Auskunft.

Exportleasing

Auf den ersten Blick scheint der Ausdruck Exportleasing unter dem Merkmal der Grenzüberschreitung leicht zu definieren. Bei näherem Hinsehen erweist sich indessen, dass es verschiedenartige Erscheinungs- und Abwicklungsformen sind, die unter dem Ausdruck Exportleasing verstanden werden können.

Zur Vereinfachung und aus pragmatischen Gründen wird im Folgenden die Frage ausgeklammert, ob der Ausdruck Exportleasing als konstitutives Merkmal ein Exportgeschäft des Leasinggegenstands einschließen sollte. Vereinfachend wird im Folgenden der Ausdruck Exportleasing über die obige allgemeine Definition des Ausdrucks „Leasing" hinaus durch die nachstehenden zusätzlichen Kriterien charakterisiert:

- Der **Leasingnehmer** hat seinen Sitz im **Ausland**

  und

- der **Leasinggeber** (Hersteller, Händler, Leasinggesellschaft) hat seinen Sitz im **Inland**

  bzw.

- eine **inländische Leasinggesellschaft vermittelt** das Leasinggeschäft (dem regelmäßig ein Exportgeschäft des Leasinggegenstands zu Grunde liegt) **an eine ausländische Leasinggesellschaft**.

Importleasing

Der Ausdruck Importleasing umfasst in **Umkehrung** des Ausdrucks Exportleasing grenzüberschreitende Leasinggeschäfte, bei denen der Leasingnehmer (aus dem Blickwinkel eines ausländischen Herstellers oder einer ausländischen Leasinggesellschaft) seinen Sitz im Inland hat.

Oberbegriffe

Als Oberbegriffe für Exportleasing und Importleasing finden sich unter anderem die Ausdrücke

- **Internationales Leasing,**
- **Auslandsleasing,**

- **Grenzüberschreitendes Leasing (Cross-Border-Leasing).**

Zu beobachten ist, dass diese Ausdrücke z.T. gleichbedeutend mit dem Ausdruck Exportleasing Verwendung finden, wie umgekehrt das Wort Exportleasing manchmal mit dem umfassenden Vorstellungsinhalt eines Oberbegriffs verbunden wird.

Mobilienleasing – Vorgehensweisen

Im Mittelpunkt der folgenden Ausführungen stehen Exportleasinggeschäfte mit Mobilien, und zwar gewerblich genutzte Mobilien, d.h. langlebige (maschinelle) **Investitionsgüter**. Bei diesen Gütern, die typischerweise Gegenstand von mittel- bis langfristigen Leasingverträgen sind, ist die **Vorgehensweise bis zum Abschluss des Leasingvertrags** unterschiedlich:

- Der **Lieferant** selbst (Hersteller, Händler) bietet dem Leasingnehmer (häufig über eine konzerneigene oder kooperierende Leasinggesellschaft) den Abschluss des Leasingvertrags an.
- Der **Leasingnehmer sucht** sich für ein von ihm ausgewähltes Investitionsgut einen Leasinggeber. Der Leasinggeber kauft dieses Leasinggut und überlässt es dem Leasingnehmer zur Nutzung im Rahmen eines Leasingvertrags.
- Der **Leasingnehmer** und der **Leasinggeber (die Leasinggesellschaft) arbeiten** bereits während der Phase der Einholung von Angeboten verschiedener Hersteller des fraglichen Investitionsgegenstands und während der anschließenden Fabrikationsphase **zusammen**. Der Leasingnehmer kann in dieser frühen Phase der Geschäftsabwicklung vom umfassenden Beschaffungs-Know-how des Leasinggebers profitieren.
- Der (künftige) Leasingnehmer ist (bislang) Eigentümer eines gebrauchten oder (seltener) neuen Investitionsgegenstands, der an eine Leasinggesellschaft verkauft wird und sodann im Rahmen eines Leasingvertrags vom bisherigen Eigentümer gemietet wird. Diese Vorgehensweise wird als „sale-and-lease-back"-Verfahren bezeichnet. Das **„sale-and-lease-back"**-Verfahren findet u.a. bei Sanierungsverfahren Anwendung, um dem Verkäufer / Leasingnehmer damit liquide Mittel zu verschaffen.

Institutionelles Leasing bzw. Herstellerleasing

Fungiert eine **Leasinggesellschaft** als Leasinggeberin, dann wird im Allgemeinen von institutionellem Leasing gesprochen.

Wird dagegen der Leasingvertrag zwischen dem **Hersteller** bzw. zwischen dessen (konzern-)eigener Leasinggesellschaft und dem Leasingnehmer geschlossen, dann wird der Ausdruck Herstellerleasing verwendet. In diesem Sinne müsste der Ausdruck Händlerleasing gebraucht werden, wenn ein **Händler** Leasinggeber ist. Indessen ist erkennbar, dass auch in diesem Fall meistens der Ausdruck Herstellerleasing Verwendung findet.

Vertriebsleasing

Das Vertriebsleasing ist institutionelles Leasing, allerdings mit einer sehr **engen Zusammenarbeit** zwischen einer **Leasinggesellschaft** und einem **Hersteller** bzw. Händler. Die Leasinggesellschaft kauft vom Hersteller/Händler nicht nur sporadisch Leasinggegenstände, sondern im Rahmen einer vertraglich abgesicherten Kooperation (laufend) ein größeres Kontingent, im Extrem eine ganze Serie (Produktgruppe) des Herstellers bzw. Händlers. Der Hersteller bzw. Händler benennt der Leasinggesellschaft im Gegenzug und auf Basis seiner Vertriebsorganisation die leasingbereiten Kunden, mit denen die Leasinggesellschaft (nicht der Hersteller bzw. nicht der Händler) sodann den Leasingvertrag abschließt.

Der maßgebliche **Vorzug** des Vertriebsleasing liegt für den Hersteller bzw. für den Händler in der sofortigen Verfügbarkeit des Kaufpreises an der Stelle von Leasingraten, die beim Herstellerleasing über einen langen Zeitraum verteilt sind und deren Einbringlichkeit womöglich infrage gestellt ist.

Finanzierungsleasing bzw. Operating-Leasing

Maßgebliches Unterscheidungskriterium zwischen Finanzierungsleasing (Finance-Leasing) und Operating-Leasing ist die Laufzeit bzw. die Kündigungsmöglichkeit des Leasingvertrags. Beim **Operating-Leasing** ist die Laufzeit **kurzfristig**, beim **Finanzierungsleasing** dagegen mittel- bis **langfristig**.

Ist dem Leasingnehmer wie beim **Operating-Leasing** ein kurzfristiges Kündigungsrecht eingeräumt, dann verbleibt dem Leasinggeber ein Investitionsrisiko bzw. Verwertungsrisiko. Operating-Leasing findet deswegen insbesondere bei leicht verwertbaren, also marktgängigen Leasinggegenständen (z.B. bei Fahrzeugen) Anwendung.

Beim **Finanzierungsleasing** mit einer mittel- bis langfristigen unkündbaren Laufzeit liegt das Investitionsrisiko im Wesentlichen beim Leasingnehmer.

Vollamortisationsleasing

Vollamortisation bedeutet eine Kalkulation der Leasingraten während der mit dem (ersten) Leasingnehmer abgeschlossenen Leasingzeit, die zur **vollen Amortisation des Leasinggegenstands** (Anschaffungskosten, Zinsen, Nebenkosten, Gewinn) beim Leasinggeber führt.

Leasingverträge, die eine Vollamortisation des Leasingguts vorsehen, werden über eine feste, **unkündbare Grundvertragsdauer** abgeschlossen.

Nach Ablauf der Grundvertragsdauer hat der Leasingnehmer bei Vollamortisationsverträgen im Allgemeinen die Möglichkeit,

- das Investitionsgut zu **kaufen** oder
- den Leasingvertrag zu **verlängern** oder
- das Investitionsgut definitiv an den Leasinggeber **zurückzugeben**.

Für die erstgenannten Alternativen (Kaufoption bzw. Mietverlängerungsoption) ist im Leasingvertrag als Wertansatz im Zeitpunkt der Optionsausübung im Allgemeinen vorgesehen der **Restbuchwert** bei linearer Abschreibung oder der **niedrigere Zeitwert**.

Vollamortisationsverträge können auch ohne die Ausstattung einer Kaufoption bzw. Mietverlängerungsoption für den Leasingnehmer abgeschlossen werden.

Teilamortisationsleasing

Ist die Kalkulation des Leasinggebers dagegen auf eine **teilweise Amortisation** während der ersten Mietphase ausgerichtet, dann liegt Teilamortisationsleasing vor. Unter sonst gleichen Voraussetzungen führt eine Teilamortisationskalkulation zu **niedrigeren Tilgungsraten** als eine Vollamortisationskalkulation, was grundsätzlich der Interessenlage des Leasingnehmers entgegenkommt.

Hat der Leasinggeber ein **Andienungsrecht**, dann bedeutet dies, dass der Leasingnehmer auf Verlangen des Leasinggebers verpflichtet ist, den Leasinggegenstand zu dem bei Abschluss des Leasingvertrags vereinbarten Preis zu kaufen (oder aber - unter Vermeidung der Andienung - einen Mietverlängerungsvertrag abzuschließen). Der Leasinggeber ist nicht verpflichtet, von diesem Andienungsrecht Gebrauch zu machen. Er kann den Leasinggegenstand beispielsweise auch an Dritte veräußern.

Das in diesem Fall beim Leasingnehmer liegende **Restwertrisiko** bedeutet, dass der Leasingnehmer in Teilamortisationsverträgen zur Übernahme der noch nicht abgedeckten Kosten des Leasinggebers bei anderweitigem Verkauf bzw. bei anderweitiger Vermietung des Leasinggegenstands verpflichtet ist. Mehrerlöse werden zwischen dem Leasingnehmer und dem Leasinggeber aufgeteilt, wobei rechtliche Aspekte zu beachten sind.

Es gibt auch Teilamortisationsverträge, bei denen das Restwertrisiko **nicht vom Leasingnehmer** zu tragen ist, wobei allerdings im Interesse des Leasinggebers Voraussetzung ist, dass der Leasinggegenstand universell einsetzbar ist, d.h. einen breiten Leasing- bzw. Absatzmarkt aufweist.

Kündbarer Leasingvertrag

Das maßgebliche Merkmal des kündbaren Leasingvertrags ist, dass er zwar auf unbestimmte Zeit läuft, jedoch **nach Ablauf** einer unkündbaren **Grundvertragsdauer** (unter Einhaltung einer Kündigungsfrist) zu bestimmten Terminen **gekündigt** werden kann.

Macht der Leasingnehmer von seinem Kündigungsrecht Gebrauch, dann hat er an den Leasinggeber eine **Abschlusszahlung** zu leisten, die dem Leasinggeber als Differenz zwischen dem Verkaufserlös des Leasinggegenstands und den noch nicht gedeckten Gesamtkosten (unter Berücksichtigung der während der Leasingzeit geleisteten Leasingraten) entsteht.

Kündbare Leasingverträge finden insbesondere Anwendung bei **Investitionsgütern**, die einem **raschen technischen Fortschritt** unterliegen bzw. generell bei Investitionsvorhaben, bei denen die nachhaltige Nutzung durch einen einzelnen Betrieb nicht gewährleistet erscheint. Es liegt im Sicherungsinteresse beider Beteiligten, dass das Leasinggut bei kündbaren Leasingverträgen universell nutzbar ist.

Tabelle: Leasingarten

Die nachstehende tabellarische Übersicht umfasst die maßgeblichen **Leasingarten** mit einer zugehörigen **Kurzcharakterisierung**.

Tabellarische Übersicht über maßgebliche Leasingarten	
Leasingart	Kurzcharakterisierung/maßgebliche Besonderheiten/Anmerkungen
• **Exportleasing** • **Importleasing**	Ein Beteiligter hat seinen **Sitz im Ausland** und/oder der Leasinggegenstand wird exportiert (Exportleasing) bzw. importiert (Importleasing). Andere Bezeichnungen (als Oberbegriffe): **Internationales Leasing, Grenzüberschreitendes Leasing, Cross-Border-Leasing**.
• **Herstellerleasing**	Leasinggeber ist der **Hersteller** unmittelbar oder die **(konzern-)eigene Leasinggesellschaft** (wobei im zweiten Fall u.U. Abgrenzungsprobleme zum institutionellen Leasing entstehen). Mit Blick auf die direkten vertraglichen Beziehungen zwischen Hersteller und Leasingnehmer wird Herstellerleasing manchmal als **direktes Leasing** bezeichnet.
• **Institutionelles Leasing**	Leasinggeber ist eine **Leasinggesellschaft**. Zum Teil wird institutionelles Leasing als **indirektes Leasing** bezeichnet.
• **Vertriebsleasing**	Leasinggeber ist eine **Leasinggesellschaft** (institutionelles Leasing), jedoch in enger und weitreichender **Zusammenarbeit** (im Vertrieb) **mit einem Hersteller**.
• **Finance-Leasing** **Financing-Leasing** **Financial-Leasing** **Finanzierungsleasing**	Die **Grundmietzeit** (unkündbare erste Mietperiode) ist **mittel- bis langfristig**. Durch die lange unkündbare Laufzeit liegt das Investitionsrisiko im wesentlichen beim Leasingnehmer.
• **Operating-Leasing**	Die **Grundmietzeit** (unkündbare erste Mietperiode) ist **kurzfristig**. Anwendung: Nur bei marktgängigen Leasinggütern (z.B. bei Fahrzeugen). Das Investitionsrisiko liegt beim Operating-Leasing im wesentlichen beim Leasinggeber.
• **Vollamortisationsleasing**	**Volle Amortisation der Aufwendungen** für die Investition, für die Finanzierung und für Sonstiges durch die Leasingraten des Leasingnehmers **während der unkündbaren (ersten) Vermietungsphase**.
• **Teilamortisationsleasing**	**Teilweise Amortisation der Aufwendungen** für die Investition, die Finanzierung und für Sonstiges durch die Leasingraten des Leasingnehmers, **während der unkündbaren (ersten) Vermietungsphase.** Teilamortisationsleasing führt tendenziell zu niedrigeren Leasingraten als Vollamortisationsleasing.

Leasingart	Kurzcharakterisierung/maßgebliche Besonderheiten/Anmerkungen
• **Konsumgüterleasing** • **Investitionsgüterleasing** -Mobilienleasing -Immobilienleasing	Zum Teil haben sich die **Leasinggeber** auf einen **Güterbereich spezialisiert**, weil die jeweiligen Investitionsgüter und deren Refinanzierungen sehr unterschiedlichen Anforderungen unterliegen.
• **Ausrüstungsleasing (Equipment-Leasing)** • **Anlagenleasing (Plant-Leasing)**	Leasinggegenstand ist eine **einzelne Maschine** o.ä. Leasinggegenstand ist eine **komplette (industrielle) Anlage**.
• **Sale-and-lease-back**	Ein Betrieb **verkauft** ein (im allgemeinen bereits gebrauchtes) **Investitionsgut** (insbesondere Immobilien) an eine Leasinggesellschaft ("sale") und **mietet anschließend** dieses Investitionsgut im Rahmen eines Leasingvertrags **zurück** ("lease-back"). Anwendung zum Teil zur Liquiditätsbeschaffung im Sanierungsfall.
• **Subleasing**	Eine (inländische) Leasinggesellschaft schließt über einen ihr gehörenden Leasinggegenstand mit einer anderen (ausländischen) Leasinggesellschaft einen Leasingvertrag, den diese **andere** (ausländische) **Leasinggesellschaft** an einen (ausländischen) (End-) Leasingnehmer im Rahmen eines (Sub-)Leasingvertrags **weitervermietet.**
• **Maintenance-Leasing** • **(Full-)Service-Leasing** • **Netto-Leasing**	Der **Leasinggeber** stellt nicht nur den Leasinggegenstand zur Verfügung, sondern **übernimmt** auch im Leasingvertrag genau zu definierende **Unterhaltungs- und Reparaturaufwendungen** am Leasinggegenstand. Im wesentlichen **wie oben** (Maintenance-Leasing). Der Leasinggeber stellt nur den Leasinggegenstand zur Verfügung, **ohne** jedoch **Serviceleistungen** (Unterhaltungs- und Reparaturleistungen) am Leasinggegenstand zu übernehmen.

6.6.2 Exportleasing: Formen und Abwicklungen

6.6.2.1 Formen und Grundlagen des Exportleasing – Übersicht

Zwei wesentliche Formen

Zu unterscheiden ist zwischen

- Exportleasing von **Herstellern** und **Händlern** (zusammengefasst: Herstellerleasing) und

- Exportleasing von **Leasinggesellschaften** (sog. institutionelles Leasing).

Hersteller-Exportleasing

Bei Hersteller-Exportleasing im engeren Sinne wird der Leasingvertrag direkt zwischen dem **inländischen Hersteller** und dem **ausländischen Besteller/Leasingnehmer** abgeschlossen.

Bedient sich ein Hersteller oder Händler der **(konzern-)eigenen Leasinggesellschaft**, dann liegt zwar formal institutionelles (Export-)Leasing vor. Faktisch und im weiteren Sinne bleibt diese Abwicklung jedoch Hersteller-Leasing, insbesondere in den Fällen, in denen die (konzern-)eigene Leasinggesellschaft ausschließlich und weisungsgebunden für den Konzern arbeitet. Trotz einiger Abgrenzungsprobleme wird im Folgenden diese, der faktischen Handhabung entsprechende Charakterisierung in den Begriff Hersteller-Leasing einbezogen.

Hinweis

Eine grafische Darstellung des **Hersteller-Exportleasing** sowie eine Beurteilung findet sich in Kapital „6.6.2.2 Hersteller-Exportleasing".

Institutionelles Exportleasing (durch Leasinggesellschaften)

Exportleasing von institutionellen Leasinggesellschaften erfährt im Prinzip **vier verschiedene Abwicklungsarten**:

- Der Leasingvertrag wird zwischen einer **inländischen Leasinggesellschaft** und einem **ausländischen Leasingnehmer** geschlossen.
- Ein **erster Leasingvertrag** wird zwischen einer inländischen Leasinggesellschaft und einer ausländischen Leasinggesellschaft geschlossen. Ein zweiter **Leasingvertrag (sog. Subleasingvertrag)** wird über dasselbe Leasinggut zwischen der ausländischen Leasinggesellschaft und einem ausländischen Leasingnehmer geschlossen.
- Vermittlung: Der Leasingvertrag wird zwischen einer **ausländischen Leasinggesellschaft**, die jedoch **Tochtergesellschaft** einer inländischen Leasinggesellschaft ist, und einem **ausländischen Leasingnehmer** geschlossen, und zwar unter Vermittlung der **inländischen (Mutter-)Leasinggesellschaft**.
- Vermittlung: Der Leasingvertrag wird zwischen einer wirtschaftlich und rechtlich selbstständigen **ausländischen Leasinggesellschaft** und einem **ausländischen Leasingnehmer** geschlossen, und zwar **vermittelt** von einer **inländischen Leasinggesellschaft** (eventuell im Rahmen sog. Leasclubs).

Zumindest bei den **vermittelten** Leasinggeschäften muss unterstellt werden, dass jeweils auch der **Export des Leasinggegenstands** einbezogen ist. Nur unter dieser Annahme lässt sich rechtfertigen, dass die von inländischen Leasinggesellschaften im Ausland vermittelten Leasinggeschäfte als Formen des Exportleasing aufzunehmen sind.

Anzumerken ist, dass die **Bedeutung** der oben skizzierten **Abwicklungsarten** in der Vergangenheit sowohl hinsichtlich der Stückzahl als auch hinsichtlich der Beträge stark geschwankt hat.

Hinweis

Eine grafische Darstellung des **institutionellen Exportleasing** findet sich in Abschnitt „6.6.2.3 Institutionelles Exportleasing (durch Leasinggesellschaften)".

Hermes-Deckungen für Leasinggeschäfte mit dem Ausland

Bei Leasinggeschäften mit Leasingnehmern im Ausland – so genanntes Cross-Border-Leasing – entstehen besondere Risiken, die durch Ausfuhrgewährleistungen des Bundes (als Ausfuhrgarantie oder als Ausfuhrbürgschaft) abgedeckt werden können. Leasingdeckungen werden **zu Gunsten des Leasinggebers** (Hersteller, Leasingunternehmen) nach Maßgabe der Allgemeinen Bedingungen übernommen.

Einige wesentlich Bedingungen sind (die jeweils gültigen Bedingungen sind aktuell bei Hermes zu erheben):

- Die Leasingdeckung wird für die gesamte Laufzeit des Leasingvertrags gewährt und schützt gegen das **Risiko**, dass die **Leasingforderung** aus politischen oder wirtschaftlichen Gründen uneinbringlich wird.
- Die Leasingdeckung umfasst folglich den **Gesamtforderungsbetrag** der im Leasingvertrag vereinbarten **Leasingraten** (nach Abzug eventuell vor Versand eingehender An- und Zwischenzahlungen) bzw. die bei einer verzugsbedingten Kündigung entstehenden vertraglichen Forderungen, die an die Stelle der als Gegenleistung vereinbarten Leasingforderung treten. Anmerkung: Die Leasingdeckung umfasst folglich nicht den Leasinggegenstand an sich.

  Der Leasinggeber muss jedoch im Regelfall berechtigt sein, den Leasinggegenstand bei Zahlungsverzug des Leasingnehmers zurückzunehmen bzw. mindestens das Nutzungsrecht zu entziehen.
- Die Leasingdeckung, die sich sowohl auf bewegliche als auch auf unbewegliche Güter beziehen kann (z.B. Leasing von Anlagen und von Immobilien), setzt seit einiger Zeit nicht mehr voraus, dass es sich grundsätzlich um einen **Vollamortisationsvertrag** handeln muss. Vielmehr steht die Hermes-Deckung jetzt auch für **Teilamortisationsverträge** zur Verfügung.

6.6.2.2 Hersteller-Exportleasing

6.6.2.2.1 Hersteller-Exportleasing – grafische Darstellung

Abbildung

Die **Abbildung 6.6-01** zeigt die **Grundstruktur der Abwicklung eines Hersteller-Exportleasinggeschäfts**.

Die Abbildung ist unter den folgenden **Annahmen** erstellt:

- Der Hersteller/Leasinggeber beantragt und erhält eine **Hermes-Deckung**.
- Zur Absicherung der Leasingforderung übernimmt die **Bank** des Leasingnehmers **eine Zahlungsgarantie**.
- Die **zeitliche Abwicklung** der einzelnen Schritte in Abbildung 6.6-01 überschneidet sich in der Praxis z.T. bzw. sie kehrt sich manchmal um. Um die Übersichtlichkeit zu erhalten, bleiben die Schritte jedoch in der Abbildung hintereinander geschaltet.

  Im Übrigen ist festzustellen, dass in der Praxis teilweise **modifizierte**, hier nicht näher beschriebene Abwicklungen angewandt werden.
- Die folgenden Ausführungen beziehen sich überwiegend auf **Finanzierungsleasing / Vollamortisationsleasing**.

6.6.2.2.2 Hersteller-Exportleasing – Risikoanalyse des Leasinggebers (Herstellers)

Hohes Risiko

Die Risiken des Herstellers/Leasinggebers bei Leasinggeschäften (insbesondere bei Finanzierungsleasinggeschäften mit einer langen Laufzeit) sind weitgehend **vergleichbar** mit den hohen **Risiken von Exportgeschäften mit mittel- bis langfristigen Zahlungszielen**. Diese Feststellung gilt analog für eine zwischengeschaltete (konzern-)eigene Leasinggesellschaft. Der Hersteller/Leasinggeber hat deswegen zunächst eine umfassende **Risikoanalyse** zu vollziehen, die möglichen **Sicherungsinstrumente** zu erheben und frühzeitig Kontakt mit Sicherungs- und Refinanzierungsinstitutionen aufzunehmen.

Wirtschaftliches Risiko

- **Charakterisierung:** In isolierter Betrachtung ist das wirtschaftliche **Risiko** des Herstellers/Leasinggebers – zumindest bei Finanzierungsleasinggeschäften mit einer langen Laufzeit – **hoch**. Es ist für einen mehrjährigen Leasingzeitraum nur schwer zu prognostizieren, ob ein Leasingnehmer in einigen Jahren noch in der Lage sein wird, fällige Leasingraten problemlos zu entrichten.

  Hinzu kommt, dass die praktische (und eventuell auch die rechtliche) **Durchsetzung von Eigentumsrechten** am Leasinggegenstand für den Lea-

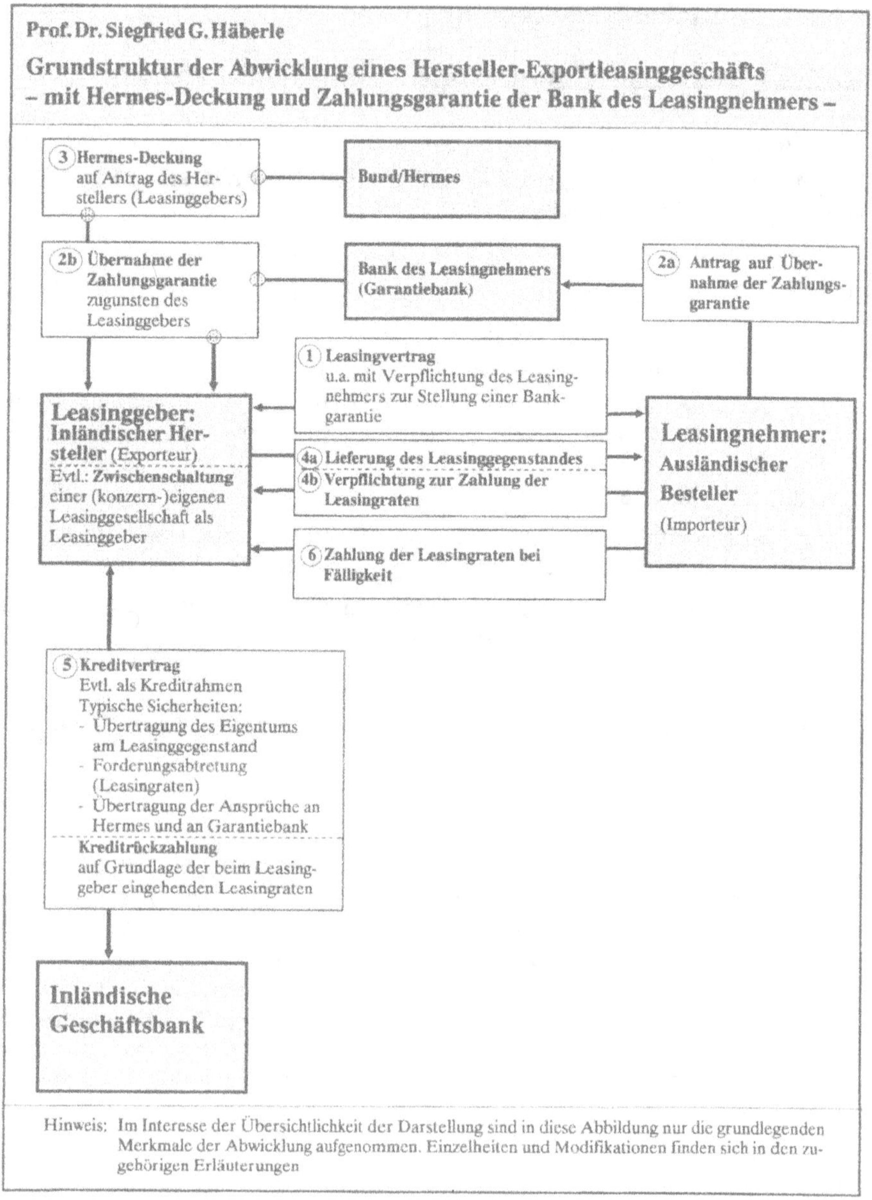

Abbildung 6.6-01

singgeber im Ausland im Allgemeinen (wenn überhaupt möglich) schwieriger ist als im Inland.

- **Absicherung:** Bei langlaufenden Leasingverträgen sucht der Hersteller/Leasinggeber deswegen zusätzliche Sicherheiten zu gewinnen. Die maßgeblichen Sicherheiten sind die **Zahlungsgarantie** der Bank des Leasingnehmers und die **Hermes-Deckung**, die sowohl die Deckung der politischen als auch der wirtschaftlichen Risiken umfasst. Insbesondere in Abhängigkeit von der Art des Leasinggegenstands (z.B. Leasinggegenstände, die nach Plänen des Auftraggebers gefertigt werden bzw. die eine lange Fertigungszeit erfordern) kann es notwendig sein, die Hermes-Deckung bereits für die **Phase der Fabrikation** zu beantragen.

Garantendelkredererisiko

- **Charakterisierung:** Das im Subjekt des Leasingnehmers liegende wirtschaftliche Risiko sollte – zumindest bei mittel- bis langfristigen Leasingverträgen – durch die Zahlungsgarantie einer ausländischen Bank abgedeckt werden. Indessen stellt sich bei Bankgarantien das Garantendelkredererisiko, d.h. die Frage, ob die garantierende **ausländische Bank** in der Lage sein wird, während der Garantielaufzeit eventuell geltend gemachte Zahlungsansprüche zu erfüllen.
- **Absicherung:** Die ausländische Bank hat deswegen dem Merkmal einer **„first class bank"**, „international prime bank" bzw. einer analogen Einstufungen zu entsprechen. Allerding können trotz dieser im Zeitpunkt der Übernahme der Bankgarantie erfolgten Einstufung rasch Veränderungen eintreten, ein Risiko, das insbesondere bei langlaufenden Leasingverträgen von Gewicht ist. Die deutschen Banken beraten den Hersteller/Leasinggeber nicht nur dahingehend, sondern auch über Inhalte (Formulierungen) von Bankgarantien. Siehe dazu auch Kapitel 8 „Bankgarantien".

Politisches Risiko

- **Charakterisierung:** Die politischen Risiken des Herstellers/Leasinggebers können bereits während der **Fabrikationsphase**, insbesondere aber während der **Forderungsphase** erheblich sein (z.B. Konvertierungs- und Transferrisiken).
- **Absicherung:** Eine **Hermes-Deckung** kann somit nicht allein wegen wirtschaftlicher Risiken, sondern insbesondere auch wegen politischer Risiken im Einzelfall angebracht sein. Zu bedenken hat der Hersteller/Leasinggeber jedoch, dass die Hermes-Deckung während der Forderungsphase nicht das Leasinggut selbst, sondern den **Gesamtbetrag aller Leasingraten** (als reine Forderungsdeckung) umfasst. Außerdem verbleibt dem Hersteller/Leasinggeber im Schadensfall der Selbstbehalt.

Wechselkursrisiko

- **Charakterisierung:** Ist im Leasingvertrag Fremdwährung für die Leasingraten vereinbart, dann kann das **Fremdwährungsrisiko** (und die Fremdwährungschance) des Leasinggebers – angesichts der langen Laufzeit von Finanzierungsleasingverträgen –erheblich sein.
- **Absicherung:** Zur Absicherung kommen im Wesentlichen nur noch die marktmäßigen Instrumente der Banken (einschließlich der Forfaitierung; siehe unten) infrage. Die Wechselkursdeckung des Bundes steht nur noch eingeschränkt zur Verfügung und wird vom Bund im Übrigen auf Beibehaltung bzw. Abschaffung überprüft.

  Eine **kompensierende Wechselkursabsicherung** kann der Leasinggeber durch **Refinanzierung** der Leasingforderung in jener Fremdwährung vornehmen, in der der Leasingnehmer die Leasingraten zu leisten hat. Dabei ist die zeitliche Abfolge der Leasingraten mit den Tilgungs- und Zinsterminen des aufgenommenen Fremdwährungskredits abzustimmen.

Risikoüberwälzung durch Forfaitierung

Bei größeren (und mittel- bis langfristigen) Leasinggeschäften kommt als **Refinanzierungs- und Absicherungsalternative** die Forfaitierung infrage. Der Leasinggeber, d.h. der Hersteller oder seine (konzern-)eigene Leasinggesellschaft, verkauft die Gesamtforderung (den Gesamtbetrag aller Leasingraten) an eine Forfaitierungsgesellschaft bzw. an eine forfaitierende Bank (an einen Forfaiteur).

Der **Forfaiteur übernimmt** in der Regel alle mit der Forderung verbundenen **Risiken**, also nicht nur das wirtschaftliche Risiko, sondern auch das Garantendelkredererisiko und das politische Risiko sowie das Wechselkursrisiko bei Fremdwährungsforderungen. Der Forfaiteur lässt sich in diesem Fall alle für die Forderung eventuell bestellten **Sicherheiten übertragen**, insbesondere die Ansprüche aus der Garantie an die ausländische Bank sowie die Ansprüche an den Bund (Hermes).

6.6.2.3 Institutionelles Exportleasing (durch Leasinggesellschaften)

Formen des institutionellen Exportleasing

Im Wesentlichen können die nachstehenden Formen des institutionellen, also von Leasinggesellschaften betriebenen Leasinggeschäftes unterschieden werden:

- Leasingverträge zwischen inländischen Leasinggesellschaften und ausländischen Leasingnehmern,
- Leasingverträge zwischen inländischen Leasinggesellschaften und ausländischen Leasinggesellschaften (sog. Subleasing),

- Leasingverträge zwischen ausländische Leasinggesellschaften und ausländischen Leasingnehmern (z.T. unter Vermittlung sog. Leasclubs).

Im Mittelpunkt der folgenden grafischen Darstellung und der anschließenden Beurteilung stehen die Leasingverträge zwischen inländischen Leasinggesellschaften und ausländischen Leasingnehmern

6.6.2.3.1 Grafische Darstellung: Inländische Leasinggesellschaft und ausländischer Leasingnehmer

Abbildung

Die **Abbildung 6.6-02** zeigt die Grundstruktur der Abwicklung des Exportleasing-Geschäfts einer **inländischen Leasinggesellschaft** mit einem **ausländischen Leasingnehmer**.

Die Abbildung steht unter den folgenden Annahmen:

- Die inländische Leasinggesellschaft beantragt und erhält eine **Hermes-Deckung**.
- Zur Absicherung der Leasingforderung übernimmt die Bank des ausländischen Leasingnehmers die **Zahlungsgarantie**.
- Die **Gewährleistungsansprüche** der Leasinggesellschaft an den Hersteller (in ihrer Eigenschaft als Käuferin/Eigentümerin des Leasinggegenstands) werden auf den Leasingnehmer **übertragen**.
- Der **Leasingnehmer** übernimmt die **Kosten für Wartung und Service** am Leasinggegenstand (und schließt eventuell einen dahingehenden Servicevertrag direkt mit dem Hersteller ab).
- Die **zeitliche Abwicklung** der einzelnen Schritte in Abbildung 6.6-02 überschneidet sich in der Praxis zum Teil bzw. sie kehrt sich manchmal um. Um die Übersichtlichkeit zu erhalten, bleiben die Schritte jedoch in der Abbildung hintereinander geschaltet.

  Im Übrigen ist festzustellen, dass in der **Praxis** teilweise **modifizierte**, hier nicht näher beschriebene Abwicklungen angewandt werden.
- Die folgenden Ausführungen beziehen sich insbesondere auf **Finanzierungsleasing / Vollamortisationsleasing**.

Modifizierte Abwicklung

Exportleasing in einer etwas erweiterten, hier nicht vertieften Form liegt vor, wenn der **Leasinggegenstand** von einem **ausländischen Hersteller** (eventuell ebenfalls direkt an den ausländischen Leasingnehmer) geliefert wird. Maßgeblich für die Einordnung dieser Leasingform als Exportleasing bleibt, dass unverändert die Leasinggesellschaft ihren Sitz im Inland und der Leasingnehmer seinen Sitz im Ausland hat.

Abwicklungsschritte – Kurzfassung

Sofern der Leasingvertrag zwischen einer **inländischen Leasinggesellschaft** und einem **ausländischen Leasingnehmer** abgeschlossen wird, kann von Exportleasing im engsten Sinne gesprochen werden, insbesondere wenn das **Leasinggut** (eventuell direkt vom inländischen Hersteller) ebenfalls vom **Inland** in das Ausland exportiert wird.

- Die inländische Leasinggesellschaft **kauft** in diesem Fall den Leasinggegenstand vom inländischen Hersteller
- und schließt über diesen Leasinggegenstand mit einem ausländischen Leasingnehmer einen **Leasingvertrag**.
- Bei Investitionsgütern erfolgt die **Auslieferung** des Leasinggegenstands meistens **direkt** vom inländischen Hersteller an den ausländischen Leasingnehmer. Im Übrigen kommen solche Leasingverträge in der Regel auf Initiative des inländischen Herstellers zu Stande, der dem ausländischen Investor Leasing (neben anderen Finanzierungsalternativen) anbietet.
- **Eigentümerin** des Leasinggegenstands ist die inländische Leasinggesellschaft.
- Der ausländische Leasingnehmer, dem der Leasinggegenstand zur Nutzung überlassen ist, hat die **Leasingraten** an die inländische Leasinggesellschaft zu entrichten.

6.6.2.3.2 Kurzbeurteilung: Inländische Leasinggesellschaft und ausländischer Leasingnehmer

Risiken der Leasinggesellschaft

Der inländischen Leasinggesellschaft entstehen bei dieser Leasingform diejenigen Risiken, wie sie typischerweise bei Exportgeschäften entstehen:

- **Wirtschaftliche Risiken** (insbesondere Zahlungsverzug oder Zahlungsunfähigkeit des ausländischen Leasingnehmers).
- **Politische Risiken** (insbesondere Beschlagnahmerisiko sowie Konvertierungs- und Transferrisiken).
- Evtl. **Wechselkursrisiken**.
- Hinzu treten beim Exportleasing Risiken, die aus dem länderweise unterschiedlichen Recht, insbesondere auch dem **Steuerrecht**, resultieren.

Risiken des Herstellers

Dagegen verbleiben dem inländischen Hersteller, der der inländischen Leasinggesellschaft den Leasinggegenstand verkauft, praktisch **keine besonderen Risiken**: Der Kaufvertrag zwischen der inländischen Leasinggesellschaft und dem inländischen Hersteller beruht auf inländischem Recht, politische Risiken und Wechselkursrisiken existieren somit in der Regel nicht. Sofern die

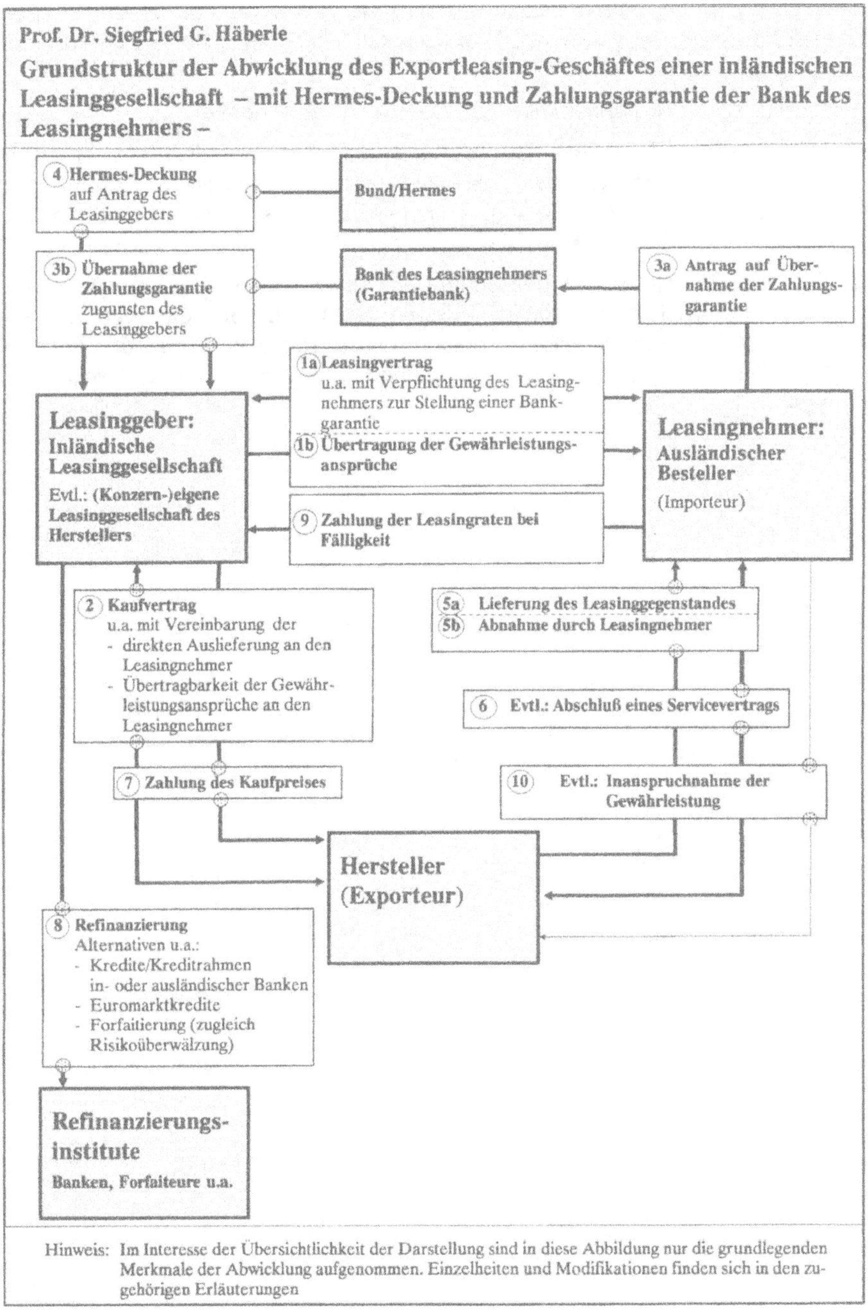

Abbildung 6.6-02

Solvenz der inländischen Leasinggesellschaft unterstellt und überdies sofortige Zahlung angenommen wird, besteht ein wirtschaftliches Risiko für den Hersteller ebenfalls nicht.

Allenfalls zwei **Ausnahmen** hat der Hersteller zu bedenken:

- Sofern während der Fabrikationsphase des Leasinggegenstands eine definitive Abnahmepflicht der Leasinggesellschaft/des Leasingnehmers nicht besteht, kann für den Hersteller ein – von der Art des Investitionsgutes abhängiges – **Fabrikationsrisiko** bestehen.
- Die vom Hersteller für den gelieferten Investitionsgegenstand übernommene **Gewährleistung**, die im Übrigen meist von der Leasinggesellschaft (der Käuferin) an den Leasingnehmer übertragen wird, hat der Hersteller bei Geltendmachung nicht im Inland, sondern **im Ausland zu erbringen**.

7 Wechselkurse, Devisenkassa- und Devisentermingeschäfte

7.1 Grundbegriffe des Kursblattes: Devisen, Sorten, Mengennotierung, Geld- und Briefkurs

Abbildung

Die **Abbildung 7.1-01** zeigt die **„Devisen- und Sortenkursen für 1 Euro“** der Wirtschaftszeitung „Handelsblatt“ (Düsseldorf und Frankfurt am Main) vom 16.07.2001.

Die in den folgenden **Anwendungsbeispielen** genannten Kurse sind dem abgebildeten Kursblatt entnommen.

Devisen

Im strengen Sinne bezieht sich der Ausdruck Devisen auf das sog. **Buchgeld** in Form von Fremdwährungsguthaben auf Bankkonten. Als Devisen werden in der Praxis manchmal aber auch die **unbaren ausländischen Zahlungsmittel** bezeichnet, beispielsweise Schecks und Wechsel, sofern diese Zahlungsinstrumente auf Fremdwährung lauten. Gegenstand des Devisenhandels sind jedoch (letztlich) die Fremdwährungsguthaben auf Bankkonten.

Im weiteren Sinne können auch die Sorten als Devisen angesehen werden. Meistens werden Sorten – wegen ihrer von den Devisen abweichenden Kurse und wegen der anders laufenden Abwicklung des Sortenverkehrs – jedoch gesondert bezeichnet und behandelt.

Im abgebildeten Kurszettel handelt es sich bei den Bezeichnungen der Spalten „Referenzkurse EuroFX“, „3 Monate“, „6 Monate“, „Referenzkurs EZB“ um Devisenkurse (um Devisenkassakurse bzw. Devisenterminkurse, nicht jedoch um Sortenkurse; dazu siehe unten).

Sorten

Sorten sind die **baren ausländischen** gesetzlichen **Zahlungsmittel**, also ausländische Banknoten und ausländische Münzen.

Im abgebildeten Kurszettel als „Preise am Bankschalter“ bezeichnet

Mengennotierung (seit Einführung des Euro)

- Die Mengennotierung (indirekte Notierung) drückt aus, wie viele, also **welche Menge ausländische Währungseinheiten** ein Käufer **für 1, 100 oder 1000 inländische Währungseinheiten**, also z.B. für 1 EUR, bezahlen

DEVISEN- UND SORTENKURSE FÜR 1 EURO

16.7.2001		Referenzkurse EuroFX[1])		3 Monate[1])		6 Monate[1])		Referenzkurse EZB	Preise am Bankschalter[2])	
		Geld	Brief	Geld	Brief	Geld	Brief		Verkauf	Ankauf
USA	US-$	0,8537	0,8597	0,8521	0,8581	0,8510	0,8570	0,85830	0,8275	0,8825
Japan	Yen	106,9200	107,4000	105,7200	106,2000	104,6100	105,0900	107,45000	101,8000	111,8000
Großbrit.	£	0,6103	0,6143	0,6113	0,6153	0,6129	0,6169	0,61260	0,5920	0,6360
Schweiz	sfr	1,5104	1,5144	1,5055	1,5095	1,5013	1,5053	1,51350	1,4770	1,5420
Kanada	kan-$	1,3141	1,3261	1,3136	1,3256	1,3138	1,3258	1,32090	1,2300	1,3700
Schweden	skr	9,1931	9,2411	9,1913	9,2393	9,1976	9,2456	9,21070	8,7500	9,9000
Norwegen	nkr	7,9527	8,0007	8,0098	8,0578	8,0714	8,1194	7,97750	7,5500	8,6000
Dänemark	dkr	7,4242	7,4642	7,4321	7,4721	7,4388	7,4788	7,44430	7,1100	7,8000
Australien[3])	A-$	1,6700	1,6860					1,68300	1,5645	1,7645
Neuseeland[3])	NZ-$	2,0970	2,1130					2,10550	1,9525	2,4025
Tschechien[3])	Krone	33,6000	34,0000					33,82500	31,6000	37,6000
Polen[3])	n. Zloty	3,4970	3,6970					3,60630	3,3260	4,2310
Südafrika[3])	Rand	6,9700	7,1700					7,07910	5,7500	9,3500
Hongkong[3])	HK-$	6,6360	6,7360					6,69470	5,9100	8,2100
Singapur[3])	S-$	1,5670	1,5790					1,57640	1,4600	1,7650

[1]) Mitgeteilt von der WestLB Girozentrale, Düsseldorf; [2]) Frankfurter Sortenkurse aus Sicht der Bank, die Bezeichnungen Verkauf und Ankauf entsprechen dem Geld und Brief bei anderen Instituten; mitgeteilt von Deutsche VerkehrsBank; [3]) Freiverkehr.

Abbildung 7.1-01

muss bzw. wie viele ausländische Währungseinheiten, also welche **Menge** ausländische Währungseinheiten ein Verkäufer für 1, 100 oder 1000 inländische Währungseinheiten erhält.

- Das abgebildete **Kursblatt** „Devisen- und Sortenkurse für 1 Euro“ beruht auf der Mengennotierung (Abbildung 7.1-01).

  Beispiele (Devisenkurse lt. abgebildeter Tabelle auf Basis des EuroFX der EZB):

  - 1 EUR entspricht der Menge von 0,8537 USD (Geldkurs) bzw. 0,8597 USD (Briefkurs);
  - 1 EUR entspricht der Menge von 106,9200 JPY (Geldkurs) bzw. 107,4000 JPY (Briefkurs);
  - 1 EUR entspricht der Menge von 1,5104 CHF (Geldkurs) bzw. 1,5144 CHF (Briefkurs).

Geld- und Briefkurse (bei Mengennotierung, die seit Einführung des Euro gilt)

Wie bereits festgestellt, wurden mit der Einführung des Euro die Sorten- und Devisennotierungen von der bisherigen Preisnotierung auf die Mengennotierung umgestellt. Das abgebildete Kursblatt „Devisen- und Sortenkurse für 1 Euro“ umfasst die Mengennotierung.

Die Bezeichnungen „Geldkurs“ und „Briefkurs“ sind bei der eingeführten Mengennotierung zwar geblieben, ihrer Zuordnung auf die Verkaufskurse bzw. auf die Ankaufskurse der Banken für Devisen und Sorten hat sich durch die Mengennotierung jedoch umgekehrt:

- Der (niedrigere) **Geldkurs** ist bei Mengennotierung stets der **Verkaufskurs** der **Banken**, also der Kurs, zu dem die Banken an ihre Kunden Devisen und Sorten verkaufen.
- Der (höhere) **Briefkurs** ist bei Mengennotierung stets der **Ankaufskurs der Banken**, d.h. der Kurs, zu dem die Banken von ihren Kunden Devisen und Sorten ankaufen.

Hinweis: Siehe auch Fußnote im abgebildeten Kurszettel.

Anwendungsbeispiele zu den Sorten

- **<u>Kauf</u> von 100 USD von der Bank** (nicht als Devisen, sondern als ausländisches Bargeld, d.h. als Sorten):

  Lt. Kurszettel „Sorten“ entspricht 1 EUR als **Verkaufskurs**, also als **Geldkurs der Banken** 0,8275 USD; (Mengennotierung im abgebildeten Kurszettel). Der USD-kaufende Kunde bezahlt an die Bank für den Kauf von 100 USD folglich ca. 120,85 EUR.

- **<u>Verkauf</u> von 100 USD an die Bank** (nicht als Devisen, sondern als ausländisches Bargeld, d.h. als Sorten):

Lt. Kurszettel „Sorten" entspricht 1 EUR als **Ankaufskurs**, also als **Briefkurs der Banken** 0,8825 USD; (Mengennotierung im abgebildeten Kurszettel). Der USD-verkaufende Kunde erhält von der Bank für den Verkauf von 100 USD folglich ca. 113,34 EUR.

Spanne

Die **Spanne zwischen dem Briefkurs** (als Ankaufskurs der Banken) und dem **Geldkurs** (als Verkaufskurs der Banken) einer Währung ist vordergründig gesehen die Handelsspanne der Banken.

- **Devisen:** Tatsächlich verbleibt den Banken diese Handelsspanne jedoch nur, wenn sie den Währungsbetrag von einem Kunden zum Briefkurs ankaufen und denselben Währungsbetrag am selben Tag „durchhandeln", d.h. an einen anderen Kunden am selben Tag zum Geldkurs weiterverkaufen. Verzögert sich der Weiterverkauf oder ist der Verkäufer bzw. der Käufer der Fremdwährung eine andere Bank oder „verhandelt" der Kunde (bei größeren Währungsbeträgen) über den festzulegenden Geld- bzw. Briefkurs, dann schrumpft die Spanne der Bank u.U. rasch.
- **Sorten:** Die bei Sorten ungleich höhere Spanne zwischen Geld- und Briefkurs (siehe obiges Anwendungsbeispiel) erklärt sich insbesondere mit den hohen personellen und sachlichen Aufwendungen der Banken bei ausländischen baren Zahlungsmitteln, mit der Zinslosigkeit der Bargeldbestände sowie mit weiteren Einflussfaktoren.

Exkurs: Frühere Preisnotierung (vor Einführung des Euro)

Vor der Einführung des Euro erfolgte die Kursfeststellung für Devisen und Sorten als sog. Preisfeststellung (Preisnotierung, direkte Notierung).

Der notierte Kurs (Preis) gab seinerzeit bezogen auf die DM an, wie viele inländische Währungseinheiten, also wie viele DM (welcher Preis) für 1 (z.B. 1 USD), für 100 (z.B. 100 FF) oder für 1000 (z.B. 1000 Lire) ausländische Währungseinheit(en) bei einem Kauf bezahlt werden mussten bzw. bei einem Verkauf gezahlt wurden, d.h. welcher in DM ausgedrückte Preis zu bezahlen war bzw. erzielt wurde.

Geld- und Briefkurse waren bei der früheren Preisnotierung die An- und Verkaufskurse der Banken für Devisen und Sorten – im Vergleich zur heutigen Mengennotierung – umgekehrt zugeordnet:

- Der (niedrigere) Geldkurs ist bei Preisnotierung stets der Ankaufskurs der Banken, also der Kurs, zu dem die Banken von ihren Kunden Devisen und Sorten ankaufen.
- Der (höhere) Briefkurs ist bei Preisnotierung stets der Verkaufskurs der Banken, d.h. der Kurs, zu dem die Banken an ihre Kunden Devisen und Sorten verkaufen.

Ende Exkurs

Devisenkurse im Freiverkehr

Unter der Bezeichnung „Devisenkurse im Freiverkehr" werden Kurse solcher Währungen in den Wirtschaftszeitungen veröffentlicht, die nicht in den Kurszettel der gängigsten Handelswährungen „Devisen- und Sortenkurse" (siehe Abbildung 7.1-01) aufgenommen sind.

Die Devisenkurse im Freiverkehr beruhen auf **Mitteilungen der Banken** und bieten insoweit nur mehr oder weniger grobe Anhaltspunkte.

Die Freiverkehrskurse sind Kassakurse, für die ebenfalls die seit Einführung des Euro ebenfalls die Mengennotierung („Basis 1 Euro"; siehe abgebildeten Kurszettel) gilt.

Die **Abbildung 7.1-02** zeigt die **„Devisen im Freiverkehr"**, wie sie vom Handelsblatt für den 16.07.2001 veröffentlicht wurden.

DEVISEN IM FREIVERKEHR

16.7.2001 / Basis 1 Euro		Geld	Brief
Algerien	Dinar	65,4300	70,4300
Argentinien	Peso	0,8530	0,8590
Brasilien	Brasil Real	2,2050	2,2110
Bulgarien	Leva	1,9358	1,9558
China	RMB	6,9255	-
Estland	Krone	15,2900	16,0100
Indien	Rupie	37,9100	-
Israel	Schekel	3,3800	3,8300
Korea, Süd	Won	1108,0000	1132,0000
Kroatien	Kuna	7,1410	7,1660
Kuwait	Dinar	0,2503	0,2773
Lettland	Lats	0,5449	0,5499
Litauen	Litas	3,3336	3,5216
Marokko	Dirham	9,7900	10,4900
Mexiko	n. Peso	7,8100	8,2900
Philippinen	Peso	45,3000	46,5000
Rumänien	Lei	24910,0000	25330,0000
Russland	Rubel	23,9600	26,1600
Saudi-Arabien	Rial	3,1644	3,2644
Slowakei	Krone	41,8900	43,3900
Slowenien	Tolar	215,6000	221,6000
Taiwan	NT-$	29,5500	30,4500
Thailand	Baht	37,2250	41,2250
Türkei	Lire/Pfund	1159000	1169000
Tunesien	Dinar	1,2238	1,3248
Ungarn	Forint	255,5000	257,3000
Ver. Ar. E.	Dirham	3,1081	3,1881

Mitgeteilt von Deutsche Bank Frankfurt/Main. Diese Kurse können nur als Anhaltspunkte dienen und haben keinen verbindlichen Charakter

Abbildung 7.1-02

7.2 Erklärung und Anwendung von Devisenkassakursen

Vorbemerkungen zu den Devisenkursen

- Mit Einführung des Euro wurden die **amtlichen Devisenbörsen** (wobei sich die amtliche Kursfeststellung in Wirklichkeit auf die amtliche Devisenbörse in Frankfurt konzentriert hatte) in Deutschland und in jenen weiteren Mitgliedsländern der Europäischen Union, die den Euro als gemeinsame Währung eingeführt haben, **abgeschafft**.
- Die Europäische Zentralbank (EZB) veröffentlicht nur noch tägliche Referenzkurse, die auf der Grundlage der Konzentration zwischen den Zentralbanken um 14.15 Uhr ermittelt werden; siehe Spalte Referenzkurs EZB im abgebildeten Kurszettel. Mit Wirkung vom 2.10.2000 wurde der Kreis von 17 Währungen auf 29 Währungen erweitert, die im abgebildeten Kursblatt jedoch nicht alle aufgenommen sind.
- Die im Kurszettel ausgewiesenen **„Referenzkurse EuroFX"** tragen keinen amtlichen Charakter, sondern beruhen – wie die dortige Fußnote ausweist – auf der Mitteilung einer im internationalen Devisenhandel tätigen großen Bank.

Kassakurse

Die Kassakurse (manchmal auch als Kassekurse bezeichnet) haben Gültigkeit für **Devisenkauf- und -verkaufsgeschäfte**, die von den Beteiligten **sofort zu erfüllen** sind. Die Kassakurse sind im abgebildeten Kurszettel in der Spalte **„Referenzkurse EuroFX"** aufgeführt.

Einschränkend ist allerdings anzumerken, dass auch bei angesprochenen „sofortigen" Erfüllung von Devisenkassageschäften die Usance **„Valutastellung 2 Arbeitstage"** zu berücksichtigen ist. Dies bedeutet, dass zwischen dem Tag des Abschlusses und dem Tag der Erfüllung von Devisenkassageschäften 2 Arbeitstage liegen.

Anwendungsbeispiel: Devisenkauf eines Importeurs

- Ein deutscher Importeur beauftragt seine Bank am 16.07.2001 zulasten seines EUR-Kontos eine **Überweisungszahlung** in Höhe von **USD 100.000** an einen US-amerikanischen Exporteur vorzunehmen.
- Die beauftragte Bank stellt dem Importeur für den Kauf der Devisen den am 16.07.2001 gültigen **Kassageldkurs** (siehe Spalte „Referenzkurse EuroFX" „Geld") 1 EUR = 0,8537 USD, d.h. pro gekaufte 0,8537 USD = 1 Euro in Rechnung. Bei gekauften 100.000 USD stellt die Bank dem Importeur folglich 117.137,16 Euro in Rechnung. Hinzu kommt eine **Courtage** (Maklerprovision) in Höhe von 0,25‰ des ausmachenden Betrags (des EUR-Gegenwerts). Bei kleineren Fremdwährungsbeträgen wird eine Minimum-Courtage berechnet.

Die **Belastung** des EUR-Gegenwerts auf dem EUR-Konto des deutschen Importeurs erfolgt am Tag des Devisenkaufs, also am 16.07.2001, und zwar mit gleicher Wertstellung.

Exkurs: „Valutastellung 2 Arbeitstage"

- **Ausführung / Anschaffung / Valuta:** Die beauftragte deutsche Bank leitet den Überweisungsauftrag zwar im Allgemeinen unverzüglich über SWIFT an eine US-amerikanische Korrespondenzbank weiter (zu beachten: nur der Auftrag zur Zahlung wird über SWIFT angewiesen, nicht die Zahlung selbst, die über die Verrechnungsnetze / Korrespondenzbeziehungen abgewickelt wird). Die **Ausführung** des Überweisungsauftrags durch die US-amerikanische Bank und damit die Gutschrift des USD-Betrags auf dem Konto des Zahlungsempfängers bzw. auf dem Konto einer eventuell zwischengeschalteten weiteren US-amerikanischen Bank erfolgt nicht am 16.07.2001, sondern – entsprechend der internationalen Usance „Valutastellung 2 Arbeitstage" – erst **2 Bankarbeitstage später**.

  Im vorliegenden Beispiel führt diese Usance zum 18.07.2001. Wäre der 16.07.2001 jedoch beispielsweise ein Donnerstag, dann wäre neben den beiden Arbeitstagen das **Wochenende** mit zwei Tagen zu berücksichtigen. Daneben sind eventuelle **Feiertage** zu berücksichtigen, wobei das Land, dessen Währung gehandelt wird (also im vorliegenden Beispiel die USA), maßgeblich ist.

  Die Usance „Valutastellung 2 Arbeitstage" ermöglicht es der beauftragten deutschen Bank, in diesem Zeitraum den USD-Betrag auf ihrem Konto bei ihrer US-amerikanischen Korrespondenzbank anzuschaffen.

- **Sofortige Ausführung („gleichtägige Anschaffung", „gleichtägige Kasse")**

  Wünscht der deutsche Importeur, dass dem US-amerikanischen Exporteur der Überweisungsbetrag in Höhe von USD 100.000 ausnahmsweise sofort, also ohne Anwendung der Usance „Valutastellung 2 Arbeitstage", gutgeschrieben wird, dann hat er seiner Bank ausdrücklich eine entsprechende Weisung zu erteilen.

  In diesem Fall legt die beauftragte deutsche Bank der Abrechnung mit dem Importeur einen um die **Zinsen** für 2 Arbeitstage **berichtigten Devisenkassakurs** zu Grunde. Dies erklärt sich damit, dass die beauftragte deutsche Bank bei ihrer US-amerikanischen Korrespondenzbank u.U. selbst Kreditzinsen für den Zeitraum bis zur Deckungsanschaffung bezahlen muss.

  Die von ausländischen Banken bei deutschen Banken **eingehenden Überweisungsaufträge** werden analog behandelt: Maßgeblich für die Ausführung des Überweisungsauftrags ist für die deutsche Bank nicht der Tag des Eingangs des Überweisungsauftrags, sondern dessen Valutierung.

  Der Tag der Valuta bedeutet somit den Tag der **Deckungsanschaffung** durch die ausländische Bank zu Gunsten der deutschen Bank.

Ende Exkurs

7.3 Erklärung und Anwendung von Devisentermin- kursen

7.3.1 Grundstruktur von Devisentermingeschäften

Es ist für das Verständnis von Devisentermingeschäften zweckmäßig, zunächst die maßgeblichen Unterschiede zwischen einem Devisenkassageschäft und einem Devisentermingeschäft herauszustellen.

Deswegen beginnen die nachstehenden Ausführungen mit der Darstellung der Grundstruktur eines Devisenkassageschäftes.

- **Grundstruktur eines Devisenkassageschäftes:**

  Abschluss des Devisenkassageschäftes: Ein deutscher Exporteur, der heute eine Überweisungsgutschrift über 100.000 USD erhält, verkauft diese 100.000 USD im Rahmen eines Devisenkassageschäftes an seine Bank.

  Sofortige Erfüllung: Dieses Devisenkassageschäft umfasst die Verpflichtung des Exporteurs, der Bank 100.000 USD sofort zur Verfügung zu stellen. Hervorzuheben ist somit, dass bei Devisenkassageschäften der Zeitpunkt des Abschlusses des Devisengeschäftes und der Zeitpunkt der Erfüllung (von der Usance „Valutastellung 2 Arbeitstage" abgesehen) zusammenliegen.

  Devisenkassakurs: Darüber hinaus vereinbart der Exporteur im Rahmen dieses Devisenkassageschäftes mit der Bank den anzuwendenden Devisenkassakurs. Anmerkung: Der Devisenkassakurs schwankt im Lauf des Tages, und zwar manchmal innerhalb kürzester Zeiträume, als auch innerhalb einer Minute.

- **Grundstruktur eines Devisentermingeschäftes**:

  Abschluss des Devisentermingeschäftes: Ein deutscher Exporteur hat Waren nach den USA mit USD-Fakturierung über 100.000 USD und einem eingeräumten Zahlungsziel von 3 Monaten geliefert. Weil der Exporteur während dieses 3-Monate-Zeitraums eine Abwertung des USD gegenüber dem EUR fürchtet, schließt er mit seiner Bank ein Devisentermingeschäft über 100.000 USD ab, und zwar mit einer Laufzeit von 3 Monaten. D.h. der deutsche Exporteur verkauft an seine Bank 100.000 USD per Termin / per Fälligkeit 3 Monate.

  Spätere Erfüllung: Dieses Devisentermingeschäft umfasst die Verpflichtung des Exporteurs, der Bank 100.000 USD nicht sofort, sondern nach Ablauf von 3 Monaten, d.h. bei „Fälligkeit 3 Monate" zur Verfügung zu stellen. Hervorzuheben ist somit, dass bei Devisentermingeschäften der Zeitpunkt des Abschlusses des Devisengeschäftes und der Zeitpunkt der Erfüllung, d.h. der Lieferung von 100.000 USD durch den Exporteur an die Bank, (im Gegensatz zu Devisenkassageschäften) zeitlich auseinander liegen. Bei Abschluss des Devisentermingeschäftes geht der Exporteur somit nur eine Verpflichtung zur Lieferung von Devisen an die Bank ein, die von ihm erst zu einem späteren Zeitpunkt zu erfüllen ist.

Devisenterminkurs: Darüber hinaus vereinbart der Exporteur im Rahmen dieses Devisentermingeschäftes mit der Bank den anzuwendenden Devisenterminkurs.

Dieser bei Abschluss des Devisentermingeschäftes fest vereinbarte Devisenterminkurs findet Anwendung bei Fälligkeit des Devisentermingeschäftes. Dies bedeutet, dass nach Ablauf der 3 Monate der Umtausch der 100.000 USD in EUR zu diesem fest vereinbarten Devisenterminkurs erfolgt, unabhängig davon, ob der USD inzwischen gegenüber dem EUR aufgewertet oder abgewertet wurde.

Anmerkung: Auch der mit der Bank zu vereinbarende Devisenterminkurs schwankt im Lauf des Tages, und zwar manchmal innerhalb kürzester Zeiträume, also auch innerhalb einer Minute. Dies hängt damit zusammen, dass der Devisenterminkurs auf dem Devisenkassakurs einer Währung beruht, allerdings erhöht oder vermindert um einen Zuschlag oder Abschlag der dem hinausgeschobenen Zeitraum (zinsbezogen) Rechnung trägt.

Abbildung

In **Abbildung 7.3-01 „Die Grundstruktur von Devisentermingechäften“** sind die durch den Abschluss von Devisentermingeschäften entstehenden Verpflichtungen der Exporteure bzw. der Importeure aufgeführt.

Mit Hilfe der Zeitachse verdeutlicht diese grafische Darstellung u.a.,

- dass der Exporteur bzw. der Importeur im Zeitpunkt des Abschlusses eines Devisentermingeschäftes (im Zeitpunkt 0) **nur Verpflichtungen** (Exporteur: zur Lieferung eines Devisenbetrages an die Bank, Importeur: zur Abnahme eines Devisenbetrages von der Bank) und die Festlegung des bei Fälligkeit anzuwendenden Terminkurses eingehen,
- die **Erfüllung** (Lieferung bzw. Abnahme der Devisen zum fest vereinbarten Terminkurs) aber erst im Zeitpunkt der **späteren Fälligkeit** des Devisentermingeschäftes erfolgt.

7.3.2 Anwendungsbeispiele zu Devisentermingeschäften

7.3.2.1 Grundlagen: Devisenterminkurse und Laufzeiten

Laufzeiten

- **„Glatte“ Laufzeiten:** Im abgebildeten Kursblatt sind lediglich die **3-Monate**- und die **6-Monate**-Devisenterminkurse aufgenommen (siehe Abbildung 7.1-01). Übliche Laufzeiten sind aber auch 2 und 12 Monate. In den führenden Welthandelswährungen können mit den Banken Termingeschäft über Zeiträume von mehreren Jahren abgeschlossen werden.
- **„Gebrochene“ Laufzeiten:** Häufig entspricht jedoch die Laufzeit eines Export- oder Importgeschäfts nicht den üblichen („glatten") Laufzeitka-

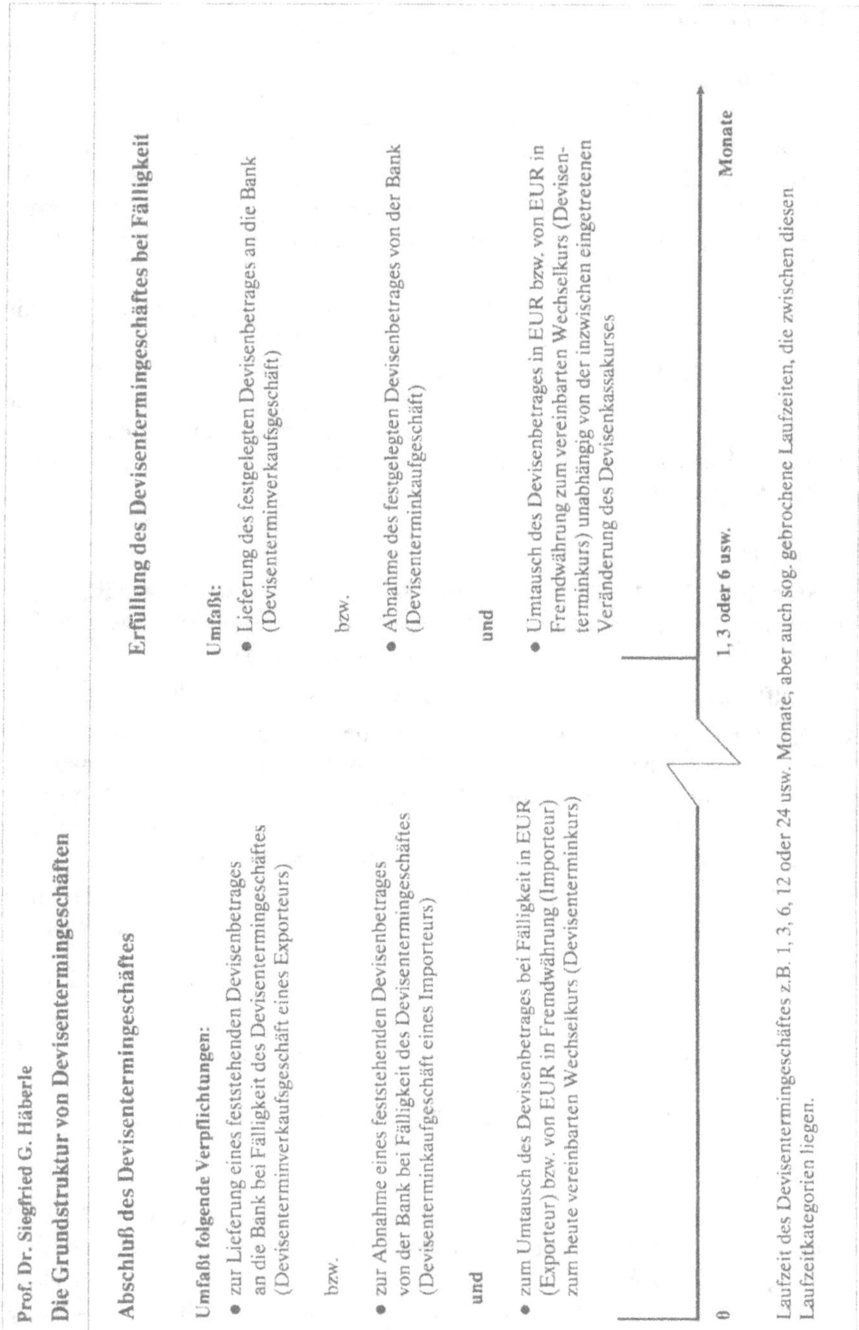

Abbildung 7.3-01

tegorien der Devisentermingeschäfte. Zumindest in den **gängigen Fremdwährungen** sind die Banken bereit, ihren Kunden Devisentermingeschäfte mit **gebrochenen (krummen) Laufzeiten** (broken dates) anzubieten. Die Banken rechnen den Deport bzw. Report (den Swapsatz) für ein Devisentermingeschäft mit gebrochener Laufzeit unter Zugrundelegung der Swapsätze für die beiden nächstliegenden glatten Termine (Einzelheiten zu Deport und Report siehe folgenden Abschnitt.

Kursfeststellung

Die Terminkurse beruhen auf **Angaben der Geschäftsbanken**. Insoweit tragen die veröffentlichten Devisenterminkurse lediglich den Charakter von **Indikatoren**, was auch bedeutet, dass der Exporteur bzw. der Importeur den Devisenterminkurs mit seiner Bank im Einzelfall vereinbaren kann. Eine Courtage fällt bei Devisentermingeschäften nicht an.

Währungen

In den gängigen **Welthandelswährungen** ermöglichen die Banken den Exporteuren und Importeuren den Abschluss von Devisentermingeschäften im Allgemeinen in der gewünschten Laufzeit. Dagegen ist der erwünschte Abschluss von Devisentermingeschäften in sog. **exotischen Währungen** auch schon bei kurzer Laufzeit manchmal mit Schwierigkeiten verbunden. Bei solchen Währungen sollten Exporteure bzw. Importeure bereits vor Abschluss des Kontrakts ihre Hausbank wegen der Verfügbarkeit von Wechselkurssicherungsmöglichkeiten zurate ziehen.

Anmerkung: Devisenoptionsgeschäfte

Devisenoptionsgeschäfte sind in der Praxis bislang eher von untergeordneter Bedeutung und werden deswegen in dieser „Einführung in die Exportfinanzierung" nicht behandelt.

7.3.2.2 Anwendungsbeispiel zum Export – mit alternativen Abwicklungen

Anwendungsbeispiel

- **Ausgangssituation:** Ein deutscher Exporteur liefert am 16.07.2001 Waren zu einem Kaufpreis von **100.000 GBP (Pfund Sterling)** nach Großbritannien. Laut Kaufvertrag hat der Exporteur dem britischen Importeur ein **Zahlungsziel** ab Rechnungsdatum (16.07.2001) von 3 Monaten einzuräumen. Der Exporteur fürchtet, dass das GBP in diesem Zeitraum eine **Abwertung** erfahren könnte. Er schließt deswegen mit seiner Bank ein Devisenterminverkaufsgeschäft ab, das folgende Struktur aufweist:
- **Verkauf der Devisen per Termin:** Der Exporteur **verkauft** am 16.07.2001 100.000 GBP, also den Devisenbetrag in Höhe des zukünftig eingehenden Exporterlöses an seine Bank **per Termin** 3 Monate zum **Terminbriefkurs**

von 0,6153 GBP (pro 1 EUR). Anmerkung: Da auch bei den Terminkursen die sog. Mengennotierung eingeführt ist, muss bei einem Terminverkauf des Exporteurs ebenso wie bei Kassaverkaufsgeschäften der Briefkurs angesetzt werden); siehe Kursblatt Abbildung 7.1-01.

Der Exporteur wird durch das Termingeschäft verpflichtet, seiner Bank bei Fälligkeit des Termingeschäfts, also nach Ablauf der 3 Monate, 100.000 GBP zur Verfügung zu stellen sowie den vereinbarten Terminkurs von 0,6153 GBP (pro 1 EUR) beim Umtausch im Zeitpunkt der Fälligkeit gelten zu lassen. Der Exporteur geht davon aus, dass ihm der Exporterlös in Höhe von ebenfalls 100.000 GBP spätestens bei Fälligkeit des Devisentermingeschäfts zur Verfügung stehen wird, um damit das Devisentermingeschäft erfüllen zu können.

Der Exporteur erlangt durch den Abschluss des Devisenterminverkaufsgeschäfts die Sicherheit eines **garantierten Umtauschkurses**, unabhängig davon, welche Kursentwicklung das GBP in Relation zum EUR während der 3 Monate tatsächlich nimmt.

Kosten

Der „Preis", den der Exporteur für diese Kurssicherung zahlt, kann im **Unterschied zwischen dem Kassabriefkurs und dem Terminbriefkurs** des GBP gesehen werden: Hätte der Exporteur den Exporterlös in Höhe von 100.000 GBP bereits am 16.07.2001 zur Verfügung, dann würde seine Bank den GBP-Betrag zum aktuellen Kassabriefkurs von 0,6143 (pro 1 EUR) umtauschen; siehe Kursblatt. Der Gegenwert würde sich dann auf 162.786,91 EUR belaufen.

Bei Fälligkeit des abgeschlossenen Termingeschäfts erhält der Exporteur dagegen nur den vereinbarten Terminbriefkurs von 0,6153 GBP (pro 1 EUR; siehe Kursblatt), also einen Gegenwert von 162.522,34 EUR.

Die derart definierten **„Kurssicherungskosten"** belaufen sich somit im vorliegenden Beispiel auf 264,57 EUR pro 100.000 GBP bei 3-monatiger Laufzeit des Termingeschäftes

Hinweis: Es ist schwierig, den richtigen Maßstab zur Bestimmung der Höhe des Kursgewinns bzw. des Kursverlustes festzulegen, weil der Exporteur seiner Angebotskalkulation bzw. der Importeur seiner Einkaufskalkulation unterschiedliche Kurse zu Grunde legen kann, so zum Beispiel den Kassakurs am Tag der Kalkulation, den Devisenterminkurs am Tag der Kalkulation, dem vom Außenhändler für den Zahlungseingang (Exporteur) bzw. den Zahlungsausgang (Importeur) erwarteten Wechselkurs usw.

Alternative: Devisentermingeschäfte mit Optionszeit

Der Exporteur kann vor der Situation stehen, dass einerseits ein abgeschlossenes Devisentermingeschäft fällig und andererseits die damit abgesicherte Fremdwährungsforderung noch nicht eingegangen ist.

Diese Situation ist in gewissen Grenzen vermeidbar, wenn der Exporteur mit seiner Bank ein Devisentermingeschäft abschließt, das ihm bei der Ausübung (Erfüllung) eine Optionszeit einräumt: An der Stelle eines bestimmten Fälligkeitstages wird ein **Zeitraum vereinbart**, innerhalb dessen es in das Belieben des Bankkunden gestellt ist, zu welchem Zeitpunkt er die Option auszuüben, d.h. das Devisentermingeschäft zu erfüllen wünscht.

Üblich sind Optionszeiträume bis maximal 4 Wochen.

Die Höhe des festgelegten Wechselkurses (Devisenterminkurses) ist bei Devisentermingeschäften, die einen Optionszeitraum umfassen, davon abhängig, ob es sich um eine Währung handelt, die gegenüber ihrem Kassakurs einen Deport oder einen Report aufweist. In Abhängigkeit davon wird entweder der Terminkurs bis zum Beginn oder bis zum Ende der Optionszeit zugrunde gelegt.

Prolongation von fälligen Devisentermingeschäften

Sollte der Exporterlös später eingehen als die Fälligkeit des Devisentermingeschäftes ist, dann besteht die Möglichkeit, das fällige Devisentermingeschäft zu verlängern, was praktisch auf den Abschluss eines **„neuen" Devisentermingeschäftes** hinausläuft. Für den Exporteur bedeutet dies,

- dass die Bank im Zeitpunkt der Fälligkeit des „alten" Devisentermingeschäftes eine Glattstellung über den Devisenkassamarkt vornimmt: Kauf für den Exporteur von 100.000 GBP am Kassamarkt zur Erfüllung des fälligen „alten" Devisentermingeschäftes
- und gleichzeitig Verkauf des Exporteurs dieser 100.000 GBP an die Bank in Erfüllung des fälligen „alten" Devisentermingeschäftes.

Per Saldo verbleibt auf dem EUR-Kontokorrentkonto des Exporteurs lediglich die **Differenz** zwischen dem vereinbarten Terminkurs des „alten" Devisentermingeschäftes und dem Kassakurs des GBP am Tag der Fälligkeit dieses „alten" Termingeschäftes (also der Kassakurs zu dem er 100.000 GBP durch seine Bank am Kassamarkt in ersatzweiser Erfüllung des fälligen Devisentermingeschäftes kaufen lässt).

Glattstellung von Devisentermingeschäften vor Fälligkeit

Ein Bankkunde braucht keineswegs bis zur Fälligkeit von Devisentermingeschäften zu warten, um erst in diesem Zeitpunkt das Devisentermingeschäft zu erfüllen. Vielmehr kann der Bankkunde während der Laufzeit eines Devisentermingeschäftes jederzeit ein **Gegentermingeschäft** abschließen (also beispielsweise einen Devisenkauf per Termin abschließen, wenn das bisherige Termingeschäft ein Verkauf per Termin ist), und zwar im Allgemeinen bezogen auf denselben Fälligkeitstag (des bisherigen Termingeschäftes). Damit ist das bisherige Termingeschäft glattgestellt (sofern die Gegenposition nicht in einem später eingehenden Fremdwährungs-Exporterlös zu sehen ist).

Solche Glattstellungen vor Fälligkeit sind beispielsweise dann angebracht, wenn sich ein abgeschlossenes Termingeschäft plötzlich als **„offene" Position** erweist, weil dieses Termingeschäft bereits im Zeitpunkt der Abgabe eines Angebotes an einen Importeur abgeschlossen wurde, der Importeur aber den Zuschlag nicht erteilt hat und folglich auch kein Fremdwährungs-Exporterlös in Zukunft eingeht.

Der Bankkunde wird erwägen, ein Gegentermingeschäft dann abschließen, wenn sich die **Kursentwicklung** während des bisherigen Termingeschäftes günstig darstellt und er befürchtet, dass diese Kursentwicklung bis zur Fälligkeit des bisherigen Termingeschäftes nicht anhält.

Ungesicherte (offene) Position

Ob der Exporteur das Fremdwährungs-Exportgeschäft besser ungesichert (Fachsprache: „offen") gelassen hätte, hängt von der Wechselkursentwicklung ab.

- Erfährt das GBP in obigem Anwendungsbeispiel eine **Aufwertung** bis zur Fälligkeit des Devisentermingeschäftes, dann wäre es für den Exporteur besser gewesen, die GBP-Exportforderung ungesichert zu lassen. Der Exporteur könnte in diesem Fall den eingehenden GBP-Exporterlös zu einem höheren Kurs in EUR umtauschen, als er im Devisentermingeschäft fest vereinbart ist.
- Umgekehrt war rückblickend es zweckmäßig gewesen, ein Devisentermingeschäft abzuschließen, wenn das GBP eine **Abwertung** während der Laufzeit des Termingeschäftes erfährt.

Weil Wechselkursentwicklungen schwierig zu prognostizieren sind, tragen ungesicherte Währungspositionen spekulative Züge.

7.3.2.3 Anwendungsbeispiel zum Import

Anwendungsbeispiel

- **Ausgangssituation:** Ein deutscher Importeur hat aus Frankreich Waren im Wert von **10.000.000 JPY** bezogen. Die Rechnung ist **in 6 Monaten zur Zahlung fällig**. Der Importeur rechnet mit einer **Aufwertung des JPY** gegenüber dem EUR bis zum Zeitpunkt der Fälligkeit seiner Zahlung an den japanischen Exporteur.
- **Kauf der Devisen per Termin:** Um der drohenden Aufwertung des JPY zu entgehen, schließt der deutsche Importeur am 16.07.2001 ein 6-Monate-**Devisenterminkaufgeschäft** mit seiner Bank über den Terminkauf von 10.000.000 JPY und mit dem Termingeldkurs von 104,6100 JPY (für 1 EUR) ab.
- **Sicherheit:** Dieses Devisentermingeschäft sichert ihm den Terminkurs von 104,6100 JPY (für 1 EUR) für den Zeitpunkt seiner 6 Monate später fälligen JPY-Zahlung nach Japan.

Vorteil

Rückblickend war für den Importeur der Abschluss des Devisentermingeschäfts dann vorteilhaft, wenn der **Kassakurs des JPY** im Zeitpunkt der JPY-Zahlung nach Japan (also bei Ablauf der 6-Monate-Frist) gegenüber dem EUR tatsächlich **aufgewertet** wurde, und zwar über den vereinbarten Terminkurs hinaus.

Hätte der Importeur kein Devisentermingeschäft abgeschlossen, dann müsste er den JPY-Betrag bei Fälligkeit der Zahlung an den japanischen Exporteur am Kassamarkt „teurer“ als zum vereinbarten Terminkurs kaufen.

Nachteil

Für den Importeur war der Abschluss des Devisentermingeschäfts dagegen nachteilig, wenn der im Zeitpunkt der JPY-Zahlung nach Japan (also bei Ablauf der 6-Monate-Frist) gültige **Kassakurs des JPY** – gemessen am vereinbarten Terminkurs – tatsächlich gegenüber dem EUR **abgewertet** wurde.

Ohne Abschluss des Devisentermingeschäfts hätte der Importeur dann bei Fälligkeit seiner JPY-Zahlung nach Japan den JPY-Betrag „billiger“ am Kassamarkt kaufen können.

7.3.3 Erklärung von Deport, Report bzw. Swapsätzen

Deport

Als Deport (Abschlag) wird der **Unterschiedsbetrag** zwischen dem (höheren) **Kassakurs** einer Währung und dem **niedrigeren Terminkurs** dieser Währung bezeichnet.

Anmerkung: Die nachstehenden Wechselkurse beziehen sich auf das Kursblatt in Abbildung 7.1-01.

Beispiel Deport	Geldkurse	Briefkurse
Kassakurs des USD (für 1 EUR)	USD 0,8537	USD 0,8597
6-Monate-Terminkurs des USD (für 1 EUR)	USD 0,8510	USD 0,8570
Deport (Abschlag)	USD 0,0027	USD 0,0027

Report

Als Report (Aufschlag) wird der **Unterschiedsbetrag** zwischen dem (niedrigeren) **Kassakurs** einer Währung und dem **höheren Terminkurs** dieser Währung bezeichnet.

Anmerkung: Die nachstehenden Wechselkurse beziehen sich auf das Kursblatt in Abbildung 7.1-01.

Beispiel Report	Geldkurse	Briefkurse
Kassakurs des GBP (für 1 EUR)	GBP 0,6103	GBP 0,6143
3-Monate-Terminkurs des GBP (für 1 EUR)	GBP 0,6113	GBP 0,6153
Report (Aufschlag)	GBP 0,0010	GBP 0,0010

Swapsatz

Ein anderer Begriff und zugleich ein **Oberbegriff für Deport bzw. Report** ist der Ausdruck „Swapsatz". Dieser Ausdruck rührt von Devisengeschäften her, die insbesondere Banken durch **Tausch** (swap) von Devisenkassageschäften gegen Devisentermingeschäfte oder umgekehrt bzw. durch Tausch von Devisentermingeschäften mit unterschiedlichen Fälligkeiten in derselben Währung vollziehen.

Statt der Nennung des Devisenterminkurses als absolutem Kurs, kann der **Devisenterminkurs** auch ausgehend vom Kassakurs einer Währung **zuzüglich bzw. abzüglich ihres Swapsatzes** für die entsprechende Laufzeitkategorie definiert werden.

Pari

Als „pari" wird eine Kurskonstellation bezeichnet, die keinen Unterschiedsbetrag (keinen Deport, Report bzw. Swapsatz) zwischen dem Kassakurs und dem Terminkurs einer Währung ausweist. „Pari" bedeutet somit **gleiche Termin- und Kassakurse** einer Währung.

Bestimmungsfaktoren für Deport bzw. Report

Die Höhe von Deport bzw. Report einer Währung (also die Abweichung des Terminkurses einer Währung vom Kassakurs derselben Währung) oder allgemeiner ausgedrückt, der Swapsatz einer Währung, wird maßgeblich von den **Zinsunterschieden dieser Währung zum Euro-Zinsniveau** am Eurogeldmarkt (Bankengeldmarkt) bestimmt. Dies hängt damit zusammen, dass die Banken die Zinsunterschiede zwischen den verschiedenen Währungen am Eurogeldmarkt durch Kapitalanlagen bzw. Kreditaufnahmen nutzen und zur Absicherung solcher Euromarkttransaktionen zugleich Devisenkassa- und Devisentermingeschäfte abschließen.

Anwendungsbeispiel Deport

Das obige Zahlenbeispiel „Deport" weist für den USD einen niedrigeren Terminkurs des USD als den Kassakurs des USD und somit ein Deport (Abschlag) aus.

Dieser Deport des Termin-USD gegenüber dem Kassa-USD ist maßgeblich verursacht durch den Zinsunterschied zwischen dem USD und dem EUR am sog. Eurogeldmarkt (Bankengeldmarkt).

Gemäß Abbildung „5.2-02 **Eurogeldmarktsätze**" in Kapitel „5.2 Eurogeldmarktkredite (sog. Eurokredite) ..." weist der USD gegenüber dem EUR in der Laufzeitkategorie „6 Monate" ein niedrigeres Zinsniveau auf. Dieses niedrigere Zinsniveau des USD zum EUR bestimmt im Wesentlichen die Höhe des Deports.

Wichtig ist, dass Zinssätze und Swapsatz (hier Deport) auf denselben Tag (noch genauer: auf dieselbe Uhrzeit) und auf dieselbe Laufzeitkategorie (im Beispiel jeweils 6 Monate) für Zinssätze und Swapsatz (hier Deport) bezogen sind.

Anwendungsbeispiel Report

Ein analoges Anwendungsbeispiel lässt sich für einen Report ableiten, z.B. für das obige Beispiel „Report GBP" in Verbindung mit den Zinssätzen für das GBP und den EUR gemäß den „Eurogeldmarktsätzen" in Abbildung 5.2.-02. Dort ist ausgewiesen, dass das GBP bei der hier angewandten 3-monatigen Laufzeit ein höheres Zinsniveau ausweist als der EUR. Dieser Zinsunterschied führt zu einem Report des Termin-GBP gegenüber dem Kassa-GBP.

Formel Swapsatz

Die Höhe des Swapsatzes einer Währung kann – soweit sie von den Zinsunterschieden am Euromarkt bestimmt ist – für die jeweilige Laufzeitkategorie nach der Formel

$$\text{Swapsatz} = \frac{\text{Kassakurs} \times \text{Zinsdifferenz} \times \text{Zeit}}{100 \times \text{Basis}}$$

errechnet werden.

Definition der Komponenten

- **Zeit** = Laufzeit des Geschäfts (errechnet nach der am Euromarkt üblichen genauen Auszählung der Kalendertage);
- **Basis** = Anzahl der Tage, die das Zinsjahr definieren (am Euromarkt für die meisten Währungen mit 360 Tagen anzusetzen; Ausnahme z.B. das brit. £, für das das Zinsjahr mit 365 Tagen anzusetzen ist).

Sog. Stellen

Diese Formel führt zu sog. Dezimalstellen (Stellen), die als Deport vom aktuellen Kassakurs der betreffenden Fremdwährung abzuziehen bzw. als Report dem aktuellen Kassakurs der betreffenden Fremdwährung hinzuzurechnen sind, um zum Devisenterminkurs der betreffenden Währung zu kommen.

Anmerkungen:

- Quelle: Fischer-Erlach, 1988: S. 75.
- Fischer-Erlach weist auf den **Schwachpunkt** dieser Berechnungsmethode hin, nämlich auf die Annahme, dass der (später fällige) Zinsertrag zu jenem (aktuellen) Kassakurs umgetauscht wird, der in die Formel eingesetzt wird, eine Kurskonstellation, die allenfalls zufällig eintritt. Fischer-Erlach stellt auf S. 75ff. präzisere Methoden zur Berechnung der Swapsätze vor.
- Eine **umfassendere und genauere Formel** zur Errechnung von Swapsätzen findet sich in der Broschüre: Bayerische Vereinsbank (Hrsg.), Das Devisengeschäft, München 1991.
- Zu den unterschiedlichen **Zinsberechnungsmethoden** am Euromarkt (sog. 365/360-Methode bzw. 365/365-Methode) siehe Abschnitt 5.2.3.2.
- Die **Zinsunterschiede** als Bestimmungsfaktoren der Swapsätze können in Phasen, in denen die Kursbewegungen stark von der **Spekulation** beeinflusst sind, etwas in den Hintergrund treten. Deswegen kann der **Swapsatz**, der mit einer auf den Zinsunterschieden beruhenden Formel errechnet wird, in solchen Phasen (geringfügig) von den tatsächlichen (marktmäßigen) Swapsätzen **abweichen**.

8 Bankgarantien

8.1 Grundstruktur von Bankgarantien

8.1.1 Charakterisierung von Bankgarantien und Abgrenzung zu den Bankbürgschaften

Charakterisierung von Bankgarantien

Im **Avalgeschäft**, das neben den Garantien auch Bürgschaften und ähnliche Verpflichtungen umfasst, übernehmen die Geschäftsbanken im Auftrag und für Rechnung ihrer Kunden (Avalauftraggeber) die im Allgemeinen unwiderrufliche Verpflichtung, einen Geldbetrag an einen Dritten (an den Avalnehmer / Avalbegünstigten) zu zahlen, sofern bestimmte, im Aval genannte Voraussetzungen der Inanspruchnahme erfüllt sind.

- Als **Bankgarantie** umfasst ein Aval eine **selbstständige Verpflichtung** der garantierenden Bank, d.h. sie ist losgelöst vom (Waren-)Grundgeschäft zwischen Exporteur und Importeur.

  Mit dieser Abstraktheit steht die Bankgarantie im Gegensatz zur Bürgschaft, die akzessorisch ist.
- Durch die übernommene Garantie ist die Bank im Allgemeinen verpflichtet, auf **erstes Verlangen** des Garantienehmers zu zahlen.
- Die garantierende Bank behält sich regelmäßig das **Rückgriffsrecht auf den Garantieauftraggeber** für den Fall vor, dass der Garantiebegünstigte die Garantie tatsächlich in Anspruch nimmt.

Bankgarantie oder Bankbürgschaft?

Im Gegensatz zur Bürgschaft ist die **Garantie nicht akzessorisch**. Für die Beteiligten ist dieser Unterschied erheblich: Die Auszahlung einer Bankgarantie an den Begünstigten aufgrund einer u.U. ungerechtfertigten Inanspruchnahme der Garantie kann – von wenigen, an strengste Anforderungen geknüpfte Ausnahmen abgesehen – mit Einreden, die auf dem grundgeschäftlichen Schuldverhältnis beruhen, nicht verhindert werden.

Dagegen ist eine **Bürgschaft** – zumindest nach deutschem Recht – vom Bestehen einer (grundgeschäftsbezogenen) Hauptschuld abhängig, so dass eventuelle ungerechtfertigte Inanspruchnahmen durch die Begünstigten bei Bankbürgschaften – zumindest unter dem Blickwinkel der Akzessorietät – leichter abzuwehren sind.

Bürgschaft

Der Schweizerische Bankverein (jetzt: UBS) führt zur Frage „Bürgschaft oder Garantie" aus, dass die im Auslandsgeschäft erforderlichen **Sicherungszwecke** in der Regel **auch mit Bürgschaften** erreicht werden – unter der Voraussetzung, dass ein entsprechendes Grundgeschäft zustande gekommen ist (vgl. Schweiz. Bankverein 1995: S. 54). Die UBS ergänzt jedoch: *„Die Bürgschaft setzt eine zu Recht bestehende Hauptschuld voraus. Als akzessorische Verpflichtung teilt die Bürgschaft das Schicksal der Hauptschuld; geht die Hauptschuld unter, erlöscht auch die Bürgschaft."* Für die Schweiz stellt die UBS aus diesem Grund fest, dass Bankbürgschaften praktisch nur zur Absicherung von Forderungen inländischer Gläubiger verwendet werden (vgl. UBS o.J.: S. 94).

Grundsätzlich gilt diese Feststellung auch länderübergreifend, denn die internationale Praxis vermeidet akzessorische Bürgschaften, was u.a. damit zu begründen ist, dass die Banken nicht in für sie unbekannte und nicht überprüfbare Tatsachen und Rechtsfragen des Grundgeschäftes hineingezogen werden wollen (vgl. HypoVereinsbank 1998: S. 5).

Inanspruchnahme von Bürgschaften und von Garantien

Auch hinsichtlich der Inanspruchnahme der beiden Sicherungsinstrumente durch den Begünstigten gibt die UBS maßgebliche **Unterschiede** zu bedenken (Schweiz. Bankverein, jetzt UBS 1995: S. 59):

- **Bürgschaft**: *„Aufgrund der Abhängigkeit der Bürgschaft vom Grundgeschäft müssen allfällige Einreden und Einwendungen aus demselben festgestellt und – so vorhanden – erhoben werden. Die als Bürgin beanspruchte Bank wird diesbezüglich Kontakt mit ihrem Kunden aufnehmen."*

  Analog führt die Bayerische Hypo- und Vereinsbank AG aus: *„Bei Übernahme einer Bürgschaft steht der Bürge (die Bank) für die Erfüllung der Verbindlichkeiten des Hauptschuldners ein. Im Falle einer Inanspruchnahme können dem Begünstigten Einreden aus dem Grundgeschäft entgegengehalten werden, und der Begünstigte muss den Nachweis erbringen, dass die Voraussetzungen für die Inanspruchnahme erfüllt sind"* (HypoVereinsbank 1998: S. 5).

- **Garantie:** *„Aufgrund des abstrakten Charakters ein Garantie und des sich daraus ergebenden Wortlauts (‚zahlbar auf erstes Verlangen') ist die garantierende Bank nach positivem Ausgang der Überprüfung von Identität des Begünstigten, Einhaltung der Fristen und der Formen der betreffenden Garantie zur Zahlung verpflichtet."*

Bankgarantien im Außenhandel vorherrschend

Aus der Sicht des **Auftraggebers** eines Avals ist somit die **Bürgschaft** das Instrument, bei dem dem Auftraggeber tendenziell weniger Risiken und Unwägbarkeiten verbleiben. Gleichwohl können (deutsche) Exporteure und (deutsche) Importeure zu stellende Bankbürgschaften an der Stelle von

Bankgarantien in den Vertragsverhandlungen mit ihren ausländischen Geschäftspartnern nicht allzu häufig durchsetzen.

Vielmehr besteht der ausländische Geschäftspartner zu seiner Sicherheit meistens auf der **Stellung einer Bankgarantie**, die ihm im Allgemeinen eine rasche, nur an wenige, von ihm selbst erfüllbare Voraussetzungen geknüpfte Inanspruchnahme ermöglicht.

Aus diesem Grund sind die folgenden **Ausführungen** auf die **Bankgarantien** konzentriert.

Rechtsgrundlagen

- Bankgarantien unterliegen regelmäßig dem **nationalen Recht der garantierenden Bank**, worauf die Banken in ihren Garantien im Allgemeinen ausdrücklich hinweisen.
- Das Rechtsverhältnis zwischen dem Garantieauftraggeber und der Bank regeln die Kreditinstitute in ihren **„Bedingungen für das Avalgeschäft"** bzw. in ihren „Allgemeinen Geschäftsbedingungen".
- Garantieübernehmende Kreditversicherungsgesellschaften übernehmen die Garantien auf Grundlage ihrer **Bedingungen für die Kautionsversicherung**.
- Die **Internationale Handelskammer Paris (ICC)** hat bereits vor Jahren **„Einheitliche Richtlinien für Vertragsgarantien"** herausgegeben. Im Gegensatz zu den Einheitlichen Richtlinien für Dokumentenakkreditive und für Dokumenteninkassi erfahren die „Einheitlichen Richtlinien für Vertragsgarantien" bislang jedoch keine durchgreifende Anwendung.

8.1.2 Vorkommen von Bankgarantien

Vorkommen im Außenhandel

Exporteure, insbesondere **Investitionsgüterexporteure** und **Anlagenbauer** sind häufig mit der Forderung ihrer ausländischen Geschäftspartner nach Stellung von Bankgarantien konfrontiert.

Anlass zur **Sicherstellung von Importeuren** (ausschreibenden Stellen/Bestellern usw.) mittels Bankgarantien entsteht in allen Phasen von Exportgeschäften:

- **Bietungsgarantien**, die das Risiko der ausschreibenden Stelle (des Importeurs) absichern, dass der Exporteur (der Anbieter) – bei Erteilung des Zuschlags – die Übernahme des Auftrags ablehnt;
- **Anzahlungsgarantien**, die das Risiko des Importeurs (des Bestellers) absichern, dass der Exporteur (der Anzahlungsempfänger) seinen vertraglichen Pflichten nicht nachkommt bzw. die Rückzahlung der geleisteten Anzahlung vertragswidrig unterlässt;

- **Liefergarantien**, die das Risiko des Importeurs (des Bestellers) absichern, dass der Exporteur die Waren nicht vertragsgerecht, insbesondere nicht termingerecht liefert;
- **Vertragserfüllungsgarantien**, die solche Risiken des Importeurs absichern, die im Zusammenhang mit der vom Exporteur geschuldeten Lieferung, Leistung und häufig auch der Gewährleistung stehen;
- **Gewährleistungsgarantien**, die die Risiken des Importeurs absichern, die im Zusammenhang mit den Gewährleistungsansprüchen an den Exporteur – wegen Mängeln an der gelieferten Ware bzw. an der gebauten Anlage – stehen.

Neben diesen zugunsten von Importeuren ausgestellten Bankgarantien kommen in der Praxis auch **Garantien zugunsten von Exporteuren** bzw. von **Dritten** (z.B. von Reedereien, Zollbehörden, Gerichten) vor.

Anzumerken ist indessen, dass einige Sicherungsbegünstigte an der Stelle von Garantien die Stellung von **Bürgschaften** verlangen.

Kurzcharakterisierung maßgeblicher Bankgarantien im Außenhandel

Abbildung 8.1-01 umfasst eine tabellarische Übersicht über die maßgeblichen **Arten von Bankgarantien**, und zwar mit Angabe des jeweiligen **Garantiebegünstigten** und des jeweiligen **Garantiezwecks** (Sicherungszwecks).

Zum Teil werden diese Sicherungsdokumente auch als Bankbürgschaften an der Stelle von Bankgarantien ausgefertigt (z.B. als Zollbürgschaften, Prozessbürgschaften usw.).

8.1.3 Anbieter (Garanten)

Banken

Bankgarantien im Auslandsgeschäft werden von allen **größeren Geschäftsbanken** zur Verfügung gestellt. (Kleinere) Sparkassen und Kreditgenossenschaften schalten zu diesem Zweck häufig ihr übergeordnetes (Zentral-) Kreditinstitut ein, das international tätig ist und über die notwendige Bonität als Garantiebank verfügt.

Es entspricht dem Sicherungsinteresse des Garantiebegünstigten, dass die Garantie von einer erstklassigen Bank gestellt wird. Die Stellung einer derartigen Garantie kann dem Garantieauftraggeber bereits im Kaufvertrag auferlegt werden, z.B. mit den Worten **„first class bank"** oder **„international prime bank"**.

Kreditversicherungsgesellschaften

Neben den Geschäftsbanken übernehmen auch die privatwirtschaftlichen Kreditversicherungsgesellschaften (Spezialversicherern) Avale (Bürgschaften, Garantien und Bonds) mit den nachstehenden Elementen:

Prof. Dr. Siegfried G. Häberle **Kurzcharakterisierung maßgeblicher Bankgarantien im Außenhandel**		
Garantieart	**Garantie-begünstigter**	**Garantiezweck** **Die Bankgarantie sichert den Garantiebegünstigten vor den finanziellen Folgen ...**
• **Bietungs-garantie**	**Importeur/ ausschreibende Stelle**	... des Risikos, daß der **Anbieter** (Exporteur) –bei Erteilung des Zuschlags– die Übernahme des **Auftrags ablehnt**; ... des Risikos, daß der **Anbieter** (Exporteur) sich nach Annahme des Auftrags **weigert** oder nicht in der Lage ist, eine geforderte/vereinbarte **Liefergarantie, Leistungsgarantie oder Vertragserfüllungsgarantie** stellen zu lassen.
• **Liefergarantie**	**Importeur**	... des Risikos, daß der **Exporteur** die Waren nicht vertragsgerecht, insbesondere **nicht termingerecht liefert.**
• **Vertragserfül-lungsgarantie**	**Importeur**	... der Risiken, die im Zusammenhang mit der vom **Exporteur geschuldeten Lieferung, Leistung** und häufig auch der **Gewährleistung** stehen.
• **Gewährlei-stungsgarantie**	**Importeur**	... der Risiken. die im Zusammenhang mit den **Gewährleistungsansprüchen an den Exporteur** –wegen Mängeln an den gelieferten Waren– stehen.
• **Anzahlungs-garantie**	**Importeur/ Besteller**	... des Risikos, daß der **Exporteur** (Anzahlungsempfänger) seinen **vertraglichen Pflichten nicht nachkommt** bzw. die Rückzahlung der geleisteten Anzahlung vertragswidrig unterläßt.
• **Zahlungs-garantie**	**Exporteur/ Kreditgeber**	... des Risikos, daß der **Schuldner** (Importeur) seine Verpflichtung zur **Zahlung nicht** bzw. nicht rechtzeitig **erfüllt.**
• **Kreditsiche-rungsgarantie**	**Kreditgeber/ Bank**	... der Risiken, die dem Kreditgeber (einer Bank) aus dem **Kreditverhältnis** mit einem Schuldner erwachsen.
• **Konnosse-mentsgarantie**	**Reederei**	... von Schäden/Nachteilen usw., die der Reederei durch die **Aushändigung der Waren ohne** Vorlage des **Konnossements** oder durch die Ausstellung eines **Ersatzkonnossements** entstehen können.
• **Zollgarantie**	**ausländische Zollbehörde**	... des Risikos, daß der Zollbehörde **Einfuhrzölle** entgehen, weil die **Wiederausfuhr** (vorübergehend) eingeführter Waren **unterbleibt.**
• **Prozeß-garantie**	**ausländisches Gericht/u.U. ausländische gegnerische Partei**	... des Risikos, daß die inländische Partei –bei entsprechender Gerichtsentscheidung– für die auferlegten **Prozeßkosten nicht aufkommt** bzw. auferlegte Zahlungen an die gegnerische Partei nicht leistet.

Abbildung 8.1-01

- Im Rahmen einer abgeschlossenen **Kautionsversicherung** beauftragt beispielsweise ein deutsche Exporteur (als Auftraggeber des Avals) ein Kreditversicherungsunternehmen, ein Aval zugunsten eines ausländischen Geschäftspartners zu übernehmen.
- Ebenso wie bei den Avalen der Banken bleibt jedoch der **Auftraggeber** auch bei Avalen, die von Kreditversicherungsgesellschaften übernommen werden, im Fall der Inanspruchnahme des Avals durch den Avalbegünstigten dem **Rückgriff** der garantierenden Versicherungsgesellschaft ausgesetzt.

Eine **Versicherung** im herkömmlichen Sinne **liegt** also bei der sog. Kautionsversicherung **nicht vor.** Vielmehr ist die Kautionsversicherung der Kreditversicherungsunternehmen – zumindest was den Rückgriff auf den Auftraggeber des Avals anlangt – ebenso strukturiert wie der Avalkredit der Geschäftsbanken.

Sprachgebrauch

Trotz des Avalangebots der Kreditversicherungsunternehmen wird aus Gründen der traditionellen Bezeichnung sowie wegen der sprachlichen Eindeutigkeit im Folgenden nur noch der **Ausdruck „Bankgarantie“** verwendet. Ebenso sind in die folgenden Anwendungsbeispiele nur noch die Banken als Garantieträger einbezogen. Die dargelegten Erkenntnisse sind jedoch im Wesentlichen **auf die Garantien der Kreditversicherungsunternehmen übertragbar**.

Dies gilt auch für indirekte Garantien, weil auch die Kreditversicherungsunternehmen in der Lage sind, über ihre Korrespondenten im Ausland (Bürgengesellschaften, Surety Companies, Banken) alle möglichen Formen von Avalen zu stellen.

8.1.4 Direkte und indirekte Bankgarantien

Direkte Bankgarantien

Sofern die vom Garantieauftraggeber **beauftragte Bank** die Garantieerklärung **selbst/direkt** gegenüber dem Begünstigten abgibt, bezeichnet man diesen Vorgang bzw. die Garantieerklärung (das Garantiedokument, die Garantieurkunde) als **direkte** Bankgarantie.

Direkte Bankgarantien weisen – auf ein Exportgeschäft bezogen – im Allgemeinen folgende Abwicklung auf:

- Bereits im **Kaufvertrag** zwischen Exporteur und Importeur ist die Vereinbarung (als sog. Garantieklausel) zu treffen, dass der Exporteur zugunsten des Importeurs eine **direkte** unwiderrufliche **Bankgarantie** stellen zu lassen hat. Damit ist dem Importeur die Möglichkeit genommen, nachträglich eine – für ihn günstigere – indirekte Bankgarantie zu verlangen.

- Der Exporteur stellt bei seiner Hausbank einen Antrag auf direkte Übernahme der Garantie. Die Hausbank des Exporteurs prüft dessen Kreditwürdigkeit und räumt ihm einen entsprechenden **Avalkredit(-rahmen)** ein. Die Bank fertigt auf dieser Grundlage das Garantiedokument (die Garantieerklärung, die Garantieurkunde) zugunsten des Importeurs aus.
- Das **Garantiedokument** kann dem Exporteur zur Verfügung gestellt werden, der es an den Importeur weiterleitet. Meistens wird das Garantiedokument jedoch von der Garantiebank dem Garantiebegünstigten unmittelbar zugestellt. In diese „unmittelbare" Abwicklung kann auch eine Bank im Land des Garantiebegünstigten (die sog. Avisbank) eingeschaltet werden, die jedoch keine eigene Garantieerklärung gegenüber dem Begünstigten abgibt, sondern lediglich als Weiterleitungsstelle fungiert. Die Avisbank prüft allenfalls mit angemessener Sorgfalt die Echtheit der Unterschriften der Garantiebank.

In aller Regel behält sich die Garantiebank (Exporteurbank) das **Rückgriffsrecht** auf den Garantieauftraggeber (Exporteur) vor, für den Fall, dass sie selbst vom Garantienehmer in Anspruch genommen wird.

Die Bank verbucht diese Garantieübernahme auf dem **Avalkreditkonto** des Exporteurs als sog. Eventualrisiko.

Indirekte Bankgarantien

Sofern die vom Garantieauftraggeber beauftragte Bank die Garantieerklärung nicht selbst/ nicht direkt gegenüber dem Begünstigten abgibt, sondern damit eine **andere Bank** (eine Bank, die im Allgemeinen ihren Sitz im Land des Begünstigten hat) **beauftragt**, dann wird dieser Vorgang als **indirekte** Garantie(-stellung) bezeichnet.

Eine indirekte Garantie(-stellung) weist – auf ein Exportgeschäft bezogen – im Allgemeinen folgende **Abwicklung** auf:

- Im **Kaufvertrag** zwischen Exporteur und Importeur ist die ausdrückliche Vereinbarung zu treffen, dass der Exporteur zugunsten des Importeurs eine indirekte unwiderrufliche Bankgarantie stellen zu lassen hat, und zwar im Allgemeinen von einer Bank im Land des Importeurs (oder ausnahmsweise von einer Bank in einem Drittland), nicht jedoch von der Bank des Exporteurs.
- Der Exporteur stellt bei seiner **Hausbank** (kurz: Exporteurbank) einen **Antrag** auf die indirekte Übernahme einer Garantie, d.h. er beauftragt seine Bank, die Garantie durch eine (eventuell ausdrücklich benannte) ausländische Bank zugunsten des Importeurs stellen zu lassen.
- Die Hausbank des Exporteurs prüft dessen Kreditwürdigkeit und räumt ihm – wie bei direkten Garantien – einen entsprechenden Avalkredit (-rahmen) ein.

  Auch bei indirekten Garantien behält sich die Exporteurbank das **Rückgriffsrecht** (den Regress) auf den Garantieauftraggeber (Exporteur) für den Fall vor, dass sie selbst von der ausländischen Garantiebank in Anspruch genommen wird.

- Die Exporteurbank erteilt der **ausländischen Bank** den Auftrag zur Übernahme der Garantie zu Gunsten des Importeurs. Dabei stützt sich die Exporteurbank auf die unter Korrespondenzbanken üblicherweise eingeräumten Kreditfazilitäten. Die beauftragte ausländische Bank hat zu prüfen, inwieweit die Kreditfazilitäten bzw. die Kreditwürdigkeit der Exporteurbank ausreichen, um den Garantieauftrag auszuführen.
- Entspricht die ausländische Bank dem Garantieübernahmeauftrag, dann erwirbt sie – im Erfüllungs-/Zahlungsfall der übernommenen Garantie – einen **Remboursierungsanspruch** an die beauftragende Exporteurbank, d.h. sie kann in diesem Fall auf die Exporteurbank Rückgriff nehmen. Die beauftragte ausländische Bank verlangt von der beauftragenden Exporteurbank eventuell eine sog. **Gegengarantie** (Rückgarantie), die Vereinbarungen enthält, die dem Sicherungsinteresse der beauftragten ausländischen Bank entsprechen.
- Die garantierende ausländische Bank übernimmt die Garantie gegenüber dem Garantienehmer (Importeur), indem sie ihm die **Garantieurkunde** (das Garantiedokument) **zustellt**.

„Bestätigte" Bankgarantie

An der Stelle der beschriebenen Abwicklung einer indirekten Bankgarantie kommt es in der Praxis auch vor, dass die **ausländische Bank** eine (direkte) Garantie der Exporteurbank in deren Auftrag **„gegenzeichnet"** und insoweit die **Mithaftung** gegenüber dem Garantiebegünstigten (dem Garantienehmer, dem Importeur) übernimmt. In Analogie zur Bestätigung von Dokumentenakkreditiven wird diese Abwicklung auch als „Bestätigung" der Garantie der Exporteurbank durch die ausländische Bank bezeichnet.

Vorkommen

Indirekte Bankgarantien **kommen** insbesondere vor, wenn

- die **Devisen- und Inkassovorschriften** des Landes des Garantiebegünstigten diese Garantieart vorschreiben oder die indirekte Garantie im Land des Garantiebegünstigten (branchen-)üblich ist;
- der Garantiebegünstigte **Unwägbarkeiten** auszuschließen wünscht, wie sie aus dem u.U. anzuwendenden **fremden Landesrecht** oder aus dem **Garantendelkredererisiko** einer ihm unbekannten ausländischen Garantiebank resultieren können.

8.2 Garantiearten

8.2.1 Bietungsgarantie (Offertgarantie, Angebotsgarantie)

Andere Bezeichnungen

In Praxis und Literatur finden sich für **Bietungsgarantien** weitere Bezeichnungen, wobei allerdings anzumerken ist, dass manchmal weniger die Bezeichnung als vielmehr erst der Garantietext Aufschluss über die Art einer Garantie gibt:

- **Offertgarantie, Angebotsgarantie,**
- **Bid Bond, Tender Guarantee, Tender Bond,**
- **Garantie de soumission.**

Garantiezweck

Bietungsgarantien kommen insbesondere bei **öffentlichen Ausschreibungen** vor: Die ausschreibende Stelle verlangt von den Anbietern, dass das Angebot von der Bietungsgarantie einer Bank begleitet sein muss.

Mit der Bietungsgarantie sichert sich die ausschreibende Stelle – je nach Formulierung des Garantietextes – insbesondere vor den finanziellen Folgen des Risikos ab, dass

- sich der Anbieter aus seinem **Angebot** vorzeitig **zurückzieht** oder dieses **abändert**;
- der Anbieter – bei Erteilung des Zuschlagsdie **Übernahme des Auftrags ablehnt**;
- der Anbieter sich nach Annahme des Auftrags **weigert** oder nicht in der Lage ist, eine geforderte/vereinbarte Liefergarantie, Leistungsgarantie oder **Vertragserfüllungsgarantie** stellen zu lassen.

Die Absicherung durch eine Bietungsgarantie ist nahe liegend, weil die Folgen der beschriebenen Risiken für die ausschreibende Stelle erheblich sein können: Kosten und Zeitverluste für die erforderliche Neuausschreibung, Verzögerungen bei der Realisierung des Ausschreibungsobjektes, Preissteigerungen usw.

Garantiebetrag

Der Betrag einer Bietungsgarantie beläuft sich im Allgemeinen auf **1-5% des Angebotsbetrags**, manchmal aber auch auf einen deutlich höheren Prozentsatz.

Teilweise wird in Ausschreibungen statt eines Prozentsatzes des jeweiligen Angebotsbetrags ein absoluter Betrag, über den die Bietungsgarantie zu lauten hat, vorgeschrieben.

Garantiegültigkeit

Entsprechend dem kurzen Zeitraum bis zur Entscheidung der ausschreibenden Stelle über den Zuschlag, haben die Bietungsgarantien eine **kurze Laufzeit**, die sich im Allgemeinen zwischen 3 und 6 Monaten bewegt.

Die Bietungsgarantie **erlischt** – je nach Formulierung des Garantietextes bzw. des Kontrakts sowie des anzuwendenden Rechts – :

- im Falle des Zuschlags im Zeitpunkt des **Abschlusses des Kontrakts** oder im Zeitpunkt der **Stellung** einer anschließenden **Liefergarantie/Erfüllungsgarantie** durch den Exporteur (siehe unten „Besonderheiten");
- durch **Rückgabe des Garantiedokuments** an den Anbieter;
- im **festgelegten Zeitpunkt des Verfalls** der Garantie.

Abbildung

Abbildung 8.2-01 zeigt den Mustertext einer **Bietungsgarantie** der Vereins- und Westbank AG Hamburg in deutscher und in englischer Sprache;

8.2.2 Lieferungsgarantie (Liefergarantie)

Andere Bezeichnungen

In Praxis und Literatur finden sich für **Lieferungsgarantien** weitere Bezeichnungen, wobei anzumerken ist, dass häufig nicht die Bezeichnung als vielmehr erst der Garantietext Aufschluss über die Art einer Garantie gibt.

Grundsätzlich bzw. im Wesentlichen gleich bedeutende Bezeichnungen für **Lieferungsgarantien** sind:

- **Liefergarantie,**
- **Delivery Guarantee,**
- **Garantie de livraison,**
- (**Performance Guarantee**, Anmerkungen siehe unten).

Garantiezweck

Eine Lieferungsgarantie wird vom Käufer in den Fällen verlangt, in denen er sich gegen Schäden und Nachteile aus abgeschlossenen Lieferverträgen absichern will, (insbesondere) wenn die **Ware verspätet geliefert** wird.

Sofern es sich statt einer Warenlieferung um zu erbringende Leistungen (Bau- bzw. Montageleistungen) handelt, spricht man von einer **Leistungsgarantie** (Dresdner Bank AG 1990: S. 29).

Abgrenzung zur Vertragserfüllungsgarantie

Die vertragsgerechte Lieferung bzw. Leistung ist ebenfalls Absicherungsgegenstand der **umfassenderen Vertragserfüllungsgarantie**. Neben den auf die (verspätete) Lieferung bezogenen Risiken, beziehen sich Vertragserfüllungs-

Bietungsgarantie

Wir hörten von unserer Kundin, der Firma ....*(Name des Auftraggebers)*, daß sie an der Ausschreibung Nr. ....*(Ausschreibungsnummer und/oder Datum)* teilnimmt, und zwar für das Projekt/die Lieferung von ....*(Projekt-/Warenbezeichnung)*. Entsprechend den Ausschreibungsbedingungen ist eine Bietungsgarantie in Höhe von ....*(Garantiebetrag in Ziffern)*, das entspricht ....% des Angebotswertes, zu stellen.

Auftrags Firma ....*(Name des Auftraggebers)*, übernehmen wir hiermit zu Ihren Gunsten die unwiderrufliche Bietungsgarantie in Höhe von

.........*(Garantiebetrag in Ziffern)*

(.........(Garantiebetrag in Worten)).

Wir werden unter unserer Garantie Zahlung leisten auf Ihre erste schriftliche Anforderung – uns zu übermitteln über eine internationale Bank zwecks Verifizierung Ihrer Unterschriften –, in der Sie uns bestätigen, daß das oben genannte Angebot ganz oder teilweise angenommen wurde, die Firma ....*(Name des Auftraggebers)*, den Vertrag jedoch nicht fristgemäß unterzeichnet hat

(und/oder: versäumt hat, für die fristgemäße Erstellung der Vertragserfüllungsgarantie Sorge zu tragen.)

Diese Garantie erlischt, unabhängig von der Rückgabe dieser Urkunde, am ....*(Kalenderdatum)*, es sei denn, daß Sie uns vor Ablauf dieses Tages, schriftlich bei uns in Hamburg eintreffend, nach Maßgabe der vorstehend aufgeführten Bedingungen aus ihr in Anspruch genommen haben.

Diese Garantie unterliegt dem Recht der Bundesrepublik Deutschland.

Tender Guarantee

We have been advised by our customers ....*(name of customer)*, that they participate in your tender ....*(tender No. and date, closing date)* regarding ....*(description of goods)* as per their ....*(proforma invoice/offer No. and date, total value)*. The terms of your tender provide that a tender guarantee be issued for ....*(percentage)* of the price quoted.

By order of ....*(name of customer)*, we hereby issue the irrevocable tender guarantee in your favour for

.........*(guarantee amount in figures)*

(.........(guarantee amount in words)).

We shall effect payment under our guarantee on your first written demand – to be forwarded to us through an international bank for verification of your signatures – confirming to us that ....*(name of customer)*,

1. has withdrawn its bid during the period of bid validity specified by you

or

2. after having been notified by you of your acceptance of its bid during the period of bid validity has:

   (a) failed or refused to execute the contract form, if required

   or

   (b) failed or refused to furnish the performance security in accordance with your instructions.

This guarantee will expire on ....*(calendardate)*, even if this document is not returned, unless your written claim under this guarantee in accordance with the above-mentioned conditions has reached us in Hamburg by the end of that day.

This guarantee is governed by the law of the Federal Republic of Germany.

Abbildung 8.2-01

Quelle: Vereins- und Westbank AG o.J.: S. 32

garantien darüber hinaus auch auf weitere grundgeschäftliche Leistungen, häufig einschließlich der damit verbundenen (längerfristigen) Gewährleistungen. In vielen Fällen verlangt der Käufer deswegen an der Stelle einer Liefergarantie, die Stellung einer umfassenderen Vertragserfüllungsgarantie; siehe folgenden Abschnitt.

Anmerkungen zur Bezeichnung „Performance Guarantee"

Die Bezeichnungen **„Performance Guarantee"** und **„Performance Bond"** werden im englischen Sprachgebrauch sowohl für Liefergarantien als auch für Vertragserfüllungsgarantien und Gewährleistungsgarantien verwendet. Von den Banken wird deswegen empfohlen, bei der Formulierung des Textes einer Liefergarantie streng darauf zu achten, dass sich diese Garantie tatsächlich nur auf die finanzielle Absicherung gegen Nachteile im Zusammenhang mit der vertraglich vereinbarten (termingerechten) **Lieferung** und nicht auf die darüber hinausreichenden eventuellen Gewährleistungspflichten bezieht (vgl. Deutsche Bank AG 1990: S. 21).

Garantiebetrag

Lieferungsgarantien lauten meist auf **10% bis 20% des Vertragswertes** (vgl. Dresdner Bank AG 1990: S. 29).

Laufzeit

Die Dresdner Bank führt zur Laufzeit von Lieferungs-/Leistungsgarantien u.a. aus: „Die Laufzeit sollte mit der **Beendigung der Lieferungen/Leistungen** enden, jedoch sehen die Begünstigten eine solche Garantie oft als Vertragserfüllungsgarantie an und halten sie entsprechend lange zurück. Dem könnte dadurch begegnet werden, dass man in den Text beispielsweise eine Klausel aufnimmt, die besagt, dass der Lieferant die Möglichkeit hat, die Inanspruchnahme der Garantie durch Vorlage eines vom Besteller unterzeichneten Abnahme-Zertifikats abzuwenden (vgl. Dresdner Bank AG 1990: S. 29).

Vorleistungen

Das Inkrafttreten bzw. die Inanspruchnahme einer Lieferungsgarantie kann durch entsprechende Gestaltung des Garantietextes von Vorleistungen des garantiebegünstigten Importeurs – entsprechend der im Einzelfall zutreffenden Vereinbarungen – abhängig gemacht werden. Beispiele:

- Der **Importeur** (die ausschreibende Stelle) hat eine eventuell erteilte **Bietungsgarantie zurückzugeben**.
- Der **Importeur** hat als Vorleistung ein **Dokumentenakkreditiv** zu Gunsten des Exporteurs eröffnen zu lassen.

Umgekehrt kann dem **Exporteur** die Stellung einer Performance Guarantee als Vorleistungspflicht auferlegt sein, bevor ein Akkreditiv zu seinen Gunsten in Kraft tritt.

Teillieferungen

Sind im Kaufvertrag Teillieferungen vorgesehen, dann liegt eine **Reduzierung der Garantiesumme** entsprechend der vorgenommenen Teillieferungen, d.h. die Aufnahme einer sog. Reduzierungsklausel in die Bankgarantie im Allgemeinen im Interesse des Exporteurs. Bankseitig wird darauf hingewiesen, dass es des Weiteren im Sicherungsinteresse des Exporteurs liegt, die Reduzierungsklausel sowie die vom Exporteur beizubringenden Nachweise (Dokumente) über die Teillieferungen in der Bankgarantie so eindeutig zu formulieren, dass die Bankgarantie ohne Zustimmung des Garantiebegünstigten (des Importeurs) reduziert werden kann.

8.2.3 Vertragserfüllungsgarantie (Erfüllungsgarantie)

Andere Bezeichnungen

Für **Vertragserfüllungsgarantien** finden sich in Literatur und Praxis weitere Bezeichnungen, wobei allerdings die Abgrenzung zu anderen Garantiearten nicht immer eindeutig ist:

- **Erfüllungsgarantie,**
- **Performance Bond, Performance Guarantee,**
- **Garantie de bonne exécution.**

Abgrenzungen bzw. Überschneidungen mit anderen Garantiearten

Grundsätzlich ist zu beachten, dass nicht immer die Bezeichnung, sondern erst der Garantietext Aufschluss über die Art einer Garantie gibt.

Insbesondere sind (reine) **Gewährleistungsgarantien** manchmal ebenfalls mit „Performance Bond" bzw. mit „Garantie de bonne exécution" überschrieben, obwohl damit lediglich Gewährleistungsansprüche im engeren Sinne abgesichert sind und nicht die allumfassende Vertragserfüllung (siehe auch Kapitel „8.2.4 Gewährleistungsgarantie", Abschnitt „Fremdsprachliche Bezeichnungen").

Ebenso findet sich für **Lieferungsgarantien**, die lediglich absichern, dass der Verkäufer seinen Lieferverpflichtungen nicht fristgerecht nachgekommen ist, die Bezeichnung „Performance Guarantee" o.Ä. (siehe auch Kapitel „8.2.2 Liefergarantie").

Garantiezweck

Mit einer Vertragserfüllungsgarantie sichert sich der Importeur vor finanziellen Folgen von **Risiken** ab, die im Zusammenhang mit der vom Exporteur geschuldeten **Lieferung, Leistung** und häufig auch der **Gewährleistung** stehen.

Die Vertragserfüllungsgarantie ist eine **umfassende Garantie**, die bei voller Ausgestaltung die (Teil-)Garantien

- **Liefergarantie**, insbesondere bezüglich der fristgerechten Lieferung der Güter,
- **Leistungsgarantie**, insbesondere bezüglich der Mängelfreiheit bzw. des Funktionierens der gelieferten (Investitions-)Güter,
- **Gewährleistungsgarantie**, bezüglich der Gewährleistungsansprüche des Käufers während einer eventuell vereinbarten Gewährleistungsphase,

einschließt.

Insoweit kann der Ausdruck „Vertragserfüllungsgarantie" als zusammenfassender **Oberbegriff** für die genannten Garantiearten angesehen werden.

Garantiegültigkeit

Über die (reine) Lieferung der Waren hinaus sichert die Vertragserfüllungsgarantie – je nach Formulierung des Garantietextes – den garantiebegünstigten Importeur auch vor Leistungs- und Gewährleistungsrisiken. Solche Risiken können beispielsweise bei Maschinen oder Anlagen im nicht vertragsgemäßen Funktionieren liegen. Die **Laufzeit** von Vertragserfüllungsgarantien erstreckt sich deswegen bei Investitionsgüterexporten zumindest bis zur **Abnahmeinspektion** von Maschinen bzw. im Anlagenbau bis zur **Inbetriebnahme** eines Werks.

Sind darüber hinaus im Grundgeschäft **Gewährleistungen** des Lieferanten über einen bestimmten Zeitraum vereinbart, dann erstreckt sich die Vertragserfüllungsgarantie in der Regel auch auf diese Phase und umfasst dann eine Laufzeit von mehreren Jahren, es sei denn, es wird jeweils eine gesonderte Leistungsgarantie und eine gesonderte

Gewährleistungsgarantie erstellt.

Garantiebetrag

Weil der garantiebegünstigte Importeur mit einer Vertragserfüllungsgarantie ein breites Risikospektrum abzudecken wünscht, beläuft sich der Garantiebetrag bei dieser Garantieart häufig auf **10% des Vertragswertes** und darüber. Indessen hängt es vom Einzelfall ab (z.B. von der Art der exportierten Güter, von der Wahrscheinlichkeit des Mängeleintritts, vom finanziellen Aufwand erforderlicher Mängelbeseitigungen usw.), welcher Garantiebetrag angemessen erscheint.

Vorleistungen / Reduzierungsklausel

Ebenso wie bei einer Liefergarantie kann auch bei der Vertragserfüllungsgarantie durch eine entsprechende Gestaltung des Garantietextes das Inkrafttreten bzw. die Inanspruchnahme der Garantie von Vorleistungen der Beteiligten abhängig gemacht werden. So kann beispielsweise einem garantiebegünstigten Importeur als Vorleistungspflicht die **Rückgabe** einer eventuell erstellten **Bietungsgarantie** oder die **Eröffnung eines Dokumentenakkreditivs** zugunsten des Exporteurs auferlegt sein (siehe auch Abschnitt „8.2.2 Liefergarantie").

Zur Aufnahme einer sog. **Reduzierungsklausel** in den Garantietext bei Teillieferungen siehe ebenfalls Abschnitt „8.2.2 Liefergarantie".

Abbildung

Abbildung 8.2-02 zeigt den Mustertext einer **Vertragserfüllungsgarantie** der Vereins- und Westbank AG Hamburg in deutscher und englischer Sprache;

8.2.4 Gewährleistungsgarantie

Fremdsprachliche Bezeichnungen

Die **Gewährleistungsgarantie** wird

- in der englischen Sprache häufig als **Guarantee for Warranty Obligations**,
- manchmal auch einfach als **Guarantee** (mit dieser Bezeichnung als Gewährleistungsgarantie nur in Verbindung mit dem Garantietext zu identifizieren),
- in der französischen Sprache als **Garantie de bonne fin**

bezeichnet, wobei für alle Bezeichnungen ausdrücklich zu betonen ist, dass häufig nicht die Bezeichnung als vielmehr erst der Garantietext Aufschluss über die Art der Garantie gibt.

Abgrenzungen bzw. Überschneidungen

Auch Gewährleistungsgarantien sind manchmal mit dem umfassenden Begriff **„Performance Guarantee"** überschrieben, obwohl der Garantietext ausweist: *„... securing the contractual warranty obligations ..."*.

Analoges gilt für den Begriff **„Garantie de bonne exécution"** unter dem auf Grundlage des Garantietextes ebenfalls zu klären ist, ob eine umfassende Vertragserfüllungsgarantie oder lediglich eine Gewährleistungsgarantie im engeren Sinne vorliegt, d.h. eine Garantie, die lediglich die Gewährleistungsansprüche des Käufers sichert.

Manchmal zeigt sogar ein **deutscher Garantietext**, dass mit der deutschen Bezeichnung „Gewährleistungsgarantie" eine umfassende „Vertragserfüllungsgarantie" gemeint ist und nicht nur eine Gewährleistungsgarantie im engeren Sinne.

Garantiezweck für den Importeur

Mit der Gewährleistungsgarantie sichert der Importeur seine **Gewährleistungsansprüche** an den Exporteur ab, wie sie insbesondere durch **Mängel an den gelieferten Waren** bzw. an der gebauten Anlage entstehen.

Die Absicherung der Gewährleistungsansprüche des Käufers kann auch – wie oben dargestellt – in eine **Vertragserfüllungsgarantie** einbezogen sein.

Vertragserfüllungs-garantie

Wir hörten von unserer Kundin, der Firma ....*(Name des Auftraggebers)*, daß sie von Ihnen den Auftrag ....*(Auftrags/Vertragsnummer und/oder Datum)* zur Lieferung von ....*(Warenbezeichnung)* im Gesamtwert von ....*(Gesamtbetrag des Auftrages/Vertrages)* erhalten hat. Die Kontraktbedingungen sehen die Erstellung einer Vertragserfüllungsgarantie in Höhe von ....*(Betrag der Garantie)* vor.

Auftrags Firma ....*(Name des Auftraggebers)* übernehmen wir hiermit zu Ihren Gunsten die unwiderrufliche Vertragserfüllungsgarantie in Höhe von

.........*(Betrag der Garantie)*

(.........*(Garantiebetrag in Worten)*).

Wir werden unter unserer Vertragserfüllungsgarantie Zahlung leisten auf Ihre erste schriftliche Anforderung – uns zu übermitteln über eine internationale Bank zwecks Verifizierung Ihrer Unterschriften –, in der Sie uns bestätigen, daß die Firma ....*(Name des Auftraggebers)* ihren vertraglichen Verpflichtungen nicht nachgekommen ist.

Diese Garantie erlischt, unabhängig von der Rückgabe dieser Urkunde, am ....*(Kalenderdatum)*, es sei denn, daß Sie uns vor Ablauf dieses Tages, schriftlich bei uns in Hamburg eintreffend, nach Maßgabe der vorstehend aufgeführten Bedingungen aus ihr in Anspruch genommen haben.

Diese Garantie unterliegt dem Recht der Bundesrepublik Deutschland.

Performance Guarantee

We have been advised by our customers ....*(name of customer)*, that according to ....*(order/contract No. and date)* they are supplying you with ....*(description of goods)* at a total value of ....*(total value of the contract)*. The terms of the contract provide the issuance of a guarantee for ....*(guarantee amount)*.

By order of ....*(name of customer)*, we hereby issue the irrevocable guarantee in your favour for

.........*(guarantee amount)*

(.........*(guarantee amount in words)*).

We shall effect payment under our guarantee on your first written demand – to be forwarded to us through an international bank for verification of your signatures – confirming to us that ....*(name of customer)*, have not fulfilled their contractual obligations.

This guarantee will expire on ....*(calendar-date)*, even if this document is not returned, unless your written claim under this guarantee in accordance with the above-mentioned conditions has reached us in Hamburg by the end of that day.

This guarantee is governed by the law of the Federal Republic of Germany.

Abbildung 8.2-02

Quelle: Vereins- und Westbank AG o.J.: S. 34

Garantiezweck für den Exporteur

Aus Sicht des Exporteurs kann die Gewährleistungsgarantie den folgenden Zweck erfüllen:

Dem Importeur steht in manchen Fällen laut Kaufvertrag das Recht zu, für die Dauer der Gewährleistungsphase einen **Teilbetrag** von beispielsweise 5% oder 10% des Vertragswertes bzw. des Rechnungsbetrags zu seiner Sicherheit **einzubehalten.**

Die für den Exporteur mit diesem Einbehalt verbundenen Liquiditäts- und Zinsnachteile sind offenkundig. Je nach Lage des Einzelfalls kann diese **Einbehaltung** durch die Stellung einer Gewährleistungsgarantie zugunsten des Importeurs **ersetzt** und auf dieser Grundlage die volle Auszahlung des Rechnungsbetrags an den Exporteur erreicht werden.

In der Praxis ist in diesem Zusammenhang manchmal von einer **Haftrücklassgarantie** die Rede.

Garantiegültikeit/-betrag

Vereinbarungen über die Gewährleistung laut Kaufvertrag: Zu beobachten sind Laufzeiten von **mehreren Jahren** und Beträge, die sich zwischen **5 und 10% des Rechnungsbetrags** bewegen.

Abbildung

Abbildung 8.2-03 zeigt den Mustertext einer **Gewährleistungsgarantie** des Schweizerischen Bankvereins (heute UBS) in **englischer Sprache.**

8.2.5 Anzahlungsgarantie bzw. Vorauszahlungsgarantie

Bezeichnungen

Die **Anzahlungsgarantie** wird

- in der englischen Sprache als **Advance Payment Guarantee,**
- in der französischen Sprache als **Garantie de remboursement (restitution) d'acompte(s)**

bezeichnet.

Es ist jedoch zu beachten, dass nicht immer die Bezeichnung, sondern erst der Garantietext Aufschluss über die Art der Garantie gibt.

„Anzahlungsgarantie" als Oberbegriff

Aus Vereinfachungsgründen ist im folgenden nur noch von Anzahlung bzw. Anzahlungsgarantie die Rede, zumal sich in der Praxis der Ausdruck „Anzahlungsgarantie" als Oberbegriff für alle abzusichernden **Anzahlungen, Abschlagszahlungen** und **Vorauszahlungen** eingebürgert hat.

Schweizerischer Bankverein
Société de Banque Suisse
Società di Banca Svizzera
Swiss Bank Corporation

...
(beneficiary = buyer)

<u>Guarantee for Warranty Obligations No. ......</u>

We have been informed that you have concluded on ... a contract No. ... with Messrs. ... (supplier) for the supply of ... at a total price of ... . According to this contract, Messrs. ... (supplier) are required to provide you with a guarantee for warranty obligations in the amount of ... (... % of the total price).

This being stated, we, **Swiss Bank Corporation**, ... (address), irrespective of the validity and the legal effects of the above-mentioned contract and waiving all rights of objection and defense arising from the principal debt, hereby irrevocably untertake to pay immediately to you, upon your first demand, any amount up to

<u>(currency / maximum amount)</u> (in full letters: ...)

upon receipt of your written request for payment and your written confirmation stating that Messrs. ... (supplier) have not fulfilled their warranty obligations in conformity with the terms of the above-mentioned contract.

For the purpose of identification, your request for payment and your confirmation have to be presented through the intermediary of a first rate bank confirming that the signatures are legally binding upon your firm. If, in this respect, such bank will make use of tested telex, SWIFT or tested cable, it will have to transmit in any case the full wording of your request for payment and of your above-mentioned written confirmation and to confirm at the same time that the originals of these documents, legally binding upon your firm, have been forwarded to us.

Our guarantee is valid until

...

and expires in full and automatically, irrespective of whether the present document is returned to us or not, should your written request for payment and your above-mentioned written confirmation or the above-described tested telex, SWIFT or tested cable sent by the bank not be in our possession by that date at our counters in ... .

With each payment under this guarantee our obligation will be reduced pro rata.

...
(Place, date)

SWISS BANK CORPORATION

Abbildung 8.2-03

Quelle: Schweizerischer Bankverein (UBS) 1995: S. 38

Garantiezweck

Bei **Investitionsgüterexporten** (insbesondere beim Export von Spezialmaschinen, die nach den Plänen der Besteller gefertigt werden) bzw. im **Anlagenbau** finden sich häufig Zahlungsbedingungen, die eine **Anzahlung** [seltener eine (volle) Vorauszahlung] des Importeurs zugunsten des Exporteurs vorsehen. Eine solche Anzahlung trägt insoweit den Charakter einer risikobehafteten **Vorauszahlung** als der Importeur über einen (Waren-)Gegenwert im Zeitpunkt der Zahlung noch nicht verfügt: Der Exporteur kann beispielsweise vor Lieferung der Güter zahlungsunfähig werden, sich vom Vertrag lossagen u.a.m. Der Importeur ist deswegen zu einer Anzahlung/Vorauszahlung meistens nur bereit, wenn er zu seiner Sicherheit eine Anzahlungsgarantie/Vorauszahlungsgarantie der Bank des Exporteurs erhält.

Die Anzahlungsgarantie/Vorauszahlungsgarantie sichert dem garantiebegünstigten Besteller (dem an-/vorauszahlenden Importeur) die **Rückzahlung der geleisteten Anzahlung/Vorauszahlung** für den Fall zu, dass der Exporteur (der Anzahlungsempfänger/Vorauszahlungsempfänger) seinen vertraglichen Pflichten nicht nachgekommen ist.

Garantiebetrag/Auszahlung

Der Garantiebetrag richtet sich nach der **Höhe der Anzahlung**.

Die Auszahlung des Anzahlungsbetrags an den Exporteur sowie die Vorlage der Garantieurkunde können **in ein Akkreditiv**, das zu Gunsten des Exporteurs eröffnet wird, **einbezogen** sein: Der akkreditivbegünstigte Exporteur erhält nur gegen Vorlage der Anzahlungsgarantie seiner Bank einen im Akkreditivtext festgelegten (Teil-)Betrag ausbezahlt, der der vereinbarten Anzahlung entspricht.

Reduzierungsklausel

Die Banken empfehlen den Exporteuren in den Garantietext eine Klausel aufzunehmen, wonach sich der Betrag der **Anzahlungsgarantie entsprechend** dem Wert geleisteter **Lieferungen** absolut oder prozentual **reduziert** bzw. die Garantie erlischt.

Als Nachweis geleisteter Lieferungen kommen die **(Versand-)Dokumente** in Frage, die im Garantietext exakt bezeichnet sein müssen. Möglich ist auch, diesen Nachweis an diejenigen Dokumente zu koppeln, die im Rahmen eines eventuell zugunsten des Exporteurs eröffneten Akkreditivs bei der Garantiebank einzureichen sind.

Garantiegültigkeit

Der zur Anzahlung verpflichtete Importeur ist zur Leistung der Anzahlung im Allgemeinen nur bereit und verpflichtet, wenn er die Anzahlungsgarantie der Bank in Händen hält. Um der Gefahr zu begegnen, dass ein Importeur Ansprüche aus einer Anzahlungsgarantie geltend macht, ohne die Anzahlung überhaupt geleistet zu haben, empfiehlt es sich, in die Anzahlungsgarantie eine Klausel aufzunehmen, wonach diese erst im **Zeitpunkt des vor-**

behaltlosen Eingangs der Anzahlung beim Exporteur bzw. bei der garantierenden Bank **in Kraft tritt**.

Eine **andere praktikable Lösung** des skizzierten Problems besteht darin, dass der Importeur die Anzahlung nicht direkt an den Exporteur, sondern an die garantierende Bank zu leisten hat. Erst danach erhält der Importeur von dieser Bank die Garantieurkunde zugestellt und der Exporteur im Gegenzug den Anzahlungsbetrag ausbezahlt. Im Übrigen liegt es im Sicherungsinteresse des Importeurs, wenn er dieser Bank ausdrücklich auferlegt, dass sie den Anzahlungsbetrag an den Exporteur erst nach erfolgter Übernahme der Anzahlungsgarantie weiterleiten darf.

Die **Laufzeit** der Anzahlungsgarantie sollte entsprechend der oben beschriebenen Reduzierungsklausel und in Bezug auf die vollzogenen (Teil-)Lieferungen des Exporteurs gestaltet werden. Wie bei jeder Bankgarantie ist darüber hinaus der **Tag des Erlöschens** (der Verfalltag) der Garantie in den Text aufzunehmen.

Abbildung

Abbildung 8.2-04 zeigt den Mustertext einer **Anzahlungsgarantie** (Advance Payment Guarantee) der UBS Schweizerische Bankgesellschaft in **englischer Sprache**.

8.2.6 Zahlungsgarantie (Ausfall-Zahlungsgarantie)

Bezeichnungen

In der Praxis bzw. in der Literatur finden sich für **Zahlungsgarantien** auch die Bezeichnungen

- **Ausfall-Zahlungsgarantie,**
- **Payment Guarantee,**
- **Garantie de paiement.**

Anmerkung: Es ist jedoch – insbesondere auch zur Abgrenzung von der Anzahlungsgarantie – zu beachten, dass manchmal weniger die Bezeichnung als vielmehr der Garantietext Aufschluss über die Art der Garantie gibt.

Garantiezweck

Zahlungsgarantien der Banken kommen wegen der Verschiedenartigkeit der abzusichernden Zahlungsansprüche in unterschiedlichen Ausprägungen bzw. Formulierungen der Garantietexte vor. Mit Zahlungsgarantien werden in der Praxis beispielsweise **Ansprüche auf Zahlung gesichert**, die sich grundgeschäftlich auf Warenlieferungen, Dienstleistungen, manchmal aber auch auf (reine) **Kreditverhältnisse** und ähnliche Geschäftsvorfälle beziehen.

UBS

Union de Banques Suisses
Schweizerische Bankgesellschaft
Unione di Banche Svizzere
Union Bank of Switzerland

Advance Payment Guarantee

Dear Madam, dear Sir,

You concluded a contract No. .... with Messrs ...., on .... for the supply of .... at a price of .... According to the terms of the contract you will make an advance payment of .... to Messrs .... As security for the possible claim for the refund of the advance payment, in the event that the contractual delivery obligations are not fulfilled, an indemnity by a bank shall be furnished.

At the request of Messrs ...., we, the Union Bank of Switzerland, ..., hereby irrevocably undertake to refund to you on your first demand, irrespective of the validity and the effects of the above mentioned contract and waiving all rights of objection and defense arising therefrom, any amount up to

.... (in words ....)

upon receipt of your duly signed request for payment stating that Messrs ...., have failed to fulfill their contractual delivery obligations.

The total amount of this indemnity will be reduced by any payment effected hereunder.

For the purpose of identification, your request for payment in writing has to be presented to us through the intermediary of a first rate bank confirming that the signatures thereon are legally binding upon you.

Your claim is also acceptable if transmitted to us in full by duly encoded telex/cable/swift through a first rate bank confirming that your original claim has been sent to us by registered mail and that the signatures thereon are legally binding upon you.

Your claim will be considered as having been made once we are in possession of your written request for payment or the telex or cable or swift to this effect at our above address.

The amount of this indemnity will automatically be reduced in proportion to the value of each part-shipment upon receipt by us of copies of the commercial invoice and the corresponding shipping document which we shall be entitled to accept as conclusive evidence that such part-shipment has been effected.

Our indemnity is valid until

.... (in words ....)

and expires in full and automatically if your claim has not been made on or before that date, regardless of such date being a banking day or not.

This letter of indemnity enters into force only after receipt of the advance payment by Messrs ....

This undertaking is governed by Swiss law, place of jurisdiction is ....

Yours very truly,
Union Bank of Switzerland

Bahnhofstrasse 45, CH-8021 Zurich
Phone + 41-1 234 11 11
www.ubs.com

Abbildung 8.2-04

Quelle: UBS Schweizerische Bankgesellschaft 1997: S. 95

Gemeinsames Merkmal von Zahlungsgarantien ist die Absicherung des Gläubigers (des Exporteurs) vor dem **Risiko**, dass der Schuldner (der Importeur) seine **Verpflichtung zur Zahlung nicht** bzw. nicht rechtzeitig **erfüllt**.

Absicherung bei Exportfinanzierungen

Zahlungsgarantien der Banken spielen darüber hinaus bei **Forfaitierungen von Buchforderungen** eine Rolle. Werden bei Forfaitierungen über die vom Importeur zu zahlenden Raten keine (Sola-)Wechsel ausgestellt oder ist die Bank des Importeurs nicht bereit oder nicht befugt, ein Wechselaval zu übernehmen, dann kann die Buchforderung durch eine Zahlungsgarantie der Bank des Importeurs oder einer anderen Bank gesichert und damit die Forfaitierung der Buchforderung ermöglicht werden.

In einem ähnlichen Zusammenhang treten Zahlungsgarantien bzw. Kreditsicherungsgarantien der (Importeur-)Banken bei **Bestellerkrediten**, aber auch bei **Lieferantenkrediten** und bei **Liefervertragskrediten** in Erscheinung.

Hinweis: Diese Finanzierungsinstrumente sind in Kapitel 6 dargestellt und beurteilt.

Reine Garantie

Eine **reine Zahlungsgarantie** liegt vor, wenn der Garantiebegünstigte (der Exporteur) allein auf Grundlage

- seiner ersten schriftlichen **Anforderung** des Garantie(teil)betrags bei der Garantiebank sowie
- seiner schriftlichen **Erklärung**, dass der Garantieauftraggeber (der Importeur) seinen vertraglichen Zahlungsverpflichtungen nicht nachgekommen ist,

Zahlung aus der Bankgarantie erlangt.

Dokumentäre Garantie

Die Inanspruchnahme einer **dokumentären Zahlungsgarantie** setzt dagegen **zusätzlich** zur oben beschriebenen Anforderung und Erklärung des Garantiebegünstigten (des Exporteurs) voraus, dass dieser bestimmte, im Garantietext definierte **Dokumente** (die beispielsweise den vollzogenen Versand der Güter an den Importeur beweisen) vorzulegen hat.

Garantiebetrag/-gültigkeit

Zahlungsgarantien können sich nur auf den **geschuldeten Betrag** beziehen oder zusätzlich auch auf eventuelle **Zinszahlungsverpflichtungen** und andere **Nebenleistungen** des Schuldners, wobei Letztere inhaltlich, quantitativ, zeitlich und methodisch (z.B. die Höhe des Zinssatzes, der Zeitpunkt des Beginns der Zinszahlungen, die Zinsberechnungsmethode usw.) im Garantietext genau festgelegt werden sollten.

Die **Laufzeit** von Zahlungsgarantien orientiert sich an den grundgeschäftlichen Erfordernissen und weist deswegen in der Praxis sehr unterschiedliche Zeiträume auf.

Abgrenzungen zum Dokumentenakkreditiv

Zahlungsgarantien der Banken erfüllen ebenso wie Dokumentenakkreditive eine Zahlungssicherungsfunktion für den Garantie- bzw. Akkreditivbegünstigten. Es gilt indessen gewichtige **Unterschiede** zwischen diesen beiden Sicherungsinstrumenten zu beachten:

- **Dokumentenakkreditive** werden eröffnet, damit der Akkreditivbegünstigte Zahlung erlangt, sofern er die Akkreditivbedingungen erfüllt:

  Zweck des Akkreditivs ist somit die Auszahlung an den Begünstigten als Regelfall.

  Die Auszahlungsvoraussetzungen (die Akkreditivbedingungen) hat beim Akkreditiv allein der Begünstigte zu erfüllen.

- **Zahlungsgarantien** werden dagegen lediglich zur Sicherheit des Garantiebegünstigten eröffnet:

  Die Auszahlung des Garantiebetrags ist deswegen nicht Regelfall, sondern Ausnahmefall.

  Die Auszahlungsvoraussetzungen liegen in einem Verstoß des Garantieauftraggebers gegen die grundgeschäftlichen Vereinbarungen (z.B. im Zahlungsverzug des Importeurs) begründet.

Standby Letters of Credit

Standby Letters of Credit sind gemäß Artikel 2 ERA **Akkreditive**: Sie umfassen wie jedes Akkreditiv ein Zahlungsversprechen (Schuldversprechen) der eröffnenden Bank. Ihre Besonderheit ist darin zu erblicken, dass Standby Letters of Credit als **garantieähnliche Instrumente** eingesetzt werden. Mit Standby Letters of Credit können warenbezogene Verpflichtungen (wie z.B. die Erfüllung von Kaufverträgen hinsichtlich der Lieferung, der Bezahlung oder der Gewährleistung) ebenso akkreditivmäßig abgesichert (garantiert) werden wie Verpflichtungen zur Rückzahlung von Krediten.

Einzelheiten zu Standby Letters of Credit als reine **Garantieinstrumente** und als **dokumentäre Garantieinstrumente** siehe Kapitel „4.3 Dokumentenakkreditive ...“.

Sonderform: Wechseleinlösungsgarantie

Als eine Sonderform der Zahlungsgarantie kann die Wechseleinlösungsgarantie angesehen werden: Die garantierende Bank übernimmt **die Verpflichtung, die Wechselsumme zu bezahlen**, sofern der Garantiebegünstigte den Wechselbetrag bei Fälligkeit des Wechsels vom Wechselzahlungspflichtigen (Akzeptant eines gezogenen Wechsels, Aussteller eines Solawechsels) nicht erlangt. Es ist naheliegend, eine Wechseleinlösungsgarantie insoweit **„doku-**

mentär" zu gestalten, als dem Garantiebegünstigten die Vorlage des (protestierten) Wechsels als Voraussetzung für die Inanspruchnahme der Garantie auferlegt wird.

Anmerkung: Sofern eine Bank ihr Aval unmittelbar auf der Wechselurkunde anbringt, liegt eine **Wechselbürgschaft** (ein sog. Wechselaval) und keine Wechseleinlösungsgarantie im oben beschriebenen Sinne vor.

8.2.7 Kreditbesicherungsgarantie (Kreditgarantie)

Charakterisierung / Garantiezwecke

Die Kreditbesicherungsgarantie, zum Teil kurz als Kreditgarantie (Guarantee, Garantie) bezeichnet, sichert den Kreditgeber vor **Risiken**, die **aus einem Kreditverhältnis** resultieren.

Die **grundgeschäftlichen Kreditverhältnisse**, die die Kreditbesicherungsgarantie einer Bank erfordern, können verschiedenartiger Natur sein.

Beispiele:

- Kreditaufnahme eines deutschen Unternehmens bei einer **ausländischen Bank**, abzusichern durch eine Kreditbesicherungsgarantie der deutschen Hausbank des Kreditnehmers zu Gunsten der ausländischen kreditgebenden Bank;
- Kreditaufnahme einer ausländischen **Tochtergesellschaft bei einer ausländischen Bank**, abzusichern durch eine Kreditbesicherungsgarantie der deutschen Hausbank der Muttergesellschaft zu Gunsten der kreditgebenden ausländischen Bank;
- Kreditaufnahme bei einem (ausländischen) **Lieferanten**, die nicht auf einer Warenlieferung, sondern auf einer „reinen" Kreditbeziehung beruht, abzusichern durch eine Kreditbesicherungsgarantie der Bank des Kreditnehmers (die Grenzen zur reinen Zahlungsgarantie einer Bank – siehe Kapitel 8.2.6 – sind in diesem Fall allerdings fließend).

Garantiebetrag / Garantiegültigkeit

Analog zu den Zahlungsgarantien, kann sich der Garantiebetrag bei

Kreditbesicherungsgarantien nur auf den grundgeschäftlichen **Kreditbetrag** oder aber auch auf die damit verbundenen **Zinszahlungen** sowie **Nebenkosten** des Kreditverhältnisses beziehen.

Die **Laufzeit** einer Kreditbesicherungsgarantie ist regelmäßig an der Laufzeit des grundgeschäftlichen Kreditverhältnisses orientiert.

8.2.8 Sonderformen

8.2.8.1 Konnossementsgarantie

Garantiezweck

Bei Seefracht hat der Importeur seine Legitimation zum Empfang der Güter durch Vorlage des Konnossements gegenüber der Reederei nachzuweisen. In der Regel hält der Importeur das Konnossement vor Ankunft der Ware in Händen. Es kommt jedoch auch vor, dass die Güter im Bestimmungshafen ankommen, bevor dem Importeur das Konnossement beispielsweise im Rahmen eines Dokumenteninkassos oder eines Dokumentenakkreditivs zur Verfügung gestellt ist.

Um in dieser Situation die angelandeten Güter trotzdem in Empfang nehmen zu können, beantragt der Importeur bei seiner Bank eine **Konnossementsgarantie (Bill of Lading Guarantee, Guarantee for missing Bill of Lading, Garantie pour connaissement, Garantie pour connaissement manquant)**. Darin verpflichtet sich die Garantiebank gegenüber dem Garantiebegünstigten (gegenüber der Reederei) zur **Übernahme** der finanziellen Folgen von **Schäden**, Nachteilen usw., die dem Garantiebegünstigten (der Reederei) dadurch entstehen, dass er dem Garantieauftraggeber (dem Importeur) die **Güter ohne Vorlage des Konnossements aushändigt**.

Eine analoge Verpflichtung geht die Garantiebank gegenüber der Reederei ein, wenn ein **Konnossement verloren** geht und deswegen und auf Grundlage der Bankgarantie ein Ersatzkonnossement von der Reederei ausgestellt wird.

Garantiebetrag / Garantiegültigkeit

Der Garantiebetrag umfasst mindestens den **Warenwert** der Sendung, im Allgemeinen jedoch 150%, manchmal sogar 200% des Warenwerts.

Häufig sind Konnossementsgarantien auf Verlangen der Reederei **unbefristet** zu stellen.

Im Falle der Ausstellung eines **Ersatzkonnossements** wegen des Verlustes des Originalkonnossements kann die Befristung der Konnossementsgarantie der Bank an die Kraftloserklärung des Originalkonnossements gebunden werden.

8.2.8.2 Zollgarantie (Zollaval, Zollbürgschaft)

Sicherungszweck

Manche **Güter** werden nur **vorübergehend** in ein anderes Land **eingeführt**. Dies ist beispielsweise bei Ausstellungsstücken, Mustern, Vorführgeräten für Messen, aber auch bei Maschinen, die nur vorübergehend (kurzfristig) im Ausland zum Einsatz kommen, der Fall. Verzichtet die Zollbehörde in diesen Fällen auf die Erhebung des Einfuhrzolls, dann entgehen ihr bei unterlassener Wiederausfuhr der betreffenden Güter (zu der der vorübergehend Einführende, der „Importeur“, verpflichtet ist) u.U. erhebliche Zollbeträge.

Eine **Zollgarantie (Customs Guarantee, Garantie de douane)** bzw. eine Zollbürgschaft (bei entsprechender Ausgestaltung des Sicherungsdokuments) sichert die finanziellen Ansprüche der Zollbehörde des „Importlandes“, die dadurch entstehen, dass die **Wiederausfuhr** (vorübergehend) eingeführter Güter bis zu einem bestimmten Zeitpunkt **nicht vollzogen** wird. Zollgarantien sind regelmäßig von Banken des „Importlandes“ abzugeben.

Betrag / Gültigkeit

Der Garantiebetrag bzw. der Bürgschaftsbetrag richtet sich grundsätzlich nach den Vorschriften der jeweiligen Zollbehörde. Im Allgemeinen umfasst der Betrag – auf Grundlage dieser Vorschriften – den **Höchstzollsatz** der fraglichen Güter.

Zollgarantien bzw. -bürgschaften sind im Allgemeinen **unbefristet**.

8.2.8.3 Prozessgarantie / Prozessbürgschaft

Sicherungszweck

Bei Gerichtsverfahren, die im Ausland geführt werden, kommt es vor, dass das Gericht die Hinterlegung eines Geldbetrags oder aber ersatzweise die Stellung einer Prozessgarantie (Gerichtsgarantie) bzw. einer Prozessbürgschaft zugunsten des Gerichts oder zugunsten der gegnerischen Partei auferlegt.

Solche Garantien bzw. Bürgschaften beziehen sich insbesondere auf die **Prozesskosten** (Gerichtskosten, Parteikosten), zu deren Zahlung die inländische (deutsche) Partei – je nach Gerichtsurteil – u.U. verpflichtet wird, oder auf **auferlegte Zahlungen an die gegnerische Partei**.

Betrag / Gültigkeit

Der Garantiebetrag bzw. der Bürgschaftsbetrag hängt vom Einzelfall ab und wird **vom Gericht bestimmt**.

Im Allgemeinen verlangen die Gerichte **unbefristete** Garantien bzw. Bürgschaften.

Hinweis

Im „Handbuch der Akkreditive, Inkassi, Exportdokumente und Bankgarantien“ (Hrsg. Häberle S.G., Oldenbourg-Verlag, München und Wien) finden sich ausführliche Informationen u.a. zu den folgenden Erkenntnisbereichen

- Gestaltungselemente von Bankgarantien,
- Inanspruchnahme und Abwehrmöglichkeiten,

- Exportgarantieprogramme der Bundesländer,
- Absicherung durch Hermes-Deckungen,
- Kosten von Bankgarantien.

9 Ausfuhrversicherungen

9.1 Privatwirtschaftliche Ausfuhrkreditversicherungen

9.1.1 Charakterisierung des Versicherungsschutzes

Vorbemerkungen

Die **Bedeutung** privatwirtschaftlicher Ausfuhrkreditversicherungen wird in Zukunft zunehmen, weil sich der **Bund** (mit den sog. Hermes-Deckungen) **aus der Absicherung kurzfristiger sog. marktfähiger Risiken** (d.h. am privaten Versicherungsmarkt versicherbarer Risiken) **zurückzieht**: So werden seit 1997 grundsätzlich keine Deckungen mehr für wirtschaftliche Risiken aus kurzfristigen Geschäften bis zu zwei Jahren Kreditlaufzeit mit privaten Schuldnern in den Ländern der Europäischen Union und weiterer sog. westlicher Industrienationen übernommen.

Die **Versicherungsbestimmungen** der privatwirtschaftlichen Ausfuhrkreditversicherungen (z.B. die Definition der Deckungsgegenstände in inhaltlicher und zeitlicher Hinsicht, die Abwicklung, die Konditionen usw.) unterliegen **Veränderungen**. Die folgenden Ausführungen können deswegen nur einen einführenden Charakter tragen. Die jeweils aktuell gültigen Versicherungsbestimmungen über die (Ausfuhr-)Kreditversicherungen erhält der Interessent von den Gesellschaften.

Deckung des Delkredererisikos (Zahlungsunfähigkeit des Abnehmers)

- Die privatwirtschaftliche Ausfuhrkreditversicherung (Exportkreditversicherung, Auslands-Warenkreditversicherung) deckt das **Forderungsausfallrisiko** des Exporteurs bei Zahlungsunfähigkeit seines Abnehmers (des Importeurs; Delkredereversicherung).
- Unter bestimmten Voraussetzungen können auch das Risiko des **Zahlungsverzugs** sowie – bei Spezialanfertigungen – das **Fabrikationsrisiko** des Exporteurs und weitere Risiken in die Versicherung einbezogen werden.
- Versichert sind bei der Ausfuhrkreditversicherung Kredite (Zahlungsziele) des Exporteurs aus **Warenlieferungen und Dienstleistungen** an gewerbliche Abnehmer im Ausland. Die versicherbare Forderungslaufzeit beläuft sich im Allgemeinen **auf bis zu 180 Tagen**.

Mit Abschluss eines Ausfuhrkreditversicherungsvertrags erhöht der Exporteur seine **eigene Kreditwürdigkeit**. Zum einen, weil Insolvenzen seiner Abnehmer nur noch begrenzt (in Höhe der Selbstbeteiligung) auf ihn durchschlagen. Zum anderen, weil Zahlungsausfälle (und damit zu leistende Selbstbeteiligungen im Schadensfall) wegen der fundierten Bonitätsprüfung der Abnehmer des Exporteurs durch die Versicherungsgesellschaft ohnehin weniger wahrscheinlich werden.

Ausschluss politischer Risiken

Die Deckung politischer Risiken (Länderrisiken) wird von den privaten Kreditversicherungsgesellschaften regelmäßig ausgeschlossen. Zum Teil geschieht dies in den Bedingungen ausdrücklich, zum Teil wird die Übernahme politischer Risiken indirekt dadurch ausgeschlossen, dass Forderungen an Importeure in bestimmten risikobehafteten Ländern oder Ländergruppen im Einzelfall nicht versichert werden.

Politische und ähnliche Risiken werden beispielsweise mit der folgenden Formulierung ausgeschlossen: „**Nicht ersetzt** werden Forderungsausfälle, bei denen der Versicherer nachweist, dass sie durch

- **Krieg, kriegerische Ereignisse, innere Unruhen,**
- **Streik, Beschlagnahme,**
- **Behinderung des Waren- und Zahlungsverkehrs von hoher Hand,**
- **Naturkatastrophen oder durch Kernenergie**

mitverursacht wurden. Ist nicht festzustellen, ob eine der Ursachen vorliegt, so entscheidet die überwiegende Wahrscheinlichkeit."

Ausschluss von Wechselkursrisiken

Kreditversicherungsgesellschaften übernehmen in der Regel **keine Wechselkursrisiken** vom Exporteur. Vertragswährung für Versicherungssummen, Prämienzahlungen und Entschädigungsleistungen ist vielmehr – zumindest bei den deutschen Anbietern von Warenkreditversicherungen – der Euro.

Im Schadensfall werden Fremdwährungsforderungen im Allgemeinen auf Grundlage des aktuellen Devisenkurses (Kassakurs, Referenzkurs) am Tag des Eintritts des Versicherungsfalls entschädigt, jedoch in der Regel zu keinem höherem Wechselkurs als er am Tag der Lieferung oder Leistung Gültigkeit hatte.

9.1.2 Grundstruktur, Gestaltungselemente und Versicherungsprämie

Kreis der Versicherungsnehmer

Die Ausfuhrkreditversicherung ist keineswegs nur auf Großbetriebe zugeschnitten. Die Versicherungsgesellschaften bieten auch den Klein- und Mittelbetrieben Versicherungsschutz an, und zwar zum Teil als sog. **verbundene Versicherung**, die Inlands- und Auslandsforderungen einschließt

Vertrag

Der Inhalt des zwischen Exporteur und Versicherungsgesellschaft geschlossenen Vertrags wird auf die **individuellen Verhältnisse des Exporteurs** zugeschnitten. Dies gilt beispielsweise für Art und Umfang der versicherten Forderungen ebenso wie für die Höhe der zu zahlenden Versicherungsprämie. Die im Folgenden beschriebenen Merkmale umfassen deswegen nur grobe Anhaltspunkte.

Laufzeit

Der Vertrag des Exporteurs mit der Versicherungsgesellschaft läuft im Allgemeinen zunächst ein Jahr, wobei vereinbart ist, dass sich das Vertragsverhältnis um jeweils ein weiteres Jahr verlängert, sofern nicht auf einen bestimmten Stichtag hin gekündigt wird.

Andienungspflicht

Die **versicherten Forderungen** werden im Vertrag **definiert**. Versicherungsgegenstand können alle Exportforderungen oder eine bestimmte Kategorie sein. Der Exporteur hat auf Grundlage dieser Definition der Versicherungsgesellschaft alle im Vertrag festgelegten Forderungen anzudienen. Damit sucht die Versicherungsgesellschaft auszuschließen, dass der versicherte Exporteur seine Forderungen selektiert und die „schlechten Risiken“ auf die Versicherungsgesellschaft zu überwälzen trachtet.

Begrenzung bzw. Ausweitung des Versicherungsschutzes

Die individuelle Vertragsgestaltung ermöglicht auch die Vereinbarung, dass der Exporteur nur **Exportforderungen** ab einem bestimmten **Mindestbetrag** bei der Versicherungsgesellschaft versichert. Der Exporteur hat bei dieser Möglichkeit aber abzuwägen, ob die damit verbundene Einsparung der Versicherungsprämie das weiterhin zu tragende Risiko und den verbleibenden Aufwand der Bonitätsprüfung in Bezug auf die nicht versicherten (Klein-) Abnehmer rechtfertigt.

Im Einzelfall und nach näherer Überprüfung sind die Kreditversicherungsgesellschaften bereit, dem Exporteur auch für jene Exportforderungen **Versicherungsschutz** zu gewähren, die **vor Abschluss des Versicherungsvertrags** entstanden sind.

Selbstbehalt (Selbstbeteiligung)

Die Versicherungsbedingungen sehen vor, dass der Exporteur im Schadensfall einen Teil des Forderungsausfalls selbst trägt. Dieser sog. Selbstbehalt kann sich bei Ausfuhrkreditversicherungen auf bis zu 25 % des Schadens belaufen. Es steht dem Versicherungsnehmer grundsätzlich frei, mit der Versicherungsgesellschaft eine Selbstbeteiligung in anderer Höhe zu vereinbaren, als sie die Standardbedingungen vorsehen, zumal damit auch eine entsprechende Prämienanpassung verbunden ist.

Investitionsgüterkreditversicherung

Ist der Exporteur gezwungen dem Importeur (oder einem inländischen Abnehmer) **längerfristige Zahlungsziele** einzuräumen, dann hat er die Möglichkeit, das Forderungsausfallrisiko durch eine Investitionsgüterkreditversicherung abzusichern. Eine derartige Absicherung kann zunächst wegen der längeren Forderungslaufzeit erwägenswert sein. Wegen der schwierigen Verwertbarkeit insbesondere solcher Investitionsgüter, die nach den Plänen der Auftraggeber gefertigt werden, ist da-rüber hinaus auch an die Versicherung des Fabrikationsrisikos des Exporteurs beim Kreditversicherungsunternehmen zu denken.

In Aufbau und Ablauf entspricht die Investitionsgüterkreditversicherung weitgehend der Ausfuhrkreditversicherung bzw. der inlandsbezogenen Warenkreditversicherung. Auf die Investitionsgüterkreditversicherung wird deswegen im Folgenden nicht mehr vertiefend eingegangen.

Bonitätsprüfung

Neben der Übernahme des Delkredererisikos erfüllen die Kreditversicherungsgesellschaften Dienstleistungsfunktionen, deren wichtigste die **qualifizierte Prüfung** der **Kreditwürdigkeit der Abnehmer** des Exporteurs ist. Die Kreditversicherungsgesellschaften verfügen über Informationsquellen, zu denen ein Exporteur im Allgemeinen keinen Zugang hat (z.B. durch Kooperation mit den ausländischen Kreditversicherungsunternehmen). Die Ergebnisse der Bonitätsprüfung erhält der Exporteur mitgeteilt, was ihn nicht nur vor Forderungsausfällen – in Höhe seines Selbstbehalts (seiner Selbstbeteiligung) – schützt, sondern was ihm auch umsichtige Dispositionen gegenüber den Abnehmern ermöglicht.

Auf Grundlage dieser Kreditwürdigkeitsprüfung trifft die Versicherungsgesellschaft die Entscheidung, ob sie Deckung erteilt und gegebenenfalls bis zu welcher Höhe. Dieses sog. **Limit pro Abnehmer** steht dem Exporteur als Versicherungsschutz im Zeitablauf **revolvierend** zur Verfügung.

Neben dieser aufwendigen Kreditwürdigkeitsprüfung, wie sie insbesondere bei Neukunden Anwendung findet, überwacht die Kreditversicherungsgesellschaft die Kreditwürdigkeit des **Abnehmerstamms des Exporteurs** laufend.

Selbstprüfung durch den Versicherungsnehmer

Die weitreichende Kreditwürdigkeitsprüfung und Kreditüberwachung der Versicherungsgesellschaft ist kostspielig und schlägt sich letztlich in den **Versicherungsprämien** bzw. in gesondert zu bezahlenden **Kreditprüfungsprovisionen** nieder.

Neben der Möglichkeit, im Versicherungsvertrag kleinere Forderungen vom Versicherungsschutz auszuschließen, sehen manche Verträge auch vor, dass der Versicherungsnehmer bei gegebenem Versicherungsschutz die **Kreditwürdigkeit** seiner **Abnehmer** bei kleineren Forderungen **selbst prüft**. Dazu erteilt die Versicherungsgesellschaft **Prüfungsleitlinien**, die der Versicherte anzuwenden hat. Anzumerken ist allerdings, dass der Versicherte Gefahr läuft, den Versicherungsschutz für die selbst geprüften Forderungen im Schadensfall zu verlieren, wenn er die Prüfungsleitlinien der Gesellschaft nicht exakt beachtet.

Versicherungsprämie: Berechnungsgrundlagen

Grundlage für die Berechnung der Versicherungsprämie ist in der Regel der **Umsatz** des Versicherungsnehmers. Sind nur Inlandsforderungen versichert, ist der Inlandsumsatz des Versicherten Grundlage; schließt der Versicherte eine Ausfuhrkreditversicherung ab, dann ist es sein Exportumsatz. Bei sog. verbundenen Policen, die Inlands- und (begrenzt) Auslandsforderungen einschließen, ist dagegen regelmäßig der Gesamtumsatz die Grundlage.

Im Allgemeinen ist die Versicherungsprämie nach der Höhe des Umsatzes **gestaffelt**: Mit steigenden Jahresumsätzen sinkt die Höhe der als Promillesatz ausgedrückten Versicherungsprämie.

Ein weiteres Kriterium für die Höhe der festzulegenden Versicherungsprämie ist die **Dauer** des den Abnehmern durchschnittlich **eingeräumten Zahlungsziels**.

Versicherungsprämie: Prämiensätze

Von den speziell auf die (kleineren) Mittelstandsbetriebe ausgerichteten (sog. verbundenen) Warenkreditversicherungen abgesehen, bieten die Kreditversicherungsgesellschaften ihre Leistungen **nicht** zu **feststehenden Prämiensätzen** an. Ebenso wie die übrigen Vereinbarungen im Versicherungsvertrag auf die Verhältnisse des Versicherungsnehmers zugeschnitten sind, wird auch die Versicherungsprämie individuell vereinbart. Wichtige Bezugsgrößen sind die jeweilige Umsatzhöhe, die Branche und die Zahlungsziele.

Als grober **Anhaltspunkt** ist erkennbar, dass sich bei Ausfuhrkreditversicherungen die Jahresprämie auf ungefähr auf 4 bis 5 Promille (zuzüglich Versicherungssteuer) des jährlichen Exportumsatzes des Exporteurs beläuft.

Bei den speziell auf (kleinere) Mittelstandsbetriebe ausgerichteten (sog. verbundene) Policen ist die Versicherungsprämie nicht nur nach der Höhe des Umsatzes gestaffelt, sondern auch nach **Prämienklassen** gegliedert: Entschädigungsleistungen der Versicherungsgesellschaft führen zur Einstufung in eine höhere Prämienklasse und damit zu höheren Prämiensätzen in den folgenden Versicherungsjahren. Bei Schadensfreiheit verringert sich der Prämiensatz dagegen.

9.1.3 Entschädigung

Definition der Zahlungsunfähigkeit

Erstreckt sich der vereinbarte Versicherungsschutz auf den Forderungsausfall durch Zahlungsunfähigkeit des Abnehmers, dann ist zunächst der Frage nachzugehen, welche **Ereignisse** als **Zahlungsunfähigkeit** des Abnehmers definiert sind und zu welchem **Zeitpunkt** sie als eingetreten gelten.

In der Regel sehen die Versicherungsgesellschaften die Zahlungsunfähigkeit eines Abnehmers erst dann als eingetreten an, wenn

- das **Insolvenzverfahren** eröffnet oder dessen Eröffnung vom Gericht abgelehnt worden ist oder
- mit sämtlichen Gläubigern ein **außergerichtlicher Liquidations- oder Quotenvergleich** zustande gekommen ist

  oder
- eine **Zwangsvollstreckung** des versicherten Lieferanten beim Abnehmer nicht zur vollen Befriedigung geführt hat.

Nur bei ausländischen Abnehmern anerkennen die Versicherungsgesellschaften als Zahlungsunfähigkeit in der Regel auch an, wenn infolge nachgewiesener ungünstiger Umstände eine **Zahlung** des Importeurs **aussichtslos** erscheint, z.B. weil eine Zwangsvollstreckung, ein Insolvenzantrag oder eine andere gegen den Abnehmer gerichtete Maßnahme des Exporteurs keinen Erfolg verspricht.

Definition des Entschädigungsbetrags

Die Versicherungsgesellschaft entschädigt dem Exporteur den Ausfall in Höhe des **versicherten Forderungsumfangs**, jedoch ohne die Kosten der Rechtsverfolgung. Aufrechnungen mit eventuellen Gegenforderungen an den Abnehmer sind zuvor vorzunehmen. Ebenso sind eventuelle Erlöse aus Eigentumsvorbehalten und aus der Verwertung sonstiger Rechte und Sicherheiten zu berücksichtigen. Von dem derart definierten Forderungsausfall zieht die Versicherungsgesellschaft schließlich noch die vereinbarte **Selbstbeteiligung** des Exporteurs ab.

Die Versicherungsverträge sehen im Allgemeinen vor, dass die Versicherungsgesellschaft **Bagatellentschädigungen** nicht vorzunehmen hat.

Die Versicherungsgesellschaften begrenzen die Entschädigung für die in einem **Versicherungsjahr** eingetretenen Versicherungsfälle zum Teil auf einen **Höchstbetrag**.

Definition des Entschädigungszeitpunkts

Der späteste Entschädigungszeitpunkt ist in den Versicherungsbedingungen unterschiedlich geregelt. Zum Teil sehen die Versicherungsbedingungen vor, dass Schadensfälle **innerhalb von wenigen Monaten abgerechnet** werden, und zwar auch vorläufig, sofern die endgültige Höhe des Forderungsausfalls noch nicht feststeht. Zum Teil ist in den Policen festgelegt, dass der Versicherer den Entschädigungsbetrag spätestens **4 Wochen** nach Zugang der vollständig ausgefüllten **Schadensanzeige** zahlt.

Neben diesen Zeiträumen ist für den versicherten Exporteur vor allem von Bedeutung, dass zwischen der Fälligkeit seiner Exportforderung und der in den Versicherungsbedingungen als Entschädigungsvoraussetzung geforderten **förmlichen Feststellung der Zahlungsunfähigkeit** des Importeurs ein langer Zeitraum liegen kann. Die möglichen Auswirkungen dieser Bedingung auf die Liquidität, aber auch auf die Rentabilität des Exporteurs liegen auf der Hand.

Schadensregulierung bei Zahlungsverzug (protracted default)

Zur Abwendung der skizzierten Auswirkungen kann der Versicherungsnehmer beantragen, dass die Kreditversicherungsgesellschaft auch das **Risiko des Zahlungsverzugs** mitversichert. Unter bestimmten, auf den Einzelfall abgestellten Voraussetzungen und gegen entsprechende Prämienzahlung sind die Versicherungsgesellschaften bereit, Deckung zu erteilen.

Der **Versicherungsfall** gilt bei Mitversicherung dieses Risikos als eingetreten, wenn der **Abnehmer nicht innerhalb eines** im Versicherungsvertrag **festgelegten Zeitraums nach Fälligkeit** der versicherten Forderung bezahlt hat.

Der Kreditversicherer entschädigt den Exporteur bereits zu diesem Zeitpunkt mit dem oben definierten Entschädigungsbetrag, ohne dass die Zahlungsunfähigkeit des Importeurs eingetreten und förmlich festgestellt sein muss. Durch Mitversicherung des Zahlungsverzugs des Abnehmers halten sich die nachteiligen Auswirkungen auf die Liquidität des Exporteurs im Schadensfall in engen Grenzen.

9.2 Ausfuhrgewährleistungen des Bundes (sog. Hermes-Deckungen)

9.2.1 Charakterisierung, Grundsätze, Organisation und Verfahren

Vorbemerkungen zu diesem und zu den folgenden Abschnitten:

- Die Deckungspraxis, insbesondere die jeweiligen Deckungsgegenstände, sind häufig Veränderungen unterworfen, so dass es geboten ist, die jeweils **aktuellen Bedingungen bei Hermes zu erheben**. Ziel der nachstehenden Ausführungen kann es deswegen nur sein, die Ausfuhrgewährleistungen des Bundes in ihrer Grundstruktur und mit den wesentlichen Elementen in einem vorläufigen und unverbindlichen Überblick darzustellen.
- **Weiterreichende** und die jeweils aktuell gültigen **Informationen** finden sich in den Merkblättern zu den verschiedenen Deckungsformen, die von der Hermes Kreditversicherungs-AG, Hamburg, bzw. von deren Außenstellen bezogen werden können.
- Eine systematische und ausführliche Darstellung der **Ausfuhrgewährleistungen** des Bundes findet sich in

  Häberle, Siegfried Georg, Handbuch der Außenhandelsfinanzierung, München und Wien (Oldenbourg).

Charakterisierung

Ausfuhrgewährleistungen der Bundesrepublik Deutschland (Kurzbezeichnung: Bund) zugunsten deutscher Exporteure und deutscher (seit 1999 unter bestimmten Voraussetzungen auch ausländischer) Kreditinstitute (Finanzierungsinstitute) dienen der **Absicherung der mit Exportgeschäften verbundenen**

- **Käuferrisiken** (Delkredere) und
- **Länderrisiken** (politische Ursachen).

Sog. marktfähige Risiken

Hinsichtlich der Behandlung kurzfristiger sog. marktfähiger, d.h. am privatwirtschaftlichen Markt versicherbarer Risiken, hat der Bund 1997 entschieden, sich aus der Absicherung dieser Risiken zurückzuziehen. So werden grundsätzlich **keine Deckungen mehr für wirtschaftliche Risiken aus kurzfristigen Geschäften** bis zu zwei Jahren Kreditlaufzeit mit **privaten Schuldnern** in den Ländern der Europäischen Union und in weiteren sog. westlichen Industrienationen übernommen.

Grundsätze / Richtlinien des Bundes

Die **Richtlinien des Bundes** für die Übernahme von **Ausfuhrgewährleistungen** enthalten unter anderem folgende grundsätzlichen Aspekte, die die deckungsbeantragenden Exporteure bzw. Finanzierungsinstitute zu beachten haben:

- **Subsidiaritätsprinzip:** Ausfuhrdeckungen, die auf dem privaten Versicherungsmarkt allgemein in derselben Art und in demselben Umfang angeboten werden, sollen nicht als Ausfuhrgewährleistungen übernommen werden (siehe dazu auch die Ausführungen unter der obigen Überschrift „Sog. marktfähige Risiken").

  Dies trifft beispielsweise auch zu für die Risiken des Transports, deren Deckung durch privatwirtschaftliche Versicherungsgesellschaften möglich ist.
- **Kein Deckungsanspruch:** Die deutschen Exporteure bzw. die Finanzierungsinstitute haben keinen Anspruch an den Bund auf Übernahme von Ausfuhrgewährleistungen.
- **Deckungsnehmer:** Ausfuhrgewährleistungen dürfen grundsätzlich nur gegenüber deutschen Exporteuren übernommen werden. Jedoch sind Finanzkreditdeckungen nicht nur für deutsche Banken möglich, sondern – wie oben erwähnt – seit 1999 grundsätzlich auch für ausländische Banken. Voraussetzung ist, dass die ausländischen Banken Geschäften deutscher Exporteure finanzieren und keine Zweifel an einer ordnungsgemäßen Durchführung der betreffenden Kreditverträge bestehen.
- **Deutsche Exporte:** Ausfuhrgewährleistungen dienen der Förderung der deutschen Ausfuhr. Sie sollen nur übernommen werden, wenn die nach

dem Ausfuhrvertrag zu liefernden Waren oder die zu erbringenden Leistungen ihren Ursprung im Wesentlichen im Inland haben.

- **Einbeziehung der durch den Bund abdeckbaren Risiken:** Anträge auf Übernahme einer Ausfuhrgewährleistung sind grundsätzlich auf eine Deckung sämtlicher mit dem Exportgeschäft verbundenen, durch den Bund abdeckbaren Risiken zu richten. Der Bund kann jedoch Risiken von der Deckung ausschließen oder den Umfang der Deckung beschränken.
- **Risikomäßige Vertretbarkeit:** Der Bund übernimmt Ausfuhrgewährleistungen nur, wenn eine vernünftige Aussicht auf einen schadensfreien Verlauf des Exportgeschäfts besteht. In seiner Übernahmeentscheidung hat der Bund allerdings auch den Grad der Förderungswürdigkeit des Ausfuhrgeschäfts (insbesondere das gesamtwirtschaftliche Interesse, wie es in der Sicherung von Arbeitsplätzen zum Ausdruck kommt) zu berücksichtigen. Zur Risikobeschränkung bzw. zum Risikoausschluss bedient sich der Bund eines breit gefächerten Instrumentariums, das im Folgenden skizziert wird.
- **Ausschluss bzw. Deckungsbeschränkungen <u>wirtschaftlicher</u> Risiken:** Vor Übernahme einer Ausfuhrgewährleistung analysiert Hermes im Auftrag des Bundes die Kreditwürdigkeit der privatwirtschaftlichen ausländischen Importeure. Dazu stehen Hermes verschiedene Informationsquellen zur Verfügung, die von den Auskünften ausländischer Banken und gewerblicher Auskunfteien über die Einschaltung ausländischer Kreditversicherer bis zu den Erfahrungen deutscher Exporteure mit dem fraglichen ausländischen Abnehmer reichen.

  Erweist sich die Bonität eines Importeurs als bedenklich, dann kann der Bund die Deckung des Risikos ablehnen oder die Übernahme der Deckung von der Vereinbarung einer weitgehend sicherstellenden Zahlungsbedingung im Kaufvertrag abhängig machen.
- **Ausschluss bzw. Deckungsbeschränkungen <u>politischer</u> Risiken:** Sind erhebliche politische Risiken eines Importlandes erkennbar, dann schließt der Bund die Übernahme von Ausfuhrgewährleistungen aus. Deckungsausschlüsse kommen indessen nicht nur bei den hochverschuldeten Ländern vor, sondern auch bei Ländern, deren innen- oder außenpolitisches Verhalten der Bundesregierung die (zeitweise) Aussetzung der Deckung – eventuell trotz gegebener Zahlungsfähigkeit des betreffenden Landes – nahelegen.

  Für andere Länder erlässt der Bund Deckungsbeschränkungen bzw. Auflagen, die ein breites Spektrum umfassen, so zum Beispiel
  - Beschränkungen der deckungsfähigen Auftragswerte,
  - Beschränkungen der deckungsfähigen Kreditlaufzeiten,
  - Beschränkungen auf bestimmte (Mindest-)Zahlungsbedingungen im Kaufvertrag,

- Auflagen zur Stellung von Sicherheiten wie zum Beispiel Garantien der Geschäftsbanken oder der Zentralbank des Importlandes,
- Festlegung von Plafonds für bestimmte Importländer bzw. für bestimmte Exporte oder Leistungen.

Anmerkung: Aktuelle Informationen über Deckungsausschlüsse und Deckungsbeschränkungen erhält der Exporteur von Hermes und deren Außenstellen. Weil diese Informationen die Risikoeinschätzung des Bundes widerspiegeln, sind sie für den Exporteur selbst dann wertvoll, wenn er eine Risikoabsicherung (zunächst) nicht beabsichtigt.

- **Verkehrsüblichkeit der Vertragsbedingungen:** Ausfuhrgewährleistungen sollen nur übernommen werden, wenn die zwischen dem deutschen Antragsteller und seinem ausländischen Geschäftspartner vereinbarten Konditionen mit den im Außenhandel üblichen Vertragsbedingungen übereinstimmen.
- **Berücksichtigung internationaler Vereinbarungen:** Ebenso sollen Ausfuhrgewährleistungen nur übernommen werden, wenn die Zahlungsbedingungen bzw. Rückzahlungsbedingungen des Exportgeschäfts den einschlägigen zwischenstaatlichen Vereinbarungen und den international abgestimmten Grundsätzen für Exportgeschäfte entsprechen.

  Dieser Grundsatz ist von erheblicher praktischer Bedeutung bei der Vereinbarung mittel- und langfristiger Zahlungsziele, weil beispielsweise die Länder der Europäischen Union, die OECD und die Kreditversicherer (im Rahmen ihres Zusammenschlusses in der „Berner Union“) Vereinbarungen getroffen haben, die die einzuräumenden Zahlungsziele (Kreditlaufzeiten) an ausländische Importeure standardisieren und begrenzen. Vereinbart ein deutscher Exporteur darüber hinausgehende Konditionen, läuft er Gefahr, eine Bundesdeckung nicht zu erlangen.

Selbstbeteiligung des Deckungsnehmers im Schadensfall

Die Deckungsnehmer sind im Schadensfall mit einer bestimmten **Quote**, die der Bund als sog. **Regelsätze** definiert hat, am Ausfall selbst beteiligt. Diese Regelsätze (Selbstbeteiligungsquoten des Deckungsnehmers) weisen ein – in Abhängigkeit von der Art der Deckung und den jeweils übernommenen Risiken – differenziertes Spektrum von 5 % bis 15 % auf.

In der Deckungserklärung können im Einzelfall abweichende (höhere) Selbstbeteiligungsquoten festgelegt sein, insbesondere wenn die Risikosituation des Exportgeschäftes dies nahelegt.

Das Risiko aus der Selbstbeteiligung darf vom Deckungsnehmer grundsätzlich nicht anderweitig abgesichert werden. Davon abweichend gibt es jedoch auch Ausnahmen; so darf beispielsweise der Exporteur das Risiko aus der Selbstbeteiligung an Unterlieferanten weitergeben.

Entgelte

Für beantragte bzw. für übernommene Ausfuhrgewährleistungen berechnet der Bund ein Entgelt (die sog. Hermes-Gebühr). Zu unterscheiden sind grundsätzlich **Bearbeitungsentgelte** und **Deckungsentgelte**.

Die Entgelte des Bundes weisen ein sehr differenziertes Bild auf:

- Der Bund trägt zunächst mit gegenwärtig **7 Länderrisikokategorien** den unterschiedlichen Länderrisiken mit gestaffelten Entgeltsätzen Rechnung.
- Weiter Unterscheidungen trifft der Bund zum Teil bei den Entgelten für Hermes-**Bürgschaften** und Hermes-**Garantien**, weil bei den Bürgschaften nur das politische Risiko, bei den Garantien darüber hinaus auch das wirtschaftliche Risiko zu übernehmen ist.
- Die **Höhe** des Entgelts ist ferner davon abhängig, welcher Art der Deckung gewährt wird, welche Laufzeit das gedeckte Exportgeschäft bzw. die gedeckte Forderung aufweist (Grundentgelt bzw. Zeitentgelt), welche Sicherheiten zur Verfügung stehen u.ä.

Organisation

Der Bund hat die Geschäftsführung im Zusammenhang mit der Übernahme und Abwicklung der Ausfuhrgewährleistungen einem Mandatar-Konsortium übertragen, welchem die **Hermes Kreditversicherungs-AG** und die **PwC** Deutsche Revision Aktiengesellschaft Wirtschaftsprüfungsgesellschaft angehören. Die Hermes Kreditversicherungs-AG (kurz: Hermes) ist federführend ermächtigt, alle die Ausfuhrgewährleistungen betreffenden Erklärungen im Namen, im Auftrag und für Rechnung des Bundes abzugeben und entgegenzunehmen. In der Praxis hat sich deswegen für die Ausfuhrgewährleistungen des Bundes die Bezeichnung **„Hermes-Deckung(en)“** eingebürgert.

Anmerkung: Zu beachten ist, dass die Hermes Kreditversicherungs-AG neben dem Mandatsgeschäft auch Versicherungsleistungen **auf eigene Rechnung** anbietet (z.B. Warenkreditversicherungen, Ausfuhrkreditversicherung, Konsumentenkreditversicherung, Kautionsversicherung und Vertrauensschadenversicherung).

Interministerieller Ausschuß (IMA)

Die Entscheidung über eine Übernahme von Ausfuhrgewährleistungen wird im „**Interministeriellen Ausschuß** für Ausfuhrgarantien und Ausfuhrbürgschaften“ getroffen. Neben den zuständigen Ministerien sind die beiden Mandatare und Abgesandte der Kreditanstalt für den Wiederaufbau (KfW), der AKA Ausfuhrkredit-Gesellschaft mbH sowie des Bundesrechnungshofs vertreten. Darüber hinaus können beratende Sachverständige der Exportwirtschaft, des Bankgewerbes, der Bundesbank usw. berufen werden.

Verfahren

- **Antragstellung:** Ausfuhrgewährleistungen werden nur auf Antrag übernommen. Ein Antrag soll möglichst vor Abschluss des Ausfuhrvertrags und gegebenenfalls des Kreditvertrags, jedenfalls vor Beginn des zu deckenden Risikos gestellt werden: Es empfiehlt sich, schon vor dem endgültigen Vertragsabschluss, also noch während der Vertragsverhandlungen, einen Antrag auf Übernahme einer Ausfuhrgewährleistung zu stellen, damit etwaige Auflagen und Einschränkungen durch den Interministeriellen Ausschuss beim Vertragsabschluss berücksichtigt werden können. So ist wesentliche Voraussetzung für eine positive Entscheidung u.a. die Vereinbarung angemessener Zahlungsbedingungen. Die Zulässigkeit der Kreditkonditionen ist abhängig von Art und Wert des Liefergutes.
- **Grundsätzliche Stellungnahme:** Vor dem Abschluss eines Ausfuhrvertrags und gegebenenfalls eines Kreditvertrags kann gegenüber dem Antragsteller eine grundsätzliche Stellungnahme über die Aussichten einer Indeckungnahme abgegeben werden. Die grundsätzliche Stellungnahme umfasst die Zusicherung des Bundes, über die beantragte Ausfuhrgewährleistung bei unveränderter Sach- und Rechtslage positiv zu entscheiden, sofern der Ausfuhrvertrag bzw. der Kreditvertrag innerhalb einer gesetzten Frist abgeschlossen wird und der im Haushaltsgesetz festgesetzte Höchstbetrag der Gewährleistungen ausreicht.
- **Entbindung des Bundes:** Ändert sich nach Abgabe der grundsätzlichen Stellungnahme die Sach- und Rechtslage derart, dass das Bundesministerium für Wirtschaft bei Kenntnis der nachträglich eingetretenen Änderung die Stellungnahme nicht abgegeben hätte oder aus rechtlichen Gründen nicht hätte abgeben dürfen, ist der Bund an die Zusicherung nicht gebunden. Einzelheiten siehe „Richtlinien für die Übernahme von Ausfuhrgewährleistungen".
- **Endgültige Entscheidung:** Über den Antrag auf Übernahme einer Ausfuhrgewährleistung wird endgültig entschieden, wenn sämtliche entscheidungserheblichen Tatsachen vorliegen. Eine abschließende positive Entscheidung (endgültige Deckungszusage) wird regelmäßig erst getroffen, wenn der Ausfuhrvertrag sowie gegebenenfalls auch der Kreditvertrag abgeschlossen sind und sämtliche für die Beurkundung durch die Bundesschuldenverwaltung notwendigen Daten vorliegen.
- **Gewährleistungsvertrag:** Auf Grund der endgültigen Deckungszusage schließt der Bund mit dem Deckungsnehmer einen Gewährleistungsvertrag, in dem die Einzelheiten der Deckung geregelt sind. Die ausgefertigte Deckungsurkunde ist von den Mandataren sowie von der Bundesschuldenverwaltung unterzeichnet.

9.2.2 Formen der Ausfuhrgewährleistungen – Übersicht

Vorbemerkung

Der Ausdruck „**Ausfuhrgewährleistungen**“ ist der **Oberbegriff** für die verschiedenartigen Deckungsformen des Bundes.

Abbildung

In **Abbildung 9.2-01** sind diese Deckungsformen in einer Übersicht dargestellt.

9.2.3 Garantien und Bürgschaften

Charakterisierung

Zu unterscheiden sind

- Ausfuhrgewährleistungen, die als **Garantien** und
- Ausfuhrgewährleistungen, die als **Bürgschaften**

gewährt werden.

Garantien des Bundes (Hermes-Garantien)

Garantien des Bundes decken **Exportgeschäfte** mit ausländischen Vertragspartnern, die **insolvenzfähige privatrechtlich organisierte Firmen** sind.

Es ist zu beachten, dass die Garantien des Bundes trotz ihrer definitorischen Bindung an privatrechtlich organisierte ausländische Firmen nicht nur **wirtschaftliche Risiken** abdecken, wie sie bei Geschäften mit privatrechtlich organisierten Firmen normalerweise entstehen können (so z.B. das Forderungsausfallrisiko wegen Insolvenz des Importeurs). Vielmehr sind deutsche Exporteure und Finanzierungsinstitute mit Garantien auch gegen **politische Risiken** abgesichert, wie sie beispielsweise durch gesetzgeberische oder behördliche Maßnahmen des Auslandes bzw. durch Beschränkungen des zwischenstaatlichen Zahlungsverkehrs u.a. entstehen.

Bürgschaften des Bundes (Hermes-Bürgschaften)

Bürgschaften des Bundes decken **Exportgeschäfte** mit ausländischen Vertragspartnern, die **Staaten, Gebietskörperschaften** oder vergleichbare Institutionen sind. Ausfuhrgewährleistungen in Form von Bürgschaften des Bundes kommen auch in Frage, wenn ein für das Forderungsrisiko voll haftender Garant eine der genannten öffentlichen Institutionen ist.

Zu beachten ist, dass Risiken, die durch Bürgschaften des Bundes gedeckt werden, letztlich stets politisch verursacht sind.

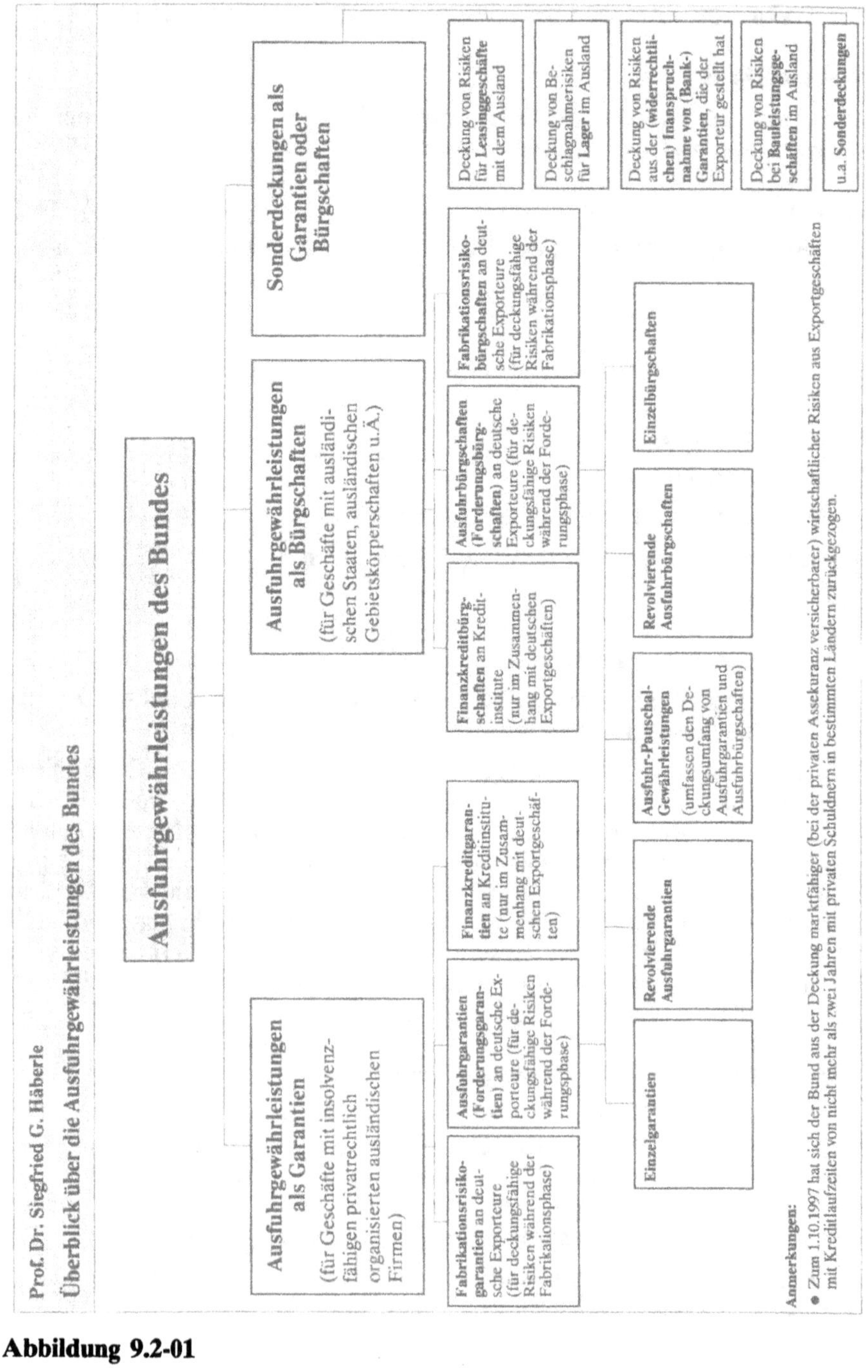

Abbildung 9.2-01

9.2.4 Fabrikationsrisikodeckungen

Charakterisierung

Fabrikationsrisikodeckungen werden vom Bund – je nach ausländischem Vertragspartner des deutschen Exporteurs – als **Fabrikationsrisikogarantien** oder als **Fabrikationsrisikobürgschaften** gewährt. Fabrikationsrisikodeckungen beziehen sich – vereinfacht ausgedrückt – auf die deckungsfähigen Risiken des Exporteurs vor Versand der Ware.

Ob und gegebenenfalls inwieweit Schäden durch Eintritt des sog. **Warenabnahmerisikos** im Sinne der Nichtabnahme bereitgestellter (bzw. versandter) Ware durch den Importeur im Rahmen der Deckungen des Bundes mit abgedeckt sind, hängt vom Einzelfall ab, so u.a. auch von den vereinbarten Lieferbedingungen. Bei erkennbarem Fabrikationsrisiko bzw. Warenabnahmerisiko ist mit dem Bund frühzeitig in Kontakt zu treten, um die aktuellen Deckungsmöglichkeiten und die eventuellen Deckungsvoraussetzungen bzw. die Deckungsausschlüsse zu erheben.

Deckungsumfang

Abgesichert sind mit den Fabrikationsrisikodeckungen die **Selbstkosten**, die dem Exporteur zwischen Inkrafttreten des Ausfuhrvertrags und dem vorzeitigen Ende der Fertigung infolge des Eintritts gedeckter Risiken dadurch entstehen, dass die Fertigstellung bzw. der Versand der Ware aufgrund politischer oder wirtschaftlicher Umstände unmöglich oder dem Exporteur nicht mehr zumutbar ist.

Hinweis: Die vom Bund gedeckten Selbstkosten sind in den Allgemeinen Bedingungen für Fabrikationsrisikogarantien bzw. -bürgschaften detailliert definiert.

Gewährleistungsfälle (Schadenstatbestände)

Der Gewährleistungsfall (Schadensfall) kann bei Fabrikationsrisikodeckungen von verschiedenartigen Ereignissen (Risiken und Umständen) hervorgerufen werden, die sich in **vier Kategorien** einteilen lassen:

- Weisungen des Bundes zum Abbruch der Fertigung bzw. Ausbleiben einer Weisung des Bundes zur Wiederaufnahme der Fertigung nach Eintritte gefahrerhöhender Umstände u.ä.
- Politische Umstände im Ausland, insbesondere gesetzgeberische oder behördliche Maßnahmen, kriegerische Ereignisse, Aufruhr oder Revolution im Ausland, wenn dadurch die Versendung fertiggestellter Ware gehindert ist.
- Embargomaßnahmen des Inlandes oder des Auslandes.
- Schuldnerverursachte Risiken (Schadenstatbestände), die von der Insolvenz bzw. Zahlungseinstellung des Schuldners bis zur Vertragslossagung durch den Schuldner und weiteren Schadenstatbeständen reichen.

Deckungsformen

- **Teildeckung:** Die Beschränkung der Fabrikationsrisikodeckung auf die Selbstkosten von Teilen der zu fertigenden Exportgüter ist unter bestimmten Voraussetzungen und auf Antrag möglich.
- **Nur Einzeldeckung:** Im Gegensatz zu den Ausfuhrdeckungen, die sich auf Risiken ab Versand der Ware beziehen und die als revolvierende oder als pauschale Gewährleistungen abgeschlossen werden können, sind bei den Fabrikationsrisikodeckungen nur Einzeldeckungen möglich.

Hinweis: Zur Einzeldeckung, zur Revolvierenden Deckung (Sammeldeckung) und zur Ausfuhr-Pauschal-Gewährleistung (APG) siehe unten.

Abbildung

Die **Abbildung 9.2-02** verdeutlicht die **Deckungsgegenstände und die Haftungszeiträume der Fabrikationsrisikodeckungen** sowie der im Folgenden dargestellten **Ausfuhrdeckungen (Forderungsdeckungen).**

9.2.5 Ausfuhrdeckungen (Forderungsdeckungen)

9.2.5.1 Wesen und Deckungsumfang

Charakterisierung

Ausfuhrdeckungen (Forderungsdeckungen) werden vom Bund – abgestimmt auf den ausländischen Vertragspartner des deutschen Exporteurs – entweder als **Ausfuhrgarantien** (Forderungsgarantien) oder als **Ausfuhrbürgschaften** (Forderungsbürgschaften) gewährt.

Vereinfacht ausgedrückt schützt die Ausfuhrdeckung den Exporteur ab Versand der Ware oder Beginn der Leistung bis zur vollständigen Bezahlung gegen die **Uneinbringlichkeit der Exportforderung aufgrund politischer oder wirtschaftlicher Risiken.**

Deckungsumfang

Die nachstehenden Aspekte vermitteln einen grundsätzlichen Eindruck des möglichen Deckungsumfangs, wobei erneut anzumerken ist, dass das Instrumentarium des Bundes laufenden Veränderungen unterworfen ist, so dass der tatsächliche Deckungsumfang jeweils aktuell zu erheben ist.

(1) **Gegenstand der Ausfuhrdeckung** sind die im Ausfuhrvertrag zwischen Deckungsnehmer und ausländischem Schuldner für Lieferungen und Leistungen des Deckungsnehmers als Gegenleistung vereinbarten und in der Ausfuhrdeckungs-Erklärung bezeichneten **Geldforderungen** (gedeckte Forderung).

(2) Die gedeckte Forderung umfasst unter der Voraussetzung, dass der Ausfuhrvertrag wirksam zustande gekommen ist, auch solche Geldforderungen, die auf den **Ausgleich erbrachter Lieferungen und Leistungen** ge-

Prof. Dr. Siegfried G. Häberle

Überblick über die Ausfuhrgewährleistungen des Bundes: Deckungsgegenstände und Haftungszeiträume von Fabrikationsrisikodeckungen und Ausfuhrdeckungen (Forderungsdeckungen)

Fabrikationsrisikogarantien und -bürgschaften
(stets als Einzeldeckungen)

Deckungsgegenstand:
- Selbstkosten des Exporteurs (ohne kalk. Gewinn u.a.) bis zum vorzeitigen Ende der Fertigung infolge des Eintritts der gedeckten wirtschaftlichen bzw. politschen Risiken

Ausfuhr(Forderungs)garantien und -bürgschaften
(als Einzeldeckungen, revolvierende Deckungen oder Ausfuhr-Pauschal-Gewährleistungen)

Deckungsgegenstände:
- Kaufpreisforderung nebst Kreditzinsen und Finanzierungsnebenkosten bis zur Fälligkeit der Hauptforderung
- sowie sog. Surrogatsforderung,
- jedoch keine Deckung von weiterreichenden Schadensersatzforderungen und sonstigen Nebenforderungen

t

Beginn der Haftung des Bundes bei **Fabrikationsrisikodeckungen**:
Inkrafttreten des Ausfuhrvertrags

Ende der Haftung des Bundes bei **Fabrikationsrisikodeckungen**:
Abnahme der Ware, spätestens mit Versand der Ware

Beginn der Haftung des Bundes bei **Ausfuhr(Forderungs)deckungen:**
- bei Lieferung: mit Versendung der Ware,
- bei Leistungen: mit Beginn der Leistungen
- bzw. mit Ende der Haftung aus einer evtl. Fabrikationsrisikodeckung (wenn dieser Zeitpunkt vor Versand liegt)

Ende der Haftung des Bundes bei **Ausfuhr-(Forderungs)deckungen:**
Erfüllung (Bezahlung) der Forderung

Anmerkungen:
- Der Bund deckt nicht alle während der Haftungszeiträume entstehenden Risiken des Exporteurs. Maßgeblich ist vielmehr der jeweils definierte Deckungsgegenstand. Beispiel: Ob und gegebenenfalls inwieweit Schäden durch Eintritt des sog. Warenabnahmerisikos (im Sinne der vertragswidrigen Nichtabnahme bereitgestellter bzw. versandter Ware durch den Importeur) im Rahmen der Deckungen des Bundes mit abgedeckt sind, hängt vom Einzelfall ab, so z.B. von den vereinbarten Lieferbedingungen.
- Der Deckungsgegenstand ist nicht mit dem Entschädigungsbetrag bei Risikoeintritt gleichzusetzen. Bei Errechnung des Entschädigungsbetrags sind u.a. eventuelle Zahlungen des Importeurs oder mithaftender Dritter, etwaige Erlöse aus anderweitiger Verwertung der Ware und die Selbstbeteiligung des Exporteurs am Schaden zu berücksichtigen.

Abbildung 9.2-02

richtet sind und aufgrund des Ausfuhrvertrags oder aus anderen Rechtsgründen an die Stelle der als Gegenleistung vereinbarten Geldforderung treten.

(3) Die gedeckte Forderung umfasst ferner die im Ausfuhrvertrag vereinbarten und in der Ausfuhrdeckungs-Erklärung bezeichneten Kreditzinsen und Finanzierungsnebenkosten bis zur Fälligkeit der Hauptforderung. **Schadensersatzforderungen**, soweit sie nicht gemäß Absatz 2 von der Deckung umfasst sind, **und sonstige Nebenforderungen**, z.B. auf Verzugszinsen, Vertragsstrafen oder Reuegeld, sind auch dann **nicht gedeckt**, wenn sie in dem Vertrag zwischen Deckungsnehmer und ausländischem Schuldner ausdrücklich vorgesehen sind.

(4) Ob und gegebenenfalls inwieweit Schäden durch Eintritt des sog. **Warenabnahmerisikos** im Sinne der vertragswidrigen Nichtabnahme versandter (bzw. bereitgestellter) Ware durch den Importeur im Rahmen der Deckungen des Bundes mit abgedeckt sind, hängt vom Einzelfall ab, so unter anderem von den vereinbarten Liefer- und Zahlungsbedingungen.

Der Exporteur muss davon ausgehen, dass bedeutsame Erscheinungsformen des Warenabnahmerisikos durch den Bund nicht gedeckt sind. Welche Risiken bzw. Schadenstatbestände vom Bund gedeckt werden und welche Bedingungen zur Erlangung der Deckung zu erfüllen sind, ist vom Exporteur frühzeitig und von Fall zu Fall bei Hermes zu erheben.

Deckungsformen

Die auf die Exportforderung bezogene Ausfuhrdeckung steht dem Exporteur in verschiedenen Formen zur Verfügung, nämlich als **Einzeldeckung**, als **Revolvierende Deckung** sowie als **Ausfuhr-Pauschal-Gewährleistung**. Diese Formen sind in den folgenden Abschnitten beschrieben.

Abbildung

Die **Abbildung 9.2-03** vermittelt einen Überblick über die **Formen der Ausfuhrdeckung (Forderungsdeckung)**.

9.2.5.2 Einzeldeckungen und Revolvierende Deckungen (Sammeldeckungen)

Einzeldeckungen

Einzeldeckungen des Bundes, die – in Abhängigkeit vom ausländischen Vertragspartner des deutschen Exporteurs – als **Einzelgarantien** oder als **Einzelbürgschaften** gewährt werden, decken Exportforderungen

- aus **einem** Ausfuhrvertrag
- mit **einem** ausländischen Besteller.

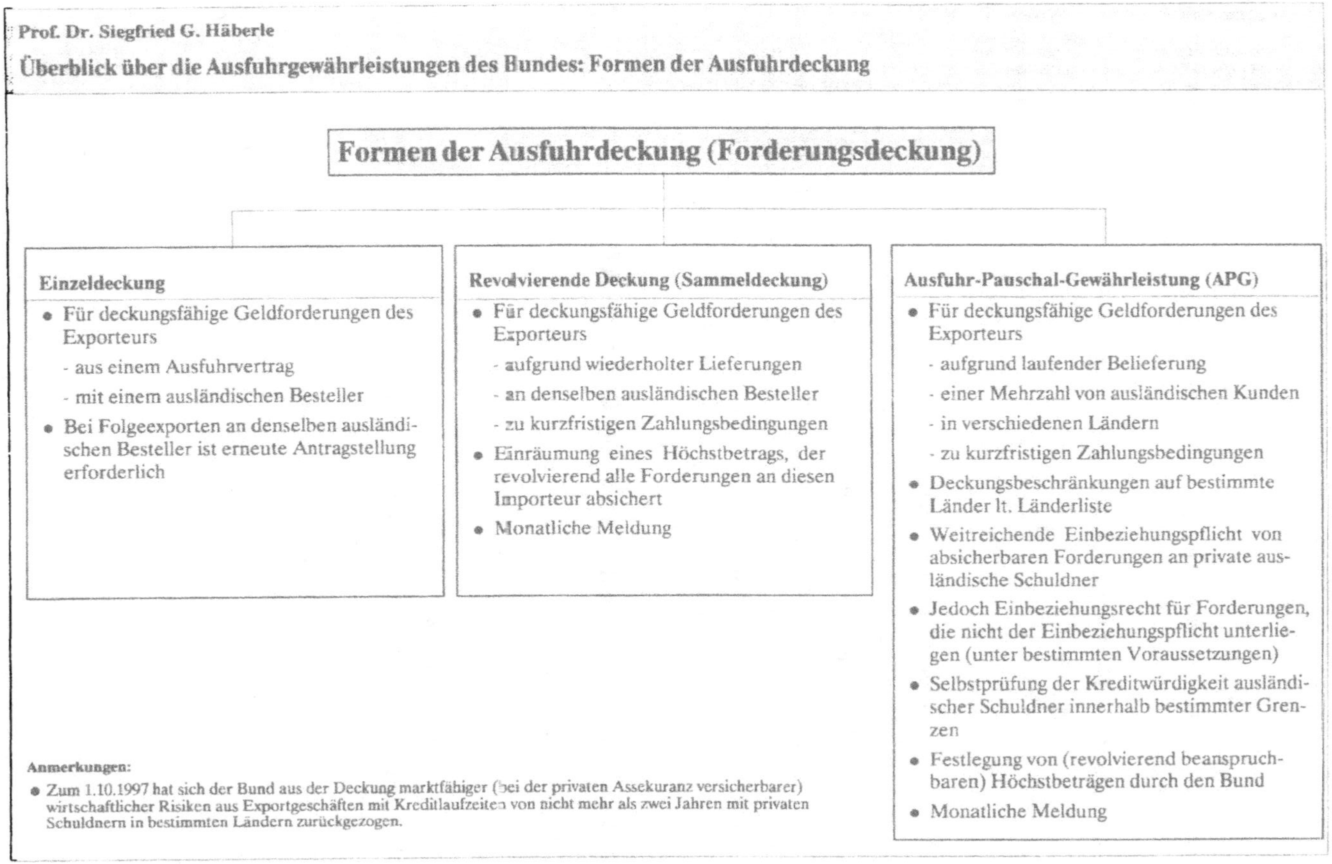

Abbildung 9.2-03

Bei Folgeexporten an denselben ausländischen Besteller ist somit eine **erneute Antragstellung** erforderlich.

Die Deckung des sog. **Nichtzahlungsfalls** (Nichtzahlung der Exportforderung innerhalb einer vom Bund festgelegten Frist nach Fälligkeit, üblicherweise 6 Monate) steht bei Einzeldeckung bislang nur bei Exporten von **Investitionsgütern** zur Verfügung.

Revolvierende Deckungen (Sammeldeckungen)

Revolvierende Deckungen des Bundes, die – je nach ausländischem Vertragspartner des deutschen Exporteurs – als revolvierende Ausfuhrgarantien oder als revolvierende Ausfuhrbürgschaften gewährt werden, decken Exportforderungen

- aufgrund **wiederholter Lieferungen**
- an **denselben** ausländischen **Besteller**
- zu **kurzfristigen Zahlungsbedingungen**.

Der Bund räumt einen **Höchstbetrag** ein, der revolvierend in Anspruch genommen werden kann und alle Forderungen an den betreffenden ausländischen Besteller absichert.

Die Versendungen hat der Exporteur monatlich zu melden.

9.2.5.3 Ausfuhr-Pauschal-Gewährleistung (APG)

Charakterisierung

Die **Ausfuhr-Pauschal-Gewährleistung** (APG) des Bundes deckt Exportforderungen

- aufgrund **laufender Belieferung**
- einer **Mehrzahl** von ausländischen **Kunden**
- in **verschiedenen Ländern**
- zu **kurzfristigen** Zahlungsbedingungen.

Anmerkung: Das Instrumentarium des Bundes ist jedoch laufenden Veränderungen unterworfen, so dass es im konkreten Fall zwingend ist, die aktuellen Bestimmungen bei Hermes zu erheben.

Vorteile der APG

In Schlagworten ausgedrückt weist die Ausfuhr-Pauschal-Gewährleistung insbesondere im Vergleich zur Einzeldeckung und zur Revolvierenden Deckung folgende Vorteile auf:

- günstigeres Entgelt,
- Wegfall von Bearbeitungsgebühren,
- kostensparende Handhabung zur Herstellung des Deckungsschutzes,

- erweiterter Deckungsschutz für Nichtzahlung innerhalb von 6 Monaten,
- die Möglichkeit, über den standardmäßigen Deckungsschutz hinaus, Erweiterungen hinzuzuwählen.

Deckungsfähige Forderungslaufzeit

Im Rahmen einer APG können Forderungen aus Liefergeschäften abgesichert werden, soweit deren **Kreditlaufzeit 12 Monate nicht überschreitet**.

Falls ein Deckungsnehmer zusätzlich eine Absicherung der Risiken während der Fertigungsphase wünscht, kann ergänzend eine Fabrikationsrisikodeckung als Einzeldeckung außerhalb der APG beantragt werden.

Deckungsumfang: Mindestumfang

Der Mindestumfang der Gewährleistung im Rahmen der APG umfasst die Absicherung von Forderungen aus Geschäften mit **allen** privaten ausländischen Schuldnern in Ländern, die nicht der OECD angehören – die sog. **Einbeziehungspflicht**.

Deckungsumfang: Wahlmöglichkeiten

Über diesen Mindestumfang hinaus hat der Deckungsnehmer die Möglichkeit, pro Vertragsperiode **nach Wahl** weitere Forderungen in die APG mit einzubeziehen, die nicht der Einbeziehungspflicht unterliegen – das sog. **Einbeziehungsrecht**:

So gehören Forderungen aus Lieferungen gegen **Akkreditiv** oder aus Geschäften mit **verbundenen Unternehmen** nicht zum Pflichtumfang, können aber wahlweise pro Land mitversichert werden.

Ebenso können **wahlweise** nach **Ländern** Forderungen gegen öffentliche ausländische Besteller und gegen private Abnehmer in Ländern, die vom Bund jeweils aktuell benannt sind, in den Versicherungsschutz einbezogen werden.

Zusätzlich kann der Exporteur im Falle von Fremdwährungsgeschäften die Aufhebung der Kursbegrenzung beantragen.

Nichtzahlungsfall (sog. 6-Monate-Fall)

Ein großer Vorteil der APG ist – Vergleich zu den kurzfristigen Einzeldeckungen und revolvierenden Deckungen – die Erweiterung des Katalogs der gedeckten **wirtschaftlichen Risiken** auf **private Abnehmer** um den sog. Nichtzahlungs- oder 6-Monate-Fall.

Dies bedeutet, dass eine Entschädigung (wie generell bei Einzeldeckungen für Geschäfte mit öffentlichen Käufern) bereits erfolgen kann, wenn der Schuldner – unabhängig davon, warum er nicht zahlt – **6 Monate nach Fälligkeit** die unstreitige Exportforderung **nicht beglichen hat**.

Voraussetzung ist allerdings, dass der Exporteur die nach den Regeln der kaufmännischen Sorgfalt erforderlichen Maßnahmen zur Einziehung der gedeckten Forderung ergriffen hat.

Auch in diesem Schadenfall gelten die normalen **Selbstbeteiligungssätze** für wirtschaftliche Risiken (in der Regel 15 %).

Entgelte

Der Entgeltsatz bei APG liegt in aller Regel deutlich unter dem Satz für Einzeldeckungen: Jede APG wird **individuell kalkuliert**. Die Höhe des individuellen Entgelts richtet sich danach, wie ausgewogen die Mischung der zu deckenden Risiken ist.

Bei der APG entfallen zudem die Antrags- und Prüfungsgebühren.

9.2.5.4 Länder-Pauschal-Gewährleistungen (LPG)

Einstellung der Deckung von sog. marktfähigen Risiken im Kurzfristgeschäft

Im Jahr 1997 hat sich der Bund aus der Deckung sog. marktfähiger (also auf dem privaten Versicherungsmarkt versicherbarer) Risiken im Kurzfristgeschäft zurückgezogen. Als marktfähig gelten die **wirtschaftlichen Risiken** aus **Exportgeschäften** mit Kreditlaufzeiten von nicht mehr als zwei Jahren mit **privaten Schuldnern** in maßgeblichen Handelsländern (siehe auch Abschnitt „9.2.1 Charakterisierung ...“; eventuelle Änderungen der Länderliste sind im Anwendungsfall aktuell zu erheben).

Zur Absicherung dieser Risiken müssen sich die Exporteure nunmehr an die **private Assekuranz** wenden (siehe dazu Kapitel 9.1).

Die mit Exportgeschäften in die relevanten Länder (im Wesentlichen die Länder der Europäischen Union sowie die weiteren sog. westlichen Industrienationen) verbundenen **nicht marktfähigen politischen Risiken (Länderrisiken)** konnten beim Bund bis 31.12.2001 – allerdings isoliert – abgesichert werden. Dafür standen **nicht** die bekannten Deckungsformen „kurzfristige Einzeldeckung“, „revolvierende Deckung“ sowie „Ausfuhr-Pauschal-Gewährleistung“ unter Beschränkung des Deckungsschutzes auf die politischen Risiken zur Verfügung. Vielmehr hatte der Bund dafür die Deckungsform **Länder-Pauschal-Gewährleistung (LPG)** geschaffen. Die **LPG** ist – mangels Nachfrage – zum **1.1.2002 eingestellt worden.**

9.2.5.5 Finanzkreditdeckungen

Grundstruktur von gebundenen Finanzkrediten

Die Kreditinstitute gewähren – unter Vermittlung und teilweiser Mithaftung deutscher Exporteure – sog. **Besteller- bzw. Bank-zu-Bank-Kredite** direkt an ausländische Importeure bzw. an deren Banken. Der eingeräumte Kreditbetrag ist für den Importeur bzw. für die ausländische Bank in der Regel nicht frei verfügbar. Vielmehr wird der Kreditbetrag – entsprechend dem Produktionsfortschritt oder anderer im Kaufvertrag getroffener Vereinbarungen – an den deutschen Exporteur zu Lasten des Kreditkontos des ausländischen Importeurs bzw. zu Lasten des Kreditkontos der ausländischen Bank ausgezahlt.

Diese Kredite der deutschen (und – sofern deutsche Exportgeschäfte finanziert werden – grundsätzlich auch der ausländischen) Banken an ausländische Schuldner werden wegen der Bindung an Ausfuhrgeschäfte deutscher Exporteure als **gebundene Finanzkredite** bezeichnet.

Einzelheiten zur **Struktur** und zur **Abwicklung von Bestellerkrediten sowie von Bank-zu-Bank-Krediten**, die sowohl von den deutschen (und grundsätzlich auch von ausländischen) Geschäftsbanken als auch von deutschen Spezialbanken (AKA, KfW) gewährt werden, siehe **Kapitel 6**.

Finanzkreditgarantien

Der Bund übernimmt Finanzkreditgarantien für Kredite deutscher (und grundsätzlich auch ausländischer) Banken an **privatrechtlich** organisierte **ausländische Schuldner**, die an Ausfuhrgeschäfte deutscher Exporteure gebunden sind.

Finanzkreditbürgschaften

Finanzkreditbürgschaften übernimmt der Bund für Geldforderungen deutscher (und grundsätzlich auch ausländischer) Banken aus Kreditverträgen, die an Ausfuhrgeschäfte deutscher Exporteure gebunden sind, wenn der **ausländische Vertragspartner** des deutschen Kreditinstituts oder ein für das Forderungsrisiko voll haftender **Garant** ein **Staat**, eine **Gebietskörperschaft** oder eine **vergleichbare Institution** ist.

9.2.6 Sonderdeckungsformen

Beispiele

Die Sonderdeckungsformen des Bundes stehen – je nach ausländischem Schuldner – als **Garantien** oder als **Bürgschaften** zur Verfügung.

Sonderdeckungsformen sind beispielsweise

- die Deckung von Risiken aus der (widerrechtlichen) Inanspruchnahme von (Bank-)Garantien, die der Exporteur gestellt hat;
- die Deckung von Risiken für Leasinggeschäfte mit dem Ausland;
- die Deckung von Beschlagnahmerisiken für Lager im Ausland;
- die Deckung von Risiken bei Bauleistungsgeschäften im Ausland.

Anmerkung

Das Instrumentarium des Bundes ist auch bezüglich der Sonderdeckungsformen laufenden Veränderungen unterworfen, so dass es im konkreten Fall zwingend ist, die aktuellen Bestimmungen bei Hermes zu erheben.

Hinweis

Ausführliche Informationen zur grundsätzlichen Struktur der verschiedenen Deckungsformen, zu den gedeckten bzw. nicht gedeckten Risiken, zu den Pflichten und zur Verantwortung des Exporteurs, zu den Fragen der Entschädigung sowie zum Entgeltsystem von Hermes, finden sich im „Handbuch der Außenhandelsfinanzierung“ (Häberle, S.G., Oldenbourg-Verlag, München und Wien).

Literaturverzeichnis

- AKA Ausfuhrkredit-Gesellschaft mbH: Geschäftsberichte, Merkblätter und Broschüren, Frankfurt am Main, diverse Erscheinungsjahre
- Arbeitshilfe: Praktische Arbeitshilfe Export/Import, Basisinformationen und Hinweise zu Formularen, hrsg. von den Industrie- und Handelskammern in Nordrhein-Westfalen, 8. Auflage, Düsseldorf 1998
- Ashauer G.: Wechsel- und Scheckrecht, Sammelwerk: Berufsausbildung Bankkaufmann, hrsg. von G. Ashauer, Heft 21, Stuttgart 1993
- Bayerische Vereinsbank (Hrsg.): Außenhandelsgeschäft, Inkasso und Akkreditiv, München 1989
- Bayerische Hypo- und Vereinsbank AG (Hrsg.): Die Bankgarantie – Ein wichtiges Instrument zur Absicherung von Auslandsgeschäften, München 1998
- Begemann, P.: UN/EDIFACT: Die Organisation der Nachrichtenentwicklung und -verabschiedung, in EDI und EDIFACT für Einsteiger, hrsg. von der DEDIG Deutsche EDI-Gesellschaft e.V., o.O., 1995, S. 6-8
- Bette, K.: Das Factoringgeschäft in Deutschland – Recht und Praxis, Stuttgart 1999
- Brink, U.: Der Factoringvertrag, Köln 1998
- Brunn, H.: Import-Akkreditive ohne Probleme, Hinweise und Ratschläge für den Importeur, Hrsg.: Commerzbank AG, Frankfurt/Main 1989
- Büschgen, H. und Graffe, F.: Handbuch für das Auslandsgeschäft, Sonderausgabe, Bonn 1993
- Commerzbank AG (Hrsg.): Ratschläge für die Ausfuhr, Frankfurt/Main, diverse Jahrgänge
- Credit Suisse First Boston (Hrsg.): Akkreditve, Dokumentarinkassi, Bankgarantien, Mehr Sicherheit im internationalen Geschäft, o.O. (Zürich) 1998 (Loseblatt)
- DEDIG Deutsche EDI-Gesellschaft e.V. (Hrsg.): EDI und EDIFACT für Einsteiger, o.O., 1995
- Dekker, J.: More Case Studies on Documentary Credits, ICC-Publ. Nr. 489
- del Busto, C.: Documentary Credits UCP 500 & 400 Compared, ICC-Publ. Nr. 511
- del Busto, C.: Guide to Documentary Credit Operations, ICC-Publ. Nr. 515 E

- del Busto, C.: Case Studies on Documentary Credits under UCP 500, ICC-Publ. Nr. 535 E
- Deutsche Bank AG (Hrsg.): EDIFACT-Zahlungsverkehr, Information für Kunden, Frankfurt am Main 1995
- Deutsche Bundesbank: Monatsberichte der Deutschen Bundesbank, Frankfurt am Main, diverse Monate und Jahrgänge
- Deutscher Factoring-Verband e.V., Mainz: Factoring-Vertrag, Mustervertrag des Deutschen Factoring-Verbandes, Fassung November 2000
- Deutscher Factoring-Verband e.V., Mainz: Geschäftsberichte, divers Jahrgänge
- DIN Deutsches Institut für Normung: UN/EDIFACT, funktionale Beschreibungen ausgewählter UN/EDIFACT-Nachrichtentypen Berlin, März 1996 (korrigierter Nachdruck der 3. geänderten Auflage vom November 1995)
- DIN Deutsches Institut für Normung: UN/EDIFACT, Organisation und Ansprechpartner in Deutschland und Westeuropa, Berlin, 1995
- Dortschy, J.W., Jung, K.-H., Köller, R.: Auslandsgeschäfte – Banktechnik und Finanzierung, Stuttgart 1990 und Neuauflage 1997
- Dresdner Bank AG (Hrsg.): Praxis des Zahlungsverkehrs im Frankreich-Geschäft, (Verfasser: Offizielle deutsch-französische Industrie- und Handelskammer Paris), ohne Erscheinungsort 1988
- Dresdner Bank AG (Hrsg.): Ratgeber für Auslandsgarantien, Frankfurt am Main 1990
- Fischer H. und Hundertmark R.: Zahlungsbedingungen im Export und ihre Risiken, in Praxis-Handbuch Export, Freiburg i.Br. 1996 ff., Gruppe 4/1
- Goode, R.: Guide to the ICC Uniform Rules for Demand Guarantees, ICC Publication Nr. 510, 1992
- Graffe, F., Weichbrodt, J. G., Xueref, C.: Dokumenten-Akkreditive, - ICC-Richtlinien 1993 -, Kurzkommentar, Reihe: Internationale Wirtschaftspraxis, hrsg. von Bredow, J., Bonn 1993
- Graffe, F., Weichbrodt, J., Xueref, C.: Erläuterungen zu den wichtigsten Änderungen der „Einheitlichen Richtlinien und Gebräuche für Dokumenten-Akkreditive (Revision 1993)“, 1993
- Häberle, S.G.: Handbuch der Außenhandelsfinanzierung, Lehrbuch und Nachschlagewerk – Das große Buch der internationalen Zahlungs-, Sicherungs- und Finanzierungsinstrumente, Dritte, mit Anhang aktualisierte und erweiterte Auflage, München und Wien 2002
- Häberle, S.G. (Hrsg.): Handbuch der Akkreditive, Inkassi, Exportdokumente und Bankgarantien – Arten Abwicklungen, Fallbeispiele, Problemlösungen, Prüflisten, Richtlinien und Kommentare, mit eigenverfassten

Beiträgen zu Dokumentenakkreditiven, Dokumenteninkassi, Exportdokumenten und Bankgarantien, München und Wien 2000

- Häberle, S.G. (Hrsg.): Handbuch für Kaufrecht, Rechtsdurchsetzung und Zahlungssicherung im Außenhandel, München und Wien 2002
- Häberle, S.G.: Auslandswechsel – Rechtsgrundlagen, Arten, Gestaltungsmöglichkeiten, in Praxis-Handbuch Export, Gruppe 4/4, Loseblatt sowie Export Office (CD-ROM), Freiburg i.Br. 2001
- Häberle, S. G.: Bankgarantien I: Garantiearten, Abwicklungen und Mustertexte (Gruppe 4/11) und Bankgarantien II: Gestaltungselemente, Inanspruchnahme, Absicherungsmöglichkeiten und Kosten (Gruppe 4/12) in Praxis-Handbuch Export, Loseblatt sowie Export Office (CD-ROM), Freiburg i.Br. 2001
- Häberle, S.G.: Exportfactoring – Finanzierung und Risikoüberwälzung durch Forderungsverkauf, in Praxis-Handbuch Export, Gruppe 4/10, Loseblatt sowie Export Office (CD-ROM), Freiburg i.Br. 2001
- Häberle, S.G.: Forfaitierung: Finanzierung und Risikoüberwälzung durch Forderungsverkauf, in Praxis-Handbuch Export, Gruppe 4/9, Loseblatt, Freiburg i.Br. 1996 ff.
- Häberle, S.G.: Refinanzierung mit Auslandswechseln, Bankakzepten und Negoziierungskrediten, in Praxis-Handbuch Export, Gruppe 4/7, Loseblatt sowie Export Office (CD-ROM), Freiburg i.Br. 2001
- Häberle, S.G.: Risikoanalyse – Analysieren Sie Ihre Zahlungsrisiken im Außenhandelsgeschäft, in Praxis-Handbuch Export, Gruppe 4/13, Loseblatt sowie Export Office (CD-ROM), Freiburg i.Br. 2001
- Häberle, S.G.: Factoring als Instrument der marktorientierten Absatzfinanzierung, in Marketing Casebook II, hrsg. von Pepels, W., München und Wien 2000, S. 119 bis 147
- Häberle, S. G.: Finanzierungsformen im Auslandsgeschäft, Teil 1: Risikoanalyse des Exporteurs vor Abgabe von Finanzierungsangeboten; Teil 2: Kreditgewährung an Importeure auf Basis einfache Rechnung und mit Wechseln; Teil 3: Kreditgewährung an Importeure mit Dokumenteninkassi und mit Dokumentenakkreditiven, in Praktisches Marketing für mittelständische Unternehmen, hrsg. von D. Schmidt, D. Ferrero und L. Rottland, Köln, München, Zürich 1986, 11. Ergänzungslieferung 1990
- Häberle, S.G.: Grundlagen und Rahmenbedingungen der besonderen Konditionenpolitik im Außenhandel und weitere Beiträge, in Examenswissen Marketing hrsg. von Pepels, W., Band 4: Preis- und Konditionenpolitik, Köln, Wien, Bern 2000
- Häberle, S.G.: Risikomanagement im Außenhandel – Außenhandelsrisiken, in Fallstudien zum Internationalen Management, hrsg. von J. Zentes und B. Swoboda, S. 153 bis 168, Wiesbaden 2000

- Häberle, S.G.: Akzeptkredit, Commercial Letters of Credit, Dokumentenakkreditive u.v.a.m., in Gabler Lexikon Auslandsgeschäfte, hrsg. von Walldorf E.G., Wiesbaden 2000
- Häberle, S.G.: 29 Hauptstichwörter und 202 Detailstichwörter zu den internationalen Zahlungs-, Sicherungs- und Finanzierungsinstrumenten, in Gabler-Wirtschaftslexikon, 15. Auflage, Wiesbaden 2000
- Handelskammer Hamburg (Hrsg.): „K und M" - Konsulats- und Mustervorschriften, 33. Auflage, Hamburg 1999
- Hauptmann, A.: Bankgarantien im Außenhandel, in Stepic, H. (Hrsg.), Handbuch der Exportfinanzierung, Wien 1990
- Hefermehl, W.: Einführung in das Handelgesetzbuch, HGB-Textausgabe, München 1999
- Hermes Kreditversicherungs-AG, Hamburg: AGA-Report (fortlaufende Ergänzungslieferungen)
- Hermes Kreditversicherungs-AG, Hamburg: Geschäftsberichte, Broschüren, Merkblätter u.ä. zur Warenkreditversicherung, diverse Erscheinungsjahre
- Hermes Kreditversicherungs-AG, 22746 Hamburg (Bezugsquelle): Merkblätter zu den verschiedenen Ausfuhrgewährleistungen der Bundesrepublik Deutschland, diverse Erscheinungsjahre
- Huber, E., Schäfer, H.: Dokumentengeschäft und Zahlungsverkehr im Außenhandel, 2. Auflage, Frankfurt am Main 1990
- Hundertmark, R.: Die mittel- und langfristige Exportfinanzierung - Voraussetzung für Geschäfte mit devisenschwachen Ländern, in Praxis-Handbuch EXPORT, Freiburg i.Br. 1996 ff., Gruppe 4/19
- ICC Internationale Handelskammer Paris: Einheitliche Richtlinien und Gebräuche für Dokumenten-Akkreditive, Revision 1993, anwendbar ab 1. Januar 1994, ICC-Publikation Nr. 500 (UCP 500, ERA 500)
- ICC Internationale Handelskammer Paris: Einheitliche Richtlinien für Inkassi, Revision 1995, ICC-Publikation Nr. 522
- ICC Internationale Handelskammer Paris: Einheitliche Richtlinien für auf Anfordern zahlbare Garantien – Demand Guarantees -, ICC-Publikation Nr. 458/1
- ICC Internationale Handelskammer Paris: Incoterms 2000 – ICC official rules for the interpretation of terms trade, Entry into force 1st January 2000, ICC-Publikation 560
- Industrie- und Handelskammern in Nordrhein-Westfalen (Hrsg.): Praktische Arbeitshilfe Export/Import, Basisinformationen und Hinweise zu Formularen, hrsg. von den Industrie- und Handelskammern in Nordrhein-Westfalen, 8. Auflage, Düsseldorf 1998
- Ingelmann, Th. und Schmitt J.: Dokumentenakkreditive: Kommentar mit Wiedergabe der Einheitlichen Richtlinien und Gebräuche für Dokumen-

ten-Akkreditive (ERA 500), in Häberle S.G. (Hrsg.): Handbuch der Akkreditive, Inkassi, Exportdokumente und Bankgarantien, München und Wien 2000

- Ingelmann, Th. und Schmitt J.: Dokumenteninkassi: Kommentar mit Wiedergabe der Einheitlichen Richtlinien für Inkassi (ERI 522), in Häberle S.G. (Hrsg.): Handbuch der Akkreditive, Inkassi, Exportdokumente und Bankgarantien, München und Wien 2000
- Internationale Handelskammer Paris, siehe ICC
- Jahn, U.: Wechselrecht Europa, Köln 1993
- Jahrmann, F.-U.: Außenhandel, Kompendium der praktischen Betriebswirtschaft, hrsg. von Olfert, K., Ludwigshafen (Rhein) 1998
- KfW Kreditanstalt für Wiederaufbau: Langfristige Exportfinanzierung der Kreditanstalt für Wiederaufbau, Frankfurt am Main 1996
- Nielsen, J.: Bankrecht und Bankpraxis, Band III, Teil 5 (Auslandsgeschäft), Stand: 1996 (BuB)
- Nielsen, J.: Bankrecht und Bankpraxis, Band III, Teil 5 (Auslandsgeschäft), Stand: 1993 (BuB)
- Nielsen, J.: Neue Richtlinien für Dokumenten-Akkreditive, Schriftenreihe Recht der Internationalen Wirtschaft, Heidelberg 1994
- Nielsen, J.: Bankgarantien bei Außenhandelsgeschäften, Köln 1986
- Nielsen, J.: Die Revision der Einheitlichen Richtlinien und Gebräuche für Dokumenten-Akkreditive (ERA 500) zum 1. Januar 1994, WM-Sonderbeilage Nr. 2/1994
- Nielsen, J.: Mißbrauch bei der Inanspruchnahme von Bankgarantien als typisches Problem der Liquiditätsfunktion abstrakter Zahlungsversprechen, ZIP 1982, S. 253 ff.
- Praktische Arbeitshilfe Export/Import, Basisinformationen und Hinweise zu Formularen, hrsg. von den Industrie- und Handelskammern in Nordrhein-Westfalen, 8. Auflage, Düsseldorf 1998
- PRAXIS-HANDBUCH EXPORT, hrsg. von der Redaktion des Verlags R. Haufe unter ständiger Mitarbeit von Häberle, Siegfried G. u.a., Freiburg i.Br. 1996 ff. (Loseblatt); ab 2001 auch auf CD-ROM (Export Office)
- Schallehn, E. (Begründer), fortgef. von Greuter Th. und Kuhn S.: Garantien und Bürgschaften der Bundesrepublik Deutschland zur Förderung der deutschen Ausfuhr, Köln, diverse Erscheinungsjahre (Loseblattsammlung)
- Schallehn, E. (Begründer), fortgef. von Greuter Th. und Kuhn S.: Sonderteil Rechtsverfolgung im Ausland, in Garantien und Bürgschaften der Bundesrepublik Deutschland zur Förderung der deutschen Ausfuhr, Köln, diverse Erscheinungsjahre (Loseblattsammlung)

- Scheckgesetz (ScheckG) vom 14. August 1933 in der zuletzt durch Gesetz vom 17.7.1985 (BGBl. I S. 1507) geänderten Fassung
- Schütze, R.A.: Bankgarantien, Bonn 1994
- Schütze, R.A.: Bankgarantien unter Berücksichtigung der Einheitlichen Richtlinien für „auf erstes Anfordern" zahlbare Garantien der Internationalen Handelskammer, Internationale Wirtschaftspraxis, 1994
- Schütze, R.A.: Das Dokumentenakkreditiv im Internationalen Handelsverkehr, 4. Aufl., Heidelberg 1996
- Schweizerische Kreditanstalt (jetzt: Credit Suisse First Boston; siehe auch Credit Suisse First Boston): Akkreditive -Dokumentarinkassi - Bankgarantien, Ein Handbuch für mehr Sicherheit im Auslandsgeschäft, Heft 69 der Schriftenreihe der Schweizerischen Kreditanstalt, Loseblatt, o.O. 1995 ff.
- Sommer, H.J., Hagenmüller, K.F., Brink, U.: Handbuch des nationalen und internationalen Factoring, Frankfurt am Main 1997
- Stepic, H. (Hrsg.), Handbuch der Exportfinanzierung, Wien 1990
- Team Kommerzielles Auslandsgeschäft der Vereins- und Westbank AG, Hamburg: Dokumentenakkreditive: Erläuterungen zur Kontrolle der Dokumente, in Häberle S.G. (Hrsg.): Handbuch der Akkreditive, Inkassi, Exportdokumente und Bankgarantien, München und Wien 2000
- Team Kommerzielles Auslandsgeschäft der Vereins- und Westbank AG, Hamburg: Dokumenteninkassi: Sonderformen / Besonderheiten der Abwicklung, in Häberle S.G. (Hrsg.): Handbuch der Akkreditive, Inkassi, Exportdokumente und Bankgarantien, München und Wien 2000
- UBS Schweizerische Bankgesellschaft (Hrsg.): Akkreditive, Dokumentarinkassi und Bankgarantien, Handbuch des dokumentären Außenhandelsgeschäfts o.O. (Angabe: Schweiz)1997 (siehe auch englische Fassung)
- UBS Union Bank of Switzerland: Documentary Credits, Documentary Collections, Bank Gurantees, Guide to documentary transactions in foreign trade o.O. (Angabe: Switzerland) 1997
- Vereins- und Westbank AG, Bankgarantien im Außenhandelsgeschäft, o.O. (Hamburg), o.J.
- Voigt, H.: Handbuch der Exportfinanzierung, Frankfurt am Main 1994
- Vorkauf, W.: Auslands-Schecks, Stuttgart 1987
- Wechselgesetz vom 21. Juni 1933, zuletzt geändert durch Art. 52 Einführungsgesetz zur Insolvenzordnung (EGInsO) vom 5.10.1994 (BGBI I, S. 2911)
- von Westphalen, F. Graf: Die Bankgarantie im internationalen Handelsverkehr, Heidelberg 2000
- von Westphalen, F. Graf: Rechtsprobleme der Exportfinanzierung, 3., neubearbeitete und erweiterte Auflage, Heidelberg 1987

- Zahn, J.C.D., Eberding, E., Ehrlich, D.: Zahlung und Zahlungssicherung im Außenhandel, 6., neubearbeitete und erweiterte Auflage, Berlin, New York 1986

und die in diesen Quellen angegebene weiterführende Literatur

Stichwortverzeichnis

www.ingramcontent.com/pod-product-compliance
Lightning Source LLC
LaVergne TN
LVHW010552300926
849162LV00002B/315